海南统计年鉴

Hainan Statistical Yearbook

2022

（总第 36 期 No. 36）

海 南 省 统 计 局
国家统计局海南调查总队 编

Compiled by

Hainan Provincial Bureau of Statistics
Survey Office of National Bureau of Statistics in Hainan

中国统计出版社
China Statistics Press

图书在版编目（CIP）数据

海南统计年鉴. 2022 = Hainan Statistical Yearbook 2022 : 汉英对照 / 海南省统计局, 国家统计局海南调查总队编. -- 北京 : 中国统计出版社, 2022.8
ISBN 978-7-5037-9861-0

Ⅰ. ①海… Ⅱ. ①海… ②国… Ⅲ. ①统计资料－海南－2022－年鉴－汉、英 Ⅳ. ①C832.66-54

中国版本图书馆 CIP 数据核字(2022)第 128376 号

海南统计年鉴 2022

作　　者/ 海南省统计局　国家统计局海南调查总队
责任编辑/ 高媛媛
校　　对/ 谭家史
装帧设计/ 符雄菊
出版发行/ 中国统计出版社有限公司
地　　址/ 北京市丰台区西三环南路甲 6 号
邮政编码/ 100073
电　　话/ 邮购（010）63376909　书店（010）68783171
网　　址/ http://www.zgtjcbs.com
印　　刷/ 海南鑫汇亚印务有限公司
经　　销/ 新华书店
开　　本/ 890mm×1240mm　1/16
字　　数/ 860 千字
印　　张/ 34.75
版　　别/ 2022 年 8 月第 1 版
版　　次/ 2022 年 8 月第 1 次印刷
定　　价/ 380.00 元　Price:380.00yuan(RMB)

本书附同版本 CD-ROM 一张，光盘内容以书面文字为准。
如有印装差错，由本社发行部调换。

《海南统计年鉴 2022》

编委会和编辑人员

Hainan Statistical Yearbook 2022

EDITORIAL BOARD AND EDITORIAL STAFF

编 者 说 明

一、《海南统计年鉴 2022》系统收录了海南省辖区内 19 个市、县、自治县 2021 年经济社会发展方面统计数据以及主要历史年份统计数据，是一部反映海南经济和社会发展情况的资料性年刊。

二、本年鉴正文内容分为 25 个篇章，即：1.综合；2.人口；3.国民经济核算；4.就业和工资；5.价格；6.人民生活；7.财政；8.资源和环境；9.能源；10.固定资产投资；11.对外经济贸易；12.农业；13.工业；14.建筑业；15.房地产；16.批发零售贸易和住宿餐饮业；17.旅游；18.运输和邮电；19.金融；20.科学技术；21.教育；22.卫生和社会服务；23.文化和体育；24.公共管理、社会保障和社会组织；25.城市和农村。为方便读者使用，各篇章前设有《简要说明》，对本篇章的主要内容、资料来源、统计范围、统计方法以及历史变动情况予以简要概述，篇末附有《主要统计指标解释》。

三、本年鉴指标口径和范围，均以国家现行统计报表制度为准，数据大部分来源于政府统计机构年度统计报表和抽样调查数据，少部分来源于政府各部门或行业主管部门的年度统计报表。

四、本年鉴所使用的度量衡单位均采用国际统一标准计量单位，并统一使用最新颁布实施的产品目录。

五、本年鉴中部分数据合计数或相对数由于单位取舍不同而产生的计算误差，均未做机械调整。

六、符号使用说明:年鉴各表中的“空格”表示该项统计指标数据不足本表最小单位数、数据不详或无该项数据；“#”表示其中的主要项。

七、本年鉴儋州市的数据包含洋浦经济开发区的数据。

Editor's Notes

Ⅰ. *Hainan Statistical Yearbook 2022* is an annual statistical publication which covers statistical data for the economic and social development of 19 cities, counties and autonomous counties in year 2021, as well as major statistical data in important historical years.

II. The yearbook contains twenty-five chapters: 1. General Survey; 2. Population; 3. National Accounts; 4.Employment and Wages; 5. Prices; 6. People's Living Conditions; 7. Government Finance; 8. Resources and Environment; 9. Energy; 10. Investment in Fixed Assets; 11. Foreign Trade and Economic Cooperation; 12.Agriculture; 13. Industry; 14. Construction; 15.Real Estate; 16. Wholesale and Retail Trades, Hotels and Catering Services; 17.Tourism; 18. Transport, Postal and Telecommunication Services; 19. Financial Intermediation; 20. Science and Technology; 21. Education; 22.Public Health and Social Services; 23. Culture and Sports; 24.Public Management, Social Security and Social Organizations; 25.Urban and,Rural . Each chapter begins with Brief Introduce to the main content, data sources, statistical method of this chapter, etc. Explanatory Notes on Main Statistical Indicators are provided at the end of each chapter to briefly describe the content of main statistical indicators, statistical scope and so on.

III. The statistical approach and scope in this yearbook base on the current national statistical report system basically. Data are mainly obtained from annual statistical reports and sample surveys of government statistical departments, some from annual statistical reports of government or administrative departments.

IV. The units of measurement used in this yearbook are internationally standard measurement units. Newly published and implemented Product Categories are uniformly used.

V. Statistical discrepancies on totals and relative figures due to rounding are not adjusted in the yearbook.

VI. Notations used in the yearbook: (blank space) indicates that the figure is not large enough to be measured with the smallest unit in the table, or data unknown or not available; "#" indicates a major breakdown of the total.

Ⅶ.The data of Danzhou in this yearbook include the data of Yangpu Economic Development zone.

目　录

Contents

第一篇　综 合
General Survey

第二篇　人 口
Population

第四篇 就业和工资
Employment and Wages

第五篇 价 格
Prices

第六篇 人民生活
People's Living Conditions

第七篇　财 政

Government　Finance

第八篇　　资源和环境

Resources and Environment

第九篇 能 源
Energy

第十篇　固定资产投资
Investment in Fixed Assets

第十一篇　对外经济贸易
Foreign Trade and Economic Cooperation

第十二篇　农 业
Agriculture

第十七篇 旅 游
Tourism

第十八篇 运输和邮电
Transport, Postal and Telecommunication Services

第二十篇 科学技术
Science and Technology

第二十一篇 教 育
Education

第二十三篇　文化和体育
Culture and Sports

第二十四篇 公共管理、社会保障和社会组织
Public Management, Social Security and Social Organizations

1

综　合

General Survey

编辑人员：谭家史　陈位鹏

Compiled by Tan Jiashi　Chen Weipeng

英文翻译：林一凡

Translated by Lin Yifan

简 要 说 明

本章节主要内容和资料来源

一、综合资料主要包括行政区划、国民经济和社会发展综合资料和基本单位统计资料三部分。

二、国民经济综合资料是抽取全书的精华，通过对各篇章主要统计指标及其速度、结构、比例和效益等的加工计算，来反映国民经济和社会发展的总体情况。

三、基本单位统计资料根据基本单位统计年报汇总整理。

Brief Introduction

Main Contents and Sources of Data

I. This chapter consists of three parts: divisions of administrative areas, summary data on economy and social development, statistics on basic units.

II. The summary data on economy and social development reflects the overall situation of the economic and social development by presenting further processed statistics including growth, structure, ratio and efficiency data derived from other chapters.

III. Statistics on basic units are derived from annual report of basic units.

1-1 行政区划(2021年)
Divisions of Administrative Areas (2021)

单位：个 (Unit)

地　区	Region	土地面积(平方公里) Area of Land (sq.km)	地级市 Cities at Prefecture Level	县级市 Cities at County Level	县 Counties	民族自治县 Ethnic Minority Autonomous Counties	市辖区数 Districts under the Jurisdiction of Cities	乡(镇) Townships (Towns)
全省总计	**Total**	**35113**	**4**	**5**	**4**	**6**	**10**	**196**
海口市	Haikou	2297	1				4	22
三亚市	Sanya	1921	1				4	
三沙市	Sansha	673	1				2	
儋州市	Danzhou	3405	1					16
五指山市	Wuzhishan	1144		1				7
文昌市	Wenchang	2468		1				17
琼海市	Qionghai	1716		1				12
万宁市	Wanning	1904		1				12
定安县	Ding'an	1196			1			10
屯昌县	Tunchang	1224			1			8
澄迈县	Chengmai	2077			1			11
临高县	Lingao	1344			1			11
东方市	Dongfang	2275		1				10
乐东黎族自治县	Ledong Li Autonomous County	2767				1		11
琼中黎族苗族自治县	Qiongzhong Li and Miao Autonomous County	2704				1		10
保亭黎族苗族自治县	Baoting Li and Miao Autonomous County	1153				1		9
陵水黎族自治县	Lingshui Li Autonomous County	1107				1		11
白沙黎族自治县	Baisha Li Autonomous County	2116				1		11
昌江黎族自治县	Changjiang Li Autonomous County	1621				1		8

1-2 经济和社会发展主要指标
Aggregate Indicators on Economic and Social Development

指　标	Item	1978	1988	2000	2010	2020	2021
人口与就业	**Population and Employment**						
人口(万人)	**Population (10 000 persons)**						
年末常住人口	Population of Usual Residents at Year-end			788.05	868.55	1012.34	1020.46
城镇人口	Urban			320.50	432.62	610.14	622.22
乡村人口	Rural			467.55	435.93	402.20	398.24
就业(万人)	**Employment (10 000 persons)**						
就业人数	Employmed Persons	221.48	292.15	335.17	457.65	540.97	544.22
#在岗职工	Staff and Workers	79.84	102.64	77.79	79.21	100.90	106.30
#国有单位	State-owned Units	73.62	92.89	65.45	51.46	39.22	41.01
宏观经济	**Macroeconomy**						
国民核算(亿元)	**National Accounting (100 million yuan)**						
地区生产总值	Gross Domestic Products	16.40	77.00	526.82	2020.53	5566.24	6475.20
第一产业	Primary Industry	8.72	38.46	192.00	521.92	1135.98	1254.44
第二产业	Second Industry	3.65	14.19	103.97	528.55	1072.24	1238.80
第三产业	Tertiary Industry	4.03	24.35	230.85	970.06	3358.02	3981.96
固定资产投资(亿元)	**Investment in Fixed Assets(100 million yuan)**						
#房地产开发	Real Estate Development			10.34	467.87	1341.67	1379.62
财政(亿元)	**Public Finance (100 million yuan)**						
地方一般预算收入	General Budget Revenue of the Local Government	1.36	4.82	39.20	270.99	816.06	921.16
地方一般预算支出	General Budget Expenditure of the Local Government	1.67	9.25	64.12	581.34	1972.46	1971.37
利用外资(万美元)	**Utilization of Foreign Investment (USD 10 000)**						
实际利用外资	Amount of Foreign Investment Actually Utilized		12771	61280	152276	303324	351927
#实际外商直接投资	Actual Foreign Direct Investment		11421	43080	151213	303324	351927

注：从2018年起, 利用外资启用商务部口径。
Note:Since 2018,the data of utilization of foreign investment are calculated according to the standards of the Ministry of Commerce.

1-2 续表 1(continued 1)

指 标	Item	1978	1988	2000	2010	2020	2021
产 业	**Industry**						
农 业	**Agriculture**						
粮 食(万吨)	Grain(10 000 tons)	114.29	119.81	212.24	166.55	145.47	146.03
蔬 菜(万吨)	Vegetables(10 000 tons)		45.00	267.06	434.51	572.75	588.92
水 果(万吨)	Fruits(10 000 tons)		31.33	143.30	373.20	495.63	525.67
橡 胶(干胶)(万吨)	Rubber(Dry Rubber)(10 000 tons)	6.77	15.65	28.09	34.64	33.66	34.56
椰 子(万个)	Coconut(10 000 units)	2065	6127	19166	22512	21279	20308
肉 类(万吨)	Meat(10 000 tons)		13.96	39.73	68.18	57.51	66.06
生 猪(出栏)(万头)	Pigs(Slaughtered) (10 000 units)		123.39	278.93	505.66	262.26	382.28
鸡 (出栏)(万只)	Chicken(Slaughtered) (10 000 units)		1104.00	5592.17	8360.51	13522.76	13363.18
水 产 品(万吨)	Aquatic Products(10 000 tons)	6.71	12.83	83.06	149.48	166.79	164.09
工 业	**Industry**						
工业增加值(亿元)	Added-value of Industry (100 million yuan)	2.95	10.03	70.46	347.56	557.42	683.60
主要工业产品产量(万吨)	Output of Major Industrial Products (10000 tons)						
铁 矿 石(原矿)(万吨)	Crude Iron Ores (10 000 tons)	366.15	445.97	418.00	489.62	612.98	615.00
钢 材(万吨)	Rolled Steel(10 000 tons)			8.00	14.55		
水 泥(万吨)	Cement(10 000 tons)	18.27	44.91	315.05	1264.05	1838.85	1937.52
人 造 板(万立方米)	Man-made Board(10 000 cu.m)			15.15	23.98	55.15	39.51
汽 车(万辆)	Automobiles(10 000 units)			0.31	13.60	0.13	1.48
化学肥料(折纯)(万吨)	Chemical Fertilizers(100%)(10 000 tons)			25.53	66.56	65.25	44.03
#氮肥(折含N100%)	#Nitrogen Fertilizers(Converted into 100% Nitrogen Content)			25.03	66.56	65.25	44.03
合成纤维聚合物(万吨)	Synthetic Fiber Polymers (10 000tons)			6.81	27.72	178.77	146.25
成 品 糖(万吨)	Refined Sugar(10 000 tons)	7.45	20.30	27.23	30.10	11.43	8.88
卷 烟(亿支)	Cigarettes(100 million Pieces)				87.50	115.00	116.00
罐 头(万吨)	Canned Food(10 000 tons)	0.96	1.40	15.67	20.34	16.46	13.01
建筑业	**Construction**						
建筑业企业从业人员(万人)	Employed Persons in Construction Enterprises(10 000 persons)			5.8	11.0	7.2	6.4
建筑业总产值(亿元)	Gross Output Value(100 million yuan)			30.2	199.5	391.4	447.1
施工房屋面积(万平方米)	Floor Space of Building Under Construction (10000 sq.m)			359.4	1429.7	1823.7	1700.3
竣工房屋面积(万平方米)	Floor Space of Building Completed (10000 sq.m)			167.5	508.7	299.5	475.8

注：依据第三次全国农业普查结果，对2007年-2017年农业数据进行了修订。

Note:According to the result of the Third National Agricultural Census,data of agriculture were revised from 2007 to 2017.

1-2 续表 2(continued 2)

指 标	Item	1978	1988	2000	2010	2020	2021
交通运输业	**Transport**						
货运量(万吨)	Freight Traffic (10000 tons)	714	4224	11304	22481	20737	28039
#铁路	Railways	386	420	331	546	1181	1120
公路	Highways	222	3661	8962	13947	6852	7608
水运	Waterways	106	143	2002	7966	12682	19282
客运量(万人)	Passenger Traffic (10000 persons)	1504	13183	23013	45718	9735	11197
#铁路	Railways	119	91	14	104	2216	2780
公路	Highways	1296	12528	21930	42785	4566	4855
水运	Waterways	85	537	537	1340	1153	1317
港口货物吞吐量(万吨)	Volume of Freight Handled in Coastal Ports (10000 tons)	544	826	1976	9662	19895	20373
邮电通信业	**Postal and Telecommunication Services**						
邮电业务总量(亿元)	Business Volume (100 million yuan)	0.07	0.36	32.95	76.74	1177.81	166.74
函件(亿件)	Number of Letters (100 million pieces)	2798	3345	2547	1225	283	284
年末移动电话用户(万户)	Number of Mobile Telephone Subscribers (10000 units)			57.60	594.33	1135.20	1158.90
国内商业(亿元)	**Domestic Commerce(100 million yuan)**						
社会消费品零售总额	Total Retail Sales of Consumer Goods	8.83	34.32	176.19	698.81	1974.63	2497.62
对外经济贸易	**Foreign Trade**						
货物进出口总额(亿元)	Total Value of Imports and Exports (100 million yuan)				585.62	935.14	1468.55
进口	Imports				428.31	658.12	1141.08
出口	Exports				157.32	277.02	327.47
旅游	**Tourism**						
接待游客总人数(万人次)	Total Number of Tourists (10 000person-times)		118.54	1007.57	2587.34	6455.08	8100.43
其中:入境游客	#Number of Oversea Visitor		20.46	48.68	66.33	22.4	19.72
国内游客	Number of Domestic Tourists		57.77	958.89	2521.03	6432.68	8080.71
旅游收入(亿元)	Tourism Earnings (100 million yuan)		1.14	78.56	257.63	872.86	1384.34
金融保险(亿元)	**Finance and Intermediation (100 million yuan)**						
金融机构存款(本外币)	Deposits of Financial Institutions (RMB and Foreign Currency)				4217.16	10312.45	11338.68
金融机构贷款(本外币)	Loans of Financial Institutions (RMB and Foreign Currency)				2514.08	9981.72	10607.06
境内上市公司(家)	Number of Listed Companies in Mainland			22	23	32	34
国内保险保费收入	Premium of Domestic Insurance			6.06	47.95	205.91	198.30

1-2 续表3 (continued 3)

指 标	Item	1978	1988	2000	2010	2020	2021
教育、文化	**Education and Culture**						
教育	**Education**						
高等学校本专科在校学生(万人)	Students Enrollment in Institutions of Higher Eductioan (10 000persons)	0.30	0.91	1.85	15.08	23.01	24.51
中等专业学校在校学生(万人)	Students Enrollment in Specialized Secondary Schools(10 000persons)		0.83	3.57	10.92	14.14	15.31
普通中学在校学生(万人)	Students Enrollment in Regular Secondary Schools(10 000persons)	33.82	30.33	43.58	58.21	56.32	58.59
小学在校学生(万人)	Students Enrollment in Primary Schools (10 000persons)	88.79	90.35	103.58	78.05	86.21	86.99
文化	**Culture**						
图书出版量(万册)	Books Published(10 000 copies)			3288	7159	7018	7589
期刊出版量(万册)	Magazines Published (10 000 copies)			609	1103	307	344
报纸出版量(亿册)	Newspaper Published (100 million copies)			1.24	2.07	1.70	1.63
生活、卫生	**People's Livelihood and Health Care**						
生活	**People's Livelihood**						
城镇常住居民人均可支配收入(元)	Per Capita Disposbale Income of Urban Households(yuan)		1196	5332	15229	37097	40213
农村常住居民人均可支配收入(元)	Per Capita Disposbale Income of Rural Households(yuan)		609	2208	5566	16279	18076
储蓄存款(亿元)	Saving Depoists of Households (100 million yuan)		29.98	404.74	1658.42	5011.79	5516.18
城镇非私营单位工资	**Wages of Urban Non-private Units**						
在岗职工工资总额(亿元)	Total Wages Bill of Staff and Workers(100 million yuan)	4.54	14.04	57.50	245.97	892.99	1066.56
在岗职工平均工资(元)	Average Wages of Staff and Workers(yuan)	582	1399	7408	31025	89642	101090
卫生	**Public Health**						
卫生机构数(个)	Number of Health Care Institutions (unit)	3308	3764	2689	4678	6127	6287
#医院	Hospitals	464	426	492	495	557	269
床位数(张)	Number of Hospital Beds(units)	18687	20643	20550	25981	59462	61180
#医院	Hospitals	18562	20265	15352	24336	55312	48537
卫生人员总数(人)	Number of Medical Technical Personels(persons)	24730	35208	38539	51985	93875	99607
#医生	Doctors	6333	10101	12706	14456	27163	29693

1-3 国民经济和社会发展结构指标
Composition Indicators on Economic and Social Development

单位：% (%)

指　　标	Item	1978	1988	2000	2010	2020	2021
人口与就业	**Population and Employment**						
人口	**Population**						
性别结构	Sexual Composition						
男	Male	51.2	51.6	53.0	53.0	53.0	53.1
女	Female	48.8	48.4	47.0	47.0	47.0	46.9
城乡结构	Urban and Rural Composition						
城镇	Urban	8.2	17.3	40.7	49.8	60.3	61.0
乡村	Rural	91.8	82.7	59.3	50.2	39.7	39.0
就业	**Employment**						
产业结构	Industrial Composition						
第一产业	Primary Industry	78.6	70.9	60.8	50.4	31.6	31.1
第二产业	Secondary Industry	7.9	9.5	9.4	11.9	11.5	11.4
第三产业	Tertiary Industry	13.5	19.6	29.8	37.7	57.0	57.5
宏观经济	**Macroeconomy**						
国民经济核算	**National Accounting**						
地区生产总值产业结构	Industrial Composition						
第一产业	Primary Industry	53.1	50.0	36.4	25.8	20.4	19.4
第二产业	Secondary Industry	22.3	18.4	19.7	26.2	19.3	19.1
第三产业	Tertiary Industry	24.6	31.6	43.9	48.0	60.3	61.5
固定资产投资	**Investment in Fixed Assets**						
产业结构	Industrial Composition						
第一产业	Primary Industry			12.7	0.6	1.9	1.7
第二产业	Secondary Industry			20.6	14.9	13.1	13.7
第三产业	Tertiary Industry			66.7	84.5	85.1	84.6
利用外资	**Utilization of Foreign Investment**						
实际利用外资结构	Composition of Foreign Investment Actually Utilized						
对外借款	Foreign Loans		4.1	29.7	0.7		
外商直接投资	Foreign Direct Investment		89.4	70.3	99.3	100.0	100.0
外商其他投资	Other Foreign Investment		6.5				
财政	**Government Finance**						
地方一般预算收入结构	Local General Budgetary Revenue						
税收收入	Tax Revenue			80.4	87.5	68.6	80.7
非税收收入	Total Non-tax Revenue			19.6	12.5	31.4	19.3
地方一般预算支出结构	Local General Budgetary Expenditure						
# 用于文教、卫生、科学的支出	For Education、Health Care and Sciences			20.5	26.2	30.7	28.8
用于社会保障和就业的支出	For Social Security and Employment Effort			6.7	12.7	12.8	13.2

1-3 续表1 (continued 1)

单位：%　　(%)

指　　标	Item	1978	1988	2000	2010	2020	2021
产　　业	**Industry**						
农业	**Agriculture**						
农林牧渔业产值结构	Composition of Gross Output Value of Agriculture						
#农业	Farming	35.5	39.0	46.5	41.5	48.0	52.1
林业	Forestry	48.1	26.8	15.4	15.1	6.7	5.9
牧业	Animal Husbandry	8.9	19.6	16.1	19.8	19.6	16.3
渔业	Fishery	2.1	7.2	22.0	20.8	21.5	21.6
工业	**Industry**						
工业企业资产结构	Composition of Capital of Industrial Enterprises						
大型企业	Large-sized Enterprises					39.3	43.8
中型企业	Medium-sized Enterprises					24.3	20.7
小型企业	Small-sized Enterprises					36.4	35.5
交通运输业	**Transportation**						
货运量结构	Composition of Freight Traffic						
铁　路	Railways	54.06	9.94	2.93	2.43	5.70	3.99
公　路	Highways	31.09	86.67	79.28	62.04	33.04	27.10
水　运	Waterways	14.85	3.39	17.71	35.43	61.60	68.80
民　航	Civil Aviation			0.08	0.10	0.10	0.10
旅游业	**Tourism**						
旅游人数结构	Composition of Tourists						
外国人	Foreigners		3.10	0.93	1.83	0.27	0.18
港澳同胞	Chinese Compatriots from Hong Kong and Macao		13.57	3.23	0.47	0.05	0.04
台湾同胞	Chinese from Taiwan Province		0.59	0.67	0.26	0.03	0.02
国内游客	Domestic Tourists		82.74	95.17	97.44	99.65	99.76

注：依据第三次全国农业普查结果，对2007年-2017年农业数据进行了修订。

Note: Note:According to the result of the Third National Agricultural Census,data of agriculture were revised from 2007 to 2017.

1-3 续表2 (continued 2)

单位：%　　(%)

指　　标	Item	1978	1988	2000	2010	2020	2021
教育	**Education**						
普通学校专任教师结构	Composition of Full-time Teachers in Regular Schools						
大学	Colleges and Universities	1.3	2.5	2.0	8.3	11.0	11.4
中学	Secondary Schools	32.8	33.9	33.3	36.6	39.0	39.0
小学	Primary Schools	65.9	63.6	64.7	55.1	50.1	49.6
普通学校在校学生结构	Composition of Student Enrollment in Regular Schools						
大学生	College and University Students	0.3	0.7	1.2	10.0	15.4	14.4
中学生	Secondary School Students	27.7	25.8	31.3	38.4	33.4	34.5
小学生	Primary School Pupils	72.0	73.5	67.5	51.6	51.2	51.1
生活	**People's Living Conditions**						
城镇居民消费结构	Consumption Composition of Urban Households						
食品烟酒	Food, Tobacco and Liquor		64.0	49.3	44.8	37.8	34.8
衣着	Clothing		5.3	4.6	5.8	3.8	3.6
居住	Residence		4.8	8.7	10.1	23.2	24.4
生活用品及服务	Household Articles and Services		8.6	4.9	5.6	4.8	4.8
医疗保健	Health Care		1.2	6.1	5.3	7.1	7.3
交通通信	Transportation and Communication		1.1	8.6	16.5	11.4	12.2
教育文化娱乐服务	Education, Cultural and Recreation Services		6.8	11.6	9.2	10.1	10.7
其他用品与服务	Miscellaneous Commodities and Services		5.1	6.2	2.6	1.8	2.2
农村居民消费结构	Consumption Composition of Rural Residents						
食品烟酒	Food, Tobacco and Liquor				34.0	43.8	41.6
衣着	Clothing				2.3	2.7	2.8
居住	Residence				12.0	19.2	18.6
生活用品及服务	Household Articles and Services				2.7	4.4	4.4
医疗保健	Health Care				2.7	8.2	8.2
交通通信	Transportation and Communication				6.2	10.7	11.2
教育文化娱乐	Education, Cultural and Recreation Services				6.3	9.5	11.6
其他用品及服务	Miscellaneous Commodities and Services				1.8	1.5	1.7
卫生	**Public Health**						
卫生技术人员结构	Composition of Medical Technical Personnel						
#执业(助理)医师	Licensed (Assistant) Doctors				36.6	36.5	36.9
注册护士	Registered Nurses				41.3	47.3	47.7
药师(士)	Pharmacist				5.1	4.6	4.4

1-4　按行业分法人单位数和产业活动单位数(2021年)
Number of Legal Entities and Establishments by Sector (2021)

单位：个　　(unit)

行　业	Sectors	法人单位数 Number of Legal Enities	单产业法人单位 Single-Sector Legal Entities	多产业法人单位 Multi-Sector Legal Entities	产业活动单位数 Number of Economic Active Establishments	多产业法人所属的产业活动单位 Economic Active Establishments of Multi-sector Legal Entity
合　计	**Total**	**188990**	**185267**	**3723**	**204598**	**19331**
农、林、牧、渔业	**Agricalture,Forestry,Animal Husbandry and Fishery**	**13333**	**13235**	**98**	**13485**	**250**
农业	Farming	6332	6288	44	6390	102
林业	Forestry	667	663	4	681	18
畜牧业	Animal Husbandry	3772	3754	18	3802	48
渔业	Fishery	1270	1262	8	1285	23
农、林、牧、渔服务业	Services in Support of Agriculture	1292	1268	24	1327	59
采矿业	**Mining**	**249**	**244**	**5**	**254**	**10**
煤炭开采和洗选业	Mining and Washing of Coal	8	8		8	
石油和天然气开采业	Extration of Petroleum and Natural Gas	9	9		9	
黑色金属矿采选业	Mining and Processing of Ferrous Metals Ores	31	30	1	33	3
有色金属矿采选业	Mining and Processing of Non-ferrous Metals Ores	23	22	1	24	2
非金属矿采选业	Mining and Processing of Nonmetal Ores	135	132	3	136	4
开采辅助活动	Support Activities for Mining	12	12		13	1
其他采矿业	Mining of Other Ores	31	31		31	
制造业	**Manufacturing**	**5822**	**5689**	**133**	**6102**	**413**
农副食品加工业	Processing of Food from Agricultural Products	647	624	23	717	93
食品制造业	Manufacture of Foods	387	377	10	397	20
酒、饮料和精制茶制造业	Manufacture of Wine,Beverages and Tea	217	208	9	228	20
烟草制品业	Manufacture of Tobacco	2	2		2	
纺织业	Manufacture of Textile	52	50	2	53	3
纺织服装、服饰业	Manufacture of Textile, Wearing Apparel and Accessories	125	124	1	127	3
皮革、毛皮、羽毛及其制品和制鞋业	Manufacture of Leather, Fur, Feather and Related Products and Footwear	4	4		4	
木材加工及木、竹、藤、棕、草制品业	Processing of Timber, Manufacture of Wood, Bamboo, Rattan, Palm and Straw Products	340	336	4	355	19
家具制造业	Manufacture of Furniture	165	161	4	167	6
造纸及纸制品业	Manufacture of Paper and Paper Products	65	65		66	1
印刷和记录媒介复制业	Printing, Reproduction of Recording Media	278	275	3	281	6
文教、工美、体育和娱乐用品制造业	Manufacture of Articles for Culture, Education Arts and Crafts, Sport and Entertaiment Activities	184	181	3	183	2
石油加工、炼焦及核燃料加工业	Processing of Petroleum, Coking and Nuclear Fuel	26	23	3	27	4
化学原料及化学制品制造业	Manufacture of Raw Chemical Materials and Chemical Products	273	267	6	293	26
医药制造业	Manufacture of Medicines	228	216	12	234	18
化学纤维制造业	Manufacture of Chemical Fibers	7	7		7	

注：本表按法人单位及其产业活动单位统计，含法人单位在外省的产业活动单位。

Note:The table is based on statistics of legal entities and their establishments,including the legal entities whose ecnomic active establishments are in other provinces.

1-4 续1(continued 1)

单位：个 (unit)

行　业	Sectors	法人单位数 Number of Legal Enities	单产业法人单位 Single-Sector Legal Entities	多产业法人单位 Multi-Sector Legal Entities	产业活动单位数 Number of Economic Active Establishments	多产业法人所属的产业活动单位 Economic Active Establishments of Multi-sector Legal Entity
橡胶和塑料制品业	Manufacture of Rubber and Plastic Products	171	168	3	182	14
非金属矿物制品业	Manufacture of Non-metallic Mineral Products	801	780	21	835	55
黑色金属冶炼及压延加工业	Smelting and Pressing of Ferrous Metals	26	25	1	25	
有色金属冶炼及压延加工业	Smelting and Pressing of Non-ferrous Metals	46	45	1	46	1
金属制品业	Manufacture of Metal Products	444	442	2	455	13
通用设备制造业	Manufacture of General Purpose Machinery	115	113	2	124	11
专用设备制造业	Manufacture of Special Purposes Machinery	323	316	7	348	32
汽车制造业	Manufacture of Automobiles	61	58	3	65	7
铁路、船舶、航空航天和其他运输设备制造业	Manufacture of Railway, Ship, Aerospace and Other Transport Equipments	86	86		88	2
电气机械和器材制造业	Manufacture of Electrical Machinery and Apparatus	197	190	7	207	17
计算机、通信和其他电子设备制造业	Manufacture of Computer, Communication and Other Electronic	139	136	3	142	6
仪器仪表制造业	Manufacture of Measuring Instruments and Machinery	42	42		45	3
其他制造业	Other Manufacture	47	47		47	
废弃资源综合利用业	Utilization of Waste Resources	46	45	1	48	3
金属制品、机械和设备修理业	Repair Service of Metal Products, Machinery and Equipment	278	276	2	304	28
电力、热力、燃气及水生产和供应业	**Production and Supply of Electric Power,Gas and Water**	**680**	**655**	**25**	**788**	**133**
电力、热力生产和供应业	Production and Supply of Electric Power and Heat Power	459	447	12	533	86
燃气生产和供应业	Production and Supply of Gas	67	61	6	86	25
水的生产和供应业	Production and Supply of Water	154	147	7	169	22
建筑业	**Construction**	**16107**	**15915**	**192**	**17150**	**1235**
房屋建筑业	Construction of Buildings	2261	2210	51	2588	378
土木工程建筑业	Civil Engineering	2391	2360	31	2668	308
建筑安装业	Construction Installation	1892	1860	32	2026	166
建筑装饰和其他建筑业	Building Decoration and Other Construction	9563	9485	78	9868	383
批发和零售业	**Wholesale & Retail Trades**	**45596**	**44672**	**924**	**50428**	**5756**
批发业	Wholesale Trade	24351	24057	294	24946	889
零售业	Retail Trade	21245	20615	630	25482	4867
交通运输、仓储和邮政业	**Transport, Storage and Post**	**4893**	**4754**	**139**	**5776**	**1022**
铁路运输业	Railway Transport	36	35	1	39	4
道路运输业	Road Transport	2632	2584	48	2832	248
水上运输业	Water Transport	302	284	18	312	28
航空运输业	Air Transport	98	91	7	115	24
管道运输业	Pipeline Transport	10	10		11	1
装卸搬运和其他运输服务业	Loading, Unloading and Other Transport Services	1133	1114	19	1189	75
仓储业	Storage	351	344	7	381	37
邮政业	Posts	331	292	39	897	605
住宿和餐饮业	**Hotels and Catering Services**	**5041**	**4765**	**276**	**5879**	**1114**
住宿业	Hotels	2352	2232	120	2609	377
餐饮业	Catering Services	2689	2533	156	3270	737

1-4　续2(continued 2)

单位：个　(unit)

行　业	Sectors	法人单位数 Number of Legal Enities	单产业法人单位 Single-Sector Legal Entities	多产业法人单位 Multi-Sector Legal Entities	产业活动单位数 Number of Economic Active Establishments	多产业法人所属的产业活动单位 Economic Active Estab--lishments of Multi--sector Legal Entity
信息传输、软件和信息技术服务业	**Information Transmission, Software and Information Technology**	**11763**	**11609**	**154**	**12204**	**595**
电信、广播电视和卫星传输服务	Telecommunications, Broadcasting and TV Transmission and Satellite Services	500	479	21	687	208
互联网和相关服务	The Internet and Related Services	3127	3088	39	3178	90
软件和信息技术服务业	Software and Information Technology Services	8136	8042	94	8339	297
金融业	**Financial Intermediation**	**1403**	**1292**	**111**	**3327**	**2035**
货币金融服务	Monetary and Financial Services	434	367	67	1584	1217
资本市场服务	Capital Market Services	718	713	5	826	113
保险业	Insurance	159	125	34	775	650
其他金融业	Other Financial Sector	92	87	5	142	55
房地产业	**Real Estate**	**15903**	**15378**	**525**	**17093**	**1715**
房地产业	Real Estate	15903	15378	525	17039	1715
租赁和商务服务业	**Leasing and Business Services**	**29742**	**29292**	**450**	**31280**	**1988**
租赁业	Leasing	3701	3637	64	3874	237
商务服务业	Business Services	26041	25655	386	27406	1751
科学研究和技术服务业	**Scientific Research and Technical Services**	**9812**	**9650**	**162**	**10949**	**1299**
研究与试验发展	R&D	893	886	7	919	33
专业技术服务业	Professional Technical Services	5342	5225	117	6345	1120
科技推广和应用服务业	Services of Science and Technology Exchanges and Application	3577	3539	38	3685	146
水利、环境和公共设施管理业	**Management of Water Conservancy, Environmental and Public Facilities**	**1798**	**1774**	**24**	**1885**	**111**
水利管理业	Water Conservancy Management	117	116	1	133	17
生态保护和环境治理业	Ecological Orotection and Environmental Governance	300	297	3	305	8
公共设施管理业	Management of Public Facilities	966	948	18	1019	71
土地管理业	Land management industry	415	413	2	428	15
居民服务、修理和其他服务业	**Services to Households and Other Services**	**4603**	**4501**	**102**	**4848**	**347**
居民服务业	Services to Households	2107	2058	49	2240	182
机动车、电子产品和日用产品修理业	Repair of Motor Vehicle, Electronic Products and Daily Products	1531	1492	39	1592	100
其他服务业	Other Services	965	951	14	1016	65
教育	**Education**	**6236**	**6131**	**105**	**6437**	**306**
教育	Education	6236	6131	105	6437	306
卫生和社会工作	**Health Care and Social Welfare**	**2128**	**2088**	**40**	**2223**	**135**
卫生	Health Care	1795	1758	37	1877	119
社会工作	Social Welfare	333	330	3	346	16
文化、体育和娱乐业	**Culture, Sports and Entertainment**	**5903**	**5826**	**77**	**6020**	**194**
新闻出版业	Journalism and Publishing Activities	147	141	6	154	13
广播、电视、电影和影视录音制作业	Radio, Television, Film and Television Recording Studios	1551	1536	15	1570	34
文化艺术业	Culture and Arts	1407	1392	15	1433	41
体育	Sports	920	903	17	950	47
娱乐业	Entertainment	1878	1854	24	1913	59
公共管理、社会保障和社会组织	**Public Management, Social Security and Social Organization**	**7978**	**7797**	**181**	**8470**	**673**
中国共产党	The Communist Party of China	202	193	9	207	14
国家机构	Government Agencies	2596	2426	170	3075	649
人民政协和民主党派	People's Political Consultative Conference and Democratic Parties	51	51		51	
社会保障	Social Security	42	42		43	1
群众团体、社会团体 和宗教组织	Non-governmental Organizations, Social Organizations and Religion Organizations	1944	1943	1	1946	3
基层群众自治组织	Grassroots Autonomous Organizations	3143	3142	1	3148	6

1-5 按注册类型和机构类型分法人单位数(2021年)
Number of Legal Entities by Status of Registration and Type of Institutions (2021)

单位：个 (unit)

行 业	Sectors	法人单位数 Number of Legal Enities	单产业法人单位 Single-Sector Legal Entities	多产业法人单位 Multi-Sector Legal Entities
总 计	**Total**	**188990**	**185267**	**3723**
按注册类型分	**By Status of Registration**			
内资	Domestic Funded	187910	184276	3634
国有	State-owned Enterprises	7087	6737	350
集体	Collective-owned Enterprises	725	672	53
股份合作	Cooperative Enterprises	349	333	16
联营	Joint Ownership Enterprises	112	106	6
有限责任公司	Limited Liability Corporations	47201	46079	1122
股份有限公司	Share-holding Corporations Limited	1224	1101	123
私营	Private Enterprises	115292	113344	1948
其他	Others	15920	15904	16
港、澳、台商投资	Enterprises with Funds from Hongkong,Macao and Taiwan	647	590	57
合资经营(港或澳、台资)	Joint-venture Enterprises	186	166	20
合作经营(港或澳、台资)	Cooperative Enterprises	17	13	4
港、澳、台商独资经营	Enterprises with Sole Investment	355	326	29
港、澳、台商投资股份有限公司	Share-holding Corporations Ltd.	22	19	3
其他港、澳、台商投资	Others	67	66	1
外商投资	Enterprises with Foreign Investment	433	401	32
中外合资经营	Joint-venture Enterprises	140	128	12
中外合作经营	Cooperation Enterprises	17	16	1
外资独资	Enterprises with Sole Funds	203	185	18
外商投资股份有限公司	Share-holding Corporations Ltd.	22	21	1
其他外商投资	Others	51	51	
按机构类型分	**By Type of Institutions**	**188990**	**185267**	**3723**
企业	Enterprises	166717	163250	3467
事业单位	Institutions	4153	4065	88
机关	Government Agencies	1606	1444	162
社会团体	Social Organizations	1868	1867	1
民办非	Nonenterprise Units Run by NGO	3733	3733	
其他组织机构	Others	10913	10908	5

1-6　各市县法人单位数和产业活动单位数(2021年)
Number of Legal Entities and Economic Active Establishments by Region (2021)

单位：个　　(unit)

市　县	Region	法人单位数 Number of Legal Enities	单产业法人单位 Single-sector Legal Entities	多产业法人单位 Multi-sector Legal Entities	产业活动单位数 Number of Economic Active Establishments	多产业法人所属的产业活动单位 Economic Active Establishments of Multi-sector Legal Entity
全省总计	**Total**	**188990**	**185267**	**3723**	**204598**	**19331**
海口市	Haikou	93442	91247	2195	100418	9171
三亚市	Sanya	48581	47975	606	51443	3468
儋州市	Danzhou	5221	5092	129	5983	891
五指山市	Wuzhishan	1515	1485	30	1701	216
文昌市	Wenchang	6123	6006	117	6976	970
琼海市	Qionghai	5085	5001	84	5846	845
万宁市	Wanning	2660	2615	45	3055	440
定安县	Ding'an	1484	1465	19	1630	165
屯昌县	Tunchang	1765	1714	51	2125	411
澄迈县	Chengmai	7116	6935	181	7608	673
临高县	Lingao	1159	1148	11	1336	188
东方市	Dongfang	4434	4393	41	4742	349
乐东县	Ledong	1335	1306	29	1585	279
琼中县	Qiongzhong	1868	1838	30	2048	210
保亭县	Baoting	2052	2028	24	2211	183
陵水县	Lingshui	1763	1723	40	1937	214
白沙县	Baisha	1135	1086	49	1389	303
昌江县	Changjiang	2252	2210	42	2565	355

主要统计指标解释

行政区划 指国家对行政区域的划分。根据有关法规规定，我国的行政区域划分如下：(1)全国分为省、自治区、直辖市；(2)省、自治区分为自治州、县、自治县、市；(3)自治州分为县、自治县、市；(4)县、自治县分为乡、民族乡、镇；(5)直辖市和较大的市分为区、县；(6)国家在必要时设立的特别行政区。

平均增长速度 平均增长速度表明社会经济现象在一个较长的时期内逐期平均增长变化的程度，它不能根据各个环比增长速度直接求得，但与平均发展速度之间存在着一定的数量关系：平均增长速度＝平均发展速度－1。

平均发展速度是一种根据环比发展速度计算的序时平均数，由于各时期对比的基础不同，所以计算平均发展速度不能采用一般的序时平均数的计算方法，计算方法分为水平法和累计法。水平法，又称几何平均法，即将环比发展速度按连乘法用几何平均数公式计算。累计法，也称方程法，根据一段时期内各年发展水平总和与基期水平的关系，列出方程式计算平均发展速度。水平法着重考虑最后一年所达到的发展水平；累计法着重考虑整个时期累计发展水平的总量。

本《年鉴》内所列的平均增长速度，除固定资产投资用“累计法”计算外，其余均用“水平法”计算。从某年到某年平均增长速度的年份，均不包括基期年在内。如建国四十三年以来的平均增长速度是以 1949 年为基期计算的，则写为 1950-1992 年平均增长速度，其余类推。

企业(单位)登记注册类型 是以在工商行政管理机关登记注册的各类企业为划分对象，以工商行政管理部门对企业登记注册的类型为依据，将企业登记注册类型分为内资企业、港澳台商投资企业和外商投资企业三大类。内资企业包括国有企业、集体企业、股份合作企业、联营企业、有限责任公司、股份有限公司、私营公司和其他企业；港澳台商投资企业和外商投资企业分别包括合资经营企业、合作经营企业、独资经营企业和股份有限公司。对不在工商行政管理部门进行登记注册的行政机关、事业单位和社会团体，主要按其经费来源和管理方式进行划分。

国有企业 指企业全部资产归国家所有，并按《中华人民共和国企业法人登记管理条例》规定登记注册的非公司制的经济组织。不包括有限责任公司中的国有独资公司。

集体企业 指企业资产归集体所有，并按《中华人民共和国企业法人登记管理条例》规定登记注册的经济组织。

股份合作企业 指以合作制为基础，由企业职工共同出资入股，吸收一定比例的社会资产投资组建，实行自主经营，自负盈亏，共同劳动，民主管理，按劳分配与按股分红相结合的一种集体经济组织。

联营企业 指两个及两个以上相同或不同所有制性质的企业法人或事业单位法人，按自愿、平等、互利的原则，共同投资组成的经济组织。联营企业包括国有联营企业、集体联营企业、国有与集体联营企业和其他联营企业。

有限责任公司 指根据《中华人民共和国公司登记管理条例》规定登记注册，由两个以上、五十个以下的股东共同出资，每个股东以其所认缴的出资额对公司承担有限责任，公司以其全部资产对其债务承担责任的经济组织。有限责任公司包括国有独资公司以及其他有限责任公司。

股份有限公司 指根据《中华人民共和国公司登记管理条例》规定登记注册，其全部注册资本由等额股份构成并通过发行股票筹集资本，股东以其认购的股份对公司承担有限责任，公司以其全部资产对其债务承担责任的经济组织。

私营企业 指由自然人投资设立或由自然人控股，以雇佣劳动为基础的营利性经济组织。包括按照《公司法》、《合伙企业法》、《私营企业暂行条例》规定登记注册的私营有限责任公司、私营股份有限公司、私营合伙企业和私营独资企业。

其他企业 指上述企业之外的其他内资经济组织。

与港澳台商合资经营企业 指港澳台地区投资者与内地企业依照《中华人民共和国中外合资经营企业法》及有关法律的规定，按合同规定的比例投资设立、分享利润和分担风险的企业。

与港澳台商合作经营企业 指港澳台地区投资者与内地企业依照《中华人民共和国中外合作经营企业法》及有关法律的规定，依照合作合同的约定进行投资或提供条件设立、分配利润和分担风险的企业。

港澳台商独资经营企业 指依照《中华人民共和国外资企业法》及有关法律的规定，在内地由港澳台地区投资者全额投资设立的企业。

港澳台商投资股份有限公司 指根据国家有关规定，经原外经贸部依法批准设立，其中港、澳、台商的股本占公司注册资本的比例达 25% 以上的股份有限公司。凡其中港、澳、台商的股本占公司注册资本的比例小于 25%的，属于内资企业中的股份有限公司。

中外合资经营企业 指外国企业或外国人与中国内地企业依照《中华人民共和国中外合资经营企业法》及有关法律的规定，按合同规定的比例投资设立、分享利润和分担风险的企业。

中外合作经营企业　指外国企业或外国人与中国内地企业依照《中华人民共和国中外合作经营企业法》及有关法律的规定，依照合作合同的约定进行投资或提供条件设立、分配利润和分担风险的企业。

外资企业　指依照《中华人民共和国外资企业法》及有关法律的规定，在中国内地由外国投资者全额投资设立的企业。

外商投资股份有限公司　指根据国家有关规定，经原外经贸部依法批准设立，其中外资的股本占公司注册资本的比例达 25% 以上的股份有限公司。凡其中外资股本占公司注册资本的比例小于 25%的，属于内资企业中的股份有限公司。

行政机关、事业单位和社会团体　参照企业登记注册类型，主要按其经费来源和管理方式划分。具体规定如下：

⑴行政机关：包括国家机关和政党机关，原则上均列为“国有”。但有特殊规定的，如供销社等，则列为“集体”。

⑵事业单位：包括经国家机构编制部门和有关业务主管部门批准成立的各类事业单位，不包括实行企业化管理的事业单位。事业单位的划分办法如下：①由国家财政预算拨款或列入财政预算外资金管理以及经费主要来源于国有主管部门或国有上级单位的事业单位，列为“国有”。②经费主要来源于集体单位的事业单位，列为“集体”。③公民个人(或个人合伙)开办的事业单位，列为“私营”。④上述以外的其他事业单位，如果其经费来源不明确，按管理方式进行归类。

⑶社会团体：包括经民政部门批准成立以及未纳入社会团体管理条例范围的工会、妇联等各类社会团体。社会团体的划分办法如下：①未纳入民政部社会团体管理条例范围的工会、妇联、共青团、青联、工商联、科协、侨联等社会团体，国家拨款设立的基金会或基金管理组织以及经费主要来源于国有业务主管部门或国有上级单位的社会团体，列为“国有”。②经费主要来源于集体单位的社会团体，列为“集体”。③公民个人(或个人合伙)开办的社会团体，划为“私营”。④上述以外的其他社会团体，如果其经费来源不明确，改按管理方式进行归类。

法人单位　是指有权拥有资产、承担负债，并独立从事社会经济活动（或与其他单位进行交易）的组织。法人单位应同时具备以下条件：

（一）依法成立，有自己的名称、组织机构和场所，能够独立承担民事责任；

（二）独立拥有（或授权使用）资产或者经费，承担负债，有权与其他单位签订合同；

（三）具有包括资产负债表在内的账户，或者能够根据需要编制账户。

法人单位包括五种类型：企业法人、事业单位法人、机关法人、社会团体和其他成员组织法人、其他法人。

产业活动单位　是指位于一个地点，从事一种或主要从事一种社会经济活动的组织或组织的一部分。产业活动单位应同时具备以下条件：

（一）在一个场所从事一种或主要从事一种社会经济活动；

（二）相对独立地组织生产活动或经营活动；

（三）能提供收入、支出等相关资料。

产业活动单位是法人单位的组成部分。仅包含一个产业活动单位的法人单位，称为单产业法人单位，该法人单位同时也是一个产业活动单位；由两个及以上产业活动单位组成的法人单位，称为多产业法人单位，这些产业活动单位接受法人单位的管理和控制。

Explanatory Notes on Main Statistical Indicators

Divisions of Administrative Areas refer to the division of administrative areas by the State. The relative laws stipulate that 1) the whole country is divided into provinces, autonomous regions and municipalities directly under the Central Government; 2) provinces and autonomous regions are further divided into autonomous prefectures, counties, autonomous counties and cities; 3) autonomous prefectures are further divided into counties, autonomous counties and cities; 4) counties and autonomous counties are further divided into townships, ethnic townships and towns; 5) municipalities directly under the Central Government and large cities are divided into districts and counties; 6) the State shall, when necessary, establish special administrative regions.

Average Annual Growth Rate shows the average growth rate of social and economic development during a longer period. It can not be directly calculated by chain based growth rate. The relation is:

Average Annual Growth Rate = Average Speed of Development – 1

Average speed of development is the time series average of speed which calculated by chain based. Because the reference bases during the different periods are not same, average speed of development can not be calculated by the general method. Level approach and accumulative approach for calculating average speed of development rate are applied. The "level approach", or the method of calculating the geometric average, is derived by the formula of geometric average of the chain-based speeds of development, or comparing the level of the last year of the interval with that of the beginning year; the other is called the "accumulative approach" or the "algebraic average", "equation" method, which is derived by the summation of the actual figure of each year in the interval divided by the figure in the base year. The level approach focuses on the level of the last year, while the accumulative approach emphasizes the aggregate development in the duration.

The average annual growth rates listed in the Yearbook are calculated by the level approach except for the growth rate of investment in fixed assets. The base year is not listed in the duration for which average annual growth rates are computed. For instance, the average annual growth rate of the 43 years since 1949 is shown as the average annual growth rate of 1950-1992 without showing the base year 1949.

Status of Registration Enterprises are classified into 3 categories, namely domestic-funded enterprises, enterprises with investment from Hong Kong, Macau and Taiwan, and enterprises with foreign investment, according to the registration status of an enterprise in industrial and commercial administration agencies. Domestic-funded enterprises include State-owned enterprises, collective-owned enterprises, cooperative enterprises, joint ownership enterprises, limited liability corporations, share-holding corporations Ltd., private enterprises and other enterprises. Included in the enterprises with investment from Hong Kong, Macau and Taiwan and enterprises with foreign investment are joint-venture enterprises, cooperative enterprises, sole investment enterprises and share-holding corporations Ltd. For government agencies, institutions and social organizations which are not registered in industrial and commercial administration agencies, they are classified mainly by their sources of funding and manner of management.

State-owned Enterprises refer to non-corporation economic units where the entire assets are owned by the State and which have been registered in accordance with the Regulation of the People's Republic of China on the Management of Registration of Corporate Enterprises. Not included from this category are solely State-funded corporations in the limited liability corporations.

Collective-owned Enterprises refer to economic units where the assets are owned collectively and which have been registered in accordance with the Regulation of the People's Republic of China on the Management of Registration of Corporate Enterprises.

Cooperative Enterprises refer to a form of collective economic units (enterprises) where capitals come mainly from employees as their shares, with certain proportion of capital from the outside, where production is organized on the basis of independent operation, independent accounting for profits and losses, joint work, democratic management, and a distribution system that integrates remuneration according to work with dividend according to capital share.

Joint Ownership Enterprises refer to economic units established by two or more corporate enterprises or corporate institutions of the same or different ownership, through joint investment on the basis of voluntary participation, equality, and mutual benefits. They include State joint ownership enterprises; collective joint ownership enterprises; joint State-collective enterprises; and other joint ownership enterprises.

Limited Liability Corporations refer to economic units established with investment from 2-50 investors and registered in accordance with the Regulation of the People's Republic of China on the Management of Registration of Corporations, each investor bearing limited liability to the corporation depending on its share of investment, and the corporation bearing liability to its debt to the maximum of its total assets. Limited liability corporations include solely State-funded limited liability corporations and other limited liability corporations.

Share-holding Corporations Ltd. refer to economic units registered in accordance with the Regulation of the People's Republic of China on the Management of Registration of Corporations, with total registered capital divided into equal shares and raised through issuing stocks. Each investor bears limited liability to the corporation depending on the holding of shares, and the corporation bears liability to its debt to the maximum of its total assets.

Private Enterprises refer to profit-making economic units invested and established by natural persons, or controlled by natural persons using employed labour. Included in this category are private limited liability corporations, private share-holding corporations Ltd., private partnership enterprises and private-funded enterprises registered in accordance with the Company Law, the Law on Partnership Business and Interim Regulations on Private Enterprises.

Other Domestic-funded Enterprises refer to domestic-funded economic units other than those mentioned above.

Joint Venture Enterprises with Funds from Hong Kong, Macau and Taiwan are enterprises established by investors from Hong Kong, Macau and Taiwan with enterprises in the mainland of China in accordance with the Law of the People's Republic of China on Sino-foreign Equity Joint Ventures and other relevant laws, where the establishment of the investment and the sharing of profits and risks are stipulated under joint venture contracts.

Cooperative Enterprises with Funds from Hong Kong, Macau and Taiwan established by investors from Hong Kong, Macau and Taiwan with enterprises in the mainland of China in accordance with the Law of the People's Republic of China on Sino-foreign Contractual Joint Venture and other relevant laws, where the investment or provision of facilities and the sharing of profits and risks are stipulated under cooperative contracts.

Enterprises with Sole (exclusive) Investment from Hong Kong, Macau and Taiwan refer to enterprises established in the mainland of China with exclusive investment from investors from Hong Kong, Macau and Taiwan in accordance with the Law of the People's Republic of China on Wholly Foreign-owned Enterprises and other relevant laws.

Share-holding Corporations Ltd. with Investment from Hong Kong, Macau and Taiwan refer to share-holding corporations Ltd. established with the approval from the former Ministry of Foreign Trade and Economic Relations in line with relevant State regulations, where the share of investment from Hong Kong, Macau or Taiwan businessmen exceeds 25% of the total registered capital of the corporation. In case the share of investment from Hong Kong, Macau or Taiwan is less than 25% of the total registered capital, the enterprise is to be classified as domestic-funded share-holding corporation Ltd.

Joint Venture Enterprises with Foreign Investment refer to enterprises jointly established by foreign enterprises or foreigners with enterprises in the mainland of China in accordance with the Law of the People's Republic of China on Sino-foreign Equity Joint Ventures and other relevant laws, where the sharing of investment, profits and risks is stipulated under contract.

Cooperative Enterprises with Foreign Investment refer to enterprises jointly established by foreign enterprises or foreigners with enterprises in the mainland of China in accordance with the Law of the People's Republic of China on Sino-foreign Contractual Joint Venture and other relevant laws, where the investment or provision of facilities and the sharing of profits and risks are stipulated under cooperative contracts.

Enterprises with Sole (exclusive) Foreign Investment refer to enterprises established in the mainland of China with exclusive investment from foreign investors in accordance with the Law of the People's Republic of China on Wholly Foreign-owned Enterprises and other relevant laws.

Share-holding Corporations Ltd. with Foreign Investment refer to share-holding corporations Ltd. established with the approval from the former Ministry of Foreign Trade and Economic Relations in line with relevant State regulations, where the share of investment from foreign investors exceeds

25% of the total registered capital of the corporation. In case the share of foreign investment is less than 25% of the total registered capital, the enterprise is to be classified as domestic-funded share-holding corporation Ltd.

Government Agencies, Institutions and Social Organizations are classified into the following categories by source of funds and manner of management taking reference of the registration status of enterprises:

(1) Government agencies: include State and party agencies, classified in principle as State-owned. There are exceptions, such as supply and marketing cooperatives which are classified as collective-owned.

(2) Institutions: include institutions of various types established with the approval by organization and staffing departments of the government, but exclude institutions where enterprise management system is introduced. Institutions are further classified as follows:

(a) Institutions for which their main budgets are from government budget appropriations or extra-budget funds, or allocated from the budget of their competent government agencies. Such institutions are classified as state-owned.

(b) Institutions for which their budget mainly come from collective units. Such institutions are classified as collective-owned.

(c) Social institutions established by individual or a group of citizens, which are classified as private.

(d) Institutions other than those mentioned above for which their sources of budget are not clear. Such institutions are classified by the manner of management.

(3) Social organizations: include social organizations established with the approval from the Ministry of Civil Affairs, and organizations that are not covered by social organization management regulations such as trade unions, women's federations etc.. Social organizations are further classified as follows:

(a) Social organizations that are not covered by social organization management regulations of the Ministry of Civil Affairs such as trade unions, women federations, communist youth leagues, youth associations, industrial and commerce associations, scientist associations, overseas Chinese associations, etc., foundations and fund management organizations established with funds from the state, and social organizations whose funds mainly come from the budget of their competent government agencies. Such institutions are classified as State-owned.

(b) Social organizations for which their budget mainly come from collective units. Such institutions are classified as collective-owned.

(c) Social organizations established by individual or a group of citizens, which are classified as private.

(d) Social organizations other than those mentioned above for which their sources of budget are not clear. Such organizations are classified by the manner of management.

Legal Entities refer to the organizations which have the right to own property, assume the liabilities and engage in social economic activities or trade with other institutions. Legal Entities should have the following conditions:

(a) Established in accordance with the law, have its own name, organization and location, bear civil liability independently.

(b) Owned (or licensed) assets or funds independently, bear the liabilities, entitled to sign contracts with other institutions.

(c) Control account included balance sheet or according to the needs.

Legal Entities include five types: corporate legal person, institutions legal person, authority legal person, social organizations and other members' organization legal person, other legal persons.

Economic Active Establishments refer to the organizations or a part of the organization which locate at a location, engaged in a kind of or a mainly social and economic activities. Establishments should have the following conditions:

(a) Locate at a location, engaged in a kind of or a mainly social and economic activities.

(b) Organize production or business activities relatively independently.

(c) Provide income, expenditure and other relevant information.

Legal entities are compositions of establishments. Legal entities with only one establishment are named as single-sector legal entities and the legal entities are the establishment meantime. Legal entities with two and more establishments are named as multi-sector legal entities; the establishments are managed and controlled by the legal entities.

2

人　口

Population

编辑人员：陈翠青

Compiled by Chen Cuiqing

英文翻译：符荟杰

Translated by Fu Huijie

简 要 说 明

一、本篇资料主要内容

本篇资料反映我省当年及历年人口的基本情况，包括历年人口数、城镇人口、乡村人口、出生率、死亡率、自然增长率、人口负担系数、家庭户规模、人口受教育程度等。

二、本篇资料来源

表 2-5、表 2-6、表 2-7 为公安户籍资料；表 2-2、2-3、2-4 为在年度人口变动调查基础上的人口推算数据；表 2-8 为七次人口普查主要数据。

三、本篇统计调查方法

在逢“0”的年份进行全国人口普查； 在逢“5”的年份进行全国 1%人口抽样调查；其余年份进行全国人口变动情况抽样调查，其样本量约占全国总人口的 1‰左右。人口抽样调查是以全国为总体，省级单位为次总体，采用分层、多阶段、整群概率比例抽样方法抽取样本。

Brief Introduction

I. Main Contents

Data in this chapter show the basic condition of the population from previous years for the whole province. They include the sizes of the provincial population, urban population and rural population over the year; as well as size, birth rates, death rates, natural growth rates, population dependency coefficient, average family household size and education attainments of the population by the end of 2014.

II. Sources of Data

In tables 2-5, 2-6, and 2-7, figures are from household registrations; In tables 2-2, 2-3 ,2-4 data are from the annual survey on population changes which have been revised according to the census results; In tables 2-8 data are the basic statistics on Hainan Population Census in1953,1964,1982,1990, 2000,2010 and 2020.

III. Sampling Methodology

The national population census is conducted in the year ending with 0; the national 1 percent population sample survey is conducted in the year ending with 5; sample surveys on population changes are conducted in the rest of the years which cover about 1 per thousand of the total population of the country. The sample survey on population change takes the whole nation as the population and each province, autonomous region or municipality as sub-populations, and the stratified multi-stage systematic PPS cluster sampling scheme is used.

2-1 人口主要指标

Major Indicators on Population

项　目	Item	2010	2015	2016	2017	2018	2019	2020	2021
常住人口	**Resident Population**								
年末常住人口（万人）	Population of Usual Residents at Year-end (10000 persons)	868.55	945.49	957.48	971.50	982.48	995.27	1012.34	1020.46
男性人口	Male population	459.98	498.46	503.54	509.16	514.62	518.73	536.74	542.02
女性人口	Female population	408.57	447.03	453.94	462.34	467.86	476.54	475.60	478.44
0-14岁人口	Population of aged 0-14	171.80	184.28	186.71	189.54	191.58	196.67	202.16	200.12
15-64岁人口	Population of aged 15-64	626.66	684.35	692.83	702.88	710.82	704.25	704.54	710.32
65岁及以上人口	Population of aged 65 and over	70.09	76.87	77.94	79.08	80.07	94.35	105.59	110.02
城镇人口比重（%）	Proportion of Urban (%)	49.81	54.91	56.7	58.04	59.13	59.37	60.27	60.97
人口密度(人/平方公里)	Population Density (person/sq.km.)	246	267	271	275	278	283	288	290
户籍人口	**Population of Household Registrations**								
年末总户数（万户）	Total Households at Year-end (10000 households)	253.55	263.42	262.73	262.61	267.38	269.01	270.30	270.60
年末户籍人口（万人）	Year end Total population of Household Registrations(10000 persons)	896.09	907.67	902.18	910.41	925.1	937.03	953.26	973.26
#乡村人口	#Population of Rural by Registration	552.47	570.99	553.77	556.03	561.09	558.66	528.33	522.68
城镇人口比重(%)	Proportion of Urban (%)	38.35	37.09	38.62	38.93	39.35	40.38	44.58	46.30
性别比 （女=100)	Sex Ratio (female=100)	109.19	110.02	109.83	109.53	109.4	109.15	108.78	108.33

2-2 常住人口变动情况
Statistics on Population Changes

指　　标	Item	2010	2015	2016	2017	2018	2019	2020	2021
一、年末常住人口(万人)	**Population of Usual Residents at Year-end (10000 persons)**	**868.55**	**945.49**	**957.48**	**971.50**	**982.48**	**995.27**	**1012.34**	**1020.46**
二、自然增长情况(‰)	**Natural Growth (‰)**								
出生率	Birth Rate	14.71	14.57	14.57	14.73	14.48	12.87	10.36	9.74
死亡率	Death Rate	5.73	6.00	6.00	6.01	6.01	6.11	5.85	6.01
自然增长率	Natural Growth Rate	8.98	8.57	8.57	8.72	8.47	6.76	4.51	3.73
三、各年龄组人口比重(%)	**Percentage of population by Age Group(%)**								
0—14岁	Aged 0-14	19.78	19.49	19.50	19.51	19.50	19.76	19.97	19.61
15—64岁	Aged 15-64	72.15	72.38	72.36	72.35	72.35	70.76	69.59	69.61
#16-59岁	Aged 16-59							64.15	64.22
60岁及以上	Aged 60 and Over							14.65	14.88
#65岁及以上	Aged 65 and Over	8.07	8.13	8.14	8.14	8.15	9.48	10.43	10.78
四、性别比(%)(女性=100)	**Sex Ratio(%)(Female=100)**	**112.58**	**111.52**	**110.93**	**110.12**	**110.01**	**108.86**	**112.86**	**113.29**
五、人均受教育年限(年)	**Mean years of Educational Attainment to Total(year)**								
6岁及以上人口	Population Aged 6 and Over	8.90	9.20	9.20	9.30	9.35	9.37	9.61	9.66
16-59岁人口	Population Aged 16-59							10.63	10.73
六、家庭户平均每户人数(人)	**Average Family Size (person/household)**	**3.46**	**3.68**	**3.65**	**3.55**	**3.51**	**3.52**	**3.06**	**3.18**
七、人口抚养负担情况(%)	**Dependency Ratio of Population(%)**								
总抚养比	Gross Dependency Ratio	38.60	38.16	38.20	38.20	38.22	41.32	43.69	43.66
少儿抚养比	Children Dependency Ratio	27.42	26.93	26.90	26.97	26.95	27.93	28.70	28.17
老年抚养比	Old Dependency Ratio	11.18	11.23	11.30	11.23	11.27	13.40	14.99	15.49
八、孩次构成情况(%)	**Composition of Birth Order(%)**								
一孩率	1st Birth Rate	53.07	49.39	55.35	42.49	39.63	39.82	42.81	41.63
二孩率	2nd Birth Rate	35.14	38.82	35.41	46.75	49.69	50.87	41.75	42.04
三孩率	3rd Birth Rate	11.79	11.79	7.7	9.43	9.38	9.31	15.44	16.32

注：1. 本表逢“0”年为普查推算数，其余年份为人口抽样调查推算数。
2. 孩次构成情况中三孩率为三孩及以上孩次率。

Note: a)In this table,the "0"year is the calculated number of census,and the rest years are the calculated number of population sampling survey.
b) 3rd birth rate refers to the 3rd birth and above.

2-3 各市县分城乡年末常住人口(2021年)
Population of Usual Residents at year-end by Region (2021)

地 区	Region	年末常住人口（万人） Population of Usual Residents at year-end (10 000 persons)	分城乡人口 By Residence 城镇（万人） Urban (10 000 persons)	乡村（万人） Rural (10 000 persons)	城镇人口比重（%） Proportion of urban population(%)
全省总计	**Total**	**1020.46**	**622.22**	**398.24**	**60.97**
海口市	Haikou	290.80	240.23	50.57	82.61
三亚市	Sanya	105.61	75.15	30.46	71.16
三沙市	Sansha	0.23	0.23	0.00	100.00
儋州市	Danzhou	97.01	52.94	44.07	54.57
五指山市	Wuzhishan	11.21	6.77	4.44	60.39
文昌市	Wenchang	56.72	34.94	21.78	61.60
琼海市	Qionghai	53.46	26.88	26.58	50.28
万宁市	Wanning	55.30	23.46	31.84	42.42
定安县	Ding'an	28.79	11.86	16.93	41.19
屯昌县	Tunchang	25.54	11.61	13.93	45.46
澄迈县	Chengmai	50.33	30.79	19.54	61.18
临高县	Lingao	42.26	21.23	21.03	50.24
东方市	Dongfang	44.98	26.26	18.72	58.38
乐东县	Ledong	46.93	14.85	32.08	31.64
琼中县	Qiongzhong	18.12	5.61	12.51	30.96
保亭县	Baoting	15.73	5.55	10.18	35.28
陵水县	Lingshui	37.60	16.26	21.34	43.24
白沙县	Baisha	16.43	3.29	13.14	20.02
昌江县	Changjiang	23.41	14.31	9.10	61.13

2-4 各市县分年龄段占总人口的比重(2021年)

Proportion of cities and counties in the total population by age group (2021)

地 区	Region	年末常住人口(万人) Total	分年龄段占总人口比重(%) Proportion of total population by age group				
			0-14岁 Aged 0-14	15-64岁 Aged 15-64	#15-59岁 Aged 15-59	60岁及以上人口 Aged 60 and Over	#65岁及以上 Aged 65+
全省总计	**Total**	**1020.46**	**19.61**	**69.61**	**64.22**	**14.88**	**10.78**
海口市	Haikou	290.80	18.16	72.86	68.17	12.63	8.97
三亚市	Sanya	105.61	17.42	75.27	70.95	10.47	7.31
三沙市	Sansha	0.23					
儋州市	Danzhou	97.01	23.16	67.10	61.88	13.31	9.74
五指山市	Wuzhishan	11.21	17.48	72.26	64.76	14.63	10.26
文昌市	Wenchang	56.72	17.74	65.16	58.89	22.43	17.10
琼海市	Qionghai	53.46	18.41	67.19	60.55	19.49	14.40
万宁市	Wanning	55.30	20.20	66.46	60.05	18.41	13.35
定安县	Ding'an	28.79	21.64	63.63	56.89	20.01	14.73
屯昌县	Tunchang	25.54	22.67	64.92	58.18	17.78	12.41
澄迈县	Chengmai	50.33	21.58	65.29	59.45	17.74	13.13
临高县	Lingao	42.26	22.08	65.40	59.58	16.90	12.52
东方市	Dongfang	44.98	21.14	68.74	63.54	13.81	10.12
乐东县	Ledong	46.93	18.94	69.83	64.65	15.06	11.23
琼中县	Qiongzhong	18.12	20.14	69.09	62.86	15.45	10.76
保亭县	Baoting	15.73	19.58	69.93	64.27	15.00	10.49
陵水县	Lingshui	37.60	21.12	68.54	62.58	15.16	10.35
白沙县	Baisha	16.43	20.39	69.14	63.48	14.24	10.47
昌江县	Changjiang	23.41	20.29	69.12	64.12	14.40	10.59

2-5 历年全省年末户籍人口数及构成

Number and composition of registered residence population at the end of each year

单位：万人 (10 000 persons)

年份 Year	总户数(万户) Number of Households (10 000 households)	年末户籍人口 Year end opulation of Househol Registrations	按性别分 By Sex 男 Male	按性别分 By Sex 女 Female	按城乡分 By Registration 乡村人口 Rural Population	按城乡分 By Registration 城镇人口 Urban Population
1952	66.06	259.40	126.84	132.56	239.28	20.12
1957	69.51	290.81	145.39	145.42	253.99	36.82
1962	76.20	335.18	184.21	150.97	287.91	47.27
1965	83.65	365.79	186.21	179.58	313.57	52.22
1970	98.81	428.89	218.11	210.78	374.84	54.05
1971	108.14	454.50	323.38	131.12	393.92	60.58
1973	100.96	479.49	245.30	234.19	414.69	64.80
1974	101.83	487.77	249.40	238.37	420.88	66.89
1975	103.34	496.82	253.73	243.09	427.36	69.46
1976	106.75	505.15	259.14	246.01	433.91	71.24
1977	110.33	516.36	264.32	252.04	442.38	73.98
1978	114.13	528.45	270.42	258.03	451.08	77.37
1979	115.76	540.30	276.53	263.77	458.86	81.44
1980	117.81	552.53	280.36	272.17	466.24	86.29
1981	117.68	560.77	287.09	273.68	469.76	91.01
1982	116.90	571.38	293.26	278.12	477.11	94.27
1983	120.09	580.66	298.83	281.83	482.79	97.87
1984	124.98	589.31	303.58	285.73	485.35	103.96
1985	127.26	597.51	313.08	284.43	485.50	112.01
1986	132.33	605.63	313.08	292.55	489.30	116.33
1987	136.87	615.08	318.23	296.85	493.49	121.59
1988	143.95	627.49	325.03	302.46	500.82	126.67
1989	147.73	638.79	331.63	307.16	506.20	132.59
1990	150.39	651.23	338.40	312.83	514.62	136.61
1991	155.39	661.50	344.38	317.12	520.68	140.82
1992	158.22	671.32	350.05	321.27	524.83	146.49
1993	161.01	681.78	355.70	326.08	530.36	151.42
1994	163.27	691.39	360.66	330.73	533.26	158.13
1995	166.62	702.42	367.78	334.64	537.36	165.06
1996	170.76	714.06	373.20	340.86	540.25	173.81
1997	174.84	724.53	379.36	345.17	543.07	181.46
1998	178.21	733.31	384.91	348.40	547.19	186.12
1999	181.39	743.21	390.07	353.14	554.09	189.12
2000	182.61	760.94	399.54	361.40	564.07	196.87
2001	185.67	769.50	403.71	365.79	567.19	202.31
2002	188.52	778.89	409.16	369.73	570.43	208.46
2003	191.29	790.26	415.21	375.05	574.90	215.36
2004	197.70	805.88	422.70	383.18	501.15	304.53
2005	202.79	819.03	428.67	390.37	505.30	313.73
2006	215.57	833.44	435.59	397.85	512.07	321.36
2007	222.77	849.26	443.20	406.05	521.39	327.87
2008	233.49	864.73	451.80	412.93	529.76	334.96
2009	241.38	879.56	458.44	421.12	539.31	340.01
2010	253.55	896.09	467.72	428.37	552.47	343.46
2011	259.85	907.82	474.22	433.60	561.61	346.13
2012	257.91	901.93	471.74	430.19	559.67	342.26
2013	262.65	908.91	474.98	433.93	565.03	343.82
2014	265.39	916.34	478.68	437.66	571.29	345.01
2015	263.42	907.67	475.48	432.19	570.99	336.68
2016	262.73	902.18	472.21	429.97	553.77	348.41
2017	262.61	910.41	475.91	434.50	556.03	354.38
2018	267.38	925.10	483.31	441.80	561.09	364.01
2019	269.01	937.03	489.01	448.02	558.66	378.37
2020	270.30	953.26	496.68	456.58	528.33	424.93
2021	270.60	973.26	506.09	467.18	522.68	450.59

2-6 各市县年末户籍人口(2021年)
Year end population of Household Registrations by Region(2021)

单位：人 (person)

地区	Region	总户数(户) Number of Households (households)	年末户籍人口 Year end population of Household Registrations	按性别分 By Sex		按城乡分 By Registration	
				男 Male	女 Female	乡村人口 Rural Population	城镇人口 Urban Population
全省总计	**Total**	**2705981**	**9732630**	**5060861**	**4671769**	**5226775**	**4505855**
海口市	Haikou	623821	2135704	1076098	1059606	624523	1511181
三亚市	Sanya	150222	710899	357068	353831	235763	475136
三沙市	Sansha	560	920	477	443		920
儋州市	Danzhou	249560	1069390	568537	500853	696311	373079
五指山市	Wuzhishan	33836	103899	53451	50448	62395	41504
文昌市	Wenchang	174498	596023	304485	291538	318012	278011
琼海市	Qionghai	154441	523308	273809	249499	353106	170202
万宁市	Wanning	209819	624936	330985	293951	316675	308261
定安县	Ding'an	106218	348064	186982	161082	249749	98315
屯昌县	Tunchang	90687	308460	163757	144703	214962	93498
澄迈县	Chengmai	155227	572969	309662	263307	308092	264877
临高县	Lingao	134665	509697	267704	241993	361478	148219
东方市	Dongfang	133997	463948	244143	219805	271193	192755
乐东县	Ledong	159504	550120	287922	262198	422158	127962
琼中县	Qiongzhong	72478	212797	112504	100293	154775	58022
保亭县	Baoting	53206	167391	86248	81143	111172	56219
陵水县	Lingshui	85690	386488	201477	185011	236301	150187
白沙县	Baisha	50742	193558	101984	91574	147236	46322
昌江县	Changjiang	66810	254059	133568	120491	142874	111185

2-7 各市县民族人口(2021年)
Population of Ethnicity by Region (2021)

单位：人 (年末户籍人口)(Population of Household Registrations at Year-end) (person)

地　区	Region	汉族 Han	少数民族 Ethnic Minorities	黎族 Li	苗族 Miao	壮族 Zhuang	回族 Hui	其他 Others	少数民族占总人口的比重(%) Proportion of Ethnic Minorities Population to Total Population
全省总计	**Total**	**7999581**	**1733049**	**1539314**	**81997**	**43027**	**18966**	**49745**	**17.81**
海口市	Haikou	2068481	67223	26380	2707	5444	5726	26966	3.15
三亚市	Sanya	439391	271508	243780	4342	2766	11526	9094	38.19
三沙市	Sansha	869	51	14	2	4	2	29	5.54
儋州市	Danzhou	971414	97976	87855	2942	4758	227	2194	9.16
五指山市	Wuzhishan	27354	76545	69601	5939	376	127	502	73.67
文昌市	Wenchang	589368	6655	5187	227	649	42	550	1.12
琼海市	Qionghai	501838	21470	6372	11834	2311	69	884	4.10
万宁市	Wanning	512142	112794	99735	8194	3136	84	1645	18.05
定安县	Ding'an	340005	8059	3621	2903	1040	14	481	2.32
屯昌县	Tunchang	270229	38231	22651	11330	3496	37	717	12.39
澄迈县	Chengmai	564964	8005	5438	716	1252	56	543	1.40
临高县	Lingao	508530	1167	700	43	218	16	190	0.23
东方市	Dongfang	366775	97173	94608	1197	628	54	686	20.94
乐东县	Ledong	337564	212556	206869	3115	1908	47	617	38.64
琼中县	Qiongzhong	75618	137179	113511	15661	6495	66	1446	64.46
保亭县	Baoting	50730	116661	104264	7538	3850	70	939	69.69
陵水县	Lingshui	163986	222502	220110	900	770	64	658	57.57
白沙县	Baisha	63742	129816	123583	2108	3020	16	1089	67.07
昌江县	Changjiang	146581	107478	105035	299	906	723	515	42.30

2-8 海南省七次人口普查基本情况

Basic Statistics on Hainan Population Census in1953,1964,1982,1990,2000 ,2010and 2020

指　　标	Item	1953	1964	1982	1990	2000	2010	2020
总人口(万人)	**Total Population**	**265.69**	**347.04**	**566.77**	**655.81**	**755.90**	**867.15**	**1008.12**
男	Male	131.86	175.67	290.67	341.89	400.24	459.23	534.51
女	Female	133.83	171.37	276.10	313.92	355.66	407.92	473.62
性别比(女性=100)	Sex Ratio (female=100)	98.52	102.51	105.28	108.91	112.54	112.58	112.86
家庭户规模(人/户)	Average Family Size (person/household)			4.89	4.57	4.11	3.46	3.06
各年龄组人口比重(%)	**Percentage of population by Age Group(%)**							
0-14岁	Aged 0-14			36.73	33.08	27.43	19.78	19.97
15-64岁	Aged 15-64			57.11	61.51	65.83	72.15	69.59
65岁及以上	Aged 65 and Over			6.16	5.41	6.74	8.07	10.43
民族人口	**Population By Ethnicity**							
汉族(万人)	Han (10 000 persons)		300.08	479.18	544.15	624.53	724.61	849.82
占总人口比重(%)	Proportion to Total Population(%)		86.50	84.50	83.00	82.60	83.56	84.30
少数民族(万人)	Ethnic Minorities (10 000 persons)		46.96	87.59	111.66	131.37	142.54	158.30
占总人口比重(%)	Proportion to Total Population(%)		13.50	15.50	17.00	17.40	16.44	15.70
每十万人拥有的各种受教育程度人口(人)	**Population by Educational Attainments Per 100 000 Persons (person)**							
大专及以上	College and Higher Level			382	1247	3180	7728	13919
高中和中专	Senior Secondary School and Technical Secondary School			9415	10355	12512	14857	15561
初中	Junior Secondary School			16624	22498	32485	42005	40174
小学	Primary School			33331	34603	34378	22589	19701
文盲人口及文盲率	**Illiterate Population and Its Percentage**							
文盲人口(万人)	Illiterate Population (10 000 persons)			108.87	92.87	53.30	35.26	32.74
文盲率(%)	Percentage of Illiterate Population to Total Aged 15 and Over(%)			19.21	14.16	7.05	4.07	3.25
城乡人口(万人)	**Population by Residence(10 000 persons)**							
城镇人口	Urban Population	21.48	44.83	73.31	157.04	307.46	430.85	607.60
乡村人口	Rural Population	244.21	302.21	493.46	498.77	448.44	436.30	400.53
平均预期寿命(岁)	**Life Expectancy (years old)**			**72.86**	**70.01**	**72.92**	**76.30**	**79.05**
男	Male			69.97	66.93	70.66	73.20	75.83
女	Female			75.29	73.28	75.26	80.01	82.84
总和生育率	**Total Fertility Rate**					**1.54**	**1.51**	**1.55**

主要统计指标解释

人口数　指一定时点、一定地区范围内有生命的个人总和。

年度统计的年末人口数指每年12月31日24时的人口数。年度统计的全国人口总数内未包括香港、澳门特别行政区和台湾地区以及海外华侨人数。

常住人口　一般指经常居住在某地区半年以上的人口。

国际上进行人口普查和人口调查时常用的统计口径，我国人口普查和人口调查均按常住人口进行统计和汇总。判断常住人口的时间标准为半年，空间标准为乡、镇、街道。常住人口包括：

a.居住在本乡、镇、街道且户口在本乡、镇、街道或户口待定的人；

b.居住在本乡、镇、街道且离开户口登记地所在的乡、镇、街道半年以上的人；

c.户口在本乡、镇、街道且外出不满半年或在国外（或港澳台）工作学习的人。

户籍人口　指公民在其经常居住地的公安户籍管理机关登记了常住户口的人，这类人口不管其是否外出，也不管外出时间长短，只要在某地注册有常住户口，则为该地区的户籍人口。

城镇人口和乡村人口（分为户籍和常住两个口径）户籍城镇人口是指从事非农业生产活动的劳动人口及其家庭被抚养人口；户籍乡村人口是指居住在农村或集镇，从事农业生产，以农业收入为主要生活来源的人口。

常住城镇人口是指居住在城镇范围内的全部常住人口;常住乡村人口是指居住在乡村范围内的全部常住人口。

出生率(粗出生率)　指在一定时期内(通常为一年)一定地区的出生人数与同期内平均人数(或期中人数)之比，用千分率表示。本资料中的出生率指年出生率，其计算公式为：

出生率＝年出生人数／年平均人数×1000‰

式中：出生人数指活产婴儿，即胎儿脱离母体时(不管怀孕月数)，有过呼吸或其他生命现象。年平均人数指年初、年底人口数的平均数，也可用年中人口数代替。

死亡率(粗死亡率)　指在一定时期内(通常为一年)一定地区的死亡人数与同期平均人数(或期中人数)之比，用千分率表示。本资料中的死亡率指年死亡率，其计算公式为：

死亡率＝年死亡人数／年平均人数×1000‰

人口自然增长率　指在一定时期内(通常为一年)人口自然增加数(出生人数减死亡人数)与该时期内平均人数(或期中人数)之比，用千分率表示。计算公式为：

人口自然增长率＝（本年出生人数－本年死亡人数）／年平均人数×1000‰＝人口出生率－人口死亡率

性别比　人口中男性人数与女性人数之比。通常用每100名女性人口相对应的男性人口数来表示。

一孩率　指当年出生人数中第一个孩子所占的比例。

二孩率　指当年出生人数中第二个孩子所占的比例。

三孩率　指当年出生人数中第三及以上孩子所占的比例。

一般生育率　指当年每千名15-49岁育龄妇女生育的活产婴儿总数。

总和生育率　指当年各年龄别妇女生育率的合计数，说明每名妇女按某年的年龄别生育率度过育龄期,平均每个妇女在育龄期生育的子女数。

人口抚养比(人口负担系数)。是指人口总体中非劳动年龄人口数与劳动年龄人口数之比，通常用百分比表示。说明每100名劳动年龄人口大致要负担多少名非劳动年龄人口。用于从人口角度反映人口与经济发展的基本关系。负担系数可分为总负担系数、少儿负担系数和老年负担系数。

总抚养比　也称总负担系数。指人口总体中非劳动年龄人口数与劳动年龄人口数之比。通常用百分比表示。说明每100名劳动年龄人口大致要负担多少名非劳动年龄人口。计算公式为：

$$GDR=\frac{P_{0-14}+P_{65^+}}{P_{15-64}}\times 100\%$$

其中：GDR为总抚养比；P0~14为0～14岁少年儿童人口数；

P65+为65岁及65岁以上的老年人口数；

P15~64为15～64岁劳动年龄人口数。

老年人口抚养比　也称老年人口抚养系数。指某一人口中老年人口数与劳动年龄人口数之比。通常用百分比表示。用以表明每100名劳动年龄人口要负担多少名老年人。计算公式为：

$$EDR=\frac{P_{65^+}}{P_{15-64}}\times 100\%$$

其中：EDR 为老年人口抚养比；P65+为 65 岁及 65 岁以上的老年人口数；

P15~64 为 15～64 岁的劳动年龄人口数。

少年儿童抚养比 也称少年儿童抚养系数。指某一人口中少年儿童人口数与劳动年龄人口数之比。通常用百分比表示。以反映每 100 名劳动年龄人口要负担多少名少年儿童。计算公式为：

$$EDR=\frac{P_{65^+}}{P_{15-64}}\times 100\%$$

其中：CDR 为少年儿童抚养比；P0~14 为 0～14 岁少年儿童人口数；

P15~64 为 15～64 岁劳动年龄人口数。

文盲率 总人口中文盲人口（指 15 岁及以上不识字人口）中所占的比重。文盲率反映一个国家人们受教育的程度。

人均受教育年限 是将各种受教育程度折算成受教育年限计算平均数得出的，具体的折算标准是：小学=6 年，初中=9 年，高中=12 年，大专及以上=16 年。反映的是人口受教育的总体水平和文化素质。

Explanatory Notes on Main Statistical Indicators

Total Population refers to the total number of people alive at a certain point of time within a given area.

The annual statistics on total population is taken at midnight, the 3lst of December, not including residents in Hong Kong SAR, Macao SAR and Taiwan and Chinese national residing abroad.

Population of Usual Resident refers to the total number of people alive at an area for more than half a year. The statistical caliber commonly used in international census and population survey. China's census and population survey are based on the permanent population. The time standard for judging the permanent population is half a year, and the space standard is Township, town and street. The permanent population includes:

a) A person who lives in the township, town, street and whose registered permanent residence is in the township, town, street or whose registered permanent residence is to be determined.

b) People who live in their own Township, town or street and leave the township, town .or Street where their registered permanent residence is located for more than half a year.

c) Registered permanent residence in the township, town or street and has been away for less than half a year or abroad (or people who work and study in Hong Kong, Macao and Taiwan.)

Population of Household Registrations refers to the citizens who have registered in public security organs of household register management, regardless of whether or not to go out and no matter the length of time.

Urban Population and Rural Population the statistical scope of Urban Population and Rural Population is divided into population of household registrations and population of usual residents. Urban Population of Household Registrations refer to people who engage into non-agricultural activities and the dependent population of the family. Rural Population of Household Registrations refer to people who live in the rural area and engage into agricultural activities or agricultural income as the main source of living.

Urban population of usual residents refer to all people residing in cities and towns, while rural population usual residents refer to population residing in rural areas.

Birth Rate (or Crude Birth Rate) refers to the ratio of the number of births to the average population (or mid-period population) during a certain period of time (usually a year) ,expressed in per thousand. Birth rate in the yearbook refers to annual birth rate. The following formula is used:

Birth Rate = Number of Births in the Year/Annual Average Number of Population×1000‰

Where: Number of births refers to live births, i.e. when a baby has breathed or showed any vital phenomena regardless of the length of pregnancy.

Annual Average number of Population is the average of the number of population at the beginning of the year and that at the end of the year. Sometimes it is substituted by the mid-year population.

Death Rate (or Crude Death Rate) refers to the ratio of the number of deaths to the average population (or mid-period population) during a certain period of time (usually a year), expressed in per thousand. Death rate in the yearbook refers to annual death rate. The following formula is used:

Death Rate= Number of Deaths in the Year/Annual Average Number of Population×1000‰

Natural Growth Rate of Population refers to the ratio of natural increase in population (number of births minus number of deaths) in a certain period of time (usually a year) to the average population (or mid-period population) of the same period, expressed in per thousand. The following formulas are applied:

Natural Growth of Rate of Population = (Number of Births-Number of Deaths)/Annual Average Number of Population×1000‰

Natural Growth of Rate of Population = Birth Rate-Death Rate

Sex Ratio refers to the ratio of the number of men to each 100 female.

1st Birth Rate refers to the ratio of the number of 1st birth baby to baby birth this year.

2nd Birth Rate refers to the ratio of the number of 2nd birth baby to baby birth this year.

3rd Birth Rate refers to the ratio of the number of 3th or above birth baby to baby birth this year.

General Fertility Rate refers to the total number of live birth infants were delivered by per thousand women of childbearing age (aged 15-49) in that year.

Total Fertility Rate refers to the total number of birth rate above all age-specific women in that year.

Age Composition Ratio (dependency ratio) refers to the ratio of non-working-age population to the working-age population, express in %.Describing in general the number of non-working-age population that every 100 people at working ages will take care of. This indicator reflects the basic relation between population and economic development from the demographic perspective.

Gross Dependency Ratio also called gross dependency coefficient, refers to the ratio of non-working-age population to the working-age population, express in %. Describing in general the number of non-working-age population that every 100 people at working ages will take care of. The gross dependency ratio is calculated with the following formula:

$$GDR = \frac{P_{0\sim14} + P_{65^+}}{P_{15\sim64}} \times 100\%$$

Where: GDR is the gross dependency ratio,

P0-14 is the population of children aged 0-14,

P65+ is the elderly population aged 65 and over, and

P15-64 is the working-age population aged 15-64.

Elderly Dependency Ratio also called elderly dependency coefficient, refers to the ratio of the elderly population to the working-age population, express in %. It describes the number of the elderly population that every 100 people at working ages will take care of. Elderly dependency ratio is one of the indicators reflecting the social implication of population aging from the economic perspective. The elderly dependency ratio is calculated with the following formula:

$$EDR = \frac{P_{65^+}}{P_{15\text{-}64}} \times 100\%$$

Where: EDR is the elderly dependency ratio,

P65+ is the elderly population aged 65 and over, and

P15-64 is the working-age population aged 15-64.

Children Dependency Ratio also called children dependency coefficient, refers to the ratio of the children population to the working-age population, express in %. It describes the number of children population that every 100 people at working ages will take care of. The children dependency ratio is calculated with the following formula:

$$CDR = \frac{P_{0\sim14}}{P_{15\sim64}} \times 100\%$$

Where: CDR is the children dependency ratio,

P0-14 is the children population aged 0-14, and

P15-64 is the working-age population aged 15-64.

Illiterate Rate is the proportion of the total Chinese illiterate population (refers to the illiterate population aged 15 and above). The illiteracy rate reflects the level of education of people in a country.

Mean Years of Educational Attainment calculated by converting various levels of education into the average number of years of education. Standard: primary school is 6 years, junior middle school is 9 years, senior high school is 12 years, college and above is 16 years, and it reflects the overall level of education and cultural quality of the population.

3

国民经济核算

National Accounts

编辑人员：夏亮　符峻　邢巧星

Compiled by Xia Liang　Fu Jun　Xing Qiaoxing

英文翻译：夏亮

Translated by Xia Liang

简 要 说 明

本章节主要内容和资料来源

地区生产总值数据是由海南省统计局国民经济核算处按照国家统计局国民经济核算的方法制度，通过收集不同产业部门、不同支出构成资料，采用生产法和收入法计算的。

本年鉴公布的地区生产总值以及与之有关的指标数据，在遇到普查或者重大核算方法改革，能够获得更详细的基础资料以及更多的财务和行政记录等资料的情况下，地区生产总值的历史数据还会发生变动。2016 年，国家统计局改革研发支出的核算方法，将能够为所有者带来经济利益的研发支出不再作为中间消耗，而是作为固定资本形成处理。根据新的核算方法，本年鉴中自 2016 年之后的年地区生产总值数据包含研发支出。

Brief Introduction

I. Data on GDP are computed by the Department of National Accounts of the Hainan Provincial Bureau of Statistics (NBS) based on different approaches in the light of the different features of various sectors, various expenditure structures and different data sources, calculated using the production method and income approach .

II. Historical data on GDP and related indicators published in the Yearbook are subject to change when more information from financial data and administrative records become available, where a census has been conducted, or method of significant accounting methods is reformed. In 2016, National Bureau of Statistics reforms the Methodology of Expenditure for Research and Development, which that will bring economic benefit for the owners is not treated as Intermediate Consumption, and is treated as fixed assets formation. According to the new Accounting Methodology, we revised historical data of GDP from 2016 in this Yearbook.

3-1 历年地区生产总值
Gross Domestic Product in Various Years

单位：亿元 (100 million yuan)

年 份 Year	地区生产总值 Gross Domestic Product	第一产业 Primary Industry	第二产业 Secondary Industry	第三产业 Tertiary Industry	#农业 Agriculture	工 业 Industry	建筑业 Construction	人均地区生产总值(元) Per Capita GDP(yuan)
1978	16.40	8.72	3.65	4.03	8.72	2.95	0.70	314
1979	17.45	9.31	3.77	4.37	9.31	3.01	0.76	327
1980	19.33	10.8	3.61	4.92	10.8	2.87	0.74	354
1981	22.23	13.02	3.47	5.74	13.02	2.71	0.76	399
1982	28.86	17.25	4.04	7.57	17.25	3.07	0.97	510
1983	31.12	18.45	4.47	8.20	18.45	3.53	0.94	540
1984	37.18	20.48	6.68	10.02	20.48	4.70	1.98	636
1985	43.26	21.80	9.30	12.16	21.80	5.88	3.42	729
1986	48.03	24.05	9.92	14.06	24.05	6.67	3.25	798
1987	57.28	28.63	10.91	17.74	28.63	7.73	3.18	925
1988	77.00	38.46	14.19	24.35	38.46	10.03	4.16	1220
1989	91.32	42.64	18.29	30.39	42.64	11.70	6.59	1420
1990	102.42	45.71	20.19	36.52	45.71	13.16	7.03	1562
1991	120.52	49.80	24.71	46.01	49.80	15.23	9.48	1804
1992	184.92	53.59	38.27	93.06	53.59	20.98	17.29	2719
1993	260.40	76.82	66.08	117.50	76.82	35.58	30.50	3755
1994	331.98	106.12	83.32	142.54	106.12	44.56	38.76	4702
1995	363.25	128.90	78.48	155.87	128.90	44.04	34.44	5063
1996	389.68	141.15	81.52	167.01	141.15	49.20	32.32	5346
1997	411.16	148.52	83.13	179.51	148.52	52.05	31.08	5567
1998	442.12	156.05	91.41	194.66	156.05	59.09	32.32	5912
1999	476.68	172.62	96.02	208.04	172.62	63.37	32.65	6294
2000	526.82	192.00	103.97	230.85	192.00	70.46	33.51	6798
2001	579.18	196.78	133.84	248.56	196.79	97.86	35.98	7315
2002	642.74	222.89	148.88	270.97	222.89	111.42	37.46	8041
2003	713.96	244.29	175.82	293.85	244.29	132.26	43.56	8849
2004	802.68	271.99	199.60	331.09	275.76	147.56	52.04	9859
2005	884.87	289.86	229.83	365.18	293.75	168.92	60.91	10753
2006	1027.45	310.71	291.62	425.12	317.48	221.31	70.31	12350
2007	1234.00	351.32	354.26	528.42	360.14	268.37	85.89	14683
2008	1474.66	423.57	412.58	638.51	433.93	303.89	109.66	17357
2009	1620.28	448.09	432.36	739.83	458.72	291.89	141.37	18860
2010	2020.53	521.92	528.55	970.06	534.43	347.56	182.10	23323
2011	2463.84	636.64	671.26	1155.94	651.36	440.08	232.45	28014
2012	2789.38	683.85	747.22	1358.31	700.95	478.32	270.10	30993
2013	3115.85	723.60	750.90	1641.35	742.70	441.64	310.37	34053
2014	3449.01	793.15	826.52	1829.34	814.74	485.94	341.79	37166
2015	3734.19	835.35	882.85	2015.99	859.25	492.89	390.41	39704
2016	4090.20	924.74	903.95	2261.51	951.63	482.50	422.50	43009
2017	4497.54	962.84	996.35	2538.35	993.25	528.28	470.01	46631
2018	4910.69	985.96	1053.14	2871.59	1020.23	582.04	475.20	50263
2019	5330.84	1079.01	1083.75	3168.08	1117.99	597.86	490.22	53929
2020	5566.24	1135.98	1072.24	3358.02	1178.39	557.42	518.66	55438
2021	6475.20	1254.44	1238.80	3981.96	1300.67	683.60	560.67	63707

注：1. 本表按当年价格计算。2. 1992年之后数据根据全国第四次经济普查结果修订，下同。3. 2021年数据为初步核算数，下同。

Note:1. Data in this table are calculated at current prices. 2.Since1992,the data of GDP have been revised according to the 4th Economic Census in this Yearbook，the following as the same.3.Data of 2021 are preliminary estimation,the following as the same.

3-2 历年地区生产总值构成
Composition of Gross Domestic Product in Various Years

单位：% (%)

年份 Year	地区生产总值 Gross Domestic Product	第一产业 Primary Industry	第二产业 Secondary Industry	第三产业 Tertiary Industry	#农业 Agriculture	工业 Industry	建筑业 Construction
1978	100.0	53.1	22.3	24.6	53.1	18.0	4.3
1979	100.0	53.4	21.6	25.0	53.4	17.2	4.4
1980	100.0	55.9	18.6	25.5	55.9	14.8	3.8
1981	100.0	58.6	15.6	25.8	58.6	12.2	3.4
1982	100.0	59.8	14.0	26.2	59.8	10.6	3.4
1983	100.0	59.3	14.4	26.3	59.3	11.4	3.0
1984	100.0	55.1	18.0	26.9	55.1	12.7	5.3
1985	100.0	50.4	21.5	28.1	50.4	13.6	7.9
1986	100.0	50.0	20.7	29.3	50.0	13.9	6.8
1987	100.0	50.0	19.0	31.0	50.0	13.5	5.5
1988	100.0	50.0	18.4	31.6	50.0	13.0	5.4
1989	100.0	46.7	20.0	33.3	46.7	12.8	7.2
1990	100.0	44.6	19.7	35.7	44.6	12.8	6.9
1991	100.0	41.3	20.5	38.2	41.3	12.6	7.9
1992	100.0	29.0	20.7	50.3	29.0	11.3	9.3
1993	100.0	29.5	25.4	45.1	29.5	13.7	11.7
1994	100.0	32.0	25.1	42.9	32.0	13.4	11.7
1995	100.0	35.5	21.6	42.9	35.5	12.1	9.5
1996	100.0	36.2	20.9	42.9	36.2	12.6	8.3
1997	100.0	36.1	20.2	43.7	36.1	12.7	7.6
1998	100.0	35.3	20.7	44.0	35.3	13.4	7.3
1999	100.0	36.2	20.1	43.7	36.2	13.3	6.8
2000	100.0	36.4	19.7	43.9	36.4	13.4	6.4
2001	100.0	34.0	23.1	42.9	34.0	16.9	6.2
2002	100.0	34.6	23.2	42.2	34.7	17.3	5.8
2003	100.0	34.2	24.6	41.2	34.2	18.5	6.1
2004	100.0	33.9	24.9	41.2	34.4	18.4	6.5
2005	100.0	32.8	26.0	41.2	33.2	19.1	6.9
2006	100.0	30.2	28.4	41.4	30.9	21.5	6.8
2007	100.0	28.5	28.7	42.8	29.2	21.7	7.0
2008	100.0	28.7	28.0	43.3	29.4	20.6	7.4
2009	100.0	27.7	26.7	45.6	28.3	18.0	8.7
2010	100.0	25.8	26.2	48.0	26.4	17.2	9.0
2011	100.0	25.8	27.2	47.0	26.4	17.9	9.4
2012	100.0	24.5	26.8	48.7	25.1	17.1	9.7
2013	100.0	23.2	24.1	52.7	23.8	14.2	10.0
2014	100.0	23.0	24.0	53.0	23.6	14.1	9.9
2015	100.0	22.4	23.6	54.0	23.0	13.2	10.5
2016	100.0	22.6	22.1	55.3	23.3	11.8	10.3
2017	100.0	21.4	22.2	56.4	22.1	11.7	10.5
2018	100.0	20.1	21.4	58.5	20.8	11.9	9.7
2019	100.0	20.2	20.3	59.5	21.0	11.2	9.2
2020	100.0	20.4	19.3	60.3	21.2	10.0	9.3
2021	100.0	19.4	19.1	61.5	20.1	10.6	8.7

注：本表按当年价格计算。

Note:Data in this table are calculated at current prices.

3-3 历年地区生产总值指数
Indices of Gross Domestic Product in Various Years

(上年=100) (preceding year=100)

年 份 Year	地区生产总值 Gross Domestic Product	第一产业 Primary Industry	第二产业 Secondary Industry	第三产业 Tertiary Industry	#农业 Agriculture	工 业 Industry	建筑业 Construction	人均地区生产总值 Per Capita GDP
1978								
1979	103.1	106.3	91.8	106.5	106.3	88.8	104.3	100.6
1980	101.8	101.6	94.7	108.5	101.6	94.2	96.3	102.8
1981	113.0	118.1	95.8	113.6	118.1	94.9	101.8	120.6
1982	123.6	125.4	110.4	127.5	125.4	106.5	123.6	123.7
1983	105.8	104.8	108.4	106.7	104.8	112.6	94.5	109.3
1984	116.9	109.2	143.6	119.5	109.2	128.4	200.6	117.4
1985	112.0	102.4	133.8	117.0	102.4	123.9	157.8	112.9
1986	108.7	111.2	101.8	109.6	111.2	105.8	95.0	107.3
1987	111.5	109.2	109.8	116.7	109.2	115.4	98.4	109.5
1988	109.7	103.8	119.6	112.5	103.8	123.2	110.9	107.6
1989	105.7	103.1	113.1	104.4	103.1	105.2	134.4	103.8
1990	110.6	109.2	110.5	112.7	109.2	110.0	111.5	108.5
1991	114.9	108.7	120.1	119.7	108.7	120.0	120.2	112.7
1992	141.5	110.0	137.5	179.4	110.0	131.8	148.2	139.0
1993	120.6	110.5	150.1	115.1	110.5	138.5	169.4	118.2
1994	111.2	112.9	117.1	106.9	112.9	114.0	121.3	109.3
1995	103.8	111.5	94.3	104.0	111.5	94.1	94.6	102.1
1996	104.7	105.4	102.2	105.5	105.4	106.1	97.3	103.1
1997	106.8	107.6	105.6	106.9	107.6	109.2	100.7	105.4
1998	108.4	108.3	109.0	108.3	108.3	109.6	108.1	107.1
1999	108.5	110.8	108.0	107.0	110.8	109.5	105.6	107.1
2000	109.0	110.2	107.7	108.8	110.2	110.0	104.1	106.6
2001	109.1	109.7	108.8	108.7	109.7	110.3	105.8	106.8
2002	109.6	109.1	112.9	108.5	109.1	115.9	106.2	108.5
2003	110.6	109.0	119.5	107.8	109.0	123.2	110.6	109.6
2004	109.7	106.7	113.9	110.0	108.0	114.9	111.4	108.7
2005	110.5	105.8	116.9	110.9	106.0	116.9	116.7	109.3
2006	110.6	109.2	111.7	111.1	109.3	111.8	111.4	109.4
2007	115.8	108.0	123.9	116.7	108.0	128.6	111.0	114.6
2008	110.3	107.6	105.9	115.2	107.8	104.9	110.1	109.1
2009	111.7	107.2	112.7	114.1	107.2	108.1	126.9	110.5
2010	116.0	106.3	119.3	120.1	106.4	118.0	123.1	115.0
2011	112.2	106.1	116.3	113.2	106.2	116.9	115.2	110.5
2012	109.4	106.2	111.7	109.7	106.3	109.9	115.1	106.9
2013	109.6	106.3	108.4	111.9	106.3	105.1	115.1	107.8
2014	108.6	104.8	109.5	109.9	105.1	110.0	109.0	107.1
2015	107.8	105.4	105.7	109.9	105.5	106.0	105.7	106.3
2016	107.5	104.2	104.7	110.2	104.2	101.9	108.3	106.3
2017	107.0	103.6	102.6	110.2	103.8	100.6	105.2	105.5
2018	105.8	103.8	104.1	107.1	104.1	105.9	102.5	104.4
2019	105.8	102.5	104.1	107.5	102.7	104.2	103.9	104.5
2020	103.5	102.0	99.0	105.6	102.1	95.1	103.6	102.0
2021	111.2	103.9	106.0	115.3	104.1	109.6	102.4	109.8

注：本表按不变价格计算。

Note:Data in this table are calculated at constant prices.

3-4 历年地区生产总值指数(1978=100)
Indices of Gross Domestic Product in Various Years (1978=100)

(1978年=100) (year of 1978=100)

年 份 Year	地区生产总值 Gross Domestic Product	第一产业 Primary Industry	第二产业 Secondary Industry	第三产业 Tertiary Industry	#农业 Agriculture	工 业 Industry	建筑业 Construction	人均地区生产总值 Per Capita GDP
1978								
1979	103.1	106.3	91.8	106.5	106.3	88.8	104.3	100.6
1980	105.0	108.0	86.9	115.6	108.0	83.6	100.4	103.4
1981	118.6	127.5	83.3	131.3	127.5	79.4	102.2	124.7
1982	146.6	159.9	91.9	167.4	159.9	84.5	126.4	154.3
1983	155.1	167.6	99.7	178.6	167.6	95.2	119.4	168.6
1984	181.3	183.0	143.1	213.4	183.0	122.2	239.6	198.0
1985	203.1	187.4	191.5	249.7	187.4	151.4	378.0	223.5
1986	220.7	208.4	194.9	273.7	208.4	160.2	359.1	239.8
1987	246.1	227.6	214.1	319.3	227.6	184.9	353.4	262.6
1988	269.9	236.2	256.0	359.2	236.2	227.8	391.9	282.6
1989	285.4	243.5	289.7	375.0	243.5	239.6	526.7	293.3
1990	315.6	265.9	320.0	422.5	265.9	263.6	587.2	318.2
1991	362.6	289.1	384.2	506.0	289.1	316.3	705.9	358.6
1992	513.0	318.0	528.4	907.9	318.0	416.9	1046.1	498.5
1993	618.7	351.4	793.1	1045.0	351.4	577.4	1772.1	589.2
1994	688.0	396.7	928.7	1117.1	396.7	658.2	2149.6	644.0
1995	714.1	442.3	875.8	1161.8	442.3	619.4	2033.5	657.5
1996	747.7	466.2	895.1	1225.7	466.2	657.2	1978.6	677.9
1997	798.5	501.6	945.2	1310.3	501.6	717.7	1992.5	714.5
1998	865.6	543.2	1030.3	1419.1	543.2	786.6	2153.9	765.2
1999	939.2	601.9	1112.7	1518.4	601.9	861.3	2274.5	819.5
2000	1023.7	663.3	1198.4	1652.0	663.3	947.4	2367.8	873.6
2001	1116.9	727.6	1303.9	1795.7	727.6	1045.0	2505.1	933.0
2002	1224.1	793.8	1472.1	1948.3	793.8	1211.2	2660.4	1012.3
2003	1353.9	865.2	1759.2	2100.3	865.2	1492.2	2942.4	1109.5
2004	1485.2	923.2	2003.7	2310.3	934.4	1714.5	3277.8	1206.0
2005	1641.1	976.7	2342.3	2562.1	990.5	2004.3	3825.2	1318.2
2006	1815.1	1066.6	2616.3	2846.5	1082.6	2240.8	4261.3	1442.1
2007	2101.9	1151.9	3241.6	3321.9	1169.2	2881.7	4730.0	1652.6
2008	2318.4	1239.4	3432.9	3826.8	1260.4	3022.9	5207.7	1803.0
2009	2589.7	1328.6	3868.9	4366.4	1351.1	3267.8	6608.6	1992.3
2010	3004.1	1412.3	4615.6	5244.0	1437.6	3856.0	8135.2	2291.1
2011	3370.6	1498.5	5367.9	5936.2	1526.7	4507.7	9371.8	2531.7
2012	3687.4	1591.4	5995.9	6512.0	1622.9	4954.0	10786.9	2706.4
2013	4041.4	1691.7	6499.6	7286.9	1725.1	5206.7	12415.7	2917.5
2014	4389.0	1772.9	7117.1	8008.3	1813.1	5727.4	13533.1	3124.6
2015	4731.3	1868.6	7522.8	8801.1	1912.8	6071.0	14304.5	3321.4
2016	5086.1	1947.1	7876.4	9698.8	1993.1	6186.3	15491.8	3530.6
2017	5442.1	2017.2	8081.2	10688.1	2068.8	6223.4	16297.4	3724.8
2018	5757.7	2093.9	8412.5	11447.0	2153.6	6590.6	16704.8	3888.7
2019	6091.6	2146.2	8757.4	12305.5	2211.7	6854.2	17406.4	4063.7
2020	6304.8	2189.1	8669.8	12994.6	2258.1	6518.3	18033.0	4145.0
2021	7010.9	2274.5	9190.0	14982.8	2350.7	7144.1	18465.8	4551.2

注：本表按不变价格计算。

Note:Data in this table are calculated at constant prices.

3-5 全省第三产业增加值
Value-added of the Tertiary Industry

单位：亿元 (100 million yuan)

年　份 Year	第三产业 Tertiary Industry	批发和零售业 Wholesale and Retail Trades	交通运输、仓储和邮政业 Transport, Storage and Post	住宿和餐饮业 Hotels and Catering Services	金融业 Financial Intermediation	房地产业 Real Estate	其他服务业 Other Services
1992	93.06	25.13	11.35	5.43	6.12	20.57	24.46
1993	117.5	33.26	16.61	7.87	7.58	20.43	31.75
1994	142.54	41.11	21.93	8.95	8.05	17.2	45.3
1995	155.87	44.6	26.35	9.87	8.25	13.69	53.11
1996	167.01	46.95	29.91	10.78	8.35	11.28	59.74
1997	179.51	50.09	34.57	11.84	8.58	11.3	63.13
1998	194.66	52.62	43.76	12.29	8.78	12.91	64.3
1999	208.04	55.15	46.94	13.23	8.98	14.62	69.12
2000	230.85	59.76	52.45	14.05	9.27	16.62	78.7
2001	248.56	62.97	57.13	14.81	9.75	18.81	85.09
2002	270.97	66.85	61.97	16.8	10.08	21.45	93.82
2003	293.85	72.79	66.54	16.85	10.68	25.14	101.85
2004	331.09	82.52	57.63	23.39	11.56	29.64	126.35
2005	365.18	88.27	59.87	27.40	13.16	36.20	140.28
2006	425.12	101.19	66.38	34.10	16.37	41.45	165.63
2007	528.42	117.53	76.83	43.63	31.19	63.19	196.05
2008	638.51	136.39	82.60	55.02	47.33	87.60	229.57
2009	739.83	167.41	85.21	63.27	60.78	104.57	258.59
2010	970.06	213.75	96.42	79.20	90.26	178.68	311.75
2011	1155.94	242.05	109.38	94.10	111.98	222.15	376.28
2012	1358.31	266.01	124.61	105.98	141.96	258.78	460.97
2013	1641.35	339.45	135.41	148.56	192.83	287.77	537.33
2014	1829.34	386.94	150.04	167.42	238.46	294.86	591.62
2015	2015.99	425.75	176.92	183.14	255.82	309.69	664.67
2016	2261.51	442.80	188.89	201.96	296.90	359.95	771.01
2017	2538.35	466.72	213.94	221.44	328.94	444.90	862.41
2018	2871.59	464.17	224.22	252.44	380.10	481.79	1068.87
2019	3168.08	546.58	255.95	267.15	386.21	510.30	1201.89
2020	3358.02	669.80	257.64	220.99	395.89	525.50	1288.2
2021	3981.96	955.00	352.82	256.71	422.79	589.04	1405.6

注：1. 本表按当年价格计算。2. 其他服务业除了包括第三产业的其他门类外，还包括A门类“农、林、牧、渔业”中“05 农、林、牧、渔服务业”，B门类“采矿业”中“11 开采辅助活动”，C门类“制造业”中“43 金属制品、机械和设备修理业”三个大类。

Note:a) Data in this table calculated at current prices. b) Other services include not only other categories in the tertiary industry, also three classes,"05 Services in Support of Agriculture " in category A "Agricalture, Forestry, Animal Husbandry and Fishery", "11 Support Activities for Mining" in category B "Mining" and "43 Repair Service of Metal Products, Machinery and Equipment" in Category C "Manufacturing".

3-6 全省第三产业增加值构成
Composition of Value-added of the Tertiary

单位：%　　(%)

年　份 Year	第三产业 Tertiary Industry	批发和零售业 Wholesale and Retail Trades	交通运输、仓储和邮政业 Transport, Storage and Post	住宿和餐饮业 Hotels and Catering Services	金融业 Financial Intermediation	房地产业 Real Estate	其他服务业 Other Services
1992	100.0	27.0	12.2	5.8	6.6	22.1	26.3
1993	100.0	28.3	14.1	6.7	6.5	17.4	27.0
1994	100.0	28.8	15.4	6.3	5.6	12.1	31.8
1995	100.0	28.6	16.9	6.3	5.3	8.8	34.1
1996	100.0	28.1	17.9	6.5	5.0	6.8	35.7
1997	100.0	27.9	19.3	6.6	4.8	6.3	35.1
1998	100.0	27.0	22.5	6.3	4.5	6.6	33.1
1999	100.0	26.5	22.6	6.4	4.3	7.0	33.2
2000	100.0	25.9	22.7	6.1	4.0	7.2	34.1
2001	100.0	25.3	23.0	6.0	3.9	7.6	34.2
2002	100.0	24.7	22.9	6.2	3.7	7.9	34.6
2003	100.0	24.8	22.6	5.7	3.6	8.6	34.7
2004	100.0	24.9	17.4	7.1	3.5	9.0	38.1
2005	100.0	24.2	16.4	7.5	3.6	9.9	38.4
2006	100.0	23.8	15.6	8.0	3.9	9.8	38.9
2007	100.0	22.2	14.5	8.3	5.9	12.0	37.1
2008	100.0	21.4	12.9	8.6	7.4	13.7	36.0
2009	100.0	22.6	11.5	8.6	8.2	14.1	35.0
2010	100.0	22.0	9.9	8.2	9.3	18.4	32.2
2011	100.0	20.9	9.5	8.1	9.7	19.2	32.6
2012	100.0	19.6	9.2	7.8	10.5	19.1	33.8
2013	100.0	20.7	8.2	9.1	11.7	17.5	32.8
2014	100.0	21.2	8.2	9.2	13.0	16.1	32.3
2015	100.0	21.1	8.8	9.1	12.7	15.4	32.9
2016	100.0	19.6	8.4	8.9	13.1	15.9	34.1
2017	100.0	18.4	8.4	8.7	13.0	17.5	34.0
2018	100.0	16.2	7.8	8.8	13.2	16.8	37.2
2019	100.0	17.3	8.1	8.4	12.2	16.1	37.9
2020	100.0	19.9	7.7	6.6	11.8	15.6	38.4
2021	100.0	24.0	8.9	6.4	10.6	14.8	35.3

注：本表按当年价格计算。

Note:Data in this table are calculated at current prices.

3-7 其他各行业增加值指数
Indices of Value-added of the other Industry

(上年=100) (Preceding year=100)

年　份 Year	批发和零售业 Wholesale and Retail Trades	交通运输、仓储和邮政业 Transport, Storage and Post	住宿和餐饮业 Hotels and Catering Services	金融业 Financial Intermediation	房地产业 Real Estate	其他 Others
1993	108.7	121.1	108.7	124.2	123.0	112.0
1994	112.2	113.1	112.1	108.2	82.6	112.5
1995	103.8	105.8	103.7	108.1	88.4	108.9
1996	107.0	110.0	107.1	104.2	90.5	107.8
1997	107.9	113.7	108.0	102.8	100.8	105.8
1998	108.6	113.6	108.5	105.6	113.1	104.7
1999	107.2	109.8	107.2	106.3	104.5	106.2
2000	108.5	111.2	108.5	106.6	109.5	108.3
2001	108.1	110.6	109.6	104.2	107.2	108.5
2002	108.2	109.2	112.5	104.1	107.8	108.1
2003	98.6	97.9	99.0	106.8	108.5	123.2
2004	120.2	93.0	142.6	103.1	108.1	106.4
2005	109.6	106.3	115.3	111.3	116.1	111.7
2006	110.1	110.9	107.4	108.0	107.5	113.8
2007	116.0	110.2	114.6	134.8	122.8	117.1
2008	113.5	105.3	118.8	129.3	124.8	115.0
2009	116.4	103.2	118.1	125.9	125.6	111.5
2010	123.1	111.0	118.1	117.7	123.0	121.2
2011	110.4	119.4	110.7	111.0	113.5	114.4
2012	106.1	105.7	103.8	113.3	106.9	115.6
2013	116.0	100.2	118.1	119.4	112.8	109.1
2014	111.3	107.0	107.4	112.4	109.7	109.3
2015	109.8	107.5	109.0	118.3	105.2	110.7
2016	105.3	106.5	107.3	114.9	111.3	112.8
2017	103.3	109.4	104.4	111.1	121.9	110.0
2018	102.6	108.7	106.1	104.9	90.1	119.0
2019	112.9	114.3	104.4	100.9	100.0	109.3
2020	118.2	98.2	83.9	100.8	98.8	109.8
2021	135.6	129.7	110.8	103.6	109.4	108.5

注：本表按不变价格计算。

Note:Data in this table are calculated at constant prices.

3-8 三次产业和主要行业贡献率

Contribution Share of Three Strata of Industry & Main Sector to the Growth of GDP in Various Years

单位：% (%)

年份 Year	地区生产总值 Gross Domestic Product	第一产业 Primary Industry	第二产业 Secondary Industry	第三产业 Tertiary Industry	#工业 Industry
1988	100.0	19.3	41.2	39.6	34.5
1989	100.0	25.1	50.9	24.1	14.6
1990	100.0	39.3	23.5	37.1	15.2
1991	100.0	26.1	26.6	47.3	17.3
1992	100.0	10.2	18.6	71.2	10.3
1993	100.0	16.8	48.7	34.5	23.4
1994	100.0	34.5	37.9	27.6	17.9
1995	100.0	93.3	-39.6	46.3	-23.1
1996	100.0	37.7	11.4	50.9	17.4
1997	100.0	36.8	19.2	44.0	18.3
1998	100.0	32.7	24.5	42.8	15.7
1999	100.0	42.3	21.7	36.0	15.7
2000	100.0	38.3	19.7	42.0	15.7
2001	100.0	38.9	19.2	41.8	15.2
2002	100.0	34.9	26.5	38.7	22.5
2003	100.0	31.0	37.3	31.8	31.3
2004	100.0	24.9	31.5	43.5	24.5
2005	100.0	19.3	36.7	44.0	27.0
2006	100.0	28.4	28.5	43.1	21.1
2007	100.0	16.4	39.8	43.8	35.0
2008	100.0	22.2	16.0	61.8	10.2
2009	100.0	18.1	29.2	52.7	14.1
2010	100.0	11.1	32.9	56.1	22.2
2011	100.0	13.0	35.1	51.9	23.9
2012	100.0	16.1	33.8	50.1	19.0
2013	100.0	15.6	24.3	60.2	9.4
2014	100.0	12.9	30.3	56.8	20.0
2015	100.0	15.3	20.4	64.3	13.5
2016	100.0	12.4	14.7	73.0	3.4
2017	100.0	11.1	8.7	80.2	1.1
2018	100.0	13.9	15.9	70.2	12.1
2019	100.0	9.1	15.7	75.3	8.2
2020	100.0	11.6	-6.2	94.6	-16.6
2021	100.0	7.1	10.4	82.5	8.6

注：本表按不变价格计算。三次产业贡献率指三次产业或主要行业增加值增量与GDP增量之比。

Note:Data in this table are calculated at constant prices.Contribution share of three strata of industry or main sector refers to the proportion of the increment of each industrial value added to the increment of GDP.

3-9 三次产业和主要行业对地区生产总值增长的拉动
Contribution of Three Strata of Industry & Main Sector to the Growth of GDP in Various Years

单位：百分点 (Percentage points)

年　份 Year	地区生产总值 Gross Domestic Product	第一产业 Primary Industry	第二产业 Secondary Industry	第三产业 Tertiary Industry	#工业 Industry
1988	9.7	1.9	4.0	3.8	3.3
1989	5.7	1.4	2.9	1.4	0.8
1990	10.6	4.2	2.5	3.9	1.6
1991	14.9	3.9	4.0	7.0	2.6
1992	41.5	4.2	7.7	29.5	4.3
1993	20.6	3.5	10.0	7.1	4.8
1994	11.2	3.9	4.2	3.1	2.0
1995	3.8	3.5	-1.5	1.8	-0.9
1996	4.7	1.8	0.5	2.4	0.8
1997	6.8	2.5	1.3	3.0	1.2
1998	8.4	2.7	2.1	3.6	1.3
1999	8.5	3.6	1.8	3.1	1.3
2000	9.0	3.5	1.8	3.8	1.4
2001	9.1	3.5	1.8	3.8	1.4
2002	9.6	3.3	2.5	3.7	2.2
2003	10.6	3.3	4.0	3.4	3.3
2004	9.7	2.4	3.1	4.2	2.4
2005	10.5	2.0	3.8	4.6	2.8
2006	10.6	3.0	3.0	4.6	2.2
2007	15.8	2.6	6.3	6.9	5.5
2008	10.3	2.3	1.7	6.4	1.1
2009	11.7	2.1	3.4	6.2	1.6
2010	16.0	1.8	5.3	9.0	3.6
2011	12.2	1.6	4.3	6.3	2.9
2012	9.4	1.5	3.2	4.7	1.8
2013	9.6	1.5	2.3	5.8	0.9
2014	8.6	1.1	2.6	4.9	1.7
2015	7.8	1.2	1.6	5.0	1.1
2016	7.5	0.9	1.1	5.5	0.3
2017	7.0	0.8	0.6	5.6	0.1
2018	5.8	0.8	0.9	4.1	0.7
2019	5.8	0.5	0.9	4.4	0.5
2020	3.5	0.4	-0.2	3.3	-0.6
2021	11.2	0.8	1.2	9.2	1.0

注：本表按不变价格计算。拉动指GDP增长速度与三次产业或主要行业贡献率之乘积。

Note:Data in this table are calculated at constant prices.Contribution of three strata of industry or main sector refers to the growth rate of GDP multiplied by the contribution share of three strata of industry.

3-10 收入法历年地区生产总值
Gross Domestic Product by Income Approach in Various Years

单位：亿元 (100 million yuan)

年 份 Year	地区生产总值 Gross Domestic Product	劳动者报酬 Compensation of Employees	生产税净额 Net Taxes on Production	固定资产折旧 Depreciation of Fixed Assets	营业盈余 Operating Surplus
1987	57.28	31.27	5.71	7.16	13.14
1988	77.00	41.04	7.51	9.63	18.82
1989	91.32	49.22	8.81	11.37	21.92
1990	102.42	55.41	9.48	13.29	24.24
1991	120.52	61.47	11.88	16.21	30.96
1992	184.92	86.31	20.42	31.14	47.05
1993	260.40	118.93	25.86	40.82	74.80
1994	331.98	160.48	32.14	45.16	94.20
1995	363.25	182.09	34.95	49.30	96.92
1996	389.68	194.75	37.18	54.35	103.39
1997	411.16	205.19	40.05	59.73	106.19
1998	442.12	217.71	44.59	65.58	114.25
1999	476.68	237.92	49.47	71.56	117.73
2000	526.82	264.38	55.68	81.48	125.28
2001	579.18	285.27	64.71	91.47	137.72
2002	642.74	315.67	71.65	107.05	148.37
2003	713.96	352.45	78.79	119.05	163.67
2004	802.68	398.74	92.85	133.88	177.21
2005	884.87	438.34	107.78	139.41	199.34
2006	1027.45	486.82	125.77	159.47	255.39
2007	1234.00	524.19	172.29	231.76	305.76
2008	1474.66	815.09	206.95	252.11	200.51
2009	1620.28	859.65	242.64	271.09	246.90
2010	2020.53	1032.77	320.76	330.20	336.80
2011	2463.84	1243.44	428.67	369.15	422.58
2012	2789.38	1431.58	503.07	423.44	431.29
2013	3115.85	1573.74	506.63	445.07	590.41
2014	3449.01	1730.30	535.40	500.25	683.06
2015	3734.19	1879.00	563.46	544.67	747.06
2016	4090.20	2084.98	590.90	594.68	819.64
2017	4497.54	2278.72	648.76	665.35	904.71
2018	4910.69	2483.52	699.90	748.43	978.84
2019	5330.84	2735.64	739.27	829.55	1026.38
2020	5566.24	3096.89	750.78	881.80	836.77

注：本表按当年价格计算。

Note: Data in this table are calculated at current prices.

3-11 派生产业增加值(2016-2021年)
Value-added of Derivative Industries(2016-2021)

产业	Industry	增加值（亿元） Value-added (100 million yuan)					
		2016	2017	2018	2019	2020	2021
医疗健康产业	Health Care	101.61	121.10	148.18	169.22	194.88	197.18
会展业	Conference & Exhibition	67.90	80.23	90.57	101.05	78.71	92.17
现代物流业	Modern Logistics Services	140.95	151.28	171.88	198.57	200.75	241.17
海洋经济	Marine Economy	1140.00	1250.00	1447.00	1585.00	1800.00	1953.00
教育产业	Education	188.92	211.53	245.22	274.45	298.86	314.78
文化及相关产业	Culture and Related Industry	114.74	123.33	161.10	169.20	205.48	229.33
体育产业	Sports	8.27	12.58	16.97	19.10	16.80	17.81

注：1.本表总量按当年价格计算，指数按可比价格计算,自2021起指数调整为按当年价格计算。 2.本表数据根据四经普结果修订，各年度GDP修订后产业占比也做相应修订。

Notes: a) In this table, absolute figures are calculated at current prices while indices are calculated at comparable prices. Since 2021, indices have been adjusted and calculated at current prices.

b)The data in this table is revised according to the results of the fourth national economic census.

3-11 续(continued)

产业	Industry	指数(上年=100) Index (Preceding year=100)						占GDP比重(%) Proportion to GDP (%)					
		2016	2017	2018	2019	2020	2021	2016	2017	2018	2019	2020	2021
医疗健康产业	Health Care	111.9	107.2	110.4	110.3	112.7	101.2	2.5	2.7	3.0	3.2	3.5	3.0
会展业	Conference & Exhibition	110.3	115.4	109.1	110.3	84.8	117.1	1.7	1.8	1.8	1.9	1.4	1.4
现代物流业	Modern Logistics Services	107.7	105.2	109.1	113.4	101.8	120.1	3.4	3.4	3.5	3.7	3.6	3.7
海洋经济	Marine Economy	111.4	106.6	105.9	105.8	104.8	108.5	27.9	27.8	29.5	29.9	32.5	30.2
教育产业	Education	114.5	111.4	108.2	108.4	106.3	105.3	4.6	4.7	5.0	5.2	5.4	4.9
文化及相关产业	Culture and Related Industry	110.9	110.1	107.9	104.0	117.7	117.4	2.8	2.7	3.3	3.2	3.7	3.5
体育产业	Sports	99.4	112.6	103.0	109.9	86.8	106.0	0.2	0.3	0.3	0.4	0.3	0.3

3-12 四大主导产业增加值(2020-2021年)
Value-added of 4 Leading Industries(2020-2021)

产业	Industry	增加值（亿元） Value-added (100 million yuan)		指数(上年=100) Index (Preceding year=100)		占GDP比重(%) Proportion to GDP (%)	
		2020	2021	2020	2021	2020	2021
旅游及相关产业	Tourism and Related Industry	402.31	587.45	89.2	130.0	7.3	9.1
现代服务业	Modern Services Industry	1610.20	2004.51	110.9	123.7	28.9	31.0
高新技术产业	High and New Technology Industry	357.29	961.96	96.0	121.3	6.5	14.9
热带特色高效农业	Tropical High-Efficiency Agriculture	842.89	962.04	104.10	114.1	15.20	14.9

注：本表总量按当年价格计算，指数按可比价格计算，自2021起指数调整为按当年价格计算。

Notes: In this table, absolute figures are calculated at current prices while indices are calculated at comparable prices. Since 2021, indices have been adjusted and calculated at current prices.

3-13 各市县生产总值
Gross Domestic Product by Region

单位：万元 (10 000 yuan)

地　区	Region	2005	2010	2015	2016	2017	2018	2019	2020	2021
海口市	Haikou	3088614	6313099	11431884	13031432	14211680	15355518	16788714	17915815	20570645
三亚市	Sanya	719296	2387682	4411933	4930618	5460998	6222669	6891362	6954120	8353650
儋州市	Danzhou	1058107	2944842	4673682	4760979	5312540	5709065	6190730	6389983	8319141
五指山市	Wuzhishan	60237	143948	236799	253696	281301	313169	337838	340518	367633
文昌市	Wenchang	538354	1142381	1771010	1868549	2067465	2367098	2552485	2635012	3087284
琼海市	Qionghai	518912	1156594	2043421	2198208	2423629	2605268	2831789	2920957	3378745
万宁市	Wanning	412069	974537	1704565	1864794	2068994	2198631	2335337	2374047	2760308
定安县	Ding'an	173895	393839	739240	831857	903793	969355	1035856	1058763	1176439
屯昌县	Tunchang	160937	332286	588467	645541	704652	783199	849245	889851	967923
澄迈县	Chengmai	410354	1111513	2163234	2581373	2908830	3046787	3342316	3483615	4008100
临高县	Lingao	390463	716937	1528415	1569482	1748983	1837952	1945956	2042233	2229134
东方市	Dongfang	396636	737393	1553525	1498160	1577602	1844448	1929557	1865010	2150305
乐东县	Ledong	246664	550271	1052392	1169699	1214523	1342744	1453792	1511114	1742515
琼中县	Qiongzhong	104689	244359	410962	436059	480624	525324	568082	590073	663226
保亭县	Baoting	85629	202006	406925	425479	460135	519354	552282	562728	631584
陵水县	Lingshui	184596	556960	1324223	1361124	1527300	1725163	1844622	1955172	2233901
白沙县	Baisha	108532	238864	408849	436189	473773	530130	557968	568498	625686
昌江县	Changjiang	269075	566121	892356	1038767	1148578	1210142	1264353	1241180	1437368

注：本表按当年价格计算；全省及各市县数据均包含农垦系统数据，下同。

Note:1)Data in this table are calculated at current prices. 2)Data by region include the data of Nongken, the following as the same.

3-14 各市县生产总值指数
Indices of Gross Domestic Product by Region

（上年=100） (Preceding year=100)

地 区	Region	2005	2010	2015	2016	2017	2018	2019	2020	2021
海口市	Haikou	111.5	119.1	107.5	107.7	107.5	107.6	107.5	105.3	111.3
三亚市	Sanya	113.2	118.3	108.1	107.8	107.6	107.2	106.4	103.1	112.1
儋州市	Danzhou	120.3	112.6	106.5	106.5	104.8	102.7	106.6	104.6	119.8
五指山市	Wuzhishan	104.0	117.1	106.1	107.4	107.4	103.8	106.0	100.4	104.6
文昌市	Wenchang	112.7	113.9	108.0	107.7	107.3	106.3	105.2	103.0	110.5
琼海市	Qionghai	102.1	115.9	108.1	107.1	107.5	103.8	105.1	103.0	109.6
万宁市	Wanning	109.3	117.4	107.8	107.6	107.8	104.2	104.1	101.0	111.6
定安县	Ding'an	110.0	115.6	108.7	107.1	107.2	105.1	102.9	101.4	108.0
屯昌县	Tunchang	107.9	112.5	108.2	107.7	107.5	106.7	105.0	101.7	106.5
澄迈县	Chengmai	108.2	122.3	110.0	109.5	108.2	105.0	106.0	105.4	111.0
临高县	Lingao	107.5	116.1	106.0	106.7	103.1	102.9	104.6	102.1	104.0
东方市	Dongfang	111.0	112.7	109.1	101.5	102.5	107.3	103.2	98.1	107.7
乐东县	Ledong	107.9	107.3	109.0	108.1	106.0	103.3	103.9	102.2	107.6
琼中县	Qiongzhong	99.9	108.8	109.7	107.7	106.3	104.0	105.5	102.0	110.1
保亭县	Baoting	108.8	113.3	106.3	106.6	106.0	104.0	103.3	100.2	106.8
陵水县	Lingshui	106.9	118.2	108.2	110.9	108.3	100.5	102.2	103.5	109.0
白沙县	Baisha	94.4	107.0	109.4	106.5	106.2	106.7	104.5	102.3	107.5
昌江县	Changjiang	112.2	115.5	107.5	110.5	108.3	106.6	103.5	99.1	108.6

注：本表按可比价格计算。
Note:Data in this table are calculated at constant prices.

3-15 按三次产业分各市县生产总值(2021年)
Gross Domestic Product by Three Strata of Industry by Region (2021)

单位：万元 (10000 yuan)

地　区	Region	生产总值 Gross Domestic Product	第一产业 Primary Industry	第二产业 Secondary Industry	第三产业 Tertiary Industry	人均生产总值(元) Per Capita GDP(yuan)
海口市	Haikou	20570645	854351	3467491	16248803	70999
三亚市	Sanya	8353650	937868	1247229	6168553	79809
儋州市	Danzhou	8319141	1432633	2408999	4477509	86169
五指山市	Wuzhishan	367633	77333	61789	228511	32751
文昌市	Wenchang	3087284	1041751	692071	1353462	54570
琼海市	Qionghai	3378745	1115935	442338	1820472	63445
万宁市	Wanning	2760308	810377	665859	1284072	50083
定安县	Ding'an	1176439	414021	183050	579368	41005
屯昌县	Tunchang	967923	337869	100158	529896	37965
澄迈县	Chengmai	4008100	975027	789362	2243711	79914
临高县	Lingao	2229134	1386255	109553	733326	52886
东方市	Dongfang	2150305	567721	801321	781263	47976
乐东县	Ledong	1742515	947019	216918	578578	37241
琼中县	Qiongzhong	663226	220508	113769	328949	36693
保亭县	Baoting	631584	223968	63941	343675	40292
陵水县	Lingshui	2233901	576429	340868	1316604	59634
白沙县	Baisha	625686	252898	64878	307910	38117
昌江县	Changjiang	1437368	372437	598366	466565	61610

注：本表按当年价格计算。
Note:Data in this table are calculated at current prices.

3-16 按三次产业分各市县生产总值指数(2021年)

Indices of Gross Domestic Product by Three Strata of Industry by Region (2021)

(上年=100) (preceding year=100)

地区	Region	地区生产总值 Gross Domestic Product	第一产业 Primary Industry	第二产业 Secondary Industry	第三产业 Tertiary Industry	人均地区生产总值 Per Capita GDP
海口市	Haikou	111.3	104.7	108.0	112.3	108.7
三亚市	Sanya	112.1	103.8	100.1	116.1	108.4
儋州市	Danzhou	119.8	102.0	100.9	142.0	119.1
五指山市	Wuzhishan	104.6	101.2	93.5	109.1	104.1
文昌市	Wenchang	110.5	105.1	121.6	109.6	110.0
琼海市	Qionghai	109.6	104.6	111.5	112.0	108.6
万宁市	Wanning	111.6	104.3	127.4	109.4	111.3
定安县	Ding'an	108.0	104.1	113.3	109.2	107.5
屯昌县	Tunchang	106.5	103.7	115.3	106.9	106.8
澄迈县	Chengmai	111.0	105.0	88.7	124.5	110.6
临高县	Lingao	104.0	103.6	101.5	105.2	104.4
东方市	Dongfang	107.7	105.9	105.6	111.0	107.1
乐东县	Ledong	107.6	104.1	132.7	105.8	107.3
琼中县	Qiongzhong	110.1	102.5	123.3	111.7	109.9
保亭县	Baoting	106.8	103.3	110.2	108.4	106.3
陵水县	Lingshui	109.0	102.1	113.1	111.2	107.6
白沙县	Baisha	107.5	105.8	106.5	109.1	108.3
昌江县	Changjiang	108.6	102.0	112.1	109.8	108.1

注：本表按可比价格计算。

Note:Data in this table are calculated at constant prices.

3-17 按三次产业分市县生产总值构成(2021年)
Composition of Gross Domestic Product by Region (2021)

单位：% (%)

地区	Region	生产总值 Gross Domestic Product	第一产业 Primary Industry	第二产业 Secondary Industry	第三产业 Tertiary Industry
海口市	Haikou	100.0	4.1	16.9	79.0
三亚市	Sanya	100.0	11.2	14.9	73.9
儋州市	Danzhou	100.0	17.2	29.0	53.8
五指山市	Wuzhishan	100.0	21.0	16.8	62.2
文昌市	Wenchang	100.0	33.8	22.4	43.8
琼海市	Qionghai	100.0	33.0	13.1	53.9
万宁市	Wanning	100.0	29.4	24.1	46.5
定安县	Ding'an	100.0	35.2	15.6	49.2
屯昌县	Tunchang	100.0	34.9	10.4	54.7
澄迈县	Chengmai	100.0	24.3	19.7	56.0
临高县	Lingao	100.0	62.2	4.9	32.9
东方市	Dongfang	100.0	26.4	37.3	36.3
乐东县	Ledong	100.0	54.3	12.5	33.2
琼中县	Qiongzhong	100.0	33.2	17.2	49.6
保亭县	Baoting	100.0	35.5	10.1	54.4
陵水县	Lingshui	100.0	25.8	15.3	58.9
白沙县	Baisha	100.0	40.4	10.4	49.2
昌江县	Changjiang	100.0	25.9	41.6	32.5

注：本表按当年价格计算。
Note:Data in this table are calculated at current prices.

主要统计指标解释

国内生产总值（GDP） 指按市场价格计算的一个国家（或地区）所有常住单位在一定时期内生产活动的最终成果。国内生产总值有三种表现形态，即价值形态、收入形态和产品形态。从价值形态看，它是所有常住单位在一定时期内生产的全部货物和服务价值超过同期投入的全部非固定资产货物和服务价值的差额，即所有常住单位的增加值之和；从收入形态看，它是所有常住单位在一定时期内创造并分配给常住单位和非常住单位的初次收入之和；从产品形态看，它是所有常住单位在一定时期内最终使用的货物和服务价值减去货物和服务进口价值。在实际核算中，国内生产总值有三种计算方法，即生产法、收入法和支出法。三种方法分别从不同的方面反映国内生产总值及其构成。

对于一个地区来说，称之为地区生产总值或地区GDP。

三次产业 三产业的划分是世界上较为常用的产业结构分类，但各国的划分不尽一致。根据《国民经济行业分类》（GB/T 4754—2011），我国的三次产业划分是：

第一产业是指农、林、牧、渔业（不含农、林、牧、渔服务业）。

第二产业是指采矿业（不含开采辅助活动），制造业（不含金属制品、机械和设备修理业），电力、热力、燃气及水生产和供应业，建筑业。

第三产业即服务业，是指除第一产业、第二产业以外的其他行业。

劳动者报酬 指劳动者从事生产活动应获得的全部报酬，既包括货币形式的报酬，也包括实物形式的报酬。主要包括工资、奖金、津贴和补贴，单位为其员工交纳的社会保险费、补充社会保险费和住房公积金、行政事业单位职工的离退休金、单位为其员工提供的其他各种形式的福利和报酬等。

生产税净额 指生产税减生产补贴后的差额。其中，生产税指政府对生产单位从事生产、销售和经营活动，以及因从事生产活动使用某些生产要素（如固定资产和土地等）所征收的各种税收、附加费和其他规费。生产税分为产品税和其他生产税，产品税主要有：增值税、消费税、进口关税、出口税等；其他生产税主要有：房产税、车船使用税、城镇土地使用税等。生产补贴则相反，它是政府为影响生产单位的生产、销售及定价等生产活动而对其提供的无偿支付，包括农业生产补贴、政策亏损补贴、进口补贴等。生产补贴作为负生产税处理。

固定资产折旧 指由于自然退化、正常淘汰或损耗而导致的固定资产价值下降，用以代表固定资产通过生产过程被转移到其产出中的价值。原则上，固定资产折旧应按照固定资产的重置价值计算。

营业盈余 指常住单位创造的增加值扣除劳动者报酬、生产税净额和固定资产折旧后的余额。

Explanatory Notes on Main Statistical Indicators

Gross Domestic Product (GDP) refers to the final products at market prices produced by all resident units in a country (or a region) during a certain period of time. Gross domestic product is expressed in three different perspectives, namely value, income, and products respectively. GDP in its value perspective refers to the total value of all goods and services produced by all resident units during a certain period of time, minus the total value of input of goods and services of the nature of non-fixed assets; in other words, it is the sum of the value-added of all resident units. GDP from the perspective of income includes the primary income created by all resident units and distributed to resident and non-resident units. GDP from the perspective of products refers to the value of all goods and services for final demand by all resident units minus the imports of goods and services during a given period of time. In the practice of national accounting, gross domestic product is calculated from three approaches, namely production approach, income approach and expenditure approach, which reflect gross domestic product and its composition from different angles.

For a region, it is called as Gross Regional Product(GRP) or regional GDP.

Three Strata of Industry Classification of economic activities into three strata of industry is a common practice in the world, although the grouping varies to some extent from country to country. In China, according to Industrial classification for National Economic Activities (GB/T 4754—2011), economic activities are categorized into the following three strata of industry:

Primary industry refers to agriculture, forestry, animal husbandry and fishery industries (not including services in support of agriculture, forestry, animal husbandry and fishery industries).

Secondary industry refers to mining and quarrying(not including support activities for mining), manufacturing(not including repair service of metal products, machinery and equipment), production and supply of electricity, heat, gas and water, and construction.

Tertiary industry refers to all other economic activities not included in the primary or secondary industries.

Compensation of Employees refers to the total payment of various forms to employees for the productive activities they are engaged in. It includes the employees earn in cash or in kind. It mainly include: wages, bonuses and allowances, subsidies, social insurance paid by company or unit for its staff, supplementary social insurance, housing fund, the pension for the employees of the administrative institution, other forms of welfare and remuneration provide by the units for its employees.

Net Taxes on Production refers to taxes on production less subsidies on production. The taxes on production refers to the various taxes, extra charges and fees levied on the production units on their production, sale and business activities as well as on the use of some factors of production, such as fixed assets, land etc. in the production activities they are engaged in. Taxes on production are divided into product tax and other kinds of taxes on production, product tax mainly includes: value-added tax, consumption tax, import duty, export duty; other taxes on production mainly include: House Property Tax, Tax on Vehicles and Boat Operation, Urban Land Use Tax, etc. In contrast to taxes on production, subsidies on production refer to the payment by the government for free to the production units to influence production activities of production units such as production, sales and pricing, which include agricultural production subsidies, subsidies for policy losses, import subsidies, etc. Subsidies on production are therefore regarded as negative taxes on production.

Depreciation of Fixed Assets Refers to the decline of the value of fixed assets due to natural deterioration, normal elimination or loss, it reflects the value of transfer of the fixed assets in the production of the current period. In principle, the depreciation of fixed assets should be calculated on the basis of the re-purchased value of the fixed assets.

Operating Surplus refers to the balance of the value added created by the resident units after deducting the labourers remuneration, net taxes on production and the depreciation of fixed assets.

4

就业和工资

Employment and Wages

编辑人员：邢琼香 符荟杰

Compiled by Xing Qiongxiang Fu Huijie

英文翻译：邢琼香 符荟杰

Translated by Xing Qiongxiang Fu Huijie

简 要 说 明

一、本篇资料主要内容

本篇资料反映我省劳动经济方面的基本情况，包括各市县的主要劳动统计数据。如：就业人员数，就业人员工资总额，平均工资及指数变化情况等。

二、本篇资料来源

单位从业人员及在岗职工基本情况及分组资料，由海南省统计局根据《劳动工资统计报表制度》整理。

三、本篇统计调查方法

劳动工资统计采用全面调查和抽样调查相结合的方法 。

Brief Introduction

I. Main Contents

Data in this chapter show the basic conditions of Province's labour economy, such as number of employed persons, staff and workers, total wage bills and average wages of staff and workers and the changes in index.

II. Sources of Data

Data on basic conditions of employment, data by groups, total wage bills of staff and workers are collected and compiled through *The Reporting Form System on Labour Statistics*.

III. Methodology of Survey

The method of overall survey and sampling survey is used in the labour wage statistics.

4-1 历年按三次产业分组从业人员及构成

Number and Composition of Employed Persons by Three Strata of Industry in Various Years

年 份 Year	从业人员（万人） Total (10 000 persons)	第一产业 Primary Industry	第二产业 Secondary Industry	第三产业 Tertiary Industry	构 成(%) Composition in Percentage 第一产业 Primary Industry	第二产业 Secondary Industry	第三产业 Tertiary Industry
1978	221.48	174.16	17.43	29.89	78.63	7.87	13.50
1979	226.23	178.12	17.74	30.37	78.73	7.84	13.43
1980	231.49	183.60	17.20	30.69	79.31	7.43	13.26
1985	267.80	197.04	24.18	46.58	73.58	9.03	17.39
1986	274.85	200.06	25.77	49.02	72.79	9.38	17.83
1987	280.47	201.80	26.44	52.23	71.95	9.43	18.62
1988	292.15	207.01	27.80	57.34	70.86	9.51	19.63
1989	298.53	210.64	28.07	59.82	70.56	9.40	20.04
1990	304.32	212.81	28.77	62.74	69.93	9.45	20.62
1991	316.99	217.18	31.49	68.32	68.52	9.93	21.55
1992	322.50	214.83	34.13	73.54	66.61	10.58	22.81
1993	333.33	208.86	38.49	85.98	62.66	11.55	25.79
1994	335.56	204.52	40.09	90.95	60.95	11.95	27.10
1995	334.49	203.92	39.06	91.51	60.96	11.68	27.36
1996	333.30	201.49	39.44	92.37	60.45	11.83	27.72
1997	343.07	203.12	38.90	101.05	59.21	11.34	29.45
1998	326.70	198.47	32.57	95.66	60.75	9.97	29.28
1999	326.77	198.80	31.54	96.43	60.84	9.65	29.51
2000	335.17	203.93	31.41	99.83	60.84	9.37	29.79
2001	338.39	203.73	31.74	102.92	60.21	9.38	30.42
2002	349.89	205.59	33.24	111.06	58.76	9.50	31.74
2003	360.34	210.71	35.42	114.21	58.47	9.83	31.70
2004	367.74	212.47	37.11	118.16	57.78	10.09	32.13
2005	379.55	215.10	39.34	125.11	56.67	10.37	32.96
2006	389.03	218.76	41.04	129.23	56.23	10.55	33.22
2007	397.46	221.43	43.11	132.92	55.71	10.85	33.44
2008	408.36	221.24	45.82	141.30	54.18	11.22	34.60
2009	424.56	225.59	48.24	150.73	53.14	11.36	35.50
2010	457.65	230.52	54.46	172.67	50.37	11.90	37.73
2011	465.21	227.91	55.45	181.85	48.99	11.92	39.09
2012	475.90	218.15	58.25	199.50	45.84	12.24	41.92
2013	490.56	199.41	62.20	228.94	40.65	12.68	46.67
2014	504.10	195.59	63.77	244.74	38.80	12.65	48.55
2015	510.76	189.95	64.10	256.71	37.19	12.55	50.26
2016	513.14	187.45	62.96	262.73	36.53	12.27	51.20
2017	525.87	183.53	61.84	280.50	34.90	11.76	53.34
2018	535.50	177.09	62.60	295.81	33.07	11.69	55.24
2019	536.11	175.15	62.08	298.88	32.67	11.58	55.75
2020	540.97	170.79	62.08	308.10	31.57	11.48	56.95
2021	544.22	169.07	62.02	313.12	31.07	11.40	57.54

4-2 各市县按三次产业分组从业人员及构成(2021年)

Number and Composition of Employed Persons by Three Strata of Industry and Region (2021)

地 区	Region	从业人员 (万人) Total (persons)	第一产业 Primary Industry	第二产业 Secondary Industry	第三产业 Tertiary Industry	构 成(%) Composition(%) 第一产业 Primary Industry	第二产业 Secondary Industry	第三产业 Tertiary Industry
全省总计	**Total**	544.22	169.07	62.02	313.12	31.07	11.40	57.54
海 口 市	Haikou	147.50	19.47	21.06	106.96	13.20	14.28	72.52
三 亚 市	Sanya	48.97	9.27	3.25	36.45	18.93	6.64	74.43
儋 州 市	Danzhou	45.27	15.12	5.81	24.34	33.40	12.83	53.77
五指山市	Wuzhishan	6.80	2.71	0.46	3.62	39.94	6.81	53.25
文 昌 市	Wenchang	32.32	13.52	3.75	15.05	41.84	11.59	46.57
琼 海 市	Qionghai	26.97	10.71	3.19	13.07	39.72	11.84	48.45
万 宁 市	Wanning	31.53	10.98	5.45	15.10	34.83	17.29	47.88
定 安 县	Ding'an	17.14	6.57	2.34	8.23	38.34	13.63	48.03
屯 昌 县	Tunchang	12.29	4.98	1.44	5.87	40.54	11.71	47.75
澄 迈 县	Chengmai	37.16	15.25	4.11	17.79	41.05	11.07	47.88
临 高 县	Lingao	25.50	11.13	2.79	11.57	43.65	10.96	45.39
东 方 市	Dongfang	24.16	11.15	1.73	11.29	46.15	7.14	46.70
乐 东 县	Ledong	28.38	12.62	2.00	13.76	44.46	7.04	48.49
琼 中 县	Qiongzhong	8.43	4.23	0.58	3.62	50.17	6.88	42.95
保 亭 县	Baoting	8.11	3.61	0.44	4.05	44.51	5.48	50.02
陵 水 县	Lingshui	22.10	7.70	1.50	12.90	34.83	6.79	58.38
白 沙 县	Baisha	9.41	4.35	0.82	4.24	46.21	8.75	45.04
昌 江 县	Changjiang	12.20	5.69	1.29	5.22	46.63	10.61	42.77

4-3 按注册类型和行业分组城镇非私营单位从业人员年末人数(2021年)

Average Wage of Employed Persons in Urban Non-private Units by Sector and Status of Registration (2021)

行　业	Sector	合计 Total	国有单位 State-owned Units	城镇集体单位 Urban Collective-owned Units	其他各种经济单位 Units of Other Types of Ownership
从业人员年末人数（人）	**Total at Year-end (person)**	1136573	432377	9663	694533
农、林、牧、渔业	Agriculture,Forestry,Animal Husbandry and Fishery	36218	4587	260	31372
采矿业	Mining	5521	267		5254
制造业	Manufacturing	82231	1631	195	80405
电力、热力、燃气及水生产和供应业	Production and Supply of Electric Power, Gas and Water	24188	10159	181	13848
建筑业	Construction	52883	4772	2787	45324
批发和零售业	Wholesale and Retail Trades	73282	6976	324	65981
交通运输、仓储和 邮政业	Transport, Storage and Post	72904	11652	553	60699
住宿和餐饮业	Hotels and Catering Services	48882	1273	42	47567
信息传输、软件和信息技术 服务业	Information Transmission,Software and Information Technology	27981	1768	127	26086
金融业	Financial Intermediation	77230	7324	259	69647
房地产业	Real Estate	93675	3762	868	89044
租赁和商务服务业	Leasing and Business Services	35855	4634	181	31040
科学研究和技术服务业	Scientific Research and Technical Services	30625	11717	526	18382
水利、环境和公共设施管理业	Management of Water Conservancy,Environmental and Public Facilities	50709	12027	24	38658
居民服务、修理和其他服务业	Services to Households and Other Services	6300	952	46	5302
教育	Education	169195	126272	1269	41655
卫生和社会工作	Health Care and Social Welfare	82636	68167	1776	12693
文化、体育和娱乐业	Culture,Sports and Entertainment	16311	5123	229	10959
公共管理、社会保障和社会组织	Public Management, Social Security and Social Organizations	149947	149314	16	618

4-4 各市县城镇非私营单位从业人员年末人数、工资总额及平均工资(2021年)

Number of Employed Persons, Total Wage Bill and Average Wage in Urban Non-private Units by Region（2021）

地 区	Region	从业人员年末人数（人）Total at Year-end (person)	工资总额（万元）Total Wages Bill (10000 yuan)	平均工资（元）Average Wages (yuan)
全省总计	**Total**	1136573	11036985	97471
海 口 市	Haikou	582754	5543604	95314
三 亚 市	Sanya	155853	1541466	99837
儋 州 市	Danzhou	87478	892774	100931
五指山市	Wuzhishan	12420	97182	81086
文 昌 市	Wenchang	27283	237782	88864
琼 海 市	Qionghai	33359	300377	92489
万 宁 市	Wanning	25371	205573	82862
定 安 县	Ding'an	18098	131519	72811
屯 昌 县	Tunchang	13563	100287	75631
澄 迈 县	Chengmai	44761	775034	168827
临 高 县	Lingao	14690	134172	85140
东 方 市	Dongfang	25685	232084	89242
乐 东 县	Ledong	15950	136062	87286
琼 中 县	Qiongzhong	12383	108777	92466
保 亭 县	Baoting	13123	106600	86822
陵 水 县	Lingshui	20501	189155	92077
白 沙 县	Baisha	10833	81283	79518
昌 江 县	Changjiang	22468	223254	99432

4-5 历年按注册类型分组城镇非私营单位在岗职工年末人数

Number of Staff and Workers in Urban Non-private Units at Year-end by Status of Registration in Various Years

单位：万人 (10 000 persons)

年 份 Year	在岗职工年末人数 Total	国有单位 State-owned Units	城镇集体单位 Urban Collective-owned Units	其他经济类型单位 Other Ownership Units
1957	14.07	13.06	1.01	
1962	27.94	26.42	1.52	
1965	34.96	33.02	1.94	
1970	55.16	52.24	2.92	
1974	64.18	59.10	5.08	
1975	65.79	60.40	5.39	
1976	67.87	62.59	5.28	
1977	80.15	70.56	9.59	
1978	79.84	73.62	6.22	
1979	82.53	76.15	6.38	
1980	84.13	77.53	6.60	
1981	91.13	84.50	6.63	
1982	94.05	87.16	6.89	
1983	94.63	87.96	6.67	
1984	95.45	85.87	9.50	0.08
1985	97.99	88.35	9.23	0.41
1986	100.03	90.28	9.26	0.49
1987	100.20	90.57	9.06	0.57
1988	102.64	92.89	9.02	0.73
1989	103.99	94.07	8.79	1.13
1990	105.64	95.19	8.91	1.54
1991	108.06	97.22	8.50	2.34
1992	111.85	99.64	8.94	3.27
1993	111.06	97.74	9.14	4.18
1994	109.10	95.14	8.46	5.50
1995	106.92	92.78	8.36	5.78
1996	102.82	87.68	8.37	6.77
1997	102.65	86.48	8.25	7.92
1998	83.27	70.66	4.93	7.68
1999	80.39	67.83	4.55	8.01
2000	77.79	65.45	4.28	8.06
2001	74.69	62.01	4.32	8.36
2002	73.11	58.84	4.08	10.19
2003	71.64	57.26	3.89	10.49
2004	72.53	56.67	3.71	12.15
2005	72.63	56.61	3.80	12.22
2006	73.91	55.78	3.68	14.45
2007	74.79	54.83	3.53	16.43
2008	75.26	53.79	2.99	18.48
2009	77.76	53.28	3.38	21.10
2010	79.21	51.46	3.77	23.98
2011	82.83	51.67	3.36	27.80
2012	87.29	52.19	3.42	31.68
2013	95.22	42.11	2.83	50.28
2014	97.94	41.20	2.07	54.67
2015	97.00	41.77	1.76	53.47
2016	97.30	41.96	1.67	53.67
2017	96.88	40.95	1.37	54.55
2018	95.34	39.45	1.33	54.55
2019	96.54	39.95	0.97	55.62
2020	100.90	39.22	1.02	60.66
2021	106.30	41.01	0.92	64.38

注:从1999年起,职工资料为在岗职工的资料。在岗职工包含派遣人员。(下同)
Note:the data of staff and workers are the on-post ones since 1999.On-post staff and workers include dispatched workers.(the following as the same)

4-6 各市县城镇非私营单位在岗职工年末人数、工资总额及平均工资(2021年)

Number of Employed Persons, Total Wage Bill and Average Wage of Staff and Workers in Urban Non-private Units by Region(2021)

地 区	Region	在岗职工年末人数（人）Total at Year-end of staff and worker (person)	工资总额（万元）Total Wages Bill (10000yuan)	平均工资（元）Average Wages (yuan)
全省总计	**Total**	1063023	10665572	101090
海口市	Haikou	540108	5317663	99560
三亚市	Sanya	149502	1505509	101497
儋州市	Danzhou	85722	885325	102328
五指山市	Wuzhishan	9526	89477	100751
文昌市	Wenchang	25705	231764	89584
琼海市	Qionghai	31214	292174	94791
万宁市	Wanning	23543	199751	83494
定安县	Ding'an	17217	128216	76497
屯昌县	Tunchang	12459	97829	79130
澄迈县	Chengmai	44302	759199	171819
临高县	Lingao	13858	127760	92392
东方市	Dongfang	24033	225514	90491
乐东县	Ledong	12753	123472	93504
琼中县	Qiongzhong	11646	104504	94386
保亭县	Baoting	12569	102615	88783
陵水县	Lingshui	18864	181638	98915
白沙县	Baisha	8804	75167	84771
昌江县	Changjiang	21198	217997	101512

4-7 按注册类型和行业分组城镇非私营单位从业人员工资总额(2021年)

Total Wage Bill of Employed Persons in Urban Non-private Units by Sector and Status of Registration (2021)

行　业	Sector	合计 Total	国有单位 State-owned Units	城镇集体单位 Urban Collective-owned Units	其他各种经济单位 Other Ownership Units
工资总额(万元)	**Total Wage Bill(10 000 yuan)**	11036985	4446005	65355	6525624
农、林、牧、渔业	Agriculture,Forestry,Animal Husbandry and Fishery	194471	17361	383	176728
采矿业	Mining	69354	857		68497
制造业	Manufacturing	705557	14751	719	690088
电力、热力、燃气及水生产和供应业	Production and Supply of Electric Power, Gas and Water	291567	108596	419	182551
建筑业	Construction	345513	20791	12761	311961
批发和零售业	Wholesale and Retail Trades	728246	105913	1037	621296
交通运输、仓储和 邮政业	Transport, Storage and Post	862645	113310	6358	742977
住宿和餐饮业	Hotels and Catering Services	312205	6131	170	305904
信息传输、软件和信息技术服务业	Information Transmission,Software and Information Technology	646958	21770	911	624277
金融业	Financial Intermediation	947907	126587	5288	816032
房地产业	Real Estate	790588	28539	4143	757906
租赁和商务服务业	Leasing and Business Services	393159	41160	777	351222
科学研究和技术服务业	Scientific Research, Technical Services	338495	147434	4863	186198
水利、环境和公共设施管理业	Management of Water Conservancy, Environmental and Public Facilities	281246	70523	74	210649
居民服务、修理和其他服务业	Services to Households and Other Services	40006	6302	281	33423
教育	Education	1652848	1382212	11841	258795
卫生和社会工作	Health Care and Social Welfare	891137	776647	13740	100749
文化、体育和娱乐业	Culture,Sports and Entertainment	135892	53448	1320	81124
公共管理、社会保障和社会组织	Public Management, Social Security and Social Organizations	1409191	1403672	271	5248

4-8 按注册类型和行业分组城镇非私营单位从业人员平均工资(2021年)

Average Wage of Employed Persons in Urban Non-private Units by Sector and Status of Registration (2021)

行　业	Sector	合计 Total	国　有 单　位 State-owned Units	城镇集体 单　位 Urban Collective-owned Units	其他各种 经济单位 Units of Other Types of Ownership
平均工资(元)	**Average Wage (yuan)**	97471	103847	68803	93933
农、林、牧、渔业	Agriculture,Forestry,Animal Husbandry and Fishery	53585	38430	14589	56083
采矿业	Mining	136604	30824		142732
制造业	Manufacturing	86122	90700	36877	86149
电力、热力、燃气及水生产和供应业	Production and Supply of Electric Power, Gas and Water	122836	107293	23205	135886
建筑业	Construction	66994	44565	49023	70412
批发和零售业	Wholesale and Retail Trades	99841	175679	32681	93296
交通运输、仓储和 邮政业	Transport, Storage and Post	117052	97511	113934	120771
住宿和餐饮业	Hotels and Catering Services	64328	47935	40524	64793
信息传输、软件和信息技术 服务业	Information Transmission,Software and Information Technology	247110	122903	70651	257108
金融业	Financial Intermediation	113934	173303	196569	107906
房地产业	Real Estate	83909	86906	46244	84175
租赁和商务服务业	Leasing and Business Services	112812	87702	41784	117185
科学研究和技术服务业	Scientific Research and Technical Services	112790	127768	93474	103722
水利、环境和公共设施管理业	Management of Water Conservancy,Environmental and Public Facilities	54601	55692	30958	54260
居民服务、修理和其他服务业	Services to Households and Other Services	65285	67882	59681	64869
教育	Education	99027	110386	95805	63968
卫生和社会工作	Health Care and Social Welfare	110212	115918	76816	83487
文化、体育和娱乐业	Culture,Sports and Entertainment	86885	103714	57890	79076
公共管理、社会保障和社会组织	Public Management, Social Security and Social Organizations	94539	94560	159647	87506

4-9 历年按注册类型分组城镇非私营单位在岗职工工资总额
Total Wage Bill of Staff and Workers in Urban Non-private Units by Status of Registration in Various Years

年份 Year	工资总额（万元） Total (10 000yuan)	国有单位 State-owned Units	城镇集体单位 Urban Collective-owned Units	其他各种经济单位 Other Ownership Units
1957	7160	7160		
1962	14477	14477		
1965	17282	17282		
1970	22872	22872		
1974	37105	34316	2789	
1975	35569	32719	2850	
1976	37834	34871	2963	
1977	42661	37916	4745	
1978	45356	41740	3616	
1979	50023	46324	3699	
1980	56887	52804	4083	
1981	62308	58337	3971	
1982	72132	67670	4462	
1983	75423	71043	4380	
1984	86963	79240	7658	65
1985	97401	88621	8324	456
1986	114203	105001	8516	686
1987	122089	112713	8524	852
1988	140367	129129	10069	1169
1989	168152	153969	11341	2842
1990	205121	186893	13497	4731
1991	232123	209803	14682	7638
1992	301790	269183	19763	12844
1993	385512	329098	29387	27027
1994	485782	414329	33265	38188
1995	569860	485955	38116	45789
1996	561205	471766	34286	55153
1997	580859	474729	34165	71965
1998	522554	425762	24742	72050
1999	552774	448027	25545	79202
2000	574995	467433	25159	82403
2001	623576	505589	26764	91223
2002	699965	555859	27157	116949
2003	754498	596934	27650	129914
2004	913157	717529	29891	165737
2005	1041882	814634	32618	194630
2006	1168412	861472	34956	271984
2007	1440066	1040650	42039	357377
2008	1661370	1165113	45433	450824
2009	1937508	1302875	58075	576558
2010	2459671	1670654	73105	715912
2011	3017777	1969366	83377	965034
2012	3476524	2139978	107276	1229270
2013	4273373	2036709	103722	2132942
2014	4921265	2243568	85718	2591979
2015	5632186	2669758	81550	2880878
2016	6025639	2898480	82925	3044233
2017	6605092	3078484	76282	3450325
2018	7431850	3396398	71584	3963868
2019	8113545	3753695	56343	4303507
2020	8929914	4060580	58291	4811044
2021	10665572	4351122	63219	6251231

4-10 历年按注册类型分城镇非私营单位在岗职工平均工资及指数
Average Wage and Related Indices of Staff and Workers in Urban Non-private Units by Status of Registration in Various Years

年 份 Year	在岗职工平均工资(元) Average Wage (yuan)	国有单位 State-owned Units	城镇集体单位 Urban Collective-owned Units	其他各种经济单位 Other Ownership Units	在岗职工实际工资指数(%) (1978=100) Indices of Real Wage	国有单位 State-owned Units	城镇集体单位 Urban Collective-owned Units	其他各种经济单位 Other Ownership Units
1978	582	583	570		100.0	100.0	100.0	
1979	617	621	570		104.8	105.4	98.9	
1980	692	697	638		110.2	110.8	103.7	
1981	728	736	623		108.8	109.9	95.1	
1982	790	799	671		113.8	115.0	98.8	
1983	812	823	672		116.1	117.4	98.1	
1984	929	940	830	1158	129.3	130.7	118.0	100.0
1985	1020	1029	925	1331	125.6	126.4	116.2	99.0
1986	1168	1190	943	1401	138.1	140.3	113.9	100.1
1987	1233	1259	959	1417	132.9	135.4	105.5	92.2
1988	1399	1421	1141	1740	117.7	119.3	98.0	88.3
1989	1640	1658	1321	2655	107.4	107.9	88.4	105.3
1990	1981	2002	1549	3232	127.1	128.2	101.5	125.5
1991	2194	2198	1793	3530	135.5	135.5	113.0	131.6
1992	2720	2715	2282	4093	154.6	154.0	132.4	140.7
1993	3501	3387	3308	6658	161.3	155.8	155.6	185.6
1994	4485	4359	4086	7460	163.1	158.2	151.7	164.2
1995	5340	5230	4632	8214	171.1	167.3	151.5	159.1
1996	5476	5365	4222	8579	168.2	164.5	132.4	159.5
1997	5664	5468	4208	9462	172.6	166.3	130.9	174.5
1998	6248	5970	5020	9750	191.6	186.6	160.5	184.8
1999	6865	6586	5672	9913	218.7	209.4	184.5	191.2
2000	7408	7146	5919	10352	233.4	224.8	190.4	197.4
2001	8321	8102	6207	11091	266.2	258.7	202.7	214.7
2002	9480	9368	6615	11247	304.8	300.7	217.2	218.9
2003	10397	10305	7029	12130	334.0	330.5	230.5	235.8
2004	12652	12664	8121	14005	389.3	389.0	255.1	261.6
2005	14417	14427	8640	16185	437.0	436.6	267.4	297.8
2006	15890	15398	9580	19518	474.6	459.1	292.1	243.1
2007	19357	18937	12069	22393	550.6	537.7	350.5	386.7
2008	21864	21330	15300	24510	581.7	566.5	415.6	395.9
2009	24892	24369	17695	27338	666.9	651.8	484.1	444.7
2010	31025	32028	20733	30346	793.2	817.4	541.2	471.0
2011	36716	38219	25418	35242	884.1	918.7	624.9	426.5
2012	40051	41148	32091	39083	934.5	958.4	764.5	458.3
2013	45573	48632	36814	43466	1034.4	1101.9	853.2	495.8
2014	50589	54978	38435	47786	1121.3	1216.5	869.8	532.3
2015	58406	64485	46771	54064	1281.7	1412.6	1047.9	596.3
2016	62565	69407	50006	57557	1335.6	1479.1	1089.9	617.5
2017	69062	75572	56251	64433	1434.2	1566.7	1192.7	672.5
2018	77672	86227	55629	72062	1573.6	1743.9	1150.7	733.8
2019	84656	95461	58338	77465	1658.8	1867.3	1167.1	762.9
2020	89642	104469	58845	80509	1716.9	1997.5	1150.8	775.0
2021	101090	107133	70430	97684	1930.4	2042.2	1373.2	937.5

注:在岗职工实际工资指数包含物价指数变动的影响;其中2011-2020年数据是根据最新的居民消费价格指数修订数。

Note: the real wage indices included the impact of the price index changes.The data from 2011 to 2020 were revised according to the latest Consumer Price Index.

4-11 按注册类型和行业分组城镇非私营单位在岗职工工资总额(2021年)

Total Wage Bill of Staff and Workers in Urban Non-private Units by Status of Registration and Sector (2021)

行业	Sector	合计 Total	国有单位 State-owned Units	城镇集体单位 Urban Collective-owned Units	其他经济类型单位 Other Ownership Units
工资总额(万元)	**Total Wage Bill (10 000 yuan)**	**10665572**	**4351122**	**63219**	**6251231**
农、林、牧、渔业	Agriculture,Forestry,Animal Husbandry and Fishery	191410	16255	370	174786
采矿业	Mining	69234	828		68406
制造业	Manufacturing	695409	14482	719	680208
电力、热力、燃气及水生产和供应业	Production and Supply of Electric Power, Gas and Water	289280	107690	419	181171
建筑业	Construction	243388	20585	11586	211217
批发和零售业	Wholesale and Retail Trades	722426	105199	1035	616193
交通运输、仓储和 邮政业	Transport, Storage and Post	859267	112836	5965	740466
住宿和餐饮业	Hotels and Catering Services	307859	6062	66	301731
信息传输、软件和信息技术服务业	Information Transmission,Software and Information Technology	645218	21597	911	622709
金融业	Financial Intermediation	841324	126557	5288	709479
房地产业	Real Estate	777855	26611	4035	747208
租赁和商务服务业	Leasing and Business Services	388972	40321	744	347907
科学研究和技术服务业	Scientific Research, Technical Services	332272	143978	4856	183438
水利、环境和公共设施管理业	Management of Water Conservancy, Environmental and Public Facilities	268711	62554	74	206083
居民服务、修理和其他服务业	Services to Households and Other Services	39334	6012	281	33042
教育	Education	1614573	1355350	11676	247547
卫生和社会工作	Health Care and Social Welfare	863913	755939	13665	94309
文化、体育和娱乐业	Culture,Sports and Entertainment	134043	52553	1259	80231
公共管理、社会保障和社会组织	Public Management, Social Security and Social Organizations	1381086	1375714	271	5101

4-12 按注册类型和行业分组城镇非私营单位在岗职工平均工资(2021年)

Average Wage of Staff and Workers in Urban Non-private Units by Status of Registration and Sector (2021)

行　业	Sector	合计 Total	国有单位 State-owned Units	城镇集体单位 Urban Collective-owned Units	其他经济类型单位 Other Ownership Units
平均工资(元)	**Average Wage**	101090	107133	70430	97684
农、林、牧、渔业	Agriculture,Forestry,Animal Husbandry and Fishery	53950	38246	14375	56434
采矿业	Mining	137015	31022		142928
制造业	Manufacturing	86703	91496	36877	86730
电力、热力、燃气及水生产和供应业	Production and Supply of Electric Power, Gas and Water	127615	113711	23205	139180
建筑业	Construction	60007	45052	48537	62855
批发和零售业	Wholesale and Retail Trades	100399	175825	32848	93850
交通运输、仓储和 邮政业	Transport, Storage and Post	117767	98099	153329	121245
住宿和餐饮业	Hotels and Catering Services	64919	48069	28783	65398
信息传输、软件和信息技术服务业	Information Transmission,Software and Information Technology	249377	124241	70651	259398
金融业	Financial Intermediation	162300	173319	196569	160274
房地产业	Real Estate	85107	92818	46547	85237
租赁和商务服务业	Leasing and Business Services	113563	89378	42045	117682
科学研究和技术服务业	Scientific Research, Technical Services	114044	130386	94053	104364
水利、环境和公共设施管理业	Management of Water Conservancy, Environmental and Public Facilities	55935	59899	32043	54848
居民服务、修理和其他服务业	Services to Households and Other Services	66068	69899	59681	65475
教育	Education	101481	113706	97679	63951
卫生和社会工作	Health Care and Social Welfare	113883	120573	77353	82744
文化、体育和娱乐业	Culture,Sports and Entertainment	88976	106346	56716	81030
公共管理、社会保障和社会组织	Public Management, Social Security and Social Organizations	97097	97117	159647	90256

4-13 历年按行业分城镇非私营单位从业人员平均工资
Average Wage of Employed Persons in Urban Non-private Units by Sector in Various Years

行 业	Sector	年份（Year）				
		2017	2018	2019	2020	2021
平均工资(元)	**Average Wage (yuan)**	**67727**	**75885**	**82227**	**86609**	**97471**
农、林、牧、渔业	Agriculture,Forestry,Animal Husbandry and Fishery	34665	43624	46118	51403	53585
采矿业	Mining	58005	68748	65584	78171	136604
制造业	Manufacturing	59599	66980	73015	77316	86122
电力、热力、燃气及水生产和供应业	Production and Supply of Electric Power, Gas and Water	81116	88595	100756	109178	122836
建筑业	Construction	44056	46019	49564	51147	66994
批发和零售业	Wholesale and Retail Trades	58403	64565	71902	77804	99841
交通运输、仓储和 邮政业	Transport, Storage and Post	81288	84586	97580	89890	117052
住宿和餐饮业	Hotels and Catering Services	46769	56134	55411	54977	64328
信息传输、软件和信息技术 服务业	Information Transmission,Software and Information Technology	124017	117730	113936	146342	247110
金融业	Financial Intermediation	117551	120250	131952	116626	113934
房地产业	Real Estate	62248	69427	74132	75415	83909
租赁和商务服务业	Leasing and Business Services	60784	68976	68451	75692	112812
科学研究和技术服务业	Scientific Research and Technical Services	78517	90573	92199	101088	112790
水利、环境和公共设施管理业	Management of Water Conservancy,Environmental and Public Facilities	46733	50606	51710	49981	54601
居民服务、修理和其他服务业	Services to Households and Other Services	36522	44647	40725	41211	65285
教育	Education	79753	88920	98265	101164	99027
卫生和社会工作	Health Care and Social Welfare	79350	85815	98159	105694	110212
文化、体育和娱乐业	Culture,Sports and Entertainment	67235	75795	79343	80492	86885
公共管理、社会保障和社会组织	Public Management, Social Security and Social Organizations	69342	80102	83064	93913	94539

4-14 历年按行业分城镇私营单位从业人员平均工资
Average Wage of Employed Persons in Urban Private Units by Sector in Various Years

行 业	Sector	年份（Year）				
		2017	2018	2019	2020	2021
平均工资(元)	**Average Wage (yuan)**	**45640**	**49541**	**53442**	**51388**	**62284**
农、林、牧、渔业	Agriculture,Forestry,Animal Husbandry and Fishery	37383	39147	41743	49312	49400
采矿业	Mining	42132	44111	44698	47913	66838
制造业	Manufacturing	44316	42279	47200	47313	54085
电力、热力、燃气及水生产和供应业	Production and Supply of Electric Power, Gas and Water	35525	31674	35371	45147	44270
建筑业	Construction	38543	43018	47864	50709	58186
批发和零售业	Wholesale and Retail Trades	38949	42587	54539	49843	58289
交通运输、仓储和 邮政业	Transport, Storage and Post	44105	58568	54289	53618	58785
住宿和餐饮业	Hotels and Catering Services	40038	41192	43498	39649	43623
信息传输、软件和信息技术 服务业	Information Transmission,Software and Information Technology	49456	60901	59605	82909	128846
金融业	Financial Intermediation	39648	44074	48330	64560	79592
房地产业	Real Estate	62252	76908	70763	57169	61337
租赁和商务服务业	Leasing and Business Services	52211	56250	58427	51167	81566
科学研究和技术服务业	Scientific Research and Technical Services	42997	53283	62592	60630	66996
水利、环境和公共设施管理业	Management of Water Conservancy,Environmental and Public Facilities	32202	39471	41918	38865	43154
居民服务、修理和其他服务业	Services to Households and Other Services	37596	32220	41269	55584	46091
教育	Education	35002	33845	45673	36259	39541
卫生和社会工作	Health Care and Social Welfare	43610	44269	53421	50318	57369
文化、体育和娱乐业	Culture,Sports and Entertainment	35683	47000	57187	48242	92466

主要统计指标解释

从业人员 指在一定年龄以上，有劳动能力，为取得劳动报酬或经营收入而从事一定社会劳动的人员。具体指年满16周岁，为取得报酬或经营利润，在调查周内从事了1小时（含1小时）以上劳动的人员；或由于学习、休假等原因在调查周内暂时处于未工作状态，但有工作单位或场所的人员；或由于临时停工放假、单位不景气放假等原因在调查周内暂时处于未工作状态，但不满三个月的人员。

单位从业人员 指报告期末最后一日在本单位工作，并取得工资或其他形式劳动报酬的人员数。该指标为时点指标，不包括最后一日当天及以前已经与单位解除劳动合同关系的人员，是在岗职工、劳务派遣人员及其他就业人员之和。

在岗职工 指在本单位工作且与本单位签订劳动合同，并由单位支付各项工资和社会保险、住房公积金的人员，以及上述人员中由于学习、病伤、产假等原因暂未工作仍由单位支付工资的人员。在岗职工还包括：

(1)应订立劳动合同而未订立劳动合同人员(如使用的农村户籍人员)；

(2)处于试用期人员；

(3)编制外招用的人员，如临时人员；

(4)派往外单位工作，但工资仍由本单位发放的人员(如挂职锻炼、外派工作等情况)。

注：本篇各表中在岗职工数据包含劳务派遣人员。

劳务派遣人员 指与劳务派遣单位签订劳动合同，并被劳务派遣单位派遣到实际用工单位工作，且劳务派遣单位与实际用工单位签订《劳务派遣协议》的人员。

工资总额 指根据《关于工资总额组成的规定》(1990年1月1日国家统计局发布的一号令)进行修订，本单位在报告期内(季度或年度)直接支付给本单位全部就业人员的劳动报酬总额。包括计时工资、计件工资、奖金、津贴和补贴、加班加点工资、特殊情况下支付的工资，是在岗职工工资总额、劳务派遣人员工资总额和其他就业人员工资总额之和。

工资总额是税前工资，包括单位从个人工资中直接为其代扣或代缴的房费、水费、电费、住房公积金和社会保险基金个人缴纳部分等。

工资总额不论是计入成本的还是不计入成本的，不论是以货币形式支付的还是以实物形式支付的，均应列入工资总额的计算范围。

平均工资 指单位就业人员在一定时期内平均每人所得的工资额。它表明一定时期工资收入的高低程度，是反映就业人员工资水平的主要指标。计算公式为：

$$\text{平均工资}=\frac{\text{报告期就业人员工资总额}}{\text{报告期就业人员平均人数}}$$

Explanatory Notes on Main Statistical Indicators

Employed Persons refers to persons above a specified age who had labour capacity and performed some social work for compensation or business gains. Specifically, it refers to persons, aged 16 and over, who performed some work for compensation or business gains for one hour or more during the reference period; or persons who do not work for the reasons of study or on holiday, but had work units or sites during the reference period; or persons temporary absence from a job for disorganization or suspension of work, recession, etc, but not exceeding three months during the reference period.

Persons Employed in Various Units refer to the total number of employees who work at his unit and obtain wages or other forms of payment at the end of the reporting period. This indicator is a kind of time point index and it equals to the sum of the number of employed staff and workers, labor dispatch personnel and other employed persons.

Employed Staff and Workers refer to persons who signed labor contracts with working units and working units would pay wages, social insurance and housing funds for them. Persons who have their work posts but are temporarily absent from work for reasons of study or on sick, injury or maternal leave and still receive wages from their working units are also included. Employed staff and workers also include:

1)Persons who should have signed the labor contracts but not (like people with rural household registration);

2)Employees on probation;

3)Employees beyond the staffing quota, for example, temporary employees;

4)Employees who are sent to other working units but still obtain wages from their original units (situations like on-the-job placement, expatriated assignment, etc.)

Note: The data of employed staff and workers in this chapter include labor dispatch personnel.

Labor Dispatch Personnel refer to persons who signed labor contracts with labor dispatch unit and are dispatched to real employing unit for working, and labor dispatch unit signs labor dispatch agreement with real employing unit..

Total Wage Bill It is revised according to the "Provision of Composition of Total Wages" (Order No.1 by National Bureau of Statistics on January, 1st, ,1990), total wage bill refers to the total remuneration payment to all employed persons in various units during the reporting period (by quarter or by year), including hourly-paid wages, piece-rate wages, bonuses, allowance and subsidies, overtime wages and wages paid under special circumstances. It equals to the sum of total wages of employed staff and workers, dispatch labors and other employed persons.

Total wage bill is pre-tax wages, including the room charges, utility bills, housing funds and social insurance paid or withheld by employee's units.

Total wage bill, whether or not included in cost, whether or not paid in money or in kind, shall be included in the calculation of total wage.

Average Wage refers to the average per capita wage during a certain period of time for employed persons. It shows the general level of wage income during a certain period of time, one major indicator to reflect the wage level. It is calculated as follows:

$$\text{Average Wage} = \frac{\text{Total Wage Bill of Employed Persons at Reference Time}}{\text{Average Number of Persons Employed at Reference Time}}$$

5

价　格

Prices

编辑人员：谭齐 钱 娇　辜武陆

Compiled by Tan Qi　Qian Jiao　Gu Wulu

英文翻译：刘欣

Translated by Liu Xin

简 要 说 明

一、本篇资料的主要内容

本篇价格指数资料，反映生产、流通、消费与投资等环节的价格变动趋势和变动幅度。主要包括居民消费价格指数、商品零售价格指数、工业生产者出产价格指数、工业生产者购进价格指数、固定资产投资价格指数等。

二、本篇的资料来源

价格指数编制由国家统计局海南调查总队组织实施。各市、县调查队依据国家统计局统一制定的价格统计调查制度向基层采集原始数据汇总后上报。

三、居民消费、商品零售价格指数

编制居民消费、商品零售价格指数的资料采用抽样调查和重点调查相结合的方法取得，即在全省选择不同经济区域和分布合理的地区，以及有代表性的商品作为样本，对其市场价格进行定期调查，以样本推断总体。编制过程按下列几个步骤进行：

1. 选择调查地区和调查点。调查地区按照经济区域和地区分布合理等原则，选出具有代表性的大、中、小城市和县作为国家的调查地区，在此基础上选定经营规模大、商品种类多的商场(店)、超市、农贸市场、服务网点作为调查点。

2. 选择代表商品和代表规格品。代表商品是选择那些消费量大、价格变动有代表性的商品；代表规格品的确定是根据城乡居民的消费支出记账资料和商品零售资料，按照有关规定筛选的。筛选原则：(1)与社会生产和人民生活关系密切；(2)消费(销售)数量(金额)大；(3)市场供应稳定；(4)价格变动趋势有代表性；(5)所选的代表规格品之间差异大。

目前，居民消费价格调查按用途划分为 8 大类，268 个基本分类；商品零售价格按用途划分为 16 个大类，197 个基本分类。

3. 价格调查方式。通过手持数据采集器，采用定人、定点、定时的方法直接调查，或者由选中的调查对象协助填报。在保证价格准确的前提下，经国家统计局审定，可通过相关政府部门发布的通知、公告等文件，以及部分企业、单位公开发布的收费信息资料和被调查单位的电子数据进行采价，也可从互联网采集特定商品和服务价格。

4. 权数的确定。居民消费价格指数的权数主要根据城乡居民家庭消费支出构成确定；商品零售价格指数的权数主要根据社会商品零售额资料确定。

四、工业生产者出厂价格指数

工业生产者出厂价格是工业品第一次出售时的出厂价格。该项调查采用重点调查与典型调查相结合的调查方法。重点调查对象为年主营业务收入 2000 万元及以上的工业法人企业;典型调查对象为年主营业务收入 2000 万元以下的工业法人企业。

1. 选择代表企业的原则：(1)按工业行业选择调查企业，各中类行业原则上都要有调查企业；(2)大型企业应尽量都选上(或占相当大比重)；(3)选择生产正常、稳定的企业作为调查对象。

2. 选择代表产品的原则：(1)按工业行业选择代表产品；(2)选择对国计民生影响大的产品；(3)选择生产较为稳定的产品；(4)选择有发展前景的产品；(5)选择具有地方特色的产品。

目前《工业生产者出厂价格调查目录》包括 11000 多种产品，并将其划分为 1702 个基本分类；《工业生产者购进价格调查目录》包括 6000 多种产品，并划分为 900 多个基本分类。

3. 价格调查方式。采用企业报表形式。

4. 权数的确定。工业生产者出厂价格统计中，工业小类及小类以上的权数资料来源于工业统计中分行业工业销售产值数据资料；基本分类的权数资料来源于独立的工业企业产品权数调查。权数一般五年更换一次。

Brief Introduction

I. Main Contents

Data on price indices in this chapter show the changing trends and the change rates in the prices of production, circulation, consumption and investment, including mainly consumer price indices, retail price indices, price indices for means of agricultural production, producer price indices for industrial products, purchasing price indices for industrial producers, price indices for investment in fixed assets.

II. Sources of Data

Compilation of statistics on price indices is organized by Survey Office of the National Bureau of Statistics in Hainan. The selected cities and counties collect data from the grassroots units in accordance with the scheme of price survey system stipulated by the NBS, tabulate them and report them to the higher agencies.

III. Consumer Price Indices and Retail Price Indices

Data for compilation of the consumer price indices and the retail price indices in Hainan province are collected through a combination of sample surveys and surveys of key units. Areas distributed in different economic regions are selected as the sample areas and representative commodities are selected as the sample commodities. Regular surveys are conducted to collect data on their market prices. Population parameters are inferred on the basis of the sample data. Following are major steps in the process of calculation of the price indices:

(1) The selection of areas and survey points: Based on such principles as regional economic features and reasonable geographic distribution, representative sample areas for the national survey are selected which include large, medium and small cities and counties. When the sample areas have been selected, large-scale shops and markets (including fairs and service outlets) with wide variety of commodities are selected as survey points.

(2) The selection of representative commodities and their specifications or varieties: The representative commodities selected are those consumed in large quantity and representative in price changes. The representative specifications or varieties are determined according to the data on the retail sales of commodities and the consumption expenditure account data of urban and rural residents; and selection follows the related instructions. The principles for selection are: (a) The commodities are closely related to social production and people's living conditions; (b) They are consumes (or sold) in large quantities (or large values); (c) The market supply is stable; (d) The changes of their prices are representative in trend; (e) There is great heterogeneity among the specifications or varieties selected.

At present, data are collected on over 600 specifications each month under 262 basic headings in 8 categories in the consumer price surveys. For the retail price surveys, data are collected on more than 500 specifications each month under 197 basic headings in 16 categories.

(3) Method of data collection: Enumerators are sent to the survey points to take the records of the prices. Assistant enumerators are recruited to assist the survey work.

(4) Determination of the weights: The weights of the retail price indices are determined mainly according to the total retail sales of commodities. The weights of the consumer price indices are determined according to the composition of the consumption expenditures of urban and rural households.

IV. Producer Price Indices for Industrial Products

Producer prices for industrial products refer to the ex-factory price of manufactured goods when they are first sold. The survey program is a combined use of the key units' survey and typical units' survey methods. Key units refer to those industrial enterprises with annual revenue from the primary activities at and above 20 million yuan. Typical units refer to the industrial enterprises with annual revenue from the primary activities below 20 million yuan.

(1) Principles for selecting the representative enterprises :(a) Enterprises to be covered in the survey are selected by industrial sectors. In principle, every branch should have enterprises selected; (b) All (or a majority of) large-scaled enterprises should be selected; (c) Enterprises selected should be those with normal and stable production.

(2) Principle for the selection of representative goods:(a) The goods are selected by industrial sectors; (b) The selected goods should have great impact on the national economy and people's living conditions; (c) The production of the goods selected are relatively more stable; (d) The prospects of the goods selected are promising; (e) The goods selected are representative to the localities.

The *survey catalog of Producer Price for Industrial Products* includes over 11,000 goods, and they are divided into 1702 basic classification; *Survey catalog of Producer Price for Industrial Products* includes over 6,000 goods, and they are divided into over 900 basic classification.

(3) Method of data collection: The method of reporting forms by enterprises is adopted.

(4) Determination of the weights: In statistics of producer price for industrial, the weights of industrial small classification and above comes from the output value of industrial sales by sector in industrial statistics; the weight of basic headings of categories comes from weight survey of independent industrial enterprise products. The weights are replaced every five years.

5-1 历年全省各种物价指数
General Price Indices in Various Years

(上年=100) (preceding year=100)

年份 Year	居民消费价格指数 Consumer Price Index	城市 Urban Household	农村 Rural Household	消费品指数 Index of Consumer Goods	服务项目指数 Index of Services	农业生产资料价格总指数 General Price Indices for Means of Agricultural Production
1979	101.0	100.3	101.7	100.8	102.8	103.6
1980	106.8	107.5	106.1	106.6	108.7	108.9
1985	113.1	116.1	106.2	112.9	115.2	105.4
1990	102.1	99.6	108.1	100.0	122.2	109.1
1991	103.9	104.0	103.6	103.3	108.2	100.6
1992	108.7	109.0	103.4	108.8	107.9	100.7
1993	123.3	123.7	116.5	123.8	119.7	130.4
1994	126.7	125.6	128.2	125.6	137.4	138.2
1995	113.5	110.6	118.4	111.9	120.4	115.7
1996	104.3	104.8	103.7	103.6	107.6	106.8
1997	100.8	101.5	100.3	99.8	112.1	100.3
1998	97.3	97.6	96.6	96.8	102.1	98.4
1999	98.3	99.1	97.3	97.2	108.4	97.1
2000	101.1	101.5	100.2	93.6	113.4	98.0
2001	98.5	98.8	98.3	98.1	99.8	99.5
2002	99.5	99.0	100.2	98.1	104.5	101.7
2003	100.1	99.4	100.9	100.9	97.2	104.8
2004	104.4	103.2	106.4	105.5	100.4	111.3
2005	101.5	101.3	101.7	101.1	103.0	108.9
2006	101.5	101.2	102.3	101.8	100.8	100.7
2007	105.1	104.6	106.3	106.3	100.9	107.1
2008	106.9	106.1	108.8	108.6	101.0	114.8
2009	99.3	99.5	99.0	98.9	100.8	94.0
2010	104.8	104.5	105.8	106.0	100.9	107.3
2011	106.1	105.5	107.8	107.5	102.0	115.6
2012	103.2	103.2	103.2	103.4	102.6	104.3
2013	102.8	102.8	102.7	102.4	103.9	101.0
2014	102.4	102.2	102.8	102.2	102.8	105.3
2015	101.0	101.2	100.5	100.8	101.9	101.6
2016	102.8	102.9	102.5	102.5	103.4	100.1
2017	102.8	103.2	101.9	101.4	105.6	99.9
2018	102.5	102.4	102.5	102.1	103.1	102.2
2019	103.4	103.2	104.0	104.5	101.4	104.3
2020	102.3	101.8	103.8	104.1	99.0	104.4
2021	100.3	100.5	99.7	100.5	99.9	

5-1 续 (continued)

(上年=100) (preceding year=100)

年 份 Year	商品零售价格指数 Retail Price Index	城市 Urban	农村 Rural	工业生产者 出厂价格指数 Producer Price Index for Industrial Products	工业生产者 购进价格指数 Purchasing Price Index for Industrial Producers
1979	102.0	100.9	103.0		
1980	107.2	108.3	103.1		
1985	112.8	113.9	111.6		
1990	100.6	97.7	106.4		
1991	103.1	103.6	102.9		
1992	108.7	109.1	102.5		
1993	123.9	124.2	119.1		
1994	121.6	121.2	122.9		
1995	111.3	108.7	115.5		
1996	102.3	102.7	101.4		
1997	99.3	99.6	99.1		
1998	96.5	96.3	96.8		
1999	96.6	98.0	95.2		
2000	99.9	101.0	99.0		
2001	97.7	97.6	97.8		
2002	98.4	99.0	97.7		
2003	100.4	100.2	100.8	99.5	102.2
2004	103.4	103.0	103.8	100.0	105.9
2005	100.9	100.4	101.5	99.5	104.2
2006	101.3	100.6	102.3	100.8	101.5
2007	104.2	103.4	105.3	102.7	105.0
2008	106.7	105.7	108.3	104.5	111.6
2009	98.5	99.0	97.2	90.6	85.3
2010	104.6	104.0	106.0	107.7	110.3
2011	105.4	105.2	106.7	108.8	115.3
2012	102.7	102.7	102.8	100.8	99.6
2013	101.5	101.5	101.6	99.5	97.0
2014	101.2	101.2	101.8	97.6	99.0
2015	99.8	99.9	98.6	89.8	88.5
2016	101.0	100.8	102.3	96.0	94.8
2017	102.0	101.8	103.1	108.8	112.4
2018	102.5	102.6	102.2	108.2	110.8
2019	102.5	102.4	103.4	97.4	103.1
2020	101.6	101.5	102.4	93.8	92.0
2021	101.3	101.3	101.5	113.5	116.5

5-2 历年全省各种物价定基指数
Fixed Price Indices in Various Years

年 份 Year	居民消费价格指数 Consumer Price Index (1978=100)	城 市 Urban Household	农 村 Rural Household	消费品指数 Index of Consumer Goods (1978=100)	服务项目指数 Index of Services (1978=100)	农业生产资料价格总指数 Price Indices for Means of Agricultural Production (1978=100)
1978	100.0	100.0	100.0	100.0	100.0	100.0
1979	101.1	100.3	101.7	100.8	102.8	103.6
1980	107.9	107.8	107.9	107.5	111.7	112.8
1985	139.6	141.3	132.9	140.4	158.1	137.8
1990	267.8	261.7	267.4	261.5	392.5	246.5
1991	278.3	272.2	277.0	270.1	424.7	248.0
1992	302.4	296.7	286.5	293.8	458.3	249.8
1993	372.9	367.0	333.7	363.8	548.5	325.7
1994	472.5	460.9	427.8	456.9	753.7	450.1
1995	536.3	507.0	506.6	507.2	907.5	520.8
1996	559.4	531.4	525.3	525.4	976.4	556.2
1997	563.9	539.4	526.9	524.3	1094.5	557.9
1998	548.7	526.5	509.0	507.5	1117.5	549.0
1999	539.4	521.8	495.3	493.3	1211.4	533.1
2000	545.3	529.6	496.3	461.7	1373.7	522.4
2001	537.1	523.2	487.9	452.9	1371.0	519.8
2002	534.4	518.0	488.9	444.3	1432.7	528.6
2003	534.9	514.9	493.3	448.3	1392.6	554.0
2004	558.4	531.4	524.9	473.0	1398.2	616.6
2005	566.8	538.3	533.8	478.2	1440.1	671.5
2006	575.3	544.8	546.1	486.8	1451.6	676.2
2007	604.6	569.9	580.5	517.5	1464.7	724.2
2008	646.3	604.7	631.6	562.0	1479.3	831.4
2009	641.8	601.7	625.3	555.8	1491.1	781.5
2010	672.6	628.8	661.6	589.1	1504.5	838.5
2011	713.6	663.4	713.2	633.3	1534.6	969.3
2012	736.4	684.6	736.0	654.8	1574.5	1011.0
2013	757.0	703.8	755.9	670.5	1635.9	1021.1
2014	775.2	719.3	777.1	685.3	1681.7	1075.2
2015	783.0	727.9	781.0	690.8	1713.7	1092.4
2016	804.9	749.0	800.5	708.1	1772.0	1093.5
2017	827.4	773.0	815.7	718.0	1871.2	1092.4
2018	848.1	791.6	836.1	733.1	1929.2	1116.4
2019	876.9	816.9	869.5	766.1	1956.2	1164.4
2020	897.1	831.6	902.5	797.5	1936.6	1215.6
2021	899.8	835.8	899.8	801.5	1934.7	

5-2 续 (continued)

年 份 Year	商品零售价格指数 Retail Price Index (1978=100)	城市 Urban	农村 Rural	工业生产者出厂价格指数 Producer Price Index for Industrial Products (2002=100)	工业生产者购进价格指数 Purchasing Price Index for Industrial Producers (2002=100)
1978	100.0	100.0	100.0		
1979	102.0	100.9	103.0		
1980	109.3	109.3	109.3		
1985	138.9	137.2	140.0		
1990	257.3	249.5	266.1		
1991	265.3	258.5	273.8		
1992	288.4	282.0	280.7		
1993	357.3	350.2	334.3		
1994	434.5	424.4	410.9		
1995	483.6	461.4	474.5		
1996	494.7	473.8	481.2		
1997	491.2	471.9	476.9		
1998	474.0	454.4	461.6		
1999	457.9	445.3	439.4		
2000	457.4	449.8	435.0		
2001	446.9	439.0	425.4		
2002	439.7	434.6	415.6	100.0	100.0
2003	441.5	435.5	418.9	99.5	102.2
2004	456.5	448.6	434.8	99.5	108.2
2005	460.6	450.4	441.3	99.0	112.7
2006	466.6	453.1	451.5	99.8	114.4
2007	486.2	468.5	475.4	102.5	120.1
2008	518.8	495.2	514.9	107.1	134.0
2009	511.0	490.2	500.5	97.0	114.3
2010	534.5	509.8	530.5	104.5	126.1
2011	563.4	536.3	566.0	113.7	145.4
2012	578.6	550.8	581.8	114.6	144.8
2013	587.3	559.1	591.1	114.0	140.5
2014	594.3	565.8	601.7	111.3	139.1
2015	593.1	565.2	593.3	99.9	123.1
2016	599.0	569.7	606.9	95.9	116.7
2017	611.0	580.0	625.7	104.3	131.2
2018	626.3	595.1	639.5	112.9	145.4
2019	642.0	609.4	661.2	110.0	149.9
2020	652.3	618.5	677.1	103.2	137.9
2021	660.8	626.5	687.3	117.1	160.7

5-3　分城乡居民消费价格指数(2021年)
Consumer Price Indices by Areas (2021)

(上年=100)　　(preceding year=100)

项　目	Item	全省 Total	城市 Urban Household	农村 Rural Household
居民消费价格指数	**Consumer Price Index**	**100.3**	**100.5**	**99.7**
食品烟酒	**Food,Tobacco and Alcohol**	**98.9**	**99.3**	**97.7**
食品	Food	96.7	96.9	96.2
粮食	Grain	100.3	100.6	99.4
薯类	Tubers	92.2	93.2	88.6
豆类	Beans	105.3	105.6	104.7
食用油	Edible Oil	107.2	109.4	101.9
菜及食用菌	Vegetables and Edible Fungi	100.6	101.2	99.2
鲜菜	Fresh Vegetables	100.6	101.1	99.1
畜肉类	Livestock Meat	87.5	87.8	86.7
禽肉类	Poultry	95.1	94.1	97.6
水产品	Aquatic Products	97.6	97.3	98.2
蛋类	Eggs	102.9	102.1	104.9
奶类	Milk	102.2	102.8	100.4
干鲜瓜果类	Dried and Fresh Melons and Fruits	100.0	100.4	98.8
鲜　果	Fresh Fruits	100.3	100.6	99.6
糖果糕点类	Confectionery	98.1	97.7	99.2
调味品	Flavoring	101.5	102.2	100.2
其他食品类	Other Food	99.2	99.3	98.8
茶及饮料	Tea and Beverages	100.0	100.0	99.9
烟酒	Cigarettes and Alcohol	100.9	100.9	100.8
烟草	Tobacco	101.3	101.5	101.0
酒类	Alcohol	99.4	99.2	99.7
在外餐饮	Dining Out	104.7	105.4	101.8
衣着	**Clothing**	**100.9**	**101.1**	**100.0**
服装	Garments	100.9	101.2	99.8
鞋类	Footwear	100.5	100.4	100.6
居住	**Residence**	**101.0**	**101.1**	**100.4**
租赁房房租	Rent	100.4	101.3	95.1
住房保养维修及管理	Housing Maintenance,Repair and Management	101.2	100.7	102.5
水电燃料	**Water,Electricity and Fuels**	102.3	101.7	104.0
自有住房	Private Housing	100.5	101.0	99.1
生活用品及服务	**Articles for Daily Use and Services**	**101.2**	**101.2**	**101.2**
家具及室内装饰品	Furniture and Interior Decorations	101.2	101.5	100.2
家具	Furniture	101.2	101.6	100.2
室内装饰品	**Interior Decorations**	**100.9**	**101.2**	**100.0**
家用器具	Home Appliances	101.6	100.8	103.9
家用纺织品	Home Textiles	100.4	100.8	98.8
家庭日用杂品	Daily Use Household Articles	100.7	100.7	100.8
个人护理用品	Personal Care Supplies	98.8	98.4	100.0
家庭服务	Home Services	106.6	107.6	100.3

5-3 续 (continued)

(上年=100) (preceding year=100)

项 目	Item	全省 Total	城市 Urban Household	农村 Rural Household
交通和通信	**Transportation and Communication**	**103.7**	**103.5**	**104.4**
交通	Transportation	104.6	104.0	106.7
交通工具	Transportation Facility	98.0	97.6	99.5
交通工具用燃料	Fuel for Vehicles	118.3	118.3	118.3
交通工具使用和维修	Use and Maintenance for Vehicle	100.1	100.4	99.1
交通费	Car Fare	100.1	99.7	102.6
通信	Communication	101.5	102.1	99.8
通信工具	Communication Facility	106.9	108.2	103.3
通信服务	Communication Service	99.5	100.0	98.4
邮递服务	Postal Service	99.3	99.1	99.9
教育文化和娱乐	**Education, Culture and Entertainment**	**99.3**	**99.6**	**98.4**
教育	Education	100.5	101.5	98.0
教育用品	Education Products	102.0	101.2	104.5
教育服务	Education Services	100.4	101.5	97.7
文化娱乐	Cultural and Recreational Articles	96.5	95.9	100.0
文娱耐用消费品	Durable Consumer Goods for Recreational Use	102.7	102.2	104.6
其他文娱用品	Other Goods for Recreational Use	100.6	100.7	100.2
文化娱乐服务	Cultural and Recreational Services	99.0	98.8	100.3
旅游	Touring and Outing	88.4	87.9	93.9
医疗保健	**Health Care**	**99.4**	**99.1**	**100.4**
药品及医疗器具	Drugs and Medical Devices	99.0	98.4	100.9
中药	Traditional Chinese Medicine	100.8	100.7	101.2
西药	Western Medicine	97.7	97.0	99.8
滋补保健品	Tonics	102.8	102.7	103.3
医疗卫生器具	Medical Appliance	97.3	95.6	103.8
保健器具	Health Care Appliance	100.7	100.9	100.0
医疗服务	**Medical Services**	**99.7**	**99.5**	**100.2**
综合医疗类	General Medical Practice	100.1	100.1	100.1
诊断类	Diagnoses	99.2	98.7	100.3
治疗类	Therapy	100.3	100.6	99.8
康复类	Rehabilitation	100.0	100.1	100.0
中医医疗服务类	Traditional Chinese Medical Services	100.5	100.6	100.4
其他医疗服务	Other Medical Services	100.4	100.6	100.0
其他用品和服务	**Other Supplies and Services**	**98.8**	**98.9**	**98.5**
其他用品	Other Supplies	99.9	99.9	100.1
其他服务	Other Services	97.7	98.0	96.1
在外住宿	Accommodation	104.5	105.5	98.9

5-4 分市县居民消费价格指数(2021年)
Consumer Price Indices by Region (2021)

(上年=100) (preceding year=100)

项　目	Item	全省 Total	海口市 Haikou	三亚市 Sanya	儋州 danzhou	文昌市 Wen chang	琼中县 Qiong zhong
居民消费价格指数	**Consumer Price Index**	**100.3**	**100.5**	**100.4**	**100.1**	**99.5**	**100.3**
食品烟酒	**Food,Tobacco and Alcohol**	**98.9**	**99.7**	**98.7**	**98.4**	**97.6**	**98.0**
食品	Food	96.7	96.9	96.9	96.8	96.1	96.6
粮食	Grain	100.3	100.6	100.4	101.3	99.3	99.8
薯类	Tubers	92.2	91.8	95.4	99.7	86.1	96.4
豆类	Beans	105.3	105.8	104.1	106.6	105.0	104.3
食用油	Edible Oil	107.2	105.8	115.7	115.6	103.0	99.7
菜及食用菌	Vegetables and Edible Fungi	100.6	102.0	100.3	98.0	98.4	101.6
鲜菜	Fresh Vegetables	100.6	102.0	100.2	97.8	98.1	102.2
畜肉类	Livestock Meat	87.5	89.9	84.6	81.9	87.7	83.5
禽肉类	Poultry	95.1	94.1	91.2	100.0	98.0	96.2
水产品	Aquatic Products	97.6	95.4	100.5	101.3	97.4	101.9
蛋类	Eggs	102.9	101.3	102.7	105.3	104.3	106.6
奶类	Milk	102.2	103.2	102.3	101.6	100.3	100.5
干鲜瓜果类	Dried and Fresh Melons and Fruits	100.0	99.8	104.2	96.3	97.1	103.3
鲜 果	Fresh Fruits	100.3	99.8	105.1	94.9	98.1	103.9
糖果糕点类	Confectionery	98.1	97.9	96.9	98.3	99.0	99.6
调味品	Flavoring	101.5	103.5	99.9	100.4	98.7	104.0
其他食品类	Other Food	99.2	99.2	99.5	99.6	97.9	101.5
茶及饮料	Tea and Beverages	100.0	100.4	98.8	101.2	99.1	102.1
烟酒	Cigarettes and Alcohol	100.9	100.6	101.3	102.1	100.6	101.3
烟草	Tobacco	101.3	101.1	101.7	103.0	101.1	100.9
酒类	Alcohol	99.4	98.7	100.1	99.7	98.1	102.6
在外餐饮	Dining Out	104.7	106.5	103.1	102.1	101.8	101.5
衣着	**Clothing**	**100.9**	**101.5**	**101.0**	**98.5**	**99.9**	**100.1**
服装	Garments	100.9	101.6	101.2	98.5	99.7	100.1
鞋类	Footwear	100.5	100.8	99.9	99.1	101.0	99.9
居住	Residence	101.0	101.4	100.6	100.3	100.3	101.0
租赁房房租	Rent	100.4	102.3	99.1	99.8	94.4	100.0
住房保养维修及管理	Housing Maintenance,Repair and Management	101.2	101.1	100.0	99.5	102.7	101.9
水电燃料	**Water,Electricity and Fuels**	**102.3**	**101.7**	**100.7**	**104.2**	**104.4**	**103.0**
自有住房	Private Housing	100.5	101.2	101.0	99.3	98.8	100.0
生活用品及服务	Articles for Daily Use and Services	101.2	101.2	100.4	102.8	101.5	100.2
家具及室内装饰品	Furniture and Interior Decorations	101.2	101.6	99.9	105.8	99.8	101.1
家具	Furniture	101.2	101.6	99.9	106.6	99.8	101.2
室内装饰品	**Interior Decorations**	**100.9**	**101.7**	**99.6**	**100.0**	**100.1**	**99.8**
家用器具	Home Appliances	101.6	101.2	97.8	104.2	104.8	101.0
家用纺织品	Home Textiles	100.4	101.0	100.9	99.2	98.2	100.9
家庭日用杂品	Daily Use Household Articles	100.7	100.0	102.5	100.9	101.4	99.2
个人护理用品	Personal Care Supplies	98.8	98.3	98.4	98.9	99.9	100.3
家庭服务	Home Services	106.6	107.0	106.9	121.9	100.2	100.6

5-4 续 (continued)

（上年=100） (preceding year=100)

项　目	Item	全省 Total	海口市 Haikou	三亚市 Sanya	儋州 danzhou	文昌市 Wen chang	琼中县 Qiong zhong
交通和通信	**Transportation and Communication**	**103.7**	**103.4**	**103.3**	**104.7**	**104.1**	**105.1**
交通	Transportation	104.6	103.8	103.9	105.7	106.6	107.1
交通工具	Transportation Facility	98.0	96.9	98.8	100.3	99.4	99.7
交通工具用燃料	Fuel for Vehicles	118.3	118.4	118.2	117.5	118.4	118.2
交通工具使用和维修	Use and Maintenance for Vehicle	100.1	100.9	97.8	103.6	98.7	100.1
交通费	Car Fare	100.1	99.8	99.1	101.3	102.1	103.5
通信	Communication	101.5	102.3	101.3	102.7	99.3	101.2
通信工具	Communication Facility	106.9	108.7	105.8	110.2	102.9	104.3
通信服务	Communication Service	99.5	100.0	100.0	100.1	97.9	100.0
邮递服务	Postal Service	99.3	99.0	98.7	100.7	99.9	99.7
教育文化和娱乐	**Education, Culture and Entertainment**	**99.3**	**98.8**	**101.4**	**100.4**	**97.5**	**101.3**
教育	Education	100.5	100.8	103.1	101.0	96.9	101.9
教育用品	Education Products	102.0	100.7	101.3	103.7	105.5	100.5
教育服务	Education Services	100.4	100.8	103.1	100.7	96.5	101.9
文化娱乐	Cultural and Recreational Articles	96.5	95.3	97.1	98.5	100.4	98.6
文娱耐用消费品	Durable Consumer Goods for Recreational	102.7	103.2	98.6	105.8	105.7	102.0
其他文娱用品	Other Goods for Recreational Use	100.6	101.1	99.6	100.4	100.2	100.0
文化娱乐服务	Cultural and Recreational Services	99.0	98.3	100.4	100.4	100.2	100.7
旅游	Touring and Outing	88.4	87.1	91.6	85.5	96.0	84.8
医疗保健	**Health Care**	**99.4**	**98.8**	**99.5**	**100.1**	**100.5**	**100.1**
药品及医疗器具	Drugs and Medical Devices	99.0	98.2	98.4	99.4	101.6	98.9
中药	Traditional Chinese Medicine	100.8	100.7	101.2	99.7	100.4	103.5
西药	Western Medicine	97.7	96.6	97.3	99.7	101.0	96.0
滋补保健品	Tonics	102.8	102.4	105.0	98.5	102.9	104.4
医疗卫生器具	Medical Appliance	97.3	96.8	90.9	97.2	106.1	94.2
保健器具	Health Care Appliance	100.7	101.4	99.9	100.5	100.0	100.0
医疗服务	Medical Services	99.7	99.1	100.2	100.5	100.0	100.6
综合医疗类	General Medical Practice	100.1	99.8	100.2	101.6	100.1	100.2
诊断类	Diagnoses	99.2	98.4	99.6	98.8	100.1	100.9
治疗类	Therapy	100.3	100.1	101.8	101.3	99.6	100.3
康复类	Rehabilitation	100.0	100.1	100.0	100.3	100.0	100.0
中医医疗服务类	Traditional Chinese Medical Services	100.5	100.1	100.0	104.0	100.0	101.4
其他医疗服务	Other Medical Services	100.4	100.1	101.9	101.5	100.0	100.0
其他用品和服务	**Other Supplies and Services**	**98.8**	**98.7**	**100.2**	**97.1**	**98.5**	**98.7**
其他用品	Other Supplies	99.9	99.3	100.9	101.1	100.0	100.2
其他服务	Other Services	97.7	98.2	99.8	92.7	95.9	96.4
在外住宿	Accommodations	104.5	101.2	116.4	103.1	97.5	101.9

5-5 分城乡商品零售价格指数(2021年)
Retail Price Indices by Urban and Rural Areas (2021)

(上年=100)　　(preceding year=100)

项　目	Item	全省 Total	城市 Urban Household	农村 Rural Household
商品零售价格指数	**Retail Price Index**	**101.3**	**101.3**	**101.5**
食品	**Food**	**98.6**	**98.9**	**97.2**
粮食	Grain	100.4	100.6	99.4
食用油	Edible Oil	108.2	109.6	102.2
菜及食用菌	Vegetables and Edible Fungi	100.8	101.2	98.9
鲜菜	Fresh Vegetables	100.7	101.1	98.8
畜肉类	Livestock Meat	87.6	87.7	87.0
禽肉类	Poultry	94.6	93.9	97.7
水产品	Aquatic Products	97.6	97.5	98.1
蛋类	Eggs	102.7	102.1	104.7
奶类	Milk	102.4	102.8	100.4
干鲜瓜果类	Dried and Fresh Melons and Fruits	100.2	100.6	98.2
鲜 果	Fresh Fruits	100.5	100.8	99.1
糖果糕点类	Confectionery	97.9	97.6	99.2
食糖	Sugar	101.4	103.7	93.5
调味品	Flavoring	101.8	102.3	99.8
其他食品	Other Food	99.2	99.4	98.5
餐饮业零售	Catering Industry Retail	104.9	105.3	101.8
饮料、烟酒	**Beverages,Tobacco and Liquor**	**100.6**	**100.6**	**100.5**
茶及饮料	Tea and Beverages	100.0	100.0	99.7
烟草	Tobacco	101.3	101.4	101.0
酒类	Alcohol	99.2	99.2	99.3
服装、鞋帽	**Garments,Shoes and Hats**	**100.9**	**101.2**	**99.8**
服装	Garments	101.0	101.3	99.5
鞋帽袜	Footgear and Hats	100.5	100.3	101.0
鞋	Shoes	100.5	100.4	100.8
纺织品	**Textiles**	**100.7**	**101.1**	**98.9**
服装材料	Clothing Materials	99.9	99.9	100.0
床上用品	Bedding	100.9	101.4	98.5
家用电器及音像器材	**Household Appliances,Music and Video Equipment**	**101.6**	**101.0**	**104.6**
文化办公用品	**Culture and Office Appliances**	**101.6**	**101.6**	**101.4**
日用品	**Articles for Daily Use**	**99.5**	**99.3**	**100.5**
日用百货	General Merchandise for Daily Use	97.0	96.0	101.0
清洗用品	Clothing Materials	102.2	102.6	100.6
体育娱乐用品	**Sports and Recreation Articles**	**100.6**	**100.8**	**99.9**
交通、通信用品	**Transportation and Communication Appliances**	**100.5**	**100.5**	**100.2**
家具	**Furniture**	**101.4**	**101.6**	**100.0**
化妆品	**Cosmetics**	**97.8**	**97.6**	**99.4**
金银饰品	**Gold and Silver Accessories**	**100.8**	**100.8**	**101.2**
中西药品及医疗保健用品	**Traditional Chinese and Western Medicines and Medical and Health Care Articles**	**98.8**	**98.4**	**101.1**
医疗卫生器具	Medical Appliance	96.6	95.3	104.4
中药	Traditional Chinese Medicine	100.8	100.8	101.0
西药	Western Medicine	97.5	97.0	100.1
保健器具及用品	Health Care Appliance and Supplies	102.4	102.4	102.4
书报杂志及电子出版物	**Book,Newspapers,Magazines and Electronic Publications**	**101.1**	**100.8**	**103.0**
燃料	**Fuels**	**114.7**	**114.3**	**116.7**
建筑材料及五金电料	**Building Materials and Hardware**	**101.9**	**101.9**	**102.0**
建筑装璜材料	Building Decoration Materials	102.3	102.3	102.3
五金水暖	Hardware and Plumbing	101.2	101.1	101.5

5-5 续 (continued)

(上年=100) (preceding year=100)

项 目	Item	海口市 Haikou	三亚市 Sanya	儋州市 danzhou	文昌市 Wen chang	琼中县 Qiong zhong
商品零售价格指数	**Retail Price Index**	**101.4**	**100.7**	**102.0**	**101.6**	**101.2**
食品	**Food**	**99.2**	**98.3**	**97.8**	**97.1**	**97.5**
粮食	Grain	100.6	100.4	101.3	99.3	99.8
食用油	Edible Oil	105.8	115.7	115.6	103.0	99.7
菜及食用菌	Vegetables and Edible Fungi	102.0	100.3	98.0	98.4	101.6
鲜菜	Fresh Vegetables	102.0	100.2	97.8	98.1	102.2
畜肉类	Livestock Meat	89.9	84.6	81.9	87.7	83.5
禽肉类	Poultry	94.1	91.2	100.0	98.0	96.2
水产品	Aquatic Products	95.4	100.5	101.3	97.4	101.9
蛋类	Eggs	101.3	102.7	105.3	104.3	106.6
奶类	Milk	103.2	102.3	101.6	100.3	100.5
干鲜瓜果类	Dried and Fresh Melons and Fruits	99.8	104.2	96.3	97.1	103.3
鲜 果	Fresh Fruits	99.8	105.1	94.9	98.1	103.9
糖果糕点类	Confectionery	97.9	96.9	98.3	99.0	99.6
食糖	Sugar	107.1	98.3	100.3	93.1	97.3
调味品	Flavoring	103.5	99.9	100.4	98.7	104.0
其他食品	Other Food	99.2	99.5	99.6	97.9	101.5
餐饮业零售	Catering Industry Retail	106.5	103.1	102.1	101.8	101.5
饮料、烟酒	**Beverages,Tobacco and Liquor**	**100.5**	**100.4**	**101.8**	**100.3**	**101.5**
茶及饮料	Tea and Beverages	100.4	98.8	101.2	99.1	102.1
烟草	Tobacco	101.1	101.7	103.0	101.1	100.9
酒类	Alcohol	98.7	100.1	99.7	98.1	102.6
服装、鞋帽	**Garments,Shoes and Hats**	**101.6**	**100.9**	**98.5**	**99.7**	**100.0**
服装	Garments	101.7	101.0	98.3	99.4	100.1
鞋帽袜	Footgear and Hats	100.6	100.1	98.9	101.2	99.9
鞋	Shoes	100.8	99.9	98.7	101.0	99.9
纺织品	**Textiles**	**101.2**	**101.6**	**99.6**	**98.2**	**101.0**
服装材料	Clothing Materials	99.3	100.0	103.0	100.0	100.0
床上用品	Bedding	101.7	101.9	98.5	97.6	101.3
家用电器及音像器材	**Household Appliances,Music and Video Equipment**	**102.1**	**97.4**	**105.6**	**105.3**	**101.0**
文化办公用品	**Culture and Office Appliances**	**101.4**	**101.9**	**102.1**	**101.3**	**101.6**
日用品	**Articles for Daily Use**	**98.5**	**100.5**	**101.5**	**100.7**	**100.0**
日用百货	General Merchandise for Daily Use	94.0	98.2	102.2	101.6	98.9
清洗用品	Clothing Materials	101.5	105.5	102.4	100.3	101.9
体育娱乐用品	**Sports and Recreation Articles**	**101.3**	**99.1**	**101.8**	**99.9**	**100.0**
交通、通信用品	**Transportation and Communication Appliances**	**100.4**	**100.7**	**100.8**	**100.0**	**101.2**
家具	**Furniture**	**101.6**	**99.9**	**106.6**	**99.8**	**101.2**
化妆品	**Cosmetics**	**97.0**	**98.5**	**98.7**	**99.5**	**98.7**
金银饰品	**Gold and Silver Accessories**	**99.8**	**103.1**	**101.8**	**100.9**	**103.2**
中西药品及医疗保健用品	**Traditional Chinese and Western Medicines and Medical and Health Care Articles**	**98.2**	**98.4**	**99.4**	**101.6**	**98.9**
医疗卫生器具	Medical Appliance	96.8	90.9	97.2	106.1	94.2
中药	Traditional Chinese Medicine	100.7	101.2	99.7	100.4	103.5
西药	Western Medicine	96.6	97.3	99.7	101.0	96.0
保健器具及用品	Health Care Appliance and Supplies	102.2	103.7	99.0	102.1	103.6
书报杂志及电子出版物	**Book,Newspapers,Magazines and Electronic Publications**	**100.6**	**100.8**	**102.1**	**103.4**	**100.3**
燃料	**Fuels**	**114.2**	**113.7**	**117.1**	**117.1**	**114.5**
建筑材料及五金电料	**Building Materials and Hardware**	**102.7**	**100.4**	**100.9**	**102.1**	**101.6**
建筑装璜材料	Building Decoration Materials	103.3	100.6	100.9	102.3	102.6
五金水暖	Hardware and Plumbing	101.6	99.9	100.8	101.9	100.0

5-6 按工业部门分工业生产者出厂价格指数
Producer Price Indices for Industrial Products by Industrial Department

（上年=100） (preceding year=100)

年 份 Year	总 指 数 General Index	冶金工业 Metallurgical Industry	电力工业 Power Industry	煤炭及炼焦工业 Coal and Coking Industry	石油工业 Petroleum Industry	化学工业 Chemical Industry	机械工业 Machine Manufacture Industry	建筑材料工业 Building Materials Industry
2003	99.5	110.5	100.9	112.9	103.4	102.0	94.1	99.8
2004	100.0	131.7	100.8	91.1	103.0	99.1	88.3	109.9
2005	99.5	118.3	100.2	100.0	109.8	101.8	87.9	99.2
2006	100.8	97.4	100.0	100.0	119.7	98.1	99.1	87.6
2007	102.7	110.8	100.2	100.8	100.5	100.7	98.8	117.1
2008	104.5	112.6	102.2	118.2	109.7	102.5	97.8	120.1
2009	90.6	74.1	104.0	113.0	87.4	91.7	98.5	93.7
2010	107.7	116.5	101.0	110.7	111.9	108.4	103.4	102.0
2011	108.8	117.2	102.6	109.7	114.9	105.0	101.0	115.4
2012	100.8	91.5	101.3	100.0	104.5	100.3	99.1	90.0
2013	99.5	100.2	100.5	100.0	98.6	100.8	98.7	92.9
2014	97.6	84.0	100.3	100.0	95.4	98.4	99.6	117.6
2015	89.8	73.5	107.9	100.0	73.1	96.0	99.6	83.6
2016	96.0	97.3	102.2		88.2	97.5	98.5	102.0
2017	108.8	106.5	99.9		115.5	113.4	94.0	114.8
2018	108.2	107.6	99.9		113.6	112.9	94.8	112.3
2019	97.4	112.5	97.6		93.1	94.0	98.8	104.5
2020	93.8	101.0	99.4		88.4	85.2	99.2	99.2
2021	113.5	107.2	99.4	95.0	130.7	113.2	100.1	111.1

5-6 续(continued)

(上年=100) (preceding year=100)

年 份 Year	森林工业 Timber Industry	食品工业 Food Industry	纺织工业 Textile Industry	缝纫工业 Tailoring Industry	皮革工业 Leather Industry	造纸工业 Paper Industry	文教艺术用品工业 Cultural, Educational & Handicrafts Articles	其他工业 Other Industry
2003	97.3	97.9	99.3	92.8	88.2	99.3	99.9	101.9
2004	102.1	101.6	99.5	101.8	99.2	100.0	99.7	114.6
2005	104.5	101.0	95.9	100.0	105.5	101.1	104.8	108.6
2006	103.0	103.6	95.7	99.0	132.5	107.0	98.6	106.9
2007	105.0	101.7	95.7	101.7	112.7	106.7	100.9	110.2
2008	101.5	106.1	96.1	102.9	122.4	99.2	104.7	107.5
2009	97.7	99.7	84.2	102.2	79.4	79.4	105.2	100.2
2010	105.4	105.1	105.6	95.2	122.6	108.0	99.8	105.2
2011	109.4	109.8	106.3	95.6	200.4	96.6	117.8	115.1
2012	108.3	101.3	89.9	93.1	79.5	98.9	105.6	116.3
2013	104.6	101.3	93.9	92.3	135.2	101.8	99.9	97.4
2014	101.7	99.2	96.1	99.5	97.3	89.8	97.9	95.1
2015	110.4	99.4	99.9	100.0	100.0	102.8	99.2	116.0
2016	99.2	99.7	101.1			95.1	96.4	109.5
2017	102.6	101.8	104.7			110.3	100.7	103.6
2018	100.4	101.3	101.4			109.5	101.2	100.4
2019	96.3	102.3	100.3			98.7	102.2	100.9
2020	97.5	105.1	96.5			93.2	100.7	101.5
2021	109.8	102.5	95.8			106.7	100.2	92.4

5-7 按工业行业分工业生产者出厂价格指数
Producer Price Indices for Industrial Products by Sector

（上年=100） (preceding year=100)

行业	Sector	2021
工业生产者出厂价格指数	**Producer Price Indices for Industrial Products**	**113.5**
石油和天然气开采业	Extraction of Petroleum and Natural Gas	135.5
黑色金属矿采选业	Mining and Processing of Ferrous Metal Ores	111.5
有色金属矿采选业	Mining and Processing of Non-Ferrous Metal Ores	111.4
非金属矿采选业	Mining and Processing of Nonmetal Ores	103.5
农副食品加工业	Processing of Food from Agricultural Products	103.9
食品制造业	Manufacture of Foods	101.0
酒、饮料和精制茶制造业	Manufacture of Alcohol,Beverage and Refined Tea	101.8
烟草制品业	Manufacture of Tobacco	100.0
纺织业	Manufacture of Textile	95.8
木材加工和木、竹、藤、棕、草制品业	Processing of Timber, Manufacture of Wood, Bamboo, Rattan, Palm and Straw Products	110.9
家具制造业	Manufacture of Furniture	98.0
造纸及纸制品业	Manufacture of Paper and Paper Products	106.7
印刷和记录媒介复制业	Printing, Reproduction of Recording Media	100.2
石油、煤炭及其他燃料加工业	Processing of Petroleum, Coal and Other Fuels	131.8
化学原料及化学制品制造业	Manufacture of Raw Chemical Materials and Chemical Products	125.9
医药制造业	Manufacture of Medicines	99.3
橡胶和塑料制品业	Manufacture of Rubber and Plastics	113.1
非金属矿物制品业	Manufacture of Non-metallic Mineral Products	111.0
有色金属冶炼和压延加工业	Smelting and Pressing of Non-ferrous Metals	101.0
金属制品业	Manufacture of Metal Products	99.7
通用设备制造业	Manufacture of General Purpose Machinery	99.0
汽车制造业	Automotive Industry	101.1
电气机械及器材制造业	Manufacture of Electrical Machinery and Apparatus	96.9
计算机、通信和其他电子设备制造业	Manufacture of Computer, Communications and Other Electronic Equipment	100.0
电力、热力的生产和供应业	Production and Supply of Electric Power and Heat Power	99.4
燃气生产和供应业	Production and Supply of Gas	91.8
水的生产和供应业	Production and Supply of Water	97.6

5-8 工业生产者出厂价格分类指数
Producer Price Indices for Industrial Products by Category

(上年=100) (preceding year=100)

类 别	Item	2005	2010	2015	2020	2021
全部工业品	**Total Producer Price Indices**	**99.5**	**107.7**	**89.8**	**93.8**	**113.5**
生产资料	**Means of Production**	**106.4**	**108.6**	**86.2**	**91.8**	**117.3**
采掘工业	Mining & Quarrying Industry	115.4	126.1	70.7	93.0	117.1
原材料工业	Raw Materials Industry	103.0	109.7	84.4	88.7	120.1
加工工业	Processing Industry	107.3	103.0	93.3	98.8	110.4
生活资料	**Consumer Goods**	**93.2**	**104.6**	**100.2**	**102.1**	**99.4**
食品类	Food	98.1	105.5	101.1	105.2	99.1
衣着类	Clothing	101.3	95.2	100.0		
一般日用品	Articles for Daily Use	105.4	101.5	97.0	98.0	99.6
耐用消费品	Durable Consumer Goods	85.9	103.3	101.5	100.3	100.0

主要统计指标解释

居民消费价格指数 是反映一定时期内城乡居民所购买的生活消费品和服务项目价格变动趋势和程度的相对数，是对城市居民消费价格指数和农村居民消费价格指数进行综合汇总计算的结果。通过该指数可以观察和分析消费品的零售价格和服务项目价格变动对城乡居民实际生活费支出的影响程度。

城市居民消费价格指数 是反映一定时期内城市居民家庭所购买的生活消费品价格和服务项目价格变动趋势和程度的相对数。通过该指数可以观察和分析消费品的零售价格和服务项目价格变动对城镇居民收入和消费支出的影响。

农村居民消费价格指数 是反映一定时期内农村居民家庭所购买的生活消费品价格和服务项目价格变动趋势和程度的相对数。该指数可以观察农村消费品的零售价格和服务项目价格变动对农村居民收入和生活消费支出的影响。

商品零售价格指数 是反映一定时期内城乡商品零售价格变动趋势和程度的相对数。商品零售价格的变动与国家的财政收入、市场供需的平衡、消费与积累的比例关系有关。因此，该指数可以从一个侧面对上述经济活动进行观察和分析。

农业生产资料价格指数 指反映一定时期内农业生产资料价格变动趋势和程度的相对数。其编制目的是了解农业生产中投入物质资料价格的变动状况，服务于国民经济核算。1994 年以前，农业生产资料价格指数仅仅是商品零售价格指数的一个类别，此后，从商品零售价格指数中分离出来，单独编制。

工业生产者出厂价格指数 是反映一定时期内全部工业产品出厂价格总水平的变动趋势和程度的相对数，包括工业企业售给本企业以外所有单位的各种产品和直接售给居民用于生活消费的产品。该指数可以观察出厂价格变动对工业总产值及增加值的影响。

工业生产者购进价格指数 是反映工业企业作为生产投入，而从物资交易市场和能源、原材料生产企业购买原材料、燃料和动力产品时，所支付的价格水平变动趋势和程度的统计指标，是扣除工业企业物质消耗成本中的价格变动影响的重要依据。

Explanatory Notes on Main Statistical Indicators

Consumer Price Index reflects the trend and degree of changes in prices of consumer goods and services purchased by urban and rural residents, and is a composite index derived from the urban consumer price index and the rural consumer price index. Consumer price index can be used to analyze the impact of consumer price change on actual expenditure for living cost of urban and rural residents.

Consumer Price Index of Urban Household reflects the trend and degree of changes in prices of consumer goods and services purchased by urban households during a given period. It can be used to observe and analyze the impact of price changes in consumer goods and services on urban household income and consumption expenditure.

Consumer Price Index of Rural Household reflects the trend and degree of changes in prices of consumer goods and services purchased by rural households during a given period. It can be used to observe the impact of change in retail prices of consumer goods and service prices on rural household income and consumption expenditure on living.

Retail Price Index reflect the trend and degree of change in retail prices of commodities during a given period. The change in retail prices of commodities is related to government revenue, the equilibrium of market supply and demand, and the ratio of consumption to accumulation. Therefore, the retail price indices are useful from an oblique perspective for observing and analyzing the changes of the above economic activities.

Price Index for Means of Agricultural Production reflects the trend and degree of changes in the prices of the means of agricultural production during a given period. Compilation of these indices helps to understand the price changes of material input in agricultural production and facilitate the compilation of national accounts. Before 1994, price indices for means of agricultural production were a sub-category in the retail price indices for commodities, and it has been compiled separately since 1994.

Producer Price Index for Industrial Products reflect the trend and degree of changes in general ex-factory prices of all manufactured goods during a given period, including sales of manufactured goods by an industrial enterprise to all units outside the enterprise, as well as sales of consumer goods to residents. It can be used to analyze the impact of ex-factory prices on gross output value and value-added of the industrial sector.

Purchasing Price Index for Industrial Producers reflect changes in the level and degree of prices paid by industrial enterprises when they purchase production input such as raw materials, fuels and power from the market or from other energy or raw materials producing enterprises. These indices provide an important basis for measuring the material consumption of industrial enterprises after removing the influence of price changes.

6

人民生活

People's Living Conditions

编辑人员：傅丽雅 何文文

Compiled by Fu Liya He Wenwen

英文翻译：刘欣

Translated by Liu Xin

简 要 说 明

一、本篇资料的主要内容

本篇资料反映我省人民生活现状及变化情况，分为全体居民生活、城镇居民生活和农村居民生活三部分。

二、居民生活状况资料来源

为满足城乡统筹发展需要，更加全面准确地反映居民收入分配格局，国家统计局从2012年四季度起，对城乡住户调查实施了一体化改革，统一了城乡居民收入指标名称、分类和统计标准，建立了城乡统一的一体化住户调查，并于2014年首次发布了全国居民人均可支配收入，海南省同步发布了海南居民人均可支配收入。本篇资料来源于国家统计局海南调查总队组织实施的居民收支与生活状况调查（以下简称住户调查）。

三、住户调查的对象

住户调查对象为海南住户，既包括城镇住户，也包括农村住户；既包括以家庭形式居住的户，也包括以集体形式居住的户。无论户口性质和户口登记地，均以住户为单位，在常住地参加本调查。

四、住户调查的内容

住户调查内容主要包括居民现金和实物收支情况、住户成员及劳动力从业情况、居民家庭食品和能源消费情况、住房和耐用消费品拥有情况、家庭经营和生产投资情况、社区基本情况以及其他民生状况等。具体内容由《住户收支与生活状况调查方案》的记账项目、问卷项目和汇总指标共同规定。

五、住户调查样本的抽选

样本抽选包括抽样方法设计、县级调查网点代表性评估、调查小区抽选以及摸底调查、调查住宅抽选、调查户落实等现场抽样工作。

住户调查的抽样方法由国家统计局制定。样本量按满足以下代表性需求的标准确定：在95%的置信度下，分省居民及分省分城乡居民人均可支配收入、消费支出以及主要收入项和消费项的抽样误差控制在3%以内（个别人口较少的省在5%以内）。国家统计局使用统一的抽样框，以省为总体，在对县级调查网点代表性进行评估的基础上，采用分层、多阶段随机抽样方法抽选调查住宅，确定调查户。县级调查网点和抽中调查小区原则上五年内保持不变，样本住户应在五年周期内适时轮换。

Brief Introduction

I. Main Contents

Data in this chapter show the people's living conditions and its changes in Hainan province, which includes three parts about the life of all residents, urban and rural households respectively.

II. Sources of Data on the Living Conditions of Residents

In order to satisfy the need of urban and rural coordinate development, and to show the distribution of residents' income more accurately from all aspects, National Bureau of Statistics implemented reform of integrated household survey at the fourth quarter in 2012, uniforming and regulating the statistical indicators names, classification, statistical standard, and urban and rural integrated household surveys. In 2014, the NBS published per capita income of national households, at the meanwhile, Hainan province published per capita income of the whole province households.The data collected in this chapter were derived from the Survey of residents' income, expenditure and living conditions survey (hereinafter referred to as household survey).

III. Subjects of household survey

The subjects of the household survey were households in Hainan, including both urban and rural households, households living in the form of families and households living in groups.The household is used as a unit to participate in the survey in the place of permanent residence, regardless of the type of the household and the place of registration.

IV. The contents of household survey

The main contents of household survey include cash and in-kind income and expenditure, household membership and labor employment, food and energy consumption, housing and the possession of durable consumer goods, family management and production investment, the basic situation of community and other livelihood status etc.The specific contents are stipulated by the project, the item of the questionnaire and the aggregate index from Survey Plan of residents' income, expenditure and living conditions.

V. Selection of household survey sample

Sample selection includes design of sampling method, representative evaluation of county level survey sites, selection of survey area, pre-investigation, selection of residential sample, determination of survey samples and other on-site sampling work.

The sampling method of household survey was formulated by the National Bureau of statistics. Sample size is determined according to the criteria that meet the following representational needs: under the confidence level of 95%, the sampling error of per capita disposable income and consumption expenditure of all, urban and rural residents as well as major income and consumption items should not exceed ±3%(the sampling error of province with less population controlled within 5%).National bureau of statistics used the unified sampling frame, which take the province as a whole, and used stratified multistage random sampling method which based on evaluation of the county level investigation site representative to select residential sample and determine survey samples .The county level survey sites and selection of survey area remained unchanged for five years in principle. The survey sample households should be completely replaced within the five-years' survey cycle.

6-1 全省居民家庭基本情况
Basic Conditions of Whole Province Households

项　　目	Item	2013	2014	2015	2016	2017	2018	2019	2020	2021
调查户数(户)	Number of Households Surveyed (household)	2700	2700	2700	2700	2700	3000	3000	3000	3000
平均每户常住人口(人)	Average Number of Usual Residents Per Household (person)	3.6	3.6	3.6	3.7	3.7	3.7	3.7	3.6	3.8
平均每户就业人口数(人)	Average Number of Employed Persons per Household (persons)	2.0	2.0	2.0	2.0	2.0	1.9	1.8	1.7	1.9
平均每户就业面(%)	Proportion of Employment per Household (%)	55.3	56.0	55.5	54.4	53.0	50.1	49.0	47.0	48.9
平均每一就业者负担人数(人)	Number of Dependents per Employed Person (person)	1.8	1.8	1.8	1.8	1.9	2.0	2.0	2.1	2.0
可支配收入(元/人)	Disposable Income (yuan / per person)	15733	17476	18979	20653	22553	24579	26679	27904	30457
消费性支出(元/人)	Consumption Expenditure (yuan / per person)	11193	12471	13575	14275	15403	17528	19555	18972	22242

6-2 全省居民可支配收入情况
Per Capita Income of Whole Province Households

年 份 Year	全体居民人均可支配收入(元) Per Capita Disposable Income of Households (yuan)	城镇居民人均可支配收入(元) Per Capita Disposable Income of Urban Households (yuan)	农村居民人均可支配收入(元) Per Capita Disposable Income of Rural Households (yuan)	城镇居民恩格尔系数(%) Engle Coefficient of Urban Households (%)	农村居民恩格尔系数(%) Engle Coefficient of Rural Households (%)
1985		778			
1986					
1987		986			
1988		1196	567		
1989		1367	674		
1990	925	1650	696		
1991		1799	730		
1992		2318	843		
1993		3072	992		
1994		3920	1305		
1995		4770	1520		
1996		4926	1746		
1997		4850	1917		
1998		4845	2026	55.0	61.6
1999		5320	2104	51.0	59.7
2000	3479	5332	2208	48.8	56.2
2001		5800	2262	45.3	57.9
2002		6764	2472	43.3	58.0
2003		7185	2651	42.9	56.2
2004		7643	2898	44.9	57.2
2005	5322	8013	3102	45.1	55.5
2006	6084	9250	3376	40.7	50.8
2007	7186	10807	3949	39.8	53.3
2008	8325	12367	4593	40.4	50.1
2009	9151	13465	4984	40.5	49.7
2010	10342	15229	5566	40.1	46.3
2011	12392	17954	6801	39.2	48.6
2012	14180	20446	7816	39.1	47.5
2013	15733	22411	8802	38.2	44.4
2014	17476	24487	9913	38.0	43.2
2015	18979	26356	10858	38.2	42.7
2016	20653	28453	11843	39.0	43.2
2017	22553	30817	12902	37.2	41.9
2018	24579	33349	13989	35.6	41.8
2019	26679	36017	15113	34.3	41.7
2020	27904	37097	16279	37.8	43.8
2021	30457	40213	18076	34.8	41.6

注：国家统计局于2013年进行城乡一体化住户调查改革，统一城乡居民收入统计指标含义和口径。2013年以前数据为国家统计局根据历史资料按新指标口径进行回溯推算所得。

Note:National Bureau of Statistics implemented innovation of integrated household survey in 2013 to uniform and regulate the statistical indicators explanation and definition of urban and rural household survey.The data before 2013 were estimated based on historical data by new indicators definition.

6-3 全省居民可支配收入及构成
Per Capita Income and Composition of Whole Province Households

项 目	Item	2013	2014	2015	2016	2017	2018	2019	2020	2021
可支配收入（元/人）	**Disposable Income (yuan / per person)**	**15733**	**17476**	**18979**	**20653**	**22553**	**24579**	**26679**	**27904**	**30457**
一、工资性收入	Income of Wages and Salaries	8672	9854	11044	12258	13371	14306	15581	16175	16624
二、经营净收入	Net Business Income	3575	3930	3920	4042	4286	4462	4598	4688	6134
三、财产净收入	Net Income from Property	1210	1254	1245	1217	1365	1890	2039	2098	2614
四、转移净收入	Net Income from Transfer	2276	2438	2770	3137	3531	3921	4463	4944	5085
可支配收入构成(%)	**Composition of Disposable Income (%)**	**100.0**	**100.0**	**100.0**	**100.0**	**100.0**	**100.0**	**100.0**	**100.0**	**100.0**
一、工资性收入	Income from Wages and Salaries	55.1	56.4	58.2	59.4	59.3	58.2	58.4	58.0	54.6
二、经营净收入	Net Business Income	22.7	22.5	20.7	19.6	19.0	18.2	17.2	16.8	20.1
三、财产净收入	Net Income from Property	7.7	7.2	6.6	5.9	6.1	7.7	7.6	7.5	8.6
四、转移净收入	Net Income from Transfer	14.5	14.0	14.6	15.2	15.7	16.0	16.7	17.7	16.7

6-4 全省居民按收入五等份分组的可支配收入和消费支出

Per Capita Disposable Income and Consumption Expenditures of Whole Province Households by Income Quintile

单位:元/人 (yuan / per person)

项 目	Item	2013	2014	2015	2016	2017	2018	2019	2020	2021
人均可支配收入	**Per Capita Disposable Income**	**15733**	**17476**	**18979**	**20653**	**22553**	**24579**	**26679**	**27904**	**30457**
20%低收入组家庭	Low Income Households （20%）	4230	4762	5041	5689	6091	5757	6566	7084	7926
20%中间偏下收入组家庭	Lower Middle Income Households （20%）	8549	9763	10694	11847	12618	11720	13135	13255	15910
20%中间收入组家庭	Middle Income Households （20%）	13061	14958	16628	17987	19188	18746	20524	20464	24506
20%中间偏上收入组家庭	Upper Middle Income Households （20%）	19665	22139	24769	26596	29088	30388	32674	33087	37931
20%高收入组家庭	High Income Households （20%）	42484	45751	48356	53130	57969	68706	73046	80123	80258
人均消费支出	**Per Capita Consumption Expenditures**	**11193**	**12471**	**13575**	**14275**	**15403**	**17528**	**19555**	**18972**	**22242**
20%低收入组家庭	Low Income Households （20%）	4906	5201	6117	6757	6994	8097	9127	9972	12268
20%中间偏下收入组家庭	Lower Middle Income Households （20%）	7337	7759	8853	10122	11442	10898	12128	11914	14805
20%中间收入组家庭	Middle Income Households （20%）	9333	11096	12846	12903	14057	13864	16175	17834	20009
20%中间偏上收入组家庭	Upper Middle Income Households （20%）	14387	15445	16385	17970	19205	21278	23812	21874	27211
20%高收入组家庭	High Income Households （20%）	25045	28629	29393	29759	30878	39906	43042	39050	43216

6-5 全省居民消费支出及构成
Per Capita Consumption Expenditure of Whole Province Households and Composition

项　目	Item	2013	2014	2015	2016	2017	2018	2019	2020	2021
消费支出(元/人)	**Consumption Expenditures (yuan/person)**	**11193**	**12471**	**13575**	**14275**	**15403**	**17528**	**19555**	**18972**	**22242**
(一)食品烟酒	Food,Tobacco and Liquor	4469	4915	5364	5746	5936	6552	7122	7514	8207
1. 食品	Food		3895	4151	4374	4486	4701	5135	5764	5826
2. 烟酒	Tobacco and Liquor		343	362	380	387	502	520	549	636
3. 饮料	Beverages		73	85	88	86	86	92	83	100
4. 饮食服务	Catering Services		604	766	903	977	1263	1375	1118	1645
(二)衣着	Clothing	485	550	568	597	631	656	698	661	746
1. 衣类	Garments		450	458	493	525	567	600	570	637
2. 鞋类	Footwear		100	110	104	106	89	98	91	109
(三)居住	Residence	2469	2558	2628	2647	2926	3744	4110	4168	5028
1. 租赁房房租	Rent of Leased House		169	156	115	147	226	225	190	159
2. 住房维修及管理	Housing Maintenance and Management		191	221	258	334	382	408	326	471
3. 水、电、燃料及其他	Water,Electricity,Fuel and Others		647	615	628	684	711	784	820	856
4. 自有住房折算租金	Converted Rent of Self Owned Housing		1551	1636	1647	1760	2425	2693	2831	3541
(四)生活用品及服务	Household Articles and Services	638	686	698	704	769	827	933	890	1034
1. 家具及室内装饰品	Furniture and Interior Decoration		93	71	102	136	98	178	126	152
2. 家用器具	Household Appliances		153	166	150	170	191	221	205	246
3. 家用纺织品	Household Textiles		41	47	50	56	57	64	67	67
4. 家庭日用杂品	Household Sundries		248	252	231	224	270	239	255	259
5. 个人用品	Personal Items		110	122	131	144	171	182	194	252
6. 家庭服务	Domestic Service		42	40	41	39	40	49	43	59
(五)医疗保健	Health Care	541	717	987	1021	1101	1236	1294	1407	1683
1. 医疗器具及药品	Medical Instruments and Drugs		204	241	244	269	316	322	342	374
2. 医疗服务	Medical Service		513	746	777	832	920	972	1066	1309
(六)交通通信	Transportation and Communication	1158	1437	1783	1762	1995	1919	2578	2119	2651
1. 交通	Transportation		895	1207	1186	1375	1357	2037	1522	1966
2. 通信	Communication		542	576	576	620	562	541	597	684
(七)教育文化娱乐	Education,Cultural and Recreation	1226	1358	1278	1545	1757	2186	2413	1881	2445
1. 教育	Education		991	891	1132	1301	1655	1901	1527	2043
2. 文化娱乐	Cultural and Recreation		367	387	413	456	530	512	353	401
(八)其他用品和服务	Miscellaneous Commodities and Services	208	249	269	254	288	409	406	332	449
1. 其他用品	Miscellaneous Commodities		158	173	152	174	226	195	148	175
2. 其他服务	Miscellaneous Services		91	96	102	115	183	211	185	274
消费支出构成(%)	**Composition of Consumption Expenditures(%)**	**100.0**	**100.0**	**100.0**	**100.0**	**100.0**	**100.0**	**100.0**	**100.0**	**100.0**
(一)食品烟酒	Food,Tobacco and Liquor	39.9	39.4	39.5	40.2	38.5	37.4	36.4	39.6	36.9
(二)衣着	Clothing	4.3	4.4	4.2	4.2	4.1	3.7	3.6	3.5	3.4
(三)居住	Residence	22.1	20.5	19.4	18.5	19.0	21.4	21.0	22.0	22.6
(四)生活用品及服务	Household Articles and Services	5.7	5.5	5.1	4.9	5.0	4.7	4.8	4.7	4.6
(五)医疗保健	Health Care	4.8	5.7	7.3	7.2	7.1	7.1	6.6	7.4	7.6
(六)交通通信	Transportation and Communication	10.3	11.5	13.1	12.3	13.0	10.9	13.2	11.2	11.9
(七)教育文化娱乐	Education,Cultural and Recreation	11.0	10.9	9.4	10.8	11.4	12.5	12.3	9.9	11.0
(八)其他用品和服务	Miscellaneous Commodities and Services	1.9	2.0	2.0	1.8	1.9	2.3	2.1	1.8	2.0

6-6 全省居民主要食品消费量
Main Food Consumption of Whole Province Households

单位:公斤/人 (kg / per person)

项　目	Item	2013	2014	2015	2016	2017	2018	2019	2020	2021
粮食	Grain	105.31	105.09	100.90	99.38	96.03	94.84	99.94	107.74	114.28
食用油	Edible Oil	7.84	8.58	7.61	7.28	8.78	8.84	8.41	9.46	10.07
鲜菜	Fresh Vegetables	83.28	85.04	85.80	92.68	90.48	88.31	93.41	97.08	105.02
猪肉	Pork	24.10	23.79	25.22	26.98	24.92	29.24	20.28	16.79	28.42
牛羊肉	Beef and Mutton	2.45	2.01	2.04	2.60	2.59	3.05	3.35	3.15	4.04
禽类	Poultry	19.29	18.61	18.91	21.50	20.41	18.76	24.70	30.41	28.25
鲜 蛋	Fresh Eggs		4.18	4.58	4.78	4.27	4.61	4.61	5.42	5.53
鱼类	Fish	21.56	21.72	21.97	22.01	20.85	22.06	25.22	24.68	26.98
白酒	Liquor	2.27	2.18	2.04	1.72	1.60	1.48	1.48	1.37	1.59
啤酒	Beer	2.76	3.09	2.59	2.30	1.80	2.31	2.68	2.62	2.63
茶叶	Tea	0.16	0.21	0.20	0.20	0.21	0.18	0.15	0.15	0.16
鲜瓜果	Fresh Melons &Fruits	19.68	22.56	26.10	27.91	27.39	26.03	28.65	27.77	30.67
糕点	Cake		2.66	2.98	2.94	2.83	3.01	3.21	3.25	3.81
鲜奶	Milk		2.38	2.04	1.97	1.80	2.53	2.47	2.86	3.43

6-7　全省居民年末主要耐用消费品拥有量
Major Durable Goods Owned Per 100 Households

单位：平均每百户　　per 100 households

项　目	Item	2013	2014	2015	2016	2017	2018	2019	2020	2021
摩托车(辆)	Motorcycle (unit)	66.1	66.9	66.3	63.2	61.3	58.8	50.8	48.8	45.9
家用汽车(辆)	Automobile(unit)	10.6	13.0	15.5	18.1	19.6	26.3	28.9	28.7	31.5
洗衣机(台)	Washing Machine (set)	48.2	51.3	55.0	61.5	64.3	69.3	74.3	74.4	80.3
电冰箱(台)	Refrigerator (set)	63.5	67.5	74.4	81.5	83.6	87.8	92.4	93.1	99.0
彩色电视机(台)	Color Television Set (set)	103.9	107.9	104.7	106.1	107.2	103.1	103.6	103.2	101.4
计算机(台)	Computer (set)	34.1	38.3	42.4	47.4	48.3	40.7	43.3	42.6	39.8
照相机(架)	Camera (set)	11.7	11.6	10.2	8.7	8.6	8.0	7.3	7.0	4.2
微波炉(台)	Microwave Oven(unit)	26.2	25.4	25.6	25.7	25.9	23.9	21.2	21.0	17.2
抽油烟机(台)	Exhaust Fan(unit)	32.0	33.8	36.1	36.4	39.0	39.9	42.8	41.6	45.0
空调(台)	Air Conditioner(unit)	48.6	54.2	64.8	82.1	87.0	109.3	127.2	130.2	151.2
淋浴热水器(台)	Water Heater for Shower (unit)	59.3	62.8	67.1	75.8	78.0	82.8	87.5	90.2	92.6
固定电话(部)	Telephone (set)	44.4	49.2	42.3	37.0	35.9	26.4	17.5	15.5	9.7
移动电话(部)	Mobile Telephone (set)	213.5	226.5	235.3	254.5	262.4	275.2	286.2	281.9	294.5

6-8 各市县居民可支配收入情况(2021年)
Per Capita Disposable Income of Households by Region (2021)

单位：元 (yuan)

地区	Region	全体居民人均可支配收入(元) Per Capita Disposable Income of Households (yuan)	城镇居民人均可支配收入(元) Per Capita Disposable Income of Urban Households (yuan)	农村居民人均可支配收入(元) Per Capita Disposable Income of Rural Households (yuan)
全省总计	**Total**	**30457**	**40213**	**18076**
海口市	Haikou	38129	43605	19267
三亚市	Sanya	37762	44199	20413
儋州市	Danzhou	28514	37611	18550
五指山市	Wuzhishan	26134	34793	15350
文昌市	Wenchang	29471	39420	19151
琼海市	Qionghai	29241	39538	20068
万宁市	Wanning	27988	38159	19071
定安县	Ding'an	25215	35843	17197
屯昌县	Tunchang	25621	35575	17675
澄迈县	Chengmai	29194	39518	19089
临高县	Lingao	24096	33706	16876
东方市	Dongfang	27641	39442	18053
乐东县	Ledong	23224	34016	17357
琼中县	Qiongzhong	23243	36109	15951
保亭县	Baoting	23446	36350	15689
陵水县	Lingshui	25565	36122	17332
白沙县	Baisha	22477	35088	15767
昌江县	Changjiang	29818	40876	17513

6-9 城镇居民家庭基本情况
Basic Conditions of Urban Households

项　　目	Item	2015	2016	2017	2018	2019	2020	2021
调查户数(户)	Number of Households Surveyed (household)	720	720	720	990	990	990	990
平均每户常住人口(人)	Average Number of Usual Residents Per Household (person)	3.4	3.6	3.6	3.7	3.6	3.6	3.7
平均每户就业人口数(人)	Average Number of Employed Persons per Household (persons)	1.7	1.8	1.8	1.7	1.7	1.6	1.7
平均每户就业面(%)	Proportion of Employment per Household (%)	50.7	50.4	49.3	46.2	45.9	43.7	45.6
平均每一就业者负担人数(人)	Number of Dependents per Employed Person (person)	2.0	2.0	2.0	2.2	2.2	2.3	2.2
可支配收入(元/人)	Disposable Income(yuan / per person)	26356	28453	30817	33349	36016.7	37097	40213
消费性支出(元/人)	Consumption Expenditure(yuan / per person)	18448	19015	20372	22971	25316.7	23559.9	27565

6-10 城镇居民可支配收入及构成

Per Capital Disposable Income and Composition of Urban Households

项　　目	Item	2015	2016	2017	2018	2019	2020	2021
可支配收入（元/人）	**Disposable Income (yuan / per person)**	**26356**	**28453**	**30817**	**33349**	**36017**	**37097**	**40213**
一、工资性收入	Income of Wages and Salaries	17215	18892	20396	21506	23059	23626	23777
二、经营净收入	Net Business Income	2927	2915	3181	3349	3574	3551	5396
三、财产净收入	Net Income from Property	2199	2170	2375	3244	3456	3514	4470
四、转移净收入	Net Income from Transfer	4015	4477	4866	5249	5927	6406	6570
可支配收入构成(%)	**Composition of Disposable Income (%)**	**100.0**	**100.0**	**100.0**	**100.0**	**100.0**	**100.0**	**100.0**
一、工资性收入	Income from Wages and Salaries	65.3	66.4	66.2	64.5	64.0	63.7	59.1
二、经营净收入	Net Business Income	11.1	10.2	10.3	10.0	9.9	9.6	13.4
三、财产净收入	Net Income from Property	8.3	7.6	7.7	9.7	9.6	9.5	11.1
四、转移净收入	Net Income from Transfer	15.2	15.7	15.8	15.7	16.5	17.2	16.3

6-11 城镇居民按收入五等份分组的人均可支配收入和消费支出

Per Capita Disposable Income and Consumption Expenditures of Urban Households by Income Quintile

单位:元/人 (yuan/per person)

项　　目	Item	2015	2016	2017	2018	2019	2020	2021
人均可支配收入	**Per Capita Disposable Income**	**26356**	**28453**	**30817**	**33349**	**36017**	**37097**	**40213**
20%低收入组家庭	Low Income Households （20%）	10633	11190	12128	9836	11863	10706	13345
20%中间偏下收入组家庭	Lower Middle Income Households （20%）	17631	18810	20129	18883	20834	20029	23634
20%中间收入组家庭	Middle Income Households （20%）	23615	25289	27728	27985	30008	30066	34108
20%中间偏上收入组家庭	Upper Middle Income Households （20%）	32579	35594	38291	42198	45511	46150	51065
20%高收入组家庭	High Income Households （20%）	57821	64993	70262	85549	89841	100663	96920
人均消费支出	**Per Capita Consumption Expenditures**	**18448**	**19015**	**20372**	**22971**	**25317**	**23560**	**27565**
20%低收入组家庭	Low Income Households （20%）	10966	10275	12802	10795	11920	11731	14865
20%中间偏下收入组家庭	Lower Middle Income Households （20%）	13890	14157	16220	14539	16889	18376	19941
20%中间收入组家庭	Middle Income Households （20%）	16578	17715	18622	20848	22067	21374	26234
20%中间偏上收入组家庭	Upper Middle Income Households （20%）	21068	21889	23118	28218	31988	27050	33189
20%高收入组家庭	High Income Households （20%）	35093	37929	37061	49798	53457	47900	51526

6-12 城镇居民消费支出及构成
Per Capita Consumption Expenditure of Urban Households and Composition

项　　目	Item	2015	2016	2017	2018	2019	2020	2021
消费支出（元/人）	**Consumption Expenditures (yuan / per person)**	**18448**	**19016**	**20372**	**22971**	**25317**	**23560**	**27565**
(一)食品烟酒	Food,Tobacco and Liquor	7052	7420	7575	8185	8690	8896	9594
1. 食品	Food	5361	5555	5627	5670	6086	6717	6646
2. 烟酒	Tobacco and Liquor	344	351	348	498	507	545	587
3. 饮料	Drinks	106	107	103	102	105	97	112
4. 饮食服务	Catering Services	1241	1406	1497	1914	1993	1537	2248
(二)衣着	Clothing	829	860	896	938	969	897	993
1. 衣类	Garments	661	708	745	815	835	777	853
2. 鞋类	Footwear	168	151	151	124	134	120	141
(三)居住	Residence	3680	3528	3856	5055	5499	5464	6721
1. 租赁房房租	Rent of Leased House	284	198	259	385	380	317	276
2. 住房维修及管理	Housing Maintenance and Management	294	332	441	463	490	330	553
3. 水、电、燃料及其他	Water,Electricity,Fuel and Others	838	823	879	883	979	1002	1011
4. 自有住房折算租金	Converted Rent of Self Owned Housing	2264	2175	2276	3324	3651	3815	4881
(四)生活用品及服务	Household Articles and Services	964	954	1103	1086	1237	1140	1316
1. 家具及室内装饰品	Furniture and Interior Decoration	90	130	211	120	231	159	190
2. 家用器具	Household Appliances	223	196	240	251	297	265	312
3. 家用纺织品	Household Textiles	71	75	90	78	95	89	92
4. 家庭日用杂品	Household Sundries	332	297	287	331	293	310	296
5. 个人用品	Personal Items	177	184	206	238	241	246	329
6. 家庭服务	Domestic Service	72	72	70	67	80	70	97
(五)医疗保健	Health Care	1307	1400	1505	1670	1597	1668	2012
1. 医疗器具及药品	Medical Instruments and Drugs	362	360	398	432	442	477	484
2. 医疗服务	Medical Service	945	1040	1107	1238	1156	1191	1528
(六)交通通信	Transportation and Communication	2643	2582	2811	2593	3606	2678	3370
1. 交通	Transportation	1822	1784	1990	1905	2948	1965	2576
2. 通信	Communication	822	799	821	688	658	712	794
(七)教育文化娱乐	Education,Cultural and Recreation	1618	1931	2236	2856	3135	2383	2961
1. 教育	Education	1029	1308	1567	2087	2405	1895	2400
2. 文化娱乐	Cultural and Recreation	589	623	669	769	730	488	561
(八)其他用品和服务	Miscellaneous Commodities and Services	356	341	389	588	583	434	597
1. 其他用品	Miscellaneous Commodities	204	180	212	311	255	173	223
2. 其他服务	Miscellaneous Services	151	161	177	278	328	261	375
消费支出构成(%)	**Composition of Consumption Expenditures(%)**	**100.0**	**100.0**	**100.0**	**100.0**	**100.0**	**100.0**	**100.0**
(一)食品烟酒	Food	38.2	39.0	37.2	35.6	34.3	37.8	34.8
(二)衣着	Clothing	4.5	4.5	4.4	4.1	3.8	3.8	3.6
(三)居住	Residence	19.9	18.6	18.9	22.0	21.7	23.2	24.4
(四)生活用品及服务	Household Articles and Services	5.2	5.0	5.4	4.7	4.9	4.8	4.8
(五)医疗保健	Health Care	7.1	7.4	7.4	7.3	6.3	7.1	7.3
(六)交通通信	Transportation and Communication	14.3	13.6	13.8	11.3	14.2	11.4	12.2
(七)教育文化娱乐	Education,Cultural and Recreation	8.8	10.2	11.0	12.4	12.4	10.1	10.7
(八)其他用品和服务	Miscellaneous Commodities and Services	1.9	1.8	1.9	2.6	2.3	1.8	2.2

6-13 城镇居民主要食品消费量
Main Food Consumption of Urban Households

单位:公斤/人 (kg / per person)

项　目	Item	2015	2016	2017	2018	2019	2020	2021
粮食	Grain	90. 11	93.93	89.93	83.29	80.76	91.51	98.81
食用油	Edible Oil	8.47	7.87	9.66	9.02	8.15	8.84	9.51
鲜菜	Fresh Vegetables	97.16	108.38	105.06	95.96	96.51	97.71	107.36
猪肉	Pork	28.20	30.30	27.60	29.68	20.94	17.43	28.92
牛羊肉	Beef and Mutton	2.88	3.70	3.69	4.03	4.30	4.01	5.22
禽类	Poultry	21.25	24.44	22.90	19.41	23.97	27.57	25.86
鲜 蛋	Fresh Eggs	5.40	5.76	5.17	5.33	5.12	5.94	5.84
鱼类	Fish	24.87	24.54	22.86	22.74	24.70	23.59	26.79
白酒	Liquor	0.93	1.03	1.02	0.76	0.74	0.68	0.68
啤酒	Beer	1.82	1.67	1.47	1.95	2.03	1.96	1.70
茶叶	Tea	0.25	0.28	0.29	0.25	0.18	0.18	0.20
鲜瓜果	Fresh Melons &Fruits	37.80	39.35	37.88	35.00	39.57	34.81	38.01
糕点	Cake	3.81	3.63	3.58	3.58	3.69	3.61	4.26
鲜奶	Milk	3.52	3.19	3.01	3.99	3.64	4.33	4.89

6-14 城镇居民年末主要耐用消费品拥有量
Major Durable Goods Owned Per 100 Urban Households

单位：平均每百户 per 100 households

项　目	Item	2015	2016	2017	2018	2019	2020	2021
摩托车(辆)	Motorcycle (unit)	37.6	34.7	34.0	31.2	25.6	24.7	23.8
家用汽车(辆)	Automobile(unit)	22.9	27.0	30.1	39.6	43.5	42.8	47.4
洗衣机(台)	Washing Machine (set)	80.0	85.4	87.6	90.3	92.7	91.6	93.9
电冰箱(台)	Refrigerator (set)	89.3	93.0	94.7	96.7	98.4	99.1	102.1
彩色电视机(台)	Color Television Set (set)	104.6	105.6	107.2	103.6	103.3	103.5	102.2
计算机(台)	Computer (set)	67.0	76.0	76.8	65.3	62.1	65.8	61.0
照相机(架)	Camera (set)	16.6	14.7	14.6	13.7	12.5	11.9	7.1
微波炉(台)	Microwave Oven(unit)	36.3	36.9	38.3	33.1	30.5	30.3	25.5
抽油烟机(台)	Exhaust Fan(unit)	59.5	59.6	63.6	64.2	66.2	64.3	67.8
空调(台)	Air Conditioner(unit)	97.6	120.4	126.5	152.0	168.4	170.1	189.1
淋浴热水器(台)	Water Heater for Shower (unit)	87.6	93.9	95.2	96.9	98.9	99.8	100.3
固定电话(部)	Telephone (set)	57.5	52.0	50.4	36.7	25.4	22.7	14.0
移动电话(部)	Mobile Telephone (set)	235.0	255.0	263.3	274.3	282.7	280.5	293.4

6-15 农村居民家庭基本情况
Basic Conditions of Rural Households

项　　目	Item	2015	2016	2017	2018	2019	2020	2021
调查户数（户）	Number of Households Surveyed (household)	1980	1980	1980	2010	2010	2010	2010
平均每户常住人口(人)	Average Number of Usual Residents Per Household (person)	3.8	3.9	3.9	3.8	3.7	3.7	3.9
平均每户就业人口数(人)	Average Number of Employed Persons per Household (persons)	2.3	2.3	2.2	2.1	2.0	1.9	2.1
平均每户就业面(%)	Proportion of Employment per Household (%)	60.9	58.8	57.4	54.8	52.8	51.3	53.1
平均每一就业者负担人数(人)	Number of Dependents per Employed Person (person)	1.6	1.7	1.7	1.8	1.9	2.0	1.9
可支配收入(元/人)	Disposable Income(yuan / per person)	10858	11843	12902	13989	15113	16279	18076
消费性支出(元/人)	Consumption Expenditure (yuan / per person)	8210	8921	9599	10956	12418	13169	15487

6-16 农村居民可支配收入及构成
Per Capita Disposable Income and Composition of Rural Households

项　　目	Item	2015	2016	2017	2018	2019	2020	2021
可支配收入(元/人)	**Disposable Income (yuan / per person)**	**10858**	**11843**	**12902**	**13989**	**15113**	**16279**	**18076**
一、工资性收入	Income of Wages and Salaries	4251	4765	5168	5611	6317	6753	7546
二、经营净收入	Net Business Income	5013	5316	5576	5806	5865	6124	7072
三、财产净收入	Net Income from Property	195	139	186	254	283	307	259
四、转移净收入	Net Income from Transfer	1399	1623	1972	2318	2648	3095	3199
可支配收入构成(%)	**Composition of Disposable Income(%)**	**100.0**	**100.0**	**100.0**	**100.0**	**100.0**	**100.0**	**100.0**
一、工资性收入	Income of Wages and Salaries	39.2	40.2	40.1	40.1	41.8	41.5	41.7
二、经营净收入	Net Business Income	46.2	44.9	43.2	41.5	38.8	37.6	39.1
三、财产净收入	Net Income from Property	1.8	1.2	1.4	1.8	1.9	1.9	1.4
四、转移净收入	Net Income from Transfer	12.9	13.7	15.3	16.6	17.5	19.0	17.7

6-17 农村居民按收入五等份分组的可支配收入和消费支出

Per Capita Disposable Income and Consumption Expenditures of Rural Households by Income Quintile

单位:元/人 (yuan/per person)

项　目	Item	2015	2016	2017	2018	2019	2020	2021
人均可支配收入	**Per Capita Disposable Income**	**10858**	**11843**	**12902**	**13989**	**15113**	**16279**	**18076**
20%低收入组家庭	Low Income Households （20%）	3038	3686	3971	4197	4592	5498	5114
20%中间偏下收入组家庭	Lower Middle Income Households （20%	6656	7553	7927	7990	8625	9554	10921
20%中间收入组家庭	Middle Income Households （20%）	9610	10947	11572	11407	12398	13093	15667
20%中间偏上收入组家庭	Upper Middle Income Households （20%	13489	15296	15990	16478	17719	18437	22769
20%高收入组家庭	High Income Households （20%）	26175	29552	30365	36224	37941	40000	45766
人均消费支出	**Per Capita Consumption Expenditures**	**8210**	**8921**	**9599**	**10956**	**12418**	**13169**	**15487**
20%低收入组家庭	Low Income Households （20%）	5254	5914	6047	7453	8692	9642	11513
20%中间偏下收入组家庭	Lower Middle Income Households （20%	6422	7582	7685	8649	9680	10407	12159
20%中间收入组家庭	Middle Income Households （20%）	7673	9151	9122	10054	11241	11472	14296
20%中间偏上收入组家庭	Upper Middle Income Households （20%	9146	10493	10636	12306	13863	15369	17368
20%高收入组家庭	High Income Households （20%）	14443	15354	16626	18551	20743	20695	25683

6-18 农村居民消费支出及构成
Per Capita Total Expenditure and Composition of Rural Households

项　目	Item	2015	2016	2017	2018	2019	2020	2021
消费支出（元/人）	Consumption Expenditure (yuan / per person)	8210	8921	9599	10956	12418	13169	15487
(一)食品烟酒	Food,Tobacco and Liquor	3506	3854	4021	4581	5180	5766	6448
1. 食品	Food	2819	3040	3153	3530	3958	4559	4786
2. 烟酒	Tobacco and Liquor	382	413	432	507	537	555	698
3. 饮料	Drinks	61	67	66	67	77	65	85
4. 饮食服务	Catering Services	244	334	371	477	608	587	879
(二)衣着	Clothing	282	299	322	315	362	362	432
1. 衣类	Garments	235	249	268	268	308	307	363
2. 鞋类	Footwear	47	51	54	47	54	55	69
(三)居住	Residence	1470	1652	1839	2160	2390	2529	2879
1. 租赁房房租	Rent of Leased House	15	22	15	33	34	30	11
2. 住房维修及管理	Housing Maintenance and Management	140	174	209	284	307	322	368
3. 水、电、燃料及其他	Water,Electricity,Fuel and Others	370	407	457	503	544	590	661
4. 自有住房折算租金	Converted Rent of Self Owned Housing	945	1049	1158	1340	1506	1587	1840
(四)生活用品及服务	Household Articles and Services	405	422	379	513	556	574	676
1. 家具及室内装饰品	Furniture and Interior Decoration	49	71	49	70	112	86	104
2. 家用器具	Household Appliances	104	97	88	119	126	129	162
3. 家用纺织品	Household Textiles	21	22	16	31	26	38	35
4. 家庭日用杂品	Household Sundries	164	155	151	197	172	185	213
5. 个人用品	Personal Items	61	71	71	90	109	128	153
6. 家庭服务	Domestic Service	6	6	4	7	10	8	10
(五)医疗保健	Health Care	635	593	629	712	918	1077	1265
1. 医疗器具及药品	Medical Instruments and Drugs	107	114	118	177	175	170	235
2. 医疗服务	Medical Service	528	479	511	536	744	907	1029
(六)交通通讯	Transportation and Communication	836	836	1042	1105	1306	1412	1738
1. 交通	Transportation	530	512	657	695	908	962	1193
2. 通信	Communication	306	324	384	410	397	451	545
(七)教育文化娱乐	Educational, Cultural and Recreation	904	1109	1197	1376	1519	1245	1789
1. 教育	Education	739	932	991	1134	1277	1062	1590
2. 文化娱乐	Cultural and Recreation	165	176	206	242	242	183	199
(八)其他用品和服务	Miscellaneous Commodities and Services	173	156	170	193	188	204	261
1. 其他用品	Miscellaneous Commodities	139	121	128	124	121	115	114
2. 其他服务	Miscellaneous Services	34	35	41	69	67	88	147
消费支出构成(%)	Consumption Expenditure	100.0	100.0	100.0	100.0	100.0	100.0	100.0
(一)食品烟酒	Food,Tobacco and Liquor	42.7	43.2	41.9	41.8	41.7	43.8	41.6
(二)衣着	Clothing	3.4	3.4	3.4	2.9	2.9	2.7	2.8
(三)居住	Residence	17.9	18.5	19.2	19.7	19.2	19.2	18.6
(四)生活用品及服务	Household Articles and Services	4.9	4.7	4.0	4.7	4.5	4.4	4.4
(五)医疗保健	Health Care	7.7	6.6	6.6	6.5	7.4	8.2	8.2
(六)交通通讯	Transportation and Communication	10.2	9.4	10.8	10.1	10.5	10.7	11.2
(七)教育文化娱乐	Educational, Cultural and Recreation	11.0	12.4	12.5	12.6	12.2	9.5	11.6
(八)其他用品和服务	Miscellaneous Commodities and Services	2.1	1.7	1.8	1.8	1.5	1.5	1.7

6-19 农村居民主要食品消费量
Main Food Consumption of Major Goods of Rural Households

单位:公斤/人 (kg / per person)

项　　目	Item	2015	2016	2017	2018	2019	2020	2021
粮食	Grain	112.77	105.55	103.14	108.80	123.70	128.27	133.92
食用油	Edible Oil	6.66	6.61	7.76	8.63	8.74	10.24	10.78
鲜菜	Fresh Vegetables	73.30	74.96	73.45	79.07	89.58	96.29	102.05
猪肉	Pork	21.95	23.23	21.79	28.71	19.46	15.98	27.79
牛羊肉	Beef and Mutton	1.11	1.37	1.31	1.87	2.18	2.06	2.55
禽类	Poultry	16.33	18.18	17.50	17.97	25.59	34.00	31.27
鲜 蛋	Fresh Eggs	3.67	3.66	3.22	3.74	3.99	4.75	5.13
鱼类	Fish	18.77	19.15	18.50	21.23	25.87	26.04	27.23
白酒	Liquor	3.26	2.50	2.27	2.36	2.39	2.25	2.74
啤酒	Beer	3.45	3.00	2.18	2.74	3.47	3.45	3.82
茶叶	Tea	0.14	0.12	0.10	0.10	0.12	0.11	0.11
鲜瓜果	Fresh Melons &Fruits	13.23	14.99	15.14	15.20	18.30	18.86	21.36
糕点	Cake	2.07	2.16	1.96	2.33	2.61	2.79	3.25
鲜奶	Milk	0.42	0.60	0.38	0.76	1.03	1.01	1.58

6-20 农村居民年末主要耐用消费品拥有量
Durable Goods Owned Per 100 Rural Households

单位：平均每百户　　per 100 households

项　　目	Item	2015	2016	2017	2018	2019	2020	2021
摩托车(辆)	Motorcycle(unit)	102.3	98.6	95.9	93.1	82.9	79.9	75.2
家用汽车(辆)	Automobile(unit)	6.2	7.1	6.3	9.8	10.3	10.5	10.5
洗衣机(台)	Washing Machine (set)	23.6	31.8	34.9	43.1	50.8	52.1	62.3
电冰箱(台)	Refrigerator(set)	55.8	67.2	69.5	76.8	84.7	85.2	95.0
彩色电视机(台)	Color Television Set(set)	104.9	106.7	107.2	102.4	104.0	102.7	100.3
计算机(台)	Computer(set)	11.6	11.8	12.3	10.0	12.8	12.7	11.8
照相机(架)	Camera(set)	2.1	1.1	1.1	1.0	0.6	0.6	0.3
微波炉(台)	Microwave Oven (unit)	12.3	11.7	10.3	12.5	9.4	8.9	6.2
抽油烟机(台)	Exhaust Fan(unit)	6.6	7.5	7.9	9.6	13.1	12.3	14.8
空调(台)	Air Conditioner (unit)	23.7	34.6	37.0	56.1	74.8	78.7	101.3
淋浴热水器(台)	Water Heater for Shower (unit)	41.4	53.3	56.2	65.2	73.1	77.8	82.5
固定电话(部)	Telephone Set(set)	23.1	18.3	17.7	13.5	7.6	6.0	4.1
移动电话(部)	Mobile Telephone (set)	235.7	254.0	261.2	276.3	290.7	283.8	296.0

主要统计指标解释

住户收支与生活状况调查指标解释

居民可支配收入：指调查户在调查期内获得的、可用于最终消费支出和储蓄的总和，即调查户可以用来自由支配的收入。可支配收入既包括现金，也包括实物收入。按照收入的来源，可支配收入包含四项，分别为：工资性收入、经营净收入、财产净收入和转移净收入。

工资性收入：指就业人员通过各种途径得到的全部劳动报酬和各种福利，包括受雇于单位或个人、从事各种自由职业、兼职和零星劳动得到的全部劳动报酬和福利。

经营净收入：指住户或住户成员从事生产经营活动所获得的净收入，是全部经营收入中扣除经营费用、生产性固定资产折旧和生产税之后得到的净收入。

财产净收入：指住户或住户成员将其所拥有的金融资产、住房等非金融资产和自然资源交由其他机构单位、住户或个人支配而获得的回报并扣除相关的费用之后得到的净收入。财产净收入包括利息净收入、红利收入、储蓄性保险净收益、转让承包土地经营权租金净收入、出租房屋净收入、出租其他资产净收入和自有住房折算净租金等。财产净收入不包括转让资产所有权的溢价所得，这应该计入“非收入所得”。

转移净收入：计算公式为：转移净收入 = 转移性收入 - 转移性支出

转移性收入：指国家、单位、社会团体对住户的各种经常性转移支付和住户之间的经常性收入转移。包括养老金或退休金、社会救济和补助、政策性生产补贴、政策性生活补贴、经常性捐赠和赔偿、报销医疗费、住户之间的赡养收入，以及本住户非常住成员寄回带回的收入等。转移性收入不包括住户之间的实物馈赠。

转移性支出：指调查户对国家、单位、住户或个人的经常性或义务性转移支付。包括缴纳的税款、各项社会保障支出、赡养支出、经常性捐赠和赔偿支出以及其他经常转移支出等。

居民消费支出：指住户用于满足家庭日常生活消费需要的全部支出，包括用于消费品的支出和用于服务性消费的支出。根据用途不同，消费支出可划分为食品烟酒、衣着、居住、生活用品及服务、交通通信、教育文化娱乐、医疗保健、其他用品及服务八大类。

Explanatory Notes on Main Statistical Indicators

Explanation of Survey of Household Income and Expenditure and Living Conditions.

The Disposable Income of Residents: Refers to the sum that the survey households get in the survey period and can be used for the final consumption expenditure and savings, that is, the disposable income available to survey households. Disposable income includes both cash and physical income. According to the source of income, the disposable income consists of four items: Income from wages and salaries, net business income, net income from properties and net income from transfers.

Income from Wages and Salaries: Refers to all the labor remuneration and various benefits that the employment personnel get through various ways, including all the labor remuneration and benefits that are obtained by employing various units or individuals, engaging in all kinds of freelancers, part-time jobs and sporadic labor.

Net Business Income: Refers to the net income that households or household members engage in production and operation activities which derived from total operating income excluding operating costs, productive fixed assets depreciation and production tax.

Net Income from Properties: Refers to net income derived from the returns obtained from financial assets, non-financial assets, such as housing, and natural resources, which owned by households and household members, placed at the disposal of other institutional units, households or individuals. Net income from properties includes net interest income, bonus income, net income from savings insurance, net rental income from the transfer of the right to manage contracted land, and net income from rental housing, Net income from rental other assets and net rent converted from owner-occupied housing, etc. Net income from properties does not include premium income from transfer of property ownership, which should be counted as "non-income income ".

Net Income from Transfers: The calculation formula is: net income from transfers = income from transfers - transfer expenditure

Income from Transfers: Refers to the various regular transfers paid by the state, units and social organizations to households and the regular transfer of income between households. It includes pensions, social relief and subsidies, policy-oriented production subsidies, policy-oriented living allowances, recurrent donations and compensation, reimbursement of medical expenses, maintenance income between households, and income returned by non-resident members of the household, etc. Income from transfer does not include in-kind gifts between households.

Transfer Expenditure : Refers to the regular or compulsory transfer payments made by the households to the state, units, households or individuals, including tax payment, various social security expenditure, maintenance expenditure, recurrent donations and compensation expenditure, and other recurrent transfer expenses, etc.

Consumption Expenditure: Refers to all expenditures of households to meet the family daily consumption needs, including expenditures for consumer goods and for service consumption. According to different purposes, consumption expenditure can be divided into eight categories: food, tobacco and alcohol, clothing, housing, daily necessities and services, transportation and communication, education, culture and recreation, health care, other products and services

7

财 政

Government Finance

编辑人员：吕初坪

Compiled by Lyu Chuping

英文翻译：吕初坪

Translated by Lyu Chuping

简 要 说 明

本章节主要内容和资料来源

一、本篇的主要内容和资料来源

本篇反映本省财政收支状况，资料来源于海南省财政厅和省税务局，资料基础为国家财政决算、预算外资金收支决算和有关财务报表。

二、统计口径的变化和数据调整

自 2012 年起，地方一般预算收入更名为地方公共财政预算收入，地方一般预算支出更名为地方公共财政预算支出。

从 2010 年起，预算支出科目和预算外财政专户资金支出科目有变动。

Brief Introduction

I. Main Contents and Sources of Data

The data in this chapter present the government revenue and expenditure situation. The data come from the Finance Department of Hainan Province and Taxation Bureau of Hainan Province. The data are based on final state financial accounts, final extra-budgetary revenue and expenditure accounts and related financial reports.

II. Change of Statistical Scope and Data Adjustment.

Since 2012, the local general budget revenue changed its name to the local public finance budget revenue, local general budget expenditure changed its name to the local public finance budget expenditure.

Since 2010, new Subjects of Budgetary Expenditure and Extra-budgetary Finance Expenditure have been executed.

7-1 历年地方财政收入和支出
Revenue and Expenditure of Local Government in Various Years

单位：万元 (10 000yuan)

年 份 Year	地方一般公共预算收入 General Public Budget Revenue of the Local Government	#税收收入 Taxes Revenue	地方政府性基金收入 Fund Revenue of the Local Government	地方一般公共预算支出 General Public Budget Expenditure of the Local Government	地方政府性基金支出 Fund Expenditure of the Local Government
1982	12770	13620		25874	
1983	16177	16479		31847	
1984	30548	30012		45283	
1985	31613	40817		58994	
1986	21894	31872		66305	
1987	29588	35068		67221	
1988	48236	51059		92475	
1989	62481	61479		138090	
1990	73894	64378		174247	
1991	93064	84409		193876	
1992	149728	136335		253642	
1993	291219	260568		385215	
1993*	230260	189609			
1994	275316	242430		400117	
1995	285339	248086		423860	
1996	307034	259198		451649	
1997	308698	250504	7787	478408	6401
1998	336719	272409	28151	549066	26066
1999	361441	291712	59225	567831	58162
2000	391995	315156	57089	641193	64194
2001	437656	350854	58268	784583	61180
2002	462385	363797	55939	922574	61946
2003	513205	405425	102766	1053984	97772
2004	570358	446747	122607	1272006	135408
2005	686802	545149	162128	1512421	163338
2006	818139	657533	205369	1745365	215765
2007	1082935	879935	441644	2451967	419067
2008	1448584	1205390	848975	3579708	807596
2009	1782420	1512437	1214239	4860624	1179919
2010	2709915	2370999	2806239	5813379	2373501
2011	3401157	2956863	2874181	7787952	3024795
2012	4094370	3508030	3048255	9116730	2928498
2013	4810140	4116331	4398854	10111713	4220046
2014	5553064	4805540	3676092	10997444	3611320
2015	6277002	5143123	3215460	12394322	3329420
2016	6375073	5049598	3800245	13764846	4319175
2017	6741050	5435633	3974595	14439723	4657216
2018	7526673	6286836	3819817	16913027	5272634
2019	8141446	6532489	4558112	18585970	6324998
2020	8160595	5598236	5225508	19724636	8795871
2021	9211557	7429310	3941096	19713662	5384208

注：从1993年起按税制改革新口径统计，1993年有*符号数为按新口径调整数。

Note:Since 1993,tax revenue by reference to tax reform is according to the new calibre.With"*"signs in 1993,it is based on the new caliber adjustment in 1993.

7-2 税收收入情况表（2021年）
Tax Revenue Statement （2021）

单位：万元 (10 000yuan)

指 标	Item	2021年
一、税收收入合计	**Total**	**14619552**
其中：中央收入	Central Government	7218611
地方收入	Local Government	7400941
（一）税务部门组织税收收入	Tax authorities organize tax revenue	13903176
1. 国内增值税	Domestic Value-added Tax	4228476
2. 国内消费税	Domestic Consumption Tax	1186195
3. 营业税	Business Tax	2837
4. 企业所得税	Corporate Income Tax	3153117
5. 个人所得税	Individual Income Tax	1750073
6. 资源税	Resource Tax	37600
7. 城市维护建设税	City Maintenance and Construction Tax	369870
8. 房产税	House Property Tax	243114
9. 印花税	Stamp Tax	123651
10. 城镇土地使用税	Urban Land Use Tax	219986
11. 土地增值税	Land Appreciation Tax	1659233
12. 车船税	Tax on Vehicles and Boat Operation	57006
13. 车辆购置税	Vehicle Purchase Tax	253791
14. 烟叶税	Tobacco Leaf Tax	318
15. 耕地占用税	Farm Land Occupation Tax	12390
16. 契税	Deed Tax	597506
17. 环境保护税	Environmental Protection Tax	8013
（二）海关代征进口税收	Customs Taxation	716376
1. 增值税	Value-added Tax	688906
2. 消费税	Consumption Tax	27470
二、出口退税合计	**Tax of Export Rebate**	**-191431**
（一）退增值税	Value-added Tax Back	-191431
（二）退消费税	Consumption Tax Back	

注：本表数据来源于国家税务总局海南省税务局。

Note：The data in this table is from Hainan Provincial Taxation Bureau of the State Administration of Taxation.

7-3 地方财政用于文教、卫生、科学的支出

Expenditure of Local Government for Education、Health Care and Sciences

单位：万元 (10 000yuan)

指 标	Item	2016	2017	2018	2019	2020	2021
合 计	**Total**	**3710022**	**3905777**	**4558487**	**5297474**	**6048123**	**5674859**
教育	**Education**	**2142445**	**2208685**	**2489762**	**2735040**	**2958392**	**2951031**
#教育管理事务	Education Management Sevices	52836	58333	72567	88097	88749	72178
普通教育	General Education	1672680	1748893	1961790	2142837	2418825	2410323
职业教育	Vocational Education	208671	182569	222402	223778	234633	269680
进修及培训	Further Education and Training	31210	37120	53538	105267	115413	49568
卫生健康	**Health and hygiene**	**1141663**	**1273742**	**1444642**	**1698019**	**2200903**	**1941705**
#医疗保障	Medical Insurance	538264	671877	721265	798225	767459	985018
公立医院	Public Hospital	184784	167428	221064	291056	476369	328215
基层医疗卫生机构	Primary Health Care Institutions	99405	106632	128421	278755	209860	145221
公共卫生	Public Health	149672	159056	178242	193077	522478	269830
文化旅游体育与传媒	**Culture, tourism, sports and media**	**268997**	**298629**	**473673**	**563399**	**532176**	**377392**
#文化和旅游	Culture and Tourism	108979	95816	94406	234169	195406	177163
体育	Sport	37456	39982	98898	85420	48284	35636
新闻出版广播影视	Press,Publication,Broadcasting, Moives and Television	54970	51414	94946	64308	56478	55441
科学技术	**Science and Technology**	**156917**	**124721**	**150410**	**301016**	**356652**	**404731**
#应用研究	Applied Research	14461	10652	7295	10134	26422	18125
技术研究与开发	Technology Research and Development	55058	39070	38810	20631	152448	24356
科学技术普及	Popularization of Science and Technology	7776	13173	6345	6861	12164	5204
文教卫科支出占地方一般公共预算支出的比重(%)	**Proportion in General PublicBudget Expenditure of the Local Government (%)**	**27**	**27**	**27.0**	**28.5**	**30.7**	**28.8**

注：2017年起医疗保障包含行政事业单位医疗、财政对基本医疗保险基金的补助、医疗救助、优抚对象医疗。2019年起医疗卫生与计划生育改为卫生健康支出，医疗保障包含行政事业单位医疗、财政对基本医疗保险基金的补助、医疗救助、优抚对象医疗、医疗保障管理事务；文化体育与传媒改为文化旅游体育与传媒支出， 文化包含文化和旅游，新闻出版广播影视包含新闻出版电影、 广播电视。2020年起教师进修及干部继续教育改为进修及培训，文化改为文化和旅游。

Note:Since 2017, medical insurance has included administrative institutions' medical treatment, financial subsidies to basic medical insurance funds, medical assistance, and medical treatment for special care objects.From 2019, medical and health care and family planning will be changed into health and hygiene expenditure, which includes administrative and public institutions' medical treatment, financial subsidies to basic medical insurance funds, medical assistance, medical care for the special care objects and medical security management affairs; cultural sports and media will be changed into cultural tourism sports and media expenditure, Culture includes culture and tourism. Press, publication, radio, film and television include press, publication, film and television.From 2020,Teacher Education and Continuing Education of Cadres will be changed to Further Education and Training,change Culture to Culture and Tourism.

7-4　地方财政用于社会保障和就业的支出
Expenditure of Local Government for Social Safety Net and Employment Effort

单位：万元　　(10 000yuan)

指　　标	Item	2016	2017	2018	2019	2020	2021
合　　计	**Total**	**1840150**	**1830800**	**2088697**	**2219057**	**2529301**	**2604206**
人力资源和社会保障管理事务	Management of Human Resources and Social Safety Net	52968	72170	127038	152195	152622	232588
民政管理事务	Management of the Civil Affairs	88806	86205	102446	90524	84977	94695
财政对社会保险基金的补助	Financial Subsidy for Social Security Foundation	686035	679179	772951	747643	804963	828936
行政事业单位养老	Pension of Administrative Institutions	509726	587517	620993	716001	851243	881358
企业改革补助	Subsidy for Enterprise Reform	3030	6056	2075	1028	1144	224
就业补助	Employment Subsidies	44814	33558	39002	75710	95772	86833
抚恤	Pension	49732	70776	67351	75176	77816	76845
退役安置	Retired Resettlement	34254	33459	34917	73929	107297	100743
社会福利	Social Welfare	55382	30980	39891	44314	49855	42307
残疾人事业	Person with Disabilities	31799	46522	51182	55730	55806	57492
城市最低生活保障金支出	Expenditure of Urban Minimum Living Security Fund		25187	35506	24186	31425	20719
其他城市生活救助	Other Urban Social Relief		3129	2967	3142	3297	3060
自然灾害生活补助	Subsidy for Natural Disasters	29486	8158	1597			
红十字事业	Red Cross Undertakings	1216	1374	2254	2305	1511	1623
农村最低生活保障金支出	Expenditure of Rural Minimum Living Security Fund		40212	55214	61615	57571	53961
其他农村生活救助	Other Rural Social Relief		1154	1640	3219	2555	909
补充道路交通事故社会救助基金	Complement Social Assistance Fund for Road Traffic Accidents						
其他社会保障和就业支出	Other Expenditure for Social Safety Net and Employment Effort	117947	61824	87345	32738	68237	47334
社会保障和就业支出占地方一般公共预算支出的比重(%)	Proportion in General Public Budget Expenditure of the Local Government (%)	13.4	12.7	12.3	11.9	12.8	13.2

7-5 一般公共预算收支决算总表
Total Final Accounts Table of General Public Budget Revenue and Expenditure

单位：万元 (10 000 yuan)

指 标	Item	2016	2017	2018	2019	2020	2021
全省一般公共预算总收入	**Total Public Budget Revenue**	**18013133**	**19663463**	**22325290**	**22766727**	**24747303**	**26653316**
地方一般公共预算收入	General Public Budget Revenue of the Local Government	6375073	6741050	7526673	8141446	8160595	9211557
税收收入	Tax Revenue	5049598	5435633	6286836	6532489	5598236	7429310
增值税	Value-added Tax	1215516	1999589	1983934	1937367	1795655	2165804
营业税	Business Tax	910819	13093	12907			
企业所得税	Corporate Income Tax	651542	834832	1193547	1067964	925795	1272862
企业所得税退税	Corporate Income Tax Refund						
个人所得税	Individual Income Tax	214721	289517	317516	230810	255316	696508
资源税	Resource Tax	31593	34148	36785	37269	35751	36585
城市维护建设税	City Maintenance and Construction Tax	250365	292307	296746	270371	273892	334916
房产税	House Property Tax	156172	194499	229824	216135	169815	243113
印花税	Stamp Tax	71764	91296	72863	73961	78003	123652
城镇土地使用税	Urban Land Use Tax	215229	282041	285738	245039	175267	219986
土地增值税	Land Appreciation Tax	902876	986603	1338068	1723716	1346458	1659234
车船税	Tax on Vehicles and Boat Operation	33614	38786	43175	47032	51390	57006
耕地占用税	Farm Land Occupation Tax	122349	9460	25459	144636	29798	12389
契税	Deed Tax	273009	369462	445219	525327	452165	597504
其他税收收入	Other Tax Revenue	29		5055	12862	8931	9751
非税收入	Total Non-tax Revenue	1325475	1305417	1239837	1608957	2562359	1782247
专项收入	Special Program Receipts	432971	534094	364025	422791	743854	617405
行政事业性收费收入	Charge of Administrative and Institutional Units	196470	175561	167261	150169	230268	235542
罚没收入	Penalty Receipts	102440	108651	161931	257013	423823	391713
国有资本经营收入	Operating Income from Government Capital	71274	28706	67294	92519	195335	12558
国有资源(资产)有偿使用收入	Income from Use of State-owned Resources (Assets)	356728	369410	406767	558757	811474	429214
其他收入	Other Non-Tax Receipts	165592	88995	72559	127708	157605	95815
上级补助收入	Subsidy from Central Government	6458287	7015885	8305402	9054477	9995271	10132140
债务收入	Revenue from Local Government Bonds	3376353	3366588	3239143	2075476	2687292	3213659
待偿债置换一般债券上年结余	Balance of National Debt for Lending of Last Year	5891		112	57074	30000	10000
国债转贷转补助	Subsidy From National Debt for Lending						
上年结余	Balance of Last Year	414285	608340	695452	1070992	865815	960496
调入预算稳定调节基金	Transferred Budget Stability and Regulation Fund	692760	1211044	2151185	1775371	2288819	2560408
调入资金	Transferred Funds	690484	720556	407323	591891	719511	565056

注：其他税收收入包含环境保护税、烟叶税。
Note: Other tax revenue includes environmental protection tax and tobacco tax.

7-5续 (continued)

单位：万元 (10 000 yuan)

指　标	Item	2016	2017	2018	2019	2020	2021
一般公共预算支出总计	**Total General Budget Expenditure**	**18013133**	**19663464**	**22325290**	**22766727**	**24747303**	**26653316**
地方一般公共预算支出	General Budget Expenditure of the Local Government	13764846	14439723	16913027	18585970	19724636	19713662
#一般公共服务	General Public Services	1294763	1221279	1394899	1486992	1599046	1572056
外交	Foreign Affairs	9887	9587	12082	11173	7652	8960
公共安全	Public Security	850909	857207	974453	1053197	1052065	1024205
教育	Education	2142445	2208685	2489762	2735040	2958392	2951031
科学技术	Science and Technology	156917	124721	150410	301016	356652	404731
文化旅游体育与传媒	Culture, Tourism, Sports and Media	268997	298629	473673	563399	532176	377392
社会保障和就业	Social Safety Net and Employment Effort	1840150	1830800	2088697	2219057	2529301	2604206
卫生健康	Health and hygiene	1141663	1273742	1444642	1698019	2200903	1941705
节能环保	Environment Protection	373068	357221	612419	649827	578371	505462
城乡社区	Urban and Rural Community Affairs	1163781	1199201	1498058	1537102	1789312	1849433
农林水	Agriculture,Forestry and Water Conservancy	1790441	1984157	2277110	2513993	2685655	2607179
交通运输	Transportation	1142425	1369011	1415880	1449190	1282267	1082919
资源勘探信息等	Affairs of Resource Exploration，Electric Power and Information etc.	247708	262045	317878	284411	349186	383343
商业服务业等	Affairs of Commerce and Finance	113710	123645	136261	98201	71177	34636
自然资源海洋气象	Natural resources Marine Meteorology	102662	255566	209315	246185	199478	231723
住房保障	Affairs of Housing Security	562483	553616	641894	650801	405282	413202
粮油物资储备	Affairs of Management of Grain and Oils Reserves	32353	41815	32103	92083	80389	55158
债务付息支出	the Principal and Interest of National Debt	242265	302884	366545	481371	503274	565189
其他支出	Other Expenditure	163204	102729	277464	342961	283612	857478
上解上级支出	Expenditure for Cental Government	23041	26327	20827	90463	90097	95689
#体制上解支出	General Transfer Payments	12100	12100	12100	12100	12100	12100
专项上解支出	Special Transfer Payments	10941	14227	8727	78363	77997	83589
援助其他地区支出	Expenditure for Other Regional Assistance						
债务还本支出	Expenditure for the Principal of Bond	2390206	2837940	2331302	901607	1301890	2137460
增设预算周转金	Additional Working Capital Budget			-560			
拨付国债转贷资金数	Allocated National Debt for Lending						
国债转贷资金结余	Balance of National Debt for Lending						
安排预算稳定调节基金	Budget Stability and Regulation Fund Expenditure	1226700	1663910	1921485	2248915	2559935	3090290
调出资金	Capital Transferred			11143	43957	100249	154295
待偿债置换一般债券结余	Repaying debt to replace general bond surplus		112	57074	30000	10000	
年终结余	Balance at Year-end	608340	695452	1070992	865815	960496	1461920
净结余	Net Balance						

注：2019年起医疗卫生与计划生育改为卫生健康支出，国土海洋气象等改为自然资源海洋气象等支出。
Note: From 2019, health care and family planning will be changed into health and hygiene expenditure, and land, ocean and meteorology will be changed into natural resources, ocean and meteorology.

7-6 政府性基金收支决算总表
Total Final Accounts Table of Revenue and Expenditure of Government Funds

单位：万元 (10 000 yuan)

指 标	Item	2016	2017	2018	2019	2020	2021
本年收入总计	**Total Revenue**	**6800368**	**6616187**	**6625887**	**7501374**	**10231087**	**8350954**
本年收入合计	Revenue of Current Year	3800245	3974595	3819817	4558112	5225508	3941096
上级补助收入	Subsidy from Central Government	120388	107115	122412	125968	1626302	123056
上年结余	Balance of Last Year	743386	539333	547432	450961	302329	374449
调入资金	Transferred Funds	201		16700	107741	100249	170449
一般公共预算调入	General Budgetary Transferred			11143			154295
调入专项收入	Extra-budgetary Transferred						
其他调入	Other Transferred	201		5557			16154
债务(转贷)收入	Debt (Transfer) Income	2136148	1995144	2119526	2258592	2976699	3741904
本年支出总计	**Total Expenditure of Current Year**	**6800368**	**6616187**	**6625887**	**7501374**	**10231087**	**8350954**
本年支出合计	Expenditure of Current Year	4319175	4657216	5272634	6324998	8795871	5384208
一般公共服务	General Public Services						
教育	Education						
文化旅游体育与传媒	Culture,Tourism,Sport and Media	2319	1449	2434	6159	2792	1480
社会保障和就业	Social Safety Net and Employment Effort	13677	10769	12866	15334	14117	9594
节能环保	Environment Protection						
城乡社区	Urban and Rural Community Affairs	3870445	3993520	4594194	4743922	4388756	2686651
农林水	Agriculture,Forestry and Water Conservancy	5305	2240	7062	7748	2918	3711
交通运输	Transportation	253378	458468	429340	494145	722659	469575
资源勘探信息等	Affairs of Resource Exploration, Electric Power and Information etc.	641	748				
商业服务业等	Affairs of Commercial Services	2360	1803	4647			
其他支出	Other Expenditure	70876	73789	55807	822395	2102628	1816017
上解上级支出	Expenditure for Cental Government						389
债务还本支出	Debt repayment expenditure	1494180	822654	699526	403778	394013	953672
调出资金	Capital Transferred	447680	588885	202766	470269	666754	524107
年终结余	Balance at Year-end	539333	547432	450961	302329	374449	1488578
其中：本级	Provincial	153038	133039	318168	96964	81326	95551

注：2019年起文化体育与传媒改为文化旅游体育与传媒。
Note:From 2019, Culture,Sport and Media will be changed to Culture,Tourism,Sport and Media.

7-7 各市县地方一般公共预算收入(2021年)
General Public Budget Revenue of the Local Government by Region（2021）

单位：万元 (10 000 yuan)

地 区	Region	地方一般公共预算收入 General Public Budget Revenue of the Local Government	税收收入 Tax Revenue	#增值税 Value-added Tax	土地增值税 Increment Tax on land value	企业所得税 Corporate Income Tax	个人所得税 Individual Income Tax	资源税 Resource Tax	契税 Deed Tax
全省总计	**Total**	**9211557**	**7429310**	**2165804**	**1659234**	**1272862**	**696508**	**36585**	**597504**
省本级	Provincial	3327057	2868679	643963	1078501	392561	208951		388378
地市小计	Amount for All Regions	5884500	4560631	1521841	580733	880301	487557	36585	209126
海口市	Haikou	2083234	1794259	662696	187957	374158	160930	1978	87069
三亚市	Sanya	1171412	835610	216741	159853	183710	59650	374	52498
儋州市	Danzhou	588946	466656	179591	20840	82168	41920	2676	12965
五指山市	Wuzhishan	22430	11264	2620	1043	2223	866	72	729
文昌市	Wenchang	144208	81862	28022	3311	10041	15852	1710	6124
琼海市	Qionghai	128149	82417	22036	10281	12347	5186	912	9261
万宁市	Wanning	156745	105593	28269	24842	14403	3765	92	6043
定安县	Ding'an	62775	23970	10039	1850	4092	754	196	1389
屯昌县	Tunchang	41725	13356	6329	647	1548	481	233	768
澄迈县	Chengmai	631047	577040	216827	10701	95829	183886	4735	7636
临高县	Lingao	41785	25239	9599	3220	3842	659	921	1197
东方市	Dongfang	107674	77314	25754	3590	22863	2302	916	2412
乐东县	Ledong	80564	33622	8628	7619	2866	1190	1290	1944
琼中县	Qiongzhong	25653	14094	5010	618	2250	511	228	655
保亭县	Baoting	36707	15808	3984	2207	1947	755	234	1047
陵水县	Lingshui	358901	323732	63057	140869	62934	6168	1241	15287
白沙县	Baisha	18929	8558	3624	406	911	402	225	528
昌江县	Changjiang	174684	64984	26725	879	1268	1616	18552	1574

7-7续 (continued)

单位：万元 (10 000 yuan)

地 区	Region	非税收入 Non-tax Revenue	专项收入 Special Program Receipts	行政事业性收费收入 Charge of Administrative and Institutional Units	罚没收入 Penalty Receipts	国有资本经营收入 Operating Income from Government Capital	国有资源(资产)有偿使用收入 Income from Use of State-owned Resources (Assets)
全省总计	**Total**	**1782247**	**617405**	**235542**	**391713**	**12558**	**429214**
省本级	Provincial	458378	139796	101163	90411	182	84874
地市小计	Amount for All Regions	1323869	477609	134379	301302	12376	344340
海口市	Haikou	288975	118510	55509	76007	-1001	35245
三亚市	Sanya	335802	170621	25789	43144		86131
儋州市	Danzhou	122290	49798	7850	7923	1092	51895
五指山市	Wuzhishan	11166	660	2488	1533		1215
文昌市	Wenchang	62346	9854	10197	13858		27062
琼海市	Qionghai	45732	16945	3718	18853		5882
万宁市	Wanning	51152	22525	3772	4514	3008	10055
定安县	Ding'an	38805	1579	1958	3745		30863
屯昌县	Tunchang	28369	3366	2050	3532		18500
澄迈县	Chengmai	54007	31041	3472	7061		7245
临高县	Lingao	16546	2586	371	2184	6288	4403
东方市	Dongfang	30360	13051	4445	5070		6185
乐东县	Ledong	46942	11557	3843	3181		26313
琼中县	Qiongzhong	11559	818	2316	2332	2984	1234
保亭县	Baoting	20899	7451	1962	2131	5	6432
陵水县	Lingshui	35169	10822	2945	7383		12816
白沙县	Baisha	10371	537	928	1175		4388
昌江县	Changjiang	109700	5397	709	97628		5393

7-8 各市县地方一般公共预算支出（2021年）
General Public Budget Expenditure of the Local Government by Region（2021）

单位：万元 (10 000 yuan)

地　区	Region	地方一般公共预算支出 General Public Budget Expenditure of the Local Government	一般公共服务 General Public Services	外交 Foreign Affairs	国防 National Defense	公共安全 Public Security	教育 Education	科学技术 Science and Technology	文化旅游体育与传媒 Cultural Tourism，Sports and Media
全省总计	**Total**	**19713662**	**1572056**	**8960**	**63067**	**1024205**	**2951031**	**404731**	**377392**
省本级	Provincial	6458474	330969	8960	27793	489946	760392	125546	178573
地市小计	Amount for All Regions	13255188	1241087		35274	534259	2190639	279185	198819
海口市	Haikou	2742580	381847		2911	126561	458165	22702	34843
三亚市	Sanya	2023813	144266		11846	101781	242306	158545	43985
儋州市	Danzhou	1292285	111955		1809	40776	226739	3990	14146
五指山市	Wuzhishan	254225	24234		392	9578	35829	1477	5033
文昌市	Wenchang	649979	58555		3685	21556	117898	6695	6189
琼海市	Qionghai	496378	29737		766	16591	106586	1056	4312
万宁市	Wanning	469022	34384		629	19541	96901	2567	3968
定安县	Ding'an	297086	22588		298	9649	64704	108	4531
屯昌县	Tunchang	290069	37396		373	11399	63644	426	2391
澄迈县	Chengmai	965016	59316		1442	23775	158200	72652	7139
临高县	Lingao	356288	36108		469	16183	82367	137	1396
东方市	Dongfang	401895	28575		512	19472	92194	148	15363
乐东县	Ledong	488195	53241		406	20510	98808	787	3089
琼中县	Qiongzhong	379464	33209		529	12774	65171	1829	12209
保亭县	Baoting	312032	33555		544	12279	47541	817	9222
陵水县	Lingshui	917299	55466		1964	27659	114411	735	6415
白沙县	Baisha	331594	30697		455	14670	55000	1063	8789
昌江县	Changjiang	397007	37595		676	22961	63581	3451	8772

7-8续 1 (continued)

单位：万元 (10 000 yuan)

地 区	Region	社会保障和就业 Social Safety Net and Employment Effort	卫生健康 Health and hygiene	节能环保 Environment Protection	城乡社区 Urban and Rural Community Affairs	农林水 Agriculture Forestry and Water Conservancy	交通运输 Trans--portation	资源勘探信息等 Affairs of Resource Exploration Electric Power and Information etc.	商业服务业等 Affairs of Commercial Services
全省总计	**Total**	**2604206**	**1941705**	**505462**	**1849433**	**2607179**	**1082919**	**383343**	**34636**
省本级	Provincial	1064826	861849	54107	6589	742774	678166	110624	11913
地市小计	Amount for All Regions	1539380	1079856	451355	1842844	1864405	404753	272719	22723
海口市	Haikou	295791	205763	36607	501317	189161	80717	58578	12167
三亚市	Sanya	133521	121186	85767	431935	226579	98431	10332	401
儋州市	Danzhou	131632	86549	38842	158376	146616	55033	164904	3179
五指山市	Wuzhishan	25271	23900	15948	20158	75073	4353	1178	235
文昌市	Wenchang	115313	51908	28876	36699	123141	7339	623	338
琼海市	Qionghai	93776	47905	12822	45243	57795	18014		169
万宁市	Wanning	90615	43833	10760	19079	76578	9339	1132	619
定安县	Ding'an	57266	29719	11432	6485	55480	14277	409	165
屯昌县	Tunchang	36775	28560	17584	16449	47517	6882	66	180
澄迈县	Chengmai	104475	84628	29527	211241	127847	23453	16871	1525
临高县	Lingao	75675	49139	3041	8874	53502	826	743	528
东方市	Dongfang	62084	35942	1770	9031	88714	2468	506	114
乐东县	Ledong	77576	58394	17668	32264	84678	6026	176	351
琼中县	Qiongzhong	49625	34879	21362	15153	93626	6903	7442	282
保亭县	Baoting	33280	34591	17699	13090	78244	9531	860	648
陵水县	Lingshui	82776	67442	66191	273684	138000	18904	4210	120
白沙县	Baisha	27125	24643	10916	6387	126397	4730	871	740
昌江县	Changjiang	43042	48138	21980	27265	74936	16709	1025	962

7-8续 2 (continued)

单位：万元 (10 000 yuan)

地　区	Region	金融 Affairs of Financial Regulatory etc.	自然资源国土海洋气象等 Natural resources Marine Meteorology	住房保障 Affairs of Housing Security	粮油物资储备 Affairs of Management of Grain and Oils Reserves	灾害防治及应急管理支出 Expenses for disaster prevention and emergency management	债务付息 the Principal and Interest of National Debt
全省总计	**Total**	**59629**	**231723**	**413202**	**55158**	**117257**	**565189**
省 本 级	Provincial	6053	33252	69532	29029	34444	142853
地市小计	Amount for All Regions	53576	198471	343670	26129	82813	422336
海 口 市	Haikou	1596	8422	94513	7332	12977	198547
三 亚 市	Sanya	48973	17228	32585	38	18840	46940
儋 州 市	Danzhou	33	16816	26892	1794	10893	33105
五指山市	Wuzhishan		1569	6020	454	1324	2199
文 昌 市	Wenchang	30	10398	11662	3043	6169	16500
琼 海 市	Qionghai		23941	10655	799	3390	14428
万 宁 市	Wanning		20758	14795	2230	1432	15496
定 安 县	Ding'an		1761	7404	1251	617	8942
屯 昌 县	Tunchang	667	2032	7441	672	774	8795
澄 迈 县	Chengmai		10591	12952	1970	3695	10816
临 高 县	Lingao		573	11248	811	1223	12481
东 方 市	Dongfang		4167	9810	2	2943	16768
乐 东 县	Ledong	2000	6447	12125	556	971	10871
琼 中 县	Qiongzhong	226	3512	7789	1135	3102	8531
保 亭 县	Baoting		2452	10916	780	3351	2301
陵 水 县	Lingshui		6714	48024	825	2575	1184
白 沙 县	Baisha	51	4817	4942	453	597	6271
昌 江 县	Changjiang		4769	8459	1471	2995	8161

7-9 各市县地方财政收支

Revenue and Expenditure of the Local Government by Region

单位：万元　　(10 000yuan)

地　区	Region	2010	2015	2016	2017	2018	2019	2020	2021
收入合计	**Total Revenue**	**4151741**	**6781099**	**7249760**	**7698829**	**8039306**	**9274023**	**10054400**	**9250700**
海口市	Haikou	1015104	1749747	2241638	2756418	3829721	4304564	4601277	3280131
三亚市	Sanya	1167606	1644631	1579384	1874360	1522507	2111855	2206157	2142849
儋州市	Danzhou	267467	793885	915226	602061	521826	575002	833064	697937
五指山市	Wuzhishan	41056	59064	46277	52027	57139	49409	42711	42645
文昌市	Wenchang	184813	228699	232099	259379	199127	243338	267132	314157
琼海市	Qionghai	185743	193063	162905	196183	268579	173523	313155	321589
万宁市	Wanning	286854	357592	227250	193154	182171	182015	249600	350887
定安县	Ding'an	100765	58264	51944	71981	52416	68784	76409	95587
屯昌县	Tunchang	68110	32649	34200	32357	34011	39731	35099	53799
澄迈县	Chengmai	214718	363464	320650	303239	304438	370966	375483	735185
临高县	Lingao	61292	56963	52030	100460	67326	69809	66545	71091
东方市	Dongfang	53909	164768	168028	168845	164968	244993	190537	161963
乐东县	Ledong	82421	160389	181206	96874	95535	104270	111396	134229
琼中县	Qiongzhong	20138	110517	103606	44916	41043	44259	56162	81950
保亭县	Baoting	68936	61211	57983	58716	61731	71822	70598	63659
陵水县	Lingshui	242048	487461	709097	719821	470549	449421	356889	463641
白沙县	Baisha	10833	39272	23644	23955	18102	18247	25301	35455
昌江县	Changjiang	79928	116440	121314	142650	138156	147266	170714	195014
支出合计	**Total Expenditure**	**6209731**	**11992864**	**13896702**	**14879393**	**17244608**	**19345219**	**22143989**	**18030269**
海口市	Haikou	1284966	2416455	3176652	3466592	5247197	5707729	7044646	4357113
三亚市	Sanya	1188719	1974596	2039427	2428284	2599150	3480436	3893586	3731770
儋州市	Danzhou	574974	1258132	1704195	1370556	1377418	1795209	2061528	1616448
五指山市	Wuzhishan	114319	192776	182088	220081	242268	312345	296714	265379
文昌市	Wenchang	343012	561662	622457	681863	803861	852692	1018374	852205
琼海市	Qionghai	260977	481617	577683	614858	787302	721908	759118	704940
万宁市	Wanning	390235	682531	572476	591396	701129	660920	751856	653507
定安县	Ding'an	160176	281404	268124	371548	323546	357797	422041	323755
屯昌县	Tunchang	141419	193036	242537	268524	315975	313661	348207	304792
澄迈县	Chengmai	312161	680281	676373	631180	734709	856928	927430	1040521
临高县	Lingao	170506	341988	420091	531689	567132	586909	505033	390228
东方市	Dongfang	203984	476959	510848	530601	590833	656170	752866	520489
乐东县	Ledong	229794	496055	559708	575675	540099	565699	608034	573830
琼中县	Qiongzhong	126797	285320	397324	409994	374137	400285	457412	439428
保亭县	Baoting	135109	178420	189741	246544	322275	343383	378292	339710
陵水县	Lingshui	283648	696127	835862	887027	754172	746151	846777	962866
白沙县	Baisha	115431	223420	265532	344250	358325	436423	400489	350246
昌江县	Changjiang	173504	309391	342145	376997	363078	334735	449238	412081

注：本表地方财政收支包括地方一般预算收支和基金收支。

Note：Local fiscal revenue and expenditure in this table includes local general budget revenue and expenditure and fund revenue and expenditure.

7-10 各市县一般公共预算收支平衡表(2021年)
Balance Sheet of General Budget Revenue and Expenditure by Region (2021)

单位：万元 (10 000 yuan)

地　区	Region	收入总计 Total Revenue	本年收入 Revenue of Current Year	上级补助收入 Superior subsidy income	债务(转贷)收入 Debt (transfer) income	动用预算稳定调节基金 Using the budget stabilization adjustment fund	上年结余 Balance of Last Year	其　他 Others
全省总计	**Total**	**26653316**	**9211557**	**10132140**	**3213659**	**2560408**	**960496**	**575056**
省 本 级	Provincial	19241219	3327057	10132140	3213659	1160000	439959	968404
地市小计	Amount for All Regions	18738484	5884500	8435333	1996600	1400408	520537	501106
海 口 市	Haikou	4731149	2083234	1223735	874340	322628	55681	171531
三 亚 市	Sanya	2635273	1171412	885003	228800	317818		32240
儋 州 市	Danzhou	1763189	588946	855958	122005	123805	36586	35889
五指山市	Wuzhishan	330775	22430	227511	6000	17000	47394	10440
文 昌 市	Wenchang	750756	144208	428073	97900	10782	5496	64297
琼 海 市	Qionghai	738798	128149	371590	67088	55000	82411	34560
万 宁 市	Wanning	664702	156745	416718	77100	4358	4337	5444
定 安 县	Ding'an	361328	62775	246026	51010		1289	228
屯 昌 县	Tunchang	395981	41725	208755	50916	12261	81783	541
澄 迈 县	Chengmai	1375427	631047	540368	87191	44540	41891	30390
临 高 县	Lingao	486082	41785	370982	48908	4158	17837	2412
东 方 市	Dongfang	544328	107674	363686	66600	2087	2878	1403
乐 东 县	Ledong	564530	80564	361166	54150	7630	44778	16242
琼 中 县	Qiongzhong	453485	25653	314826	50000	27	16502	46477
保 亭 县	Baoting	376144	36707	254999	14600	39100	30010	728
陵 水 县	Lingshui	1382578	358901	585292		400598		37787
白 沙 县	Baisha	365282	18929	304581	33136	116	396	8124
昌 江 县	Changjiang	558332	174684	263781	66856		50639	2372

注：省本级加地市小计不等于全省总计的原因是，在合并时抵销相互间的收入和支出。
Note:The revenue of amount for all regions and provincial is not equal to total revenue.

7-10续(continued)

单位：万元 (10 000 yuan)

地 区	Region	支出总计 Total Expenditure	本年支出 Expenditure of Current Year	一般性转移支付支出 Expenditure for General Transfer Payments	专项上解支出 Expenditure for Special Transfer Payments	其 他 Others	年终结余 Balance at Year-end	净结余 Net Balance
全省总计	**Total**	**25191396**	**19713662**		**83589**	**5394145**	**1461920**	
省 本 级	Provincial	18979708	6458474	7134447	83589	5303198	261511	
地市小计	Amount for All Regions	17538075	13255188		630319	3652568	1200409	
海 口 市	Haikou	4481573	2742580		182885	1556108	249576	
三 亚 市	Sanya	2502416	2023813		113555	365048	132857	
儋 州 市	Danzhou	1555851	1292285		44705	218861	207338	
五指山市	Wuzhishan	305571	254225		6823	44523	25204	
文 昌 市	Wenchang	732340	649979		10620	71741	18416	
琼 海 市	Qionghai	624489	496378		41900	86211	114309	
万 宁 市	Wanning	613653	469022		64581	80050	51049	
定 安 县	Ding'an	331671	297086		9347	25238	29657	
屯 昌 县	Tunchang	349115	290069		10154	48892	46866	
澄 迈 县	Chengmai	1343951	965016		27146	351789	31476	
临 高 县	Lingao	411422	356288		13341	41793	74660	
东 方 市	Dongfang	459198	401895		18676	38627	85130	
乐 东 县	Ledong	560543	488195		28545	43803	3987	
琼 中 县	Qiongzhong	429476	379464		14899	35113	24009	
保 亭 县	Baoting	360774	312032		6082	42660	15370	
陵 水 县	Lingshui	1342578	917299		10462	414817	40000	
白 沙 县	Baisha	360439	331594		6329	22516	4843	
昌 江 县	Changjiang	514436	397007		19481	97948	43896	

注：省本级加地市小计不等于全省总计的原因是，在合并时抵销相互间的收入和支出。
Note:The expenditure of amount for all regions and provincial is not equal to total expenditure.

7-11 各市县政府性基金预算收支平衡表(2021年)

Balance Sheet of Budget Revenue and Expenditure of Government Funds by Region (2020)

单位：万元 (10 000 yuan)

地区	Region	收入合计 Total Revenue	本年收入 Revenue of Current Year	国有土地使用权出让收入 Transfer of Use Rights for State Land	海南省高等级公路车辆通行附加费收入 Surcharge on vehicle traffic for high-grade highway in Hainan	城市基础设施配套费收入 Urban Infrastructure Support Fee	其他 Others
全省总计	**Total**	**8350954**	**3941096**	**3047031**	**236319**	**453260**	**204486**
省本级	Provincial	4545182	574896	315207	236319		23370
地市小计	Amount for All Regions	7510848	3366200	2731824		453260	181116
海口市	Haikou	2676391	1196897	1015856		120167	60874
三亚市	Sanya	2147460	971437	810073		91822	69542
儋州市	Danzhou	626864	108991	85413		16569	7009
五指山市	Wuzhishan	22302	20215	12288		6857	1070
文昌市	Wenchang	377243	169949	134325		28752	6872
琼海市	Qionghai	369473	193440	142998		43016	7426
万宁市	Wanning	232872	194142	145604		40830	7708
定安县	Ding'an	41241	32812	26533		4763	1516
屯昌县	Tunchang	22752	12074	9879		1486	709
澄迈县	Chengmai	116125	104138	80098		19678	4362
临高县	Lingao	81540	29306	22389		5448	1469
东方市	Dongfang	247072	54289	42381		8219	3689
乐东县	Ledong	163349	53665	43613		7712	2340
琼中县	Qiongzhong	115712	56297	47404		7960	933
保亭县	Baoting	43768	26952	19216		7285	451
陵水县	Lingshui	145672	104740	61898		39713	3129
白沙县	Baisha	25855	16526	13613		2593	320
昌江县	Changjiang	55155	20330	18243		390	1697

注：省本级加地市小计不等于全省总计的原因是，在合并时抵销相互间的收入和支出。

Note:The revenue of amount for all regions and provincial is not equal to total revenue.

7-11续(continued)

单位：万元 (10 000 yuan)

地 区	Region	支出合计 Total Expenditure	本年支出 Expenditure of Current Year	国有土地使用权出让相关支出 Transfer of Use Rights for State Land	海南省高等级公路车辆通行附加费支出 Surcharge for vehicle traffic of high-grade highway in Hainan	城市基础设施配套费相关支出 Urban Infrastructure Support Fee	其 他 Others	年终结余 Balance at Year-end
全省总计	**Total**	**6862376**	**5384208**	**2052956**	**159318**	**342470**	**2829464**	**1488578**
省本级	Provincial	4449631	609127	25207	157944		425976	95551
地市小计	Amount for All Regions	6117821	4775081	2027749	1374	342470	2403488	1393027
海口市	Haikou	2169991	1614533	709130		102818	802585	506400
三亚市	Sanya	1969750	1707957	665522		135851	906584	177710
儋州市	Danzhou	437230	324163	55353		8688	260122	189634
五指山市	Wuzhishan	21594	11154	5565	438	3550	1601	708
文昌市	Wenchang	282003	202226	88705		1655	111866	95240
琼海市	Qionghai	243073	208562	129620		15447	63495	126400
万宁市	Wanning	214250	184485	119470		23321	41694	18622
定安县	Ding'an	37741	26669	15439		3520	7710	3500
屯昌县	Tunchang	19093	14723	8021		2316	4386	3659
澄迈县	Chengmai	111005	75505	61592	3	84	13826	5120
临高县	Lingao	58099	33940	21673	50	2805	9412	23441
东方市	Dongfang	126497	118594	37079		7346	74169	120575
乐东县	Ledong	105177	85635	41627	15	12608	31385	58172
琼中县	Qiongzhong	106441	59964	6146	818	1172	51828	9271
保亭县	Baoting	32466	27678	13113		5663	8902	11302
陵水县	Lingshui	114093	45567	25898		13038	6631	31579
白沙县	Baisha	20907	18652	12923	20	2588	3121	4948
昌江县	Changjiang	48410	15074	10873	30		4171	6745

注：省本级加地市小计不等于全省总计的原因是，在合并时抵销相互间的收入和支出。
Note:The expenditure of amount for all regions and provincial is not equal to total expenditure.

主要统计指标解释

公共财政 指在市场经济条件下，主要为满足社会公共需求而进行的政府收支活动模式或财政运行机制模式；是国家以社会和经济管理者的身份从市场上取得收入，并将这些收入用于政府的公共活动支出，为社会提供公共产品和公共服务，以充分保证国家机器正常运转，保障国家安全，维护社会秩序，实现经济社会的协调发展。

财政一般预算总收入 是计算当年可供安排支出的财政收入总量。全省一般预算财政总收入主要包括：地方一般预算财政收入，中央一般预算补助收入，一般预算调入资金，调入预算稳定调节基金，一般预算上年结余结转。

地方一般预算收入 指当年依据财政体制和税收、非税收入征收法规征收缴入地方国库的各项税收收入，行政性收费收入、罚没收入，专项收入，国有资源有偿使用收入，其他收入等。

税收收入 税收是政府实现其职能的重要形式，是财政收入的主要来源，具有组织财政收入，调节经济和调节收入分配的基本职能。

一般预算支出 一般指用一般预算安排的支出。

一般公共服务 反映政府提供一般公共服务的支出，包括人大，政协，政府办公厅（室）及相关机构的行政运行，一般行政管理事务、专项业务活动等支出。

Explanatory Notes on Main Statistical Indicators

Public government finance is fiscal revenue and expenditure activity mode or financial operation mechanism model under the conditions of market economy, mainly to meet the social public demand. The country receipt from the market as social and economic management, for the government's public expenditure and providing public products and public service, to guarantee the normal operation of state machine, national security, to safeguard the social order, and realize the coordinated development of the economic society.

Total general public budget revenue is the total fiscal revenue for expenditure arrangement. Total general budgetary revenue mainly include: the local general budget revenues, the central general budget subsidiary revenue, and general budgetary funds transferred, transferred budget stability and regulation fund, the general budget balance of last year.

General public budget revenue of the local government refers to the income tax being taken in treasury according to the financial system and laws of tax revenue and non-tax revenue, the state treasury of tax revenue, charge of administrative and institutional units, penalty receipts, special program receipts, state-owned resources paid income and other receipts.

Tax revenue is the important form that the government realizes its function; is the main source of finance revenue; has the basic functions of organizing finance revenue, adjusting the economic and distribution of income.

General public budget expenditures generally refer to the expenditure arranged by general budget.

General public services reflect the expenditure of the general public services provided by government, including the administrative operation of the National People's Congress, Chinese People's Political Consultative Conference, the government office and related institutions, general administrative affairs, business activities, etc.

8

资源和环境

Resources and Environment

编辑人员：方一骎

Compiled by Fang Yiqin

英文翻译：方一骎

Translated by Fang Yiqin

简 要 说 明

一、本篇资料的主要内容

本篇主要反映我省自然资源状况和环境保护事业发展情况。自然资源包括土地、森林资源、矿产资源等资料。环境保护事业发展情况主要包括城市空气质量情况。

二、本篇的资料来源

土地、河流、矿产资源、森林资源等情况分别由省自然资源和规划厅、省水务厅、省林业局提供。空气质量情况由省生态环境厅提供。

Brief Introduction

I. Main Contents

This chapter contains information that reflects natural resource conditions and the development of environment protection in Hainan. Data on natural resources cover land, forest resources and mineral resources.The development of environment protection mainly include urban air quality

II. Sources of Data

Data on land, rivers, meteorological phenomena, mineral and water resources, forest resources, etc. are provided respectively by Provincial Department of Natural Resources and Planning, Provincial Department of Water Resources and Provincial Department of Forestry. Data on air quality are provided by the Provincial Department of Ecological Environment.

8-1 自然资源(2021年)
Natural Resources (2021)

项　　目	Item	数量 Amount
地理位置	**Geographic Position**	
东经(度)	Longitude	107°50′ -119°10′
北纬(度)	Latitude	3°20′ -20°18′
土地和海洋	**Land and Ocean**	
国土面积(万平方公里)	Area of Province (10 000 sq.km)	约203.52
陆地面积(万平方公里)	Area of Land (10 000 sq.km)	3.51
#海南岛	# Hainan Island	3.44
海洋面积(万平方公里)	Area of Ocean (10 000 sq.km)	约200
岛屿个数(个)	Number of Islands (unit)	600多个
岛屿面积(平方公里)	Area of Islands (sq.km)	42
水利资源	**Water Resources**	
独流入海河流(条)	Out-flowing Rivers (unit)	154
地下水资源储量(亿立方米)	Groundwater Resources(100 million cu.m)	92.88
水库面积(万公顷)	Area of Reservoir(10 000 hectares)	
森林资源	**Forest Resources**	
森林覆盖率(%)(2019年底数)	Forest Coverage Rate(%) (end of 2019)	62.1
红树林(万公顷)	Mangroves (10 000 hectares)	0.65
野生植物(种)	Wild Plants (kind)	4689
野生动物(种)	Wild Animals (kind)	698
旅游资源	**Tourism Resources**	
海岸线(海南本岛)(公里)	Length of Coastline(Hainan Island)(km)	1910
自然保护区(个)	**Number of Nature Reserves (unit)**	**49**
#国家级	# Nation Level	10
自然保护区面积(万公顷)	Area of Nature Reserves(10 000 hectare)	665.60

注：1. 土地面积数据来源于自然资源部下发的2020年度国土变更调查。

2. 森林覆盖率数据来源于海南省第三次森林资源二类调查结果。

Note:1.Land area data are taken from the report of land change survey in 2020.

2.Forest coverage rate is taken from the result of third forest resources survey in hainan province.

8-2 土地状况
Land Characteristics

项　　目	Item	面积(万公顷) Area(10 000 hectares)	占总面积(%) Percentage to Total (%)
土地面积	**Total Land Area(Including Shansha)**	**351.13**	**100.0**
#耕地总资源	Cultivated Land Resources	48.69	13.9
按地类划分	**By Type**		
耕地	Cultivated Land	12.1	3.5
园地	Garden Land	48.7	13.9
林地	Afforested Land	121.7	34.7
草地	Grass Land	117.0	33.3
城镇村及工矿用地	Land for Urban Village, Mining and Manufacturing	1.7	0.5
交通运输用地	Land for Transport Facilities	24.6	7.0
水域及水利设施用地	Water Area, Land for Water Conservancy Facilities	6.0	1.7
其他土地	Others	18.3	5.2

8-3 主要山脉情况
Major Mountains

名　　称	Mountain	山峰高程(米) Height of Mountain Peak(m)
五指山	Wuzhi Mountain	1867
霸王岭	Bawang Mountain	1560
莺歌岭	Yingge Mountain	1811
尖峰岭	Jianfeng Mountain	1412
吊罗山	Diaoluo Mountain	1519
黎母山	Limu Mountain	1411

8-4 大型水库概况
Large-scale Reservoirs

库　　名	Reservoir	集水面积(平方公里) Drainage Area (sq.km)	库容 Storage Capacity		设计灌溉面积(万亩) Designed Irrigated Area (10 000 hectares)
			总库容（亿立方米） Total Storage Capacity (100 million cu.m)	正常库容（亿立方米） Normal Storage Capacity (100 million cu.m)	
大广坝	Daguangba	3498	17.10	14.93	23.50
松　涛	Songtao	1496	33.45	25.95	205.00
万　宁	Wanning	429	1.52	0.76	12.10
长　茅	Changmao	256	1.42	1.11	17.30
石　碌	Shilu	354	1.21	0.99	7.32
牛路岭	Niululing	1236	7.79	5.30	
大　隆	Dalong	749	4.68	3.93	9.92
红　岭	Hongling	745	6.62	5.58	74.76
戈　枕	Gezhen	4082	1.35	1.04	65.55
陀　兴	Tuoxing	290	1.32	0.48	13.03

8-5 主要河流
Major Rivers

名　称	River	发源地点	Source	长度(公里) Length(km)	集水面积(平方公里) Drainage Area(sq.km)
南渡江	Nandu River	昌江县霸王岭	Bawang Mountain in Changjiang County	353	7066
昌化江	Changhua River	五指山市五指山	Wuzhi Mountain in Wuzhishan County	243	4990
万泉河	Wanquan River	琼中县五指山	Wuzhi Mountain in Qiongzhong County	178	3692
陵水河	Lingshui River	保亭县峨隆岭	E'long Mountain in Baoting County	77	1096
珠碧江	Zhubi River	白沙县南高岭	Nangao Mountain in Baisha County	98	1293
宁远河	Ningyuan River	保亭县甘蔗山	Ganzhe Mountain in Baoting County	94	1030
望楼河	Wanglou River	乐东县尖峰岭	Jianfeng Mountain in Ledong County	106	653
文澜河	Wenlan River	儋州市马鞍岭	Ma'an Mountain in Danzhou City	86	732
藤桥河	Tengqiao River	保亭县峨月岭	E'yue Mountain in Baoting County	62	699
北门江	Beimen River	儋州市马岭排	Malingpai Mountain in Danzhou City	69	620
太阳河	Taiyang River	万宁市南桥镇南林农场	Nanlin Farm Nanqiao Town Wanning County	59	544
春　江	Chun River	儋州市高石岭	Gaoshi Mountain in Danzhou City	67	562
文教河	Wenjiao River	海口市三门坡镇红明农场	Hongming Farm Sanmenpo Town Haikou City	57	503

8-6 主要矿产基础储量(2021年)
Ensured Reserves of Major Minerals（2021）

项　目	Item	探明资源量 Proved Reserves	控制资源量 Controlled Reserves
煤炭　(万吨)	Coal　(10 000 tons)	11072.00	4737.80
铁矿(矿石，万吨)	Iron(Ore, (10 000 tons)	4804.51	4704.05
钛铁矿砂矿(万吨)	Titanium Ore, Placer(10 000 tons)	31.56	524.06
铜矿　(铜，万吨)	Copper(Metal, 10 000 tons)	0.47	2.53
铅矿　(铅，万吨)	Lead　(Metal, 10 000 tons)	0.44	5.43
锌矿　(锌，万吨)	Zinc　(Metal, 10 000 tons)	1.77	15.52
镍矿　(镍，万吨)	Nickel (Metal, 10 000 tons)		
钨矿(WO_3，万吨)	Tungsten　(WO_3, 10 000 tons)		
钼矿　(钼，万吨)	Molybdenum　(Metal, 10 000 tons)		18.84
金矿　(金，吨)	Gold　(Metal, tons)	1.14	24.39
银矿　(银，吨)	Silver　(Metal, tons)	8.00	320.56
普通萤石　(矿物，万吨)	Fluorspar Mineral　(Mineral, 10 000 tons)		19.80
玻璃硅质原料(矿石，万吨)	Silicon Materials For Glass Ore　(Ore, 10 000 tons)	2595.86	41247.04
石墨(矿物，万吨)	Graphite Mineral (Crystal)　(Mineral, 10 000 tons)		16.70
高岭土(矿石，万吨)	Kaolin Ore　(Ore, 10 000 tons)		2871.47

8-7 各市县空气质量指标(2021年) Ambient Air Quality by Region (2021)

市　县	Region	颗粒物 (粒径小于等于10um) (微克/立方米) PM_{10} (ug/m^3)	细颗粒物 (粒径小于等于2.5um) (微克/立方米) $PM_{2.5}$ (ug/m^3)	二氧化硫 (微克/立方米) SO_2 (ug/m^3)	二氧化氮 (微克/立方米) NO_2 (ug/m^3)
全省总计	**Total**	**25**	**13**	**5**	**7**
海 口 市	Haikou	28	14	4	10
三 亚 市	Sanya	24	12	4	8
儋 州 市	Danzhou	29	15	7	10
五指山市	Wuzhishan	20	11	5	5
文 昌 市	Wenchang	27	13	5	7
琼 海 市	Qionghai	26	14	5	9
万 宁 市	Wanning	25	13	5	5
定 安 县	Ding'an	30	14	5	8
屯 昌 县	Tunchang	24	15	7	8
澄 迈 县	Chengmai	26	14	5	8
临 高 县	Lingao	31	17	6	7
东 方 市	Dongfang	27	15	6	7
乐 东 县	Ledong	21	12	5	6
琼 中 县	Qiongzhong	22	12	6	8
保 亭 县	Baoting	21	12	3	7
陵 水 县	Lingshui	24	12	3	8
白 沙 县	Baisha	23	14	4	7
昌 江 县	Changjiang	29	17	8	7

8-7续(Continued)

市县	Region	一氧化碳 (毫克/立方米) CO mg/m^3	臭氧 (微克/立方米) O_3 ug/m^3	空气质量达到及好于二级的天数(天) Days of Air Quality Equal to or above Grade II (day)	空气质量达到二级以上天数占全年有效监测天数比重(%) Proportion of Days of Air Quality Equal to or above Grade II in the Annal Effective monitoring days (%)
全省总计	**Total**	**0.7**	**111**	**6794**	**99.4**
海口市	Haikou	0.7	124	359	98.4
三亚市	Sanya	0.6	106	365	100.0
儋州市	Danzhou	0.7	102	364	100.0
五指山市	Wuzhishan	0.8	100	365	100.0
文昌市	Wenchang	0.7	118	360	98.9
琼海市	Qionghai	0.8	109	357	99.4
万宁市	Wanning	0.8	124	354	98.9
定安县	Ding'an	0.8	117	360	98.9
屯昌县	Tunchang	0.6	113	342	98.6
澄迈县	Chengmai	0.7	114	361	99.2
临高县	Lingao	0.8	129	345	98.0
东方市	Dongfang	0.6	123	361	98.9
乐东县	Ledong	0.7	103	356	100.0
琼中县	Qiongzhong	0.8	96	358	100.0
保亭县	Baoting	0.6	106	361	100.0
陵水县	Lingshui	0.6	106	363	99.7
白沙县	Baisha	0.8	111	350	99.7
昌江县	Changjiang	0.9	114	356	99.4

8-8 森林资源情况
Forest Resources

项 目	Item	指标值 Value
林地面积(万亩)	Area of Afforested Land (10000 mu)	3165
森林面积(万亩)	Forest Area (10000 mu)	3204
森林覆盖率(%)	Forest Coverage Rate(%)	62.1
活立木总蓄积量(亿立方米)	Total Standing Forest Stock(100 million cu.m)	1.63

注：1. 林地面积、森林面积、森林覆盖率采用2019年数据。

2. 活立木总蓄积量采用第九次全国森林资源清查海南省森林资源清查成果（2018）数据。

Note：1.The forest land area,forest area and forest coverage rate adopt 2019 data.2.The results of the ninth national forest resourses inventory in Hainan province (2018)were used for the total standing forest stock.

8-9 植树造林情况
Basic Statistics On Afforestation

单位：公顷 (hectare)

地 区	Region	荒山荒(沙)地造林面积 Total Afforested Area in Barren Mountain	用材林 Timber Forests	经济林 By-product Forests	防护林 Protection Forests	薪炭林 Fuel Forests	特种用途林 Forests for Special Purpose	有林地造林面积 Forest Land Afforestation Area	更新造林面积 Updating Afforestation Area	零星(四旁)植树(万株) Olldy (all around) Tree Planting (10 000 root)
2015		10241	507	2867	6866		1		9961	335.8
2016		8325	629	2233	5463			133	6063	150.8
2017		4626	563	2333	1727		3		8053	87.9
2018		2660	172	2198	230		60		7840	102.0
2019		3057	188	2682	131		56		12592	118.0
2020		2467	139	1979	244		105		12695	104.0
2021		963	73	390	413		87		9525	77.7
海口市	Haikou	109	3	58	48				911	0.2
三亚市	Sanya	19		5	14				138	
儋州市	Danzhou	117	5	58	54				874	16.2
五指山市	Wuzhishan								69	
文昌市	Wenchang	144	1	56			87		439	31.6
琼海市	Qionghai	28	5		23				559	21.5
万宁市	Wanning	62		62					392	
定安县	Ding'an								610	2.7
屯昌县	Tunchang								726	
澄迈县	Chengmai								579	0.1
临高县	Lingao								659	0.3
东方市	Dongfang	205	59	71	75				496	3.3
乐东县	Ledong	161			161				553	1.0
琼中县	Qiongzhong								1023	
保亭县	Baoting								189	0.7
陵水县	Lingshui	39		1	38				176	
白沙县	Baisha								730	0.1
昌江县	Changjiang	79		79					402	

主要统计指标解释

耕地面积　指经过开垦用以种植农作物并经常进行耕耘的土地面积。包括种有作物的土地面积、休闲地、新开荒地和抛荒未满三年的土地面积。

矿产基础储量　基础储量是查明矿产资源的一部分。它能满足现行采矿和生产所需的指标要求，是控制的、探明的并通过可行性或预可行性研究认为属于经济的、边界经济的部分，用未扣除设计、采矿损失的数量表示。

森林面积　包括郁闭度 0.2 以上的乔木林地面积和竹林面积，国家特别规定的灌木林地面积，农田林网以及村旁、路旁、水旁、宅旁林木的覆盖面积。

森林覆盖率　以行政区域为单位的森林面积占区域土地总面积的百分比。计算公式为：

$$森林覆盖率=\frac{森林面积}{土地总面积}\times 100\%$$

活立木总蓄积量　指一定范围内土地上全部树木蓄积的总量，包括森林蓄积、疏林蓄积、散生木蓄积和四旁树蓄积。

造林面积　指在宜林荒山荒地、宜林沙荒地、无立木林地、疏林地和退耕地等其他宜林地上通过人工措施形成或恢复森林、林木、灌木林的过程。

用材林　指以生产木材为主要目的的森林和林木，包括以生产竹材为主要目的的竹林。

经济林　指以生产果品，食用油料、饮料、调料，工业原料和药材为主要目的的林木。经济林是人们为了取得林木的果实、叶片、皮层、胶液等产品作为工业原料或者供食用所营造的林木，如油茶、油桐、核桃、樟树、花椒、茶、桑、果等。

防护林　指以防护为主要目的的森林、林木和灌木丛。包括水源涵养林，水土保持林，防风固沙林，农田、牧场防护林，护岸林，护路林等。

薪炭林　指以生产燃料为主要目的的林木。

特种用途林　指以国防、环境保护、科学实验等为主要目的的森林和林木。包括国防林、实验林、母树林、环境保护林、风景林，名胜古迹和革命纪念地的林木，自然保护区的森林。

Explanatory Notes on Main Statistical Indicators

Area of Cultivated Land refers to area of land reclaimed for the regular cultivation of various farm crops, including crop-cover land, fallow, newly reclaimed land and land laid idle for less than 3 years.

Ensured Mineral Reserves refer to the actual mineral reserves, which equal to the proven mineral reserves (including industrial reserves and prospective reserves) minus extracted parts and underground losses.

Forest Area refers to the area of trees and bamboo grow with a canopy density above 0.2 degree, the area of shrubby tree according to regulations of the government, the area of forest land inside farm land and the area of trees planted by the side of villages, farm houses and along roads and rivers.

Forest Coverage Rate Taking the administrative jurisdiction as the unit, the percentage of area of afforested land to the area of total land. The formula for calculating forest coverage rate is as follows:

$$\text{Forestry coverage rate} = \frac{\text{Area of Afforested Land}}{\text{Area of Total Land}} \times 100\%$$

Total Standing Forest Stock Volume refers to the total stock volume of trees growing in land, including trees in forest, trees in sparse forest, scattered trees and trees planted by the side of villages, farm houses and along roads and rivers.

Area of Afforestation refers to the total area of land suitable for afforestation, including barren hills, idle land, sand dunes, non-timber forest land, woodland and "grain for green" land, on which acres of forests, trees and shrubs are planted through manual planting.

Timber Forests refer to forests which are mainly for the production of timber, including bamboo groves planted to harvest bamboos.

By-product Forests refer to forests that mainly produce fruits, nuts, edible oil, beverages, indigents, raw materials and medicine materials. By-product forests are planted to harvest the fruits, leaves, bark or liquid of trees, and consume them as food or raw materials for the manufacturing industry, such as tea-oil trees, tung oil trees, walnut trees, camphor trees, tea bushes, mulberry trees, fruit trees, etc.

Protection Forests refer to forests, trees and bushes planted mainly for protection or preservation purpose, including water resource conservation forests, water and soil conservation forests, windbreak and dune-fixing forests, farmland and pasture protection forests, riverside protection forests, roadside protection forests, etc.

Fuel Forests refer to forests planted mainly for fuels.

Forests for Special Purpose refer to forests planted mainly for national defence, environment protection or scientific experiments, including national defence forests, experimental forests, mother-tree forests, environment protection forests, scenery forests, trees in historical or scenic spots, forests in natural reserves.

9

能　源

Energy

编辑人员：方一骎

Compiled by Fang Yiqin

英文翻译：方一骎

Translated by Fang Yiqin

简 要 说 明

一、本篇资料的主要内容

本篇包括的主要内容有能源生产、消费及品种构成，能源生产和消费弹性系数，综合能源平衡表，分行业、分主要能源品种的消费量，能源加工转换效率及生活用能源消费量等。从2005年开始，增加单位国内生产总值能耗等指标。

二、本篇资料的统计范围

能源资料的统计范围为全社会。

三、本篇的资料来源

能源消费数据来自历年能源平衡表及相关能源统计年报，用电量情况表数据来自海南电网公司。

四、关于数据口径与计算方法的说明

1.能源生产与消费弹性系数分别以能源生产、消费增长速度与国内生产总值增长速度相比求得。

2.能源平衡表中，进口量和出口量采用海关统计数据。进口量中包括我国轮船、飞机在国外加油量，出口量中包括外国轮船、飞机在我国加油量。电力折算标准煤系数按平均发电煤耗计算。

3.能源加工转换效率表中，电力折算标准煤系数采用当量值计算，每千瓦小时折0.1229千克标准煤。

Brief Introduction

I. Main Contents

Data in this chapter cover mainly energy production, consumption, and composition; elasticity ratio of energy production and consumption; overall balance sheet of energy; consumption of energy by sector and by types of energy; efficiency of energy processing and conversion; and the consumption of energy for non-production uses. Since 2005, indicators like energy consumption per unit of GDP are also included.

II. The Scope of Data

The scope of energy data in this chapter is the whole country.

III. Sources of Data

Data on energy consumption are from the energy balance sheets over the year and relevant energy statistics annals. Data on Electricity were derived from Hainan Grid.

IV. Notes on Coverage and Compilation of Data

(1) The elasticity ratio of energy production is calculated as the quotient of the growth rate of energy production divided by the growth rate of GDP; and the elasticity ratio of energy consumption is calculated as the quotient of the growth rate of energy consumption divided by the growth rate of GDP.

(2) In the energy balance sheet, data on imports and exports are from Customs statistics. The refuelling by Chinese ships and airplanes abroad is included in imports. The refuelling by foreign ships and airplanes in China is included in exports. The coefficient for conversion of electric power into the standard coal equivalent is calculated according to the average consumption of coal for generating electricity.

(3) In the table on the efficiency of energy conversion, the coefficient for the conversion of electric power into the standard coal equivalent is calculated on the basis of the heat value equivalent. One kilowatt is equal to 0.1229 kg SCE.

9-1 综合能源平衡表
Overall Energy Balance Sheet

单位：万吨标准煤 (10 000 tce)

项　目	Item	2016	2017	2018	2019	2020	2021
可供消费的能源总量	**Total Energy Available for Consumption**	**1983.67**	**2077.37**	**2173.3468**	**2264.39**	**2270.64**	**2446.19**
一次能源生产总量	Total Primary Energy Production	358.36	413.47	424.90	494.08	471.44	563.69
外省调入量	Transferred from Other Provinces	814.79	901.37	1258.58	1453.21	1470.36	3767.81
本省调出量(一)	Sending out to Other Provinces(-)	-634.85	-474.44	-882.41	-956.36	-1018.28	-3303.79
进口量	Imports	2154.99	1785.52	1937.53	2021.83	2044.13	1971.32
出口量(一)	Exports (-)	-698.20	-565.23	-570.88	-689.27	-696.31	-615.32
年初年末库存差额	Stock Changes in the Year	-11.41	16.68	5.63	-59.10	-0.69	62.49
能源消费总量	**Total Energy Consumption**	**1983.67**	**2079.56**	**2170.23**	**2264.39**	**2270.64**	**2446.19**
在总量中：	Consumption by Sector						
农、林、牧、渔业	Agriculture, Forestry, Animal Husbandry and Fishery	92.12	97.02	104.04	109.66	120.55	135.03
工业	Industry	1049.71	1072.49	1069.86	1081.53	1058.45	1106.26
建筑业	Construction	47.80	52.80	49.02	50.96	52.75	59.12
交通运输、仓储和邮政业	Transport, Storage and Post	256.99	273.62	300.64	307.53	307.09	328.88
批发和零售业、住宿和餐饮业	Wholesale and Retail Trades, Hotels and Catering Services	84.26	92.64	111.81	126.77	123.54	153.32
其他	Other Sectors	220.58	245.32	285.33	310.37	312.51	338.11
居民生活	Household Consumption	232.21	245.67	249.54	277.57	295.75	325.46
在总量中：	Consumption by Sector						
终端消费	Final Consumption	1890.02	1987.23	2133.99	2206.80	2185.14	2350.85
#工业	Industry	945.45	968.32	1006.11	985.09	936.09	1010.93
加工转换损失量	Losses During the Process of Energy Transformation	51.56	48.61	4.51	39.82	71.43	40.73
#供热	Heating	10.36	11.89	11.56	14.44	20.61	24.88
#炼油及煤制油	Petroleum Refining and Coal-to-liquids	52.51	48.72	20.45	64.23	87.67	62.29
回收能(一)	Recovery of Energy(-)	-11.32	-11.99	-27.50	-38.86	-36.85	-46.45
损失量	Other Losses	53.40	55.71	59.23	56.63	50.92	54.61
平衡差	**Balance**	**0.01**	**-2.19**	**3.12**	**0.00**	**0.00**	**0.00**

注：进口量包括我国飞机、轮船在国外加油量；出口量包括外国飞机、轮船在我国加油量。
Note: The refueling by Chinese ships and airplanes abroad is included in imports.The refueling by foreign ships and airplanes.

9-2 历年能源消费总量及主要能源品种消费量
Total Consumption of Energy and Major Energy in Various Years

单位：万吨标准煤 (10 000 tce)

年 份 Year	能源消费总量 Total Energy Consumption	煤 炭 Coal	石 油 Crude Oil	天然气 Natural Gas	一次电力 Primary Electricity
1991	178.87	64.75	52.59		28.26
1992	214.58	83.90	58.58		30.90
1993	241.75	95.25	85.10		26.11
1994	278.71	99.78	106.47		40.97
1995	309.33	120.02	125.59		46.71
1996	352.08	106.68	167.24	28.87	49.29
1997	390.26	99.13	172.49	62.05	56.59
1998	409.26	121.96	181.71	67.94	37.65
1999	430.60	127.46	198.51	62.01	42.63
2000	479.95	136.79	224.62	64.31	54.23
2001	520.44	142.08	237.32	79.63	61.41
2003	683.74	197.60	322.04	124.44	39.66
2004	742.48	216.80	339.31	144.78	41.58
2005	822.20	251.43	241.84	278.90	37.07
2006	920.45	254.97	356.28	263.67	29.87
2007	1057.00	324.75	414.56	270.69	41.12
2008	1135.33	340.80	461.84	251.59	65.71
2009	1232.52	395.90	513.75	233.42	69.34
2010	1314.66	439.04	502.11	277.49	65.48
2011	1549.29	542.27	516.77	388.75	92.62
2012	1633.74	630.27	529.37	383.92	85.00
2013	1720.33	685.22	552.66	370.20	92.31
2014	1819.93	707.99	617.61	356.05	93.44
2015	1916.03	769.11	648.59	351.77	83.14
2016	1983.67	705.92	657.71	319.59	271.65
2017	2079.56	712.52	657.40	321.57	327.89
2018	2170.23	766.06	671.75	322.02	343.12
2019	2264.39	766.45	696.88	307.27	402.82
2020	2270.64	702.42	708.30	365.55	394.74
2021	2446.19	740.33	758.10	442.19	398.96

注：电力折算标准煤的系数用当年平均发电煤耗计算。下表同。

Note: The coefficient for conversion of electric power into SCE (standard coal equivalent) is calculated on the basic of the data on the average coal consumption in generating electric power in the same year. The same applies to the tables following.

9-3 历年主要能源品种消费量构成
Composition of Major Energy Consumption in Various Years

年 份 Year	能源消费总量 构成(%) Composition	煤 炭 Coal	石 油 Crude Oil	天然气 Natural Gas	一次电力 Primary Electricity
1991	100	36.20	29.40		15.80
1992	100	39.10	27.30		14.40
1993	100	39.40	35.20		10.80
1994	100	35.80	38.20		14.70
1995	100	38.80	40.60		15.10
1996	100	30.30	47.50	8.20	14.00
1997	100	25.40	44.20	15.90	14.50
1998	100	29.80	44.40	16.60	9.20
1999	100	29.60	46.10	14.40	9.90
2000	100	28.50	46.80	13.40	11.30
2001	100	27.30	45.60	15.30	11.80
2003	100	28.90	47.10	18.20	5.80
2004	100	29.20	45.70	19.50	5.60
2005	100	30.58	29.41	33.92	4.51
2006	100	27.70	38.71	28.65	3.25
2007	100	30.72	39.22	25.61	3.89
2008	100	30.02	40.68	22.16	5.79
2009	100	32.12	41.68	18.94	5.63
2010	100	33.40	38.19	21.11	4.98
2011	100	35.00	33.36	25.09	5.98
2012	100	38.58	32.40	23.50	5.20
2013	100	39.83	32.13	21.52	5.37
2014	100	38.90	33.94	19.56	5.13
2015	100	40.14	33.85	18.36	4.34
2016	100	35.59	33.16	16.11	13.69
2017	100	34.26	31.61	15.46	15.77
2018	100	35.30	30.95	14.84	15.81
2019	100	33.85	30.78	13.57	17.79
2020	100	30.94	31.19	16.10	17.38
2021	100	30.26	30.99	18.08	16.31

9-4 历年能源生产量
Total Production of Energy in Various Years

项 目	Item	2016	2017	2018	2019	2020	2021
一次能源(万吨标准煤)	**Primary Energy(10^4 tce)**	**358.4**	**413.5**	**424.9**	**494.1**	**471.4**	**563.7**
原油(万吨)	Crude Oil (10^4 tn)	29.4	30.0	30.4	30.5	30.6	37.3
天然气(亿立方米)	Natural Gas (10^8 cu.m)	1.4	1.1	1.1	1.0	1.0	8.0
一次电力(亿千瓦时)	Primary Electricity(10^8 kW•h)	91.2	110.1	114.1	133.2	132.5	136.8
二次能源(万吨标准煤)	**Secondary Energy(10^4 tce)**	**2601.2**	**2365.6**	**2650.9**	**2821.3**	**2830.5**	**3070.6**
汽 油(万吨)	Gasoline(10^4 tn)	233.4	224.4	276.6	301.0	267.8	286.4
煤 油(万吨)	Kerosene(10^4 tn)	151.2	133.1	142.3	157.1	113.4	126.9
柴 油(万吨)	Diesel Oil(10^4 tn)	268.3	229.3	260.3	278.4	280.8	266.0
燃料油(万吨)	Fuel Oil (10^4 tn)	80.5	50.5	56.5	56.6	113.4	117.2
液化石油气(万吨)	Liquefied Petroleum Gas (10^4 tn)	105.6	91.9	106.4	113.1	111.6	99.1
炼厂干气(万吨)	Refinery Gas(10^4 tn)	44.6	43.6	48.6	59.5	63.2	72.5
石脑油(万吨)	Naphtha (10^4 tn)	65.9	65.9	56.7	45.2	47.1	48.8
其他石油制品(万吨)	Other Petroleum Products(10^4 tn)	559.0	491.5	558.2	612.7	612.0	707.0
热 力(万百万千焦)	Heat (10^{10} kJ)	1024.5	1020.4	1094.3	1485.0	2647.0	2992.1
电 力(亿千瓦时)	Electricity(10^8 kW•h)	196.6	195.4	211.4	212.5	213.1	254.4

9-5 历年能源生产弹性系数
Elasticity Ratio of Energy Production in Various Years

年 份 Year	能源生产比上年增长(%) Growth Rate of Energy Production over Preceding Year (%)	电力生产比上年增长(%) Growth Rate of Electricity Production over Preceding Year(%)	地区生产总值比上年增长(%) Growth Rate of Regional Gross Product over Preceding Year(%)	能源生产弹性系数 Elasticity Ratio of Energy Production	电力生产弹性系数 Elasticity Ratio of Electricity Production
1991	-9.50	17.90	14.90		1.20
1992	8.80	20.20	41.50	0.21	0.49
1993	-18.00	24.80	20.60		1.20
1994	62.10	17.40	11.20	5.54	1.55
1995	9.40	8.80	3.80	2.47	2.32
1996	6.60	4.10	4.70	1.40	0.87
1997	16.00	5.50	6.80	2.35	0.81
1998	-33.10	6.00	8.40		0.71
1999	-6.40	5.30	8.50		0.62
2000	49.99	38.67	9.00	5.55	4.30
2001	13.64	6.20	9.10	1.50	0.68
2004	-18.40	14.90	9.70		1.54
2005	43.63	19.49	10.50	4.16	1.86
2006	37.95	16.94	10.60	3.58	1.60
2007	-3.64	16.00	15.80		1.01
2008	37.84	9.39	10.30	3.67	0.91
2009	7.70	9.80	11.70	0.66	0.84
2010	0.31	18.40	16.00	0.02	1.15
2011	24.09	15.66	12.20	1.97	1.28
2012	-7.23	12.74	9.40		1.36
2013	12.46	10.30	9.60	1.30	1.07
2014	1.82	5.96	8.60	0.21	0.69
2015	10.15	6.67	7.80	1.30	0.86
2016	112.05	9.64	7.50	14.94	1.29
2017	15.38	6.15	7.00	2.20	0.88
2018	2.76	6.56	5.80	0.48	1.13
2019	16.28	6.20	5.80	2.81	1.07
2020	-4.58	-0.05	3.50		
2021	19.57	3.29	11.20	1.75	0.29

9-6 历年能源消费弹性系数
Elasticity Ratio of Energy Consumption in Various Years

年 份 Year	能源消费比上年增长(%) Growth Rate of Energy Consumption over Preceding Year (%)	电力消费比上年增长(%) Growth Rate of Electricity Consumption over Preceding Year(%)	地区生产总值比上年增长(%) Growth Rate of Regional Gross Product over Preceding Year(%)	能源消费弹性系数 Elasticity Ratio of Energy Consumption	电力消费弹性系数 Elasticity Ratio of Electricity Consumption
1991	12.70	17.90	14.90	0.85	1.20
1992	20.00	20.20	41.50	0.48	0.49
1993	15.00	24.80	20.60	0.73	1.20
1994	14.20	17.40	11.20	1.27	1.55
1995	9.80	10.40	3.80	2.58	2.74
1996	13.80	4.10	4.70	2.94	0.87
1997	10.80	5.50	6.80	1.59	0.81
1998	4.87	6.00	8.40	0.58	0.71
1999	5.21	5.30	8.50	0.61	0.62
2000	11.46	9.25	9.00	1.27	1.03
2001	8.43	6.20	9.10	0.93	0.68
2004	8.60	14.90	9.70	0.89	1.54
2005	10.74	19.49	10.50	1.02	1.86
2006	11.95	20.06	10.60	1.13	1.89
2007	14.84	15.95	15.80	0.94	1.01
2008	7.41	8.58	10.30	0.72	0.83
2009	8.56	8.78	11.70	0.73	0.75
2010	10.22	16.46	16.00	0.64	1.03
2011	17.85	16.52	12.20	1.46	1.35
2012	5.45	12.83	9.40	0.58	1.36
2013	5.30	10.04	9.60	0.55	1.05
2014	5.79	8.56	8.60	0.67	1.00
2015	5.28	8.13	7.80	0.68	1.04
2016	3.53	5.49	7.50	0.47	0.73
2017	4.83	6.14	7.00	0.69	0.88
2018	4.36	7.17	5.80	0.75	1.24
2019	4.34	8.76	5.80	0.75	1.51
2020	0.28	2.01	3.50	0.08	0.57
2021	7.73	11.83	11.20	0.69	1.06

9-7 历年能源加工转换效率
Efficiency of Energy Conversion in Various Years

年 份 Year	总 效 率(%) Total Efficiency(%)	#发 电(%) Electricity Generation(%)	#炼 油(%) Petroleum Refining(%)
1991	31.82	31.82	
1992	28.67	28.67	
1993	32.01	32.01	
1994	29.91	29.91	
1995	30.00	30.00	
1996	31.06	30.87	
1997	32.84	32.31	
1998	34.14	33.45	
1999	38.15	36.03	
2000	38.85	33.30	
2001	35.28	32.39	
2003	41.87	35.29	
2004	40.43	35.10	
2005	38.29	34.81	69.30
2006	70.92	38.92	98.73
2007	86.80	39.12	99.61
2008	85.76	39.07	99.62
2009	84.37	39.43	97.45
2010	84.31	40.50	99.19
2011	84.15	40.73	99.37
2012	82.93	40.70	99.20
2013	78.10	40.50	98.80
2014	82.07	41.08	98.83
2015	83.48	41.24	98.09
2016	84.77	41.26	97.43
2017	83.48	41.25	97.31
2018	84.86	40.88	98.98
2019	84.79	40.65	97.96
2020	83.68	41.25	96.02
2021	83.72	42.15	97.29

9-8 历年人均生活能源消费量
Annual per Capita Energy Consumption of Households in Various Years

年　份 Year	平均每人生活消费能源 (千克标准煤) Annual per Capita Energy Consumption of Households (kgce)	#电力(千瓦小时) Electricity (kW•h)	#液化石油气(千克) Liquefied Petroleum Gas (kg)
1990	14.36	12.40	1.13
1991	14.84	13.41	1.95
1992	17.65	15.91	2.04
1993	27.11	23.21	5.91
1994	27.44	22.87	5.42
1995	33.69	30.71	9.83
1996	42.01	49.94	9.88
1997	53.36	72.15	11.90
1998	53.51	73.37	12.59
1999	54.00	75.62	13.28
2000	54.39	76.62	12.29
2001	61.70	89.92	12.98
2003	56.10	98.07	7.91
2004	59.66	126.07	5.30
2005	72.65	141.63	6.43
2006	78.18	152.26	6.54
2007	85.29	166.97	6.98
2008	98.92	192.31	8.35
2009	112.15	219.54	9.52
2010	135.13	271.09	11.37
2011	148.67	310.50	12.37
2012	173.99	386.09	13.34
2013	188.29	408.32	14.53
2014	213.91	486.25	15.12
2015	226.80	525.65	15.33
2016	242.53	567.64	15.02
2017	252.87	596.91	14.16
2018	253.99	593.09	14.01
2019	278.88	680.72	10.86
2020	292.14	717.05	10.72
2021	318.93	797.68	11.64

注：按年平均人口数计算。

Note：Data in the table are calculated with the data on the annual average population.

9-9 主要单位产品能源消耗
Unit Energy Consumption for Main Products

项 目	Item	2014	2015	2016	2017	2018	2019	2020	2021
铁矿采矿工序单位能耗（千克标准煤/吨）	Fully Energy Consumption for Mining of Iron Ore(kgce/tn)	0.48	0.45	0.55	0.80	0.79	0.53	0.48	0.60
铁矿选矿工序单位能耗（千克标准煤/吨）	Fully Energy Consumption for Mill Run(kgce/tn)	3.18	2.95	1.09	3.25	3.22	2.75	2.45	2.40
原油加工单位电耗（千瓦时/吨）	Electricity Consumption for Processing of Crude Oil(kW•h/tn)	66.09	67.58	66.27	73.73	69.89	68.74	63.68	60.70
原油加工单位综合能耗（千克标准油/吨）	Fully Energy Consumption for Processing of Crude Oil(kgce/tn)	66.65	80.44	71.83	73.96	74.59	73.07	72.26	63.90
单位合成氨生产综合能耗（千克标准煤/吨）	Fully Energy Consumption for Sythetic Ammonia(kgce/tn)	1043.49	1035.66	1063.51	1068.87	1045.51	1037.06	1038.90	1051.30
单位合成氨耗电（千瓦时/吨）	Electricity Consumption for Sythetic Ammonia (kW•h/tn)	30.38	30.50	35.88	29.89	31.92	31.31	28.01	31.90
单位合成氨耗天然气（标立方米/吨）	Natural Gas Consumption for Sythetic Ammonia(normal cubic metre/tn)	1508.40	1489.30	1616.22	1667.38	1650.63	1608.60	1613.77	1592.20
吨水泥熟料综合能耗（千克标准煤/吨）	Fully Energy Consumption for Clinker(kgce/tn)	111.25	111.26	110.45	111.76	109.67	109.19	109.39	110.30
吨水泥熟料综合电耗（千瓦时/吨）	Electricity Consumption for Clinker (kW•h/tn)	59.79	59.03	60.36	60.84	60.97	60.16	64.32	65.60
吨水泥熟料烧成标准煤耗（千克标准煤/吨）	Coal Consumption for Clinker (kgce/tn)	104.36	104.01	103.02	104.27	101.57	103.92	103.83	105.30
吨水泥综合能耗（千克标准煤/吨）	Fully Energy Consumption for Cement(kgce/tn)	80.38	23.23	27.27	26.84	27.65	28.95	25.94	25.70
吨水泥综合电耗（千瓦时/吨）	Electricity Consumption for Cement(kW•h/tn)	77.61	43.99	46.27	44.85	46.51	47.04	44.61	45.10
吨水泥标准煤耗（千克标准煤/吨）	Coal Consumption for Cement (kgce/tn)	71.47	75.06	80.06	69.17	67.60	72.32	69.36	49.50
电厂火力发电标准煤耗（克标准煤/千瓦时）	Gross Coal Consumption Rate for Fossil-fired Power Plant (gce/kW•h)	297.37	297.41	296.39	297.08	297.04	294.68	293.47	280.00
电厂火力供电标准煤耗（克标准煤/千瓦时）	Net Coal Consumption Rate for Fossil-fired Power Plant(gce/kW•h)	315.87	315.79	315.18	315.86	315.26	309.08	309.16	294.20
发电厂用电率(%)	Power Consumption Rate For Power Plant Use(%)	5.86	5.82	5.96	5.73	5.57	4.66	5.08	4.80

9-10　规模以上工业分行业综合能源消费量(2021年)
Overall Energy Consumption in Industrial Enterprises above Designated Size by Sector (2021)

单位：吨标准煤　　(tce)

项　目	Item	综合能源消费量 Overall Energy Consumption	比上年增长 Growth over Previous Year (%)
规模以上工业	**Industrial Enterprises above Designated Size**	**12711127**	**6.8**
(一)采矿业	**Mining**	**107600**	**46.2**
06. 煤炭开采和洗选业	Mining and Washing of Coal		
07. 石油和天然气开采业	Extraction of Petroleum and Natural Gas	53531	137.5
08. 黑色金属矿采选业	Mining and Processing of Ferrous Metal Ores	32315	0.5
09. 有色金属矿采选业	Mining and Processing of Non-Ferrous Metal Ores	4322	3.8
10. 非金属矿采选业	Mining and Processing of Nonmetal Ores	16217	15.7
11. 开采辅助活动	Support Activities for Mining		
12. 其他采矿业	Mining of Other Ores	1215	**69.7**
(二)制造业	**Manufacturing**	**8439453**	**4.0**
13. 农副食品加工业	Processing of Food from Agricultural Products	68565	13.2
14. 食品制造业	Manufacture of Foods	12592	23.6
15. 酒、饮料和精制茶制造业	Manufacture of Wine,Beverages and Delicate Tea	48342	12.9
16. 烟草制品业	Manufacture of Tobacco	3528	-3.2
17. 纺织业	Manufacture of Textile	9276	-4.9
18. 纺织服装、服饰业	Manufacture of Textile, Wearing Apparel and Accessories	200	-14.2
19. 皮革、毛皮、羽毛及其制品和制鞋业	Manufacture of Leather, Fur, Feather and Related Products and Footwear	28	-8.0
20. 木材加工和木、竹、藤、棕、草制品业	Processing of Timber, Manufacture of Wood,Bamboo, Rattan, Palm and Straw Products	11191	9.2
21. 家具制造业	Manufacture of Furniture	22	-25.9
22. 造纸及纸制品业	Manufacture of Paper and Paper Products	884135	-6.4
23. 印刷业和记录媒介的复制业	Printing, Reproduction of Recording Media	1614	42.5
24. 文教、工美、体育和娱乐用品制造业	Manufacture of Articles for Culture, Education Arts and Crafts, Sport and Entertainment Activities	28	22.5
25. 石油加工炼焦及核燃料加工业	Processing of Petroleum, Coking and Nuclear Fuel	2372270	9.2

说明：电力折算标准煤的系数用当量系数1.229。

Note：The coefficient for conversion of electric power into SCE is 1.229.

9-10 续(continued)

项　　目	Item	综合能源消费量 Overall Energy Consumption	比上年增长(%) Growth over Previous Year(%)
26. 化学原料及化学制品制造业	Manufacture of Raw Chemical Materials and Chemical Products	3071452	1.2
27. 医药制造业	Manufacture of Medicines	72043	16.0
28. 化学纤维制造业	Manufacture of Chemical Fibers		
29. 橡胶和塑料制品业	Manufacture of Rubber and Plastics Products	22253	10.5
30. 非金属矿物制品业	Manufacture of Non-metallic Mineral Products	1835118	6.4
31. 黑色金属冶炼及压延加工业	Smelting and Pressing of Ferrous Metals		
32. 有色金属冶炼及压延加工业	Smelting and Pressing of Non-ferrous Metals	6909	19.4
33. 金属制品业	Manufacture of Metal Products	1950	72.1
34. 通用设备制造业	Manufacture of General Purpose Machinery	289	61.0
35. 专用设备制造业	Manufacture of Special Purposes Machinery	1419	234.2
36. 汽车制造业	Manufacture of Automobiles	3320	57.2
37. 铁路、船舶、航空航天和其他运输设备制造业	Manufacture of Railway, Ship, Aerospace and Other Transport Equipments	104	22.3
38. 电气机械及器材制造业	Manufacture of Electrical Machinery and Apparatus	10847	9.8
39. 计算机、通信和其他电子设备制造业	Manufacture of Computer, Communication and Other Electronic Equipments	343	-19.1
40. 仪器仪表制造业	Manufacture of Measuring Instruments and Machinery		
41. 其他制造业	Other Manufacture		
42. 废弃资源综合利用业	Utilization of Waste Resources	456	35.1
43. 金属制品、机械和设备修理业	Repair Service of Metal Products, Machinery and Equipment	1063	30.7
(三) 电力、热力、燃气及水生产和供应业	**Production and Supply of Electric Power,Gas and Water**	**4164073**	**12.3**
44. 电力、热力的生产和供应业	Production and Supply of Electric Power and Heat Power	4127887	12.3
45. 燃气生产和供应业	Production and Supply of Gas	11328	14.4
46. 水的生产和供应业	Production and Supply of Water	24859	14.1

9-11 各市县单位GDP能耗
Energy Consumption per Unit of GDP by Region

单位：吨标准煤/万元 (tce/10^4 yuan)

地　区	Region	2005	2010	2012	2013	2014	2015	2016	2017	2018	2019	2020	2021
全省总计	**Total**	**0.916**	**0.808**	**0.648**	**0.621**	**0.605**	**0.513**	**0.494**	**0.484**	**0.478**	**0.471**	**0.457**	**0.395**
海口市	Haikou	0.832	0.724	0.580	0.562	0.55003	0.370	0.358	0.351	0.343	0.337	0.320	0.272
三亚市	Sanya	0.916	0.773	0.459	0.442	0.42983	0.334	0.323	0.323	0.319	0.315	0.297	0.247
儋州市	Danzhou	0.655	0.543	0.408	0.412	0.39178	0.296	0.307	0.301	0.296	0.296	0.272	0.740
五指山市	Wuzhishan	0.651	0.592	0.446	0.439	0.43855	0.313	0.306	0.296	0.293	0.298	0.286	0.246
文昌市	Wenchang	0.587	0.476	0.393	0.383	0.37832	0.298	0.291	0.284	0.280	0.275	0.267	0.237
琼海市	Qionghai	0.420	0.378	0.360	0.340	0.333	0.269	0.261	0.258	0.257	0.254	0.242	0.209
万宁市	Wanning	0.879	0.757	0.582	0.566	0.54912	0.281	0.272	0.269	0.268	0.262	0.253	0.219
定安县	Ding'an	0.820	0.733	0.599	0.583	0.5774	0.277	0.271	0.270	0.267	0.269	0.249	0.214
屯昌县	Tunchang	0.675	0.593	0.501	0.496	0.48216	0.229	0.220	0.219	0.216	0.211	0.206	0.174
澄迈县	Chengmai	1.016	0.755	0.530	0.518	0.51132	0.374	0.354	0.347	0.345	0.341	0.327	0.288
临高县	Lingao	0.747	0.668	0.572	0.556	0.54563	0.269	0.265	0.257	0.256	0.251	0.239	0.218
东方市	Dongfang	4.181	3.481	2.884	2.796	2.66029	2.135	2.051	2.101	2.051	2.106	2.102	1.830
乐东县	Ledong	0.510	0.458	0.362	0.351	0.34381	0.317	0.327	0.323	0.325	0.336	0.351	0.296
琼中县	Qiongzhong	0.528	0.485	0.460	0.435	0.41877	0.229	0.222	0.218	0.214	0.212	0.211	0.307
保亭县	Baoting	0.456	0.412	0.313	0.309	0.3031	0.258	0.249	0.247	0.248	0.246	0.237	0.196
陵水县	Lingshui	0.428	0.390	0.295	0.287	0.28679	0.254	0.247	0.245	0.252	0.251	0.228	0.189
白沙县	Baisha	0.533	0.487	0.317	0.309	0.3055	0.219	0.214	0.214	0.210	0.206	0.201	0.172
昌江县	Changjiang	1.576	1.851	2.385	2.252	2.1226	2.114	2.048	2.007	1.969	1.894	1.898	1.701

注：从2021年开始，单位GDP能耗采用2020年不变价；

Note: Energy Consumption per Unit of GDP calculated at 2020 constant prices since 2021.

9-12 能源平衡表(实物量)(2021年)
Energy Balance (Physical Quantity) (2021)

单位：万吨 (10 000 ton)

项 目	Item	煤合计 Coal Total	原煤 Raw Coal	煤制品 Bri-quettes	焦炭 Coke	油品合计 Petroleum Products Total	原油 Crude Oil	汽油 Gasoline
一、可供本地区消费的能源量	**Total Primary Energy Supply**	**1133.02**	**1133.02**		**0.03**	**541.23**	**1137.51**	**-162.36**
一次能源生产量	Indigenous Production					37.34	37.34	
外省调入量	Transferred from Other Provinces	1288.41	830.35	361.51	4.99	1586.45	1002.70	227.57
进口量	Import	738.32	738.32			959.61	867.37	25.88
境内轮船和飞机在境外加油量	Domestic Airplanes&Ships Refueling Abroad							
本省调出量(—)	Sending out to Other Province	-907.60	-456.84	-354.27	-4.64	-1803.98	-814.19	-334.83
出口量(—)	Export(-)					-277.32		-80.48
境外轮船和飞机在境内加油量(-)	Oversea Airplanes&Ships Refueling Domestically (-)							
年末库存量	The Storage at Year-end	13.89	21.19	-7.24	-0.32	39.13	44.29	-0.50
二、加工转换投入(-)产出(+)量	**Input (-) & Output (+) of Transformation**	**-898.19**	**-898.19**			**-36.15**	**-1136.57**	**286.35**
火力发电	Thermal Power	-844.52	-844.52			-0.02		
供 热	Heating Supply	-53.67	-53.67			-8.14		
煤炭洗选	Coal Washing							
炼 焦	Coking							
炼 油	Petroleum Refining					596.82	-1136.57	286.35
#油品再投入量(-)	Petroleum Products input(-)					-624.81		
制 气	Gas Works							
#焦炭再投入量(-)	Coke input(-)							
天然气液化	Natural Gas Liquefaction							
煤制品加工	Briquettes							
回收能	Recovered of Energy							
三、损 失 量	**Losses**							
四、终端消费量	**Total Final Consumption**	**234.83**	**234.83**		**0.03**	**505.08**	**0.94**	**123.99**
农、林、牧、渔业	Agriculture,Forestry,Animal Husbandry,Fishery					40.62		2.57
工 业	Industry	234.83	234.83		0.03	127.40	0.94	0.38
#用作原料.材料	Non-Energy Use					43.57		
建筑业	Construction					17.14		6.58
交通运输仓储邮政业	Transport, Storage and Post					202.84		16.72
批发零售住宿餐饮业	Wholesale and Retail Trades, Hotels and Catering Services					7.14		3.57
其他	Others					58.48		54.59
居民生活	Residential					51.46		39.58
城 镇	Urban					39.37		29.37
乡 村	Rural					12.09		10.21
五、平衡差(+、-)	**Statistical Difference**							
六、消费量合计	**Total Energy Consumption**	**1133.02**	**1133.02**		**0.03**	**541.23**	**1137.51**	**123.99**

9-12续1(continued 1)

项　目	Item	煤油 Kerosene	柴油 Diesel Oil	燃料油 Fuel Oil	石脑油 Naphtha	液化石油气 Liquefied Petroleum Gas	炼厂干气 Refinery Gas
一、可供本地区消费的能源量	**Total Primary Energy Supply**	**-14.72**	**-173.24**	**-76.82**	**-42.71**	**-70.73**	
一次能源生产量	Indigenous Production						
外省调入量	Transferred from Other Provinces	99.36	159.39	17.00	6.13	2.65	
进口量	Import		4.12	14.52			
境内轮船和飞机在境外加油量	Domestic Airplanes&Ships Refueling Abroad						
本省调出量(—)	Sending out to Other Province	-51.02	-234.49	-68.52	-47.52	-74.95	
出口量(—)	Export(-)	-64.09	-101.83	-30.92			
境外轮船和飞机在境内加油量(−)	Oversea Airplanes&Ships Refueling Domestically (-)						
年末库存量	The Storage at Year-end	1.03	-0.43	-8.90	-1.32	1.57	
二、加工转换投入(−)产出(+)量	**Input (-) & Output (+) of Transformation**	126.86	265.94	117.24	42.71	92.04	31.79
火力发电	Thermal Power		-0.02				
供　热	Heating Supply					-4.46	-3.68
煤炭洗选	Coal Washing						
炼　焦	Coking						
炼　油	Petroleum Refining	126.86	265.96	117.24	48.84	99.05	72.46
#油品再投入量(−)	Petroleum Products input(-)				-6.13	-2.55	-36.99
制　气	Gas Works						
#焦炭再投入量(−)	Coke input(-)						
天然气液化	Natural Gas Liquefaction						
煤制品加工	Briquettes						
回收能	Recovered of Energy						
三、损失量	**Losses**						
四、终端消费量	**Total Final Consumption**	**112.14**	**92.7**	**40.42**	**0.00**	**21.31**	**31.79**
农、林、牧、渔业	Agriculture,Forestry,Animal Husbandry,Fishery		38.05				
工　业	Industry		4.84	0.96		6.70	31.79
#用作原料、材料	Non-Energy Use			0.40			
建筑业	Construction		10.56				
交通运输仓储邮政业	Transport, Storage and Post	112.14	34.52	39.46			
批发零售住宿餐饮业	Wholesale and Retail Trades, Hotels and Catering Services		1.45			2.12	
其他	Others		3.28			0.61	
居民生活	Residential					11.88	
城　镇	Urban					10.00	
乡　村	Rural					1.88	
五、平衡差(+、−)	**Statistical Difference**						
六、消费量合计	**Total Energy Consumption**	**112.14**	**92.72**	**40.42**	**6.13**	**28.32**	**72.46**

9-12续2(continued 2)

项 目	Item	其他石油制品 Other Petroleum Products	天然气(亿立方米) Natural Gas (10^8 cu.m)	液化天然气 LNG	热力(万百万千焦) Heat (10^{10} kJ)	电力(亿千瓦时) Electricity (10^8 kW•h)	其它能源(万吨标煤) Other Energy (10^4 tce)
一、可供本地区消费的能源量	**Total Primary Energy Supply**	**-46.03**	**54.90**	**5.31**		**151.08**	**55.73**
一次能源生产量	Indigenous Production		8.03			136.84	46.71
外省调入量	Transferred from Other Provinces	43.36	72.38	4.48		15.25	8.80
进口量	Import	12.44		132.80			
境内轮船和飞机在境外加油量	Domestic Airplanes&Ships Refueling Abroad						
本省调出量(—)	Sending out to Other Province	-108.60		-129.07		-1.01	
出口量(—)	Export(-)		-25.51	-2.61			
境外轮船和飞机在境内加油量(−)	Oversea Airplanes&Ships Refueling Domestically (-)						
年末库存量	The Storage at Year-end	6.77		-0.29			0.22
二、加工转换投入(−)产出(+)量	**Input (-) & Output (+) of Transformation**	127.82	-23.77		2992.08	254.39	-51.59
火力发电	Thermal Power		-10.53		-1362.11	254.39	-50.11
供 热	Heating Supply		-10.28		2992.08		-1.48
煤炭洗选	Coal Washing						
炼 焦	Coking						
炼 油	Petroleum Refining	706.96	-2.96				
#油品再投入量(−)	Petroleum Products input(-)	-579.14					
制 气	Gas Works						
#焦炭再投入量(−)	Coke input(-)						
天然气液化	Natural Gas Liquefaction						
煤制品加工	Briquettes						
回收能	Recovered of Energy				1362.11		
三、损 失 量	**Losses**					**18.73**	
四、终端消费量	**Total Final Consumption**	**81.79**	**31.13**	**5.31**	**2992.08**	**386.74**	**4.14**
农、林、牧、渔业	Agriculture,Forestry,Animal Husbandry,Fishery					26.00	
工 业	Industry	81.79	27.30	3.80	2992.08	127.89	4.14
#用作原料. 材料	Non-Energy Use	43.17	23.25				
建筑业	Construction					11.68	
交通运输仓储邮政业	Transport, Storage and Post		0.89	1.51		8.18	
批发零售住宿餐饮业	Wholesale and Retail Trades, Hotels and Catering Services		1.55			45.17	
其他	Others		0.00			86.42	
居民生活	Residential		1.39			81.40	
城 镇	Urban		1.18			44.75	
乡 村	Rural		0.21			36.65	
五、平衡差(+、−)	**Statistical Difference**						
六、消费量合计	**Total Energy Consumption**	**660.93**	**54.90**	**5.31**	**4354.19**	**405.47**	**55.73**

9-13 能源平衡表(标准量)(2021年)
Energy Balance (Standard Quantity) (2021)

单位：万吨标准煤 (10 000 tce)

项　目	Item	煤合计 Coal Total	原煤 Raw Coal	煤制品 Bri-quettes	焦炭 Coke	油品合计 Petroleum Products Total	原油 Crude Oil	汽油 Gasoline	煤油 Kerosene
一、可供本地区消费的能源量	**Total Primary Energy Supply**	**740.33**	**740.33**		**0.03**	**758.10**	**1625.05**	**-238.90**	**-21.66**
一次能源生产量	Indigenous Production					53.34	53.34		
外省调入量	Transferred from Other Provinces	854.07	547.67	219.51	4.85	2264.78	1432.46	334.85	146.20
进口量	Import	374.63	374.63			1363.34	1239.12	38.08	
境内轮船和飞机在境外加油量	Domestic Airplanes&Ships Refueling Abroad								
本省调出量(一)	Sending out to Other Province	-497.76	-195.80	-215.11	-4.51	-2571.78	-1163.15	-492.67	-75.07
出口量(一)	Export(-)					-405.27		-118.42	-94.30
境外轮船和飞机在境内加油量(－)	Oversea Airplanes&Ships Refueling Domestically (-)								
年末库存量	The Storage at Year-end	9.39	13.84	-4.40	-0.31	53.70	63.27	-0.74	1.52
二、加工转换投入(－)产出(+)量	**Input (-) & Output (+) of Transformation**	**-555.95**	**-555.95**			**-48.22**	**-1623.70**	**421.34**	**186.66**
火力发电	Thermal Power	-523.52	-523.52			-0.03			
供　热	Heating Supply	-32.43	-32.43			-13.43			
煤炭洗选	Coal Washing								
炼　焦	Coking								
炼　油	Petroleum Refining					616.07	-1623.70	421.34	186.66
#油品再投入量(－)	Petroleum Products input(-)					-650.83			
制　气	Gas Works								
#焦炭再投入量(－)	Coke input(-)								
天然气液化	Natural Gas Liquefaction								
煤制品加工	Briquettes								
回收能	Recovered of Energy								
三、损失量	**Losses**								
四、终端消费量	**Total Final Consumption**	**184.38**	**184.38**		**0.03**	**709.88**	**1.34**	**182.44**	**165.00**
农、林、牧、渔业	Agriculture,Forestry,Animal Husbandry,Fishery					59.22		3.78	
工　业	Industry	184.38	184.38		0.03	153.56	1.34	0.56	
#用作原料.材料	Non-Energy Use					43.74			
建筑业	Construction					25.07		9.68	
交通运输仓储邮政业	Transport, Storage and Post					296.28		24.60	165.00
批发零售住宿餐饮业	Wholesale and Retail Trades, Hotels and Catering Services					11.00		5.25	
其他	Others					86.15		80.32	
居民生活	Residential					78.60		58.24	
城　镇	Urban					60.36		43.22	
乡　村	Rural					18.25		15.02	
五、平衡差(+、－)	**Statistical Difference**								
六、消费量合计	**Total Energy Consumption**								

9-13续1(continued 1)

项 目	Item	柴油 Diesel Oil	燃料油 Fuel Oil	石脑油 Naphtha	液化石油气 Liquefied Petroleum Gas	炼厂干气 Refinery Gas	其它石油制品 Other Petroleum Products	天然气 Natural Gas	液化天然气 LNG
一、可供本地区消费的能源量	**Total Primary Energy Supply**	**-252.43**	**-109.75**	**-64.07**	**-121.25**		**-46.03**	**442.19**	**9.33**
一次能源生产量	Indigenous Production							64.68	
外省调入量	Transferred from Other Provinces	232.25	24.29	9.20	4.54		43.36	582.98	7.87
进口量	Import	6.00	20.74				12.44		233.36
境内轮船和飞机在境外加油量	Domestic Airplanes&Ships Refueling Abroad								
本省调出量(一)	Sending out to Other Province	-341.68	-97.89	-71.28	-128.49		-108.60		-226.80
出口量(一)	Export(-)	-148.38	-44.17					-205.47	-4.59
境外轮船和飞机在境内加油量(-)	Oversea Airplanes&Ships Refueling Domestically (-)								
年末库存量	The Storage at Year-end	-0.63	-12.71	-1.98	2.69		6.77		-0.51
二、加工转换投入(-)产出(+)量	**Input (-) & Output (+) of Transformation**	**387.50**	**167.49**	**64.07**	**157.78**	**49.95**	**127.82**	**-228.67**	
火力发电	Thermal Power	-0.03						-121.57	
供 热	Heating Supply				-7.65	-5.78		-79.57	
煤炭洗选	Coal Washing								
炼 焦	Coking								
炼 油	Petroleum Refining	387.53	167.49	73.26	169.80	113.86	706.96	-27.53	
#油品再投入量(-)	Petroleum Products input(-)			-9.20	-4.37	-58.13	-579.14		
制 气	Gas Works								
#焦炭再投入量(-)	Coke input(-)								
天然气液化	Natural Gas Liquefaction								
煤制品加工	Briquettes								
回收能	Recovered of Energy								
三、损 失 量	**Losses**								
四、终端消费量	**Total Final Consumption**	**135.07**	**57.74**		**36.53**	**49.95**	**81.79**	**213.52**	**9.33**
农、林、牧、渔业	Agriculture,Forestry,Animal Husbandry,Fishery	55.44							
工 业	Industry	7.05	1.37		11.49	49.95	81.79	187.25	6.68
#用作原料.材料	Non-Energy Use		0.57				43.17	159.47	
建筑业	Construction	15.39							
交通运输仓储邮政业	Transport, Storage and Post	50.30	56.37					6.10	2.65
批发零售住宿餐饮业	Wholesale and Retail Trades, Hotels and Catering Services	2.11			3.63			10.63	
其他	Others	4.78			1.05				
居民生活	Residential				20.37			9.53	
城 镇	Urban				17.14			8.09	
乡 村	Rural				3.22			1.44	
五、平衡差(+、-)	**Statistical Difference**								
六、消费量合计	**Total Energy Consumption**								

9-13续2(continued 2)

项　目	Item	热力 Heat	电力 Electricity 当量值 Calorific Value Calculation	电力 Electricity 等价值 Coal Equivalent Calculation	其它能源 Other Energy	合计 Total 当量值 Calorific Value Calculation	合计 Total 等价值 Coal Equivalent Calculation
一、可供本地区消费的能源量	**Total Primary Energy Supply**		**185.68**	**440.47**	**55.73**	**2191.39**	**2446.19**
一次能源生产量	Indigenous Production		168.18	398.96	46.71	332.91	563.69
外省调入量	Transferred from Other Provinces		18.74	44.46	8.80	3742.09	3767.81
进口量	Import					1971.32	1971.32
境内轮船和飞机在境外加油量	Domestic Airplanes&Ships Refueling Abroad						
本省调出量(一)	Sending out to Other Province		-1.24	-2.94		-3302.09	-3303.79
出口量(一)	Export(-)					-615.32	-615.32
境外轮船和飞机在境内加油量(-)	Oversea Airplanes&Ships Refueling Domestically (-)						
年末库存量	The Storage at Year-end				0.22	62.48	62.48
二、加工转换投入(-)产出(+)量	**Input (-) & Output (+) of Transformation**	**102.03**	**312.65**	**741.67**	**-51.59**	**-469.76**	**-40.73**
火力发电	Thermal Power	-46.45	312.65	741.67	-50.11	-429.03	
供　热	Heating Supply	102.03			-1.48	-24.88	-24.88
煤炭洗选	Coal Washing						
炼　焦	Coking						
炼　油	Petroleum Refining					588.54	588.54
#油品再投入量(-)	Petroleum Products input(-)					-650.83	-650.83
制　气	Gas Works						
#焦炭再投入量(-)	Coke input(-)						
天然气液化	Natural Gas Liquefaction						
煤制品加工	Briquettes						
回收能	Recovered of Energy	46.45				46.45	46.45
三、损失量	**Losses**		**23.02**	**54.61**		**23.02**	**54.61**
四、终端消费量	**Total Final Consumption**	**102.03**	**475.30**	**1127.54**	**4.14**	**1698.61**	**2350.85**
农、林、牧、渔业	Agriculture,Forestry,Animal Husbandry,Fishery		31.95	75.80		91.18	135.03
工　业	Industry	102.03	157.18	372.86	4.14	795.24	1010.93
#用作原料、材料	Non-Energy Use					203.21	203.21
建筑业	Construction		14.35	34.05		39.42	59.12
交通运输仓储邮政业	Transport, Storage and Post		10.05	23.85		315.09	328.88
批发零售住宿餐饮业	Wholesale and Retail Trades, Hotels and Catering Services		55.51	131.69		77.15	153.32
其他	Others		106.21	251.96		192.36	338.11
居民生活	Residential		100.04	237.32		188.18	325.46
城　镇	Urban		55.00	130.47		123.45	198.92
乡　村	Rural		45.04	106.85		64.73	126.54
五、平衡差(+、-)	**Statistical Difference**						
六、消费量合计	**Total Energy Consumption**					**2191.39**	**2446.19**

9-14 电力收支情况表(2021年)
Electricity Generation and Consumption (2021)

项目	Item	用户个数(个) Number of User (unit)	用户用电装接容量(千瓦) Consumption and Installed Capacity(kW)	用电量(万千瓦时) Electricity Consumption (10^4 kW•h) 本年累计 Accumulation of This Year	去年累计 Accumulation of Last Year
收入电量总计	**Total Electricity Generation**			**4064762**	**3628126**
本地区发电量(6000千瓦及以上)	Local Electricity Generation (6000 kW and above)			3849024	3418913
6000以下电厂上网电量	Electricity Transmitted by Power Plants below 6000 kW			58646	54416
由外省及国外(外电力系统)输入电量	Electricity Transmitted from Other Provinces and Foreign Countries			157091	154797
支出电量总计	**Total Electricity Expenditure**			**4064762**	**3628126**
全社会用电量总计	**Total Electricity Consumption of Whole Society**	**3627994**	**55557677**	**4054656**	**3620839**
农、林、牧、渔业	Agriculture, Forestry, Animal Husbandry and Fishing Industry	139819	2594772	260039	213845
工业	Industry	35065	13340092	1466183	1361549
建筑业	Construction	41048	2006273	116758	98062
交通运输、仓储、邮政业	Transport, Storage and Post	1781	1192676	81834	70680
信息传输、软件和信息技术服务业	Information Transmission, Computer Service and Software	24406	617629	78571	72286
批发和零售业	Wholesale and Retail Trades	119425	2423735	221405	171072
住宿和餐饮业	Hotels and Catering Services	34243	2395984	230287	190882
金融业	Financial Intermediation	3240	234003	18837	17640
房地产业	Real Estate	20978	6222544	328923	326087
租赁和商务服务业	Leasing and Business Services	13000	770554	71239	56195
公共服务及管理组织	Public Undertaking and Administrative Organization	101034	5649629	366585	316573
城乡居民生活	Electricity Consumption of Urban and Rural Household	3093955	18109785	813994	725968
城镇居民	Urban Residents	1235194	10803269	447503	391123
乡村居民	Rural Residents	1858761	7306516	366491	334846
向本区域外输出电量合计	**Sending out to Other Province**			**10105**	**7287**

注：此表数据来源于海南电网公司，下表同。

Note: The data in this table were derived from China Southern Power Grid Hainan Co., the following as the same.

9-15 全社会用电分类表(2021年)
Classification Table of Electricity Consumption in the Whole Province (2021)

项 目	Item	用电量(万千瓦时) Electricity Consumption(10^4 kW•h) 本年累计 Accumulation of This Year	去年累计 Accumulation of Last Year	年增长(%) Annual Growth (%)
全社会用电量总计	**Total Electricity Consumption of Whole Society**	**4054656**	**3625814**	**11.8**
全行业用电	**Electricity Consumption of Three Strata of Industry**	**3240662**	**2899846**	**11.8**
第一产业	Primary Industry	198322	170796	16.1
第二产业	Secondary Industry	1581906	1463846	8.1
第三产业	Tertiary Industry	1460434	1265203	15.4
城乡居民生活用电	**Electricity Consumption of Urban and Rural Residents**	**813994**	**725968**	**12.1**
城镇居民	Urban Residents	447503	391123	14.4
乡村居民	Rural Residents	366491	334846	9.5
全行业用电分类	**Electricity Consumption of All Sectors**	**3240662**	**2899846**	**11.8**
农、林、牧、渔业	**Agriculture, Forestry,Animal Husbandry and Fishery**	**260039**	**213845**	**21.6**
农业	Farming	57181	51020	12.1
林业	Forestry	1520	1456	4.4
畜牧业	Animal Husbandry	18450	11138	65.7
渔业	Fishery	121171	107182	13.1
农、林、牧、渔服务业	Service in Support of Agriculture	61717	43049	43.4
工业	**Industry**	**1466183**	**1366524**	**7.3**

9-15续1(continued 1)

项 目	Item	用电量(万千瓦时) Electricity Consumption(10^4 kW•h) 本年累计 Accumulation of This Year	去年累计 Accumulation of Last Year	年增长(%) Annual Growth (%)
采矿业	**Mining**	**66777**	**64043**	**4.3**
煤炭开采和洗选业	Mining and Washing of Coal	319	499	-36.0
石油和天然气开采业	Extraction of Petroleum and Natural Gas	1300	1133	14.7
黑色金属矿采选业	Mining and Processing of Ferrous Metal Ores	26123	25244	3.5
有色金属矿采选业	Mining and Processing of Non-Ferrous Metal Ores	9714	9762	-0.5
非金属矿采选业	Mining and Processing of Nonmetal Ores	16430	14485	13.4
其他采矿业	Mining of Other Ores	12891	12921	-0.2
制造业	**Manufacturing**	**845781**	**789929**	**7.1**
农副食品加工业	Processing of Food from Agricultural Industry	46631	42317	10.2
食品制造业	Manufacture of Foods	20801	18480	12.6
酒、饮料及精制茶制造业	Manufacture of Liquor, Beverages and Refined Tea	6431	5880	9.4
烟草制品业	Manufacture of Tobacco	1401	1473	-4.9
纺织业	Manufacture of Textile	4548	4705	-3.3
纺织服装、服饰业	Manufacture of Textile, Wearing Apparel and Accessories	567	474	19.5
皮革、毛皮、羽毛及其制品和制鞋业	Manufacture of Leather, Fur, Feathers and Related Products and Footwear	234	260	-9.7
木材加工和木、竹、藤、棕、草制品业	Processing of Timber, Manufacture of Wood, Bamboo, Rattan, Palm and Straw Products	17958	14705	22.1
家具制造业	Manufacture of Furniture	1246	1413	-11.8
造纸和纸制品业	Manufacture of Paper and Paper Products	221978	222672	-0.3
印刷和记录媒介复制业	Printing and Reproduction of Recording Media	2515	1952	28.8
文教、工美、体育和娱乐用品制造业	Manufacture of Articles for Culture, Education, Arts and Crafts, Sport and Entertainment Activities	618	502	23.1
石油、煤炭及其他燃料加工业	Processing of Prtroleum, coal and other fuels	127658	119167	7.1
化学原料和化学制品制造业	Manufacture of Raw Chemical Materials and Chemical Products	74094	67478	9.8
医药制造业	Manufacture of Medicines	32217	29926	7.7
化学纤维制造业	Manufacturing of Chemical Fiber	11	21	-46.6
橡胶和塑料制品业	Manufacturing of Rubber and Plastic Products	28846	23310	23.7
非金属矿物制品业	Manufacturing of Non-metal Mineral Products	199471	188033	6.1

9-15续2(continued 2)

项　目	Item	用电量(万千瓦时) Electricity Consumption (10^4 kW•h) 本年累计 Accumulation of This Year	去年累计 Accumulation of Last Year	年增长(%) Annual Growth (%)
黑色金属冶炼及压延加工业	Smelting and Pressing of Ferrous Metals	175	177	-1.1
有色金属冶炼及压延加工业	Smelting and Pressing of Non-ferrous Metals	743	653	13.9
金属制品业	Manufacture of Metal Products	6309	4827	30.70
通用设备制造业	Manufacture of General Purpose Machinery	622	613	1.5
专用设备制造业	Manufacture of Special Purpose Machinery	997	905	10.2
汽车制造业	Manufacture of Automobiles	2638	1820	45.0
铁路、船舶、航空航天和其他运输设备制造业	Manufacture of Railway, Ship, Aerospace and Other Transport Equipments	1447	1352	7.0
电气机械和器材制造业	Manufacture of Electrical Machinery and Apparatus	3461	3318	4.3
计算机、通信和其他电子设备制造业	Manufacture of Computers, Communication and Other Electronic Equipment	4292	3634	18.1
仪器仪表制造业	Manufacture of Measuring Instruments and Machinery	58	46	26.2
其他制造业	Other Manufacture	22507	16886	33.3
废弃资源综合利用业	Utilization of Waste Resources	14273	12192	17.1
金属制品、机械和设备修理业	Repair Service of Metal Products, Machinery and Equipment	1035	740	39.9
电力、热力、燃气及水生产和供应业	**Production and Supply of Electric Power, Gas and Water**	**553625**	**512553**	**8.0**
电力、热力的生产和供应业	Production and Supply of Electric Power and Heat Power	505751	468419	8.0
燃气生产和供应业	Production and Supply of Gas	6825	6262	9.0
水的生产和供应业	Production and Supply of Water	41049	37871	8.4
建筑业	**Construction**	**116758**	**98062**	**19.1**
房屋建筑业	Construction of Buildings	75779	57721	31.3
土木工程建筑业	Civil Engineering	21208	18551	14.3
建筑安装业	Building Installation	7815	7968	-1.9
建筑装饰、装修和其他建筑业	Building Decoration and Other Constructions	11956	13822	-13.5
交通运输、仓储、邮政业	**Transport, Storage and Post**	**81834**	**70680**	**15.8**
铁路运输业	Railway Transport	31965	29117	9.8

9-15续3(continued 3)

项　目	Item	用电量(万千瓦时) Electricity Consumption (10^4 kW•h)		年增长(%)
		本年累计 Accumulation of This Year	去年累计 Accumulation of Last Year	Annual Growth (%)
道路运输业	Road Transport	10562	8889	18.8
水上运输业	Water Transport	8305	7519	10.4
航空运输业	Air Transport	17667	14752	19.8
管道运输业	Transport Via Pipelines	413	298	38.5
多式联运和运输代理业	Intermodality and Forwarding Agency	6	4	37.3
装卸搬运和仓储业	Loading, Unloading and Storage	11591	8757	32.4
邮政业	Post	1326	1344	-1.3
信息传输、软件和信息技术服务业	**Information Transmission, Software and Information Technology**	**78571**	**72286**	**8.7**
电信、广播电视和卫星传输服务	Telecommunication, Radio and Television and Satellite Transmission Service	67283	64963	3.6
互联网和相关服务	Internet and Related Service	6756	4538	48.9
软件和信息技术服务业	Software and Information Technology	4533	2785	62.8
批发和零售业	**Wholesale and Retail Trades**	**221405**	**171072**	**29.4**
住宿和餐饮业	**Hotels and Catering Services**	**230287**	**190882**	**20.6**
金融业	**Financial Intermediation**	**18837**	**17640**	**6.8**
房地产业	**Real Estate**	**328923**	**326087**	**0.9**
租赁和商务服务业	**Leasing and Business Services**	**71239**	**56195**	**26.8**
公共服务及管理组织	**Public Service and Management Organization**	**366585**	**316573**	**15.8**
科学研究和技术服务业	Scientific Research and Technical Services	7734	6161	25.5
水利、环境和公共设施管理业	Management of Water Conservancy, Environment and Public Facilities	52378	41512	26.2
居民服务、修理和其他服务业	Service to Householding, Repair and Other Services	40487	37536	7.9
教育、文化、体育和娱乐业	Education, Culture, Sports and Entertainment	97669	77666	25.8
卫生和社会工作	Health and Social Service	56374	51294	9.9
公共管理和社会组织、国际组织	Public Management, Social Organization and International Organization	111943	102404	9.3

主要统计指标解释

能源消费弹性系数　是反映能源消费增长速度与国民经济增长速度之间比例关系的指标。

电力消费弹性系数　反映电力消费增长速度与国民经济增长速度之间比例关系的指标。

Explanatory Notes on Main Statistical Indicators

Elasticity Ratio of Energy Consumption is an indicator to show the relationship between the growth rate of energy consumption and the growth rate of the national economy.

Elasticity Ratio of Electricity Consumption is an indicator to show the relationship between the growth rate of electricity consumption and the growth rate of the national economy.

10

固定资产投资

Investment in Fixed Assets

编辑人员：吴璟

Compiled by Wu Jing

英文翻译：吴璟

Translated by Wu Jing

简要说明

一、本篇资料的主要内容

本篇资料通过对一定时期全社会建造和购置固定资产活动的数量方面的描述，反映报告期内固定资产投资的规模和速度、固定资产投资的结构和比例关系、固定资产投资的资金来源及固定资产投资的效果等。

二、本篇资料的统计范围

统计范围包括：建设项目投资，房地产开发投资。

三、本篇的资料来源

固定资产投资统计资料均来自海南省统计局的固定资产投资统计调查。

四、本篇的统计调查方法

全面统计报表。

五、统计口径的变化

自 1997 年起，固定资产投资项目的统计起点由计划总投资 2 万元及以上提高至 5 万元及以上。

自 2006 年起，统计起点由计划总投资 5 万元以上提高到 50 万元以上。

自 2011 年起，统计起点由计划总投资 50 万元以上提高到 500 万元以上。

Brief Introduction

I. Main Contents

Statistics in this chapter describe activities on the construction and purchase of fixed assets of the whole country during a given period of time, and reflect the size, growth, structure, ratio, financing and results of the investment in fixed assets during the reference period.

II. Scope of Statistics

Statistics on the investment in fixed assets cover investments in capital construction projects, investments in real estate development.

III. Sources of Data

Data on investments in fixed assets are from *investment in fixed assets surveys* conducted by Hainan Statistical Bureau.

IV. Methodology of Data Collection

All data on investments in fixed assets are collected by the system of reporting form with complete enumeration.

V. Changes in Statistical Scope

Since 1997, the cut-off point of projects covered by statistics of investment in fixed assets is raised from an investment of 20,000 yuan to 50,000 yuan.

Since 2006, The cut-off point has been raised an investment of 50,000 yuan to 500,000 yuan .

Since 2011, The cut-off point has been raised an investment of 500,000 yuan to 5,000,000 yuan.

10-1 固定资产投资主要指标
Major Indicators on Investment in Fixed Assets

项　目	Item	2021
固定资产投资构成(%)	**Composition of Investment (%)**	**100.00**
按投资种类分	Grouped by Type of Project	
房地产开发	Real Estate Development	36.09
其他	Others	63.91
按登记注册类型分	Grouped by Status of Registration	
内资	Domestic Funded	90.90
国有	State-owned	17.20
集体	Collective-owned	0.10
股份合作	Cooperative	0.10
联营	Joint Ownership	
有限责任公司	Limited Liability Corporations	58.30
国有独资	State Sole Funded	18.50
其他有限责任公司	Other Limited Liability	39.80
股份有限公司	Share-holding Corporation Ltd.	1.70
私营	Private	13.00
其他	Others	0.70
港澳台投资	with Funds from Hong Kong, Macao and Taiwan	8.00
外商投资	Foreign Investment	1.10
个体	Self-employed Individual	0.10
按构成分	Grouped by Composition of Funds	
建筑安装工程	Construction and Installation	65.49
设备工具器具购置	Purchase of Equipments and Instruments	11.15
其他费用	Others	23.37
按三次产业分	Grouped by Three Strata of Industry	
第一产业	Primary Industry	1.75
第二产业	Secondary Industry	13.70
第三产业	Tertiary Industry	84.55
本年实际到位资金（亿元）	**Funds for Investment(100 million yuan)**	**3967.55**
国家预算资金	State Budget	652.30
国内贷款	Domestic Loans	503.05
债券	Bond	0.24
利用外资	Foreign Investment	13.04
自筹资金	Self-raising Funds	2469.26
其他资金	Others	329.65

10-2 各市县固定资产投资增长情况(2021年)
Growth of Investment in Fixed Assets by Region (2021)

单位:% (%)

地　区	Region	合计 Total	#房地产 Real Estate Development
全省总计	**Total**	**10.2**	**2.8**
海口市	Haikou	8.4	2.0
三亚市	Sanya	10.8	12.6
儋州市	Danzhou	12.4	-33.9
五指山市	Wuzhishan	-27.9	-25.6
文昌市	Wenchang	11.5	-3.0
琼海市	Qionghai	5.2	-3.6
万宁市	Wanning	16.6	9.5
定安县	Ding'an	10.6	19.0
屯昌县	Tunchang	6.2	26.3
澄迈县	Chengmai	-2.1	22.9
临高县	Lingao	12.5	7.8
东方市	Dongfang	18.5	40.0
乐东县	Ledong	64.6	49.9
琼中县	Qiongzhong	4.8	-54.4
保亭县	Baoting	-4.3	-2.2
陵水县	Lingshui	16.1	-12.1
白沙县	Baisha	4.3	19.8
昌江县	Changjiang	48.4	28.0

10-3 各市县固定资产投资资金来源(2021年)
Funds for Investment in Fixed Assets by Region (2021)

单位:万元 (10 000 yuan)

地区	Region	本年资金来源合计 Total Funds This Year	上年末节余资金 Surplus Funds at the end of Last Year	本年资金来源小计 Subtotal Funds This Year	国家预算内资金 State Budget	国内贷款 Domestic Loans	债券 Bond	利用外资 Foreign Investment	自筹资金 Self-raising Funds	其他资金来源 Others
全省总计	**Total**	**51486650**	**11811179**	**39675471**	**6523046**	**5030515**	**2410**	**130403**	**24692588**	**3296509**
海口市	Haikou	17839687	3156755	14682932	2803055	1997663		41371	8761728	1079115
三亚市	Sanya	10696442	2073515	8622927	1132200	929080			6052289	509358
儋州市	Danzhou	4022298	343887	3678411	667955	333580	450		2390237	286189
五指山市	Wuzhishan	313645	69407	244238	21460	23424			166544	32810
文昌市	Wenchang	2116800	391326	1725474	111423	136197		4200	1184074	289580
琼海市	Qionghai	1552237	367274	1184963	110419	121021			738329	215194
万宁市	Wanning	1475032	288633	1186399	134172	139650			690528	222049
定安县	Ding'an	435073	62726	372347	60416	40434			256130	15367
屯昌县	Tunchang	192199	49658	142541	40920	9562			89203	2856
澄迈县	Chengmai	2286658	288615	1998043	143412	146959		84682	1433610	189380
临高县	Lingao	419164	82155	337009	48725	24777			235406	28101
东方市	Dongfang	1023434	71612	951822	237399	105093			368400	240930
乐东县	Ledong	466842	31421	435421	56051	35015			332936	11419
琼中县	Qiongzhong	567880	7916	559964	390044	7000			154424	8496
保亭县	Baoting	331862	58038	273824	43297	8812	1960	150	167158	52447
陵水县	Lingshui	6822099	4386317	2435782	457170	570697			1385564	22351
白沙县	Baisha	210187	16261	193926	51480	30860			56521	55065
昌江县	Changjiang	715111	65663	649448	13448	370691			229507	35802

10-4 各市县新增固定资产(2021年)
Newly Increased Fixed Assets by Region (2021)

单位:万元 (10 000 yuan)

地　区	Region	新增固定资产 Newly Increased Fixed Assets	房地产开发 Real Estate Development
全省总计	**Total**	**6692788**	**3895961**
海口市	Haikou	2950901	1829322
三亚市	Sanya	1294672	1128512
儋州市	Danzhou	372995	80353
五指山市	Wuzhishan	21150	20501
文昌市	Wenchang	555965	308797
琼海市	Qionghai	322907	87627
万宁市	Wanning	61827	23663
定安县	Ding'an	30447	10307
屯昌县	Tunchang	96607	12203
澄迈县	Chengmai	330129	145235
临高县	Lingao	70970	37003
东方市	Dongfang	287021	116433
乐东县	Ledong	55035	1
琼中县	Qiongzhong	51008	
保亭县	Baoting	37810	9099
陵水县	Lingshui	81752	69002
白沙县	Baisha	46875	4590
昌江县	Changjiang	24717	13313

10-5 按行业分固定资产投资增速及构成
Growth and Composition of Investment in Fixed Assets by Sector

(%)

行业	Sector	增速	比重
合计	**Total**	**10.2**	**100.00**
农、林、牧、渔业	Agriculture,Forestry,Animal Husbandry and Fishery	4.4	1.75
采矿业	Mining	-37.7	1.46
制造业	Manufacturing	84.2	7.10
电力、煤气及水的生产和供应业	Production and Supply of Electric Power,Gas and Water	-11.4	4.87
建筑业	Construction	39.1	0.27
批发和零售业	Wholesale & Retail Trades	17.8	0.63
交通运输、仓储和邮政业	Transport, Storage and Post	18.4	8.14
住宿和餐饮业	Hotels and Catering Services	14.5	2.16
信息传输、软件和信息技术服务业	Information Transmission, Software and Information Technology	37.9	3.17
金融业	Financial Intermediation	6711.4	0.16
房地产业	Real Estate	4.8	42.94
租赁和商务服务业	Leasing and Business Services	105.3	7.12
科学研究和技术服务业	Scientific Research and Technical Services	27.2	0.84
水利、环境和公共设施管理业	Management of Water Conservancy, Environmental and Public Facilities	-7.8	10.87
居民服务、修理和其他服务业	Services to Households, Repair and Other Services	-42.7	0.10
教育	Education	0.2	2.99
卫生和社会工作	Health Care and Social Welfare	42.8	3.20
文化、体育和娱乐业	Culture,Sports and Entertainment	-39.2	1.81
公共管理、社会保障和社会组织	Public Management, Social Security and Social Organization	49.8	0.42

10-6 各市县按三次产业分固定资产投资构成(2021年)
Composition of Investment in Fixed Assets by Three Strata of Industry and Region (2021)

(%)

地 区	Region	合 计 Total	第一产业 Primary Industry	第二产业 Secondary Industry	第三产业 Tertiary Industry
全省总计	**Total**	**100**	**1.75**	**13.70**	**84.55**
海 口 市	Haikou	100	0.38	9.55	90.07
三 亚 市	Sanya	100	1.67	2.00	96.33
儋 州 市	Danzhou	100	2.13	43.62	54.26
五指山市	Wuzhishan	100	0.21	1.95	97.85
文 昌 市	Wenchang	100	4.25	18.41	77.34
琼 海 市	Qionghai	100	1.71	8.69	89.60
万 宁 市	Wanning	100	2.86	12.89	84.26
定 安 县	Ding'an	100	5.86	14.74	79.40
屯 昌 县	Tunchang	100	3.17	8.55	88.28
澄 迈 县	Chengmai	100	1.84	26.15	72.02
临 高 县	Lingao	100	5.88	23.23	70.89
东 方 市	Dongfang	100	1.58	28.01	70.40
乐 东 县	Ledong	100	12.65	2.39	84.96
琼 中 县	Qiongzhong	100	2.17	9.07	88.76
保 亭 县	Baoting	100	0.11	2.22	97.67
陵 水 县	Lingshui	100	0.90	1.02	98.08
白 沙 县	Baisha	100	6.02	7.88	86.11
昌 江 县	Changjiang	100	2.26	60.65	37.09

10-7 各市县固定资产投资施工及投产项目个数(不含房地产项目)(2021年)
Number of Construction Projects under Construction and Projects Completed and Projects Put into Use by Region (Excluding Real Estate Development) (2021)

地 区	Region	施工项目(个) Number of Projects Under Construction (Unit)	新开工项目(个) Number of Projects Started This Year (Unit)	全部建成投产项目(个) Number of Projects Completed and Put into Use (Unit)	项目建成投产率(%) Rate of Projects Completed and Put into Use(%)
全省总计	**Total**	**4487**	**1612**	**636**	**14.2**
海口市	Haikou	954	275	25	2.6
三亚市	Sanya	697	199	38	5.5
儋州市	Danzhou	337	80	49	14.5
五指山市	Wuzhishan	100	18		
文昌市	Wenchang	249	162	115	46.2
琼海市	Qionghai	201	125	80	39.8
万宁市	Wanning	145	45	7	4.8
定安县	Ding'an	146	50	1	0.7
屯昌县	Tunchang	108	29	26	24.1
澄迈县	Chengmai	308	109	96	31.2
临高县	Lingao	119	43	30	25.2
东方市	Dongfang	131	60	42	32.1
乐东县	Ledong	71	38	22	31.0
琼中县	Qiongzhong	131	65	20	15.3
保亭县	Baoting	139	58	37	26.6
陵水县	Lingshui	262	114	3	1.1
白沙县	Baisha	320	116	35	10.9
昌江县	Changjiang	69	26	10	14.5

主要统计指标解释

固定资产投资额 是以货币表现的建造和购置固定资产活动的工作量，它是反映固定资产投资规模、速度、比例关系和使用方向的综合性指标。

房地产开发投资 指房地产开发公司、商品房建设公司及其他房地产开发法人单位和附属于其他法人单位实际从事房地产开发或经营的活动单位统一开发的包括统代建、拆迁还建的住宅、厂房、仓库、饭店、宾馆、度假村、写字楼、办公楼等房屋建筑物和配套的服务设施，土地开发工程（如道路、给水、排水、供电、供热、通讯、平整场地等基础设施工程）的投资；不包括单纯的土地交易活动。

固定资产投资的资金来源 根据固定资产投资的资金来源不同，分为国家预算内资金、国内贷款、利用外资、自筹资金和其他资金来源。

（1）国内贷款：指报告期内企、事业单位向银行及非银行金融机构借入的用于固定资产投资的各种国内借款。包括银行利用自有资金及吸收的存款发放的贷款、上级主管部门拨入的国内贷款、国家专项贷款（包括煤代油贷款、劳改煤矿专项贷款等）、地方财政专项资金安排的贷款、国内储备贷款、周转贷款等。

（2）利用外资：指报告期内收到的用于固定资产投资的国外资金，包括统借统还、自借自还的国外贷款，中外合资项目中的外资，以及对外发行债券和股票等。国家统借统还的外资指由我国政府出面同外国政府、团体或金融组织签订贷款协议、并负责偿还本息的国外贷款。

（3）自筹资金：指建设单位报告期内收到的，用于进行固定资产投资的上级主管部门、地方和企、事业单位自筹资金。

（4）其他资金来源：指报告期内收到的除以上各种拨款、借款、自筹资金以外其他用于固定资产投资的资金。

固定资产投资按国民经济行业分 建设项目归哪个行业，按其建成投产后的主要产品或主要用途及社会经济活动性质来确定。基本建设按建设项目划分国民经济行业，更新改造、国有单位其他固定资产投资及城镇集体投资根据整个企业、事业单位所属的行业来划分。一般情况下，一个建设项目或一个企业、事业单位只能属于一种国民经济行业。为了更准确地反映国民经济各行业之间的比例关系，联合企业（总厂）所属分厂属于不同行业的，原则上按分厂划分行业。

固定资产投资按构成分 固定资产投资活动按其工作内容和实现方式分为建筑安装工程、设备、工具、器具购置、其他费用三个部分。

（1）建安工程(建安工作量)：指各种房屋、建筑物的建造工程和各种设备、装置的安装工程。包括各种房屋建造工程；各种用途设备基础和各种工业窑炉的砌筑工程及金属结构工程；为施工而进行的各种准备工作和临时工程以及完工后的清理工作等；房地产开发单位进行的商品房屋开发建设工程、土地开发工程。

在安装工程中，不包括被安装设备本身的价值。

（2）设备、工具、器具购置：指建设单位或企业、事业单位购置或自制的，达到固定资产标准的设备、工具、器具的价值。新建单位及扩建单位的新建车间，按照设计或计划要求购置或自制的全部设备、工具、器具，不论是否达到固定资产标准均计入“设备工具器具购置”中。

（3）其他费用：指在固定资产建造和购置过程中发生的，上述几项内容以外的各种应分摊计入固定资产的费用。

施工项目 指报告期内曾进行建筑或安装工程施工活动的建设项目，包括报告期内新开工项目、报告期以前开工跨入报告期继续施工的项目以及报告期施过工并在报告期内全部建成投产或停缓建的项目。

新增固定资产 指通过投资活动所形成的新的固定资产价值，包括已经建成投入生产或交付使用的工程价值和达到固定资产标准的设备、工具、器具的价值及有关应摊入的费用。它是以价值形式表示的固定资产投资成果的综合性指标，可以综合反映不同时期、不同部门、不同地区的固定资产投资成果。

Explanatory Notes on Main Statistical Indicators

Investment in Fixed Assets refers to the volume of activities in construction and purchases of fixed assets of the whole country and related fees, expressed in monetary terms during the reference period. It is a comprehensive indicator which shows the size, structure and growth of the investment in fixed assets. It's an important indicator monitoring the process of project and evaluating results of investment.

Investment in Real Estate Development refers to investment by real estate development companies, commercial buildings construction companies and other real estate development units of various types of ownership in the construction of house buildings, such as residential buildings, factory buildings, warehouses, hotels, guesthouses, holiday villages, office buildings, and the complementary service facilities and land development projects, such as roads, water supply, water drainage, power supply, heating, telecommunications, land leveling and other projects of infrastructure. It excludes the activities in simple land transactions.

Sources of Funds for Investment in Fixed Assets state budgetary appropriation, domestic loans, foreign investment, self-raised funds, and others.

(1)Domestic loans refer to various funds borrowed by enterprises and institutions from banks and non-bank financial institutions during the reference period for the purpose of investment in fixed assets, including loans issued by banks from their self-owned funds and deposit, loans appropriated by higher responsible authorities, special loans by government (including loan for replacing petroleum with coal, special loan for reform-through-labour coal mines), loans arranged by local government from special funds, domestic reserve loan, and working loan, etc..

(2) Foreign Investment refers to foreign funds received during the reference period for the purpose of investment in fixed assets, including foreign funds borrowed and managed by the government, by individual units, foreign fund in joint venture program, and issue of bonds and stocks at the international financial markets. The foreign funds borrowed and managed by the government refer to foreign loans borrowed by the government from foreign governments, organizations, or financial institutions under official agreements signed by both parties, under which government is responsible for the repayment of both the principal and interests of the foreign loans.

(3)Self-raised funds refer to funds received by construction enterprises from their higher responsible authorities, local governments, or raised by enterprises or institutions themselves for the purpose of investment in fixed assets during the reference period.

(4) Others refer to funds received during the reference period which are not included in the above-mentioned sources.

Investment in Fixed Assets by Sector The classification of construction projects by sector is determined by the major products or the purpose of the projects when they are put into production or use, and by the nature of their social economic activities. The investment in capital construction is classified by construction projects, while investment in innovation, other investment by state-owned units and urban collective units are classified according to the sector which the whole enterprise or institution belongs to. In general, one project or one enterprise or institution can only belong to one sector. In order to reflect more accurately the proportions among various sectors, the branch factories of integrated complex are classified into different sectors according to their economic activities.

Investment in Fixed Assets by Composition of Funds By their contents and the mode of implementation, investment activities are classified into 3 categories, i.e. construction and installation, purchase of equipment and instrument, and other expenses.

(1) Construction and installation (work volume of construction and installation) refers to the construction of houses and buildings and the installation of various kinds of equipment and instruments. They include construction of houses; equipment foundations, industrial kilns and stoves, and metal structure work; preparation works and temporary works for project construction, and clearing up works post project construction, and land and other development work conducted by real estate developers for commercialized housing, The value of equipment installed is itself not included in the value of installation projects.

(2)Purchase of equipment and instruments refers to the total value of equipment, tools, and instruments purchased or self-produced which come up to the cut-off point for fixed assets by the construction units or investing enterprises or institutions. Equipment, tools and vessels purchased or self-produced for new workshops by newly established or expanded units are categorized as "purchase of equipment and instruments" no matter whether they come up to the standards for fixed assets.

(3)Other expenses refer to expenses occurring during the construction or purchase of fixed assets other than those mentioned above.

Projects under Construction refer to projects having construction and installation activities undertaken in the reference period, including projects started in the reference period, or continued from the previous period, or completed and put into production or suspended in the reference period.

Newly Increased Fixed Assets refers to the newly increased value of fixed assets, constructed or purchased, that have been transferred to the investors. This is an indicator that demonstrates the results of investment in fixed assets in monetary terms, and an important indicator to reflect the speed of construction and to calculate the efficiency of investment.

11

对外经济贸易

International Trade and Economic Cooperation

编辑人员：吴慎安

Compiled by Wu Shenan

英文翻译： 夏姗姗

Translated by Xia Shanshan

简 要 说 明

本篇资料综合反映海南的对外贸易、利用外资的概况，重点反映对外经济贸易的近期发展状况。

一、对外贸易部分

对外贸易统计的主要内容包括：进出口货物的品种、数(重)量、金额、国别(地区)、贸易方式等项目。

对外贸易统计的资料来源于海口海关，调查方法是全面调查。

二、服务进出口

服务进出口按国际收支口径统计，资料来源于商务厅。

三、利用外资统计部分

利用外资统计的主要内容包括：对外借款、外商直接投资和外商其他投资。

利用外资统计资料的来源：对外借款资料来源于省发改委。其余资料来源于省商务厅，调查方法是全面调查。

Brief Introduction

Data in this chapter provide summary data of Hainan's foreign trade, utilization of foreign capita over the years, focusing on the recent situation of foreign trade and economic cooperation.

I. Statistics on Foreign Trade

Data on foreign trade include: varieties of imports and exports, amount (weight), value, countries (regions), customs regime and so on.

Sources of data on foreign trade are from Haikou Customs District People's Republic of China through a comprehensive reporting system.

II. Trade in Services

Statistics on imports and exports in services are compiled according to Balance of Payments (BOP). Data on trade in services are from the Department of Commerce.

Ⅲ.Statistics on Utilization of Foreign Capitals

Utilization of foreign capitals includes: foreign borrowing, foreign direct investments and other foreign investments of foreign funded enterprises.

Resources of data on utilization of foreign capitals are: foreign borrowing from Hainan Development and Reform Commission; others from the Commerce Department of Hainan through a comprehensive reporting system.

11-1 对外经济贸易主要指标
Main Indicators on International Trade and Economic Cooperation

指　　标	Item	2016	2017	2018	2019	2020	2021
货物进出口总额(万元)	**Total Import and Export of Goods (10 000 yuan)**	**7513213**	**7027040**	**8481758**	**9059028**	**9351415**	**14685486**
出口总额	Total Exports	1405123	2956490	2977608	3437144	2770189	3274716
进口总额	Total Imports	6108090	4070550	5504150	5621884	6581225	11410770
服务进出口总额(万元)	**Total Import and Export of Services (10 000 yuan)**	**1261365**	**1563084**	**1826307**	**2196510**	**1850298**	**2877873**
出口总额	Total Exports	408946	748752	856444	1130927	498741	856772
进口总额	Total Imports	852419	814332	969864	1065583	1351557	2021102
签订利用外资协议(合同)项目(个)	**Number of Contracts of Foreign-investment Projects (unit)**	**88**	**90**	**171**	**343**	**1005**	**1936**
#对外借款	Foreign Loans	2		4	5		
外商直接投资	Foreign Direct Investment	86	90	167	338	1005	1936
签订利用外资协议(合同)金额(万美元)	**Amount of Contracts of Foreign-investment Projects (10 000 USD)**	**1017890**	**1282021**	**515213**	**1282172**	**1984120**	**2595696**
#对外借款	Foreign Loans	8427		7425	906		
外商直接投资	Foreign Direct Investment	1009463	1282021	515213	1281267	1984120	2595696
实际利用外资额(万美元)	**Amount of Foreign Investment Actually Utilized (10 000 USD)**	**221561**	**230598**	**81876**	**152020**	**303324**	**351927**
#对外借款	Foreign Loans	8427		7425	906		
外商直接投资	Foreign Direct Investment	213134	230598	74451	151115	303324	351927

注：从2018年起，利用外资数据启用商务部新统计口径，下同。
Note: Since 2018, data on foreign investment adopt new coverage defined by the Ministry of Commerce.

11-2 对外贸易货物进出口总额
International Trade in Goods

单位：万元 (10 000 yuan)

年 份 Year	货物进出口总额 Total	出口总额 Exports	进 口总额 Imports	差 额 Balance
2001	1445665	660409	785256	-124847
2002	1544751	678133	866618	-188485
2003	1889207	719026	1170181	-451155
2004	2814161	904271	1909890	-1005619
2005	2088577	840364	1248214	-407850
2006	2278332	1101101	1177231	-76131
2007	2692518	1047764	1644754	-596990
2008	3161135	1109536	2051599	-942063
2009	3332641	893635	2439006	-1545371
2010	5856210	1573155	4283055	-2709901
2011	8282414	1650278	6632136	-4981858
2012	9075518	1979305	7096213	-5116908
2013	9345724	2304483	7041241	-4736758
2014	9743224	2713888	7029336	-4315448
2015	8691005	2324339	6366665	-4042326
2016	7513213	1405123	6108090	-4702966
2017	7027040	2956490	4070550	-1114061
2018	8481758	2977608	5504150	-2526542
2019	9059028	3437144	5621884	-2184740
2020	9351415	2770189	6581225	-3811036
2021	14685486	3274716	11410770	-8136053

11-3　按贸易方式、企业类型、货物性质分进出口金额(2021年)

International Trade in Goods by Customs Regime,Status of Registration and SITC (2021)

单位：万元　　　　(10 000 yuan)

项　　目	Item	出口 Exports	进口 Imports
按贸易方式分	**By Customs Regime**	3274716	11410770
一般贸易	Ordinary Trade	1680580	5881998
来料加工装配贸易	Processing and Assembling with Materials Provided Abroad	142021	56598
进料加工贸易	Processing and Assembling with Import Materials	361276	553693
租赁贸易	Goods on Lease		20000
边境小额贸易	Border Trade		69615
其　他	Others	1090839	4828866
按企业类型分	**By Status of Registration**		
国有企业	State-owned Enterprises	228887	3841293
外商投资企业	Enterprises with Foreign Investment	1709620	1533455
集体企业	Collective-owned Enterprises	81095	11456
私营企业	Private Enterprises	1254572	6016417
其他	Others	543	8149
按国际贸易标准分	**By SITC**		
总额	**Total**	**3274716**	**11410770**
初级产品	Primary Goods	1293023	5288709
食品及活动物	Food and Live Animals	366203	334167
饮料及烟类	Beverages and Tobacco	650	59581
非食用原料(燃料除外)	Crude Materials,Inedible (Except Fuels)	17851	3191591
矿物燃料、润滑油及有关原料	Mineral Fuels,Lubricants and Related Materials	908301	1604533
动植物油、脂及蜡	Animal and Vegetable Oils, Fats and Waxes	17	98836
工业制成品	Manufactured Goods	1981694	6122061
化学成品及有关产品	Chemicals and Related Products	815404	3883059
按原料分类的制成品	Manufactured Goods Classified Chiefly by Materials	310294	507726
机械及运输设备	Machinery and Transport Equipment	647950	465160
杂项制品	Miscellaneous Manufactured Articles	201327	1257955
未分类的其他商品	Products Not Classified Elsewhere	6718	8160

11-4 主要出口商品金额(2021年)
Major Exported Commodities in Value (2021)

单位：万元 (10 000 yuan)

品　　名	Item	金　　额 Value
水海产品	Aquatic and Marine products	340224
蔬菜	Vegetables	6898
#鲜或冷藏蔬菜	#Fresh or Chilled Vegetables	3640
酒类及饮料	Liquor and Beverages	871
#果蔬汁	Fruit and Vegetable Juice	236
医药材及药品	Medicine	222082
#中药材	Chinese Herbal Medicines	
中式成药	Chinese Medicine	100
抗菌素（制剂除外）	Antibiotics (except Preparation)	6649
肥料	Chemical Fertilizers	66814
#尿素	#Urea	42167
成品油	Petroleum Products Refined	851393
汽油	Petrol	267145
航空煤油	Aviation kerosene	227468
柴油	Diesel Oil	326557
机电产品	Mechanical and Electrical Products	783251
#通用机械设备	General-purpose Machinery	11506
电工器材	Electrical Equipment	68702
手机	Mobile Phones	111714
电子元件	Electronic Components	27916
高新技术产品	Hi-tech Products	450541
生物技术	Biotechnology	178865
生命科学技术	Life Science Technology	34923
光电技术	Electrooptical technology	1281
电子技术	Electronic Technology	6499
计算机集成制造技术	Computer Integrated Manufacturing Technology	5516
材料技术	Material Technology	24485
航空航天技术	Aeronautical and Space Technology	53080
其他技术	Others	285

11-4 续(continued)

单位：万元 (10 000 yuan)

品名	Item	金 额 Value
#家用或装饰用木制品	#Wood Products for Household Use or Decoration	1798
纸浆、纸及其制品	Paper Pulp, Paper and Paper Products	144457
纺织纱线、织物及制品	Textile Yarn, Fabric and Articles	35995
玻璃及其制品	Glass Products	27085
陶瓷产品	Ceramic Products	3701
钢材	Rolled Steel	22271
#钢铁板材	#Steel Plate	18286
#变压器	#Transformers	28431
##太阳能电池	#Solar Cells	778
#二极管及类似半导体器件	#Diodes and Similar Semiconductor Components	807
电线和电缆	Insulated Wire or Cable	2957
汽车(包含底盘)	Automobiles(including Chassis)	11127
#乘用车	#Passenger Cars	589
汽车零件	Parts of Automobiles	107568
船舶	Vessels	194
家具及其零件	Furniture and Parts	24760
灯具、照明装置及类似品	Lamps,Lighting Device and Analogs	7255
箱包及类似容器	Cases,Bags and Analogs	4310
体育用具及设备	Sports Products and Equipments	3654
服装及衣着附件	Clothing and Accessories	21374
鞋类	Footwear	19216
文化产品*	Cultural Artifact	16038

11-5 主要进口商品金额(2021年)
Major Imported Commodities in Value (2021)

单位：万元 (10 000 yuan)

品　名	Item	金　额 Value
水海产品	Aquatic and Marine products	6876
奶粉	Milk Powder	14643
鲜、干水果及坚果	Fresh Fruits、Dried Fruits and Nuts	122507
稻谷和大米	Grain and Rice	4221
酒类及饮料	Liquor and Beverages	49173
葡萄酒	Wine	10139
天然橡胶(包括胶乳)	Natural Rubber (including Latex)	17103
纸浆	Paper Pulp	246925
金属矿及矿砂	Metal Ores	2365522
煤及褐煤	Coal and Lignite	639012
成品油	Petroleum Products Refined	178292
航空煤油	Aviation kerosene	
液化天然气	Liquefied Natural Gas	506386
机电产品	Mechanical and Electrical Products	906168
通用机械设备	General-purpose Machinery	19972
电子元件	Electronic Components	11367
高新技术产品	Hi-tech Products	345528
#生命科学技术	Life Science Technology	105958
光电技术	Photoelectric Technology	3041
计算机与通信技术	Computer and Communication Technology	112791
电子技术	Electronic Technology	7765
计算机集成制造技术	Computer Integrated Manufacturing Technology	16695
航空航天技术	Aeronautical and Space Technology	98905
二甲苯	Xylene	203028
乙二醇	Ethylene Glycol	171803
医药品	Medicine	138882
美容化妆品及护肤品	Cosmetics and Skin Care Products	2619215
初级形状的塑料	Primary-form Plastics	190989

11-5 续(continued)

单位：万元 (10 000 yuan)

品　名	Item	金　额 Value
纺织纱线、织物及制品	Textile Yarn, Fabric and Articles	6830
服装及衣着附件	Clothing and Accessories	173230
钢材	Rolled Steel	41980
未锻造的铝及铝材	Unwrought Aluminum and Rolled Aluminum	16077
涡轮喷气发动机	Turbojet Engine	20172
阀门	Valve	4834
电工器材	Electrical Equipment	14897
音视频设备及其零件	Audio and Video Equipment and Parts	1068
二极管及类似半导体器件	Diodes and Similar Semiconductor Components	2498
电线和电缆	Insulated Wire or Cable	821
乘用车	Passenger Cars	4109
空载重量超过2吨的飞机	Aeroplanes(with Unladen Weight of 2 tons or above)	30390
航空器零件	Aircraft Parts	62155
船舶	Vessels	134208
医疗仪器及器械	Medical Instruments and Apparatus	4853
计量检测分析自控仪器及器具	Automatic Measuring, Inspecting and Analyzing Instruments and Apparatus	36927
手表	Watches	334927
机械手表	Mechanical Watches	280631
电动手表	Electric Watches	54296
塑料制品	Plastics Products	8565
文化产品	Cultural Artifact	340703

11-6 我省同各国(地区)对外贸易货物出口总额(2021年)
Total Value of Exported Goods by Country(Region) (2021)

单位：万元 (10 000 yuan)

项 目	Item	金 额 Value
出口总额	**Total Value of Exports**	**3274716**
亚洲	**Asia**	**1739532**
阿联酋	United Arab Emirates	81413
中国香港	Hong Kong,China	306318
中国台湾	Taiwan,China	31574
日 本	Japan	48450
韩 国	Korea Rep.	88907
越 南	Vietnam	165334
泰 国	Thailand	59199
印 度	India	78907
新加坡	Singapore	201705
马来西亚	Malaysia	112509
菲律宾	Philippines	214733
印度尼西亚	Indonesia	19796
孟加拉国	Bangladesh	51145
以色列	Israel	39200
土耳其	Turkey	23289
缅甸	Burma	25966
非洲	**Africa**	**169012**
埃及	Algeria	31948
欧洲	**Europe**	**548238**
英 国	United Kingdom	48501
法 国	France	13163
意大利	Italy	13577
德 国	Germany	69040
荷 兰	Netherlands	211453
西班牙	Spain	10142
俄罗斯	Russia	70190
拉丁美洲	**Latin America**	**352863**
巴 西	Brazil	6243
墨西哥	Mexico	249173
智 利	Chile	20420
北美洲	**North America**	**359468**
美 国	United States	329088
加拿大	Canada	30381
大洋洲	**Oceania**	**105603**
澳大利亚	Australia	100727

11-7 我省同各国(地区)对外贸易货物进口总额(2021年)
Total Value of Imported Goods by Country(Region) (2021)

单位：万元 (10 000 yuan)

项 目	Item	金 额 Value
进口总额	**Total Value of Imports**	**11410770**
亚洲	**Asia**	**3979831**
阿联酋	United Arab Emirates	212799
中国香港	Hong Kong,China	175418
中国台湾	Taiwan,China	160424
日 本	Japan	726729
韩 国	Korea Rep.	311490
越 南	Vietnam	394958
泰 国	Thailand	116130
印 度	India	148775
新加坡	Singapore	161569
马来西亚	Malaysia	252181
菲律宾	Philippines	35998
印度尼西亚	Indonesia	536006
沙特阿拉伯	Saudi Arabia	167827
老挝	Laos	1346
科威特	Kuwait	10888
非洲	**Africa**	**307222**
南非	South Africa	111626
莫桑比克	Mozambique	32925
毛里塔尼亚	Mauritania	47666
尼日利亚	Nigeria	54285
欧洲	**Europe**	**3287456**
德 国	Germany	100637
法 国	France	852606
英 国	United Kingdom	597598
意大利	Italy	476112
荷 兰	Netherlands	5790
芬 兰	Finland	7042
比利时	Belgium	115437
瑞 士	Switzerland	444783
罗马尼亚	Romania	20752
俄罗斯	Russia	301236
拉丁美洲	**Latin America**	**530369**
智利	Brazil	158344
北美洲	**North America**	**1262271**
加拿大	Canada	312779
美 国	United States	949492
大洋洲	**Oceania**	**2041281**
澳大利亚	Australia	2015279
新西兰	New Zealand	19474

11-8 各市县外贸货物进出口总额(2021年)
International Trade in Goods by Region (2021)

单位：万元 (10 000 yuan)

市 县	Region	货物进出口 Total	出口 Exports	进口 Imports
全 省	**Total**	**14685486**	**3274716**	**11410770**
海 口 市	Haikou	4710068	1054203	3655865
三 亚 市	Sanya	2181315	122934	2058381
儋 州 市	Danzhou	7020447	1688923	5331525
五指山市	Wuzhishan	268	242	26
文 昌 市	Wenchang	67224	53994	13230
琼 海 市	Qionghai	36795	2485	34310
万 宁 市	Wanning	25747	14294	11453
定 安 县	Ding'an	58976	58783	193
屯 昌 县	Tunchang			
澄 迈 县	Chengmai	505836	229799	276037
临 高 县	Lingao	12130	3063	9067
东 方 市	Dongfang	55167	39801	15366
乐 东 县	Ledong	1751	1629	122
琼 中 县	Qiongzhong	2268		2268
保 亭 县	Baoting	23	23	
陵 水 县	Linshui	5860	2987	2873
白 沙 县	Baisha	82	82	
昌 江 县	Changjiang	1474	1474	

11-9　历年服务进出口总额
International Trade in Services

单位：万元　　　　(10 000 yuan)

年　份 Year	服务进出口总额 International Trade in Services	进口总额 Imports	出口总额 Exports	差　额 Balance
2015	1056951	695733	361218	334515
2016	1261365	852419	408946	443473
2017	1563084	814332	748752	65579
2018	1826307	969864	856444	113420
2019	2196510	1065583	1130927	-65344
2020	1850298	1351557	498741	852816
2021	2877873	2021102	856772	1164330

11-10 按贸易方式、地区分服务进出口总额(2021年)
International Trade in Services by Classification and Region（2021）

单位：万元 (10 000 yuan)

项　　目	Item	服务进出口总额 International Trade in Services	进口总额 Imports	出口总额 Exports
按贸易方式分	**By Classification**			
运输	Transport	793959	384182	409777
旅行	Travel	222143	166329	55814
建筑	Construction	2005	1244	761
保险服务	Insurance Services	16968	6608	10360
金融服务	Financial Services	9900	610	9290
电信、计算机和信息服务	Telecommunications, Computer and Information Services	900715	727654	173061
知识产权使用费	Fees for Use of Intellectual Property	387625	350272	37353
个人、文化和娱乐服务	Personal, Cultural, and Recreational Services	13792	13176	615
维护和维修服务	Maintenance and Repair Services	77538	76657	881
加工服务	Manufacturing Services on Physical Inputs Owned by Others	55885	94	55791
其他商业服务	Other Business Services	394171	291497	102675
政府货物和服务	Government Services	3172	2780	392
按地区分	**By Region**			
#香港	Hongkong,China	637761	251555	386206
日本	Japan	126592	91953	34639
美国	United States	355393	240606	114787
中东	Middle East	8359	4868	3491
欧盟	European Union	256409	224156	32253
东盟	ASEAN	1013272	862401	150871
非洲	Africa	9618	910	8708

11-11 各市县服务进出口总额(2021年)
International Trade in Services by Region (2021)

单位：万元 (10 000 yuan)

市 县	Region	服务进出口总额 International Trade in Services	进口总额 Imports	出口总额 Exports
全 省	**Total**	2877873	2021102	856772
海 口 市	Haikou	1983549	1634676	348873
三 亚 市	Sanya	239237	140000	99237
儋 州 市	Danzhou	433082	183926	249155
五指山市	Wuzhishan	5	5	
文 昌 市	Wenchang	3723	3155	569
琼 海 市	Qionghai	11993	3905	8088
万 宁 市	Wanning	5523	5444	78
定 安 县	Ding'an			
屯 昌 县	Tunchang	186	97	89
澄 迈 县	Chengmai	187673	40921	146751
临 高 县	Lingao	72	19	53
东 方 市	Dongfang	2351	1221	1130
乐 东 县	Ledong			
琼 中 县	Qiongzhong	13	13	
保 亭 县	Baoting			
陵 水 县	Linshui	10255	7508	2747
白 沙 县	Baisha			
昌 江 县	Changjiang	211	210	1

11-12 利用外资情况
Utilization of Foreign Investment

年份 Year	签订项目（个） Number of Foreign-investment Projects (unit)	#外商直接投资 Foreign Direct Investment	合同外资额（万美元） Amount of Foreign-investment Contracts (USD 10000)	#外商直接投资 Foreign Direct Investment	实际利用外资（万美元） Amount of Foreign Investment Actually Utilized (USD 10000)	#外商直接投资 Foreign Direct Investment
2002	238	233	25063	23073	99878	51178
2003	171	164	34575	23863	61782	58062
2004	171	169	74335	70285	66998	64343
2005	174	174	34211	34211	70711	68401
2006	193	191	108602	105112	79259	74878
2007	172	170	185724	184795	112499	112001
2008	122	120	151821	148176	128468	128337
2009	88	85	41786	36477	94304	93806
2010	72	70	40228	39165	152276	151213
2011	92	60	73450	63803	158087	152299
2012	74	71	123399	112124	164119	164119
2013	62	59	84276	63005	181060	181060
2014	60	60	69831	69831	191558	188858
2015	71	71	128245	128245	246567	200567
2016	88	86	1017890	1009463	221561	213134
2017	90	90	1282021	1282021	230598	230598
2018	171	167	515213	515213	81876	74451
2019	343	338	1282172	1281267	152020	151115
2020	1005	1005	1984120	1984120	303324	303324
2021	1936	1936	2595696	2595696	351927	351927

注：从2018年起，利用外资数据启用商务部新统计口径，下同。
Note: Since 2018, data on foreign investment adopt new coverage defined by the Ministry of Commerce.

11-13 分方式利用外资（2021年）
Foreign Investment by Form (2021)

指 标	Item	签订项目（个）Number of Contractual Contractual	合同外资额（万美元）Contractual Amount (USD 10000)	实际利用外资（万美元）Actually-Utilized Amount (USD 10000)
总 计	**Total**	**1936**	**2595696**	**351927**
对外借款	**Foreign Loans**			
外商直接投资	**Foreign Direct Investment**	**1936**	**2595696**	**351927**
合资经营企业	Equity Joint Ventures	830	789721	19327
合作经营企业	Contractual Joint Ventures			
外资（独资）企业	Wholly Foreign-owned Enterprises	893	1124757	322520
外商投资股份制	FDI Shareholding Inc	11	18659	
合作开发	Joint Exploration			
其他	Others	202	662559	10080
外商其它投资	**Other Foreign Investment**			
对外发行股票	Sale Share			
国际租赁	International Lease			
补偿贸易	Compensation Trade			
加工装配	Processing and Assembly			

11-14 分行业外商直接投资（2021年）
Foreign Direct Investment by Sector (2021)

指　标	Item	签订项目（个）Number of Projects for Contracted Foreign Investment (unit)	合同外资额（万美元）Amount of Contracted Foreign Investment (USD 10000)	实际利用外资（万美元）Amount of Foreign Investment Actually Utilized (USD 10000)
合　计	**Total**	**1936**	**2595696**	**351927**
农、林、牧、渔业	Agriculture, Forestry, Animal Husbandry and Fishery	33	60765	
采矿业	Mining	2	1853	
制造业	Manufacture	59	122128	20593
电力、燃气及水的生产和供应业	Production and Supply of Electric Power, Gas and Water	9	17011	1520
建筑业	Construction	37	65952	429
交通运输、仓储和邮政业	Transport, Storage and Post	43	171566	153858
信息传输、计算机服务和软件业	Information Transmission, Computer Services and Software	222	148112	27547
批发和零售业	Wholesale and Retail Trades	448	174652	68998
住宿和餐饮业	Hotels and Catering Services	46	3534	15
金融业	Financial Intermediation	96	349875	11459
房地产业	Real Estate	43	290526	7730
租赁和商务服务业	Leasing and Business Services	548	944465	57285
科学研究、技术服务和地质勘查业	Scientific Research, Technical Services and Geologic Prospecting	182	171160	1228
水利、环境和公共设施管理业	Management of Water Conservancy, Environment and Public Facilities	5	1431	1265
居民服务和其他服务业	Services to Households and Other Services	29	24524	
教育	Education	34	25189	
卫生、社会保障和社会福利业	Health Care, Social Security and Social Welfare	10	1448	
文化、体育和娱乐业	Culture, Sports and Recreation	88	17694	
公共管理和社会组织	Public Administration and Social Organizations	2	3811	

11-15 分国别(地区)外商直接投资(2021年)
Foreign Direct Investment by Country (Region)(2021)

指 标	Item	2021
外商直接投资合同项目数(个)	**Number of Contractual Projects(unit)**	**1936**
亚洲	**Asia**	**1315**
阿富汗	Afghanistan	
缅甸	Burma	2
香港	Hong Kong, China	848
以色列	Israel	5
日本	Japan	44
澳门	Macau, China	31
马来西亚	Malaysia	27
巴基斯坦	Pakistan	9
沙特阿拉伯	Saudi Arabia	1
新加坡	Singapore	96
韩国	Korea Rep.	42
泰国	Thailand	15
土耳其	Turkey	5
越南	Vietnam	1
台湾地区	Taiwan,China	160
非洲	**Africa**	**72**
加纳	Ghana	16
利比里亚	Liberia	1
尼日利亚	Nigeria	4
南非	South-Africa	3
坦桑尼亚	Tanzania	1
乌干达	Uganda	4
布基纳法索	Burkina faso	
欧洲	**Europe**	**224**
比利时	Belgium	4
英国	United Kingdom	33
德国	Germany	24
法国	France	17
意大利	Italy	18
荷兰	Netherlands	13
奥地利	Austria	2
波兰	Polska	4
瑞典	Sweden	3
格鲁吉亚	Georgia	1
俄罗斯联邦	Russia	49
乌克兰	Ukraine	12
南美洲	**South America**	**55**
开曼群岛	Cayman Islands	10
英属维尔京群岛	British Virgin Islands	21
北美洲	**North America**	**205**
加拿大	Canada	91
美国	United States	114
大洋洲	**Oceania**	**65**
澳大利亚	Australia	47
新西兰	New Zealand	13
萨摩亚	Samoa	2
其他	Others	1

11-15 续表1(continued1)

指　标	Item	2021
外商直接投资合同金额(万美元)	**Contractual Amount (USD 10000)**	**2595696**
亚洲	**Asia**	**1944369**
阿富汗	Afghanistan	
香港	Hong Kong, China	1722169
日本	Japan	17592
澳门	Macau, China	14390
马来西亚	Malaysia	22933
巴基斯坦	Pakistan	254
沙特阿拉伯	Saudi Arabia	1141
新加坡	Singapore	107567
韩国	Korea Rep.	6650
泰国	Thailand	1960
土耳其	Turkey	49
阿联酋	United Arab Emirates	1570
越南	Vietnam	16
台湾地区	Taiwan,China	24518
非洲	**Africa**	**2343**
加纳	Ghana	366
利比里亚	Liberia	8
尼日利亚	Nigeria	75
南非	South-Africa	134
坦桑尼亚	Tanzania	15
乌干达	Uganda	331
布基纳法索	Burkina faso	
欧洲	**Europe**	**233179**
比利时	Belgium	193
英国	United Kingdom	99882
德国	Germany	3531
法国	France	1528
爱尔兰	Ireland	468
意大利	Italy	7526
荷兰	Netherlands	519
奥地利	Austria	138
挪威	Norway	895
波兰	Polska	61
瑞典	Sweden	52
格鲁吉亚	Georgia	**8**
白俄罗斯	The Republic of Belarus	217
俄罗斯联邦	Russia	5465
乌克兰	Ukraine	852
南美洲	**South America**	**328381**
开曼群岛	Cayman Islands	81648
英属维尔京群岛	British Virgin Islands	225201
北美洲	**North America**	**57487**
加拿大	Canada	43250
美国	United States	14845
大洋洲	**Oceania**	**29937**
澳大利亚	Australia	21456
新西兰	New Zealand	501
萨摩亚	Samoa	90
其他	**Others**	7852

11-15 续表2(continued2)

指　　标	Item	2005	2010	2015	2018	2019	2020	2021
实际利用外商直接投资额(万美元)	**Actually-Utilized Amount (USD 10000)**	**68401**	**151213**	**200567**	**74451**	**151115**	**303324**	**351927**
亚洲	**Asia**	**48127**	**97613**	**183929**	**58342**	**150276**	**246982**	**310405**
中国香港	Hong Kong, China	21423	88526	177799	57404	146649	228277	271554
中国澳门	Macao, China		1461	37			258	1862
中国台湾	Taiwan, China	5882	138	865	57	34	61	92
印度尼西亚	Indonesia	643	77					
日本	Japan	2627			77	96	547	34
马来西亚	Malaysia	3420	4	150				
柬埔寨	Cambodia							10
新加坡	Singapore	96	7407	5078	683	3342	17760	36333
韩国	Republic of Korea	13543						499
泰国	Thailand	479			41	155		
吉尔吉斯斯坦	Kyrgyz Republic							
阿联酋	United Arab Emirates						79	21
以色列	Israel							
尼泊尔	Federal Democratic Republic of Nepal	14						
欧洲	**Europe**	**1587**	**7180**	**15263**	**1007**	**32**	**24045**	**12130**
比利时	Belgium							
英国	United Kingdom	602		312			24015	12001
法国	France							
荷兰	Netherlands	294	61	1607	480	29		
奥地利					523			
西班牙	Spain							
挪威	Norway							
德国	Germany			7		3		100
瑞典	Sweden	663						
瑞士	Switzerland						30	15
开曼	Cayman Islands		7112	13337				
摩纳哥	Monaco	21						
意大利	Italy	7	2		4			
白俄罗斯	Belarus							
俄罗斯	Russian		5					14
南美洲	**South America**	**13899**	**27765**		**10093**		**27841**	**28139**
巴西	Brazil							
开曼群岛	Cayman Islands						14360	7210
英属维尔京群岛	British Virgin Islands	13899	27765		10093		13481	20429
北美洲	**North America**	**2004**	**606**	**2**	**9**	**807**	**226**	**179**
加拿大	Canada	7	13			147		160
美国	United States of America	1997	593	2	9	660	226	19
大洋洲	**Oceania**	**2784**	**900**	**39**			**4230**	**1074**
澳大利亚	Australia	1662					4230	900
新西兰	New Zealand	55						152
萨摩亚	Samoa	1067	900	39				22
非洲	**Africa**			**259**				
塞舌尔	Seychelles			259				
其 他	**Others**		**17149**	**1075**	**5000**			

11-16 各市县外商直接投资(2021年)
Foreign Direct Investment by Region(2021)

市县	Region	签订项目（个）Number of Contractual Projects(unit)	合同外资额（万美元）Contractual Amount (USD 10000)	实际利用外资（万美元）Actually-Utilized Amount (USD 10000)
全省总计	**Total**	**1936**	**2595696**	**351927**
海口市	Haikou	1168	1279261	271624
三亚市	Sanya	345	766586	23353
儋州市	Danzhou	106	242752	18813
五指山市	Wuzhishan	5	20776	516
文昌市	Wenchang	19	8726	1777
琼海市	Qionghai	37	31663	18
万宁市	Wanning	25	60995	
定安县	Ding'an	8	959	
屯昌县	Tunchang			
澄迈县	Chengmai	168	51060	33549
临高县	Lingao	5	23932	778
东方市	Dongfang	16	100762	547
乐东县	Ledong	2	6105	
琼中县	Qiongzhong	1	15	
保亭县	Baoting	2	415	23
陵水县	Lingshui	28	1533	929
白沙县	Baisha			
昌江县	Changjiang	1	158	

主要统计指标解释

货物进出口总额 指实际进出我国国境的货物总金额。包括对外贸易实际进出口货物，来料加工装配进出口货物，国家间、联合国及国际组织无偿援助物资和赠送品，华侨、港澳台同胞和外籍华人捐赠品，租赁期满归承租人所有的租赁货物，进料加工进出口货物，边境地方贸易及边境地区小额贸易进出口货物(边民互市贸易除外)，外商投资企业进出口货物和公用物品，到、离岸价格在规定限额以上的进出口货样和广告品(无商业价值、无使用价值和免费提供出口的除外)，从保税仓库提取在中国境内销售的进口货物，以及其他进出口货物。进出口总额用以观察一个国家在对外贸易方面的总规模。我国规定出口货物按离岸价格统计，进口货物按到岸价格统计。

服务进出口 指常住单位与非常住单位之间相互提供的服务。包括运输，旅行，建筑，保险服务，金融服务，电信、计算机和信息服务，知识产权使用费，个人、文化和娱乐服务，维护和维修服务，加工服务，其他商业服务，政府服务。

利用外资 指我国各级政府、部门、企业和其他经济组织通过对外借款、吸收外商直接投资以及用其他方式筹措的境外现汇、设备、技术等。

外商直接投资 指外国企业和经济组织或个人(包括华侨、港澳台胞以及我国在境外注册的企业)按我国有关政策、法规，用现汇、实物、技术等在我国境内开办外商独资企业、与我国境内的企业或经济组织共同举办中外合资经营企业、合作经营企业或合作开发资源的投资(包括外商投资收益的再投资)，以及经政府有关部门批准的项目投资总额内企业从境外借入的资金。

Explanatory Notes on Main Statistical Indicators

International Trade in Goods refer to the real value of commodities imported and exported across the border of China. They include the actual imports and exports through foreign trade, imported and exported goods under the processing and assembling trades and materials, supplies and gifts as aid given gratis between governments and by the United Nations and other international organizations, and contributions donated by overseas Chinese, compatriots in Hong Kong and Macao and Chinese with foreign citizenship, leasing commodities owned by tenant at the expiration of leasing period, the imported and exported commodities processed with imported materials, commodities trading in border areas (excluding mutual exchange goods), the imported and exported commodities and articles for public use of the Sino-foreign joint ventures, cooperative enterprises and ventures with sole foreign investment. Also included is import or export of samples and advertising goods for which CIF or FOB value are beyond the permitted ceiling (excluding goods without trading or use value and free commodities for export), imported goods sold in China from bonded warehouses and other imported or exported goods. The indicator of the total imports and exports at customs can be used to observe the total size of external trade in a country. In accordance with the stipulation of the Chinese government, imports are calculated at CIF, while exports are calculated at FOB.

Import and Export of Services refers to services provided between resident and non-resident units, including transportations, travels, construction, insurance, finance, telecommunications, computer and informations, professional and management consultancy, intellectual property fee, individual, culture and recreation, maintenance and repair, other services ,but excluding government services.

Foreign Investments refer to remittance, equipment and technology financed from abroad, by loans, foreign direct investments and other forms undertaken by the Chinese governments at all levels, by various departments, enterprises and other economic units.

Foreign Direct Investments refer to the investments inside China by foreign enterprises and economic organizations or individuals (including overseas Chinese, compatriots from Hong Kong, Macao and Taiwan, and Chinese enterprises registered abroad), following the relevant policies and laws of China, for the establishment of ventures exclusively with foreign own investment, Sino-foreign joint ventures and cooperative enterprises or for co-operative exploration of resources with enterprises or economic organizations in China. It includes the re-investment of the foreign entrepreneurs with the profits gained from the investment and the funds that enterprises borrow from abroad in the total investment of projects which are approved by the relevant department of the government.

12

农 业

Agriculture

编辑人员：张钰 文彬

Compiled by Zhang Yu Wen Bin

英文翻译：张钰

Translated by Zhang Yu

简 要 说 明

一、本篇资料的主要内容及统计范围

本篇资料反映我省农业生产和农村经济的基本情况，内容主要包括耕地、农业机械拥有量、农林牧渔业产值、主要农产品产量、水利设施、农村居民家庭拥有生产性固定资产等方面的统计资料。除特别注明外，分市县数据含农垦。

农业统计范围包括全社会除军马生产及农业科研机构进行的农业生产以外的所有农业生产活动。即农村各种经济组织和农户经营的农林牧渔业生产活动；各种专业性农、林、牧、渔场的农业生产活动；国家各级机关、团体、学校、部队进行的农业生产活动；集体所有制的乡、镇、村办农场的农业生产活动；以及工矿企业经营的农、林、牧、渔业生产活动。

二、本篇的资料来源及统计调查方法

农业生产情况根据《农林牧渔业统计报表制度》《农业产值和价格综合统计报表制度》《乡村社会经济调查方案》和《农产量抽样调查制度》的有关资料整理取得。

Brief Introduction

I. Main Contents and Statistical Scopes

The data in this chapter show the basic conditions of agricultural production and rural economy, including mainly cultivated land, quantity of agricultural machinery, output of agriculture, forestry, animal husbandry and fishery, output of major products,facilities of water conservancy and productive fixed assets owned by rural households. Data by region includes the data of Nongken except special explanation.

Statistics on agriculture cover all agricultural production activities except horse raising for military purpose and agricultural production activities undertaken by agriculture research institutions. In other words, included in agriculture statistics are production activities in agriculture, forestry, animal husbandry and fishery undertaken by rural economic units of various types and by rural households; production activities of farms specializing in agriculture, forestry, animal husbandry and fishery; production activities in agriculture undertaken by government agencies, institutions, schools and military units; production activities in agriculture undertaken by collective farms run by townships and villages; and production activities in agriculture, forestry, animal husbandry and fishery undertaken by manufacturing and mining enterprises.

II. Data Sources and Survey Methods

Data on agricultural production are from the Statistical Survey System on Agriculture, Forestry, Animal Husbandry and Fishery; the Statistical Reporting System on Agricultural Output and Price, the System of Rural Social and Economic Survey and the System of agricultural products Sample Survey.

12-1 农业主要指标
Major Indicators on Agriculture

指 标	Item	2005	2010	2015	2017	2018	2019	2020	2021
乡村户数(万户)	Number of Rural Households (10000 households)	112.58	125.27	141.35	151.27	147.93	151.58	157.17	160.94
乡村从业人员(万人)	Number of Employed Persons in Rural Area (10000 persons)	256.01	284.58	311.81	327.07	323.96	324.13	329.96	340.83
农田水利有效灌溉面积(公顷)	Effective Irrigated Area (hectare)	168266	179880	197638	193818	184983	186042	197321	198173
农业机械总动力(万千瓦)	Total Agricultural Machinery Power (10 000 KW)	268.21	421.52	504.22	556.86	561.27	558.21	615.32	642.23
农用化肥施用量(实物量)(万吨)	Consumption of Chemical Fertilizers(10 000tons)	93.60	117.50	135.74	132.87	124.85	116.93	110.11	105.58
化学农药使用量(万吨)	Consumption of Pesticide(10 000tons)	1.81	4.55	3.98	3.34	2.32	2.19	1.97	1.87
农村用电量(万千瓦时)	Electricity Consumed in Rural Areas(10 000 kwh)	38452	59480	130231	155189	174095	186840	548691	626530
农业总产值(亿元)	Gross Output Value of Agriculture, Forestry, Animal Husbandry and Fishery (100 million yuan)	475.88	813.80	1294.00	1488.86	1535.73	1689.40	1821.02	2014.79
主要产品产量(万吨)	Output of Major Products (10000 tons)								
粮食	Grain	153.00	166.55	154.50	138.11	147.12	144.96	145.47	146.03
糖料	Sugar Crops	253.65	358.83	243.88	133.10	132.53	114.55	105.83	94.39
蔬菜	Vegetables	312.16	434.51	550.59	553.05	566.77	576.18	572.75	588.92
水果	Fruits	203.76	373.20	402.90	405.48	430.41	456.15	495.63	525.67
水产品	Aquatic Products	108.41	149.48	185.56	180.79	175.82	172.16	166.79	164.09
肉类产量	Output of Meat	47.57	68.18	77.33	78.67	79.87	67.07	57.51	66.06
荒山荒(沙)地造林面积(万亩)	Afforested Area in Barren Mountains (10000 mu)		21.25	15.36	6.94	3.99	4.59	3.70	1.44

注：由于口径调整，2020年起农村用电量数据有所调整。

Note:Due to the adjustment of caliber,the data of rural power consumption has been adjusted since 2020.

12-2 农村基层组织情况
Basic Statistics on Rural Grassroots Organizations

项目	Item	2005	2010	2015	2017	2018	2019	2020	2021
农村基层组织情况	**Basic Conditions of Rural Grassroots Organizations**								
乡镇政府个数(个)	Number of Governments at Township and Town Level(unit)	200	204	196	195	195	195	195	196
乡政府	Township Governments	20	21	21	21	21	21	21	21
镇政府	Town Governments	180	183	175	174	174	174	174	175
村民委员会(个)	Number of Villagers Committees(unit)	2615	2656	2651	2665	2638	2613	2560	2535
村民小组(个)	Number of Villagers Groups(unit)	25907	25997	25935	26083	25949	25848	25554	25544
自然村(个)	Villages(unit)	18605	18719	18684	18685	18333	18633	18305	18159
乡村户数(万户)	Number of Rural Households(10 000 Households)	113	125	141	151	148	152	157	161

注：由于户籍改革取消农业非农业户口性质划分，自2018年起农业户和农业人口不再进行统计。

Note:As the household registration reform abolished the division of agricultural and non-agricultural household registration, agricultural households and agricultural population will no longer be counted from 2018.

12-3 各市县农村基层组织情况(2021年)
Basic Statistics on Rural Grassroots Organizations by Region(2021)

地 区	Region	乡镇政府(个) Number of Township and Town Governments (unit)	#镇政府 Town Governments	村民委员会(个) Villagers Committees (unit)	村民小组(个) Villagers Groups (unit)	乡(村)总户数(户) Number of Rural Households (Household)	乡村从业人员(人) Number of Employed Persons in Rural Area (person)	女 Female
全省总计	**Total**	**196**	**175**	**2535**	**25544**	**1609352**	**3408327**	**1566389**
海口市	Haikou	22	22	248	2669	204244	390716	187304
三亚市	Sanya			89	863	62852	166835	80141
儋州市	Danzhou	16	16	240	1948	155201	339975	150745
五指山市	Wuzhishan	7	4	59	331	19507	45982	20601
文昌市	Wenchang	17	17	229	3955	134755	265894	126818
琼海市	Qionghai	12	12	189	2652	109199	220650	105844
万宁市	Wanning	12	12	197	2138	123028	261731	117480
定安县	Ding'an	10	10	108	1676	72517	137304	64841
屯昌县	Tunchang	8	8	104	1141	47001	102972	45206
澄迈县	Chengmai	11	11	144	831	127070	305760	138578
临高县	Lingao	11	11	154	893	120078	253238	113129
东方市	Dongfang	10	8	185	1580	105575	189801	86161
乐东县	Ledong	11	11	173	1542	123656	252097	113005
琼中县	Qiongzhong	10	7	100	633	25439	63398	28244
保亭县	Baoting	9	6	60	468	21225	53873	23830
陵水县	Lingshui	11	9	107	1197	81217	185434	83643
白沙县	Baisha	11	4	75	493	40252	86863	38877
昌江县	Changjiang	8	7	74	534	36536	85804	41942

注：各市县数据含农垦数据(下同)。

Note:Data of the cities and counties includes the data of Nongken，The same applies to the following tables.

12-4 各市县乡镇劳动力(2021年)
Rural Labor Force by Region (2021)

单位：人 (person)

地 区	Region	乡村劳动力总数 Total Number of Rural Labor Force	劳动年龄内的人口数 Population in Working Age	劳动年龄内上学的学生数 Students in School in Working Age	不足劳动年龄而参加劳动的人口数 Population of Taking Part in Working but Younger than Working Age	超过劳动年龄而参加劳动的人口数 Population of Taking Part in Working beyond the Working Age	劳动年龄内丧失劳动能力的人口数 Population in Working Age Losing Working Ability
全省总计	**Total**	**3926686**	**3671114**	**200502**	**75739**	**254044**	**74211**
海 口 市	Haikou	470479	432833	20657	6794	38173	7321
三 亚 市	Sanya	193540	185710	10483	3724	6113	2007
儋 州 市	Danzhou	416150	395988	25542	6189	21772	7799
五指山市	Wuzhishan	51539	46941	3416	1933	3719	1054
文 昌 市	Wenchang	306649	282007	10521	4076	24947	4381
琼 海 市	Qionghai	243014	220893	7388	5101	21917	4897
万 宁 市	Wanning	293214	283814	15294	3332	12409	6341
定 安 县	Ding'an	153811	140259	5548	3852	12533	2833
屯 昌 县	Tunchang	134441	125900	7095	1913	8915	2287
澄 迈 县	Chengmai	327130	301707	18952	6071	25044	5692
临 高 县	Lingao	287587	263070	16615	10041	20487	6011
东 方 市	Dongfang	224460	215706	16465	2405	10816	4467
乐 东 县	Ledong	289439	267049	16410	10126	16753	4489
琼 中 县	Qiongzhong	68043	64857	1669	1282	3210	1306
保 亭 县	Baoting	63521	60209	2792	969	3786	1443
陵 水 县	Lingshui	209296	199070	8193	3847	11813	5434
白 沙 县	Baisha	95948	90180	5924	2145	6342	2719
昌 江 县	Changjiang	98425	94921	7538	1939	5295	3730

12-5　乡村从业人员
Number of Employed Persons in Rural Area

单位：万人　(10 000 persons)

指　　标	Item	2005	2010	2015	2017	2018	2019	2020	2021
乡村从业人员	**Number of Employed Persons in Rural Area**	**256.01**	**284.58**	**311.81**	**327.07**	**323.96**	**324.13**	**329.96**	**340.83**
按性别分	By Sex								
男	Male	132.56	148.93	166.85	175.43	174.51	173.34	177.07	184.19
女	Female	123.45	135.66	144.95	151.64	149.45	150.79	152.89	156.64
按产业分	By Industry								
第一产业	Primary Industry	193.39	205.29	217.05	223.69	219.26	216.16	220.35	221.13
第二产业	Secondary Industry	17.89	24.51	31.28	33.70	33.61	34.53	34.05	35.72
第三产业	Tertiary Industry	44.73	54.78	63.48	69.68	71.09	73.44	75.56	83.98
按行业分	By Sector								
农业	Agriculture	193.39	205.29	217.05	223.69	219.26	216.16	220.35	221.13
工业	Industry	9.24	12.48	14.86	15.44	15.05	15.06	14.49	15.19
建筑业	Construction	8.65	12.03	16.41	18.27	18.56	19.47	19.56	20.53
交通运输业和邮电业	Transport and Post	6.75	7.72	8.42	8.77	8.60	8.41	8.50	8.97
信息传输、计算机服务和软件业	Information Transmission, Computer Service and Software	0.59	1.15	2.22	2.60	2.83	2.82	2.95	3.44
商业、饮食、物资供销仓储业	Business, Catering, Retails and Storage	17.99	24.76	30.39	32.72	33.11	34.34	33.16	36.32
其他	Others	19.40	21.15	22.45	25.59	26.55	27.87	30.95	35.25

12-6 各市县乡村从业人员（2021年）
Number of Employed Persons in Rural Area by Region (2021)

单位：人 (person)

地 区	Region	乡村从业人员 Number of Employed Persons in Rural Area	农 业 Agriculture	工 业 Industry	建 筑 业 Construction	交通运输邮电业 Transport and Post	信息传输计算机服务和软件业 Information Transmission, Computer Service and Software	商业、饮食、物资供销仓储业 Business Catering Retails and Storage	其他 Others
全省总计	**Total**	**3408327**	**2211284**	**151911**	**205306**	**89716**	**34353**	**363244**	**352513**
海 口 市	Haikou	390716	219542	28231	32619	14112	5446	49088	41678
三 亚 市	Sanya	166835	118077	1435	6913	3111	1401	23159	12739
儋 州 市	Danzhou	339975	224646	15066	24566	9416	2927	27990	35364
五指山市	Wuzhishan	45982	35370	1376	2763	527	302	4450	1194
文 昌 市	Wenchang	265894	175759	10166	18219	7002	3298	25625	25825
琼 海 市	Qionghai	220650	149743	7155	14217	5402	1629	22981	19523
万 宁 市	Wanning	261731	145409	24274	25697	8418	6733	29843	21357
定 安 县	Ding'an	137304	91516	7823	8025	4260	1420	15480	8780
屯 昌 县	Tunchang	102972	74180	4767	6557	1603	495	9020	6350
澄 迈 县	Chengmai	305760	206830	15113	13942	6714	1942	33830	27389
临 高 县	Lingao	253238	128643	16168	18386	8965	3441	27874	49761
东 方 市	Dongfang	189801	135014	5167	6660	5273	2306	19219	16162
乐 东 县	Ledong	252097	171948	8528	8265	8781	1832	33445	19298
琼 中 县	Qiongzhong	63398	55881	953	1552	366	52	2487	2107
保 亭 县	Baoting	53873	42910	764	1481	268	148	3390	4912
陵 水 县	Lingshui	185434	99542	1620	6869	2369	398	23461	51175
白 沙 县	Baisha	86863	64782	1994	5891	617	353	6021	7205
昌 江 县	Changjiang	85804	71492	1311	2684	2512	230	5881	1694

12-7　各市县耕地面积
Cultivated Land by Region

单位：公顷　　(hectare)

年份 地区	Year Region	耕地面积 Cultivated Land	水旱田 Paddy Fields and Dry land	水田 Paddy Fields	旱田 Dry land	旱地 Dry Fields
2000		433181	240653	182541	58112	192528
2005		416178	221556	166725	54830	194623
2010		419123	222904	176897	46007	196219
2014		424886	225967	175966	50000	198919
2015		422835	226625	173519	53106	196211
2016		427335	231851	176326	55524	195484
2017		439200	238768	180069	58699	200432
2018		439032	240083	182533	57550	198949
2019		438000	242538	181672	60866	195462
2020		436152	242575	183611	58964	193577
2021		438960	249375	190410	58964	189585
海口市	Haikou	50487	26495	17834	8661	23992
三亚市	Sanya	15073	12916	10201	2715	2157
儋州市	Danzhou	49500	24383	16011	8371	25117
五指山市	Wuzhishan	3268	2973	2799	174	294
文昌市	Wenchang	40691	32039	25114	6925	8652
琼海市	Qionghai	23002	16797	13943	2854	6204
万宁市	Wanning	18899	12748	10741	2008	6151
定安县	Ding'an	25140	11274	10767	507	13866
屯昌县	Tunchang	13333	8987	7069	1918	4345
澄迈县	Chengmai	29755	18070	15422	2647	11685
临高县	Lingao	29634	18402	12624	5777	11232
东方市	Dongfang	48640	16702	12330	4372	31939
乐东县	Ledong	30292	17238	11326	5912	13054
琼中县	Qiongzhong	9969	5199	4436	763	4769
保亭县	Baoting	5940	5554	5508	46	387
陵水县	Lingshui	11459	8963	6772	2191	2496
白沙县	Baisha	10254	4452	3184	1268	5802
昌江县	Changjiang	23625	6183	4328	1855	17442

12-8 主要农业机械拥有量
Major Agricultural Machinery

指　　标	Item	2005	2010	2015	2017	2018	2019	2020	2021
农业机械总动力(万千瓦)	**Total Power of Agricultural Machinery (10 000 kw)**	**268.21**	**421.52**	**504.22**	**556.86**	**561.27**	**558.21**	**615.32**	**642.23**
耕作机械(台)	**Machinery for Plough(unit)**								
#大中型拖拉机	Large and Medium-sized Tractors	3931	13203	23537	24880	24489	25364	26062	24911
小型拖拉机	Small Tractors	34419	52163	60978	64456	63042	61623	59791	56798
农用排灌机械(台)	**Machinery for Agricultural Drainage and Irrigation(unit)**								
#柴　油　机	Diesel Engines	93649	147085	188438	203097	201290	197573	193438	192175
电　动　机	Electric Motors	4472	29302	41628	53474	44752	45860	46139	47709
农用水泵	Pumps	62661	131697	140321	154197	151639	147270	144912	144683
农用排灌机械动力(万千瓦)	**Power of Machinery for Agricultural Drainage and Irrigation(10 000 kw)**	**52.57**	**90.52**	**91.5**	**107.57**	**107.23**	**104.96**	**103.26**	**102.31**
#柴 油 机	Diesel Engines	44.02	67.36	71.63	83.3	82.76	80.21	78.8	76.85
电 动 机	Electric Motors	8.55	23.16	19.88	24.28	24.48	24.75	24.46	25.46
收获机械	**Machinery for Harvest**								
#机动脱粒机(台)	Motorized Thresher(unit)	38543	47131	51325	53266	52875	47434	44163	42858
渔业机械	**Machinery for Fishery**								
#渔用机动船(艘)	Motorized Fishing Boats(unit)	25581	24799	24973	24357	23700	22095	22347	21078
渔用机动船(万千瓦)	Motorized Fishing Boats(10 000 kw)	65.4	84.56	77.41	94.55	95.67	94.39	129.42	132.52
农用运输车(辆)	**Trucks for Agricultural Use(unit)**	**25581**	**27642**	**33596**	**36814**	**35408**	**35522**	**38845**	**39668**

12-9 农业现代化情况
Basic Statistics on Agricultural Modernization

指 标	Item	2005	2010	2015	2017	2018	2019	2020	2021
农村电气化	**Electrification of Rural Areas**								
乡村办水电站(个)	Number of Hydropower Stations in Rural Areas(unit)	38	52	49	51	40	41	54	52
发电能力(千瓦)	Generating Capacity (kw)	83993	301183	363483	366524	314441	313924	46856	41696
农村用电量(万千瓦时)	Electricity Consumed in Rural Areas (10 000 kwh)	38452	59480	130231	155189	174095	186840	548691	626530
农用化肥施用量(实物量)(万吨)	**Consumption of Chemical Fertilizers (10 000tons)**	**93.60**	**117.50**	**135.74**	**132.87**	**124.85**	**116.93**	**110.11**	**105.58**
氮 肥	Nitrogenous Fertilizer	20.35	32.70	38.32	39.82	37.81	33.60	30.62	28.95
磷 肥	Phosphate Fertilizer	10.18	25.62	33.78	28.25	26.19	24.64	23.30	22.35
钾 肥	Potash Fertilizer	35.19	14.36	18.21	18.00	17.22	16.43	15.37	14.89
复合肥	Compound Fertilizer	0.96	44.82	45.42	46.80	43.62	42.27	40.82	39.38
化学农药使用量(万吨)	**Consumption of Pesticide(10 000tons)**	**1.81**	**4.55**	**3.98**	**3.34**	**2.32**	**2.19**	**1.97**	**1.87**
农田水利有效灌溉面积(公顷)	**Effective Irrigated Area (hectare)**	**168266**	**179880**	**197638**	**193818**	**184983**	**186042**	**197321**	**198173**
旱涝保收面积(公顷)	**Area With Stable Yields Despite of Drought or Waterlogging (hectare)**	**92271**	**98350**	**102925**	**98633**	**100150**	**101515**	**115355**	**112712**

注：由于口径调整，2020年起农村用电量数据有所调整。

Note:Due to the adjustment of caliber,the data of rural power consumption has been adjusted since 2020.

12-10 各市县农业机械总动力(2021年)
Total Power of Agricultural Machinery by Region (2021)

单位：千瓦 (kw)

地 区	Region	农业机械总动力 Total Power of Agricultural Machinery	柴油发动机动力 Power of Diesel Engines	汽油发动机动力 Power of Gasoline Engines	电动机动力 Power of Electric Motors	其他机械动力 Power of other Machinery
全省总计	**Total**	**6422302**	**5156299**	**493138**	**687842**	**85023**
海 口 市	Haikou	513458	343508	24141	141822	3987
三 亚 市	Sanya	300883	257386	25030	18467	
儋 州 市	Danzhou	502865	468618	21265	12982	
五指山市	Wuzhishan	99356	84140	7979	6638	600
文 昌 市	Wenchang	647219	524414	40502	82303	
琼 海 市	Qionghai	326672	253215	30239	40532	2687
万 宁 市	Wanning	547629	411130	71631	50480	14388
定 安 县	Ding'an	180315	158576	8582	10866	2291
屯 昌 县	Tunchang	91780	74256	10005	5920	1598
澄 迈 县	Chengmai	375053	336459	24201	13494	900
临 高 县	Lingao	850809	798251	32944	19520	94
东 方 市	Dongfang	269872	229295	11020	28640	918
乐 东 县	Ledong	763997	628594	58697	65794	10912
琼 中 县	Qiongzhong	296503	117654	20943	157906	
保 亭 县	Baoting	68747	50828	12607	5049	263
陵 水 县	Lingshui	264498	158713	84505	21280	
白 沙 县	Baisha	134148	85549	3208	4156	41235
昌 江 县	Changjiang	188497	175714	5639	1994	5150

12-11 各市县农业机械拥有量(2021年)
Agricultural Machinery by Region (2021)

地 区	Region	排灌机械 Machinery for Agricultural Drainage and Irrigation			收获机械 Machinery for Harvest
		柴油机(台) Diesel Engines (unit)	电动机(台) Electric Motors (unit)	农用水泵(台) Pumps (unit)	联合收割机(台) Combine Harvester (unit)
全省总计	**Total**	**192175**	**47709**	**144683**	**3901**
海口市	Haikou	7923	2508	3857	117
三亚市	Sanya	12311	1672	10351	421
儋州市	Danzhou	12944	139	13145	313
五指山市	Wuzhishan	653	514	437	151
文昌市	Wenchang	18910	4547	23457	168
琼海市	Qionghai	6298	3019	5067	36
万宁市	Wanning	7585	3872	8310	249
定安县	Ding'an	3487	549	1302	456
屯昌县	Tunchang	2257	996	1496	39
澄迈县	Chengmai	13797	2339	13970	426
临高县	Lingao	6479	1333	1134	125
东方市	Dongfang	16105	2590	13562	135
乐东县	Ledong	70196	17218	37849	700
琼中县	Qiongzhong	3047	351	1761	104
保亭县	Baoting	2463	2283	3994	119
陵水县	Lingshui		3675	3675	150
白沙县	Baisha	1025	100		47
昌江县	Changjiang	6695	4	1316	145

12-11 续(continued)

地 区	Region	渔用机动船 Machinery for Fishery		运输机械 Machinery for Transport	
		艘 unit	千瓦 kw	农用载重汽车(辆) Trucks for Agricultural Use(unit)	农 用 运 输 车(辆) Transport Trucks for Agricultural Use(unit)
全省总计	**Total**	**21078**	**1325223**	**7361**	**39668**
海 口 市	Haikou	1434	17371	684	3801
三 亚 市	Sanya	955	73459	129	385
儋 州 市	Danzhou	2659	180121	148	1318
五指山市	Wuzhishan			213	144
文 昌 市	Wenchang	1598	48605		1263
琼 海 市	Qionghai	1433	48881	625	2983
万 宁 市	Wanning	2490	50144	744	3965
定 安 县	Ding'an	4	159	1131	2256
屯 昌 县	Tunchang			294	1659
澄 迈 县	Chengmai	1492	41668	1159	3178
临 高 县	Lingao	5116	695728	523	3696
东 方 市	Dongfang	654	35646	680	3292
乐 东 县	Ledong	757	19764	612	5880
琼 中 县	Qiongzhong				
保 亭 县	Baoting			258	1237
陵 水 县	Lingshui	1878	83698		3244
白 沙 县	Baisha				
昌 江 县	Changjiang	608	29980	161	1367

12-12 各市县农业现代化情况(2021年)
Agricultural Modernization by Region (2021)

地 区	Region	化肥施用实物量(吨) Consumption of Chemical Fertillzer(ton) 合计 Total	氮肥 Nitrogenous Fertilizer	磷肥 Phosphate Fertilizer	钾肥 Potash Fertilizer	复合肥 Compound Fertilizer
全省总计	**Total**	**1055765**	**289508**	**223538**	**148898**	**393820**
海口市	Haikou	84609	23367	22767	13772	24703
三亚市	Sanya	46923	9833	5774	5466	25850
儋州市	Danzhou	70635	25326	15756	6788	22765
五指山市	Wuzhishan	3244	913	515	774	1041
文昌市	Wenchang	83945	20794	17243	11255	34653
琼海市	Qionghai	125455	32492	29339	23223	40401
万宁市	Wanning	66322	18949	9193	12826	25354
定安县	Ding'an	55277	12592	15613	6705	20367
屯昌县	Tunchang	30315	9495	8540	3380	8901
澄迈县	Chengmai	112987	30027	31247	17610	34102
临高县	Lingao	58777	14422	15311	8286	20759
东方市	Dongfang	76009	17606	10650	9969	37784
乐东县	Ledong	118047	38361	23325	16929	39432
琼中县	Qiongzhong	19599	4493	6930	929	7247
保亭县	Baoting	14611	2525	1979	1472	8636
陵水县	Lingshui	19652	4899	3552	2985	8216
白沙县	Baisha	19953	4806	2191	1469	11487
昌江县	Changjiang	49404	18607	3615	5060	22122

12-12 续(continued)

地 区	Region	农 药 使用量(吨) Consumption of Pesticide (ton)	农田有效 灌溉面积(公顷) Effective Irrigated Area (hectare)	#机电灌 溉面积 Mechanical and Electrical Irrigation	旱涝保收 面积(公顷) Area With Stable Yieds Despite of Drought or Waterlogging (hectare)
全省总计	**Total**	**18729**	**198173**	**36432**	**112712**
海 口 市	Haikou	1144	17409	3960	8106
三 亚 市	Sanya	2411	10523	1417	5918
儋 州 市	Danzhou	649	15455	2144	8332
五指山市	Wuzhishan	290	2546	15	259
文 昌 市	Wenchang	1037	22185	9193	5339
琼 海 市	Qionghai	3004	12389	2281	8397
万 宁 市	Wanning	905	11936	1647	7893
定 安 县	Ding'an	163	10347	1211	6094
屯 昌 县	Tunchang	268	4205	294	2570
澄 迈 县	Chengmai	1895	16399	3794	8214
临 高 县	Lingao	303	11724	2939	8273
东 方 市	Dongfang	381	12191	2738	7193
乐 东 县	Ledong	2322	14610	1430	9753
琼 中 县	Qiongzhong	877	3894	13	1379
保 亭 县	Baoting	532	4458	430	2579
陵 水 县	Lingshui	1809	16590	1427	15163
白 沙 县	Baisha	616	3149	606	1650
昌 江 县	Changjiang	123	8163	892	5599

12-13 农林牧渔业总产值
Gross Output Value of Agriculture, Forestry, Animal Husbandry and Fishery

单位：亿元 (100 million yuan)

指 标	Item	2005	2010	2015	2017	2018	2019	2020	2021
农林牧渔业总产值	**Total**	**475.88**	**813.80**	**1294.00**	**1488.86**	**1535.73**	**1689.40**	**1821.02**	**2014.79**
农业产值	**Farming**	**179.63**	**337.89**	**598.70**	**707.42**	**729.51**	**819.58**	**874.81**	**1049.56**
谷物及其他作物	Cereal and Other Plants	47.19	71.56	103.75	104.96	101.63	96.67	96.88	94.51
#谷物	Cereal	19.47	31.31	46.48	44.25	44.21	41.16	41.40	43.04
豆类	Beans	0.74	0.81	1.26	1.13	1.26	1.13	1.43	0.96
油料	Oil-bearing Crops	2.98	3.74	7.10	7.01	6.61	7.36	7.03	6.12
糖料	Sugar Crops	6.72	12.47	21.54	18.61	17.45	15.31	15.21	12.43
蔬菜园艺作物	Vegetables and Horticulture Plant	67.34	116.95	245.60	290.48	303.44	342.25	312.92	351.89
#蔬菜类	Vegetables	62.62	108.80	215.63	246.02	255.99	288.85	258.45	293.06
水果、坚果、饮料和香料作物	Fruits,Nut,Beverage and Perfume Plants	64.30	148.72	236.21	294.33	305.53	360.81	444.12	593.78
#水果	Fruits		120.55	157.96	200.69	201.78	256.54	280.18	287.26
坚果	Nut		27.75	47.95	68.52	85.89	86.86	145.92	282.23
中药材	Chinese Medicinal Materials	0.80	0.66	13.14	17.65	18.92	19.85	20.89	9.37
林业产值	**Forestry**	**58.93**	**122.67**	**97.21**	**107.71**	**110.44**	**106.39**	**121.15**	**118.25**
林木的培育和种植	Lumbering and Transportation of Timber and Bamboo	7.11	21.19	41.47	36.70	42.14	40.87	37.24	35.88
竹木采运	Cultivating and Planting of Forest Tree	10.18	7.58	7.39	11.81	13.83	17.94	28.51	24.13
林产品	Forestry Products	41.64	93.90	48.35	59.19	54.47	47.59	55.41	58.24
牧业产值	**Animal Husbandry**	**95.21**	**160.87**	**246.35**	**245.05**	**245.32**	**300.85**	**357.07**	**327.65**
牲畜饲养	Rearing of Livestock	8.75	12.60	31.11	31.06	31.63	39.51	50.81	42.34
猪的饲养	Rearing of Pigs	47.73	84.81	120.70	118.08	110.02	129.14	175.72	157.51
#肉猪	Fattened Hogs	45.83	82.08	110.79	107.83	99.96	119.55	166.74	149.93
家禽饲养	Rearing of Poultry	36.13	59.53	89.02	90.11	99.37	129.99	127.17	120.65
#肉禽	Poultry for Meat	33.91	52.80	82.65	84.40	92.98	122.79	120.40	115.08
渔业产值	**Fishery**	**132.18**	**169.41**	**307.78**	**372.77**	**387.44**	**390.90**	**390.80**	**435.16**
海水产品	Seawater Aquatic Products	116.76	140.88	272.48	337.58	348.63	352.37	353.73	391.98
#养殖	Cultured	12.22	27.74	47.40	78.13	67.07	60.77	59.08	79.90
淡水产品	Freshwater Aquatic Products	15.42	28.53	35.29	35.19	38.81	38.53	37.07	43.18
#养殖	Cultured	6.00	7.01	33.43	33.88	36.89	36.15	35.10	38.70
农林牧渔专业及辅助性活动	**Agriculture，Forestry, Animal husbandry and Fishery Speciality and auxiliary activities**	**9.93**	**22.95**	**43.97**	**55.92**	**63.02**	**71.69**	**77.18**	**84.17**

注：产值按当年价格计算。

Note:Data in value terms in this table are calculated at current prices.

12-14 农林牧渔业总产值指数

Gross Output Value Indices of Agriculture, Forestry, Animal Husbandry and Fishery

单位：% (%)

指 标	Item	2005	2010	2015	2017	2018	2019	2020	2021
农林牧渔业总产值	**Total**	**106.7**	**106.1**	**105.5**	**103.8**	**104.1**	**102.6**	**102.4**	**105.1**
农业产值	**Farming**	**105.8**	**105.3**	**106.4**	**105.7**	**105.1**	**105.4**	**106.1**	**106.1**
谷物及其他作物	Cereal and Other Plants	86.7	97.1	97.9	98.8	97.5	96.0	98.4	95.6
#谷物	Cereal		98.4	102.9	93.7	100.6	93.8	98.8	101.8
豆类	Beans		122.1	65.8	94.3	101.4	89.3	126.4	74.5
油料	Oil-bearing Crops		105.1	98.7	94.3	92.7	104.5	89.1	97.1
糖料	Sugar Crops		86.9	73.1	81.4	95.0	91.0	99.4	89.8
蔬菜园艺作物	Vegetables and Horticulture Plant	108.6	107.9	106.5	105.5	104.6	105.1	100.2	100.4
#蔬菜类	Vegetables		107.5	106.9	104.1	104.2	104.9	100.1	100.6
水果、坚果、饮料和香料作物	Fruits,Nut,Beverage and Perfume Plants	120.9	107.5	107.3	108.1	108.2	108.8	113.9	114.0
#水果	Fruits		109.6	102.4	110.0	108.8	108.8	108.6	108.7
坚果	Nut		99.8	138.9	110.0	107.3	110.6	109.9	105.4
中药材	Chinese Medicinal Materials	141.2	139.9	188.5	115.3	107.2	104.9	105.3	74.1
林业产值	**Forestry**	**91.6**	**113.6**	**107.3**	**102.5**	**105.4**	**105.3**	**112.6**	**91.5**
林木的培育和种植	Lumbering and Transportation of Timber and Bamboo	102.9	130.8	135.0	99.9	105.7	109.7	101.5	84.5
竹木采运	Cultivating and Planting of Forest Tree	108.9	103.4	85.6	106.0	118.7	128.1	161.5	83.5
林产品	Forestry Products	78.4	111.4	96.2	103.6	102.5	96.0	103.7	100.3
牧业产值	**Animal Husbandry**	**115.0**	**104.5**	**102.5**	**99.4**	**103.9**	**93.9**	**91.9**	**108.4**
牲畜饲养	Rearing of Livestock	129.6	102.2	109.6	126.6	103.7	113.6	120.9	81.5
猪的饲养	Rearing of Pigs	106.8	104.0	100.0	105.6	105.9	72.1	72.2	128.2
#肉猪	Fattened Hogs		104.6	98.4	106.6	105.4	73.4	74.0	128.6
家禽饲养	Rearing of Poultry	122.8	104.2	105.8	83.6	103.0	113.5	101.5	88.9
#肉禽	Poultry for Meat		109.1	105.5	86.3	103.2	114.5	101.8	85.9
渔业产值	**Fishery**	**108.6**	**104.8**	**104.8**	**103.0**	**101.2**	**100.7**	**99.3**	**103.0**
海水产品	Seawater Aquatic Products	108.3	106.5	106.5	103.0	100.4	100.8	99.3	102.7
#养殖	Cultured				125.3	87.3	95.1	98.4	105.3
淡水产品	Freshwater Aquatic Products	110.3	96.6	95.2	103.1	109.7	100.3	99.0	105.9
#养殖	Cultured				102.5	108.2	99.0	99.0	100.2
农林牧渔专业及辅助性活动	**Agriculture，Forestry, Animal husbandry and Fishery Speciality and auxiliary activities**	**128.2**	**109.4**	**110.5**	**110.0**	**110.0**	**110.3**	**104.8**	**109.5**

注：指数按可比价格计算。

Note: The indices are calculated at comparable Prices.

12-15 农林牧渔业总产值及构成
Gross Output Value of Agriculture, Forestry, Animal Husbandry and Fishery and Related Composition

单位：亿元 (100 millionyuan)

指 标	Item	2005	2010	2015	2017	2018	2019	2020	2021
农林牧渔业总产值	**Total**	**475.88**	**813.80**	**1294.00**	**1488.86**	**1535.73**	**1689.40**	**1821.02**	**2014.79**
农 业	Farming	179.63	337.89	598.70	707.42	729.51	819.58	874.81	1049.56
林 业	Forestry	58.93	122.67	97.21	107.71	110.44	106.39	121.15	118.25
牧 业	Animal Husbandry	95.21	160.87	246.35	245.05	245.32	300.85	357.07	327.65
渔 业	Fishery	132.18	169.41	307.78	372.77	387.44	390.90	390.80	435.16
海水产品	Seawater Aquatic Products	116.76	140.88	272.48	337.58	348.63	352.37	353.73	391.98
淡水产品	Freshwater Aquatic Products	15.42	28.53	35.29	35.19	38.81	38.53	37.07	43.18
农林牧渔专业及辅助性活动	**Agriculture，Forestry, Animal husbandry and Fishery Speciality and auxiliary activities**	9.93	22.95	43.97	55.92	63.02	71.69	77.18	84.17
比 重(%)	**Proportion (%)**								
农 业	Farming	37.75	41.52	46.27	47.51	47.50	48.51	48.04	52.09
林 业	Forestry	12.38	15.07	7.51	7.23	7.19	6.30	6.65	5.87
牧 业	Animal Husbandry	20.01	19.77	19.04	16.46	15.97	17.81	19.61	16.26
渔 业	Fishery	27.78	20.82	23.78	25.04	25.23	23.14	21.46	21.60
海水产品	Seawater Aquatic Products	24.53	17.31	21.06	22.67	22.70	20.86	19.43	19.46
淡水产品	Freshwater Aquatic Products	3.24	3.51	2.73	2.36	2.53	2.28	2.04	2.14
农林牧渔专业及辅助性活动	**Agriculture，Forestry, Animal husbandry and Fishery Speciality and auxiliary activities**	2.09	2.82	3.40	3.76	4.10	4.24	4.24	4.18

注：本表按当年价格计算。
Note:Data in this table are calculated at current prices.

12-16 各市县农林牧渔业总产值（2021年）

Gross Output Value of Agriculture, Forestry, Animal Husbandry and Fishery by Region (2021)

单位：万元 (10 000 yuan)

地区	Region	农林牧渔业总产值 Total	农业 Farming	林业 Forestry	牧业 Animal Husbandry	渔业 Fishery	农林牧渔专业及辅助性活动 Agriculture, Forestry, Animal husbandry and Fishery Speciality and auxiliary activities
海口市	Haikou	1415772	809413	73819	313115	122398	97026
三亚市	Sanya	1351552	950584	36732	97908	197026	69302
儋州市	Danzhou	2166125	590594	149896	485103	885727	54805
五指山市	Wuzhishan	130020	83083	21784	21191	3373	590
文昌市	Wenchang	1683132	650478	38769	425616	490489	77780
琼海市	Qionghai	1873967	1066294	128694	339736	204436	134807
万宁市	Wanning	1367378	826002	74691	198995	233608	34081
定安县	Ding'an	774633	436186	30025	231755	16448	60220
屯昌县	Tunchang	598820	305278	77877	130282	19690	65695
澄迈县	Chengmai	1664539	858089	106527	398513	246597	54812
临高县	Lingao	1929479	302962	38106	146175	1406556	35679
东方市	Dongfang	1056792	868567	25221	73927	64412	24665
乐东县	Ledong	1517628	1290005	41717	118052	56031	11823
琼中县	Qiongzhong	422494	233245	81965	77882	17658	11744
保亭县	Baoting	337483	231864	36888	48686	4418	15628
陵水县	Lingshui	850990	466677	38792	47677	238231	59614
白沙县	Baisha	394186	152344	154725	64687	9482	12947
昌江县	Changjiang	612958	373927	26312	57238	135026	20454

注：本表按当年价格计算。

Note:Data in this table are calculated at current prices.

12-17 各市县人均主要农产品产量

Per Capita Output of Major Farm Products by Region

单位：公斤/人 (kg/person)

年 份 地 区	Year Region	粮 食 Grain	稻 谷 Rice	油 料 Oil-bearing Grops	糖 蔗 Sugarcane	猪牛羊肉 Pork,Beef and Mutton	猪肉 Pork	水 产 品 Aquatic Products
2005		185	134	10	306	37	34	181
2010		192	152	10	389	51	47	172
2015		170	150	11	248	53	50	204
2016		159	142	10	169	54	51	209
2017		149	133	10	127	51	48	195
2018		157	140	9	128	52	49	188
2019		153	134	9	108	35	31	182
2020		144	125	8	105	23	21	165
2021		143	125	7	92	33	30	163
海 口 市	Haikou	35	29	2	4	13	12	17
三 亚 市	Sanya	35	35	0	0.0	9	8	39
儋州市	Danzhou	293	276	4	206	20	17	1020
五指山市	Wuzhishan	118	94	8	314	66	64	334
文 昌 市	Wenchang	117	100	6	3	15	14	20
琼 海 市	Qionghai	210	148	22	14	46	41	518
万 宁 市	Wanning	193	175	5	28	64	61	162
定 安 县	Ding'an	187	176	2	1	39	34	135
屯 昌 县	Tunchang	323	294	46	0	65	54	46
澄 迈 县	Chengmai	303	278	19	3	56	51	41
临 高 县	Lingao	425	369	12	324	72	65	217
东 方 市	Dongfang	223	176	17	121	20	17	61
乐 东 县	Ledong	239	215	11	2	28	23	40
琼 中 县	Qiongzhong	142	125	16	59	73	70	78
保 亭 县	Baoting	140	135	4	7	51	48	27
陵 水 县	Lingshui	137	128	1	0	24	17	205
白 沙 县	Baisha	133	122	2	83	46	43	7
昌 江 县	Changjiang	110	94	4	1161	26	20	343

注：本表儋州地区数据包含洋浦数据。
Note:The data of Danzhou Area include the data of Yangpu in this table.

12-18 各市县农作物播种面积（2021年）
Sown Area of Farm Crops by Region (2021)

地 区	Region	农作物总播种面积(公顷) Sown Area ofFarm Crops(hectare)	粮 食 Grain	豆 类 Soybeans	甘 蔗 Sugarcane	蔬 菜 Vegetables	占总播种面积(%) Percentage to Total Sown Area(%) 粮 食 Grain	豆 类 Beans	甘 蔗 Sugarcane	蔬 菜 Vegetables
全省总计	**Total**	**684777**	**271436**	**1819**	**16758**	**262902**	**39.6**	**0.3**	**2.4**	**38.4**
海 口 市	Haikou	51019	19935	156	240	25174	39.1	0.3	0.5	49.3
三 亚 市	Sanya	18435	6537		1	9723	35.5		0.0	52.7
儋州市	Danzhou	47800	19663	12	6208	16186	41.1	0.0	13.0	33.9
五指山市	Wuzhishan	9466	2239		23	3504	23.7		0.2	37.0
文 昌 市	Wenchang	56815	25967	15	145	20147	45.7	0.0	0.3	35.5
琼 海 市	Qionghai	37296	18431	23	224	15437	49.4	0.1	0.6	41.4
万 宁 市	Wanning	41156	19118	21	19	16770	46.5	0.1	0.0	40.7
定 安 县	Ding'an	38344	18202	129	0	13566	47.5	0.3	0.0	35.4
屯 昌 县	Tunchang	29772	13006	100	19	11566	43.7	0.3	0.1	38.8
澄 迈 县	Chengmai	76410	37595	282	2086	30417	49.2	0.4	2.7	39.8
临 高 县	Lingao	34742	20705	21	1567	11334	59.6	0.1	4.5	32.6
东 方 市	Dongfang	63305	19192	49	1512	15974	30.3	0.1	2.4	25.2
乐 东 县	Ledong	73979	23162	869	17	31354	31.3	1.2	0.0	42.4
琼 中 县	Qiongzhong	17277	4537	140	289	3832	26.3	0.8	1.7	22.2
保 亭 县	Baoting	10999	4344		36	4346	39.5		0.3	39.5
陵 水 县	Lingshui	28897	9655		8	11705	33.4		0.0	40.5
白 沙 县	Baisha	14882	4205	2	238	2735	28.3	0.0	1.6	18.4
昌 江 县	Changjiang	34180	4942		4124	19133	14.5		12.1	56.0

12-19 历年农作物播种面积、比重及复种指数

Sown Area of Farm Crops,Proportion and Multiple Cropping Indices in Various Years

年份 Year	总播种面积 (公顷) Total Sown Area(hectare)	粮食作物 Grain Crops 播种面积 (公顷) Sown Area(hectare)	粮食作物 Grain Crops 占总播种面积(%) Percentage to Total Sown Area(%)	复种指数(%) Multiple Gropping Indices(%)
1952	553640	522547	94.4	190.6
1957	752647	684560	91.0	189.6
1962	704993	641727	91.0	176.5
1965	690527	569780	82.5	175.4
1970	728187	616893	84.7	175.0
1975	909007	690033	75.9	205.4
1978	796433	642093	80.6	175.0
1980	696313	575440	82.6	156.0
1981	678647	551393	81.2	155.0
1982	706760	549293	77.7	160.0
1983	710560	542146	76.3	164.0
1984	715880	532320	74.4	163.0
1985	739887	507900	68.6	170.0
1986	754607	516726	68.5	174.0
1987	760193	509520	67.0	175.8
1988	740380	496940	67.1	171.6
1989	789587	529887	67.1	182.1
1990	721253	560573	77.7	188.8
1991	829467	561747	67.7	189.7
1992	868307	577700	66.5	198.9
1993	846160	550173	65.0	195.2
1994	844108	549420	65.1	196.3
1995	870064	559376	64.3	202.7
1996	890779	559314	62.8	207.5
1997	914513	577197	63.1	214.6
1998	937573	576954	61.5	219.1
1999	931756	567702	60.9	216.9
2000	909539	545634	60.0	210.0
2001	893928	526872	58.9	209.9
2002	900987	522287	58.0	212.8
2003	876170	495229	56.5	209.1
2004	862309	482303	55.9	206.4
2005	782095	423751	54.2	187.9
2006	821150	444547	54.1	192.7
2007	815053	395747	48.6	198.8
2008	785542	402006	51.2	179.2
2009	792389	401890	50.7	181.9
2010	786751	400126	50.9	187.7
2011	782397	386684	49.4	183.9
2012	786570	387051	49.2	187.5
2013	772484	365466	47.3	184.7
2014	779403	335213	43.0	183.4
2015	757497	309612	40.9	179.1
2016	731883	292031	39.9	171.3
2017	709441	282482	39.8	161.5
2018	712938	286110	40.1	162.4
2019	694941	272647	39.2	158.7
2020	691798	270747	39.1	158.6
2021	684777	271436	39.6	156.0

12-20 各市县主要农作物面积和产量（2020年）
Sown Area and Output of Major Farm Crops by Region (2020)

地区	Region	粮食作物 Grain crops		谷物 Cereal		水稻 Rice	
		播种面积（公顷）Sown Area (hectare)	总产量（吨）Total Output (ton)	播种面积（公顷）Sown Area (hectare)	总产量（吨）Total Output (ton)	播种面积（公顷）Sown Area (hectare)	总产量（吨）Total Output (ton)
2018		286110	1471200	246100	1307000	246100	1307000
2019		272647	1449643	229729	1265116	229700	1264973
2020		270747	1454664	227541	1262466	227541	1262466
2021		271436	1460265	226614	1271082	226614	1271082
海口市	Haikou	19935	102341	15693	85240	15693	85240
三亚市	Sanya	6537	37412	6425	36841	6425	36841
儋州市	Danzhou	19663	114183	14682	91413	14682	91413
五指山市	Wuzhishan	2239	13088	1861	11200	1861	11200
文昌市	Wenchang	25967	119174	18364	84226	18364	84226
琼海市	Qionghai	18431	103090	16263	93436	16263	93436
万宁市	Wanning	19118	103434	17621	97072	17621	97072
定安县	Ding'an	18202	92882	16110	84724	16110	84724
屯昌县	Tunchang	13006	77469	11320	70911	11320	70911
澄迈县	Chengmai	37595	213764	31193	185655	31193	185655
临高县	Lingao	20705	123761	18936	116538	18936	116538
东方市	Dongfang	19192	100436	14413	78943	14413	78943
乐东县	Ledong	23162	112385	19543	100898	19543	100898
琼中县	Qiongzhong	4537	25647	3600	22595	3600	22595
保亭县	Baoting	4344	22090	4078	21227	4078	21227
陵水县	Lingshui	9655	51522	8818	48244	8818	48244
白沙县	Baisha	4205	21912	3698	20016	3698	20016
昌江县	Changjiang	4942	25675	3995	21905	3995	21905

12-20 续1(continued 1)

地 区	Region	早造水稻 Early Season Rice		晚造水稻 Late Season Rice		蕃 薯 Tubers	
		播种面积（公顷）Sown Area (hectare)	总产量（吨）Total Output (ton)	播种面积（公顷）Sown Area (hectare)	总产量（吨）Total Output (ton)	播种面积（公顷）Sown Area (hectare)	总产量（吨）Total Output (ton)
2018		126930	779000	119170	528000	34050	145700
2019		114400	692000	115300	572973	37640	167693
2020		109961	658645	117580	603821	36920	171059
2021		111274	681365	115339	589717	39680	175561
海口市	Haikou	7742	43241	7951	41999	3819	16446
三亚市	Sanya	3734	22495	2690	14346	113	571
儋州市	Danzhou Area	7019	46236	7663	45177	4804	22321
五指山市	Wuzhishan	726	4818	1135	6381	376	1883
文昌市	Wenchang	8677	43048	9687	41178	7522	34719
琼海市	Qionghai	7807	48594	8457	44842	2145	9607
万宁市	Wanning	8377	51658	9244	45413	1271	5754
定安县	Ding'an	7293	43903	8817	40821	1870	7522
屯昌县	Tunchang	6303	43933	5017	26978	1487	6072
澄迈县	Chengmai	14869	98339	16323	87316	5980	26802
临高县	Lingao	11102	77174	7834	39364	1273	5720
东方市	Dongfang	7575	41192	6838	37751	4572	20932
乐东县	Ledong	7266	40355	12277	60543	1518	5773
琼中县	Qiongzhong	2534	17375	1066	5220	743	2596
保亭县	Baoting	1464	8129	2615	13098	208	695
陵水县	Lingshui	4766	26160	4053	22083	658	2781
白沙县	Baisha	1937	11781	1761	8236	372	1596
昌江县	Changjiang	2084	12934	1911	8971	948	3770

12-20 续2(continued 2)

地区	Region	大豆 Beans		油料 Oil-bearing Crops		花生 Peanuts		芝麻 Sesames	
		播种面积(公顷) Sown Area (hectare)	总产量(吨) Total Output (ton)	播种面积(公顷) Sown Area (hectare)	总产量(吨) Total Output (ton)	播种面积(公顷) Sown Area (hectare)	总产量(吨) Total Output (ton)	播种面积(公顷) Sown Area (hectare)	总产量(吨) Total Output (ton)
2018		2010	6400	31559	84440	30583	83115	976	1326
2019		1919	6233	31604	86934	30595	85720	1008	1214
2020		2897	10389	30653	76891	29881	75902	772	989
2021		1819	4864	30468	74637	29734	73563	734	1074
海口市	Haikou	156	157	2844	5862	2350	5340	494	522
三亚市	Sanya			82	228	81	224	1	4
儋州市	Danzhou	12	27	3063	7778	3062	7770	1	8
五指山市	Wuzhishan			283	672	283	672		
文昌市	Wenchang	15	35	6059	12693	6059	12693		
琼海市	Qionghai	23	47	1252	2705	1252	2705		
万宁市	Wanning	21	56	440	1040	440	1040	0	0
定安县	Ding'an	129	390	4014	13263	3968	13213	47	50
屯昌县	Tunchang	100	239	2632	4908	2632	4908		
澄迈县	Chengmai	282	863	2176	5952	2001	5574	176	378
临高县	Lingao	21	62	523	1800	510	1754	13	46
东方市	Dongfang	49	107	3173	7488	3173	7488		
乐东县	Ledong	869	2576	2015	5168	2015	5168		
琼中县	Qiongzhong	140	298	1275	2951	1274	2950	1	1
保亭县	Baoting			207	628	207	628		
陵水县	Lingshui			83	359	82	295	1.1	64.0
白沙县	Baisha	2	5	110	250	109	249	1	1
昌江县	Changjiang			236	892	236	892		

12-20 续3(continued 3)

地 区	Region	甘蔗 Sugarcane		糖蔗 Sugarcrops for Sugar Refining		蔬菜 Vegetables		瓜类 Melons	
		播种面积(公顷) Sown Area (hectare)	总产量(吨) Total Output (ton)	播种面积(公顷) Sown Area (hectare)	总产量(吨) Total Output (ton)	播种面积(公顷) Sown Area (hectare)	总产量(吨) Total Output (ton)	播种面积(公顷) Sown Area (hectare)	总产量(吨) Total Output (ton)
2018		20767	1325251	18757	1194503	257728	5667677	32654	1082923
2019		18447	1145465	16439	1020370	256501	5677772	34768	1232304
2020		17931	1058341	15895	932942	258981	5727506	39166	1458816
2021		16758	943894	14697	820584	262902	5889160	42484	1578875
海口市	Haikou	240	12142			25174	502621	365	8272
三亚市	Sanya	1	50			9723	363744	1306	50450
儋州市	Danzhou	6208	304454	6157	301074	16186	367876	1035	37417
五指山市	Wuzhishan	23	284	2	59	3504	58315		
文昌市	Wenchang	145	7696	27	1266	20147	445940	3495	162104
琼海市	Qionghai	224	15135			15437	528316	44	1537
万宁市	Wanning	19	774			16770	456904	3503	116622
定安县	Ding'an	0	15			13566	301598	39	1338
屯昌县	Tunchang	19	804			11566	195578	48	598
澄迈县	Chengmai	2086	163120	1426	109414	30417	841395	935	27520
临高县	Lingao	1567	86888	1346	77824	11334	266881	256	7723
东方市	Dongfang	1512	54312	1480	52821	15974	254463	11367	515089
乐东县	Ledong	17	840			31354	570136	9507	319895
琼中县	Qiongzhong	289	10735	2	106	3832	33239	1	0
保亭县	Baoting	36	1094			4346	79120		
陵水县	Lingshui	8	126	6	61	11705	245636	6723	213187
白沙县	Baisha	238	13644	230	13250	2735	27203	29	602
昌江县	Changjiang	4124	271782	4020	264708	19133	350196	3831	116522

12-21 瓜菜生产情况（2021年）
Production of Melons and Vegetables (2021)

项　目	Item	播种面积(公顷) Sown Area (hectare)	单产(公斤/公顷) Yield (kg/hectare)	总产量(万吨) Total Output (10 000 ton)
一、蔬菜、瓜菜	**Vegetables,Melons**	**305386**	**24454**	**7468035.18**
蔬　菜	Vegetables	262902	22401	5889159.76
瓜　类	Melons	42484	37164	1578875.42
二、分品种瓜菜	**Sorts**			
椒　类	Chili	42029	24903	1046625.02
豇　豆	Cowpea	23077	25226	582141.05
四季豆	Kidney Beans	8553	18475	158013.28
茄　子	Eggplant	11371	22060	250850.55
冬　瓜	White Gourd	9115	65373	595881.18
黄　瓜	Cucumber	8956	29067	260341.19
其他蔬菜	Other Vegetables	159800	18744	2995307.49
西　瓜	Watermelon	15038	37415	562670.75
香瓜(甜瓜)	Muskmelon	1052	23467	24678.24
哈蜜瓜	Cantaloup	21744	40683	884615.76
其他果用瓜	Other Melons	4650	22992	106910.67

12-22 各市县园林水果、茶叶面积和产量
Area and Output of Garden Fruits and Tea by Region

年份 地区	Year Region	茶叶 Tea 年末面积（公顷）Area at Year-end (hectare)	收获面积（公顷）Harvest Area (hectare)	总产量（吨）Total Output (ton)	园林水果 Garden Fruits 年末面积（公顷）Area at Year-end (hectare)	当年新种 Newly Sown Area in the Current Year	收获面积（公顷）Harvest Area (hectare)	总产量（吨）Total Output (ton)
2005		1489	1349	950	163401	23397	103660	1525256
2010		1216	1131	1227	173594	27264	138922	2853557
2015		1410	1075	864	160234	15425	136149	2966800
2017		2067	1290	1024	165317	15850	140397	3038069
2018		1952	1329	1138	170722	17919	150474	3221196
2019		1834	1296	1267	171449	14307	150892	3329158
2020		2202	1421	1323	178378	18062	159391	3497528
2021		2334	1610	1320	191005	23002	165224	3677785
海 口 市	Haikou				17838	500	13977	243011
三 亚 市	Sanya				26106	144	25312	461980
儋 州 市	Danzhou	11	5	5	7172	568	4983	126603
五指山市	Wuzhishan	626	447	221	712	32	688	25577
文 昌 市	Wenchang				8080	361	7007	127067
琼 海 市	Qionghai				9318	1431	8337	269674
万 宁 市	Wanning	31	26	31	9626	707	9726	277143
定 安 县	Ding'an	34	34	23	5302	132	4676	88936
屯 昌 县	Tunchang				2519	50	1519	29958
澄 迈 县	Chengmai	287	287	300	12365	3055	13480	405039
临 高 县	Lingao				6042	779	5594	169505
东 方 市	Dongfang				23749	1636	21883	438815
乐 东 县	Ledong				30548	11872	21571	439204
琼 中 县	Qiongzhong	682	244	93	3352	177	2115	35615
保 亭 县	Baoting	81	81	42	5208	466	4119	60309
陵 水 县	Lingshui				9152	411	8416	124391
白 沙 县	Baisha	581	487	606	1940	491	1419	27337
昌 江 县	Changjiang				11974	194	10402	327622

12-22 续1(continued 1)

年份 地区	Year Region	菠萝 Pineapples 年末面积（公顷）Area at Year-end (hectare)	当年新种 Newly Sown Area in the Current Year	收获面积（公顷）Harvest Area (hectare)	总产量（吨）Total Output (ton)	荔枝 Litchis 年末面积（公顷）Area at Year-end (hectare)	当年新种 Newly Sown Area in the Current Year	收获面积（公顷）Harvest Area (hectare)	总产量（吨）Total Output (ton)
2005		11815	4361	7240	202648	31523	542	16664	70338
2010		14157	2803	9869	297352	23770	221	18328	134969
2015		15194	2198	11657	374680	20604	389	17500	156513
2017		16372	2371	12819	409891	19151	163	17276	157980
2018		16683	1941	13540	439997	20423	795	18376	189435
2019		16135	1875	12826	451885	20444	310	17947	172660
2020		16308	2148	13915	467335	20579	231	18586	198256
2021		15322	2695	12520	450392	21539	384	19400	218566
海口市	Haikou	1307	116	994	31165	7738	166	6453	78919
三亚市	Sanya					79		79	1053
儋州市	Danzhou	293	74	151.7	4454	647		627	6076
五指山市	Wuzhishan	14		1	18	136	0	136	3104
文昌市	Wenchang	1290	170	1010	33887	2732	31	2589	27111
琼海市	Qionghai	3195	875	2706	117382	1467	16	1391	16094
万宁市	Wanning	4167	549	3799	151887	1488	42	1573	20206
定安县	Ding'an	552	75	521	19989	2297	7.3	2098	25628
屯昌县	Tunchang	138	6	114	3870	442		371	2991
澄迈县	Chengmai	1313	472	869	24856	1234	49	969	7285
临高县	Lingao	817	146	620	21154	429	4.9	504	4891
东方市	Dongfang	93	26	82	2258				
乐东县	Ledong	566	57	379	10990	438	67	376	3830
琼中县	Qiongzhong	42	8	48	793	296	0	202	1703
保亭县	Baoting	37	19	94	2091	588		540	6499
陵水县	Lingshui	230		174	3200	1405	0	1377	12258
白沙县	Baisha	163	73	91	2668	102	1	98	836
昌江县	Changjiang	1105	29	867	19730	21		18	83

12-22 续2(continued 2)

年份 地区	Year Region	柑橘橙柚 Citrus , Oranges and Grapefruits				香蕉 Bananas			
		年末面积（公顷）Area at Year-end (hectare)	当年新种 Newly Sown Area in the Current Year	收获面积（公顷）Harvest Area (hectare)	总产量（吨）Total Output (ton)	年末面积（公顷）Area at Year-end (hectare)	当年新种 Newly Sown Area in the Current Year	收获面积（公顷）Harvest Area (hectare)	总产量（吨）Total Output (ton)
2005		3673	581	1607	19748	37331	15733	28056	913257
2010		5175	1093	2703	48477	58336	21500	47824	1722931
2015		6345	545	2822	61542	39038	9433	38652	1400951
2017		7157	796	2867	66267	34389	7629	34948	1271723
2018		7340	804	3101	69956	34759	8549	34345	1216285
2019		8275	914	3908	84714	33273	8506	33701	1218004
2020		9667	1012	5793	143897	31916	9668	31388	1129169
2021		10256	389	6509	142837	29940	6066	31328	1158089
海 口 市	Haikou	2207	4	1645	26746	1891	130	1749	56283
三 亚 市	Sanya					267	54	225	9749
儋 州 市	Danzhou	1034	38	385	12450	2061	383	1472	52898
五指山市	Wuzhishan	3		7	46	259	28	280	13923
文 昌 市	Wenchang	393	12	315	3909	433	43	376	8418
琼 海 市	Qionghai	162		76	1767	1050	454	912	31407
万 宁 市	Wanning	42		45	1122	572	8	577	13376
定 安 县	Ding'an	294	4	135	2094	406	24	351	14066
屯 昌 县	Tunchang	638	0	228	5317	365	19	240	5705
澄 迈 县	Chengmai	1784	140	1449	33967	6579	2183	9116	316411
临 高 县	Lingao	799	20	623	17648	2729	387	2818	106318
东 方 市	Dongfang	604	8	277	10291	2157	184	1974	64290
乐 东 县	Ledong	114	29	81	2260	3554	1844	4214	174691
琼 中 县	Qiongzhong	1516	58	825	17217	588	40	456	9098
保 亭 县	Baoting	2		1	19	195	72	187	4537
陵 水 县	Lingshui					359		362	10576
白 沙 县	Baisha	413	29	269	4957	497	172	457	13144
昌 江 县	Changjiang	250.2	49	148.5	3028	5978	43	5563	253197

12-22 续3(continued 3)

年份 地区	Year Region	龙眼 Longans 年末面积（公顷） Area at Year-end (hectare)	当年新种 Newly Sown Area in the Current Year	收获面积（公顷） Harvest Area (hectare)	总产量（吨） Total Output (ton)	芒果 Mangoes 年末面积（公顷） Area at Year-end (hectare)	当年新种 Newly Sown Area in the Current Year	收获面积（公顷） Harvest Area (hectare)	总产量（吨） Total Output (ton)
2005		12314	420	4521	15654	47105	785	32682	222685
2010		10023	128	6611	35155	44278	565	39442	370172
2015		8869	243	7509	53970	47570	1033	40715	508943
2017		7913	199	7517	55985	54459	3228	44292	567304
2018		8137	531	7178	55548	56687	3072	52119	682889
2019		8023	135	6714	54917	56934	753	52454	675805
2020		7832	97	6925	60918	58160	1571	55847	764772
2021		9914	2200	6662	59955	66169	8032	58402	830771
海口市	Haikou	455		252	1970	31	0	9	101
三亚市	Sanya	227		181	1229	24784	83	24215	434439
儋州市	Danzhou	366	4	348	2396	263	0.7	226	2144
五指山市	Wuzhishan	107	0	107	1811	114		114	2958
文昌市	Wenchang	298	7	229	1357	4		4	26
琼海市	Qionghai	74		62	499	14		13	119
万宁市	Wanning	244	1	235	1685	167		148	1629
定安县	Ding'an	163	13	155	1429	28		27	255
屯昌县	Tunchang	106		71	356	45	0	37	373
澄迈县	Chengmai	294	0	274	1875	4		4	25
临高县	Lingao	111	27	63	534	100	86	100	1100
东方市	Dongfang	554	5	429	3363	15098	919	14237	144157
乐东县	Ledong	4205	2078	2029	17438	17707	6505	11686	151438
琼中县	Qiongzhong	135		112	472	34	0	13	98
保亭县	Baoting	1298	15	1065	11090	734	13	652	11233
陵水县	Lingshui	859	6	781	10844	4390	401	4309	57688
白沙县	Baisha	199	2	174	1094	107	2	87	1254
昌江县	Changjiang	217	40	96	514	2544	21	2522	21733

12-23 各市县热带作物年末面积
Area of Tropical Crops at Year-end by Region

单位：公顷 (hectare)

地 区	Region	2005	2010	2015	2016	2017	2018	2019	2020	2021
全省总计	**Total**	**511470**	**623327**	**697628**	**697591**	**702855**	**699122**	**706502**	**707897**	**749959**
海 口 市	Haikou	13408	16635	19334	18080	19231	18947	20459	21152	30319
三 亚 市	Sanya	8761	9069	22658	21698	19922	19343	19269	18201	19052
儋 州 市	Danzhou	21722	46646	90850	90616	92200	85088	88134	86404	100479
五指山市	Wuzhishan	7822	13585	18279	18855	19784	20120	22725	20054	23859
文 昌 市	Wenchang	25835	26164	26956	25880	27321	29990	30521	31739	33264
琼 海 市	Qionghai	31910	43127	65650	65762	65470	66216	66114	68857	68520
万 宁 市	Wanning	14157	18020	49106	49549	49456	49617	49617	44697	43810
定 安 县	Ding'an	12146	16954	28872	29372	29470	32600	33124	33563	33906
屯 昌 县	Tunchang	12238	15840	49342	50004	50145	51295	52107	51766	52929
澄 迈 县	Chengmai	10007	24618	59125	58788	55599	57534	58135	57745	59085
临 高 县	Lingao	6146	11968	22265	22135	22119	21639	22169	21783	23281
东 方 市	Dongfang	3244	5364	14651	14317	12424	12369	11183	10458	10840
乐 东 县	Ledong	12961	16896	38467	38800	38502	38704	37623	37147	46233
琼 中 县	Qiongzhong	18616	28526	70971	71481	71289	70223	70457	72678	74065
保 亭 县	Baoting	9818	11434	29037	29236	29875	29883	30143	28975	29842
陵 水 县	Lingshui	10565	10876	13533	13507	12828	12595	12546	12025	11775
白 沙 县	Baisha	15137	22857	63262	63372	71080	66799	65932	74898	75955
昌 江 县	Changjiang	5292	7012	15272	16141	16141	16159	16246	15753	12747

12-24 各市县主要热带作物面积和产量
Area and Output of Major Tropical Crops by Region

年份 地区	Year Region	橡胶 Rubber 年末面积（公顷） Area at Year-end (hectare)	橡胶 Rubber 当年新种 Newly Sown Area in the Current Year	橡胶 Rubber 收获面积（公顷） Harvest Area (hectare)	橡胶 Rubber 总产量（吨） Total Output (ton)	椰子 Coconut 年末面积（公顷） Area at Year-end (hectare)	椰子 Coconut 当年新种 Newly Sown Area in the Current Year	椰子 Coconut 收获面积（公顷） Harvest Area (hectare)	椰子 Coconut 总产量（万个） Total Output (10 000 units)
2005		393011	16992	292541	247775	42875	275	24896	24007
2010		490392	29571	343133	346366	39160	160	26715	22512
2015		542056	13103	383329	361105	33326	180	27005	20851
2017		542877	4591	400393	362144	31424	1227	27231	21770
2018		528351	8008	381113	350677	34396	3153	28121	22677
2019		526897	3870	381301	330810	34527	820	28240	23162
2020		519184	3453	394444	336634	35695	1946	28133	21279
2021		512613	7327	404327	345591	36323	3065	28202	20308
海口市	Haikou	11689	114	3497	3713	1935	132	872	567
三亚市	Sanya	11751		7803	7957	878		814	985
儋州市	Danzhou	96933	132	79025	65031	557	116	90	45
五指山市	Wuzhishan	16129		12023	9925	265	6	108	71
文昌市	Wenchang	5378	7	2350	2081	15005	328	11620	5918
琼海市	Qionghai	32219	187	29858	29278	6722	265	6165	6793
万宁市	Wanning	23099	158	20757	13899	2843	475	2480	2280
定安县	Ding'an	16960	58	15047	11475	670	69	933	1220
屯昌县	Tunchang	33372	87	26798	22901	970	24	265	289
澄迈县	Chengmai	46700	228	39287	37871	1125	537	227	210
临高县	Lingao	21682	843	15008	16702	522	171	17	3
东方市	Dongfang	8681	25	7292	3070	227	28	65	10
乐东县	Ledong	30331	2213	24739	13480	1063	563	389	209
琼中县	Qiongzhong	50104	257	36342	27242	981	216	281	196
保亭县	Baoting	18973	493	17381	18077	670	59	655	967
陵水县	Lingshui	7364		4466	6755	1466	14	3148	511
白沙县	Baisha	69296	2524	52942	47241	227	61	53	20
昌江县	Changjiang	11953		9711	8893	199		20	14

12-24 续1(continued 1)

年份 地区	Year Region	咖啡 Coffee 年末面积(公顷) Area at Year-end (hectare)	当年新种 Newly Sown Area in the Current Year	收获面积(公顷) Harvest Area (hectare)	总产量(吨) Total Output (ton)	槟榔 Betel nut 年末面积(公顷) Area at Year-end (hectare)	当年新种 Newly Sown Area in the Current Year	收获面积(公顷) Harvest Area (hectare)	总产量(吨) Total Output (ton)
2005		237	14	198	283	47714	3649	20785	64338
2010		220	32	99	157	69227	3372	39401	152105
2015		499	58	148	259	98051	2644	67568	229221
2016		656	68	162	342	99661	2142	70218	234225
2017		679	38	183	406	102530	2835	73872	255114
2018		887	209	187	406	109950	7902	78551	272203
2019		909	32	216	435	115171	5555	83318	287043
2020		1053	172	209	398	124686	7549	88454	283278
2021		1185	54	577	1338	172973	22315	88323	276194
海口市	Haikou					12952	1441	4711	16597
三亚市	Sanya					6423	1	5315	25500
儋州市	Danzhou	3		0	0	2771	88	534	2250
五指山市	Wuzhishan					6317	108	2008	6940
文昌市	Wenchang	1		1	1	6054	251	3071	12596
琼海市	Qionghai					22483	872	16481	37413
万宁市	Wanning	307	3	269	402	15141	356	8288	32923
定安县	Ding'an	1				14485	444	7680	24739
屯昌县	Tunchang					17921	292	11620	19613
澄迈县	Chengmai	398		212	767	9541	1788	3913	17878
临高县	Lingao					957	244	54	426
东方市	Dongfang					1930	304	401	1117
乐东县	Ledong					14801	8819	4791	17842
琼中县	Qiongzhong	262	25	53	56	21496	3050	9023	23362
保亭县	Baoting					10189	951	5903	20682
陵水县	Lingshui					2942	27	3274	9685
白沙县	Baisha	213	26	42	111	5977	2848	1229	6537
昌江县	Changjiang					595	432	26	95

12-24 续2(continued 2)

年份 地区	Year Region	腰果 Cashew nut 年末面积(公顷) Area at Year-end (hectare)	当年新种 Newly Sown Area in the Current Year	收获面积(公顷) Harvest Area (hectare)	总产量(吨) Total Output (ton)	剑麻 Sisal Hemp 年末面积(公顷) Area at Year-end (hectare)	当年新种 Newly Sown Area in the Current Year	收获面积(公顷) Harvest Area (hectare)	总产量(吨) Total Output (ton)
2005		1780		1538	388	2849	80	1675	5640
2010		360	13	238	269	2369		1820	6625
2015		43		40	114	843		834	2940
2016		43		41	7	790	2	770	3260
2017						711		708	3017
2018		1				711		710	3056
2019		2		1	40	711		702	2851
2020		2		0	2	588		569	1734
2021		2		0	2				
海口市	Haikou								
三亚市	Sanya								
儋州市	Danzhou								
五指山市	Wuzhishan								
文昌市	Wenchang								
琼海市	Qionghai								
万宁市	Wanning								
定安县	Ding'an								
屯昌县	Tunchang								
澄迈县	Chengmai								
临高县	Lingao								
东方市	Dongfang								
乐东县	Ledong								
琼中县	Qiongzhong								
保亭县	Baoting								
陵水县	Lingshui	2		0	2				
白沙县	Baisha								
昌江县	Changjiang								

12-24 续3(continued 3)

年份 地区	Year Region	胡椒 Pepper 年末面积(公顷) Area at Year-end (hectare)	当年新种 Newly Sown Area in the Current Year	收获面积(公顷) Harvest Area (hectare)	总产量(吨) Total Output (ton)
2005		22971	400	17735	31119
2010		21589	225	18265	35992
2015		21982	377	19004	35649
2016		21302	411	18341	36618
2017		22114	340	19923	41550
2018		22322	540	19365	43425
2019		22320	358	19609	44971
2020		21804	291	19633	41265
2021		21066	274	19812	42257
海口市	Haikou	3525	3	3054	5473
三亚市	Sanya				
儋州市	Danzhou	98		96	215
五指山市	Wuzhishan	119	2	100	256
文昌市	Wenchang	6813	191	6263	13427
琼海市	Qionghai	5772	12	5772	11719
万宁市	Wanning	2405	66	2503	7174
定安县	Ding'an	1720		1518	2913
屯昌县	Tunchang	123	0	76	82
澄迈县	Chengmai	287		285	731
临高县	Lingao	4		4	6
东方市	Dongfang				
乐东县	Ledong	35		21	21
琼中县	Qiongzhong	127.09		94	212.09
保亭县	Baoting	10		10	11
陵水县	Lingshui	1			
白沙县	Baisha	26		16	19
昌江县	Changjiang				

12-25 各市县主要南药面积和产量
Area and Output of Major South-drugs by Region

年份 Year 地区 Region		槟榔 Betel Nut		益智 Yizhi		砂仁 Sharen	
		年末面积（公顷）Area at Year-end (hectare)	总产量（吨）Total Output (ton)	年末面积（公顷）Area at Year-end (hectare)	总产量（吨）Total Output (ton)	年末面积（公顷）Area at Year-end (hectare)	总产量（吨）Total Output (ton)
2005		47714	64338	3668	5223	311	246
2010		69227	152105	3505	3724	122	215
2015		98051	229221	7973	10441	284	1620
2016		99661	234225	8606	11505	299	1011
2017		102530	255114	11391	15516	268	1107
2018		109950	272203	11887	10474	266	4649
2019		115171	287043	12736	9743	355	1084
2020		124686	283278	14344	11224	570	2025
2021		172973	276194	17123	13769	367	1116
海口市	Haikou	12952	16597				
三亚市	Sanya	6423	25500				
儋州市	Danzhou	2771	2250	446	413		
五指山市	Wuzhishan	6317	6940	2520	2180		
文昌市	Wenchang	6054	12596				
琼海市	Qionghai	22483	37413	32	81		
万宁市	Wanning	15141	32923	708	1240		
定安县	Ding'an	14485	24739	4	4		
屯昌县	Tunchang	17921	19613	434	300		
澄迈县	Chengmai	9541	17878	3	0		
临高县	Lingao	957	426	8			
东方市	Dongfang	1930	1117	28	12		
乐东县	Ledong	14801	17842	1178	1093	324	1109.18
琼中县	Qiongzhong	21496	23362	4718	2351	7	2.71
保亭县	Baoting	10189	20682	1717	2539		
陵水县	Lingshui	2942	9685	67	96		
白沙县	Baisha	5977	6537	5088	3460	37	5
昌江县	Changjiang	595	95	171			

12-26 各市县牲畜、家禽饲养头数
Number of Livestock and Poultry by Region

单位：万头 (10 000 heads)

年份 地区	Year Region	牛年末存栏量 Number of Cattle in Stock (Year-end)	牛年内出栏量 Number of Slaughtered Cattle in the Current Year	山羊年底存栏量 Number of Goat in Stock (Year-end)	山羊年内出栏量 Number of Slaughtered Goat in the Current Year	猪年末存栏量 Number of Pigs in Stock (Year-end)	能繁殖母猪 Breeding Sow
2005		84.86	20.50	56.04	65.41	296.52	37.98
2010		71.57	21.82	70.36	83.28	428.40	62.75
2015		47.20	19.09	67.74	77.45	435.08	60.94
2016		40.23	18.53	68.12	82.33	421.96	57.74
2017		52.77	19.22	68.40	84.27	399.60	53.33
2018		54.46	20.02	68.85	84.62	382.43	52.41
2019		51.17	22.80	67.56	87.21	162.86	21.14
2020		49.21	23.20	65.91	89.35	248.56	35.10
2021		48.12	22.41	62.83	79.61	310.54	40.05
海口市	Haikou	3.70	1.52	6.84	6.88	51.93	4.37
三亚市	Sanya	0.88	0.33	4.32	4.84	11.51	1.84
儋州市	Danzhou	3.89	1.82	4.82	5.36	49.63	5.35
五指山市	Wuzhishan	0.32	0.13	0.21	0.18	3.06	0.65
文昌市	Wenchang	5.94	2.18	7.77	4.89	21.46	2.23
琼海市	Qionghai	0.79	0.99	3.71	5.78	16.07	2.47
万宁市	Wanning	2.92	2.08	3.65	6.86	15.52	2.65
定安县	Ding'an	5.41	2.57	3.87	6.76	15.16	2.82
屯昌县	Tunchang	1.85	0.76	2.13	2.97	13.93	1.73
澄迈县	Chengmai	5.59	2.63	3.96	6.99	28.40	3.24
临高县	Lingao	1.75	1.10	1.89	2.24	13.60	3.14
东方市	Dongfang	1.89	0.82	2.50	2.56	15.44	2.52
乐东县	Ledong	6.80	1.25	6.69	11.01	10.51	2.12
琼中县	Qiongzhong	0.69	0.52	0.83	1.63	11.35	1.50
保亭县	Baoting	0.76	0.18	2.11	2.00	6.52	0.51
陵水县	Lingshui	2.59	2.17	1.93	2.59	7.87	0.75
白沙县	Baisha	0.94	0.38	1.69	1.49	6.19	0.95
昌江县	Changjiang	1.40	0.98	3.90	4.57	12.39	1.22

12-26 续(continued)

单位：万头 (10, 000 heads)

年份 地区	Year Region	年内出栏肥猪 Number of Slaughtered Fattened Pigs in the Current Year	家禽年内出栏量 Number of Slaughtered Poultry in the Current Year	鸡 Chicken	鸭 Duck	鹅 Goose
2005		342.35	9134.50	6082.94	2690.43	361.13
2010		505.66	12907.22	8360.51	4042.99	503.73
2015		555.71	14686.03	10147.36	3765.98	772.69
2016		579.68	15314.89	10722.53	3794.60	797.75
2017		547.82	15564.87	10939.31	3827.10	798.46
2018		561.64	16011.48	11295.77	3951.92	763.80
2019		370.28	18403.72	13348.62	4172.99	882.12
2020		262.26	18590.83	13522.76	4203.51	864.56
2021		382.28	18147.58	13363.18	3949.74	834.67
海口市	Haikou	39.43	1015.99	830.85	161.24	23.90
三亚市	Sanya	11.04	255.56	204.99	46.03	4.53
儋州市	Danzhou	73.34	2030.87	1941.13	88.19	1.33
五指山市	Wuzhishan	2.45	71.23	59.56	8.43	3.24
文昌市	Wenchang	29.01	5220.75	4889.37	312.08	19.30
琼海市	Qionghai	40.32	2336.85	1989.62	277.87	69.36
万宁市	Wanning	22.47	863.73	483.86	357.33	23.15
定安县	Ding'an	19.67	1538.92	938.26	436.70	163.96
屯昌县	Tunchang	16.58	410.38	241.13	148.76	20.49
澄迈县	Chengmai	43.87	2710.41	650.10	1672.80	387.14
临高县	Lingao	9.40	337.97	227.15	96.23	14.58
东方市	Dongfang	10.70	210.43	112.12	69.45	28.85
乐东县	Ledong	13.74	332.00	211.19	101.51	19.30
琼中县	Qiongzhong	16.22	111.47	83.22	16.45	11.81
保亭县	Baoting	10.21	141.32	116.41	18.96	5.95
陵水县	Lingshui	8.88	142.13	84.60	40.00	17.53
白沙县	Baisha	8.70	115.38	92.66	20.09	2.63
昌江县	Changjiang	6.24	302.20	206.98	77.61	17.61

12-27 各市县畜产品产量
Output of Livestock Products by Region

单位：吨 (ton)

年份 地区	Year Region	肉类总产量 Total output of Meat	猪牛羊肉 Pork,Beef and Mutton Output	猪肉 Pork	牛肉 Beef	羊肉 Mutton	禽肉 Meat of Poultry	禽蛋产量 Output of Poultry Eggs
2005		475678	304051	276379	18975	8697	156755	21796
2010		681845	442737	412342	19394	11001	216844	35034
2014		788308	515876	485771	19248	10857	244360	37909
2015		773313	486669	457934	18324	10411	254311	43817
2016		796007	498142	469104	17920	11118	267078	48300
2017		786740	473964	444000	18479	11485	271600	47500
2018		798661	487120	456343	19305	11472	279899	46600
2019		670666	328742	294705	22138	11899	327376	47512
2020		575050	244209	209488	22512	12210	330840	48412
2021		660626	337725	305273	21340	11112	322900	50160
海口市	Haikou	54011	36425	33805	1545	1075	17586	7664
三亚市	Sanya	13614	9498	8500	317	681	4116	1360
儋州市	Danzhou	95771	64281	61722	1770	789	31490	4848
五指山市	Wuzhishan	3025	1716	1563	123	30	1309	459
文昌市	Wenchang	106107	26151	23460	1975	716	79956	4141
琼海市	Qionghai	75128	34173	32381	972	820	40955	4011
万宁市	Wanning	40839	21617	18550	2007	1061	19221	1771
定安县	Ding'an	47709	18755	15613	2288	854	28954	5695
屯昌县	Tunchang	22469	14209	13054	740	415	8260	2985
澄迈县	Chengmai	95801	35991	32552	2542	896	59811	9602
临高县	Lingao	14152	8629	7184	1078	367	5523	2644
东方市	Dongfang	13116	8904	7827	755	322	4213	514
乐东县	Ledong	19642	13284	10657	1215	1412	6358	1214
琼中县	Qiongzhong	15455	13294	12624	482	188	2161	295
保亭县	Baoting	10678	8069	7585	180	304	2609	777
陵水县	Lingshui	11730	8985	6478	2070	437	2745	662
白沙县	Baisha	9819	7637	7062	357	218	2183	722
昌江县	Changjiang	11558	6107	4656	923	528	5450	796

12-28 水产养殖面积
Aquaculture Area

单位：公顷 (hectare)

年份 地区	Year Region	海水养殖面积 Area of Seawater Aquatic	鱼　类 Fish	虾蟹类 Shrimps, Prawns and Crabs	贝　类 Shellfish	藻　类 Algae	其他类 Others	淡水养殖面积 Area of Freshwater Aquatic
2014		16691	3886	9392	2569	794	50	37210
2015		17138	4642	9093	2541	812	50	37590
2016		17823	4984	9064	2929	796	50	37657
2017		19715	5459	10692	2789	721	54	34386
2018		21372	5347	13162	2221	597	45	30800
2019		20510	5369	12713	1823	560	45	30792
2020		17596	5340	10290	1547	375	45	27005
2021		15881	5697	8089	1890	206		29125
海口市	Haikou	2449	20	1780	649			1670
三亚市	Sanya	96	96					58
儋州市	Danzhou	2533	312	1563	626	32		1602
五指山市	Wuzhishan							329
文昌市	Wenchang	4281	1529	2336	340	77		7066
琼海市	Qionghai	588	305	280	3			4134
万宁市	Wanning	963	472	491				1344
定安县	Ding'an							1461
屯昌县	Tunchang							955
澄迈县	Chengmai	1512	964	536	12			3880
临高县	Lingao	1602	1047	312	243			1707
东方市	Dongfang	513	48	465				732
乐东县	Ledong	384	236	148				369
琼中县	Qiongzhong							1016
保亭县	Baoting							746
陵水县	Lingshui	513	513					118
白沙县	Baisha							1428
昌江县	Changjiang	447	155	179	16	97		509

12-29 水产品总产量
Output of Aquatic Products

单位：吨 (Ton)

年份 地区	Year Region	水产品总产量 Total Aquatic Products	按海、淡水分By Seawater and Freshwater 海水产品 Seawater Aquatic Products	海水捕捞 Seawater Aquatic Products Caught	海水养殖 Seawater Aquatic Products Cultured	淡水产品 Freshwater Aquatic Products	淡水捕捞 Freshwater Aquatic Products Caught	淡水养殖 Freshwater Aquatic Products Cultured
2014		1771457	1445941	1212134	233808	325515	15336	310179
2015		1855601	1507990	1248983	259007	347611	14304	333306
2016		1921289	1560284	1280582	279702	361005	13100	347905
2017		1807899	1448853	1127331	321522	359046	13295	345751
2018		1758188	1378071	1083880	294191	380117	13256	366861
2019		1721571	1350103	1079148	270955	371468	17081	354387
2020		1667878	1302591	1036044	266547	365287	14358	350929
2021		1640918	1273762	1000767	272995	367156	15400	351756
海 口 市	Haikou	50658	31354	19029	12325	19304	820	18484
三 亚 市	Sanya	41671	40873	37832	3041	798	226	572
儋 州 市	Danzhou	316804	296755	255139	41616	20049	1223	18826
五指山市	Wuzhishan	2292				2292	340	1952
文 昌 市	Wenchang	290785	122069	31621	90448	168716	787	167929
琼 海 市	Qionghai	86510	56810	45273	11537	29700	1130	28570
万 宁 市	Wanning	74874	60900	24984	35916	13974	287	13687
定 安 县	Ding'an	13313				13313		13313
屯 昌 县	Tunchang	10380				10380	59	10321
澄 迈 县	Chengmai	107641	62344	44141	18203	45297	3031	42266
临 高 县	Lingao	431099	426298	397273	29025	4801	545	4256
东 方 市	Dongfang	27389	21434	17406	4028	5955	812	5143
乐 东 县	Ledong	18713	15599	13130	2469	3114	1484	1630
琼 中 县	Qiongzhong	14202				14202	1032	13170
保 亭 县	Baoting	4239				4239	97	4142
陵 水 县	Lingshui	77234	76923	68362	8561	311		311
白 沙 县	Baisha	1103				1103	138	965
昌 江 县	Changjiang	72011	62403	46577	15826	9608	3389	6219

12-29 续(continued)

年份 地区	Year Region	按品类分类 By Category						
		鱼 类 Fish	虾蟹类 Shrimps, Prawns and Crabs	海养对虾 Prawn by Seawater Cultured	贝 类 Shellfish	藻 类 Algae	江蓠 Gracilaria Confervoides	其 它 Others
2014		1562786	201305	97258	76882	23848	10593	109536
2015		1643749	212106	106131	78825	23884	10868	114348
2016		1706690	220943	97248	76796	24535	11814	25915
2017		1572195	222863	125281	73574	23755	11357	119512
2018		1382163	201754	110586	46439	20388	9684	107445
2019		1354293	200362	115440	38730	11684	1439	116502
2020		1312896	186795	105887	40952	15564	767	111671
2021		1288113	183527	98838	41290	15132	42	112856
海 口 市	Haikou	30942	12367	7906	4791	319		2239
三 亚 市	Sanya	28140	210		6			13315
儋 州 市	Danzhou	221058	50040	19178	12170	3176	42	30360
五指山市	Wuzhishan	2288	4					
文 昌 市	Wenchang	229874	40017	37406	13619	5553		1722
琼 海 市	Qionghai	69011	10368	4864	1717	1200		4214
万 宁 市	Wanning	60100	12170	11012	193	78		2333
定 安 县	Ding'an	12935	378					
屯 昌 县	Tunchang	10374	6					
澄 迈 县	Chengmai	79409	15244	5842	3362	537		9089
临 高 县	Lingao	358293	25478	2222	2965	88		44275
东 方 市	Dongfang	21592	4185	2272	235	337		1040
乐 东 县	Ledong	12818	3416	1210	411			2068
琼 中 县	Qiongzhong	13870	211		121			
保 亭 县	Baoting	4232			7			
陵 水 县	Lingshui	75832	872		17	40		473
白 沙 县	Baisha	1103						
昌 江 县	Changjiang	56242	8561	6926	1676	3804		1728

主要统计指标解释

农业 指对各种农作物的种植活动。包括谷物、豆类、薯类、棉花、油料、糖料、麻类、烟叶、蔬菜、园艺作物、水果、坚果、饮料和香料作物、中草药及其他作物的种植。

林业 包括林木的栽培(不包括茶园、桑园和果园的栽培、管理和收获等活动),木材和竹材的采运,林产品的采集。

畜牧业 包括牲畜饲养和放牧，家禽饲养以及野生动物的捕猎和饲养。

渔业 包括水生动物和海藻类植物的养殖和捕捞。

农、林、牧、渔服务业 指对农、林、牧、渔业生产活动进行的各种支持性服务。但不包括各种科学技术和专业性技术服务活动。

农林牧渔业总产值 指以货币表现的农、林、牧、渔业全部产品和对农林牧渔业生产活动进行的各种支持性服务活动的价值总量，它反映一定时期内农林牧渔业生产总规模和总成果。农业总产值的计算方法通常是按农林牧渔业产品及其副产品的产量分别乘以各自单位产品价格求得；少数生产周期较长，当年没有产品或产品产量不易统计的，则采用间接方法匡算其产值；然后将四业产品产值及农林牧渔服务业产值相加即为农林牧渔业总产值。1957年以前的农业总产值中包括了厩肥和农民自给性手工业(如农民自制衣服、鞋、袜，自己从事粮食初步加工等)。1958年及以后，林业中增加了村及村以下竹木采伐产值；牧业中取消了厩肥产值；副业中取消了农民自给性手工业产值，增加了村及村以下办的工业产值；渔业中增加了海洋捕捞水产品产值。1980年及以后，在副业中增加了农民家庭兼营工业商品部分的产值。从1984年起村及村以下工业产值划归工业。从1993年起取消副业，将野生动物的捕猎划入牧业、野生植物采集和农民家庭兼营商品性工业划归农业。从2003年起，执行新的国民经济行业分类标准，农林牧渔业总产值中包括了农林牧渔业服务业产值，林业中增加了森林采运业产值，农业中取消了家庭兼营商品性工业产值，将野生林产品的采集划归林业。第一次农业普查以后，由于畜牧业产品年报数据与普查数据之间存在一定的差距，国家统计局农调总队对畜牧业年报数据与普查数据进行衔接，对畜牧业产值进行相应调整。**粮食产量** 指全社会的产量。包括国有经济经营的、集体统一经营的和农民家庭经营的粮食产量，还包括工矿企业办的农场和其他生产单位的产量。粮食除包括稻谷、小麦、玉米、高粱、谷子及其他杂粮外，还包括薯类和豆类。其产量计算方法，豆类按去豆荚后的干豆计算；薯类(包括甘薯和马铃薯，不包括芋头和木薯)1963年以前按每4公斤鲜薯折1公斤粮食计算，从1964年开始改为按5公斤鲜薯折1公斤粮食计算。城市郊区作为蔬菜的薯类(如马铃薯等)按鲜品计算，并且不做粮食统计。其他粮食一律按脱粒后的原粮计算。

油料产量 指全部油料作物的生产量。包括花生、油菜籽、芝麻、向日葵籽、胡麻籽（亚麻籽）和其他油料。不包括大豆、木本油料和野生油料。花生以带壳干花生计算。

水产品产量 指人工养殖的水产品和天然生长的水产品的捕捞量。包括海水的鱼类、虾蟹类、贝类和藻类以及内陆水域的鱼类、虾蟹类和贝类，不包括淡水生植物。

猪、牛、羊肉产量 指当年出栏并已屠宰、除去头蹄下水后带骨肉(即胴体重)的重量。包括全社会范围内的产量。

期初（末）畜禽存栏头（只）数 指报告期初（末）农村各种合作经济组织和国有农场、农民个人、机关、团体、学校、工矿企业、部队等单位以及城镇居民饲养的大牲畜、猪、羊、家禽等畜禽的存栏数。

耕地面积 指可以用来种植农作物、经常进行耕锄的田地，包括熟地、当年新开荒地、连续撂荒未满三年的耕地和当年的休闲地(轮歇地)，还包括以种植农作物为主并附带种植桑树、茶树、果树和其他林木的土地，以及沿海、沿湖地区已围垦利用的“海涂”“湖田”等面积。不包括属于专业性的桑园、茶园、果园、果木苗圃、林地、芦苇地、天然或人工草地面积。

农作物播种面积 指实际播种或移植有农作物的面积。凡是实际种植有农作物的面积，不论种植在耕地上还是种植在非耕地上，均包括在农作物播种面积中。在播种季节基本结束后，因遭灾而重新改种和补种的农作物面积，也包括在内。

有效灌溉面积 指具有一定的水源，地块比较平整，灌溉工程或设备已经配套，在一般年景下当年能够进行正常灌溉的耕地面积。

农用化肥施用量 指本年内实际用于农业生产的化肥数量，包括氮肥、磷肥、钾肥和复合肥。

农业机械总动力 指主要用于农、林、牧、渔业的各种动力机械的动力总和。包括耕作机械、排灌机械、收获机械、农用运输机械、植物保护机械、牧业机械、林业机械、渔业机械和其他农业机械〔内燃机按引擎马力折成瓦(特)计算、电动机按功率折成瓦(特)计算〕。不包括专门用于乡、镇、村、组办工业、基本建设、非农业运输、科学试验和教学等非农业生产方面用的动力机械与作业机械。

农村家庭从业人员　指乡村人口中16岁以上实际参加生产经营活动并取得实物或货币收入的人员，既包括劳动年龄内实际参加劳动人员，也包括超过劳动年龄但实际参加劳动的人员，但不包括户口在家的在外学生、现役军人和丧失劳动能力的人，也不包括待业人员和家务劳动者。劳动者年龄为16岁以上。

Explanatory Notes on Main Statistical Indicators

Agriculture refers to cultivation of farm crops, including cereals, beans, tuber crops, cotton, oil-bearing crops, sugar crops, hemp, tobacco leaves, vegetables, gardening plants, fruits, nuts, crops for beverages and spices, medicinal herbs and other farm crops.

Forestry includes the planting of trees (excluding the operations of planting, management and harvesting on tea plantations, mulberry fields and orchards), cutting and transport of timber and bamboo and collection of forest products.

Animal husbandry includes the raising and grazing of domestic animals and poultry, and the hunting and raising of wild animals.

Fishery includes cultivation and catching of aquatic animals and seaweed.

Services of agriculture, forestry, animal husbandry and fishery includes supporting services to production activities in agriculture, forestry, animal husbandry and fishery but do not include activities of science and technology and professional services.

Gross Output Value of Agriculture, Forestry, Animal Husbandry and Fishery refers to the total value of products of farming, forestry, animal husbandry and fishery, and total value of services in support of farming, forestry, animal husbandry and fishery activities. It reflects the total scale and result of agricultural production during a given period. Gross output value of agriculture is obtained by multiplying the output of each product or by-product by its price, resulting in the output value of each single item. For a small number of products, annual output of which is not available or difficult to get due to the long production (growing) process involved, the output value is estimated through an indirect approach. The sum of output value of all products of farming, forestry, animal husbandry, and fishery and services in support to those industries is then equal to the gross output value of agriculture. Prior to 1957, China's gross agricultural output value included barnyard manure and handicraft products for self -consumption (clothes, shoes, stockings, and initial grain processing undertaken by peasants). Since 1958, cutting and felling of bamboo and trees by villages and other cooperative organizations under villages has been included in forestry; value of barnyard manure has been excluded from animal husbandry; self consumed handicrafts has been excluded from sideline occupations, while the output value of industries run by villages and cooperative organizations under village had been included in sideline occupations and the output value of fish catches by motor fishing boats has been added to fishery. Since 1980, the value of handicraft products made for sale by individuals in households has been added to sideline occupations. Since 1984, industries run by villages and under villages have been included in the sector of industry. Since 1993, the subdivision of sideline occupations has been canceled, and the hunting of wild animals has been classified into animal husbandry, and the gathering of wild plants and commodity industry run by rural household have been included in farming. A new industrial classification of economic activities was introduced in 2003, Under the new classification, value of services to farming, forestry, animal husbandry and fishery is included in the gross output value of agriculture, value of wood felling and transport is included in forestry, value of industrial output by rural households is not included in farming, and the collection of wild forest products is taken from farming and included in forestry. The First Agriculture Census of China revealed some discrepancy between the production of animal products from the annual reports and that from the census. Efforts were made by the Rural Survey of NBS to adjust the output value of animal husbandry to make the figures from the annual reports consistent with the census data.

Grain Output refers to the total output in the whole country including grains produced by State farms, collective units, rural households, as well as by farms affiliated to industrial and mining enterprises and other production units. Grain includes rice, wheat, corn, sorghum, millet and other miscellaneous grains as well as tubers and beans. Output of beans refers to dry beans without pods. The output of tubers (sweet potatoes and potatoes, not including taros and cassava) are converted into that of grain at the ratio 4:1, i.e. 4 kilograms of fresh tubers were equivalent to 1 kilogram of grain up to 1963. Since 1964 the ratio for conversion has been 5:1. Tubers supplied as vegetables (such as potatoes) in cities and suburbs are calculated as fresh vegetables and their output is not included in the output of grain. Output of all other grains refers to husked grain.

Output of Oil-bearing Crops refers to the total production of oil-bearing crops of various kinds, including peanuts, (dry, in shell) rapeseeds, sesame, sunflower seeds, flax seeds, and other oil-bearing crops. Soybeans, oil-bearing woody plants, and wild oil-bearing crops are not included.

Output of Aquatic Products refers to catches of both artificially cultured and naturally grown aquatic products, including fish, shrimps, crabs and shellfish in sea and inland water as well as seaweed. Freshwater plants are not included.

Output of Pork, Beef, and Mutton refers to the meat of slaughtered hogs, cattle, sheep and goats with head, feet, and offal taken away. Data refers to the production of the whole country.

Number of Livestock or Poultry in Stock at Beginning (or End) of Period refers to the total number of large animals, pigs, sheep, fowls, etc. raised by rural cooperative organizations, State farms, rural individuals, government agencies, schools, industrial and mining enterprises, army, and urban residents at the beginning (or end) of the reference period.

Cultivated Area refers to farmland which is plowed constantly for growing crops, including cultivated land, newly cultivated land in the current year, farmland left without cultivation for less than three years and fallow land in the current year, rotation land of grass and crops, farmland with some fruit trees, mulberry trees and other trees and cultivated seashore land, lake land and etc. The land of mulberry fields, tea plantations, orchards, nurseries of young plants, forestland, reed land, natural and man-made grassland and other land are not included in cultivated land.

Sown Area of Crops refers to area of land sown or transplanted with crops regardless of being in cultivated area or non-cultivated area. Area of land re-sown due to natural disasters is also included.

Irrigated Area refers to area of land that are effectively irrigated, i.e. relatively level land, where there are water sources and complete sets of irrigation facilities to lift and move adequate water for irrigation purpose under normal conditions. Under normal situations, irrigated area is the sum of watered fields and irrigated fields where irrigation systems or equipment have been installed for regular irrigation purpose.

Consumption of Chemical Fertilizers in Agriculture refers to the quantity of chemical fertilizers applied in agriculture in the year, including nitrogenous fertilizer, phosphate fertilizer, potash fertilizer, and compound fertilizer.

Total Power of Agricaltural Machinery refers to total mechanical power of machinery used in farming, forestry, animal husbandry, and fishery, including machinery for ploughing, irrigation and drainage, harvesting, transport, plant protection, animal husbandry, forestry and fishery and other agricultural machineries (For the power of internal combustion engines, it is converted from its horsepower into watts and for electric motors the output power is converted into watts). Machinery employed for non-agricultural purposes, such as the machines used in township-run and village-run industry, construction, non-agricultural transport, scientific experiments and teaching, are not included.

Employed Persons in Rural Households refers to people in rural areas who are older than 16 years and engaged in production and business activities that generate incomes in cash or in practicality. It includes all working laborers, no matter whether they are within the working age or not, whereas students studying outside but with their registered residence at home, active serviceman, people who lost their ability to work, unemployed people, and those engaged in housework are not included. The working age is defined as older than 16 year

13

工 业

Industry

编辑人员：陈敏 李成诚

Compiled by Chen Min　Li Chengcheng

英文翻译：陈敏

Translated by Chen Min

简 要 说 明

一、本篇资料的主要内容

本篇资料反映我省工业经济方面的基本情况，包括 18 个市县的主要工业经济统计数据。

二、本篇资料的统计范围

从 2011 年开始，规模以上工业统计范围调整为年主营业务收入 2000 万元以上(包括 2000 万元)工业企业，规模以下工业统计范围包括年主营业务收入 2000 万元以下的工业企业和个体工业。个体工业是指独立经营，自负盈亏的个体工业经营户。

本篇资料中工业行业分类按 2017 年《国民经济行业分类》标准划分；企业大中小微型划分按 2017 年《统计上大中小微型企业划分办法》标准执行。

三、本篇的资料来源和统计调查方法

本篇工业企业统计数据主要是根据工业统计年度报表中有关资料整理汇总。

Brief Introduction

I. Main Contents

Data in this chapter reflect the basic conditions of the industrial sector, presenting main industrial economic indicators of 18 regions in Hainan.

II. Scopes of Statistics

Since 2011,above designated size industry has been those with annual income of main business more than 20 million yuan(inc.20 million yuan) while those with annual income of main business less than 20 million yuan and self-employed industry have been below designated size industry. The self-employed industry refers to those individuals who are engaged in industrial business, operating independently and responsible for their own profits and losses.

Data by branch of industry in this chapter are based on the 2017's *National Industrial Classification of all Economic Activities*, and data by size of enterprise are based on the 2017's *Preliminary Standards of Enterprises by Size*.

III. Sources of Data and Methods of Survey

The data on enterprises statistics in this Chapter are collected mainly based on the relevant data in the annual industrial statistics reporting forms.

13-1 工业主要指标
Major Indicators on Industry

指　　标	Item	2010	2015	2017	2018	2019	2020	2021
全部工业	**All Industrial Enterprises**							
工业总产值（亿元）	Gross Industrial Output Value (100 million yuan)	1470.35	2000.93	2075.83	2489.75	2415.98	2225.31	2763.30
规模以上工业	**Industrial Enterprises above Designated Size**							
企业单位数（个）	Number of Enterprises (unit)	497	379	335	349	412	493	563
亏损企业数（个）	Number of Loss-suffering Enterprises (unit)	87	104	83	79	99	123	157
工业总产值（亿元）	Gross Industrial Output (100 million yuan)	1381.25	1877.63	1955.75	2272.69	2216.31	2059.58	2561.96
工业增加值（亿元）	Value-added of Industry (100 million yuan)	354.80	448.95	487.08	507.62			
工业销售产值（亿元）	Industrial Sales Value (100 million yuan)	1354.09	1833.26	1858.02	2215.32	2176.68	1968.23	2507.46
出口交货值（亿元）	Export Delivery Value (100 million yuan)	96.99	177.11	207.17	204.26	195.01	122.15	168.85
主营业务收入（亿元）	Revenue from Principal Business (100 million yuan)	1322.83	1661.72	1799.52	2200.74	2275.43	2101.25	2609.40
资产总计（亿元）	Total Assets (100 million yuan)	1621.38	2788.06	2858.40	3030.82	3293.45	3586.57	4421.64
流动资产合计（亿元）	Total Current Assets (100 million yuan)	622.32	968.46	1112.05	1271.13	1485.12	1607.62	1809.60
固定资产原价（亿元）	Total Fixed Assets (100 million yuan)	649.53	1222.10	1090.45	1759.68	2152.89	2311.05	2464.92
负债总计（亿元）	Total Liabilities (100 million yuan)	861.92	1544.97	1567.59	1692.14	1767.61	1925.07	2514.19
所有者权益合计（亿元）	Owner's Equity (100 million yuan)	757.79	1242.62	1286.55	1338.68	1527.34	1652.02	1883.89
利润总额（亿元）	Total Profits (100 million yuan)	140.04	103.61	130.52	145.53	170.50	133.15	212.72
亏损企业亏损额（亿元）	Total Loss of Loss-suffering Enterprises (100 million yuan)		23.45	31.73	36.23	26.12	30.09	25.06
利税总额（亿元）	Total Profits and Taxes (100 million yuan)	279.10	285.42	308.49	327.55	339.59	304.32	403.86
应交增值税（亿元）	Value-added Tax Payable (100 million yuan)	60.46	72.84	77.84	65.91	51.36	51.03	58.80
所得税费用（亿元）	Incomne Tax Payable (100 million yuan)	19.12	23.83	30.30	39.04	32.05	27.54	25.87
本年应付职工薪酬(亿元)	Total Wages Payable of Current Year (100 million yuan)	45.28	85.96	90.92	104.33	116.14	117.26	148.67
从业人员年平均人数(万人)	Average Employed Employees (10000 persons)	12.44	11.51	9.70	10.05	10.19	10.45	11.06

13-2 历年规模以上工业企业单位数
Number of Industrial Enterprises above Designated Size in Various Years

单位：个 (unit)

年份 Year	合计 Total	#大中型企业 #Large & Medium-sized Industrial Enterprises	#国有控股企业 #State-holding Enterprises	按轻重工业分 Grouped by Light & Heavy Industry: 轻工业 Light Industry	按轻重工业分 Grouped by Light & Heavy Industry: 重工业 Heavy Industry	按注册类型分 Grouped by Status of Registration: 国有企业 State-owned Enterprises	按注册类型分 Grouped by Status of Registration: 集体企业 Collective-owned Industry	按注册类型分 Grouped by Status of Registration: 股份合作企业 Cooperative Enterprises	按注册类型分 Grouped by Status of Registration: 股份制企业 Shareholding Enterpreses	按注册类型分 Grouped by Status of Registration: 外商及港澳台投资 Enterprises With Funds from Foreign, Hong Kong Macao and Taiwan	按注册类型分 Grouped by Status of Registration: 其他经济 Other Enterprises
1998	640	124	486	341	299	409	29	8	53	101	40
1999	579	120	428	316	263	343	25	10	64	92	45
2000	597	118	402	319	278	320	24	11	80	98	64
2001	589	129	372	325	264	295	23	8	110	94	59
2002	601	129	354	347	254	275	25	9	135	94	63
2003	620	56	346	323	297	270	22	7	160	97	64
2004	596	71	255	310	286	196	9	1	257	90	43
2005	646	73	299	333	313	230	16	7	224	102	67
2006	630	67	272	322	308	209	11	2	237	107	64
2007	502	66	175	260	242	92	10	3	250	97	50
2008	548	78	187	284	264	92	11	3	296	99	47
2009	494	104	102	252	242	58	5	1	310	93	27
2010	497	117	101	258	239	55	4	3	321	87	27
2011	361	102	83	176	185	41	3	2	227	74	14
2012	377	121	81	184	193	38	2	2	246	73	16
2013	388	127	80	189	199	25	1		289	70	3
2014	382	123	76	190	192	24	1		282	72	3
2015	379	111	75	186	193	23	1		279	73	3
2016	337	92	53	171	166	6			262	68	1
2017	335	85	52	175	160	4			264	67	
2018	349	81	50	176	173	3			287	59	
2019	412	84	56	183	229	7			341	64	
2020	493	78	68	195	298	14	1		414	60	4
2021	563	85	85	237	326	12			480	66	5

13-3 各市县规模以上工业增加值增长率
Growth rate of Value-added of Industrial Enterprises above Designated Size by Region

地 区	Region	2021年比2020年增长(%) Growth Rate in 2021 over 2020 (%)
全省总计	**Total**	**10.3**
海 口 市	Haikou	15.9
三 亚 市	Sanya	15.8
儋 州 市	Danzhou	4.3
五指山市	Wuzhishan	8.5
文 昌 市	Wenchang	41.7
琼 海 市	Qionghai	42.4
万 宁 市	Wanning	58.1
定 安 县	Ding'an	13.0
屯 昌 县	Tunchang	-4.3
澄 迈 县	Chengmai	2.6
临 高 县	Lingao	-14.3
东 方 市	Dongfang	1.9
乐 东 县	Ledong	14.5
琼 中 县	Qiongzhong	21.4
保 亭 县	Baoting	19.6
陵 水 县	Lingshui	35.3
白 沙 县	Baisha	1.6
昌 江 县	Changjiang	6.4

注：增长速度按可比价格计算。

Notes: The growth rates are calculated at comparable prices.

13-4 规模以上工业企业主要财务指标(2021年)
Major Financial Indicators on Industrial Enterprises above Designated Size(2021)

单位：万元 (10 000 yuan)

项　目	Item	企业单位数(个) Number of Enterprises (unit)	亏损企业 Loss-suffering Enterprises	工业总产值 Gross Industrial Output Value
合　计	**Total**	**563**	**157**	**25619568**
一、按登记注册类型分组	**By Status of Registration**			
内资企业	**Domestic Funded**	**497**	**142**	**16909610**
国有企业	State-owned Enterprises	12	4	2128865
中央企业	Central Enterprises	6	1	2096777
地方企业	Local Enterprises	6	3	32088
集体企业	Collective-owned Enterprises			
股份合作企业	Cooperative Enterprises			
联营企业	Joint Ownership Enterprises			
国有联营企业	State Joint Ownership			
集体联营企业	Collective Joint Ownership			
国有与集体联营企业	Joint State-collective			
其他联营企业	Other Joint Ownership			
有限责任公司	Limited Liability Corporations	277	71	10110537
国有独资公司	State Sole Funded	10	4	348072
其他有限责任公司	Other Limited Liability	267	67	9762465
股份有限公司	Share-holding Corporations Limited	35	3	2417933
私营企业	Private Enterprises	173	64	2252275
私营独资企业	Private-funded	4		14933
私营合伙企业	Private Partnership	1	1	9532
私营有限责任公司	Private Limited Liability	157	60	2101563
私营股份有限公司	Private Share-holding Corporations Ltd.	11	3	126247
其他企业	Other Enterprises			
港、澳、台商投资企业	**Enterprises with Funds from Hongkong,Macao and Taiwan**	**39**	**8**	**6988031**
合资经营企业(港或澳、台资)	Joint-venture Enterprises	14	3	6296528
合作经营企业(港或澳、台资)	Cooperative Enterprises	1		21336
港澳台商独资经营企业	Enterprises with Sole Investment	19	4	452703
港澳台商投资股份有限公司	Share-holding Corporations Ltd.	4	1	162867
外商投资企业	**Enterprises with Foreign Investment**	**27**	**7**	**1721926**
中外合资经营企业	Joint-venture Enterprises	12	1	1278331
中外合作经营企业	Cooperation Enterprises			
外资企业	Enterprises with Sole Funds	15	6	443596
外商投资股份有限公司	Share-holding Corporations Ltd.			
其他外商投资企业	Others			
二、按企业控股情况分：国有控股企业	By Situation Of Share Holding:State-holding Enterprises	**85**	**17**	**11432262**
按轻重工业分：轻工业	By Light & Heavy:Light Industry	237	75	7804359
重工业	Heavy Industry	326	82	17815209
按企业规模分：大型企业	By Size of Enterprises:Large	15	1	11238801
中型企业	Medium	70	15	7094278
小型企业	Small	478	141	7286488
#微型企业	Micro	62	22	386727

13-4 续1 (continued 1)

项 目	Item	资产总计 Total Assets	流动资产 合计 Total Current Assets	应收账款 Accounts Receivable	存货 Inventory	产成品 Finished Products
合 计	**Total**	**44216422**	**18095954**	**3606602**	**2822581**	**849454**
一、按登记注册类型分组	**By Status of Registration**					
内资企业	**Domestic Funded**	**30138620**	**13052188**	**2718292**	**2165066**	**644878**
国有企业	State-owned Enterprises	4688316	666193	206386	125085	52490
中央企业	Central Enterprises	4474388	642058	199209	122378	52490
地方企业	Local Enterprises	213928	24135	7177	2707	
集体企业	Collective-owned Enterprises					
股份合作企业	Cooperative Enterprises					
联营企业	Joint Ownership Enterprises					
国有联营企业	State Joint Ownership					
集体联营企业	Collective Joint Ownership					
国有与集体联营企业	Joint State-collective					
其他联营企业	Other Joint Ownership					
有限责任公司	Limited Liability Corporations	17113745	7520878	1583759	1173828	415975
国有独资公司	State Sole Funded	1294898	224389	25761	8681	847
其他有限责任公司	Other Limited Liability	15818847	7296489	1557998	1165146	415128
股份有限公司	Share-holding Corporations Limited	5999859	3143469	339867	359263	107983
私营企业	Private Enterprises	2336700	1721648	588279	506891	68430
私营独资企业	Private-funded	16636	16240	7658	2772	2067
私营合伙企业	Private Partnership	5046	2962	2451	139	
私营有限责任公司	Private Limited Liability	2182094	1628625	563487	490471	61931
私营股份有限公司	Private Share-holding Corporations Ltd.	132926	73820	14683	13509	4432
其他企业	Other Enterprises					
港、澳、台商投资企业	**Enterprises with Funds from Hongkong,Macao and Taiwan**	**9960650**	**3467263**	**497455**	**430368**	**148972**
合资经营企业(港或澳、台资)	Joint-venture Enterprises	5322878	2624036	213510	324672	92281
合作经营企业(港或澳、台资)	Cooperative Enterprises	56911	7533	2148	2761	
港澳台商独资经营企业	Enterprises with Sole Investment	4013507	596144	170249	68832	41769
港澳台商投资股份有限公司	Share-holding Corporations Ltd.	393089	208928	110241	20736	7493
外商投资企业	**Enterprises with Foreign Investment**	**4117152**	**1576503**	**390856**	**227147**	**55604**
中外合资经营企业	Joint-venture Enterprises	3502836	1272210	320591	174058	40110
中外合作经营企业	Cooperation Enterprises					
外资企业	Enterprises with Sole Funds	614317	304293	70265	53088	15494
外商投资股份有限公司	Share-holding Corporations Ltd.					
其他外商投资企业	Others					
二、按企业控股情况分：国有控股企业	By Situation Of Share Holding:State-holding Enterprises	**19120711**	**5357565**	**553721**	**745490**	**184127**
按轻重工业分：轻工业	By Light & Heavy:Light Industry	11787378	6832718	1251727	1266716	390070
重工业	Heavy Industry	32429044	11263236	2354875	1555864	459384
按企业规模分：大型企业	By Size of Enterprises:Large	19362362	6057657	924496	1115566	152179
中型企业	Medium	9139514	4896715	996560	840495	374621
小型企业	Small	15714546	7141582	1685547	866521	322655
#微型企业	Micro	2561761	1275647	99342	42330	16397

13-4 续2 (continued 2)

项 目	Item	固定资产原价 Original Value of Fixed Assets	累计折旧 Accumulated Depreciation	负债合计 Total Liabilities	流动负债合计 Total Current Liabilities	应付账款 Accounts Payable
合 计	**Total**	**24649169**	**10358695**	**25141941**	**17692006**	**4005057**
一、按登记注册类型分组	**By Status of Registration**					
内资企业	**Domestic Funded**	**18421415**	**7293494**	**17256816**	**11749798**	**2972340**
国有企业	State-owned Enterprises	5323513	2136912	3339562	1817007	381638
中央企业	Central Enterprises	5001484	1959925	3245125	1757381	378363
地方企业	Local Enterprises	322029	176987	94437	59626	3275
集体企业	Collective-owned Enterprises					
股份合作企业	Cooperative Enterprises					
联营企业	Joint Ownership Enterprises					
国有联营企业	State Joint Ownership					
集体联营企业	Collective Joint Ownership					
国有与集体联营企业	Joint State-collective					
其他联营企业	Other Joint Ownership					
有限责任公司	Limited Liability Corporations	9998008	3436630	10062050	6405980	1785999
国有独资公司	State Sole Funded	884094	197007	792226	327568	73568
其他有限责任公司	Other Limited Liability	9113914	3239623	9269825	6078412	1712431
股份有限公司	Share-holding Corporations Limited	2492816	1461694	2183653	1979924	329425
私营企业	Private Enterprises	607078	258258	1671550	1546888	475278
私营独资企业	Private-funded	628	247	16874	11725	
私营合伙企业	Private Partnership	3381	1314	4055	3955	2422
私营有限责任公司	Private Limited Liability	563303	234047	1587648	1480493	460095
私营股份有限公司	Private Share-holding Corporations Ltd.	39767.3	22649.7	62972.5	50714.3	12761.1
其他企业	Other Enterprises					
港、澳、台商投资企业	**Enterprises with Funds from Hongkong,Macao and Taiwan**	**3048329**	**1869034**	**5694023**	**4201760**	**817375**
合资经营企业(港或澳、台资)	Joint-venture Enterprises	2540508	1638172	2115614	1234166	335785
合作经营企业(港或澳、台资)	Cooperative Enterprises	65530	23892	30448	11851	4137
港澳台商独资经营企业	Enterprises with Sole Investment	201889	91628	3384047	2872611	445624
港澳台商投资股份有限公司	Share-holding Corporations Ltd.	67783	23917	137618	56836	17831
外商投资企业	**Enterprises with Foreign Investment**	**3179426**	**1196167**	**2191101**	**1740448**	**215341**
中外合资经营企业	Joint-venture Enterprises	2786691	1013857	1837185	1457975	140685
中外合作经营企业	Cooperation Enterprises					
外资企业	Enterprises with Sole Funds	392735	182311	353916	282473	74657
外商投资股份有限公司	Share-holding Corporations Ltd.					
其他外商投资企业	Others					
二、按企业控股情况分：国有控股企业	By Situation Of Share Holding:State-holding Enterprises	**15367585**	**6409827**	**10224199**	**5342678**	**1168612**
按轻重工业分：轻工业	By Light & Heavy:Light Industry	5112258	2134987	6051830	5137928	877991
重工业	Heavy Industry	19536912	8223708	19090111	12554078	3127066
按企业规模分：大型企业	By Size of Enterprises:Large	13187922	5621024	12312029	8041318	1417873
中型企业	Medium	4918304	2317291	4803659	4136912	783751
小型企业	Small	6542943	2420380	8026253	5513777	1803433
#微型企业	Micro	397271	117168	773188	575396	55724

13-4 续3(continued 3)

项 目	Item	所有者权益合计 Total Owner's Equity	实收资本 Paid-up Capital	国家资本 State-owned Capital	集体资本 Collective-owned Capital	法人资本 Legal Person's Capital
合 计	**Total**	**18838904**	**9053026**	**1801179**	**76142**	**5280861**
一、按登记注册类型分组	**By Status of Registration**					
内资企业	**Domestic Funded**	**12646227**	**5602374**	**1075348**	**71077**	**3934247**
国有企业	State-owned Enterprises	1348754	741711	191839		549872
中央企业	Central Enterprises	1229263	703257	154385		548872
地方企业	Local Enterprises	119491	38454	37454		1000
集体企业	Collective-owned Enterprises					
股份合作企业	Cooperative Enterprises					
联营企业	Joint Ownership Enterprises					
国有联营企业	State Joint Ownership					
集体联营企业	Collective Joint Ownership					
国有与集体联营企业	Joint State-collective					
其他联营企业	Other Joint Ownership					
有限责任公司	Limited Liability Corporations	7051692	3757535	821149	11297	2684315
国有独资公司	State Sole Funded	502672	314729	118386		196344
其他有限责任公司	Other Limited Liability	6549020	3442806	702764	11297	2487971
股份有限公司	Share-holding Corporations Limited	3580632	785559	62360	45000	561783
私营企业	Private Enterprises	665148	317570		14780	138278
私营独资企业	Private-funded	-239	500			9
私营合伙企业	Private Partnership	991	991			991
私营有限责任公司	Private Limited Liability	594444	277348		13780	123139
私营股份有限公司	Private Share-holding Corporations Ltd.	69953.1	38730.5		1000	14139
其他企业	Other Enterprises					
港、澳、台商投资企业	**Enterprises with Funds from Hongkong,Macao and Taiwan**	**4266626**	**2006890**	**725828**	**3965**	**202700**
合资经营企业(港或澳、台资)	Joint-venture Enterprises	3207264	1302533	723037	3965	181668
合作经营企业(港或澳、台资)	Cooperative Enterprises	26462	12878			12878
港澳台商独资经营企业	Enterprises with Sole Investment	629460	450560	2791		7154
港澳台商投资股份有限公司	Share-holding Corporations Ltd.	255471	47698			1000
外商投资企业	**Enterprises with Foreign Investment**	**1926051**	**1443761**	**3**	**1100**	**1143914**
中外合资经营企业	Joint-venture Enterprises	1665651	1260762	3	1100	1136096
中外合作经营企业	Cooperation Enterprises					
外资企业	Enterprises with Sole Funds	260400	183000			7818
外商投资股份有限公司	Share-holding Corporations Ltd.					
其他外商投资企业	Others					
二、按企业控股情况分：国有控股企业	By Situation Of Share Holding:State-holding Enterprises	**8660938**	**3909021**	**1665134**		**1970623**
按轻重工业分：轻工业	By Light & Heavy:Light Industry	5735547	2578322	94716	62400	1865437
重工业	Heavy Industry	13103357	6474703	1706463	13742	3415425
按企业规模分：大型企业	By Size of Enterprises:Large	7050333	3506857	840828	5286	2330453
中型企业	Medium	4335855	2073485	167768	3536	1517742
小型企业	Small	7452716	3472683	792583	67320	1432666
#微型企业	Micro	1553000	73977	10600	584	41691

13-4 续4(continued 4)

项 目	Item	个人资本 Individual Capital	港澳台资本 Funds from Hongkong Macau & Taiwan	外商资本 Foreign Investment	营业收入 Operating Income	营业成本 Operating Costs	税金及附加 Taxes & Surcharges
合 计	**Total**	**582906**	**451017**	**860921**	**26761381**	**20958885**	**1323360**
一、按登记注册类型分组	**By Status of Registration**						
内资企业	**Domestic Funded**	**508450**	**10251**	**3002**	**17755487**	**14290905**	**369418**
国有企业	State-owned Enterprises				2166341	2072098	6754
中央企业	Central Enterprises				2130577	2039096	6271
地方企业	Local Enterprises				35764	33002	482
集体企业	Collective-owned Enterprises						
股份合作企业	Cooperative Enterprises						
联营企业	Joint Ownership Enterprises						
国有联营企业	State Joint Ownership						
集体联营企业	Collective Joint Ownership						
国有与集体联营企业	Joint State-collective						
其他联营企业	Other Joint Ownership						
有限责任公司	Limited Liability Corporations	240775			10699128	8374395	323080
国有独资公司	State Sole Funded				358338	325277	2862
其他有限责任公司	Other Limited Liability	240775			10340789	8049119	320218
股份有限公司	Share-holding Corporations Limited	103471	10251	2695	2560610	1823737	29245
私营企业	Private Enterprises	164204		307	2329409	2020674	10339
私营独资企业	Private-funded	491			14335	13931	24
私营合伙企业	Private Partnership				9536	8021	44
私营有限责任公司	Private Limited Liability	140122		307	2183247	1906923	9629
私营股份有限公司	Private Share-holding Corporations Ltd.	23591.5			122291.2	91799	641.3
其他企业	Other Enterprises						
港、澳、台商投资企业	**Enterprises with Funds from Hongkong,Macao and Taiwan**	**51385**	**426757**	**596256**	**7149600**	**5272392**	**935626**
合资经营企业(港或澳、台资)	Joint-venture Enterprises	7350	126358	260156	6386324	4836672	923284
合作经营企业(港或澳、台资)	Cooperative Enterprises				22856	15088	292
港澳台商独资经营企业	Enterprises with Sole Investment	300	104216	336100	545081	337157	9902
港澳台商投资股份有限公司	Share-holding Corporations Ltd.	43735	2963		147773	51308	1495
外商投资企业	**Enterprises with Foreign Investment**	**23071**	**14009**	**261663**	**1856294**	**1395588**	**18316**
中外合资经营企业	Joint-venture Enterprises	22288	14009	87266	1423050	1081239	14946
中外合作经营企业	Cooperation Enterprises						
外资企业	Enterprises with Sole Funds	784		174397	433243	314349	3370
外商投资股份有限公司	Share-holding Corporations Ltd.						
其他外商投资企业	Others						
二、按企业控股情况分：国有控股企业	By Situation Of Share Holding:State-holding Enterprises	**3163**	**2468**	**267633**	**11635512**	**9144645**	**1209824**
按轻重工业分：轻工业	By Light & Heavy:Light Industry	314051	58304	183416	8179235	5671059	235968
重工业	Heavy Industry	268856	392713	677505	18582146	15287826	1087391
按企业规模分：大型企业	By Size of Enterprises:Large	77189	10251	242851	11531164	8705703	976996
中型企业	Medium	163971	207972	12496	7544512	5906712	289408
小型企业	Small	341746	232794	605574	7685705	6346470	56957
#微型企业	Micro	15451	5652		390656	363117	2133

13-4 续5(continued 5)

项 目	Item	其他收益 Other Income	销售费用 Selling Expenses	管理费用 Admini-strative Expenses	财务费用 Financial Expenses	利息费用 Interest Expenditure
合 计	**Total**	**97447**	**1170122**	**834991**	**354915**	**412523**
一、按登记注册类型分组	**By Status of Registration**					
内资企业	**Domestic Funded**	**47724**	**948190**	**634729**	**296418**	**315150**
国有企业	State-owned Enterprises	1645	2020	68982	71995	72385
中央企业	Central Enterprises	1461	1551	63894	71290	71673
地方企业	Local Enterprises	184	469	5088	705	713
集体企业	Collective-owned Enterprises					
股份合作企业	Cooperative Enterprises					
联营企业	Joint Ownership Enterprises					
国有联营企业	State Joint Ownership					
集体联营企业	Collective Joint Ownership					
国有与集体联营企业	Joint State-collective					
其他联营企业	Other Joint Ownership					
有限责任公司	Limited Liability Corporations	40879	653284	364882	185767	199006
国有独资公司	State Sole Funded	1170	511	9038	21277	21814
其他有限责任公司	Other Limited Liability	39709	652773	355844	164491	177192
股份有限公司	Share-holding Corporations Limited	4005	209418	115284	15775	31566
私营企业	Private Enterprises	1195	83469	85582	22882	12193
私营独资企业	Private-funded		21	79		
私营合伙企业	Private Partnership		754	365	65	0
私营有限责任公司	Private Limited Liability	921	67548	79220	22209	11655
私营股份有限公司	Private Share-holding Corporations Ltd.	274	15146	5918	608	537
其他企业	Other Enterprises					
港、澳、台商投资企业	**Enterprises with Funds from Hongkong,Macao and Taiwan**	**40939**	**104093**	**126503**	**-19482**	**26040**
合资经营企业(港或澳、台资)	Joint-venture Enterprises	30177	16376	65359	-25797	16442
合作经营企业(港或澳、台资)	Cooperative Enterprises		4095	2559	512	
港澳台商独资经营企业	Enterprises with Sole Investment	1843	61313	46507	1922	4626
港澳台商投资股份有限公司	Share-holding Corporations Ltd.	1059	21078	4808	3863	4946
外商投资企业	**Enterprises with Foreign Investment**	**8784**	**117839**	**73759**	**77979**	**71333**
中外合资经营企业	Joint-venture Enterprises	8701	60005	49009	74510	67068
中外合作经营企业	Cooperation Enterprises					
外资企业	Enterprises with Sole Funds	83	57834	24750	3469	4265
外商投资股份有限公司	Share-holding Corporations Ltd.					
其他外商投资企业	Others					
二、按企业控股情况分：国有控股企业	By Situation Of Share Holding:State-holding Enterprises	**58302**	**62091**	**262529**	**139522**	**216718**
按轻重工业分：轻工业	By Light & Heavy:Light Industry	20940	959979	317016	126735	120089
重工业	Heavy Industry	76507	210143	517975	228180	292433
按企业规模分：大型企业	By Size of Enterprises:Large	63153	254650	284572	172039	210543
中型企业	Medium	19589	603517	220167	72479	75409
小型企业	Small	14705	311955	330251	110397	126571
#微型企业	Micro	695	8970	19454	-1160	5028

13-4 续6(continued 6)

项 目	Item	营业利润 Operating Profits	投资收益 Investment Income	营业外收入 Non-operating Income	营业外支出 Non-operating Expenses
合 计	**Total**	**2009600**	**306744**	**158131**	**40497**
一、按登记注册类型分组	**By Status of Registration**				
内资企业	**Domestic Funded**	**1178231**	**293101**	**58308**	**34602**
国有企业	State-owned Enterprises	-53279	3986	6529	3569
中央企业	Central Enterprises	-49328	3986	6352	3266
地方企业	Local Enterprises	-3951		177	304
集体企业	Collective-owned Enterprises				
股份合作企业	Cooperative Enterprises				
联营企业	Joint Ownership Enterprises				
国有联营企业	State Joint Ownership				
集体联营企业	Collective Joint Ownership				
国有与集体联营企业	Joint State-collective				
其他联营企业	Other Joint Ownership				
有限责任公司	Limited Liability Corporations	790286	219717	32067	22342
国有独资公司	State Sole Funded	12658	14486	308	1928
其他有限责任公司	Other Limited Liability	777628	205230	31759	20414
股份有限公司	Share-holding Corporations Limited	387199	67450	12598	3796
私营企业	Private Enterprises	54025	1948	7114	4895
私营独资企业	Private-funded	279			33
私营合伙企业	Private Partnership	-248		6	5
私营有限责任公司	Private Limited Liability	48868	1832	6889	4289
私营股份有限公司	Private Share-holding Corporations Ltd.	5126	116	220	569
其他企业	Other Enterprises				
港、澳、台商投资企业	**Enterprises with Funds from Hongkong,Macao and Taiwan**	**706663**	**11311**	**97021**	**4093**
合资经营企业(港或澳、台资)	Joint-venture Enterprises	592680	2367	2998	1293
合作经营企业(港或澳、台资)	Cooperative Enterprises	310		282	40
港澳台商独资经营企业	Enterprises with Sole Investment	56841	9257	1379	871
港澳台商投资股份有限公司	Share-holding Corporations Ltd.	44805	-312	170	152
外商投资企业	**Enterprises with Foreign Investment**	**124707**	**2332**	**2802**	**1803**
中外合资经营企业	Joint-venture Enterprises	104457	1234	806	1095
中外合作经营企业	Cooperation Enterprises				
外资企业	Enterprises with Sole Funds	20249	1098	1996	707
外商投资股份有限公司	Share-holding Corporations Ltd.				
其他外商投资企业	Others				
二、按企业控股情况分：国有控股企业	By Situation Of Share Holding:State-holding Enterprises	**887633**	**69046**	**21070**	**13537**
按轻重工业分：轻工业	By Light & Heavy:Light Industry	692598	89984	25965	11837
重工业	Heavy Industry	1317002	216760	132166	28660
按企业规模分：大型企业	By Size of Enterprises:Large	1047288	4184	23590	8316
中型企业	Medium	479482	191549	109738	9010
小型企业	Small	482830	111011	24802	23172
#微型企业	Micro	49080	53561	3118	2985

13-4 续7(continued 7)

项 目	Item	利润总额 Total Profits	所得税费用 Income Tax Payable	利税总额 Total Profits and Taxes	本年应付职工薪酬 Total Wages Payable of Current Year
合 计	**Total**	**2127233**	**258698**	**4038637**	**1486714**
一、按登记注册类型分组	**By Status of Registration**				
内资企业	**Domestic Funded**	**1201937**	**158321**	**2044476**	**1181710**
国有企业	State-owned Enterprises	-50319	2201	-17523	219433
中央企业	Central Enterprises	-46242	2153	-15927	203773
地方企业	Local Enterprises	-4077	48	-1596	15660
集体企业	Collective-owned Enterprises				
股份合作企业	Cooperative Enterprises				
联营企业	Joint Ownership Enterprises				
国有联营企业	State Joint Ownership				
集体联营企业	Collective Joint Ownership				
国有与集体联营企业	Joint State-collective				
其他联营企业	Other Joint Ownership				
有限责任公司	Limited Liability Corporations	800012	82220	1406635	606560
国有独资公司	State Sole Funded	11038	1141	21780	20867
其他有限责任公司	Other Limited Liability	788973	81079	1384855	585693
股份有限公司	Share-holding Corporations Limited	396001	64395	537934	214207
私营企业	Private Enterprises	56244	9505	117429	141510
私营独资企业	Private-funded	246	1	460	159
私营合伙企业	Private Partnership	-246		28	732
私营有限责任公司	Private Limited Liability	51468	8470	107582	132563
私营股份有限公司	Private Share-holding Corporations Ltd.	4776	1033	9359	8057
其他企业	Other Enterprises				
港、澳、台商投资企业	**Enterprises with Funds from Hongkong,Macao and Taiwan**	**799590**	**79645**	**1775050**	**211618**
合资经营企业(港或澳、台资)	Joint-venture Enterprises	594384	78114	1596918	115310
合作经营企业(港或澳、台资)	Cooperative Enterprises	552	83	1606	5890
港澳台商独资经营企业	Enterprises with Sole Investment	57349	9517	13385	79387
港澳台商投资股份有限公司	Share-holding Corporations Ltd.	44822	4089	58218	6225
外商投资企业	**Enterprises with Foreign Investment**	**125706**	**20732**	**219112**	**93386**
中外合资经营企业	Joint-venture Enterprises	104168	16137	177764	67030
中外合作经营企业	Cooperation Enterprises				
外资企业	Enterprises with Sole Funds	21538	4595	41347	26356
外商投资股份有限公司	Share-holding Corporations Ltd.				
其他外商投资企业	Others				
二、按企业控股情况分：国有控股企业	By Situation Of Share Holding:State-holding Enterprises	**895167**	**131801**	**2349485**	**603094**
按轻重工业分：轻工业	By Light & Heavy:Light Industry	706725	96168	1232157	562483
重工业	Heavy Industry	1420508	162530	2806480	924231
按企业规模分：大型企业	By Size of Enterprises:Large	1062562	177784	2235532	665524
中型企业	Medium	580211	29721	1072527	426086
小型企业	Small	484459	51192	730578	395104
#微型企业	Micro	49214	843	58843	4216

13-4 续8(continued 8)

项 目	Item	本年应交增值税 Value Added Tax Payable of Current	应交税金及附加 Taxes & Surcharges Payable	亏损企业亏损总额 Total loss of Loss-suffering Enterprises	全部从业人员年平均人数（人） Annual Average Employees
合 计	**Total**	**588044**	**2170102**	**250622**	**110634**
一、按登记注册类型分组	**By Status of Registration**				
内资企业	**Domestic Funded**	**473121**	**1000860**	**216789**	**93315**
国有企业	State-owned Enterprises	26042	34997	70964	7619
中央企业	Central Enterprises	24044	32468	66508	6156
地方企业	Local Enterprises	1999	2529	4456	1463
集体企业	Collective-owned Enterprises				
股份合作企业	Cooperative Enterprises				
联营企业	Joint Ownership Enterprises				
国有联营企业	State Joint Ownership				
集体联营企业	Collective Joint Ownership				
国有与集体联营企业	Joint State-collective				
其他联营企业	Other Joint Ownership				
有限责任公司	Limited Liability Corporations	283543	688843	96366	51967
国有独资公司	State Sole Funded	7880	11883	10533	945
其他有限责任公司	Other Limited Liability	275664	676961	85834	51022
股份有限公司	Share-holding Corporations Limited	112689	206329	20238	12965
私营企业	Private Enterprises	50847	70691	29221	20764
私营独资企业	Private-funded	190	215		38
私营合伙企业	Private Partnership	230	274	246	85
私营有限责任公司	Private Limited Liability	46486	64585	24829	19666
私营股份有限公司	Private Share-holding Corporations Ltd.	3942	5617	4146	975
其他企业	Other Enterprises				
港、澳、台商投资企业	**Enterprises with Funds from Hongkong,Macao and Taiwan**	**39833**	**1055105**	**17630**	**10558**
合资经营企业(港或澳、台资)	Joint-venture Enterprises	79250	1080648	14849	5131
合作经营企业(港或澳、台资)	Cooperative Enterprises	762	1137		488
港澳台商独资经营企业	Enterprises with Sole Investment	-53866	-34448	2443	3942
港澳台商投资股份有限公司	Share-holding Corporations Ltd.	11901	17485	339	653
外商投资企业	**Enterprises with Foreign Investment**	**75090**	**114138**	**16203**	**6761**
中外合资经营企业	Joint-venture Enterprises	58651	89733	11622	4614
中外合作经营企业	Cooperation Enterprises				
外资企业	Enterprises with Sole Funds	16439	24405	4581	2147
外商投资股份有限公司	Share-holding Corporations Ltd.				
其他外商投资企业	Others				
二、按企业控股情况分：国有控股企业	By Situation Of Share Holding:State-holding Enterprises	**244495**	**1586120**	**119683**	**22700**
按轻重工业分：轻工业	By Light & Heavy:Light Industry	289463	621600	59773	59254
重工业	Heavy Industry	298581	1548503	190849	51380
按企业规模分：大型企业	By Size of Enterprises:Large	195974	1350754	66508	33586
中型企业	Medium	202908	522037	51403	34848
小型企业	Small	189162	297311	132711	42200
#微型企业	Micro	7497	10472	26591	586

13-5 分行业规模以上工业企业主要财务指标(2021年)
Major Financial Indicators on Industrial Enterprises above Designated Size by Sector (2021)

单位：万元 (10 000 yuan)

项 目	Item	企业单位数(个) Number of Enterprises (unit)	亏损企业 Loss-suffering Enterprises	工业总产值 Gross Industrial Output Value
合 计	**Total**	**563**	**157**	**25619568**
石油和天然气开采业	Extraction of Petroleum and Natural Gas	2		288537
黑色金属矿采选业	Mining and Processing of Ferrous Metal Ores	2		229657
有色金属矿采选业	Mining and Processing of Non-Ferrous Metal Ores	1		35109
非金属矿采选业	Mining and Processing of Nonmetal Ores	12	3	126909
农副食品加工业	Processing of Food from Agricultural Products	83	41	2284625
食品制造业	Manufacture of Foods	21	4	204252
酒、饮料和精制茶制造业	Manufacture of Wine,Beverages and Tea	29	13	749691
烟草制品业	Manufacture of Tobacco	1		360948
纺织业	Manufacture of Textile	2		52899
纺织服装、服饰业	Manufacture of Textile cloth	1		2630
皮革、毛皮、羽毛及其制品和制鞋业	Manufacture of Leather, Fur, Feather, Related Products and Footwear	1		2406
木材加工及木、竹、藤、棕、草制品业	Processing of Timber, Manufacture of Wood,Bamboo,Rattan,Palm and Straw Products	30	4	157910
家具制造业	Manufacture of Furniture	1		
造纸及纸制品业	Manufacture of Paper and Paper Products	10	1	1368920
印刷和记录媒介的复制业	Printing, Reproduction of Recording Media	6	1	48246
文教、工美、体育和娱乐用品制造业	Manufacture of Articles for Culture, Education Arts and Crafts, Sport and Entertainment Activities	2		24068
石油加工、炼焦及核燃料加工业	Processing of Petroleum, Coking and Nuclear Fuel	7	4	6724714
化学原料及化学制品制造业	Manufacture of Raw Chemical Materials and Chemical Products	18	4	2313267
医药制造业	Manufacture of Medicines	64	12	2485086
橡胶和塑料制品业	Manufacture of Rubber or Plastics Products	18	3	376702
非金属矿物制品业	Manufacture of Non-metallic Mineral Products	140	41	2934376
有色金属冶炼及压延加工业	Smelting and Pressing of Non-ferrous Metals	4	1	62139
金属制品业	Manufacture of Metal Products	6	3	131118
通用设备制造业	Manufacture of General Purpose Machinery	1	1	1550
专用设备制造业	Manufacture of Special Purposes Machinery	4	1	48620
汽车制造业	Manufacture of Automobiles	8	3	190992
铁路、船舶、航空航天和其他设备制造业	Manufacture of Railway, Ship, Aerospace and Other Transport Equipments	1		5508
电气机械及器材制造业	Manufacture of Electrical Machinery and Apparatus	11	1	553736
计算机、通信及其他电子设备制造业	Manufacture of Computer, Communication and Other Electronic Equipments	1		93140
废弃资源综合利用业	Utilization of Waste Resources	1		3101
金属制品、机械和设备修理业	Repair Services of Metal Products,Machinery and Equipment	2		60537
电力、热力的生产和供应业	Production and Supply of Electric Power and Heat Power	37	8	3336798
燃气生产和供应业	Production and Supply of Gas	11	1	176573
水的生产和供应业	Production and Supply of Water	23	6	178676

13-5 续1 (continued 1)

项 目	Item	资产总计 Total Assets	流动资产合计 Total Current Assets	应收账款 Accounts Receivable	存货 Inventory	产成品 Finished Products
合 计	**Total**	**44216422**	**18095954**	**3606602**	**2822581**	**849454**
石油和天然气开采业	Extraction of Petroleum and Natural Gas	3501775	328239	48670	14354	1624
黑色金属矿采选业	Mining and Processing of Ferrous Metal Ores	878122	376812	9307	13570	9554
有色金属矿采选业	Mining and Processing of Non-Ferrous Metal Ores	111797	100888	43821	52937	1833
非金属矿采选业	Mining and Processing of Nonmetal Ores	133314	76101	23006	3744	2853
农副食品加工业	Processing of Food from Agricultural Products	1847524	1396623	234923	493539	123365
食品制造业	Manufacture of Foods	394558	205775	48811	37134	9972
酒、饮料和精制茶制造业	Manufacture of Wine,Beverages and Tea	997463	698740	61059	100103	44597
烟草制品业	Manufacture of Tobacco	300048	223307	10	36393	8989
纺织业	Manufacture of Textile	127237	57499	8751	6813	3340
纺织服装、服饰业	Manufacture of Textile cloth	45232	8729	551	90	90
皮革、毛皮、羽毛及其制品和制鞋业	Manufacture of Leather, Fur, Feather, Related Products and Footwear	1512	585	144	158	158
木材加工及木、竹、藤、棕、草制品业	Processing of Timber, Manufacture of Wood,Bamboo,Rattan,Palm and Straw Products	119744	84795	34444	22569	13030
家具制造业	Manufacture of Furniture					
造纸及纸制品业	Manufacture of Paper and Paper Products	3588932	1613272	401097	167595	36525
印刷和记录媒介的复制业	Printing, Reproduction of Recording Media	133437	90457	4262	8419	3256
文教、工美、体育和娱乐用品制造业	Manufacture of Articles for Culture, Education Arts and Crafts, Sport and Entertainment Activities	45448	42096	5765	25008	18835
石油加工、炼焦及核燃料加工业	Processing of Petroleum, Coking and Nuclear Fuel	5371514	2344057	186085	410410	142392
化学原料及化学制品制造业	Manufacture of Raw Chemical Materials and Chemical Products	3759935	2041096	178366	241871	108051
医药制造业	Manufacture of Medicines	3899388	2228340	438039	343082	114190
橡胶和塑料制品业	Manufacture of Rubber or Plastics Products	418512	252389	21768	54962	21353
非金属矿物制品业	Manufacture of Non-metallic Mineral Products	3960516	2921435	1070198	197320	71304
有色金属冶炼及压延加工业	Smelting and Pressing of Non-ferrous Metals	155776	19449	6017	2347	160
金属制品业	Manufacture of Metal Products	253355	132829	25096	31801	4503
通用设备制造业	Manufacture of General Purpose Machinery	28715	3843	883	2273	1408
专用设备制造业	Manufacture of Special Purposes Machinery	116899	49753	25454	7420	1780
汽车制造业	Manufacture of Automobiles	658896	218305	43055	50238	16292
铁路、船舶、航空航天和其他设备制造业	Manufacture of Railway, Ship, Aerospace and Other Transport Equipments	4351	3546	947	1005	81
电气机械及器材制造业	Manufacture of Electrical Machinery and Apparatus	984338	605329	226582	174451	16533
计算机、通信及其他电子设备制造业	Manufacture of Computer, Communication and Other Electronic Equipments	191786	187043	16639	108934	50445
废弃资源综合利用业	Utilization of Waste Resources	10788	1320	187	158	
金属制品、机械和设备修理业	Repair Services of Metal Products,Machinery and Equipment	63279	45919	33870	3114	
电力、热力的生产和供应业	Production and Supply of Electric Power and Heat Power	9370138	1177790	351411	176168	1947
燃气生产和供应业	Production and Supply of Gas	1376397	225903	10468	24628	19618
水的生产和供应业	Production and Supply of Water	1361219	330480	46170	8607	1091

13-5 续2 (continued 2)

项 目	Item	固定资产原价 Original Value of Fixed Assets	累计折旧 Accumulated Depreciation	负债合计 Total Liabilities	流动负债合计 Total Current Liabilities	应付账款 Accounts Payable
合 计	**Total**	**24649169**	**10358695**	**25141941**	**17692006**	**4005057**
石油和天然气开采业	Extraction of Petroleum and Natural Gas	61520	30142	3087213	2636316	359640
黑色金属矿采选业	Mining and Processing of Ferrous Metal Ores	350980	126341	295201	234875	4642
有色金属矿采选业	Mining and Processing of Non-Ferrous Metal Ores	14840	5332	86476	86476	77258
非金属矿采选业	Mining and Processing of Nonmetal Ores	41113	23907	55556	43657	17975
农副食品加工业	Processing of Food from Agricultural Products	398530	201947	1447973	1300855	181287
食品制造业	Manufacture of Foods	131865	49469	193628	148542	41182
酒、饮料和精制茶制造业	Manufacture of Wine,Beverages and Tea	475907	266248	461232	399723	73522
烟草制品业	Manufacture of Tobacco	146755	80128	96094	96094	66149
纺织业	Manufacture of Textile	57253	36240	22745	10217	2465
纺织服装、服饰业	Manufacture of Textile cloth	3871	2421	4618	4170	233
皮革、毛皮、羽毛及其制品和制鞋业	Manufacture of Leather, Fur, Feather, Related Products and Footwear	675	494	133	133	77
木材加工及木、竹、藤、棕、草制品业	Processing of Timber, Manufacture of Wood,Bamboo,Rattan,Palm and Straw Products	40013	11739	101453	91342	13466
家具制造业	Manufacture of Furniture					
造纸及纸制品业	Manufacture of Paper and Paper Products	2654631	954914	2045724	1702453	200098
印刷和记录媒介的复制业	Printing, Reproduction of Recording Media	61101	33742	36206	35861	1090
文教、工美、体育和娱乐用品制造业	Manufacture of Articles for Culture, Education Arts and Crafts, Sport and Entertainment Activities	453	247	30462	21871	5275
石油加工、炼焦及核燃料加工业	Processing of Petroleum, Coking and Nuclear Fuel	2732667	1527260	2606881	1702898	389673
化学原料及化学制品制造业	Manufacture of Raw Chemical Materials and Chemical Products	1677975	977094	1099926	1015769	155102
医药制造业	Manufacture of Medicines	1043090	460793	1481802	1232067	242801
橡胶和塑料制品业	Manufacture of Rubber or Plastics Products	165130	63890	214629	188987	66184
非金属矿物制品业	Manufacture of Non-metallic Mineral Products	1339010	744900	2157969	2058758	1032483
有色金属冶炼及压延加工业	Smelting and Pressing of Non-ferrous Metals	87082	24585	72816	72609	39618
金属制品业	Manufacture of Metal Products	82559	19574	113346	76758	24598
通用设备制造业	Manufacture of General Purpose Machinery	6065	5481	29746	29746	638
专用设备制造业	Manufacture of Special Purposes Machinery	41845	13750	62053	49048	22830
汽车制造业	Manufacture of Automobiles	404121	281411	364983	133076	60897
铁路、船舶、航空航天和其他设备制造业	Manufacture of Railway, Ship, Aerospace and Other Transport Equipments	3428	2675	3111	3111	485
电气机械及器材制造业	Manufacture of Electrical Machinery and Apparatus	263829	80670	624279	477222	160146
计算机、通信及其他电子设备制造业	Manufacture of Computer, Communication and Other Electronic Equipments	13572	10017	89997	89997	33958
废弃资源综合利用业	Utilization of Waste Resources	772	300	5995	1696	141
金属制品、机械和设备修理业	Repair Services of Metal Products,Machinery and Equipment	24225	9982	23850	21043	13081
电力、热力的生产和供应业	Production and Supply of Electric Power and Heat Power	10730110	3790258	7004431	3185209	627884
燃气生产和供应业	Production and Supply of Gas	855961	259715	694858	271163	44889
水的生产和供应业	Production and Supply of Water	736296.9	262310.7	524729.7	268723.9	44808.1

13-5 续3(continued 3)

项 目	Item	所有者权益合计 Total Owner's Equity	实收资本 Paid-up Capital	国家资本 State-owned Capital	集体资本 Collective-owned Capital	法人资本 Legal Person's Capital
合 计	**Total**	**18838904**	**9053026**	**1801179**	**76142**	**5280861**
石油和天然气开采业	Extraction of Petroleum and Natural Gas	414562	150000	150000		
黑色金属矿采选业	Mining and Processing of Ferrous Metal Ores	582920	202670	61560		98778
有色金属矿采选业	Mining and Processing of Non-Ferrous Metal Ores	25321	10250			10250
非金属矿采选业	Mining and Processing of Nonmetal Ores	77757	54903	4100		37135
农副食品加工业	Processing of Food from Agricultural Products	399551	237366		849	164177
食品制造业	Manufacture of Foods	200929	91165		6065	27355
酒、饮料和精制茶制造业	Manufacture of Wine,Beverages and Tea	536231	198743	500	5486	37829
烟草制品业	Manufacture of Tobacco	203954	47116	47116		
纺织业	Manufacture of Textile	104492	54640	800		53840
纺织服装、服饰业	Manufacture of Textile cloth	40614	500	500		
皮革、毛皮、羽毛及其制品和制鞋业	Manufacture of Leather, Fur, Feather, Related Products and Footwear	1379	850			850
木材加工及木、竹、藤、棕、草制品业	Processing of Timber, Manufacture of Wood,Bamboo,Rattan,Palm and Straw Products	18291	14170			535
家具制造业	Manufacture of Furniture					
造纸及纸制品业	Manufacture of Paper and Paper Products	1543208	1220029	800		1191179
印刷和记录媒介的复制业	Printing, Reproduction of Recording Media	97231	44502	30000		300
文教、工美、体育和娱乐用品制造业	Manufacture of Articles for Culture, Education Arts and Crafts, Sport and Entertainment Activities	14986	4802			4500
石油加工、炼焦及核燃料加工业	Processing of Petroleum, Coking and Nuclear Fuel	2764633	1389038	720468		318127
化学原料及化学制品制造业	Manufacture of Raw Chemical Materials and Chemical Products	2424435	556189			510457
医药制造业	Manufacture of Medicines	2417586	618043	15000	50000	353728
橡胶和塑料制品业	Manufacture of Rubber or Plastics Products	203882	115522	34405	535	57866
非金属矿物制品业	Manufacture of Non-metallic Mineral Products	1802545	621806	72800	4671	220734
有色金属冶炼及压延加工业	Smelting and Pressing of Non-ferrous Metals	82961	9544			7044
金属制品业	Manufacture of Metal Products	140009	32486	11735	3536	1216
通用设备制造业	Manufacture of General Purpose Machinery	-1031	570			570
专用设备制造业	Manufacture of Special Purposes Machinery	54847	16611			1013
汽车制造业	Manufacture of Automobiles	293913	234069	58800		111140
铁路、船舶、航空航天和其他设备制造业	Manufacture of Railway, Ship, Aerospace and Other Transport Equipments	1240	555			
电气机械及器材制造业	Manufacture of Electrical Machinery and Apparatus	360059	147049			101105
计算机、通信及其他电子设备制造业	Manufacture of Computer, Communication and Other Electronic Equipments	101789	10435	10435		
废弃资源综合利用业	Utilization of Waste Resources	4793	3800	3800		
金属制品、机械和设备修理业	Repair Services of Metal Products,Machinery and Equipment	39429	24962			24962
电力、热力的生产和供应业	Production and Supply of Electric Power and Heat Power	2365707	1955189	254631		1642986
燃气生产和供应业	Production and Supply of Gas	681538	591420	132363		120489
水的生产和供应业	Production and Supply of Water	836488.9	392472.5	191366.2	5000	182097.2

13-5 续4(continued 4)

项 目	Item	个人资本 Individual Capital	港澳台资本 Funds from Hongkong Macau & Taiwan	外商资本 Foreign Investment	营业收入 Operating Income	营业成本 Operating Costs	税金及附加 Taxes & Surcharges
合 计	**Total**	**582906**	**451017**	**860921**	**26761381**	**20958885**	**1323360**
石油和天然气开采业	Extraction of Petroleum and Natural Gas				288299	119344	17079
黑色金属矿采选业	Mining and Processing of Ferrous Metal Ores	42332			259689	114603	12852
有色金属矿采选业	Mining and Processing of Non-Ferrous Metal Ores				55266	47609	146
非金属矿采选业	Mining and Processing of Nonmetal Ores	12668	1000		128253	78156	6205
农副食品加工业	Processing of Food from Agricultural Products	63326	7114	1900	2434370	2256841	5090
食品制造业	Manufacture of Foods	38208	4585	14952	214754	152160	1625
酒、饮料和精制茶制造业	Manufacture of Wine,Beverages and Tea	20726	21636	112566	848100	605247	6841
烟草制品业	Manufacture of Tobacco				363772	123521	185921
纺织业	Manufacture of Textile				52117	42873	515
纺织服装、服饰业	Manufacture of Textile cloth				3502	2033	33
皮革、毛皮、羽毛及其制品和制鞋业	Manufacture of Leather, Fur, Feather, Related Products and Footwear				2378	2254	5
木材加工及木、竹、藤、棕、草制品业	Processing of Timber, Manufacture of Wood,Bamboo,Rattan,Palm and Straw Products	13635			170230	155641	421
家具制造业	Manufacture of Furniture						
造纸及纸制品业	Manufacture of Paper and Paper Products	2450		25600	1556772	1241356	12674
印刷和记录媒介的复制业	Printing, Reproduction of Recording Media	8500		5702	52095	40907	481
文教、工美、体育和娱乐用品制造业	Manufacture of Articles for Culture, Education Arts and Crafts, Sport and Entertainment Activities		302		18521	14871	504
石油加工、炼焦及核燃料加工业	Processing of Petroleum, Coking and Nuclear Fuel	15080	94900	240463	6814384	5328104	985934
化学原料及化学制品制造业	Manufacture of Raw Chemical Materials and Chemical Products	19718	6014	20000	2667250	2333141	10174
医药制造业	Manufacture of Medicines	151953	24666	22696	2375573	983423	20807
橡胶和塑料制品业	Manufacture of Rubber or Plastics Products	22715			417778	363996	1839
非金属矿物制品业	Manufacture of Non-metallic Mineral Products	121008	202593		2908915	2425034	17492
有色金属冶炼及压延加工业	Smelting and Pressing of Non-ferrous Metals	2500			61622	36220	1726
金属制品业	Manufacture of Metal Products	16000			106414	90003	542
通用设备制造业	Manufacture of General Purpose Machinery				2090	2129	140
专用设备制造业	Manufacture of Special Purposes Machinery	15597			47075	25278	440
汽车制造业	Manufacture of Automobiles	50	14000	50079	213033	180055	5755
铁路、船舶、航空航天和其他设备制造业	Manufacture of Railway, Ship, Aerospace and Other Transport Equipments		555		5993	5590	45
电气机械及器材制造业	Manufacture of Electrical Machinery and Apparatus	12307	10251	23386	598951	514550	1420
计算机、通信及其他电子设备制造业	Manufacture of Computer, Communication and Other Electronic Equipments				83508	54803	20
废弃资源综合利用业	Utilization of Waste Resources				5187	2481	119
金属制品、机械和设备修理业	Repair Services of Metal Products,Machinery and Equipment				61143	49676	751
电力、热力的生产和供应业	Production and Supply of Electric Power and Heat Power	3171	46924	7477	3466730	3208785	22268
燃气生产和供应业	Production and Supply of Gas		2468	336100	266197	212928	1423
水的生产和供应业	Production and Supply of Water		14009.1		203810.9	139117.8	1932

13-5 续5(continued 5)

项 目	Item	其他收益 Other Income	销售费用 Selling Expenses	管理费用 Admini-strative Expenses	财务费用 Financial Expenses	利息费用 Interest Expenditure
合 计	**Total**	**97447**	**1170122**	**834991**	**354915**	**412523**
石油和天然气开采业	Extraction of Petroleum and Natural Gas	1163	17831	35214	3756	523
黑色金属矿采选业	Mining and Processing of Ferrous Metal Ores	323	1430	44141	4757	5552
有色金属矿采选业	Mining and Processing of Non-Ferrous Metal Ores	45	128	692	175	154
非金属矿采选业	Mining and Processing of Nonmetal Ores	94	6127	11624	295	480
农副食品加工业	Processing of Food from Agricultural Products	1687	33981	49492	27143	14980
食品制造业	Manufacture of Foods	244	23199	16144	2789	2127
酒、饮料和精制茶制造业	Manufacture of Wine,Beverages and Tea	454	134812	35189	-2258	2002
烟草制品业	Manufacture of Tobacco	218	4534	31360	-3250	
纺织业	Manufacture of Textile	163	501	4452	386	1703
纺织服装、服饰业	Manufacture of Textile cloth		132	848	-19.6	1.1
皮革、毛皮、羽毛及其制品和制鞋业	Manufacture of Leather, Fur, Feather, Related Products and Footwear		48	63	3	7
木材加工及木、竹、藤、棕、草制品业	Processing of Timber, Manufacture of Wood,Bamboo,Rattan,Palm and Straw Products		6614	2683	216	155
家具制造业	Manufacture of Furniture					
造纸及纸制品业	Manufacture of Paper and Paper Products	7971	47290	28051	80312	74011
印刷和记录媒介的复制业	Printing, Reproduction of Recording Media	104	1346	6114	100	54
文教、工美、体育和娱乐用品制造业	Manufacture of Articles for Culture, Education Arts and Crafts, Sport and Entertainment Activities	22	708	639	285	243
石油加工、炼焦及核燃料加工业	Processing of Petroleum, Coking and Nuclear Fuel	29476	5972	53486	-16469	22335
化学原料及化学制品制造业	Manufacture of Raw Chemical Materials and Chemical Products	2585	43473	33159	4272	23924
医药制造业	Manufacture of Medicines	9782	706237	132827	17111	22546
橡胶和塑料制品业	Manufacture of Rubber or Plastics Products	259	7051	11329	2311	568
非金属矿物制品业	Manufacture of Non-metallic Mineral Products	9336	79721	127734	18893	15876
有色金属冶炼及压延加工业	Smelting and Pressing of Non-ferrous Metals		825	8703	678	744
金属制品业	Manufacture of Metal Products	3	1743	6676	3473	3536
通用设备制造业	Manufacture of General Purpose Machinery		85	707	181	190
专用设备制造业	Manufacture of Special Purposes Machinery	0	6876	4041	520	455
汽车制造业	Manufacture of Automobiles	644	2151	24579	4018	2533
铁路、船舶、航空航天和其他设备制造业	Manufacture of Railway, Ship, Aerospace and Other Transport Equipments		117	210	-6	
电气机械及器材制造业	Manufacture of Electrical Machinery and Apparatus	765	14178	19845	7326	4982
计算机、通信及其他电子设备制造业	Manufacture of Computer, Communication and Other Electronic Equipments		1281	3833	-489	6
废弃资源综合利用业	Utilization of Waste Resources	71		493	233	233
金属制品、机械和设备修理业	Repair Services of Metal Products,Machinery and Equipment	4307		1391	278	5
电力、热力的生产和供应业	Production and Supply of Electric Power and Heat Power	24571	426	99636	186334	191104
燃气生产和供应业	Production and Supply of Gas	1186	9964	14402	8050	18162
水的生产和供应业	Production and Supply of Water	1974.7	11296.4	24409.2	3393.5	3236.1

13-5 续6(continued 6)

项　目	Item	营业利润 Operating Profits	投资收益 Investment Income	营业外收入 Non-operating Income	营业外支出 Non-operating Expenses
合 计	**Total**	**2009600**	**306744**	**158131**	**40497**
石油和天然气开采业	Extraction of Petroleum and Natural Gas	50061	127	389	2483
黑色金属矿采选业	Mining and Processing of Ferrous Metal Ores	66170	545	123	469
有色金属矿采选业	Mining and Processing of Non-Ferrous Metal Ores	4637		40	15
非金属矿采选业	Mining and Processing of Nonmetal Ores	24563	20	46	3513
农副食品加工业	Processing of Food from Agricultural Products	42919	4570	3649	1481
食品制造业	Manufacture of Foods	13369	483	1054	356
酒、饮料和精制茶制造业	Manufacture of Wine,Beverages and Tea	63422	98	1716	3094
烟草制品业	Manufacture of Tobacco	20427		1085	102
纺织业	Manufacture of Textile	3657	1895	3	32
纺织服装、服饰业	Manufacture of Textile cloth	461		105	0
皮革、毛皮、羽毛及其制品和制鞋业	Manufacture of Leather, Fur, Feather, Related Products and Footwear	6			
木材加工及木、竹、藤、棕、草制品业	Processing of Timber, Manufacture of Wood,Bamboo,Rattan,Palm and Straw Products	3511	24	252	47
家具制造业	Manufacture of Furniture				
造纸及纸制品业	Manufacture of Paper and Paper Products	113188	246	789	247
印刷和记录媒介的复制业	Printing, Reproduction of Recording Media	2324	38	339	85
文教、工美、体育和娱乐用品制造业	Manufacture of Articles for Culture, Education Arts and Crafts, Sport and Entertainment Activities	943		18	1
石油加工、炼焦及核燃料加工业	Processing of Petroleum, Coking and Nuclear Fuel	479078	2144	601	1516
化学原料及化学制品制造业	Manufacture of Raw Chemical Materials and Chemical Products	329747	94322	5504	3517
医药制造业	Manufacture of Medicines	413109	83235	16125	5779
橡胶和塑料制品业	Manufacture of Rubber or Plastics Products	21330	-579	1255	627
非金属矿物制品业	Manufacture of Non-metallic Mineral Products	278375	92954	96764	7871
有色金属冶炼及压延加工业	Smelting and Pressing of Non-ferrous Metals	12000		3746	58
金属制品业	Manufacture of Metal Products	2092		503	260
通用设备制造业	Manufacture of General Purpose Machinery	-1151		1	
专用设备制造业	Manufacture of Special Purposes Machinery	6039		653	242
汽车制造业	Manufacture of Automobiles	-13947	2991	6223	180
铁路、船舶、航空航天和其他设备制造业	Manufacture of Railway, Ship, Aerospace and Other Transport Equipments	37			3
电气机械及器材制造业	Manufacture of Electrical Machinery and Apparatus	24792	429	1508	282
计算机、通信及其他电子设备制造业	Manufacture of Computer, Communication and Other Electronic Equipments	17469		307	30
废弃资源综合利用业	Utilization of Waste Resources	1933		63	
金属制品、机械和设备修理业	Repair Services of Metal Products,Machinery and Equipment	6393		58	67
电力、热力的生产和供应业	Production and Supply of Electric Power and Heat Power	-41610	5515	13342	7176
燃气生产和供应业	Production and Supply of Gas	32720	11806	1168	380
水的生产和供应业	Production and Supply of Water	31226.7	5882.8	701.2	541.5

13-5 续7(continued 7)

项 目	Item	利润总额 Total Profits	所得税费用 Income Tax Payable	利税总额 Total Profits and Taxes	本年应付职工薪酬 Total Wages Payable of Current Year
合 计	**Total**	**2127233**	**258698**	**4038637**	**1486714**
石油和天然气开采业	Extraction of Petroleum and Natural Gas	47967	9082	5105	50674
黑色金属矿采选业	Mining and Processing of Ferrous Metal Ores	65824	12793	102739	41795
有色金属矿采选业	Mining and Processing of Non-Ferrous Metal Ores	4661	609	5379	1743
非金属矿采选业	Mining and Processing of Nonmetal Ores	21096	4383	32490	5666
农副食品加工业	Processing of Food from Agricultural Products	45087	9013	64681	142254
食品制造业	Manufacture of Foods	14067	865	24358	34051
酒、饮料和精制茶制造业	Manufacture of Wine,Beverages and Tea	62044	15297	102811	60940
烟草制品业	Manufacture of Tobacco	21411	6882	241809	33216
纺织业	Manufacture of Textile	3629	250	4602	6741
纺织服装、服饰业	Manufacture of Textile cloth	566	141	915	639
皮革、毛皮、羽毛及其制品和制鞋业	Manufacture of Leather, Fur, Feather, Related Products and Footwear	6		38	101
木材加工及木、竹、藤、棕、草制品业	Processing of Timber, Manufacture of Wood,Bamboo,Rattan,Palm and Straw Products	3716	37	6750	5939
家具制造业	Manufacture of Furniture				
造纸及纸制品业	Manufacture of Paper and Paper Products	113729	16079	179656	59702
印刷和记录媒介的复制业	Printing, Reproduction of Recording Media	2577	259	5220	12492
文教、工美、体育和娱乐用品制造业	Manufacture of Articles for Culture, Education Arts and Crafts, Sport and Entertainment Activities	961	48	1587	1375
石油加工、炼焦及核燃料加工业	Processing of Petroleum, Coking and Nuclear Fuel	478163	67158	1519259	94431
化学原料及化学制品制造业	Manufacture of Raw Chemical Materials and Chemical Products	331734	51386	398817	64646
医药制造业	Manufacture of Medicines	423454	45511	582516	193919
橡胶和塑料制品业	Manufacture of Rubber or Plastics Products	21959	2246	28313	18565
非金属矿物制品业	Manufacture of Non-metallic Mineral Products	367267	6496	479997	125149
有色金属冶炼及压延加工业	Smelting and Pressing of Non-ferrous Metals	15688	2220	17655	5815
金属制品业	Manufacture of Metal Products	2335	1613	2446	9095
通用设备制造业	Manufacture of General Purpose Machinery	-1150		-882	621
专用设备制造业	Manufacture of Special Purposes Machinery	6451	355	9198	5264
汽车制造业	Manufacture of Automobiles	-7904	402	1535	14537
铁路、船舶、航空航天和其他设备制造业	Manufacture of Railway, Ship, Aerospace and Other Transport Equipments	35	1	283	1195
电气机械及器材制造业	Manufacture of Electrical Machinery and Apparatus	26018	2298	34334	33228
计算机、通信及其他电子设备制造业	Manufacture of Computer, Communication and Other Electronic Equipments	17746.2	1986.9	17778.6	11936
废弃资源综合利用业	Utilization of Waste Resources	1996	148	2497	641
金属制品、机械和设备修理业	Repair Services of Metal Products,Machinery and Equipment	6384	75	13457	44187
电力、热力的生产和供应业	Production and Supply of Electric Power and Heat Power	-35443	4409	72115	337396
燃气生产和供应业	Production and Supply of Gas	33508	-8856	41621	21467
水的生产和供应业	Production and Supply of Water	31387	5476	39040	46859

13-5 续8(continued 8)

项 目	Item	本年应交增值税 Value Added Tax Payable of Current	应交税金及附加 Taxes & Surcharges Payable	亏损企业亏损总额 Total loss of Loss-suffering Enterprises	全部从业人员年平均人数(人) Annual Average Employees (person)
合 计	**Total**	**588044**	**2170102**	**250622**	**110634**
石油和天然气开采业	Extraction of Petroleum and Natural Gas	-59941	-33780		797
黑色金属矿采选业	Mining and Processing of Ferrous Metal Ores	24063	49708		2875
有色金属矿采选业	Mining and Processing of Non-Ferrous Metal Ores	572	1327		161
非金属矿采选业	Mining and Processing of Nonmetal Ores	5190	15777	1943	680
农副食品加工业	Processing of Food from Agricultural Products	14504	28606	19928	20624
食品制造业	Manufacture of Foods	8666	11156	2936	4235
酒、饮料和精制茶制造业	Manufacture of Wine,Beverages and Tea	33927	56064	20591	7353
烟草制品业	Manufacture of Tobacco	34478	227281		542
纺织业	Manufacture of Textile	458	1223		703
纺织服装、服饰业	Manufacture of Textile cloth	316	490		62
皮革、毛皮、羽毛及其制品和制鞋业	Manufacture of Leather, Fur, Feather, Related Products and Footwear	28	32		28
木材加工及木、竹、藤、棕、草制品业	Processing of Timber, Manufacture of Wood,Bamboo,Rattan,Palm and Straw Products	2613	3070	165	1010
家具制造业	Manufacture of Furniture				
造纸及纸制品业	Manufacture of Paper and Paper Products	53253	82005	42	4186
印刷和记录媒介的复制业	Printing, Reproduction of Recording Media	2161	2901	216	833
文教、工美、体育和娱乐用品制造业	Manufacture of Articles for Culture, Education Arts and Crafts, Sport and Entertainment Activities	123	674		241
石油加工、炼焦及核燃料加工业	Processing of Petroleum, Coking and Nuclear Fuel	55162	1108255	24620	3008
化学原料及化学制品制造业	Manufacture of Raw Chemical Materials and Chemical Products	56909	118469	17278	3094
医药制造业	Manufacture of Medicines	138255	204572	15396	18276
橡胶和塑料制品业	Manufacture of Rubber or Plastics Products	4516	8600	752	2516
非金属矿物制品业	Manufacture of Non-metallic Mineral Products	95237	119225	13998	13076
有色金属冶炼及压延加工业	Smelting and Pressing of Non-ferrous Metals	241	4187	633	448
金属制品业	Manufacture of Metal Products	-431	1723	4772	1152
通用设备制造业	Manufacture of General Purpose Machinery	129	269	1150	151
专用设备制造业	Manufacture of Special Purposes Machinery	2307	3103	534	646
汽车制造业	Manufacture of Automobiles	3685	9841	11919	1620
铁路、船舶、航空航天和其他设备制造业	Manufacture of Railway, Ship, Aerospace and Other Transport Equipments	203	249		170
电气机械及器材制造业	Manufacture of Electrical Machinery and Apparatus	6897	10614	34	2714
计算机、通信及其他电子设备制造业	Manufacture of Computer, Communication and Other Electronic Equipments	12	2019		690
废弃资源综合利用业	Utilization of Waste Resources	382	649		28
金属制品、机械和设备修理业	Repair Services of Metal Products,Machinery and E	6322	7148		2606
电力、热力的生产和供应业	Production and Supply of Electric Power and Heat Power	85291	111967.1	107795	9886
燃气生产和供应业	Production and Supply of Gas	6691	-743	1230	1600
水的生产和供应业	Production and Supply of Water	5722	13129	4576	4571

13-6 分市县规模以上工业企业主要财务指标(2021年)
Major Financial Indicators on Industrial Enterprises above Designated Size by Region (2021)

单位：万元　　　　(10 000 yuan)

地　区	Region	企业单位数(个) Number of Enterprises (unit)	亏损企业 Loss-suffering Enter-prises	工业总产值 Gross Industrial Output Value
全省总计	**Total**	**563**	**157**	**25619568**
海口市	Haikou	186	43	6501747
三亚市	Sanya	34	7	976306
儋州市	Danzhou	58	16	9518811
五指山市	Wuzhishan	5	1	41590
文昌市	Wenchang	25	2	631519
琼海市	Qionghai	16	5	295154
万宁市	Wanning	39	25	866342
定安县	Ding'an	24	7	343725
屯昌县	Tunchang	11	3	80814
澄迈县	Chengmai	67	21	2047599
临高县	Lingao	7	4	90727
东方市	Dongfang	21	10	2173443
乐东县	Ledong	9	2	338131
琼中县	Qiongzhong	12		99552
保亭县	Baoting	1		30411
陵水县	Linshui	11	2	162226
白沙县	Baisha	11	2	61703
昌江县	Changjiang	25	6	1352859

13-6 续1 (continued 1)

地　区	Region	资产总计 Total Assets	流动资产合计 Total Current Assets	应收账款 Accounts Receivable	存货 Inventory	产成品 Finished Products
全省总计	**Total**	**44216422**	**18095954**	**3606602**	**2822581**	**849454**
海口市	Haikou	13696709	5959772	1428850	932233	294268
三亚市	Sanya	1755588	815040	368848	49898	14196
儋州市	Danzhou	11667884	4889012	786855	726567	247662
五指山市	Wuzhishan	93354	30045	7275	7448	3276
文昌市	Wenchang	1117834	383354	148221	86665	12517
琼海市	Qionghai	498135	136797	52703	31991	11097
万宁市	Wanning	1085362	547296	47472	304962	1473
定安县	Ding'an	382987	198448	44715	40306	17144
屯昌县	Tunchang	142966	51278	26487	5911	3094
澄迈县	Chengmai	3464549	1483056	260676	254311	160654
临高县	Lingao	243472	134856	21716	18236	7559
东方市	Dongfang	3651524	1550218	98519	140848	33215
乐东县	Ledong	639526	86692	40285	8611	757
琼中县	Qiongzhong	694081	129738	8304	2880	598
保亭县	Baoting	45005	12577	7218	236	16
陵水县	Linshui	290122	110773	48313	6459	2658
白沙县	Baisha	112257	60418	12040	13441	6432
昌江县	Changjiang	4621366	1515073	197492	191534	32831

13-6 续2 (continued 2)

地 区	Region	固定资产原价 Original Value of Fixed Assets	累计折旧 Accumulated Depreciation	负债合计 Total Liabilities	流动负债合计 Total Current Liabilities	应付账款 Accounts Payable
全省总计	**Total**	**24649169**	**10358695**	**25141941**	**17692006**	**4005057**
海口市	Haikou	4617759	2098714	8300700	6515587	1535815
三亚市	Sanya	1182389	529923	1158772	834134	392092
儋州市	Danzhou	7579962	3286146	6435030	4374639	820318
五指山市	Wuzhishan	66904	26760	41072	19285	5831
文昌市	Wenchang	754981	227425	711228	417923	181895
琼海市	Qionghai	411373	148544	341411	214926	73729
万宁市	Wanning	402527	112741	790621	579599	81275
定安县	Ding'an	209059	71273	218946	185679	46370
屯昌县	Tunchang	115404	40277	107864	70145	25173
澄迈县	Chengmai	1537185	751948	1596770	1229194	249927
临高县	Lingao	159998	70571	228004	199473	21972
东方市	Dongfang	2497285	1427428	1276471	1196586	220256
乐东县	Ledong	617898	183927	421349	244163	53108
琼中县	Qiongzhong	568641	140448	478080	65376	9871
保亭县	Baoting	45125	18270	33897	21982	6485
陵水县	Linshui	219363	103546	205533	128566	45033
白沙县	Baisha	63190	23221	96103	59948	6314
昌江县	Changjiang	3583297	1090797	2689769	1329159	228434

13-6 续3(continued 3)

地区	Region	所有者权益合计 Total Owner's Equity	实收资本 Paid-up Capital	国家资本 State-owned Capital	集体资本 Collective--owned Capital	法人资本 Legal Person's Capital
全省总计	**Total**	**18838904**	**9053026**	**1801179**	**76142**	**5280861**
海口市	Haikou	5396008	1953731	335987	63037	1027601
三亚市	Sanya	596816	198711	5800	3100	126083
儋州市	Danzhou	5232853	3392761	879118	510	2054700
五指山市	Wuzhishan	52282	24077	16897	100	4580
文昌市	Wenchang	406605	272558	12892		220993
琼海市	Qionghai	156724	68606	26884		28673
万宁市	Wanning	294742	129391	16293	584	78235
定安县	Ding'an	164040	72574		1000	47403
屯昌县	Tunchang	35102	20405	2000		15216
澄迈县	Chengmai	1867778	1079656	185505		273495
临高县	Lingao	15468	40414		1000	30226
东方市	Dongfang	2139479	379571	38204		311534
乐东县	Ledong	218177	104329			99090
琼中县	Qiongzhong	216001	284035	140450		141630
保亭县	Baoting	11108	6552			4552
陵水县	Linshui	84589	49428	990		46438
白沙县	Baisha	16155	12308	3000		5466
昌江县	Changjiang	1931597	962040	137160	6810	763068

13-6 续4(continued 4)

地 区	Region	个人资本 Individual Capital	港澳台资本 Funds from Hongkong Macau & Taiwan	外商资本 Foreign Investment	营业收入 Operating Income	营业成本 Operating Costs	税金及附加 Taxes & Surcharges
全省总计	**Total**	**582906**	**451017**	**860921**	**26761381**	**20958885**	**1323360**
海口市	Haikou	249590	70558	206959	6662927	4346296	237208
三亚市	Sanya	21254	41575	900	989288	870711	5468
儋州市	Danzhou	70277	114923	273233	10216763	8312733	944042
五指山市	Wuzhishan		2500		45233	37838	520
文昌市	Wenchang	37673	1000		683809	587852	4156
琼海市	Qionghai	2765	4979	5305	298855	227318	1951
万宁市	Wanning	26324		7955	849256	765845	3035
定安县	Ding'an	23057	1114		375676	312974	1705
屯昌县	Tunchang	3189			83802	77267	331
澄迈县	Chengmai	63819	210575	346263	2170166	1887601	19054
临高县	Lingao	9188			91402	88240	457
东方市	Dongfang	7651	1875	20307	2181322	1828947	72618
乐东县	Ledong	3320	1919		348892	313411	3129
琼中县	Qiongzhong	1956			104669	79334	525
保亭县	Baoting	2000			30749	29852	188
陵水县	Linshui	2000			174307	147068	2206
白沙县	Baisha	3841			67177	59531	364
昌江县	Changjiang	55002			1380037	979218	26381

13-6 续5(continued 5)

地 区	Region	其他收益 Other Income	销售费用 Selling Expenses	管理费用 Administrative Expenses	财务费用 Financial Expenses	利息费用 Interest Expenses
全省总计	**Total**	**97447**	**1170122**	**834991**	**354915**	**412523**
海 口 市	Haikou	19624	898161	351563	63367	66635
三 亚 市	Sanya	2590	26010	37611	16248	15667
儋 州 市	Danzhou	43227	102364	118480	104041	139771
五指山市	Wuzhishan	45	1679	2812	429	441
文 昌 市	Wenchang	381	16273	21389	17039	14427
琼 海 市	Qionghai	53	32935	20821	6109	6054
万 宁 市	Wanning	40	12222	21277	13294	6193
定 安 县	Ding'an	475	13992	13027	3375	2306
屯 昌 县	Tunchang	13	417	2309	2303	2307
澄 迈 县	Chengmai	11036	38265	70761	21240	25431
临 高 县	Lingao	21	641	7474	2946	2865
东 方 市	Dongfang	1058	7900	30030	2465	23705
乐 东 县	Ledong	75	5159	9891	11383	11430
琼 中 县	Qiongzhong	416	755	4443	14285	14435
保 亭 县	Baoting	9	51	652	589	591
陵 水 县	Linshui	471	2818	10355	3503	3526
白 沙 县	Baisha	26	921	2490	1883	796
昌 江 县	Changjiang	17884	9560	109398	70175	75700

13-6 续6(continued 6)

地　区	Region	营业利润 Operating Profits	投资收益 Investment Income	营业外收入 Non-operating Income	营业外支出 Non-operating Expenses
全省总计	**Total**	**2009600**	**306744**	**158131**	**40497**
海口市	Haikou	600994	104939	32674	13710
三亚市	Sanya	28042	5100	2810	2521
儋州市	Danzhou	644941	40983	5234	2676
五指山市	Wuzhishan	1700	24	79	135
文昌市	Wenchang	28993	1038	1148	639
琼海市	Qionghai	3020	316	926	325
万宁市	Wanning	17968	986	4131	718
定安县	Ding'an	23870	77	738	398
屯昌县	Tunchang	1256	50	149	53
澄迈县	Chengmai	113605	14802	100285	7593
临高县	Lingao	-8189	79	229	288
东方市	Dongfang	285836	54460	4067	3725
乐东县	Ledong	4745	467	3970	1755
琼中县	Qiongzhong	4144	32	52	58
保亭县	Baoting	-512	33	54	27
陵水县	Linshui	9098	134	207	3441
白沙县	Baisha	1996	29	52	100
昌江县	Changjiang	248333	83182	1306	2321

13-6 续7(continued 7)

地 区	Region	利润总额 Total Profits	所得税费用 Income Tax Payable	利税总额 Total Profits and Taxes	本年应付职工薪酬 Total Wages Payable of Current Year
全省总计	**Total**	**2127233**	**258698**	**4038637**	**1486714**
海 口 市	Haikou	619957	85886	1045614	602528
三 亚 市	Sanya	28330	5071	57050	69015
儋 州 市	Danzhou	647500	68825	1726919	220359
五指山市	Wuzhishan	1644	60	3659	5983
文 昌 市	Wenchang	29503	5372	40383	41870
琼 海 市	Qionghai	3621	482	14468	28028
万 宁 市	Wanning	21381	4077	37570	67080
定 安 县	Ding'an	24209	2622	33430	27528
屯 昌 县	Tunchang	1351	255	3451	4946
澄 迈 县	Chengmai	206296	4909	261695	127100
临 高 县	Lingao	-8248	17	-6412	7926
东 方 市	Dongfang	286179	56243	424445	96667
乐 东 县	Ledong	6960	2728	17483	19556
琼 中 县	Qiongzhong	4138	159	6009	7576
保 亭 县	Baoting	-485	19	335	2120
陵 水 县	Linshui	5863	1783	12103	14243
白 沙 县	Baisha	1947	326	3636	4223
昌 江 县	Changjiang	247317	19864	356917	139309

13-6 续8(continued 8)

地 区	Region	本年应交增值税 Value Added Tax Payable of Current Year	应交税金及附加 Taxes & Surcharges Payable	亏损企业亏损总额 Total loss of Loss-suffering Enterprises	全部从业人员年平均人数（人） Annual Average Employees (person)
全省总计	**Total**	**588044**	**2170102**	**250622**	**110634**
海口市	Haikou	188449	511543	67933	47786
三亚市	Sanya	23252	33791	13656	4344
儋州市	Danzhou	135377	1148244	36586	12164
五指山市	Wuzhishan	1495	2074	597	812
文昌市	Wenchang	6724	16253	4424	4025
琼海市	Qionghai	8897	11329	6329	2272
万宁市	Wanning	13154	20266	9767	9033
定安县	Ding'an	7516	11843	2915	3819
屯昌县	Tunchang	1769	2355	1387	560
澄迈县	Chengmai	36345	60308	34813	10412
临高县	Lingao	1380	1853	8370	708
东方市	Dongfang	65648	194509	40478	3714
乐东县	Ledong	7394	13251	12450	1049
琼中县	Qiongzhong	1346	2030	538	391
保亭县	Baoting	632	839	559	117
陵水县	Linshui	4033	8022	4492	1208
白沙县	Baisha	1325	2015	1179	472
昌江县	Changjiang	83219	129464	3919	7730

13-7 主要工业产品产量
Output of Major Industrial Products

产品名称	Item	2010	2015	2017	2018	2019	2020	2021
铁矿石原矿(吨)	Crude Iron Ores(ton)	4896217	4976439	4347142	2845895	4344651	6129776	6150000
大米(吨)	Rice(ton)	40448	11889	5480	2215			
饲料(吨)	Feeds(ton)	1313070	1928818	2535437	2721875	2656567	2713292	2865700
#配合饲料(吨)	#Formula Feeds(ton)	925482	1459268	1864710	1672044	2373816	2413194	1657476
混合饲料(吨)	Mixed Feeds(ton)	387588	267203	335397	345043	282751	248441	187468
成品糖(吨)	Refined Sugar(ton)	301033	257357	111365	139293	140286	114339	88800
冷冻水产品(吨)	Frozen Aquatic Products(ton)	122990	140897	184557	155072	148118	172628	105506
糖果(吨)	Candy(ton)	5772	5443	9985	9416	10685	8151	5606
乳制品(吨)	Dairy Products(ton)	4558	4907	2811	2446	3098	2348	463
#液体乳(吨)	#Liquid Milk(ton)	4558	4206	2811	2446	2207	1348	
罐头(吨)	Canned Food(ton)	203409	242641	225966	189333	192048	164595	130119
饮料酒(千升)	Alcoholic Beverages(kiloliter)	188973	85084	56867	46228	28698	43115	33337
啤酒(千升)	Beer(kiloliter)	161109	61873	38218	34500	21354	33831	28915
软饮料(吨)	Soft Beverages(ton)	421301	650879	605999	608219	836657	761857	1199200
#碳酸饮料类(汽水)(吨)	#Carbonated Beverages(sodas)(ton)	77175	83076	87045	90546	99202	97391	162054
包装饮用水类(吨)	Packaged Drinking Water	248991	345657	267295	262652	413096	376037	274409
果汁和蔬菜汁饮料类(吨)	Fruit & Vegetable Juice(ton)	73780	183126	216513	216973	249475	243601	196023
精制茶(吨)	Refined Tea(ton)	1316	254	385	335	331	283	143

注：本表统计范围为规模以上工业.

Note：Data in this table include all industrial enterprises above designated size

13-7 续1(continued 1)

产品名称	Item	2010	2015	2017	2018	2019	2020	2021
卷烟(万支)	Cigarettes(10000 pieces)	875000	1225000	1200000	1175000	1180040	1150000	1160000
无纺布(无纺织物)(吨)	Nonwoven Fabrics(nonwovens)(ton)	6705	13530	17708	17832	17881	19262	12098
人造板(立方米)	Man-made Board(cu.m.)	239840	161203	92045	63149	454645	551469	395100
#胶合板(立方米)	#Plywood(cu.m.)	25565				143822	304273	43343
纤维板(立方米)	Fibre Board(cu.m.)	180723	123472	19103			28051	19876
刨花板(立方米)	Particle Board(cu.m.)	33552	37731	72942	63149	310823	219145	180230
家具(件)	Furniture(pieces)	576530	15773	1190	480			
纸浆(原生浆及废纸浆)(吨)	Paper Pulp(virgin pulp & recycled pulp)(ton)	1216670	1502867	1630186	1725271	1846801	1880745	1891900
机制纸及纸板(外购原纸加工除外)(吨)	Machine-made Paper & Paperboard (ex.processing of base paper purchased)(ton)	514316	1674255	1751646	1663832	1787794	1749521	1819800
#涂布类印刷用纸(吨)	#Coated Paper for Printing(ton)	265202	1076928	1101973	1037756	1144833	1111678	758285
卫生用纸原纸(吨)	Base Paper for hygienic tissue paper(ton)	224269	540894	573542	561005	580465	581299	365888
纸制品(吨)	Paper Products(ton)	24498	1845	1534	1391	9390	17650	19481
#瓦楞纸箱(吨)	#Corrugated Cases(ton)	21587	1457	1534	1391	9390	17650	19481
单色印刷品(令)	Single-color Printed Matter(ream)	30400		15612	29493	20015	24198	20481
多色印刷品(对开色令)	Multi-color Printed Matter(color ream)	7183900	65611	101102	58162	1869199	974640	1058191
纯苯(吨)	Benzene(ton)	52571	155312	146508	142345	132350	148596	115618

13-7 续2(continued 2)

产品名称	Item	2010	2015	2017	2018	2019	2020	2021
精甲醇(吨)	Refined Methanol(ton)	633578	1421674	1342985	1354680	1416158	1452465	1398400
合成氨(无水氨)(吨)	Synthetic Ammonia(anhydrous ammonia)(ton)	830122	791569	755605	770892	827109	817926	541803
农用氮、磷、钾化学肥料总计(折纯)(吨)	Chemical Fertilizers(ton)	665600	641509	605156	614718	655537	652520	440289
#氮肥(折含N100%)(吨)	#Nitrogen Fertilizers (converted into 100% nitrogen content)(ton)	665600	641509	605156	614718	655537	652520	440289
#尿素(折含N100%)(吨)	#Carbamide(converted into 100% nitrogen content)(ton)	665600	641509	605156	614718	655537	652520	440289
涂料(吨)	Coatings(ton)	3734	29801	38664	1765	1383		
初级形态的塑料(吨)	Primary-form Plastic(ton)	207773	220886	196690	305880	325362	348685	228273
#聚丙烯树脂(吨)	#Polypropylene Resin(ton)	207773	220886	196690	218367	232855	240569	158469
合成纤维单体(吨)	Synthetic Fiber Monomer (ton)		1953442	2252290	2068413	2269531	2373008	1372027
合成纤维聚合物(吨)	Synthetic Fibre Polymers(ton)	277231	717986	1164261	1510883	1585566	1787744	1462482
#聚脂(吨)	#Polyester(ton)	277231	717986	1164261	1510883	1585566	1787744	1462482
化学试剂(吨)	chemical reagent(ton)		1549	476	615	607	669	428
中成药(吨)	Traditional Chinese Medicine(ton)	444	1143	1459	1368	1508	1930	1508
塑料制品(吨)	Plastic Products(ton)	32787	24941	20356	20902	24003	21924	32343
#塑料薄膜(吨)	#Plastic Film(ton)	19851	17484	10855	9902	9468	9442	7859
硅酸盐水泥熟料(吨)	Portland Cement Clinker(ton)	7780821	12206149	14302823	15184430	14535558	13855624	9251161
#窑外分解窑水泥熟料(吨)	#NSP Clinker(ton)	6962369	12206149	14302823	15184430	14535558	13855624	9251161
水泥(吨)	Cement(ton)	12640513	22252325	22133142	21041482	20190376	18388479	19375200
#强度等级42.5水泥(含R型)(吨)	#Strength Grade of 42.5N/R(ton)	5087606	8484883	8861851	8153385	10222615	10795183	7580636
商品混凝土(立方米)	Ready-mixed Concrete(cu.m.)	3687378	6723252	11892209	11090495	13037909	15909005	25952900
水泥混凝土压力管(千米)	Concrete Pressure Pipes(km)	21	20	39	11			
砖(万块)	Bricks(10000 pieces)	10350	477	965	1881	721	2118	5598

13-7 续3(continued 3)

产品名称	Item	2010	2015	2017	2018	2019	2020	2021
钢材(吨)	Rolled Steel(ton)	145455	347285	10862				
冷轧薄板(吨)	Cold-rolled Thin Steel Plate(ton)	59117	132434	6078				
黄金(千克)	Gold(kg)	787.16	1562	1556	1743	1199.34	1224	876
发动机(千瓦)	Engine(kw)	7367775	5147935	4217148				
#汽车用发动机(千瓦)	#Automotive Engine(kw)	7367775	5147935	4217148				
小型拖拉机(台)	Mini-tractors(set)	5055	1201	952	682	449	308	162
汽车(辆)	Automobiles	136022	69766	39585	21100	361	1270	14824
#基本型乘用车(轿车)(辆)	#Basic Passenger Cars(sedans)	92869	50665	9857	3859	322		
#1升<排量≤1.6升(辆)	#1 L< displacement ≤1.6 L	92855	50403	9054	3848	314		
1.6升<排量≤2.0升(辆)	1.6 L <displacement ≤2.0 L	14	262	803	11	8		
多功能乘用车(MPV)(辆)	Multi-purpose Vehicle	27465	490	6977	1032		1270	5575
运动型多用途乘用车(SUV)	Sports Utility Vehicle		18611	22751	16209	39		2200
变压器(千伏安)	Transformers(kva)	5455787	11095610	11668431	12889842	12527467	12605908	9576136
高压开关板(面)	High Tension Switchboard(pieces)	860	7439	4042	9319	3310	3702	85
低压开关板(面)	Low Tension Switchboard(pieces)	1343	7169	6159	12629	5332	7827	154
电力电缆(千米)	Electric Cable(km)	13749	167622	68433	135435	228549	221106	215632
光缆(芯千米)	Optical Cable(fiber-km)	2845428	2523586	110015	4608			
太阳能电池(千瓦)	Solar Cells(kw)	60841	817054	238791	107918	545888		
自来水生产量(万立方米)	Tap-water Production(cu.m.)	14375	36503	39891	42400	56578	52473	49025

主要统计指标解释

工业 指从事自然资源的开采，对采掘品和农产品进行加工和再加工的物质生产部门。具体包括：（1）对自然资源的开采，如采矿、晒盐等（但不包括禽兽捕猎和水产捕捞）；（2）对农副产品的加工、再加工，如粮油加工、食品加工、缫丝、纺织、制革等；（3）对采掘品的加工、再加工，如炼铁、炼钢、化工生产、石油加工、机器制造、木材加工等，以及电力、自来水、煤气的生产和供应等；（4）对工业品的修理、翻新，如机器设备的修理、交通运输工具（如汽车）的修理等。

工业统计调查单位为独立核算法人工业企业。

独立核算法人工业企业指从事工业生产经营活动的单位。独立核算法人工业企业应同时具备以下条件：①依法成立，有自己的名称、组织机构和场所，能够承担民事责任；②独立拥有和使用资产，承担负债，有权与其他单位签订合同；③独立核算盈亏，并能够编制资产负债表。

轻工业 指主要提供生活消费品和制作手工工具的工业。按其所使用的原料不同，可分为两大类：(1)以农产品为原料的轻工业，是指直接或间接以农产品为基本原料的轻工业。主要包括食品制造、饮料制造、烟草加工、纺织、缝纫、皮革和毛皮制作、造纸以及印刷等工业；(2)以非农产品为原料的轻工业，是指以工业品为原料的轻工业。主要包括文教体育用品、化学药品制造、合成纤维制造、日用化学制品、日用玻璃制品、日用金属制品、手工工具制造、医疗器械制造、文化和办公用机械制造等工业。

重工业 指为国民经济各部门提供物质技术基础的主要生产资料的工业。按其生产性质和产品用途，可以分为下列三类：(1)采掘(伐)工业，是指对自然资源的开采，包括石油开采、煤炭开采、金属矿开采、非金属矿开采等工业；(2)原材料工业，指向国民经济各部门提供基本材料、动力和燃料的工业。包括金属冶炼及加工、炼焦及焦炭、化学、化工原料、水泥、人造板以及电力、石油和煤炭加工等工业；(3)加工工业，是指对工业原材料进行再加工制造的工业。包括装备国民经济各部门的机械设备制造工业、金属结构、水泥制品等工业，以及为农业提供的生产资料如化肥、农药等工业。

根据上述划分原则，修理业中以重工业产品为修理作业对象的划为重工业，反之划为轻工业。

工业总产值 是以货币形式表现的，工业企业在一定时期内生产的工业最终产品或提供工业性劳务活动的总价值量。它反映一定时间内工业生产的总规模和总水平。

资产总计 指企业拥有或控制的能以货币计量的经济资源，包括各种财产、债权和其他权利。资产按流动性分为流动资产、长期投资、固定资产、无形资产、递延资产和其他资产。该指标根据企业会计“资产负债表”中“资产总计”项目的期末数增列。

固定资产原价 指企业在建造、购置、安装、改建、扩建、技术改造某项固定资产时所支出的全部货币总额。它一般包括买价、包装费、运杂费和安装费等。

负债合计 指企业所承担的能以货币计量，将以资产或劳务偿付的债务，偿还形式包括货币、资产或提供劳务。负债一般按偿还期长短分为流动负债和长期负债。根据会计“资产负债表”中“负债合计”的年末数填列。

所有者权益 指企业投资人对企业净资产的所有权。企业净资产等于企业全部资产减去全部负债后的余额，包括企业投资人对企业的最初投入的实际到位的资产及资本公积金、盈余公积金和未分配利润。所有者权益合计数小于零，表示企业资不抵债。

本年应交增值税 指企业在报告期内应交纳的增值税额。它等于本年销项税额加上出口退税加上进项税额转出数减去本年进项税额。小规模纳税企业直接按全年计税销售额乘以征收率计算取得。

Explanatory Notes on Main Statistical Indicators

Industry refers to the material production sector which is engaged in the extraction of natural resources and processing and reprocessing of minerals and agricultural products, including (1) extraction of natural resources, such as mining, salt production (but not including hunting and fishing); (2) processing and reprocessing of farm and sideline produces, such as rice husking, flour milling, wine making, oil pressing, silk reeling, spinning and weaving, and leather making; (3) manufacture of industrial products, such as steel making, iron smelting, chemicals manufacturing, petroleum processing, machine building, timber processing; water and gas production and electricity generation and supply; (4)repairing of industrial products such as the repairing of machinery and means of transport (including cars).

In industrial statistics surveys, the units of enquiry are corporate industrial enterprises with independent accounting systems.

Corporate industrial enterprises with independent accounting systems refer to enterprises engaging in industrial production activities, which meet the following requirements: (1) They are established legally, having their own names, organizations, location and able to take civil liability; (2) They possess and use their assets independently, assume liabilities and are entitled to sign contracts with other units; (3) They are financially independent and compile their own balance sheets.

Light Industry refers to the industry that produces consumer goods and hand tools. It consists of two categories, depending on the materials used:

(1) Industries using farm products as raw materials. These are the branches of light industry which directly or indirectly use farm products as basic raw materials, including the manufacture of food and beverages, tobacco processing, textile, clothing, fur and leather manufacturing, paper making, printing, etc.

(2) Industries using non-farm products as raw materials. These are the branches of light industry which use manufactured goods as raw materials, including the manufacture of cultural, educational articles and sports goods, chemicals, synthetic fibre, chemical products for daily use, glass products for daily use, metal products for daily use, hand tools, medical apparatus and instruments, and the manufacture of cultural and office machinery.

Heavy Industry refers to the industry which produces capital goods, and provides various sectors of the national economy with necessary material and technical basis for production. It consists of the following three branches according to the purpose of production or the use of products:

(1) Mining, quarrying and logging industry, which refers to the industry that extracts natural resources, including extraction of petroleum, coal, metal and non-metal ores.

(2) Raw materials industry refers to the industry that provides various sectors of the national economy with raw materials, fuels and power. It includes smelting and processing of metals, coking and coke chemistry, chemical materials and building materials such as cement, plywood, and power, petroleum refining and coal dressing.

(3) Manufacturing industry which refers to the industry that processes raw materials. It includes machine-building industries which equip sectors of the national economy; industries producing metal structure and cement products; and industries producing means of agricultural production, such as chemical fertilizers and pesticides.

In accordance with the above principles of classification, the repairing trades, which are engaged primarily in repairing products of heavy industry, are classified as heavy industry while those which are engaged in repairing products of light industry are classified as light industry.

Gross Industrial Output Value is the total volume of final industrial products produced and industrial services provided during a given period. It reflects the total achievements and overall scale of industrial production during a given period. Prior to 1984, the value of rural industry run by villages was classified into agriculture instead of industry.

Total Assets refer to all economic resources, in monetary term, these are owned or controlled by enterprises, including properties, creditor's equity and other economic rights of all forms. Classified by the degree of liquidity, total assets include working capitals, long-term investment, fixed assets, intangible assets, deferred assets and other assets. Data on this indicator can be obtained by the year-end figures of total assets in the Assets and Liability Table of accounting records of enterprises.

Original Value of Fixed Assets refers to the total value, in monetary terms, that an enterprise spent on fixed assets, through construction, purchase, installation, transformation, expansion or technical upgrading. Generally, it covers cost of purchase, packing, transportation and installation, etc.

Total Liabilities refer to payable liabilities of enterprises that have to be repaid in terms of money, assets or labour services. In terms of payment, it can be divided into liquid liabilities and long-term liabilities. Data on this item are obtained from the ending figures on total liabilities from the Assets and Liability Table from the enterprises.

Owner's Equity refers to the ownership of net assets of enterprise by its investors. Net assets equal total assets minus total liabilities of the enterprise, including the actual assets invested into the enterprise by investors, accumulation of capital and operating surplus and non-distributed profits. The enterprise's assets are less than its liabilities if the sum of owner's equity is smaller than zero.

Value-added Tax Payable of Current Year refers to the amount of the value-added tax which should be paid by the enterprises during the reference period. It is the sum of tax on sales, export rebate, and transferred tax on purchases of the current year, minus the tax on purchases of the current year. Value-added tax payable of small-size enterprises is determined by the taxable sales of the year multiplied by the tax rate.

14

建筑业

Construction

编辑人员：邱育任

Compiled by Qiu Yuren

英文翻译：张春梅

Translated by Zhang Chunmei

简 要 说 明

一、本篇资料的主要内容

本篇资料反映我省建筑业概况和发展情况。包括建筑业企业基本情况和生产经营情况。主要指标有企业个数、从业人员数、建筑业总产值、建筑业增加值、房屋建筑面积、利润税金、劳动生产率等。

二、本篇资料的统计范围

根据建筑业发展的实际情况，建筑业统计范围从 2002 年年报起由原具有建筑业资质等级四级及四级以上的独立核算的建筑业企业调整为具有建筑业资质的独立核算建筑业企业。

三、本篇的资料来源及统计调查方法

本篇建筑业企业统计数据是根据国家统计局制定的《建筑业统计报表制度》整理汇总的。建筑业统计报表是各级统计部门根据当地实际情况采取全面调查的方法布置、收集。

Brief Introduction

I. Main Contents

Data in this chapter show the general situation and the development of the construction industry in Hainan Province. They cover the situation of production and management of the construction enterprises, including the number of enterprises; number of employed persons; gross output value and value added of the construction industry; floor space of buildings under construction; profits and taxes; and labour productivity etc.

II. Scope of Statistics

In view of the development of the construction industry, starting from 2002 the scope of construction statistics has been adjusted to include all the construction enterprises of various types of ownership with qualification certificates and independent accounting systems, replacing the previous criteria that required construction enterprises of various types of ownership to have qualification certificates at or above Class 4 with independent accounting systems.

III. Sources of Data and Methods of Survey

Data on construction enterprises are collected in accordance with the *Reporting Form System of Construction Statistics* stipulated by the National Bureau of Statistics. The annual reporting forms on construction statistics are designed in accordance with local situations for comprehensive collection by statistical bureaus of each province, autonomous region and municipality and conveyance level by level upwards.

14-1 建筑业企业主要经济指标
Major Economic Indicators on Construction Enterprises

项　　目	Item	2010	2015	2017	2018	2019	2020	2021
企业单位数(个)	Number of Enterprises(unit)	149	168	169	220	225	260	291
企业从业人员(万人)	Number of Employed Persons (10 000 persons)	11.00	7.44	7.43	6.84	7.62	7.18	6.40
建筑业总产值(亿元)	Gross Output Value of Construction(100 million yuan)	199.48	278.63	322.76	357.61	365.98	391.37	447.09
竣工产值(亿元)	Output Value of Building Completed(100 million yuan)	104.42	211.19	205.37	219.76	173.75	181.50	221.58
增加值(亿元)	Value-added of Construction(100 million yuan)	21.80	52.97	55.15	59.11	58.66	54.54	64.44
房屋建筑施工面积(万平方米)	Floor Space of Buildings Under Construction (10 000 sq.m)	1429.70	2132.02	2060.47	2223.65	2309.5	1823.66	1700.28
房屋建筑竣工面积(万平方米)	Floor Space of Buildings Completed (10 000 sq.m)	508.70	744.56	562.51	619.88	485.01	299.50	475.84
#住宅	Residential Buildings	348.55	490.15	347.87	387.71	271.00	164.76	361.55
房屋建筑面积竣工率(%)	Rate of Floor Space of Buildings Completed(%)	35.6	34.9	27.3	27.9	21.0	16.4	28.0
年末固定资产原值(亿元)	Original Value of Fixed Assets at Year-end (100 million yuan)	10.24	10.52	14.06	15.48	14.84	17.45	21.3
年末固定资产净值(亿元)	Fixed Assets Net Worth at Year-end (100 million yuan)	7.18	5.34	6.59	7.4	6.92	8.01	10.17
年末流动资产(亿元)	Current Assets at Year-end (100 million yuan)	72.95	197.39	248.87	286.32	378.05	421.38	520.67
利润总额(亿元)	Total Profits (100 million yuan)	4.78	11.56	12.50	14.95	16.02	14.07	19.25
利税总额(亿元)	Total Profits and Taxes (100 million yuan)	10.43	21.47	32.88	36.21	38.41	33.85	39.25
产值利润率(%)	Ratio of Profit to Gross Output Value(%)	2.4	4.1	3.9	4.2	4.4	3.6	4.3

注:本表统计范围是全省所有具有资质等级独立核算的总承包和专业承包企业。(下同)
Note:The scope of statistics in this table includes all construction enterprises of general and professional contractors with qualification criteria and independent accounting system.

14-2 各市县建筑业企业单位数及从业人员(2021年)
Number and Employed Persons of Construction Enterprises by Region (2021)

单位：个 (unit)

地 区	Region	企业单位数 Total	内资企业 Domestic Funded	#国有 State-owned	#集体 Collectice-owned	从业人员(人) Number of Employed Persons (person)	内资企业 Domestic Funded	#国有 State-owned	#集体 Collectice-owned
全省总计	**Total**	**291**	**291**	**35**	**17**	**63986**	**63986**	**26993**	**6356**
海口市	Haikou	177	177	24	2	38863	38863	19103	314
三亚市	Sanya	32	32	3	2	4279	4279	2212	84
儋州市	Danzhou	12	12	1	1	1620	1620	165	65
五指山市	Wuzhishan	2	2			22	22		
文昌市	Wenchang	3	3		2	1568	1568		1182
琼海市	Qionghai	8	8	2	3	4698	4698	3098	1493
万宁市	Wanning	3	3		3	2132	2132		2132
定安县	Ding'an	6	6	1		3585	3585	2295	
屯昌县	Tunchang	7	7		1	1831	1831		614
澄迈县	Chengmai	5	5		1	199	199		30
临高县	Lingao	2	2			837	837		
东方市	Dongfang	4	4		1	268	268		186
乐东县	Ledong	5	5		1	421	421		256
琼中县	Qiongzhong	5	5	1		31	31	13	
保亭县	Baoting	1	1			123	123		
陵水县	Linshui	9	9	3		3088	3088	107	
白沙县	Baisha	5	5			197	197		
昌江县	Changjiang	5	5			224	224		

14-3 各市县建筑业企业总产值(2021年)
Output Value of Construction Enterprises by Region (2021)

单位：万元 (10 000 yuan)

地区	Region	建筑业总产值 Total Output Value	建筑工程产值 Output Value of Construction	安装工程产值 Output Value of Installation	其他产值 Others	竣工产值 Output Value of Building Completed
全省总计	**Total**	**4470940**	**3870562**	**404230**	**196147**	**2215763**
海口市	Haikou	3061605	2635606	277056	148943	1551832
三亚市	Sanya	380748	330850	43897	6001	225242
儋州市	Danzhou	110410.4	83601.5	25412.4	1396.5	64929.4
五指山市	Wuzhishan	6000	6000			2837
文昌市	Wenchang	52988	44799	2375	5814	17664
琼海市	Qionghai	205135	193732	10304	1100	139387
万宁市	Wanning	208906	169081	30367	9457.5	
定安县	Ding'an	211833	211833			130977
屯昌县	Tunchang	60306	60287	19.4		25467
澄迈县	Chengmai	3595	2918	678		2602
临高县	Lingao	33874	18712	8945	6217	31265
东方市	Dongfang	17134	14788	609	1737	4352
乐东县	Ledong	7523	6415	530	578	1358
琼中县	Qiongzhong	1090	845		245	845
保亭县	Baoting	3343	3343			5340
陵水县	Linshui	85609	69344	4019	12245	5414
白沙县	Baisha	4595	4575	21		1144
昌江县	Changjiang	16246	13832		2413	5108

14-4 各市县建筑业企业增加值(2021年)
Value-added of Construction Enterprises by Region (2021)

单位：万元 (10 000 yuan)

地区	Region	建筑业增加值 Value-added of Construction	营业利润 Operating Profits	主营业务税金及附加 Taxes and Extra Charges on Project Settlement Accounts	应交增值税 Value added tax payable	应付职工薪酬 Wages Payable	本年提取固定资产折旧 Depreciation of Fixed Assets This Year	其他 Others
全省总计	**Total**	**644425**	**179797**	**26988**	**173032**	**238532**	**18738**	**7339**
海口市	Haikou	374660	99634	17689	113885	124031	14323	5098
三亚市	Sanya	89057	38954	3320	13057	31600	1364	763
儋州市	Danzhou	27753	4002	881	5144	16050	1180	496
五指山市	Wuzhishan	1461	1127	14	135	170	3	12
文昌市	Wenchang	14728	4277	458	4229	5672	31	62
琼海市	Qionghai	40262	5808	1416	12902	19472	489	176
万宁市	Wanning	12014	7907	272	714	2857	158	107
定安县	Ding'an	31995	8276	1061	8593	13857	37	171
屯昌县	Tunchang	9659	1355	302	2453	5345	156	48
澄迈县	Chengmai	6054	1295	173	555	3997	15	20
临高县	Lingao	13787	1602	412	3752	7868	102	51
东方市	Dongfang	3882	352	133	1833	1507	21	37
乐东县	Ledong	1398	169	140	386	672	3	28
琼中县	Qiongzhong	869	13	34	547	222	37	15
保亭县	Baoting	793	67	7	433	239	28	20
陵水县	Linshui	10275	4350	428	2359	2601	424	111
白沙县	Baisha	1697	344	24	481	812	11	25
昌江县	Changjiang	4083	265	226	1572	1563	358	99

14-5 建筑业企业财务状况(2021年)
Financial Statistics on Construction Enterprises (2021)

单位：万元 (10 000yuan)

项 目	Item	总 计 Total	#国有及国有控股 State-owned and State-holding	#内 资 企 业 Domestic Funded	#外商投资企 业 with Foreign Investment
年初存货	Inventory(Year-beginning)	343560	59907	343560	
流动资产合计	Total Current Funds	5206654	2115498	5206654	
应收工程款	Project Funds Received	1135908	397682	1135908	
存货	Inventory	382781	86806	382781	
固定资产净值	Total Fixed Assets	101720	20116	101720	
固定资产原价合计	Total Original Value of Fixed Assets	212967	46582	212967	
累计折旧	Accumulated Depreciation	111247	26466	111247	
本年折旧	Depreciation This Year	18738	4586	18738	
在建工程	Under Construction	43439	23769	43439	
资产总计	Total Assets	5971450	2501289	5971450	
流动负债合计	Current Liabilities	3720635	1594022	3720635	
应收账款	Account Receivable	1632730	1035726	1632730	
非流动负债合计	Long-term Liabilities	128101	67510	128101	
负债合计	Total Assets	3985749	1768322	3985749	
所有者权益合计	Total Owner's Equities	1985701	732967	1985701	
营业收入	Business Revenue	5522580	2243624	5522580	
营业成本	Business Costs	5027062	1982002	5027062	
营业税金及附加	Taxes and Extra Charges on Project Settlement Accounts	26988	9838	26988	
其他业务利润	Profits of Other Business	2643	1099	2643	
管理费用	Management Expenses	129381	37872	129381	
财务费用	Financial Expenses	16771	-123	16771	
利息收入	Interest Income	1311	790	1311	
利息支出	Expense of Interest	12502	1206	12502	
营业利润	Operating Profits	179797	65118	179797	
营业外收入	Nonbusiness Income	8856	6772	8856	
营业外支出	Nonoperating Expense	3104	1061	3104	
利润总额	Total Profits	192527	76969	192527	
所得税费用	Income Taxes Expense	65845	27584	65845	
应付职工薪酬	Wages Payable This Year	238532	87542	238532	
应交增值税	Value Added Tax Payable	173032	64479	173032	

14-6 各市县建筑业企业主要财务指标(2021年)
Major Finance Indicators on Construction Enterprises by Region (2021)

单位：万元 (10 000yuan)

地 区	Region	资产总计 Total Assets	流动资产 Current Assets	固定资产 Fixed Assets	其他 Others	负债合计 Total Liabilities	所有者权益 Total Creditors' Equity
全省总计	**Total**	**5971450**	**5206654**	**212967**	**551829**	**3985749**	**1985701**
海口市	Haikou	4213330	3625972	147114	440244	2799066	1414264
三亚市	Sanya	633349	592351	16907	24091	466034	167314
儋州市	Danzhou	212972	173779	23311	15882	121411	91561
五指山市	Wuzhishan	2493	2493	3		1466	1028
文昌市	Wenchang	24758	22362	1281	1115	16685	8073
琼海市	Qionghai	144970	123028	4779	17164	118648	26323
万宁市	Wanning	167279	166687	592		100089	67190
定安县	Ding'an	181819	174443	1155	6221	145054	36765
屯昌县	Tunchang	30858	29953	1906		16633	14225
澄迈县	Chengmai	10238	10205	76		6383	3855
临高县	Lingao	31834	31121	1812		6374	25459
东方市	Dongfang	25932	25740	275		18535	7396
乐东县	Ledong	10982	9940	105	937	8651	2331
琼中县	Qiongzhong	8874	8736	136	2	2749	6125
保亭县	Baoting	3458	3365	145		533	2925
陵水县	Linshui	228737	175464	5132	48141	139958	88779
白沙县	Baisha	3585	3499	104		1095	2490
昌江县	Changjiang	35982	27517	8136	330	16386	19597

14-6续1(continued 1)

地 区	Region	营业收入 Business Revenue	营业成本 Business Costs	营业税金及附加 Taxes and Extra Charges on Project Settlement Accounts	其他业务利润 Profits of Other Business	管理费用 Management Expenses	财务费用 Financing Expenses
全省总计	**Total**	**5522580**	**5027062**	**26988**	**2643**	**129381**	**16771**
海 口 市	Haikou	3649965	3281225	17689	1505	87470	14585
三 亚 市	Sanya	590268	538989	3320	249	13544	452
儋 州 市	Danzhou	205559	189359	881	552	8626	1500
五指山市	Wuzhishan	5505	4105	14		265	-7
文 昌 市	Wenchang	64606	59096	458	32	1185	100
琼 海 市	Qionghai	218259	209474	1416	87	3553	-27
万 宁 市	Wanning	298906	288496	272		1802	430
定 安 县	Ding'an	205969	193446	1061		3588	-31
屯 昌 县	Tunchang	59401	56752	302	205	873	27
澄 迈 县	Chengmai	15954	14191	173		410	11
临 高 县	Lingao	56143	53059	412		922	46
东 方 市	Dongfang	22173	20930	133		647	118
乐 东 县	Ledong	14417	13580	140		575	-5
琼 中 县	Qiongzhong	4400	4217	34		303	5
保 亭 县	Baoting	4315	3829	7		373	40
陵 水 县	Linshui	74451	67472	428	13	2758	-546
白 沙 县	Baisha	5775	4871	24		530	-9
昌 江 县	Changjiang	26516	23972	226		1957	81

14-6续2(continued 2)

地　区	Region	营业利润 Profits of Business	利润总额 Total Profits	所得税费用 Income Taxes Expense	应交增值税 Value Added Tax Payable	利税总额 Total Profits and Taxes	产　值 利润率(%) Ratio of Profit to Gross Output Value(%)
全省总计	**Total**	**179797**	**192527**	**65845**	**173032**	**392546**	**4.3**
海 口 市	Haikou	99634	109202	37549	113885	240775	3.6
三 亚 市	Sanya	38954	40767	13471	13057	57143	10.7
儋 州 市	Danzhou	4002	4810	2057	5144	10834	4.4
五指山市	Wuzhishan	1127	1127	244	135	1276	18.8
文 昌 市	Wenchang	4277	4323	1125	4229	9010	8.2
琼 海 市	Qionghai	5808	6083	3377	12902	20401	3.0
万 宁 市	Wanning	7907	7629	1714	714	8615	3.7
定 安 县	Ding'an	8276	9041	3578	8593	18695	4.3
屯 昌 县	Tunchang	1355	1351	439	2453	4107	2.2
澄 迈 县	Chengmai	1295	1221	243	555	1949	34.0
临 高 县	Lingao	1602	1477	404	3752	5641	4.4
东 方 市	Dongfang	352	364	9	1833	2330	2.1
乐 东 县	Ledong	169	172	74	386	698	2.3
琼 中 县	Qiongzhong	13	19	5	547	600	1.7
保 亭 县	Baoting	67	67	2	433	507	2.0
陵 水 县	Linshui	4350	4264	1320	2359	7052	5.0
白 沙 县	Baisha	344	332	85	481	837	7.2
昌 江 县	Changjiang	265	280	149	1572	2078	1.7

14-7 各市县建筑业企业房屋建筑面积(2021年)
Floor Space of Buildings by Region (2021)

单位：平方米 (Sq.m)

地　区	Region	房屋建筑面积(平方米) Floor Space of Building (sq.m) 施工面积 Floor Space of Buildings Under Construction	本年新开工 Floor Space of Started This Year	竣工面积 Floor Space of Buildings Completed	房屋建筑面积竣工率(%) Rate of Floor Space of Buildings Completed	房屋竣工价值(万元) Value of Building Completed (10 000 yuan)
全省总计	**Total**	**17002800**	**3378034**	**4758420**	**28.0**	**1426502**
海口市	Haikou	11156144	2112336	2490168	22.3	1063889
三亚市	Sanya	1168147	33405	763880	65.4	116750
儋州市	Danzhou	898524	99557	123769	13.8	15546
五指山市	Wuzhishan	33237	33237	11346	34.1	2837
文昌市	Wenchang	151628	124710	115101	75.9	14838
琼海市	Qionghai	1437107	407364	496279	34.5	41890
万宁市	Wanning	253650	23410			
定安县	Ding'an	1159492	253050	437399	37.7	107914
屯昌县	Tunchang	302102	66684	149974	49.6	18299
澄迈县	Chengmai	27516	12180	13842	50.3	1449
临高县	Lingao	76561	56692	97049	126.8	30064
东方市	Dongfang	90199	69031	21916	24.3	3417
乐东县	Ledong	91517	42903	1000	1.1	250
琼中县	Qiongzhong					
保亭县	Baoting	5963	5963	5963	100.0	2744
陵水县	Linshui	127536	26653	18311	14.4	4500
白沙县	Baisha	4500	3000	4500	100.0	1082
昌江县	Changjiang	18977	7859	7923	41.8	1034

14-7续1(continued 1)

地　区	Region	竣工面积按用途分 By Use					
		住宅房屋 Residential Buildings	商业及服务用房屋 Commercial and Service Buildings	商厦房屋 Commercial Buildings	宾馆用房屋 Hotel Buildings	餐饮用房屋 Catering Buildings	商务会展用房屋 Business Exhibition Buildings
全省总计	**Total**	**3615463**	**221183**	**115470**	**50**	**350**	**307**
海口市	Haikou	1966434	100491	83714	50		
三亚市	Sanya	596755	2700				
儋州市	Danzhou	72355	1681	439		350	307
五指山市	Wuzhishan	11346					
文昌市	Wenchang	42968	31317	31317			
琼海市	Qionghai	470999	25280				
万宁市	Wanning						
定安县	Ding'an	344234					
屯昌县	Tunchang	47761					
澄迈县	Chengmai	3428					
临高县	Lingao	28674	56786				
东方市	Dongfang	8991					
乐东县	Ledong	1000					
琼中县	Qiongzhong						
保亭县	Baoting	5963					
陵水县	Linshui	14555					
白沙县	Baisha						
昌江县	Changjiang		2928				

14-7续2(continued 2)

地 区	Region	竣工面积按用途分 By Use					
		其他商业及服务用房屋 Other Commercial and Service Buildings	办公用房 Official Buildings	科研、教育、医疗用房屋 Scientific Research, Education, Medical Buildings	科学研究用房屋 Scientific Research Buildings	教育用房屋 Education Buildings	医疗用房屋 Medical Buildings
全省总计	**Total**	**105006**	**216847**	**527125**	**16280**	**339359**	**171486**
海口市	Haikou	16727	111527	238581	15808	148751	74022
三亚市	Sanya	2700	5699	142414		48465	93949
儋州市	Danzhou	585	25778	8573	112	6333	2128
五指山市	Wuzhishan						
文昌市	Wenchang			28936		28936	
琼海市	Qionghai	25280					
万宁市	Wanning						
定安县	Ding'an		28530	51575		51575	
屯昌县	Tunchang		27266	49978		48591	1387
澄迈县	Chengmai		2708				
临高县	Lingao	56786	11589				
东方市	Dongfang		3750	2073	360	1713	
乐东县	Ledong						
琼中县	Qiongzhong						
保亭县	Baoting						
陵水县	Linshui						
白沙县	Baisha						
昌江县	Changjiang	2928		4995		4995	

14-7续3(continued3)

地　区	Region	竣工面积按用途分 By Use				
		文化、体育娱乐用房 Cultural Sports and Entertainment Buildings	厂房及建筑物 Factories and Related Buildings	#厂房 Factory Buildings	仓库 Depository	其他未列明的房屋建筑物 Other Unlisted Buildings
全省总计	**Total**	**50053**	**70022**	**28487**	**750**	**56977**
海 口 市	Haikou	31346	16833	4732	644	24312
三 亚 市	Sanya		11312			5000
儋 州 市	Danzhou	2868	9106		106	3302
五指山市	Wuzhishan					
文 昌 市	Wenchang					11880
琼 海 市	Qionghai					
万 宁 市	Wanning					
定 安 县	Ding'an	7448	5612	5612		
屯 昌 县	Tunchang	6826	18143	18143		
澄 迈 县	Chengmai	1285	1540			4881
临 高 县	Lingao					
东 方 市	Dongfang	280				6822
乐 东 县	Ledong					
琼 中 县	Qiongzhong					
保 亭 县	Baoting					
陵 水 县	Linshui		2976			780
白 沙 县	Baisha		4500			
昌 江 县	Changjiang					

14-8 各市县建筑业企业技术装备情况(2021年)
Number and Power of Machinery and Equipment of Construction Enterprises by Region (2021)

地 区	Region	年末自有施工机械设备(总台数)(台) Number of Machinery and Equipmen Owned for Construction at Year-end (set)	年末自有施工机械设备(净值)(万元) Net Value of Machinery and Equipmen Owned for Construction at Year-end (set)	年末自有施工机械设备(总功率)(千瓦) Power of Machinery and Equipmen Owned for Construction at Year-end (set)	技术装备率(元/人) Value of Machines per Laborer (yuan/person)	动力装备率(千瓦/人) Power of Machines per Laborer (kw/person)
全省总计	**Total**	**5670**	**33682**	**146593**	**5079**	**2.2**
海口市	Haikou	2672	18327	51533	4463	1.3
三亚市	Sanya	525	5536	35674	11988	7.7
儋州市	Danzhou	298	983	10302	5489	5.8
五指山市	Wuzhishan					
文昌市	Wenchang	866	5113	25625	34109	17.1
琼海市	Qionghai	438	1232	9230	2534	1.9
万宁市	Wanning					
定安县	Ding'an	454	1713	4935	3988	1.1
屯昌县	Tunchang	314	476	5905	3590	4.4
澄迈县	Chengmai	17	37	615	3737	6.2
临高县	Lingao	35	1	10	12	0.0
东方市	Dongfang	31	21.4	117	1305	0.7
乐东县	Ledong					
琼中县	Qiongzhong					
保亭县	Baoting					
陵水县	Linshui	19	239	2641	806	0.9
白沙县	Baisha	1	4	6	143	0.0
昌江县	Changjiang					

主要统计指标解释

建筑业总产值(即自行完成施工产值) 是以货币表现的建筑安装企业在一定时期内生产的建筑业产品的总和。建筑业总产值包括：

⑴建筑工程产值：指列入建筑工程预算内的各种工程价值。

⑵设备安装工程产值：指设备安装工程价值，不包括被安装设备本身价值。

⑶房屋、构筑物修理产值：指房屋、构筑物修理所完成的价值，但不包括被修理房屋、构筑物本身的价值和生产设备的修理价值。

⑷非标准设备制造产值：指加工制造没有定型的、非标准的生产设备的加工费和原材料价值，以及附属加工厂为本企业承建工程制作的非标准设备的价值。

房屋建筑施工面积 指在报告期内施工的全部房屋建筑面积，包括本期新开工的房屋面积、上期施工跨入本期继续施工的房屋面积、上期停缓建在本期恢复施工的房屋面积、本期竣工的房屋面积及本期施工后又停缓建的房屋面积。

房屋建筑竣工面积 指在报告期内房屋建筑按照设计要求全部完工，达到了住人和使用条件，经验收鉴定合格，正式移交使用单位的房屋建筑面积。

Explanatory Notes on Main Statistical Indicators

Gross Output Value of Construction (Output Value of Projects under Construction) refers to total of construction products, expressed in money terms, completed by construction and installation enterprises during a given period of time. It includes:

(1)Output value of construction projects, that is the value of projects covered by the project budgets;

(2)Output value of installation projects, that is the value of the installation of equipment, excluding the value of the equipment to be installed;

(3)Output value of repair of buildings and structures, that is the value created through the repairs of buildings or structures, but does not include the value of buildings or structures being repaired and the value of the repair of production equipment;

(4)Output value of manufactured non-standard equipment that is the value of non-standard production equipment, including raw materials and manufacturing cost, made for the construction project, and the equipment manufactured by subsidiary workshops.

Floor Space of Buildings under Construction refers to floor space of buildings under construction during the reference period, including newly started buildings, buildings started earlier and continued during the reference period, and buildings suspended earlier but restarted during the reference period, buildings completed during the reference period, and buildings under construction and then suspended during the reference period.

Floor Space of Buildings Completed refers to the floor space of buildings that are completed in the reference period in accordance with the requirements of the design, up to the standard for putting them into use, and have been checked and accepted by concerned departments as qualified ones.

15

房地产
Real Estate

编辑人员：操庆玲 姚 志

Compiled by Cao Qingling　Yao Zhi

英文翻译：操庆玲

Translated by Cao Qingling

简 要 说 明

一、本篇资料的主要内容及统计范围

本篇资料通过对一定时期内房地产开发企业开发经营活动的数量方面的描述，反映报告期内房地产开发企业土地开发和购置情况、投资总规模及完成情况、实际到位资金情况、房屋建筑面积和造价情况、房屋新开工面积情况、商品房销售情况以及资产负债和经营情况。

本篇资料的统计范围包括全部房地产开发经营企业法人单位。

二、本篇的资料来源及统计调查方法

本篇统计资料是根据《房地产开发统计报表制度》进行搜集和加工整理而得，全部数据采用全面调查的统计方法。

Brief Introduction

I. Main Contents and Scope

Statistics in this chapter describe activities made by real estate development companies during a given period of time, and reflect the development and purchase of land, size of investment and its progressing, funds actually available, floor space and cost of housing constructed, floor space of new housing starts, sales of commercial housing, assets and liabilities, and operation status of real estate developers during the reference period.

Data in this chapter covers all legal entities engaged in real estate development.

II. Sources of Data

Data in this chapter are collected and compiled with the Statistical Reports Program on Real Estate Development, which has a full coverage of all companies.

15-1 房地产开发企业(单位)主要指标
Major Indicators on Enterprises for Real Estate Development

指 标	Indicators	2010	2015	2017	2018	2019	2020	2021
企业个数（个）	**Number of Enterprises**	**545**	**1103**	**1237**	**1160**	**1188**	**1166**	**1170**
内资	Domestic Funded	504	1047	1175	1104	1133	1116	1120
#国有	State-owed Enterprises	23	107	17	14	23	31	32
港、澳、台投资	Enterprises with Funds from Hongkong,Macao and Taiwan	27	43	12	42	41	37	37
外商投资	with Foreign Investment	14	13	50	14	14	13	13
平均从业人数(人)	**Average Number of Employed Persons**	**17745**	**44270**	**49741**	**45302**	**42745**	**35583**	**33381**
内资	Domestic Funded	15228	40888	44305	41115	38559	32130	30690
#国有	State-owed Enterprises	1407	4773	1078	539	569	922	729
港、澳、台投资	Enterprises with Funds from Hongkong,Macao and Taiwan	2002	2702	3016	2034	2083	1676	1606
外商投资	with Foreign Investment	515	680	2420	2153	2103	1777	1085
计划总投资(亿元)	**Total Planned Investment (100 million yuan)**	**1968.15**	**9834.05**	**13315.20**	**13169.78**	**13055.75**	**13617.16**	**13848.33**
累计完成投资(亿元)	**Accumulative Investment Completed (100 million yuan)**	**1132.38**	**6363.63**	**9542.66**	**9962.92**	**10187.70**	**10188.67**	**10555.19**
本年完成投资额(亿元)	**Investment Completed This Year (100 million yuan)**	**467.87**	**1704.00**	**2053.11**	**1715.04**	**1336.18**	**1341.67**	**1379.62**
按用途分(亿元)	**By Use(100 million yuan)**							
住宅	Residential Buildings	417.11	1246.78	1477.53	1310.51	1034.86	946.41	897.13
办公楼	Office Buildings	7.03	20.54	37.85	37.45	34.45	70.79	89.10
商业营业用房	Houses for Business Use	20.54	140.99	255.05	171.04	135.90	165.66	166.27
其他	Others	23.18	295.69	282.67	196.05	130.96	158.81	227.13
按构成分(亿元)	**By Composition of Funds(100 million yuan)**							
建筑工程	Construction	315.03	1043.68	1361.61	1124.47	990.32	938.79	924.20
安装工程	Installation	58.50	139.64	215.80	179.67	106.43	89.22	63.05
设备工器具购置	Purchase of Equipment and Instruments	19.53	13.61	17.37	15.29	10.85	11.49	8.58
其他费用	Other Expenses	74.79	507.07	458.33	395.60	228.58	302.17	383.80

15-1 续(continued)

指 标	Item	2010	2015	2017	2018	2019	2020	2021
本年新增固定资产(亿元)	**Newly Increased Fixed Assets This Year (100 million yuan)**	**191.95**	**662.64**	**626.45**	**642.11**	**614.73**	**512.33**	**389.60**
本年实际到位资金(亿元)	**Total actual Funds in Place this year (100 million yuan)**	**807.28**	**2139.51**	**3244.23**	**2370.89**	**1605.69**	**1760.65**	**1974.01**
国内贷款	Domestic Loans	136.35	339.83	439.26	285.70	164.97	181.11	241.98
利用外资	Foreign Investment	0.71	1.35	2.24				4.00
自筹资金	Self-raising Fund	163.58	1007.98	1017.68	893.86	696.01	753.18	639.22
定金及预收款	Deposit and advance Payment				910.35	582.14	627.81	839.39
个人按揭贷款	Personal Mortgage Loans				118.51	75.09	88.19	104.69
其他资金	Others				162.48	87.49	110.35	144.72
待开发土地面积(万平方米)	**Land Space Pending Development (10 000 sqm)**	**116.29**	**1058.17**	**767.08**	**599.69**	**643.05**	**399.36**	**398.14**
本年购置土地面积(万平方米)	**Land Space Purchased This Year (10 000 sqm)**	**280.21**	**252.70**	**126.53**	**123.22**	**44.41**	**46.87**	**101.13**
房屋施工面积(万平方米)	**Floor Space under Construction (10 000 sqm)**	**2699.46**	**8316.98**	**9567.39**	**9574.56**	**9221.56**	**8600.05**	**8938.51**
#本年新开工面积	Floor Space Started This Year	1136.12	1644.72	2109.74	1944.64	1219.56	1064.95	1341.14
房屋竣工面积(万平方米)	**Floor Space of Buildings Completed(10 000 sqm)**	**609.13**	**1068.59**	**1267.16**	**1186.81**	**1302.26**	**687.45**	**474.68**
#住宅	Residential Buildings	515.07	918.87	953.86	987.39	1099.94	547.00	309.05
商品房屋销售面积(万平方米)	**Floor space of Commercialized Buildings Sold (10 000 sqm)**	**854.73**	**1052.28**	**2292.61**	**1432.25**	**829.34**	**751.54**	**888.92**
#住宅	Residential Buildings	834.19	984.78	2173.12	1298.82	721.57	626.19	672.14
商品房屋销售额(亿元)	**Total Sale of Commercialized Buildings Sold (100 million vuan)**	**746.61**	**982..75**	**2713.72**	**2083.29**	**1275.76**	**1232.08**	**1559.24**
#住宅	Residential Buildings	734.10	908.60	2473.18	1831.95	1090.56	1048.92	1179.59
实收资本(亿元)	**Total Capital Held (100 million yuan)**	**286.84**	**1341.79**	**1753.51**	**1427.01**	**1817.97**	**1748.37**	**1700.78**
资产负债率(%)	**Ratio of Liabilities to Assets(%)**	**80.64**	**81.12**	**82.64**	**81.85**	**81.83**	**81.17**	**81.77**
营业收入(亿元)	**Total Business Revenue (100 million yuan)**	**403.70**	**615.31**	**1689.05**	**1664.07**	**1386.33**	**1187.32**	**1441.15**
#土地转让收入	Land Transferred	4.01	5.08	17.00	2.17	28.40	4.25	0.89

注：本年实际到位资金自2018年有新的分类。

Note:Total actual Funds in Place this year have new groupings since 2018.

15-2 各市县房地产开发房屋建筑面积及造价
Floor Space and Cost of Buildings for Real Estate Development by Region

年 份 地 区	Year Region	施工房屋面积 (万平方米) Floor Space of Buildings under Construction (10 000 sq.m)	竣工房屋面积 (万平方米) Floor Space of Buildings Completed (10 000 sq.m)	房屋建筑 面积竣工率(%) Rate of Floor Space of Buildings Completed (%)	竣工房屋 价值(万元) Value of Building Completed (10 000 yuan)	竣工房屋 造价(元/平方米) Cost of Building Completed (yuan sq.m)
1990		86.68	29.00	33.46		
1995		696.20	68.65	9.86	92334	1349
2000		138.70	36.00	25.96	54601	1517
2005		921.10	187.10	20.31	345378	1846
2010		2699.46	609.13	22.56	1802580	2959
2013		6173.00	609.40	9.87	2379101	3904
2014		7557.15	1203.89	15.93	6826916	5671
2015		8316.98	1068.59	12.85	5141576	4812
2016		8936.78	1674.61	18.74	6695237	3998
2017		9567.39	1267.16	13.24	5156135	4069
2018		9574.56	1186.81	12.40	5008614	4220
2019		9221.56	1302.26	14.12	5489632	4215
2020		8600.05	687.45	7.99	4117021	5989
2021		8938.51	474.68	5.31	2959181	6234
海口市	Haikou	3369.06	189.45	5.62	1034742	5462
三亚市	Sanya	1460.04	92.09	6.31	1012259	10992
儋州地区	Danzhou Area	934.93	19.40	2.07	72318	3728
五指山市	Wuzhishan	126.01	6.88	5.46	20500	2978
文昌市	Wenchang	381.99	41.69	10.91	255719	6134
琼海市	Qionghai	326.65	41.28	12.64	190158	4607
万宁市	Wanning	380.07	4.62	1.22	23663	5117
定安县	Ding'an	139.03	2.01	1.45	10306	5126
屯昌县	Tunchang	76.73	3.13	4.09	12201	3892
澄迈县	Chengmai	490.44	23.06	4.70	114727	4976
临高县	Lingao	264.15	8.13	3.08	25210	3102
东方市	Dongfang	176.50	21.32	12.08	112592	5281
乐东县	Ledong	136.88				
琼中县	Qiongzhong	23.31				
保亭县	Baoting	118.94	1.52	1.28	9099	6000
陵水县	Lingshui	391.97	8.00	2.04	47784	5972
白沙县	Baisha	49.23	1.93	3.91	4590	2383
昌江县	Changjiang	92.58	10.17	10.99	13313	1309

15-3 各市县按构成分房地产开发投资额(2021年)
Investment in Real Estate Development by Composition of Funds and Region (2021)

单位：万元 (10 000 yuan)

地　区	Region	投资额 Total Investment	建筑工程 Construction	安装工程 Installation	设备工器具购置 Purchase of Equipment and Instruments	其他费用 Others
全省总计	**Total**	**13796233**	**9241998**	**630489**	**85781**	**3837965**
海口市	Haikou	4524505	3090198	194791	20192	1219324
三亚市	Sanya	3828664	2082543	98587	1113	1646421
儋州市	Danzhou	662454	408732	85792	3173	164757
五指山市	Wuzhishan	72997	57505	5227	56	10209
文昌市	Wenchang	1033643	878180	12708	280	142475
琼海市	Qionghai	568583	419480	24684	2370	122049
万宁市	Wanning	566008	414399	16903	350	134356
定安县	Ding'an	124254	93031	4639	1475	25109
屯昌县	Tunchang	60952	48937	2727	302	8986
澄迈县	Chengmai	750757	575214	25072	6084	144387
临高县	Lingao	138292	110216	8724	1584	17768
东方市	Dongfang	202199	176102	2210	492	23395
乐东县	Ledong	209221	150820	21683	6614	30104
琼中县	Qiongzhong	3049	3049			
保亭县	Baoting	114242	84816	5269	1508	22649
陵水县	Lingshui	769732	519616	117361	38678	94077
白沙县	Baisha	57655	42776	2913	1288	10678
昌江县	Changjiang	109026	86384	1199	222	21221

15-4　各市县房地产开发投资实际到位资金(2021年)
Funds for Investment in Real Estate Development by Region (2021)

单位：万元 (10 000 yuan)

地　区	Region	本年实际到位资金合计 Total actual Funds in Place	上年末结余资金 Surplus Funds at Last Year-end	本年实际到位资金小计 Total actual Funds in Place this year	国内贷款 Domestic Loans	利用外资 Foreign Investment	自筹资金 Self-raising Funds	定金及预收款 Deposit and advance Payment	个人按揭贷款 Personal Mortgage Loans	其他资金 Others
全省总计	**Total**	**29602523**	**9862434**	**19740089**	**2419813**	**40000**	**6392242**	**8393898**	**1046891**	**1447245**
海口市	Haikou	8728123	2238213	6489910	620903	40000	2069262	2714203	621137	424405
三亚市	Sanya	7490778	1668532	5822246	783650		1608838	2915841	143960	369957
儋州市	Danzhou	1303896	265636	1038260	89694		362028	335247	76859	174432
五指山市	Wuzhishan	167205	40952	126253	2300		69461	45152	1029	8311
文昌市	Wenchang	1411762	368859	1042903	21478		457042	293994	57751	212638
琼海市	Qionghai	918348	231197	687151	44693		176190	288304	43574	134390
万宁市	Wanning	730244	203322	526922	80484		264603	174713	1157	5965
定安县	Ding'an	217246	41793	175453	9800		64708	80598	12458	7889
屯昌县	Tunchang	84960	24824	60136	3500		22456	22354	9454	2372
澄迈县	Chengmai	1415188	279516	1135672	48419		522063	483814	47921	33455
临高县	Lingao	259702	53980	205722	20777		43576	117970	8446	14953
东方市	Dongfang	271046	17681	253365	36362		52900	148775	5807	9521
乐东县	Ledong	215524	28213	187311	8015		159014	15184	685	4413
琼中县	Qiongzhong	3249	200	3049			619	65		2365
保亭县	Baoting	176924	24523	152401	3422		79401	41739		27839
陵水县	Lingshui	5974122	4317848	1656274	567897		376493	690242	9128	12514
白沙县	Baisha	59535	5955	53580	19590		22998	8501	1015	1476
昌江县	Changjiang	174671	51190	123481	58829		40590	17202	6510	350

15-5 各市县按用途分新开工房屋面积(2021年)
Floor Space Started by Use and Region (2021)

单位：万平方米 (10 000 sqm)

市 县	Region	合计 Total	住宅 Residential Buildings	办公楼 Office Buildings	商业营业用房 Houses for Business Use	其他房屋 Others
全省总计	**Total**	**1341.14**	**812.03**	**121.41**	**216.89**	**190.81**
海 口 市	Haikou	310.65	177.06	32.19	54.87	46.53
三 亚 市	Sanya	217.54	143.76	7.36	21.87	44.55
儋州市	Danzhou	191.42	80.69	48.81	39.90	22.01
五指山市	Wuzhishan	18.62	16.77	0.15	0.19	1.51
文 昌 市	Wenchang	123.21	67.30	3.48	29.55	22.89
琼 海 市	Qionghai	75.06	47.81	0.31	18.12	8.82
万 宁 市	Wanning	62.82	47.64	7.86	2.60	4.71
定 安 县	Ding'an	9.36	6.17			3.19
屯 昌 县	Tunchang	16.80	11.13	2.76	2.20	0.71
澄 迈 县	Chengmai	116.53	87.43		4.19	24.91
临 高 县	Lingao	47.02	28.42	5.64	8.78	4.18
东 方 市	Dongfang	48.60	31.99	7.07	9.09	0.45
乐 东 县	Ledong	43.24	25.30	5.77	8.70	3.46
琼 中 县	Qiongzhong					
保 亭 县	Baoting	9.67	8.33		1.32	0.02
陵 水 县	Lingshui	15.53	15.30		0.23	
白 沙 县	Baisha	23.11	9.46		12.62	1.03
昌 江 县	Changjiang	11.97	7.46		2.66	1.84

15-6 各市县按用途分商品房销售面积和待售面积(2021年)
Floor Space Sold and Floor Space for Sale by Use and Region (2021)

单位：万平方米 (10 000 sqm)

地 区	Region	商品房销售面积 Floor space of Commercialized Buildings Sold	住宅 Residential Buidings	办公楼 Office Buildings	商业营业用房 Houses for Business Use	其他房屋 Others	待售面积（万平方米） Space of Commercial Houses for Sale
全省总计	**Total**	**888.92**	**672.14**	**65.75**	**86.62**	**64.41**	**527.41**
海口市	Haikou	484.60	349.09	39.56	43.59	52.35	84.86
三亚市	Sanya	127.18	78.74	12.42	24.51	11.51	46.50
儋州市	Danzhou	44.69	31.94	9.03	3.51	0.21	45.97
五指山市	Wuzhishan	1.46	1.42		0.04		11.48
文昌市	Wenchang	34.13	29.41	0.06	4.52	0.14	56.62
琼海市	Qionghai	34.81	29.91	1.43	3.46		44.61
万宁市	Wanning	28.41	27.73	0.50	0.18		8.71
定安县	Ding'an	10.07	9.89		0.18		38.71
屯昌县	Tunchang	6.06	5.23	0.03	0.79		8.30
澄迈县	Chengmai	43.55	42.33	0.95	0.26		47.50
临高县	Lingao	9.17	6.49	0.08	2.48	0.13	28.96
东方市	Dongfang	14.58	11.85	0.93	1.80		23.56
乐东县	Ledong	2.39	1.63	0.77			10.48
琼中县	Qiongzhong	0.03	0.03				2.76
保亭县	Baoting	1.13	1.13				32.62
陵水县	Lingshui	39.19	39.19				25.57
白沙县	Baisha	2.59	1.24		1.28	0.08	9.38
昌江县	Changjiang	4.89	4.88		0.01		0.82

15-7 各市县按用途分商品房销售额(2021年)
Total Sale of Commercialized Building Sold by Use and Region (2021)

单位：万元 (10 000 yuan)

市县	Region	商品房销售额 Total Sale of Commercialized Buildings Sold	住宅 Residential Buildings	办公楼 Office Buildings	商业营业用房 Houses for Business Use	其他房屋 Others
全省总计	**Total**	**15592429**	**11795927**	**1144449**	**1890548**	**761505**
海口市	Haikou	7668745	5725009	692387	905815	345534
三亚市	Sanya	3974019	2440497	337423	784578	411521
儋州市	Danzhou	363069	244476	74283	43227	1083
五指山市	Wuzhishan	17074	16276		798	
文昌市	Wenchang	413062	362878	661	48126	1397
琼海市	Qionghai	492042	443075	5612	43355	
万宁市	Wanning	445623	436152	6123	3348	
定安县	Ding'an	103544	101646		1898	
屯昌县	Tunchang	47225	41330	272	5623	
澄迈县	Chengmai	543337	533867	7186	2284	
临高县	Lingao	75320	54397	578	19345	1000
东方市	Dongfang	159713	132112	8652	18949	
乐东县	Ledong	35908	24636	11272		
琼中县	Qiongzhong	221	221			
保亭县	Baoting	19771	19771			
陵水县	Lingshui	1172224	1172224			
白沙县	Baisha	20633	6547		13116	970
昌江县	Changjiang	40899	40813		86	

15-8 主要年份房地产开发经济效益
Economic Benefits of Real Estate Development in Major Year

单位：万元 (10 000 yuan)

指 标	Item	2010	2015	2018	2019	2020	2021
年末资产负债情况	**Assets and Liabilities at Year-end**						
资产总计	Total Assets	20174758	76240766.9	122842309	125326851	132581362	140047148
固定资产累计折旧	Accumulated Depreciation of Fixed Assets	105995	581827.2	1005644	818219	899625	954559
#本年折旧	Depreciation This Year	23210	153809.1	209609	192243	183735	191904
负债总计	Total Liabilities	16269851	61847219	100544689	102551673	107619864	114517134
所有者权益	Owners'Equity	3904907	14395695.9	22278817	22775178	24961498	25530014
损益情况	**Profit and Loss**						
营业收入	Business Revenue	4037038	6153053.8	16640729	13863285	11873233	14411529
土地转让收入	Land Transferred	40062	50817.8	21721	284039	42529	8934
商品房销售收入	Commercialized Buildings Sold	3957353	5670048	14832685	12150082	10159017	13274751
房屋出租收入	Houses Leased	5985	35456.8	94753	58012	35608	40781
营业成本	Business Costs	2467990	4320661	10336715	8454507	7798311	8390489
销售费用	Sales Expenses	181322	592400.1	1575275	1386137	1080141	1303327
税金及附加	Taxes and surcharges	346886	678747	2123589	2201459	1940652	2169027
管理费用	Management Expenses			860381	820727	795800	840113
财务费用	Financial Costs			482303	367805	466560	422600
投资收益	Investment income			152067	243030	31520	338164
营业外收入	Nonbusiness income			59305	38977	49299	160766
利润总额	Total Profits	767235	-179708	1804984	1134543	599975	1390698

15-9 按隶属及登记注册类型分的房地产开发经济效益(2021年)
Economic Returns of Real Estate Development by Jurisdiction of Management and Status of Registration (2021)

单位：万元 (10 000 yuan)

指标	Item	合计 Total	按隶属关系分 by Jurisdiction of Management: 中央 Central Government	地方 Local	按登记注册类型分 by Status of Registration: 内资 Domestic	港澳台商投资 Funds from Hong Kong, Macao and Taiwan	外商投资 Foreign Funded
年末资产负债情况	**Assets and Liabilities at Year-end**						
资产总计	Total Assets	140047148	6636638	34974867	127234801	11160783	1651565
固定资产累计折旧	Accumulated Depreciation of Fixed Assets	954559	134905	66259	762161	89852	102545
#本年折旧	Depreciation This Year	191904	28200	13091	154795	12982	24128
负债总计	Total Liabilities	114517134	5581625	25145362	104676396	8587521	1253217
所有者权益	Owners'Equity	25530014	1055013	9829505	22558404	2573262	398347
损益情况	**Profit and Loss**						
营业收入	Business Revenue	14411529	1216611	1084659	12910975	1459719	40835
土地转让收入	Land Transferred	8934			8500	433	
商品房销售收入	Commercialized Buildings Sold	13274751	945063	1025106	11867433	1390435	16883
房屋出租收入	Houses Leased	40781	1545	16492	39213	893	675
营业成本	Business Costs	8390489	782966	763939	7731693	649206	9591
销售费用	Sales Expenses	1303327	54464	117987	1144111	148868	10348
税金及附加	Taxes and surcharges	2169027	137957	124989	1881640	281130	6257
管理费用	Management Expenses	840113	65365	100305	751241	70288	18584
财务费用	Financial Costs	422600	61717	31096	396124	23838	2638
投资收益	Investment income	338164	5858	14751	287237	50969	-42
营业外收入	Nonbusiness income	160766	802	5847	157041	3532	193
利润总额	Total Profits	1390698	167889	1586	1074196	333648	-17147

主要统计指标解释

待开发土地面积 指房地产开发企业经有关部门批准，通过各种方式获得土地使用权，但尚未开工建设的土地面积。

本年土地购置面积 指房地产开发企业本年通过各种方式获得土地使用权的土地面积。

计划总投资 指房地产开发企业在建的建设工程按照总体设计（或按设计概算或预算）规定的内容全部建成计划需要的总投资。

房地产开发投资 指房地产开发企业本年完成的全部用于房屋建设工程、土地开发工程的投资额以及公益性建筑和土地购置费等的投资。

本年实际到位资金小计 指房地产开发企业本年实际到位，可用于房地产开发的各种货币资金来源渠道。具体细分为国内贷款、利用外资、自筹资金和其他资金。

房屋施工面积 指房地产开发企业本年施工的全部房屋建筑面积。包括本年新开工的房屋建筑面积、上年跨入本年继续施工的房屋建筑面积、上年停缓建在本年恢复施工的房屋建筑面积、本年竣工的房屋建筑面积以及本年施工后又停缓建的房屋建筑面积。多层建筑应填各层建筑面积之和。

房屋新开工面积 指房地产开发企业本年新开工建设的房屋建筑面积，以单位工程为核算对象。不包括在上年开工跨入本年继续施工的房屋建筑面积和上年停缓建而在本年恢复施工的房屋建筑面积。房屋的开工应以房屋正式开始破土刨槽（地基处理或打永久桩）的日期为准。房屋新开工面积指整栋房屋的全部建筑面积，不能分割计算。

房屋竣工面积 指房地产开发企业本年按照设计要求已全部完工，达到住人和使用条件，经验收鉴定合格或达到竣工验收标准，可正式移交使用的各栋房屋建筑面积的总和。

商品房销售面积 指房地产开发企业本年出售商品房屋的合同总面积（即双方签署的正式买卖合同中所确定的建筑面积）。

商品房销售额 指房地产开发企业本年出售商品房屋的合同总价款（即双方签署的正式买卖合同中所确定的合同总价）。该指标与商品房销售面积同口径。

Explanatory Notes on Main Statistical Indicators

Land Space Pending Development refers to the area of land with its use rights already approved by authorities and obtained by real estate development companies but the land development not yet starts.

Land Space Purchased This Year refers to the area of land with its use rights already obtained in the year by real estate development companies.

Total Investment Planned refers to the total amount required for the completion of the activities according to the planned design or budget for the project under construction by real estate development companies.

Investment in Real Estate Development refers to the investment made by real estate development companies in the construction of housing.development of land,nonprofit buildings and value of land purchased.

Total Funds This Year refers to the total amount available for real estate development regardless of kinds of currencies or sources of the funds which are further classified as domestic loans,foreign investment,self-raising funds and others.

Floor Space of Buildings under Construction refers to the total space area of the buildings under construction in the year by real estate development companies.It includes buildings started in the year.continued from the previous year,suspended in earlier years but restarted in the year,completed in the year,and started in the year but suspended in the year as well.The floor space of a multi-storied building should be the sum of floor space of all the stories.

Floor Space of Buildings Started This Year refers to the total floor space area of the buildings started in the year by real estate development companies. It excludes the buildings started in previous years and continued in the year,and the buildings suspended in previous years but restarted in the year.the start of a construction is defined by the date of ground breaking or pile driving.The floor space of the building includes that of the entire building.

Floor Space of Buildings Completed refers to the total floor space area of the buildings completed in the year by real estate development companies,which meet the requirements as designed,reach the criteria set for people to live in or use,have passed the acceptance checks,and are ready for delivery or use.

Floor Space of Commercialized Housing Sold refers to total contracted area of commercialized housing(i.e.area of floor space as designated in the formal contracts signed by both sides)sold by real estate development companies during the reference time.It constitutes floor space of completed housing and floor space of future housing.

Value of Commercialized Housing Sold refers to the total contracted value (i.e.value of sales/purchase for selling/purchase of commercialized housing as designated in the contract signed by both sides) received from the sales of the buildings by real estate development companies during the reference time.This indicator has the same coverage as the area of commercialized housing sold. which constitutes floor space of completed housing and floor space of housing yet to be completed.

16

批发零售和住宿餐饮业

Wholesale and Retail Trades, Hotels and Catering Services

编辑人员：胡园园

Compiled by Hu Yuanyuan

英文翻译：夏姗姗

Translated by Xia Shanshan

简 要 说 明

一、批发零售业的主要内容、统计范围、资料来源

1. 主要内容：限额以上批发和零售业的基本情况、商品流转情况、财务状况；亿元商品交易市场成交情况；社会消费品零售总额等。

2. 统计范围：限额以上批发和零售业统计单位是指：批发业，年主营业务收入 2000 万元及以上；零售业，年主营业务收入 500 万元及以上。

3. 资料来源：根据《批发和零售业统计报表制度》进行搜集和加工整理而得。

二、住宿餐饮业的主要内容、统计范围、资料来源

1. 主要内容：限额以上住宿和餐饮业基本情况、经营情况、财务状况。

2. 统计范围：限额以上住宿和餐饮业统计单位为：年主营业务收入 200 万元及以上。

3. 资料来源：本篇资料中住宿和餐饮业统计数据是根据《住宿和餐饮业统计报表制度》进行搜集和加工整理。

Brief Introduction

I. Main Contents, Scope of Statistics, Sources of Data on Wholesale and Retail Trades

(1) Main Contents: The basic conditions of the wholesale and retail trades above designated size; circulation of commodities; financial status; turnover of large commodity transaction markets with transaction over 100 million Yuan; development of chain stores of retail trades.

(2)Scope of Statistics: The criteria for wholesale and retail trades above designated size are as follows: wholesale trade with annual principal business sales at and over 20 million yuan; retail trade, with annual principal business sales at and over 5 million yuan.

(3)Sources of Data: Data in this chapter are collected and processed in accordance with *The Statistical Reporting Form System on Wholesale and Retail Trades.*

II. Main Contents, Scope of Statistics, Sources of Data on Hotel and Catering Services

(1) Main Contents: The basic conditions, operating and financial status of hotel and catering services above the designated size.

(2)Scope of Statistics: The statistical unit of the enterprises of hotel and catering services above the designated size is the annual income of main business at and over 2 million yuan.

(3)Sources of Data: Data in this chapter are collected and processed in accordance with the *Statistical Reporting Form System on Program on Hotels and Catering Services*.

16-1　历年社会消费品零售总额
Total Retail Sales of Consumer Goods

单位:万元　　　　(10 000 yuan)

年份 year	社会消费品零售总额 Total Retail Sales of Consumer Goods	按城乡分 By Urban and Rural	
		城镇 Urban	农村 Rural
1952	14292	6227	8065
1957	24370	10412	13958
1962	36792	15867	20925
1965	40692	17981	22711
1970	47710	21711	25999
1975	69206	32280	36926
1978	88319	40473	47846
1980	99323	44703	54620
1983	146678	82174	64504
1984	181578	101767	79811
1985	215775	129660	86115
1986	231599	136931	94668
1987	257922	151751	106171
1988	343223	224456	118767
1989	376428	261334	115094
1990	371865	253578	118287
1991	419728	294820	124908
1992	550179	394343	155836
1993	729123	569348	159774
1994	952447	712010	240437
1995	1100941	844911	256030
1996	1228709	934797	293913
1997	1351952	1032693	319259
1998	1470564	1109069	361496
1999	1606196	1205121	401075
2000	1761859	1311027	450831
2001	1920013	1434415	485598
2002	2099052	1563834	535217
2003	1973255	1490406	482849
2004	2454744	1923293	531451
2005	2815777	2211888	603889
2006	3267720	2581743	685977
2007	3877842	3075525	802317
2008	4856803	3861158	995645
2009	5730003	4556217	1173786
2010	6988069	6220992	767078
2011	8669193	7831871	837322
2012	10036852	8844566	1192286
2013	11548655	10105508	1443147
2014	12987382	11306586	1680797
2015	14094497	11731028	2363469
2016	15472586	13083400	2389185
2017	17294429	14563534	2730894
2018	18526817	15377501	3149316
2019	19511086	16399574	3111512
2020	19746332	16159352	3586980
2021	24976212	20877335	4098877

注：依据2018年经济普查结果对1992年以后数据进行了修正。

Note:Data has been adjusted since 1992 on the basis of economic census in 2018.

16-2 各市县社会消费品零售总额(2021年)
Total Retail Sales of Consumer Goods by Region (2021)

单位：万元 (10 000 yuan)

地 区	Region	社会消费品零售总额 Total Retail Sales of Consumer Goods
全省总计	**Total**	**24976212**
海 口 市	Haikou	10569827
三 亚 市	Sanya	5451936
儋 州 市	Danzhou	1314376
五指山市	Wuzhishan	128378
文 昌 市	Wenchang	1001198
琼 海 市	Qionghai	1286890
万 宁 市	Wanning	994214
定 安 县	Dingan	328498
屯 昌 县	Tunchang	313757
澄 迈 县	Chengmai	843950
临 高 县	Lingao	456583
东 方 市	Dongfang	492019
乐 东 县	Ledong	522478
琼 中 县	Qiongzhong	199178
保 亭 县	Baoting	182047
陵 水 县	Lingshui	396086
白 沙 县	Baisha	192365
昌 江 县	Changjiang	302432

16-3 限额以上批发和零售业企业主要指标

Main Indicators of Enterprises above Designated Size of Wholesale and Retail Trade

单位：万元、个、人 (10 000 yuan、unit、person)

指　标	Item	2010	2015	2017	2018	2019	2020	2021
批发和零售业	**Wholesale and Retail Trades**							
年末从业人数	Employed Persons at Year-end	39117	41901	43760	45426	54875	31627	72393
商品购进额	Total Purchases Value	12019894	24018963	21038118	16692204	27446484	49373424	123537903
#进口额	Imports	583304	1035231	629970	494253	3167369	4684369	10710217
商品销售额	Total Sale Value	14066137	26090807	23533992	19368994	30887861	52335155	127743123
#出口额	Exports	392317	565334	204491	76293	235850	370481	1133847
期末商品库存额	Total Stock at Year-end	698658	993711	1206683	1301812	2170721	3248237	5368002
批发业	**Wholesale Trade**							
年末从业人数	Employed Persons at Year-end	15841	14930	16461	19398	23421	12298	31968
商品购进额	Total Purchases Value	9032957	19855321	15936613	11464348	20627149	40274120	109961835
#进口额	Imports	509594	621380	341661	241406	1966770	2479881	7274373
商品销售额	Total Sale Value	10704542	21283883	17658513	12958286	22949663	42291443	113132426
#出口额	Exports	392317	565334	204491	76293	235850	370481	1133847
期末商品库存额	Total Stock at Year-end	423076	508742	560223	728745	1210281	1624969	3241388
零售业	**Retail Trade**							
年末从业人数	Employed Persons at Year-end	23276	26971	27299	26028	31454	19329	40425
商品购进额	Total Purchases Value	2986937	4163642	5101505	5227856	6819335	9099304	13576068
#进口额	Imports	73710	413852	288310	252847	1200599	2204487	3435844
商品销售额	Total Sale Value	3361595	4806925	5875479	6410708	7938197	10043712	14610697
期末商品库存额	Total Stock at Year-end	275582	484969	646460	573067	960440	1623268	2126614
年末零售营业面积(平方米)	Business Area of Retail at Year-end (sq.m)	1876620	1164203	1365734	1430744	1744007	1787128	2066070

16-4 限额以上批发业和零售业企业主要财务指标(2021年)
Main Financial Indicators of Wholesale and Retail Enterprises above Designated Size(2021)

单位：万元 (10000 yuan)

项　目	Item	企业数(个) Number of Enterprises (unit)	资产总计 Total Assets	流动资产合计 Total Current Assets	负债合计 Total Liabilities
批发业合计	**Wholesale Trade**	**889**	**29258222**	**24828923**	**20932153**
按登记注册类型分组	By Status of Registration				
内资企业	Domestic Funded	861	26402448	22477978	19075773
国有企业	State-owned Enterprises	35	3045315	2534525	1476449
联营企业	Joint Ownership Enterprises	1	122476	112034	105511
有限责任公司	Limited Liability Corporations	522	16689298	14612655	12293750
股份有限公司	Share-holding Corporations Limited	12	1275094	716103	833290
私营企业	Private Enterprises	288	5236936	4469331	4334111
其他企业	Other Enterprises	3	33330	33330	32662
港、澳、台商投资企业	Enterprises with Funds from Hongkong,Macao and Taiwan	21	2625274	2136977	1815417
外商投资企业	Enterprises with Foreign Investment	7	230500	213968	40963
按国民经济行业分	By Sector				
农、林、牧、渔产品批发	Wholesale of Agricultural, Forestry, Livestock and Fishery Products	34	629357	610354	555895
食品、饮料及烟草制品批发	Wholesale of Food, Beverages and Tobaccos	92	2099073	1860365	1012283
纺织、服装及家庭用品批发	Wholesale of Textiles, Wearing Apparel and Household Articles	35	2169459	1132454	939526
文化、体育用品及器材批发	Wholesale of Culture, Sports Appliances and Equipments	16	806257	683021	530670
医药及医疗器材批发	Wholesale of Medicines and Medical Appliances	141	3301938	2587501	2432667
矿产品、建材及化工产品批发	Wholesale of Mineral Products, Building Materials and Chemical Products	464	16946891	14744739	12715464
机械设备、五金产品及电子产品批发	Wholesale of Machinery, Hardware and Electronic Products	89	1815776	1757284	1619077
其他批发业	Other Wholesale not Classified Elsewhere	18	1489471	1453206	1126571
零售业合计	**Retail Trade**	**479**	**6901067**	**5173019**	**4436902**
按登记注册类型分组	By Status of Registration				
内资企业	Domestic Funded	465	6704633	5023768	4311303
国有企业	State-owned Enterprises	12	1008340	779386	738208
集体企业	Collective-owned Enterprises	1	1317	1015	427
股份合作企业	Cooperative Enterprises	1	913	881	8
联营企业	Joint Ownership Enterprises	1	180	137	15
有限责任公司	Limited Liability Corporations	272	4642860	3582181	2835055
股份有限公司	Share-holding Corporations Limited	9	409348	98460	217542
私营企业	Private Enterprises	169	641674	561708	520047
港、澳、台商投资企业	Enterprises with Funds from Hongkong,Macao and Taiwan	10	110748	89192	67725
外商投资企业	Enterprises with Foreign Investment	4	85687	60059	57874
按国民经济行业分	By Sector				
综合零售	General Retail	107	3922872	2980734	2307369
食品、饮料及烟草制品专门零售	Special Retail of Food, Beverages and Tobaccos	26	122610	107069	125758
纺织、服装及日用品专门零售	Special Retail of Textiles, Garments and Daily Consumer Articles	31	134426	126945	126428
文化、体育用品及器材专门零售	Special Retail of Culture, Sports Appliances and Equipments	26	166891	113492	136173
医药及医疗器材专门零售	Special Retail of Medicines and Medical Appliances	15	82309	46848	54325
汽车、摩托车、零配件和燃料及	Retail of Motor Vehicles, Motorcycles, Parts, and Fuel and Other Powers	190	1758673	1126661	1090608
家用电器及电子产品专门零售	Electronic Products	48	157213	126772	130798
五金、家具及室内装饰材料专门	Special Retail of Hardware, Furniture and Interior	15	22069	13733	20025
货摊、无店铺及其他零售业	Stalls, Non-shop and Other Retails	21	534005	530766	445419

16-4 续1(continued 1)

单位：万元 (10000 yuan)

项 目	Item	所有者权益合计 Total Owners' Equities	销售费用 Business Expenses	管理费用 Management Expenses	财务费用 Financial Expenses
批发业合计	**Wholesale**	**8281080**	**1117418**	**617900**	**83883**
按登记注册类型分组	By Status of Registration				
内资企业	Domestic Funded	7281686	1055845	557070	83408
国有企业	State-owned Enterprises	1568866	32437	112728	-19688
联营企业	Joint Ownership Enterprises	16965	2196	1522	2295
有限责任公司	Limited Liability Corporations	4355170	623534	305817	72327
股份有限公司	Share-holding Corporations Limited	441804	8572	10974	17192
私营企业	Private Enterprises	898213	389097	126004	11279
其他企业	Other Enterprises	668	9	25	3
港、澳、台商投资企业	Enterprises with Funds from Hongkong,Macao and Taiwan	809857	50980	55041	-1098
外商投资企业	Enterprises with Foreign Investment	189538	10594	5789	1573
按国民经济行业分	By Sector				
农、林、牧、渔产品批发	Wholesale of Agricultural, Forestry, Livestock and Fishery Products	72539	1947	8656	1042
食品、饮料及烟草制品批发	Wholesale of Food, Beverages and Tobaccos	1084965	89295	103705	-21323
纺织、服装及家庭用品批发	Wholesale of Textiles, Wearing Apparel and Household Articles	1227341	86555	75188	2607
文化、体育用品及器材批发	Wholesale of Culture, Sports Appliances and Equipments	275587	27700	21087	12053
医药及医疗器材批发	Wholesale of Medicines and Medical Appliances	850200	599235	125616	33601
矿产品、建材及化工产品批发	Wholesale of Mineral Products, Building Materials and Chemical Products	4222178	253427	238700	65556
机械设备、五金产品及电子产品批发	Wholesale of Machinery, Hardware and Electronic Products	185370	39216	36808	-4124
其他批发业	Other Wholesale not Classified Elsewhere	362900	20044	8140	-5527
零售业合计	**Retail**	**2402411**	**792306**	**341050**	**67292**
按登记注册类型分组	By Status of Registration				
内资企业	Domestic Funded	2331576	758278	327292	66499
国有企业	State-owned Enterprises	269739	95087	17829	10450
集体企业	Collective-owned Enterprises	890	9	391	10
股份合作企业	Cooperative Enterprises	905	248	343	1
联营企业	Joint Ownership Enterprises	166	89	1	0
有限责任公司	Limited Liability Corporations	1752105	529773	250927	45690
股份有限公司	Share-holding Corporations Limited	191806	54093	18376	2717
私营企业	Private Enterprises	115967	78979	39425	7632
港、澳、台商投资企业	Enterprises with Funds from Hongkong,Macao and Taiwan	43023	22796	8004	552
外商投资企业	Enterprises with Foreign Investment	27813	11232	5754	241
按国民经济行业分	By Sector				
综合零售	General Retail	1561137	406152	137310	38753
食品、饮料及烟草制品专门零售	Special Retail of Food, Beverages and Tobaccos	-2657	12881	12399	1581
纺织、服装及日用品专门零售	Special Retail of Textiles, Garments and Daily Consumer Articles	6211	16673	8828	1392
文化、体育用品及器材专门零售	Special Retail of Culture, Sports Appliances and Equipments	30656	13331	6184	2575
医药及医疗器材专门零售	Special Retail of Medicines and Medical Appliances	27984	22134	6535	1453
汽车、摩托车、零配件和燃料及	Retail of Motor Vehicles, Motorcycles, Parts, and Fuel and Other Powers	662036	207801	97503	19608
家用电器及电子产品专门零售	Electronic Products	26415	17399	8894	911
五金、家具及室内装饰材料专门	Special Retail of Hardware, Furniture and Interior	2044	3696	1180	447
货摊、无店铺及其他零售业	Stalls, Non-shop and Other Retails	88587	92239	62216	573

16-4 续2(continued 2)

单位：万元 (10000 yuan)

项 目	Item	营业收入 Business Revenue	营业成本 Business Cost	税金及附加 Taxes and Other Charges	利润总额 Total Profits
批发业合计	**Wholesale**	**101032931**	**97005428**	**353219**	**2540585**
按登记注册类型分组	By Status of Registration				
内资企业	Domestic Funded	88554998	84789531	321787	2273308
国有企业	State-owned Enterprises	19889084	19168065	230491	418434
联营企业	Joint Ownership Enterprises	101888	92970	215	3346
有限责任公司	Limited Liability Corporations	56910341	54957872	72111	1397933
股份有限公司	Share-holding Corporations Limited	542330	516634	730	-91740
私营企业	Private Enterprises	10993853	9937180	18204	544716
其他企业	Other Enterprises	117503	116810	36	618
港、澳、台商投资企业	Enterprises with Funds from Hongkong,Macao and Taiwan	11890454	11690950	30130	222517
外商投资企业	Enterprises with Foreign Investment	587479	524948	1301	44761
按国民经济行业分	By Sector				
农、林、牧、渔产品批发	Wholesale of Agricultural, Forestry, Livestock and Fishery Products	1326643	1308735	827	6094
食品、饮料及烟草制品批发	Wholesale of Food, Beverages and Tobaccos	4571312	3898396	222867	299198
纺织、服装及家庭用品批发	Wholesale of Textiles, Wearing Apparel and Household Articles	2326744	2179046	2493	368866
文化、体育用品及器材批发	Wholesale of Culture, Sports Appliances and Equipments	2919628	2758134	3974	116594
医药及医疗器材批发	Wholesale of Medicines and Medical Appliances	3270355	2399379	13543	25179
矿产品、建材及化工产品批发	Wholesale of Mineral Products, Building Materials and Chemical Products	78614447	76684398	79016	1453127
机械设备、五金产品及电子产品批发	Wholesale of Machinery, Hardware and Electronic Products	2361697	2246734	2563	45784
其他批发业	Other Wholesale not Classified Elsewhere	5642106	5530607	27937	225743
零售业合计	**Retail**	**13588194**	**11461843**	**203678**	**751281**
按登记注册类型分组	By Status of Registration				
内资企业	Domestic Funded	13157856	11095378	201799	736469
国有企业	State-owned Enterprises	1603049	1359614	40530	84248
集体企业	Collective-owned Enterprises	3622	2938	8	266
股份合作企业	Cooperative Enterprises	3447	2594	12	250
联营企业	Joint Ownership Enterprises	712	624	1	-3
有限责任公司	Limited Liability Corporations	8777240	7217236	156199	600558
股份有限公司	Share-holding Corporations Limited	1681495	1573326	2076	31283
私营企业	Private Enterprises	1088291	939046	2974	19867
港、澳、台商投资企业	Enterprises with Funds from Hongkong,Macao and Taiwan	328267	282821	1727	13063
外商投资企业	Enterprises with Foreign Investment	102071	83643	153	1749
按国民经济行业分	By Sector				
综合零售	General Retail	6289723	4970629	188598	567016
食品、饮料及烟草制品专门零售	Special Retail of Food, Beverages and Tobaccos	137494	105295	413	5597
纺织、服装及日用品专门零售	Special Retail of Textiles, Garments and Daily Consumer Articles	88138	65011	366	-3099
文化、体育用品及器材专门零售	Special Retail of Culture, Sports Appliances and Equipments	88919	67353	650	-136
医药及医疗器材专门零售	Special Retail of Medicines and Medical Appliances	89719	56072	481	3304
汽车、摩托车、零配件和燃料及	Retail of Motor Vehicles, Motorcycles, Parts, and Fuel and Other Powers	5147049	4656630	9797	162256
家用电器及电子产品专门零售	Electronic Products	186073	162443	676	-3798
五金、家具及室内装饰材料专门	Special Retail of Hardware, Furniture and Interior	29469	24987	43	-1002
货摊、无店铺及其他零售业	Stalls, Non-shop and Other Retails	1531610	1353423	2655	21142

16-5 亿元以上商品交易市场基本情况(2021年)
Main Indicators of Commodity Exchange Markets with Transaction Value over 100 Million Yuan (2021)

市场	Market Category	市场数量(个) Number of Markets (unit)	摊位数(个) Number of Booths (unit)	营业面积(平方米) Operating Area (sq.m)	成交额(亿元) Turnover (100 million yuan)
总计	**Total**	6	5553	951531	1411854
综合市场	**General Markets**	2	2381	137760	372764
综合贸易市场	Comprehensive Markets	2	2381	137760	372764
农产品综合市场	Farm Product Comprehensive Markets	1	1696	130000	325798
其他综合市场	Other Comprehensive Markets	1	685	7760	46966
专业市场	**Specialized Markets**	4	3172	813771	1039090
生产资料市场	Markets for Means of Production	2	1282	596473	736767
建材市场	Building Material Markets	1	1100	410000	136767
金属材料市场	Metal Material Markets	1	182	186473	600000
农产品市场	Farm Product Markets	1	380	50000	208676
干鲜果品市场	Dried and Fresh Melons and Fruits Markets	1	380	50000	208676
家具、五金及装饰材料市场	Furniture, Hardware and Decoration Materials	1	1510	167298	93647
装饰材料市场	Decoration Materials	1	1510	167298	93647
二、按营业状态分组	By Business Status				
常年营业	**Open All Year Round**	6	5553	951531	1411854
三、按经营方式分组	By Mode Of Operation				
1. 以批发为主	**Wholesale**	3	2258	366473	1134474
2. 以零售为主	Retail	3	3295	585058	277380
四、按经营环境分组	By Venue				
1. 露天式	**Outdoor**	2	562	236473	808676
2. 封闭式	Indoor	3	3891	305058	466411
3. 其他	Others	1	1100	410000	136767

16-6 限额以上住宿业和餐饮业企业主要指标

Main Indicators of Enterprises above Designated Size of Hotels and Catering Services

单位：万元、个、人 (10 000 yuan、unit、person)

指标	Item	2010	2015	2017	2018	2019	2020	2021
住宿和餐饮业	**Hotels and Catering Services**							
年末从业人数	Employed Persons at Year-end	65532	58596	56410	58074	60993	27259	51543
营业额	Business Revenue	886351	1076118	1215044	1346023	1445257	1215996	1357166
#餐费收入	From Meals	338764	356246	411287	466441	497897	406855	453738
住宿业	**Hotels**							
年末从业人数	Employed Persons at Year-end	56088	54146	51047	52166	54002	23005	42945
营业额	Business Revenue	766626	1014627	1121536	1221858	1304042	1064614	1164099
#客房收入	Form Hotel Rooms	476529	628959	711833	769749	805696	685507	757581
餐费收入	From Meals	229240	303001	328210	349208	365711	267736	277748
客房数	Number of Hotel Rooms	64516	64091	76236	71769	87884	144998	188903
床位数	Number of Beds	118640	104200	121736	120589	147510	242510	188115
餐饮业	**Catering Services**							
年末从业人数	Employed Persons at Year-end	9444	4450	5363	5908	6991	4254	8598
营业额	Business Revenue	119725	61491	93508	124165	141215	151383	193067
#餐费收入	From Meals	109524	53244	83078	117233	132186	139119	175990

16-7 限额以上住宿业和餐饮业企业主要财务指标(2021年)
Main Financial Indicators of Hotels and Catering Services above Designated Size(2021)

单位：万元 （10000 yuan）

项　目	Item	企业数(个) Number of Enterprises (unit)	资产总计 Total Assets	流动资产合计 Total Current Assets	负债合计 Total Liabilities
住宿业合计	**Hotels**	**347**	**7846173**	**2735642**	**6678728**
按登记注册类型分组	By Status of Registration				
内资企业	Domestic Funded	329	5956037	2218924	5124442
国有企业	State-owned Enterprises	14	21757	6194	42731
联营企业	Joint Ownership Enterprises	1	34339	1052	516
有限责任公司	Limited Liability Corporations	198	4132229	1384303	3332547
股份有限公司	Share-holding Corporations Limited	9	1197429	589016	951184
私营企业	Private Enterprises	107	570283	238361	797464
其他企业	Other Enterprises				
港、澳、台商投资企业	Enterprises with Funds from Hongkong,Macao and Taiwan	16	1866362	510036	1500556
外商投资企业	Enterprises with Foreign Investment	2	23773	6681	53730
按国民经济行业分	By Sector				
旅游饭店	Tourist Hotel	276	7556397	2649649	6344389
一般旅馆	Fonda	53	194731	51010	226661
民宿服务	Home Lodging Services	1	289	283	283
其他住宿业	Others	17	94756	34700	107395
餐饮业合计	**Catering Services**	**114**	**185175**	**112620**	**150484**
按登记注册类型分组	By Status of Registration				
内资企业	Domestic Funded	110	162522	96373	138245
有限责任公司	Limited Liability Corporations	57	71287	44027	57111
股份有限公司	Share-holding Corporations Limited	1	161	161	140
私营企业	Private Enterprises	51	90020	51870	80333
港、澳、台商投资企业	Enterprises with Funds from Hongkong,Macao and Taiwan	4	22653	16248	12239
按国民经济行业分	By Sector				
正餐服务	Restaurant	92	132265	85708	123422
快餐服务	Fast Food	5	34401	14193	14538
饮料及冷饮服务	Beverages and Cold Drinks	13	15281	9648	10211
其他餐饮业	Others	4	3228	3071	2312

16-7 续1(continued 1)

单位：万元 (10000 yuan)

项　目	Item	所有者权益合计 Total Owners' Equities	销售费用 Business Expenses	管理费用 Management Expenses	财务费用 Financial Expenses
住宿业合计	**Hotels**	**1177238**	**305497**	**439783**	**133425**
按登记注册类型分组	By Status of Registration				
内资企业	Domestic Funded	841389	256271	352779	87084
国有企业	State-owned Enterprises	-21627	5901	3316	411
联营企业	Joint Ownership Enterprises	33823	313	204	1
有限责任公司	Limited Liability Corporations	810732	162305	242850	38743
股份有限公司	Share-holding Corporations Limited	246245	16238	38095	34965
私营企业	Private Enterprises	-227785	71515	68315	12964
其他企业	Other Enterprises				
港、澳、台商投资企业	Enterprises with Funds from Hongkong,Macao and Taiwan	365807	44116	81466	48293
外商投资企业	Enterprises with Foreign Investment	-29957	5111	5539	-1952
按国民经济行业分	By Sector				
旅游饭店	Tourist Hotel	1222427	282024	417541	130184
一般旅馆	Fonda	-31931	17346	18189	1067
民宿服务	Home Lodging Services	6		62	0
其他住宿业	Others	-13264	6127	3991	2174
餐饮业合计	**Catering Services**	**35316**	**75012**	**26211**	**2426**
按登记注册类型分组	By Status of Registration				
内资企业	Domestic Funded	24903	69505	22083	2434
有限责任公司	Limited Liability Corporations	14082	30806	11614	522
股份有限公司	Share-holding Corporations Limited	21		81	0
私营企业	Private Enterprises	10800	37936	10299	1908
港、澳、台商投资企业	Enterprises with Funds from Hongkong,Macao and Taiwan	10414	5507	4128	-8
按国民经济行业分	By Sector				
正餐服务	Restaurant	9468	46520	19258	2041
快餐服务	Fast Food	19863	21322	5190	69
饮料及冷饮服务	Beverages and Cold Drinks	5070	5221	1180	306
其他餐饮业	Others	916	1948	584	11

16-7 续2(continued 2)

单位：万元 (10000 yuan)

项　　目	Item	营业收入 Business Revenue	营业成本 Business Cost	税金及附加 Taxes and Other Charges	利润总额 Total Profits
住宿业合计	**Hotels**	**1205144**	**426411**	**55705**	**-223175**
按登记注册类型分组	By Status of Registration				
内资企业	Domestic Funded	981343	346252	43651	-188610
国有企业	State-owned Enterprises	10846	4007	226	-3072
联营企业	Joint Ownership Enterprises	2042	2427	141	-1049
有限责任公司	Limited Liability Corporations	591356	201728	17023	-150993
股份有限公司	Share-holding Corporations Limited	221720	93395	23041	16637
私营企业	Private Enterprises	155378	44696	3220	-50133
其他企业	Other Enterprises				
港、澳、台商投资企业	Enterprises with Funds from Hongkong,Macao and Taiwan	206835	74013	11651	-36322
外商投资企业	Enterprises with Foreign Investment	16966	6146	404	1757
按国民经济行业分	By Sector				
旅游饭店	Tourist Hotel	1133054	396915	54869	-216131
一般旅馆	Fonda	55511	23189	576	-4759
民宿服务	Home Lodging Services	277	215		0
其他住宿业	Others	16302	6092	260	-2284
餐饮业合计	**Catering Services**	**187414**	**84799**	**584**	**2228**
按登记注册类型分组	By Status of Registration				
内资企业	Domestic Funded	174868	81193	525	2937
有限责任公司	Limited Liability Corporations	79462	38966	328	1748
股份有限公司	Share-holding Corporations Limited	409	301		22
私营企业	Private Enterprises	93294	41029	193	1239
港、澳、台商投资企业	Enterprises with Funds from Hongkong,Macao and Taiwan	12546	3606	59	-710
按国民经济行业分	By Sector				
正餐服务	Restaurant	121683	58503	544	-4342
快餐服务	Fast Food	46086	17207	2	2045
饮料及冷饮服务	Beverages and Cold Drinks	11991	4209	13	4333
其他餐饮业	Others	7653	4880	25	191

主要统计指标解释

社会消费品零售总额 指批发和零售业、住宿和餐饮业以及其他行业直接售给城乡居民和社会集团的消费品零售额。其中，对居民的消费品零售额，是指售予城乡居民用于生活消费的商品金额；对社会集团的消费品零售额，是指售给机关、社会团体、部队、学校、企事业单位、居委会或村委会等，公款购买的用作非生产、非经营使用与公共消费的商品金额。社会消费品零售总额包括：售给城乡居民作为生活消费用的商品和修建房屋用的建筑材料的金额，以及售给来华的外国人、华侨、港澳台同胞的消费品金额；售给社会集团用作非生产、非经营使用与公共消费的商品金额。不包括：城市居民间或居民委托信托商店卖出的商品；售给农业、工业、建筑业等行业用于生产的商品。

商品购进额 指从本企业以外的单位和个人购进（包括从国外直接进口）作为转卖或加工后转卖的商品金额（含增值税）。本指标反映批发和零售业从国内外市场上购进商品的总价。商品购进包括：（1）从工农业生产者、批发和零售业企业、住宿和餐饮业企业、出版社或报社的出版发行部门和其他服务业企业购进的商品；（2）从机关团体、事业单位购进的商品；（3）从海关、市场管理部门购进的缉私和没收的商品；（4）从居民收购的废旧商品等。不包括：（1）企业为本单位自身经营用，不是作为转卖而购进的商品，如材料物资、包装物、低值易耗品、办公用品等；（2）未通过买卖行为而收入的商品，如接受其他部门移交的商品、借入的商品、收入代其他单位保管的商品、其他单位赠送的样品、加工回收的成品等；（3）经本单位介绍，由买卖双方直接结算，本单位只收取手续费的业务；（4）销售退回和买方拒付货款的商品；（5）商品溢余。

商品销售额 指对本单位以外的单位和个人出售的商品金额（包括售给本单位消费用的商品，含增值税），本指标反映批发和零售业在国内市场上销售商品以及出口商品的总量。商品销售包括：（1）售给城乡居民和社会集团消费用的商品；（2）售给农业、工业、建筑业、运输邮电业、服务业、公用事业等国民经济各行业用于生产、经营用的商品，包括售予批发和零售业作为转卖或加工后转卖的商品；（3）对国（境）外直接出口的商品。商品销售不包括：（1）未通过买卖行为付出的商品，如随机构变动移交给其他企业单位的商品、借出的商品、归还受其他单位委托代保管的商品、付出的加工原料和赠送给其他单位的样品等；（2）经本单位介绍，由买卖双方直接结算，本单位只收取手续费的业务；（3）购货退回的商品；（4）商品损耗和损失；（5）出售本单位自用的废旧物资。

批发额 指售给国民经济各行业用于生产、经营用的商品金额。

零售额 指售给城乡居民用于生活消费和社会集团用于公共消费的商品金额。

进口 指直接从国外进口或委托外贸企业代理进口的商品金额，不包括从国内有关单位购进的进口商品。对外贸易企业只统计自主经营进口的商品，不统计受托代理进口的商品。

出口 指直接向国（境）外出口商品和委托外贸企业代理出口的商品金额，商品出口不包括售给外贸企业出口或加工后出口的商品，以及在国内市场以外币销售的商品。外贸企业只统计自主经营出口的商品，不包括受托代理出口的商品。

期末商品库存额 对于批发和零售业法人企业和个体经营户，是指取得所有权的全部商品金额（含增值税）；对于批发和零售业产业活动单位，是指期末实际在库且归属法人具有所有权的全部商品金额（含增值税）。这个指标反映批发和零售业的商品库存情况，以及对市场商品供应的保证程度。

连锁总店（总部）：指负责连锁企业资源（商号、商誉、经营模式、服务标准、管理模式等等）的开发、配置、控制或使用等功能的企业核心管理机构。连锁经营是指经营同类商品或服务，使用同一商号的若干商铺，在同一总店（总部）的管理下，采取统一采购或特许经营等方式，实现规模效益的组织形式，包括直营连锁、特许连锁和自愿连锁三种形式。

亿元以上商品交易市场：指年成交额在亿元及以上的商品交易市场。商品交易市场是指经有关部门和组织批准设立，有固定场所、设施，有经营管理部门和监管人员，若干市场经营者入内，常年或实际开业三个月以上，集中、公开、独立地进行生活消费品、生产资料等现货商品交易以及提供相关服务的交易场所，包括各类消费品市场、生产资料市场等。

营业额 指住宿和餐饮业单位在经营活动中因提供服务或销售商品等取得的全部收入，包括：客房收入、餐费收入、商品销售额（含增值税）和其他收入。不包括法人企业附营的其他行业产业活动单位的餐费收入、商品销售收入等各项收入。

客房收入 指住宿和餐饮业单位在经营活动中因提供住宿服务取得的收入。不包括法人企业附营的其他行业产业活动单位的客房收入。

餐费收入 指住宿和餐饮业单位因为顾客提供就餐服务取得的收入。包括：经烹饪、调制加工后出售的各种食品，如主食、炒菜、凉拌菜等的收入。不包括法人企业附营的其他行业产业活动单位的餐费收入。

商品销售额 指住宿和餐饮业单位出售商品的销售总额（含增值税）。不包括法人企业附营的其他行业产业活动单位的商品销售额。

其他收入 指营业额中除客房收入、餐费收入、商品销售额（含增值税）以外的其他收入。

年末餐饮营业面积 指住宿和餐饮业连锁门店对外提供就餐服务的门店建筑面积和从事食品加工、烹饪、调制的厨房面积，不包括办公用房和仓库等面积。该指标按年末实有面积统计。

客房数 指住宿和餐饮业连锁门店提供住宿服务的房间数，该指标按年内正常情况下的实有数统计。

床位数 指住宿和餐饮业连锁门店供应旅客使用的床位数，不包括临时加床和门店内部工作人员使用的床位。该指标按年内正常情况下的实有数统计。

餐位数 指住宿和餐饮业连锁门店为顾客提供就餐服务时，正常可同时容纳就餐人员的餐位数量，不包括临时加的餐位。该指标按年内正常情况下的实有数统计。

附：批发和零售业、住宿和餐饮业统计限额标准为：批发业年主营业务收入 2000 万元，零售业年主营业务收入 500 万元，住宿业、餐饮业年主营业务收入 200 万元。

Explanatory Notes on Main Statistical Indicators

Total Retail Sales of Consumer Goods refer to the sum of retail sales of consumer goods sold by industries of wholesale, retail trades, hotels, catering and others to urban and rural residents and social groups. Of which, retail sale to residents is the sale of commodities sold to urban and rural residents for living consume. Retail sale to social groups is the sale of commodities sold to government departments, groups, military units, schools, enterprises, institutions, residents' committee, villagers' committees and so on, sold for non-productive, non-operative use and public consume paid by public funds. Total retail sales of consumer goods include: sales of commodities sold to urban and rural residents for their daily use and building materials sold to them for the construction or repair of houses; sales of consumer goods sold to foreigners, overseas Chinese, and Chinese compatriots from Hong Kong, Macao and Taiwan during their stay in the mainland of China; sales of consumer goods sold to social groups for non-productive, non-operative use and public consume. Excluded are: sales of commodities between urban residents, sales of commodities entrusted by residents in trust shop, sales of commodities for production purpose to industries of agriculture, industry, construction and others.

Total Purchases Value of Commodities refer to the total value of purchases of commodities by the enterprises from other establishments or individuals (including direct import from abroad) for the purpose of re-selling, either with or without further processing of the commodities purchased. This indicator is used to show the total value of purchases of commodities by wholesale and retail establishments from domestic and overseas markets. The total purchases include: (1) commodities purchased from agricultural and industrial producers, wholesale and retail enterprises, hotels and catering services enterprises, distribution departments of the publishers and other service enterprises; (2) commodities purchased from government agencies and institutions; (3) confiscated goods purchased from customs authorities or market management agencies; (4) second-hand goods and wastes purchased from residents. Excluded are (1) enterprises for use in their own business operation not to re-sell, such as materials, packing materials, low consumable goods and office supplies, etc; (2) commodities obtained without buying or selling procedures, such as transferred goods from other departments, borrowing goods, keeping goods for other establishments, donated samples from other establishments, processed recovery products of finished, etc; (3) commission income from brokerage in transactions for which settlement is directly handled by buyers and sellers; (4) rejected commodities in the purchase and the refusal of payment; (5) goods overflow.

Total Sales Value of Commodities refer to value of commodities sold by the establishments to other establishments and individuals (including commodities sold to establishments for their consumption, with value-add tax). This indicator is used to show the total value of sales of commodities at domestic markets and export. The total sales include: (1) commodities sold to urban and rural residents and social groups for their consumption; (2) commodities sold to national economic sectors in industry, agriculture, construction, transportation, post and telecommunications, service sectors and public utilities for their production and operation; (3) commodities sold to wholesale and retail establishments for re selling, with or without further processing; (4) commodities for direct export to other countries. Excluded are (1) commodities transferred without buying or selling procedures, such as goods transfer to other enterprises because of the changes in institutes, lending out goods, commodities have returned which were at request of keeping for other establishments, raw material of expending and samples presented to other establishments, etc; (2) commission income from brokerage in transactions whose settlement is directly handled by buyers and sellers; (3) rejected commodities in the purchase; (4) loss in commodities; (5) selling of waste packaging materials used by the establishments (units) themselves, etc.

Total Wholesale refers to the commodities amount sold in different national economic sectors for their production and operation.

Total Retail sale refers to the commodities amount sold to urban and rural households for household consumption and to social institutions for public consumption.

Imports refer to the commodities amount directly imported from abroad or entrust foreign trade enterprises but not include imported commodities bought from national establishments. Foreign trade enterprises statistic only imported commodities which operated on their own but not include imported commodities which trusted to sale.

Exports refer to the commodities amount directly exported to abroad or entrusted foreign trade enterprises to export. Exported commodities are not include which sold to foreign trade enterprises for exporting or processing exporting, as well as commodities sold in foreign currency in domestic markets. Foreign trade enterprises statistic only exported commodities which operated on their own but not include exported commodities which trusted to sale.

The Inventory of Commodities at the End of Reference Period refer to commodities amount with ownership for corporations and individuals operating in the wholesale and retail trades (including value-added tax), or commodities amount with ownership which are belong to corporative representatives in the warehouse by the end of a period for Industrial Activity Units of wholesale and retail trades (including value-added tax). This indicator is used to show the commodity stock level of wholesale and retail industries and the potential for market supply.

Head Stores of Chain Retail Enterprises (headquarter) refer to the core leading stores responsible for development, allocation, administration and utilization of resources (name of stores, brand of stores, operation model, service standard, management way, etc) of chain stores. Chain stores refers to the stores engaged in providing homogeneous commodities or services, with the central leadership of head store (headquarter) and guided by common policies, conduct centralized purchase and distributed selling of commodities, in order to gain better efficiency through standardized operation. The chain stores include regular chain stores, franchise chain stores and voluntary chain stores.

Commodity Exchange Markets of Transaction Value over 100 Million Yuan refers to the commodity markets with an annual transaction at and above 100 million. The commodity market refers to the markets approved and managed by related departments, where there are fixed sites, facilities, managers and administration offices, where there are a certain number of traders to operate for three month and above or all the year, where the commodities including the articles for daily consumption and capital goods and services are traded in a centralized, independent and open way. Such market includes markets for daily goods and market of capital goods, etc.

Business Revenue refers to revenue received from providing services or selling commodities by establishments engaged in hotels and catering services, including income from hotels, from catering services, from selling of commodities (including value-added tax) and from other services. It is not include revenue received from corporation enterprises have business activities in other industries, such as income from catering services, from selling of commodities, etc.

Revenue from Hotel Rooms refer to income of establishments engaged in hotels and catering services by providing lodging services. It is not include income from corporation enterprises have business activities for providing lodging services in other industries.

Revenue from Meals refer to income of corporate enterprises and establishments engaged in hotels and catering services by providing catering services, including selling of cooked or prepared foods such as staple food, cooked dishes or cold dishes. It is not include income from corporation enterprises have business activities for providing catering services in other industries.

Sales Value of Commodities refer to income of corporate enterprises and establishments engaged in hotels and catering services by selling commodities (including value-added tax) that accompany the services they provide. It is not include income from corporation enterprises have business activities for selling goods in other industries.

Other Revenue refers to income received other than income from hotels, catering services or selling of commodities (including value-added tax).

Business Area of Catering at Year-end refers to chain enterprises' area engaged in hotels and catering services by providing catering services and their kitchens' area engaged in food processing, cooking and curing. It is not include offices and warehouse. This indicator used to show all area by the end of the year-end.

Number of Hotel Rooms refers to chain enterprises engaged in hotels and catering services have rooms by providing room services. Normally this indicator was counted by the actual statistical data in a year.

Number of Beds refers to chain enterprises engaged in hotels and catering services have beds by providing beds services for travelers, It is not include extra beds and beds for chain enterprises' employees. Normally this indicator was counted by the actual statistical data in a year.

Number of Seats in Catering Services refers to chain enterprises engaged in hotels and catering services have seats by providing catering services, normally can served number of meals. It is not include extra seats. Normally this indicator was counted by the actual statistical data in a year.

Note: Statistics standard of enterprises above designated size in wholesale, retail trades, hotels and catering is: yearly main business revenue of 20 million yuan in wholesale, of 5 million yuan in retail trades and of 2 million yuan in hotels and catering.

17

旅　游

Tourism

编辑人员：吴慎安

Compiled by Wu Shenan

英文翻译：夏姗姗

Translated by Xia Shanshan

简 要 说 明

一、主要内容

旅行社、景区、旅游饭店基本情况；入境旅游人数、国内居民旅游人数以及国际、国内旅游收入。

二、统计范围、方法和来源

本篇旅游统计资料来源于省旅游与文化广电体育厅。旅游人数和旅游收入采用全面调查和抽样调查方法，其余数据均为全面调查统计取得。

Brief Introduction

I. Main Contents

Data in this chapter include the basic conditions of travel agents,tourist scenics and tourist hotels, the number of international tourists and domestic tourists, and income from international and domestic tourism.

II. Scope, Methods and Sources of Statistics

Data in this chapter are from Bureau of Tourism, Culture, Radio, Television and Sports of HaiNan. Number of tourists and tourism earning use comprehensive survey and sampling survey , while other data use comprehensive survey .

17-1 旅游主要指标
Major Indicators of Tourism

项 目	Item	2014	2015	2016	2017	2018	2019	2020	2021
接待游客总人数（万人次）	**Total Number of Tourists (10 000person-times)**	**4789.13**	**5336.52**	**6023.59**	**6745.01**	**7627.40**	**8311.20**	**6455.08**	**8100.43**
其中:接待过夜旅游人数	# Number of Overnight Tourists	4060.18	4492.95	4977.22	5591.43	6329.66	6824.51	5457.42	5783.13
其中:入境游客	#Number of Overseas Visitor	66.14	60.84	74.89	111.94	126.36	143.59	22.40	19.72
外国人	Foreigners	42.15	35.59	46.98	78.69	89.69	107.91	17.60	14.56
港澳同胞	Chinese Compatriots from Hong Kong and Macao	11.98	12.93	14.31	16.57	15.54	14.77	3.18	3.43
台湾同胞	Chinese Compatriots from Taiwan Province	12.01	12.32	13.60	16.68	21.13	20.91	1.62	1.72
国内游客	Number of Domestic Tourists	4722.99	5275.68	5948.70	6633.07	7501.04	8167.61	6432.68	8080.71
旅游收入（亿元）	**Tourism Earnings (100 million yuan)**	**506.53**	**572.49**	**672.10**	**811.99**	**950.16**	**1057.80**	**872.86**	**1384.34**
国内旅游收入（亿元）	Earnings from Domestic Tourism (100 million yuan)	490.2	528.08	610.27	766.77	898.14	991.81	865.24	1379.29
国际旅游收入（亿美元）	Earnings from International Tourism (100 million USD)	2.66	2.48	3.50	6.81	7.71	9.72	1.12	0.77
旅游景区	Tourist Attractions	82	62	52	54	54	55	70	82
旅游饭店总数（个）	Total Number of Tourist Hotels(unit)	868	841	876	946	966	953	860	778
客房总数（间）	Total Number of Hotel Rooms(unit)	124296	117879	129916	138627	159695	151347	140144	134435
床位总数（张）	Total Number of Beds(unit)	204372	196856	208427	223444	268007	248495	222486	220984
客房开房率（%）	Room Occupancy Rate (%)	57.72	59.34	60.67	63.76	64.91	63.40	58.30	50.86
旅行社总数（个）	Total Number of Travel Agencies(unit)	393	389	365	352	389	387	601	723
#出境社	#Travel Agencies with Outbound Services	37	41	48	51	59	57	57	57

17-2 按主要国家分旅游饭店接待外国人情况(2021年)
Number of Overseas Arrivals on Tourist Hotels by Country (2021)

单位：人次 (person-times)

国　别	Country	人次 Person-times
俄罗斯	Russia	6417
新加坡	Singapore	2720
韩　国	Republic of Korea	9121
马来西亚	Malaysia	1943
日　本	Japan	5858
美　国	United States	21240
德　国	Germany	11912
法　国	France	7467
加拿大	Canada	7588
澳大利亚	Australia	4318
英　国	United Kingdom	8334
泰　国	Thailand	757
印度尼西亚	Indonesia	418
意大利	Italy	3213
瑞　士	Switzerland	864
菲律宾	Philippines	519
瑞　典	Sweden	884
印　度	Indian	842
西班牙	Spain	1918
越　南	Vietnam	124

17-3　各市县旅游饭店设施(2021年)
Facilities of Tourist Hotels by Region (2021)

市　县	Region	饭店数 (家) Total Number of Hotels(unit)	客房数 (间) Rooms(unit)	床位数 (张) Beds(unit)	客房开房率 (%) Room Occupancy Rate(%)
全省总计	**Total**	**778**	**134435**	**220984**	**50.86**
海口市	Haikou	160	31047	57516	51.78
三亚市	Sanya	189	52722	79083	56.35
儋州市	Danzhou Area	60	8285	15106	52.21
五指山市	Wuzhishan	22	2030	3475	39.63
文昌市	Wenchang	20	3113	5338	37.93
琼海市	Qionghai	66	8438	13208	40.38
万宁市	Wanning	50	5875	9681	44.26
定安县	Ding'an	19	1163	1826	43.40
屯昌县	Tunchang	10	544	1155	60.30
澄迈县	Chengmai	14	2182	3462	40.80
临高县	Lingao	7	767	1242	43.62
东方市	Dongfang	16	2028	3402	43.51
乐东县	Ledong	10	1216	1926	31.49
琼中县	Qiongzhong	20	1107	1852	58.54
保亭县	Baoting	25	2374	3806	46.21
陵水县	Lingshui	57	8061	13605	46.15
白沙县	Baisha	12	836	1110	47.69
昌江县	Changjiang	21	2647	4191	38.62

17-4 各市县按等级分星级饭店数(2021年)

Number of Star-rated Hotels by Region (2021)

市 县	Region	合计 Total			五星级 Five-star			四星级 Four-star		
		饭店数 Number of Hotels(unit)	客房间数 Number of Rooms	床位数 Number of Beds	饭店数 Number of Hotels(unit)	客房间数 Number of Rooms	床位数 Number of Beds	饭店数 Number of Hotels(unit)	客房间数 Number of Rooms	床位数 Number of Beds
全省总计	**Total**	**95**	**21952**	**35005**	**21**	**9850**	**14859**	**34**	**7526**	**12317**
海口市	Haikou	39	7041	11031	3	1056	1506	18	3793	5975
三亚市	Sanya	31	10841	16900	15	7163	10664	14	3229	5432
儋州市	Danzhou Area									
五指山市	Wuzhishan	4	264	449						
文昌市	Wenchang	2	356	672						
琼海市	Qionghai	6	1582	2647	1	1089	1825	1	131	226
万宁市	Wanning	11	1744	3116	2	542	864	1	373	684
定安县	Ding'an									
屯昌县	Tunchang									
澄迈县	Chengmai									
临高县	Lingao	1	55	73						
东方市	Dongfang	1	69	117						
乐东县	Ledong									
琼中县	Qiongzhong									
保亭县	Baoting									
陵水县	Lingshui									
白沙县	Baisha									
昌江县	Changjiang									

17-4　续(continued)

市　县	Region	三星级 Three-star			二星级 Two-star			一星级 One-star		
		饭店数 Number of Hotels(unit)	客房间数 Number of Rooms	床位数 Number of Beds	饭店数 Number of Hotels(unit)	客房间数 Number of Rooms	床位数 Number of Beds	饭店数 Number of Hotels(unit)	客房间数 Number of Rooms	床位数 Number of Beds
全省总计	**Total**	**37**	**4341**	**7452**	**1**	**118**	**186**	**2**	**117**	**191**
海口市	Haikou	17	2074	3364	1	118	186			
三亚市	Sanya	2	449	804						
儋州市	Danzhou Area									
五指山市	Wuzhishan	2	147	258				2	117	191
文昌市	Wenchang	2	356	672						
琼海市	Qionghai	4	362	596						
万宁市	Wanning	8	829	1568						
定安县	Ding'an									
屯昌县	Tunchang									
澄迈县	Chengmai									
临高县	Lingao	1	55	73						
东方市	Dongfang	1	69	117						
乐东县	Ledong									
琼中县	Qiongzhong									
保亭县	Baoting									
陵水县	Lingshui									
白沙县	Baisha									
昌江县	Changjiang									

17-5 各市县按规模分星级饭店数(2021年)

Number of Star-rated Hotels by Capacity and Region (2021)

市县	Region	星级饭店数(家) Total Number of Star-rated Hotels(unit)	客房300间以上 With 300 Rooms and above	客房200-299间 With Rooms between 200 to 299	客房100-199间 With Rooms between 100 to 199	客房99间以下 With Rooms below 99
全省总计	**Total**	**95**	**24**	**19**	**34**	**18**
海口市	Haikou	39	5	8	20	6
三亚市	Sanya	31	17	8	6	
儋州市	Danzhou					
五指山市	Wuzhishan	4				4
文昌市	Wenchang	2		1		1
琼海市	Qionghai	6	1		3	2
万宁市	Wanning	11	1	2	5	3
定安县	Dingan					
屯昌县	Tunchang					
澄迈县	Chengmai					
临高县	Lingao	1				1
东方市	Dongfang	1				1
乐东县	Ledong					
琼中县	Qiongzhong					
保亭县	Baoting					
陵水县	Lingshui					
白沙县	Baisha					
昌江县	Changjiang					

17-6　各市县旅游饭店接待过夜游客人数(2021年)
Number of Overnight Arrivals on Tourist Hotels by Region (2021)

单位：人次　　　　(person-times)

市　县	Region	接待过夜游客人数 Total Number of Overnight Tourists	入境过夜游客 Total Number of Overseas Tourists	外国人 Foreigners	港澳同胞 Chinese Compatriots from Hong Kong and Macao	台湾同胞 Chinese Compatriots from Taiwan Province	国内过夜游客 Total Number of Domestic Tourists
全省总计	**Total**	**25628146**	**197174**	**145631**	**34341**	**17202**	**25430972**
海口市	Haikou	4750166	25548	13867	8516	3165	4724618
三亚市	Sanya	11724117	141869	113692	17853	10324	11582248
儋州市	Danzhou	2010820	44	11	26	7	2010776
五指山市	Wuzhishan	347385	180	110	17	53	347205
文昌市	Wenchang	449669	3439	1511	1547	381	446230
琼海市	Qionghai	1110618	6014	2224	2675	1115	1104604
万宁市	Wanning	1180940	9517	6605	1679	1233	1171423
定安县	Ding'an	196216	230	100	86	44	195986
屯昌县	Tunchang	136477	14	10	4		136463
澄迈县	Chengmai	273882	1130	696	321	113	272752
临高县	Lingao	159240	293	283	6	4	158947
东方市	Dongfang	345384	339	165	92	82	345045
乐东县	Ledong	172149	83	78	4	1	172066
琼中县	Qiongzhong	276300	54	23	18	13	276246
保亭县	Baoting	489476	1258	847	249	162	488218
陵水县	Lingshui	1407240	6976	5308	1181	487	1400264
白沙县	Baisha	410892	80	34	31	15	410812
昌江县	Changjiang	187175	106	67	36	3	187069

17-7　各市县接待过夜游客人数(2021年)
Number of Overnight Tourists by Region (2021)

单位：人次　　　　(person-times)

市　县	Region	接待过夜游客人数 Total Number of Overnight Tourists	入境过夜游客 Total Number of Overseas Tourists	外国人 Foreigners	港澳同胞 Chinese Compatriots from Hong Kong and Macao	台湾同胞 Chinese Compatriots from Taiwan Province	国内过夜游客 Total Number of Domestic Tourists
海口市	Haikou	16851926	25548	13867	8516	3165	16826378
三亚市	Sanya	21620435	141869	113692	17853	10324	21478566
儋州市	Danzhou	4404357	44	11	26	7	4404313
五指山市	Wuzhishan	863697	180	110	17	53	863517
文昌市	Wenchang	4370607	3439	1511	1547	381	4367168
琼海市	Qionghai	4831920	6014	2224	2675	1115	4825906
万宁市	Wanning	3518383	9517	6605	1679	1233	3508866
定安县	Ding'an	644953	230	100	86	44	644723
屯昌县	Tunchang	535787	14	10	4		535773
澄迈县	Chengmai	1996439	1130	696	321	113	1995309
临高县	Lingao	870048	293	283	6	4	869755
东方市	Dongfang	1902671	339	165	92	82	1902332
乐东县	Ledong	1437729	83	78	4	1	1437646
琼中县	Qiongzhong	602419	54	23	18	13	602365
保亭县	Baoting	995418	1258	847	249	162	994160
陵水县	Lingshui	4253100	6976	5308	1181	487	4246124
白沙县	Baisha	567800	106	67	36	3	567694
昌江县	Changjiang	1010546	80	34	31	15	1010466

17-8 各市县按等级分旅游景区(2021年)

Tourist Attractions by 5A-level Rating Gand Region (2021)

单位：家 (unit)

市 县	Region	合计 Total	5A级 5A-level	4A级 4A-level	3A级 3A-level	2A级 2A-level	A级 A-level	其他 Others
全省总计	**Total**	**82**	**6**	**28**	**30**	**18**		
海口市	Haikou	**15**		6	7	2		
三亚市	Sanya	**14**	3	5	5	1		
儋州市	Danzhou	**5**		3	1	1		
五指山市	Wuzhishan	**3**		1	2			
文昌市	Wenchang	**5**		2	3			
琼海市	Qionghai	**10**		2	4	4		
万宁市	Wanning	**5**		2	2	1		
定安县	Ding'an	**4**		2		2		
屯昌县	Tunchang	**1**		1				
澄迈县	Chengmai	**2**			2			
临高县	Lin'gao	**2**				2		
东方市	Dongfang	**2**			1	1		
乐东县	Ledong	**2**			1	1		
琼中县	Qiongzhong	**2**		1		1		
保亭县	Baoting	**3**	2	1				
陵水县	Lingshui	**4**	1	1	2			
白沙县	Baisha	**2**				2		
昌江县	Changjiang	**1**		1				

主要统计指标解释

游客 指任何为休闲、娱乐、观光、度假、探亲访友、就医疗养、购物、参加会议或从事经济、文化、体育、宗教活动，离开常住国（常住地）到其他国家（或地方），其连续停留时间不超过12个月，并且在其他国家（或其他地方）的主要目的不是通过所从事的活动获报酬的人。游客不包括因工作或学习在两地有规律往返的人。游客按出游地分入境游客和国内游客；按出游时间分过夜游客和一日游游客。

入境游客 指来中国（大陆）休闲、娱乐、观光、度假、探亲访友、就医疗养、购物、参加会议或从事经济、文化、体育、宗教活动的外国人、港澳台同胞等游客。入境游客包括入境过夜游客和入境一日游游客。

国内游客 指中国（大陆）休闲、娱乐、观光、度假、探亲访友、就医疗养、购物、参加会议或从事经济、文化、体育、宗教活动的中国（大陆）居民。国内游客包括国内过夜游客和国内一日游游客。

旅游收入 指游客（入境游客和国内游客）在旅游过程中（由游客或游客的代表为游客）支付的一切旅游支出就是地区的旅游收入。包括整个游程中食、住、行、游、购、娱乐，以及为亲友、家人购买纪念品、礼品等方面的旅游支出。不包括为商业目的购物、购买房、地、车、船等资本性或交易性的投资、馈赠亲友的现金及给公共机构的捐赠。

Explanatory Notes on Main Statistical Indicators

Visitor refers to any person who travels to a country (or place) other than that of his or her residence for a period not exceeding 12 months for leisure, entertainment, sightseeing, holiday, visiting relatives or friends, medical care, shopping, meeting, or taking part in economic, cultural, sports or religious activities, where the main purpose of the travel is not for remuneration. A visitor dose not refers to any person who commutes between two places regularly for career or education.

Oversea visitor arrivals refer to foreigners or compatriots from Hong Kong, Macao and Taiwan who come to China for leisure, entertainment, sightseeing, holiday, visiting relatives or friends, medical care, shopping, meeting, or taking part in economic, cultural, sports or religious activities.

Domestic tourists refer to Chinese residents who travel within the country to the other place for leisure, entertainment, sightseeing, holiday, visiting relatives or friends, medical care, shopping, meeting, or taking part in economic, cultural, sports or religious activities.

Tourism earnings refer to all the expenditures made by visitors (oversea visitors and domestic visitors) or by representatives of the visitors in the course of their travel constitute. Tourism expenditures of visitors should include expenses throughout their travel on food, lodging, transport, tours, shopping, entertainment and souvenirs and gifts for friends and relatives. Tourism expenditures do not include purchase of goods, real estate ,land，motor vehicle, water vessel for commercial purposes, neither include capital nor transactional investments, cash given to friends and relatives, donations to public organizations.

18

运输和邮电

Transport, Postal and Telecommunication Services

编辑人员：陈崇辉

Compiled by Mo Chen Chonghui

英文翻译：黄淑娴 吕初坪

Translated by Huang Shuxian Lyu Chuping

简 要 说 明

本篇资料的主要内容

本篇资料反映我省交通运输业和邮政、通信业发展的基本状况。

交通运输业资料主要包括：五种运输方式的线路里程、运输设备拥有量情况，各种运输方式完成的货物运输量和旅客运输量，港口货物和旅客吞吐量等资料。

邮电通信业资料主要包括：电信主要通信能力，主要的邮电业务完成情况，邮电通信发展水平等资料。

Brief Introduction

Main Contents

Data in this chapter present the development of transportation, post and telecommunications in Hainan Province

Data on transport cover mainly the length of the routes of five means of transportation, the possession of transport equipment, freight traffic and passenger traffic accomplished by various means of transportation, the situation of berths, and cargo handled at sea ports.

Data on post and telecommunications cover mainly the situation of post and telecommunication offices and postal routes; main telecommunication capacity; business volume of postal and telecommunication services achieved; and the level of development of postal and telecommunication services.

18-1 交通运输业基本情况
Basic Statistics on Transport

指 标	Item	2005	2010	2015	2017	2018	2019	2020	2021
运输线路长度	**Length of Transport Routes**								
铁路营业里程(公里)	Railways in Operation (km)	361	832	1172	1172	1172	1172	1172	1172
公路里程(公里)	Highways (km)	21162	21236	26860	30684	35023	38107	40163	41046
#高速公路	Expressway	625	660	803	795	924	1163	1254	1265
内河航道里程(公里)	Navigable Inland Waterways (km)	343	343	343	343	343	343	343	434
客运量总计（万人）	**Total Passenger Traffic (10 000 persons)**	**32933**	**45718**	**16284**	**18155**	**18314**	**18105**	**9735**	**11197**
铁路	Railways	33	104	1691	2706	2978	3099	2216	2780
公路	Highways	31377	42785	10363	10107	9637	9366	4566	4855
水运	Waterways	632	1340	1714	1879	1788	1736	1153	1317
民航	Civil Aviation	891	1489	2516	3463	3911	3901	1801	2245
旅客周转量总计(亿人公里)	**Total Passenger-Kilometers(100 million passenger-km)**	**215.3**	**417.4**	**602.1**	**837.6**	**956.1**	**983.8**	**386.7**	**454.8**
铁路	Railways	1.2	4.7	34.4	52.3	55.9	56.3	38.6	46.9
公路	Highways	108.8	150.0	79.3	77.5	74.4	73.7	35.6	42.5
水运	Waterways	1.4	2.7	3.5	3.8	4.1	4.1	2.7	2.8
民航	Civil Aviation	103.9	260.0	484.9	704.0	821.7	849.8	309.9	362.6
货运量总计（万吨）	**Total Freight Traffic (10 000 tons)**	**13558**	**22481**	**22330**	**21397**	**22093**	**18552**	**20737**	**28039**
铁路	Railways	629	546	792	972	1078	1185	1181	1120
公路	Highways	9652	13947	11279	11223	12052	6769	6852.2	7608
水运	Waterways	3264	7966	10229	9165	8921	10552	12682	19282
民航	Civil Aviation	13.2	22.5	30.6	37.2	42.2	46.1	21.4	29.2
货物周转量（亿吨公里）	**Total Freight Ton-kilometers (100 million ton-km)**	**461**	**1004**	**1193**	**879**	**893**	**1667**	**3694**	**8785**
铁路	Railways	7.1	9.6	15.0	17.8	19.9	20.2	20.4	19.6
公路	Highways	60.5	90.8	78.7	78.6	84.6	40.8	41.3	44.7
水运	Waterways	391	898	1091	770	774	1590	3625	8711
民航	Civil Aviation	2.3	5.6	8.6	12.7	14.9	15.6	7.7	9.6
民用汽车拥有量（万辆）	**Possession of Civil Motor Vehicles (10 000 units)**	**17.34**	**40.62**	**83.82**	**113.56**	**127.19**	**137.49**	**150.06**	**168.96**
#私人汽车	Private Vehicles	8.60	29.45	71.21	98.28	109.95	118.15	129.72	147.14
港口货物吞吐量(万吨)	**Volume of Freight Handled in Coastal Ports (10 000 tons)**	**3773**	**9662**	**15356**	**18473**	**18282**	**19839**	**19895**	**20373**

注：2004年起内河航道里程为内河航道通航里程数(下同)。
Note:Since 2004, inland waterways refers to navigable inland waterways. The same applies to the tables followings.

18-2 运输线路长度
Length of Transportation Routes

单位：公里

年 份 Year	铁路营运里程 Length of Railways in Operation	公路通车里程 Length of Highways (Open to Traffic)	#高速公路 Expressway	内河航道里程 Length of Navigable Inland Waterways
1952		1412		
1957		3667		
1962		5113		
1965	144	5274		612
1970	144	9409		612
1975	144	10119		612
1978	144	12641		556
1979	144	14064		556
1980	214	14110		338
1985	214	12784		338
1987	214	12794		338
1990	214	12902		338
1993	214	12937		338
1994	214	13014		338
1995	214	14808		338
1996	214	15165		403
1997	214	15246		414
1998	214	16920	302	414
1999	214	17317	495	414
2000	214	17401	601	414
2001	214	20667	574	414
2002	214	20876	626	414
2003	214	20877	626	434
2004	705	20873	625	343
2005	361	21162	625	343
2006	364	17577	625	343
2007	528	17789	625	343
2008	526	18563	660	343
2009	526	20041	660	343
2010	832	21236	660	343
2011	832	22916	660	343
2012	832	24265	757	343
2013	832	24852	757	343
2014	832	26002	757	343
2015	1172	26860	803	343
2016	1172	28217	795	343
2017	1172	30684	795	343
2018	1172	35023	924	343
2019	1172	38107	1163	343
2020	1172	40163	1254	343
2021	1172	41046	1265	434

注：1. 铁路营运里程含过海轮渡里程。
2. 从2006年起公路通车里程以交通部最新标准的口径计算。
Note:a)The length of railways in operation includes that of ferrying across the Qiongzhou Strait.
b)The length of highways(open to traffic)has been calculated on the basis of newest coverage updated by the Ministry of Transport since 2006.

18-3 运 输 线 路 质 量
Quality of Transport Routes

指　　标	Item	2014	2015	2017	2018	2019	2020	2021
国家铁路营业里程（公里）	**Length of National Railways in Operation (km)**	**832**	**1172**	**1172**	**1172**	**1172**	**1172**	**1172**
#复线里程　（公里）	Double-Tracking Length (km)	308	653	655	655	655	655	655
复线里程比重　(%)	Highways (km)	37.0	55.7	55.9	55.9	55.9	55.9	55.9
#自动闭塞里程　（公里）	Automatic Blocking Length (km)	311	659	659	659	659	659	659
公路里程　（公里）	**Length of Highways (km)**	**26002**	**26860**	**30684**	**35023**	**38107**	**40163**	**41046**
#等级公路里程　（公里）	Expressway and Class I to IV Highways (km)	25386	26302	30232	34730	37878	39972	40891
等级公路里程比重 (%)	Proportion (%)	97.6	97.9	98.5	99.2	99.3993	99.5	99.6
内河航道里程（公里）	Length of Navigable Inland Waterways (km)	343	343	343	343	343	343	434
#等级航道里程（公里）	Standard Waterways (km)	76	76	76	76	75.94	76	128
等级航道里程比重 (%)	Proportion (%)	22.1	22.1	22.1	22.1	22.1399	22.1	29.5

18-4 运输工具和线路拥有量
Number of Means of Transport and Length of Transport Routes

项　　目	Item	2014	2015	2017	2018	2019	2020	2021
铁　路	**Railways**							
铁路机车（台）	Number of Locomotives (unit)	26	26	26	26	26	26	26
铁路营业里程（公里）	Length of Railways in Operation (km)	832	1172	1172	1172	1172	1172	1172
公　路	**Highways**							
公路通车里程（公里）	Length of Highways (km)	26002	26860	30684	35023	38107	40163	41046
民用汽车（万辆）	Civil Vehicles (10000 units)	75.74	83.82	113.56	127.19	137.49	150.06	168.96
载客汽车（万辆）	Passenger Vehicles (10000 units)	61.52	70.07	98.22	110.54	119.56	130.43	147.66
载货汽车(万辆)	Freight Vehicles (10000 units)	13.02	12.66	14.33	15.67	16.95	18.81	20.43
其他汽车(万辆)	Other Vehicles (10000 units)	1.20	1.09	1.00	0.98	0.97	0.78	0.86
水　运	**Waterways**							
内河通航里程（公里）	Length of Navigable Inland Waterways (km)	343	343	343	343	343	343	434
机动船（艘）	Number of Motor Vessels (unit)	500	462	513	486	498	571	590
（万净载重吨位）	Tonnage of Motor Vessels(dead weight tonnage)	179.80	170.988	194.8	318.1	358.0	1435.2	1145.8
（客位）	Number of Motor Vessel Seats (seat)	34510	36435	40195	40753	41306	40905	41717
（总功率万千瓦）	Total Power (10000 kws)	55.28	52.7933	73.75	96.32	103.99	210.44	203.31
民　航	**Civil Aviation**							
民用航空航线条数（条）	Number of Civil Aviation Routes (line)	710	560	507	776	625	534	457
民用运输飞机（架）	Number of Civil Aircrafts (unit)	116	140	188	214	210	206	206

18-5 历年货运量
Freight Traffic in Various Years

单位：万吨 (10 000 tons)

年 份 Year	总 计 Total	铁 路 Railways	公 路 Highways	水 运 Waterways	民 航 Civil Aviation
1975	709	370	232	107	0.1
1978	714	386	222	106	
1979	644	356	201	87	
1980	1992	298	1611	83	
1985	3486	405	3022	59	0.1
1987	3722	438	3216	68	0.1
1988	4224	420	3661	143	0.3
1989	4530	422	3941	167	0.2
1990	4765	423	4115	227	0.4
1992	6253	387	5393	472	0.8
1993	8613	390	6968	1254	0.9
1994	8735	346	6997	1390	2.0
1995	10505	279	8256	1967	3.0
1996	10975	252	8842	1877	4.0
1997	11415	283	9116	2012	4.2
1998	11630	286	9186	2153	4.7
1999	11533	348	9049	2129	6.9
2000	11304	331	8962	2002	9.0
2001	10502	287	8190	2018	7.3
2002	10498	288	8177	2025	7.9
2003	11249	341	8797	2104	6.9
2004	11823	455	9166	2195	7.5
2005	13558	629	9652	3264	13.2
2006	16377	1338	10314	4709	16.1
2007	17344	692	12018	4617	16.6
2008	16847	573	10950	5302	22.0
2009	18417	625	10839	6933	20.4
2010	22481	546	13947	7966	22.5
2011	25141	696	15095	9326	24.3
2012	26906	753.6	16600	9528	24.8
2013	28834	964	17367	10476	27.0
2014	23081	870	10983	11199	29.0
2015	22330	791.6	11279	10229	30.6
2016	21828	800	10879	10114	35.6
2017	21397	972	11223	9165	37.2
2018	22093	1078	12052	8921	42.2
2019	18552	1185	6769	10552	46.1
2020	20737	1181	6852	12682	21.4
2021	28039	1120	7608	19282	29.2

18-6 历年货物周转量
Freight Ton-kilometers in Various Years

单位：万吨公里 (10 000 ton-km)

年 份 Year	总 计 Total	铁 路 Railways	公 路 Highways	水 运 Waterways	民 航 Civil Aviation
1975	49809	18330	9380	22062	37
1978	50390	18550	9798	22021	21
1979	46333	17100	8938	20276	19
1980	87953	15436	50049	22449	19
1985	131979	20808	90979	20160	32
1987	162541	23651	118752	20071	67
1988	155894	22839	104336	28515	204
1989	165224	23085	108778	33220	141
1990	170802	22297	112175	36094	236
1992	1152027	20728	200921	929400	978
1993	1793404	22731	277160	1492385	1128
1994	2331985	20697	342859	1965433	2996
1995	2509302	17509	348344	2140099	3350
1996	2697179	14662	381856	2296117	4544
1997	2892786	15964	391614	2479846	5362
1998	3067272	16222	421853	2623165	6032
1999	3244281	20045	438097	2776990	9149
2000	3189774	19730	461477	2695903	12664
2001	2317396	17816	452542	1836134	10904
2002	2263521	18315	471396	1761616	12194
2003	2359930	21725	506391	1821294	10520
2004	2322216	53973	569888	1684877	13477.69
2005	4609661	70610	604535	3911304	23212
2006	6001081	109628	660653	5202102	28698
2007	6198900	101588	769411	5298192	29709
2008	6326873	99193	936284	5250407	40989
2009	8000838	103069	793925	7058964	44880
2010	10035600	95933	908213	8975635	55819
2011	13780103	121360	971395	12625067	62281
2012	15570832	123176	1093533	14291225	62899
2013	13993400	154700	1203300	12567700	67700
2014	14982718	150551	815033	13942265	74869
2015	11931507	150048	786600	10909313	85546
2016	10735288	145801	761123	9725253	103111
2017	8797201	177965	786060	7705734	127442
2018	8935886	199300	845547	7742681	148358
2019	16670709	202105	408023	15904594	155987
2020	36943757	204022	413408	36248845	77482
2021	87847951	195688	447224	87108742	96297

18-7　历年客运量
Passenger Traffic in Various Years

单位：万人 (10 000 persons)

年 份 Year	总 计 Total	铁 路 Railways	公 路 Highways	水 运 Waterways	民 航 Civil Aviation
1975	1145	80	1002	60	3
1978	1504	119	1296	85	4
1979	1717	126	1484	103	4
1980	2570	117	2320	128	5
1985	6057	75	5686	289	7
1987	8952	100	8496	340	16
1988	13183	91	12528	537	27
1989	13680	75	13215	360	30
1990	15914	46	15371	455	42
1992	17708	44	16838	758	68
1993	19010	55	18067	797	91
1994	18829	65	17781	830	153
1995	19667	54	18727	653	233
1996	19688	29	18754	637	268
1997	21296	27	20292	682	295
1998	21549	22	20633	544	350
1999	22085	17	21196	457	415
2000	23013	14	21930	537	532
2001	26711	12	25484	633	582
2002	27992	13	26766	613	600
2003	28083	13	26876	648	546
2004	31276	13	29966	555	742
2005	32933	33	31377	632	891
2006	36326	70	34126	1029	1101
2007	39451	57	36996	1124	1274
2008	44186	80	40786	1484	1836
2009	42232	88	39461	1206	1477
2010	45718	104	42785	1340	1489
2011	47913	1066	43677	1473	1697
2012	49015	1189	44374	1581	1871
2013	51000	1400	45800	1600	2200
2014	16775	1565	11024	1738	2448
2015	16284	1691	10363	1714	2516
2016	17092	2326	9920	1699	3189
2017	18155	2706	10107	1879	3463
2018	18314	2978	9637	1788	3911
2019	18105	3099	9366	1736	3901
2020	9735	2216	4566	1153	1801
2021	11197	2780	4855	1317	2245

18-8 历年旅客周转量
Passenger-kilometers in Various Years

单位：万人公里 (10 000 passenger-km)

年份 Year	总计 Total	铁路 Railways	公路 Highways	水运 Waterways	民航 Civil Aviation
1975	53444	2973	47215	1471	1785
1978	71818	4533	63262	1978	2045
1979	82516	4820	73116	2460	2120
1980	104292	4368	94290	3204	2430
1985	236378	2678	222264	7986	3450
1987	389556	6695	369031	6785	7045
1988	429069	6501	391708	10675	20185
1989	442014	5410	408143	8337	20124
1990	573483	3541	536132	10888	22922
1992	684129	3627	594667	12907	72928
1993	758342	4777	632798	22487	98280
1994	849304	5642	629735	47453	166474
1995	937212	4794	665591	24266	242561
1996	1021380	2959	719396	17507	281518
1997	1111744	2963	783422	18574	306785
1998	1189441	2391	802417	17756	366877
1999	1256557	1801	782395	23112	449249
2000	1468769	1296	811786	25882	629805
2001	1600212	997	834657	23833	740725
2002	1730002	1103	921622	21943	785334
2003	1629661	1080	894204	18378	715999
2004	2064499	1992	1054801	15930	991776
2005	2153365	12230	1087647	14465	1039023
2006	2835220	18379	1175911	22517	1618413
2007	3201834	23468	1301250	24842	1852274
2008	3885675	36419	1088455	24581	2736220
2009	3846819	40002	1351036	23979	2431802
2010	4174331	47133	1500274	27249	2599675
2011	4729674	250453	1463385	31078	2984758
2012	5036745	250308	1476315	31518	3278604
2013	5701600	305500	1494700	31800	3869600
2014	5662612	326726	890849	33322	4411715
2015	6020795	344013	792937	34551	4849294
2016	7440686	456178	753612	34401	6196495
2017	8376427	522918	775052	38431	7040026
2018	9561157	559091	743811	40984	8217271
2019	9838221	563182	736606	40836	8497597
2020	3867162	385519	356081	26967	3098595
2021	4548383	469370	424868	28164	3625981

18-9 历年旅客运输平均运距
Average Transport Distance of Passengers in Various Years

单位：公里 (km)

年 份 Year	合 计 Total	铁 路 Railways	公 路 Highways	水 运 Waterways	民 航 Civil Aviation
1975	47	37	47	25	595
1980	41	37	47	26	486
1983	38	35	40	23	-
1985	39	38	39	27	493
1987	44	70	39	20	440
1988	33	71	43	23	748
1990	36	77	31	24	546
1993	40	87	35	28	1080
1994	45	87	39	57	685
1995	50	88	37	41	1041
1996	52	102	38	27	1050
1997	54	110	38	27	1040
1998	55	109	39	33	1048
1999	57	106	37	51	1083
2000	63	93	37	48	1184
2001	60	83	33	38	1273
2002	62	85	34	36	1309
2003	58	83	33	28	1311
2004	66	153	35	29	1336
2005	65	370	34	22	1166
2006	78	262	34	22	1470
2007	81	412	35	22	1454
2008	88	455	26	16	1490
2009	92	455	34	20	1646
2010	91	453	35	20	1747
2011	91	235	34	21	1759
2012	103	210	33	20	1752
2013	112	218	33	20	1759
2014	338	209	81	19	1802
2015	370	203	77	20	1927
2016	435	196	76	20	1943
2017	461	193	76	20	2033
2018	522	188	77	22	2101
2019	543	182	79	24	2178
2020	397	174	78	23	3520
2021	406	169	88	21	3938

18-10 历年货物运输平均运距
Average Transport Distance of Freight in Various Years

单位：公里 (km)

年 份 Year	合 计 Total	铁 路 Railways	公 路 Highways	水 运 Waterways	民 航 Civil Aviation
1975	70	50	40	206	529
1980	44	52	31	270	475
1983	40	51	27	315	-
1985	38	51	30	342	457
1987	44	54	37	295	609
1988	37	55	28	199	703
1990	36	53	27	159	590
1993	208	58	40	1190	1253
1994	267	59	49	1414	1498
1995	239	63	42	1220	1117
1996	246	58	43	1223	1292
1997	253	56	43	1233	1271
1998	264	57	46	1218	1293
1999	281	58	48	1304	1319
2000	282	60	51	1347	1407
2001	221	62	55	910	1504
2002	216	64	58	870	1536
2003	210	64	57	865	1516
2004	196	119	62	768	1802
2005	340	112	62	1198	1759
2006	373	82	64	1105	1785
2007	358	147	64	1148	1785
2008	376	173	85	990	1859
2009	434	165	73	1018	2203
2010	446	176	65	1127	2486
2011	548	174	64	1354	2563
2012	579	163	66	1500	2536
2013	485	160	69	1200	2507
2014	649	173	74	1245	2582
2015	534	190	70	1067	2796
2016	492	182	70	962	2896
2017	411	183	70	841	3424
2018	404	184	70	867	3530
2019	899	170	60	1507	3592
2020	1782	173	60	2858	5761
2021	3133	175	59	4518	5376

18-11 民用汽车拥有量
Possession of Civil Vehicles

单位：辆 (unit)

指标	Item	2019	2020	2021
民用汽车总计	**Total**	**1374858**	**1500595**	**1689612**
载客汽车	**VehiclesPassenger**	**1195628**	**1304343**	**1476620**
按车型分	By Vehicle Type			
*轿车	Cars	766409	832850	929595
*大型	Large	16665	15920	15234
中型	Medium	5719	5613	5327
小型	Small	1168283	1278103	1451809
微型	Mini	4961	4707	4250
载货汽车	**FreightVehicles**	**169507**	**188423**	**204344**
按车型分	By Vehicle Type			
重型	Heavy	18313	20639	23055
中型	Medium	11281	10558	9602
轻型	Light	139830	154948	169718
微型	Mini	83	52	26
其他汽车	**Others**	**9723**	**7829**	**8648**

18-12 私人汽车拥有量
Possession of Private Vehicles

单位：万辆 (10 000 units)

指 标	Item	2005	2010	2015	2017	2018	2019	2020	2021
汽车总计	**Total**	**8.60**	**29.45**	**71.21**	**98.28**	**109.95**	**118.15**	**129.72**	**147.14**
载客汽车	PassengerVehicles	4.63	21.57	60.33	86.30	97.34	105.08	115.93	132.87
大 型	Large	0.09	0.11	0.06	0.03	0.02	0.02	0.01	0.01
中 型	Medium	0.17	0.30	0.21	0.16	0.14	0.12	0.11	0.10
小 型	Small	4.13	20.77	59.55	85.69	96.8	104.61	115.50	132.48
微 型	Mini	0.24	0.39	0.52	0.41	0.37	0.34	0.31	0.28
载货汽车	Trucks	2.99	6.42	10.16	11.42	12.09	12.58	13.53	13.99
重 型	Heavy	0.64	0.70	0.68	0.83	0.88	0.86	0.88	0.81
中 型	Medium	0.60	1.03	1.04	0.99	0.98	0.91	0.82	0.70
轻 型	Light	1.53	4.62	8.42	9.58	10.23	10.80	11.62	12.29
微 型	Mini	0.23	0.07	0.03	0.02	0.01	0.01	0.00	0.00
其他汽车	Others	0.98	1.46	0.72	0.57	0.52	0.49	0.26	0.27

18-13 民用航空航线及飞机架数
Number of Civil Aviation Routes and Civil Aircrafts

指　　标	Item	2005	2010	2015	2017	2018	2019	2020	2021
民用航空航线(条)	**Number of Civil Aviation Routes(line)**	**391**	**543**	**560**	**507**	**776**	**625**	**534**	**457**
国际航线	International Routes	12	54	45	73	101	92	44	4
国内航线	Domestic Routes	379	489	515	434	675	533	490	453
#地区航线	#Regional Routes	4	15	10	7	8	8	4	
民用航班飞行机场(个)	**Number of Civil Airports(unit)**	**2**	**2**	**2**	**3**	**3**	**3**	**3**	**3**
#可降波音737以上机型	#Number of Civil Airports Accommodating Boeing 737 and Models of Higher Class	2	2	2	3	3	3	3	3
民用飞机架数(架)	**Number of Civil Aircrafts(unit)**	**47**	**74**	**140**	**188**	**214**	**210**	**206**	**206**
#波音737	Boeing 737	24	49	73	101	112	98	97	97
空客A330	Airbus A330		8	54	25	29	34	33	33
波音787	Boeing 787				**26**	**35**	40	38	38
空客A350	Airbus A350							2	2
空客A320	Airbus A320				14	14	16	14	14
空客A321	Airbus A321				19	22	22	22	22

18-14 历年港口货物吞吐量
Volume of Freight Handled in Coastal Ports in Various Years

单位：万吨 (10 000 tons)

年 份 Year	总 计 Total	海口港 Haikou	三亚港 Sanya	八所港 Basuo	洋浦港 Yangpu	其他沿海小港 Other Coastal Ports
1973	473	67	37	306		63
1974	471	57	37	303		74
1975	514	76	31	302		105
1976	496	57	35	284		120
1977	539	76	42	285		136
1978	544	76	45	307		116
1979	533	83	41	305		104
1980	483	72	38	278		95
1981	483	79	33	284		87
1982	557	88	36	343		90
1983	628	109	39	372		108
1984	686	131	53	411		91
1985	624	171	77	288		88
1986	722	174	64	391		93
1987	770	198	64	405		103
1988	826	241	59	392		134
1989	895	256	63	410		166
1990	929	288	37	431		173
1991	886	321	37	350		178
1992	1040	413	39	376		212
1993	1307	580	65	384		278
1994	1459	699	79	355		326
1995	1252	469	43	275		465
1996	1407	537	31	265		574
1997	1424	486	30	336		572
1998	1474	470	33	358	44	569
1999	1682	674	27	380	42	559
2000	1976	808	48	378	46	696
2001	1982	888	71	342	60	621
2002	2309	1073	49	343	91	753
2003	2757	1329	61	425	114	828
2004	3602	1439	75	548	220	1320
2005	3773	2118	49	489	431	686
2006	4333	2173	76	479	1016	589
2007	7331	4309	85	547	2351	39
2008	7692	4624	117	554	2352	45
2009	8345	4856	150	652	2649	38
2010	9662	5700	200	893	2825	44
2011	10905	6549	204	997	3101	54
2012	11792	7271	215	1068	3225	13
2013	10130	5424	140	1685	2880	
2014	14164	8915	226	1400	3525	98
2015	15356	9204	402	1767	3901	82
2016	16390	9952	595	1516	4058	269
2017	18473	11297	667	1605	4285	619
2018	18282	11883	201	1396	4206	596
2019	19839	12447	198	1507	5015	672
2020	19895	11781	221	1501	5664	727
2021	20373	12159	236	1652	5561	765

18-15 主要港口(水港)货物、旅客吞吐量(2021年)
Throughput of Freight & Passengers in Major Coastal Ports (2021)

单位：万吨 (10 000 tons)

港口(货物)	Ports (Freight)	货物吞吐量 Freight Throughput	出港 Out-port	进港 In-port
总计	**Total**	**20373**	**8186**	**12187**
按主要港口分	**By Major Coastal Ports**			
#海口港	Haikou	12159	5113	7046
三亚港	Sanya	236	7	229
八所港	Basuo	1652	741	911
洋浦港	Yangpu	5561	2087	3474
按货物分类	**By Type of Freight**			
煤炭	Coal	1415	66	1349
石油、天然气及	Petroleum, Natural Gas and Their Products	2620	1024	1597
金属矿石	Metal Ores	351	340	11
钢铁	Steel and Iron	618	97	520
矿建材料	Mineral Building Materials	845	222	623
水泥	Cement	384	72	312
木材	Timber	731	66	666
非金属矿石	Nonmetal Ores	746	335	411
化肥及农药	Chemical Fertilizers and Pesticides	162	112	51
盐	Salt	4	1	3
粮食	Grain	486	88	398
机械设备及电器	Mechanical Equipment & Electrical Equipment	976	448	528
化工原料及制品	Chemical Raw Materials and Products	1118	639	479
有色金属	Nonferrous Metals	15	7	8
轻工医药产品	Light Industrial and Medical Products	520	286	234
农副产品	Agricultural and Non-staple Products	909	341	568
其他	Others	1090	490	600

18-15 续(Continued)

港口	Ports	旅客吞吐量(万人) Passenger Throughput (10 000 persons)	出港 Out-port	进港 In-port
总计	**Total**	**1264.69**	**634.71**	**629.97**
海口港	Haikou	1257.35	631.05	626.30
三亚港	Sanya	7.34	3.66	3.68

18-16 邮电业务基本情况
Basic Statistics on Postal and Telecommunication Services

指　　标	Item	2015	2016	2017	2018	2019	2020	2021
邮电业务总量(亿元)	**Business Volume of Postal and Telecommunication Services (100 million yuan)**	**183.00**	**142.84**	**270.03**	**590.83**	**899.09**	**148.30**	**166.74**
邮政业务总量	Business Volume of Postal Services	12.61	16.89	19.00	21.84	25.37	31.25	30.97
电信业务总量	Business Volume of Telecommunication Services	170.39	125.95	251.27	569.24	873.72	117.05	135.77
邮政业务量	**Business Volume of Postal Services**							
函件(万件)	Number of Letters(100 million pcs)	541.9	489.2	418.5	308.4	282.5	282.7	283.8
包裹(万件)	Package(10 000 pcs)	28.3	11.1	18.0	14.0	13.9	14.6	13.5
快递(万件)	Pieces of Express Mail Services (10 000 pcs)	2953.0	4869.4	5915.8	7107.1	8143.4	11012.2	14503.9
报刊期发数(万份)	Issue of Newspapers and Magazines (10 000 copies)	102	96	98	87	79	77	15754
汇票(万笔)	Postal Order (10 000 times)	45.3	28.6	18.5	13.2	8.3	5.1	2.5
电信业务量	**Business Volume of Telecommunication Services**	**170.4**	**125.95**	**251.27**	**569.24**	**873.72**	**117.06**	**135.77**
移动电话通话时长(亿分钟)	Length of Calls of Mobile Telephone (100 million minutes)	237.8	467.1	458.0	291.4	387.1	353.3	348.5
移动短信业务量(亿条)	Short Message Services (100 million messages)	47.0	42.1	34.6	96.9	82.1	132.6	114.6
移动电话用户(万户)	Number of Mobile Telephone Subscribers at Year-end (10 000 subscribers)	920.5	942.3	1007.5	1085.3	1135.1	1135.2	1158.9
固定电话用户(万户)	Number of Fixed Telephone Subscribers at Year-end (10 000 subscribers)	171.0	169.2	160.5	161.1	171.1	166.4	173.7
移动电话交换机容量(万户)	Capacity of Mobile Telephone Exchanges (10 000 subscribers)	1572.4	1612.4	1684.0	2119.0	2119.0	2559.0	1964.0
长途光缆线路长度(公里)	Length of Long-distance Optical Cable Lines(10 000 km)	3377.0	3376.0	3376.1	915.0	3215.2	3175.3	2893.0
互联网宽带接入端口(万个)	Broadband Subscribers Port of Internet (10 000 ports)	342.5	507.0	571.6	726.1	794.1	852.3	1096.0
互联网宽带接入用户(万户)	Broadband Subscribers of Internet (10 000 subscribers)	133.9	186.5	228.7	279.1	323.2	351.5	450.2
城市宽带接入用户	Urban Broadband Subscribers	97.9	126.3	149.1	196.5	223.5	240.3	307.8
农村宽带接入用户	Rural Broadband Subscribers	35.9	60.2	79.6	82.6	99.7	111.2	142.4

注：邮政和通信业务总量按不变价计算，电信业务总量2016年起按2015年不变价计算，2020年起按上年不变价计算，下同。

Note:The business volume of postal and telecommunication services was calculated at constant prices. The total amount of telecommunication services is calculated as per the constant price in 2015 from 2016, and as per the constant unit price in the previous year from 2020, the same below.

18-17 邮电业务量
Business Volume of Postal and Telecommunication Services

年 份 Year	邮电业务总量 (万元) Business Volume of Postal and Telecommunication Services (10 000 yuan)	邮政业务总量 Business Volume of Postal Services	电信业务总量 Business Volume of Telecommunication Services	函 件 (万件) Number of Letters (10 000 pcs)
1987	2409	651	1758	2969
1988	3625	879	2746	3345
1989	4726	1050	3676	3473
1990	7887	2814	5073	3438
1991	19348	3538	15810	3659
1992	32220	4558	27662	4257
1993	60568	6549	54019	5384
1994	95277	8579	86698	5689
1995	114308	9377	104931	4998
1996	136767	10895	125872	4353
1997	173706	12399	161307	3789
1998	199496	14257	185239	3313
1999	246951	17470	229481	3178
2000	329516	18957	310559	2547
2001	355681	32848	322833	3010
2002	429384	32347	397037	2441
2003	465039	34509	430530	2304
2004	623520	37181	586339	1959
2005	750741	40929	709812	2012
2006	977641	47218	930423	1735
2007	1245150	53605	1191545	1368
2008	1589151	62851	1526300	1423
2009	1772259	74898	1697361	1373
2010	767414	62104	705310	1225
2011	918778	52168	866610	1490
2012	1032801	77800	955001	969
2013	1104441	88669	1015772	959
2014	1394317	106795	1287522	740
2015	1830018	126100	1703918	542
2016	1428471	168932	1259539	489
2017	2700310	189975	2510335	418
2018	5908332	218411	5689921	308
2019	8990909	253667	8737242	282
2020	1483025	312478	1170547	283
2021	1667386	309651	1357735	284

注：邮政和通信业务总量1987-1990年按1980年不变价计算，1991-1999年按1990年不变价计算，2000-2009年按2000年不变价计算，2010起按2010年不变价计算，2016年起按2015年不变价计算。

Note:The business volume of postal and telecommunication services from 1981 to 1990 was calculated at 1980 constant prices,and that from 1991 to 1999 was calculated at 1990 constant prices,and that from 2000 to 2009 was calculated at 2000 constant prices,and that since 2010 was calculated at 2010 constant prices，and that since 2016 was calculated at 2015 constant prices.

18-17 续1(Continued)

年 份 Year	包 裹 (万件) Package (10 000 pcs)	汇 票 (万笔) Postal Order (10 000 times)	移动短信业务量 (亿条) Short Message Services (100 million messages)
1987	38	207	
1988	39	205	
1989	39	196	
1990	41	192	
1991	41	200	
1992	46	235	
1993	58	341	
1994	58	435	
1995	68	353	
1996	72	302	
1997	61	272	
1998	62	238	
1999	63	214	
2000	60	204	
2001	64	184	
2002	68	161	2.47
2003	76	137	5.67
2004	85	103	9.60
2005	59	85	13.15
2006	46	84	20.36
2007	46	161	36.10
2008	42	210	41.45
2009	39	236	43.72
2010	40	256	49.50
2011	45	236	55.12
2012	41	184	62.40
2013	22	133	58.31
2014	39	83	49.60
2015	28	45	47.00
2016	11	29	42.10
2017	18	18	34.60
2018	14	13	96.90
2019	14	8	82.05
2020	15	5	132.55
2021	14	2	114.62

18-17 续2(Continued)

年 份 Year	移动电话 通话时长 (亿分钟) Length of Calls of Mobile Telephone (100 million minutes)	#去话通话时长 Length of Outgoing Calls	移动电话 用户 (万户) Number of Mobile Telephone Subscribers at Year-end (10 000 subscribers)	固定电话用户 (万户) Number of Fixed Telephone Subscribers at Year-end (10 000 subscribers)
1988				2.22
1989				3.03
1990				4.06
1991				5.73
1992			0.52	8.49
1993			1.04	13.58
1994			1.95	23.74
1995	2.06		3.11	28.04
1996	3.00		5.29	34.13
1997	5.88		13.10	38.69
1998	4.36		19.49	43.40
1999	0.35		5.80	52.70
2000	15.28		57.60	69.01
2001	21.17		81.20	105.51
2002	27.75		110.07	137.35
2003	44.86		136.32	162.81
2004	72.80		164.96	197.29
2005	90.83		203.87	230.02
2006	124.39		239.89	249.01
2007	169.46		324.84	239.95
2008	234.12		397.78	224.68
2009	281.70		496.44	182.83
2010	334.31		594.33	179.84
2011	229.40	229.40	671.64	174.98
2012	253.38	253.38	775.62	173.01
2013	467.13	251.13	858.30	173.59
2014	482.12	244.40	907.42	173.80
2015	237.80	237.80	920.48	171.01
2016	467.13	234.96	942.32	169.20
2017	457.98	232.73	1007.46	160.53
2018	291.43	79.82	1085.30	161.13
2019	387.07	226.63	1135.05	171.09
2020	353.30	209.22	1135.21	166.38
2021	348.53	207.51	1158.90	173.70

18-18 快递业务量
Business Volume of Express Services

年 份 Year	快 递 (万件) Pieces of Express Mail Services (10 000 pcs)	国内同城快递 Local Express Service	国内异地快递 National Express Service	国际及港澳台快递 Hong Kong, Macao, Taiwan and International Express Service	快递业务收入 (万元) Revenue from Express Service (10 000 yuan)
1993	23.70				
1994	31.50				
1995	33.00				
1996	39.20				
1997	39.90				
1998	42.30				
1999	50.10				
2000	47.10				
2001	62.90				
2002	70.00				
2003	64.80				
2004	95.72				
2005	108.10				
2006	124.00				
2007	142.00				
2008	384.20	69.70	308.70	5.80	9600.20
2009	429.50	58.20	364.50	6.80	13797.90
2010	681.20	197.90	474.90	8.50	17982.10
2011	953.50	214.80	731.20	7.50	20164.60
2012	1123.60	232.70	883.10	7.80	23230.10
2013	2226.86	329.10	1891.81	5.94	28075.73
2014	2248.55	250.59	1991.72	6.25	43190.57
2015	2953.04	545.47	2401.89	5.69	63444.78
2016	4869.35	1108.16	3755.54	5.65	100300.00
2017	5915.77	1791.78	4118.18	5.82	126970.80
2018	7107.05	2222.95	4877.57	6.54	163135.29
2019	8143.41	1752.58	6384.78	6.05	184819.15
2020	11012.23	1543.55	9461.86	6.83	239119.87
2021	14503.86	1927.36	12571.70	4.81	290023.23

18-19 邮政业网点及邮递线路(年底数)
Postal Offices and Postal Delivery Routes at Year-end

年 份 Year	营业网点 (处) Number of Offices (unit)	信筒信箱 (个) Number of Post Boxes (unit)	农村投递路线 (公里) Rural Delivery Routes (km)	邮路总长度 (公里) Length of Postal Routes (km)	#航空邮路 Air Mail Routes	#汽车邮路 Highway Routes
1993	440		20800	88752	82498	6254
1994	474		20312	97955	87798	10157
1995	506		19701	87007	78135	8872
1996	524		19291	55107	46477	8630
1997	575		20474	88656	79497	9159
1998	621		21745	50198	39740	10458
1999	525		19838	51028	40909	10119
2000	503		19732	58029	46079	11950
2001	504		20353	33942	22194	11748
2002	494		20296	35873	23148	12725
2003	487		22858	41939	25311	16628
2004	468		23108	34831	20710	14121
2005	458		23172	36498	22012	14486
2006	463		23645	32414	20383	12031
2007	458	836	23281	39422	27421	12001
2008	445	829	19589	61917	50307	11610
2009	443	853	22084	63250	50650	12600
2010	412	843	22155	93211	80385	12826
2011	418	672	21216	93432	80385	13047
2012	416	666	24373	90619	80385	10234
2013	451	671	25273	90405	80385	10020
2014	423	3270	28330	92173	80385	11788
2015	1516	3259	28895	96833	80385	16448
2016	1740	3240	28860	96486	80385	16101
2017	1714	3223	30595	86508	67189	18851
2018	1767	3138	30662	91597	73565	17551
2019	1684	3140	32039	168087	150915	16787
2020	2109	2951	32452	173199	148602	19762
2021	2415	2933	32155	184361	148970	24021

18-20 电信主要通信能力和服务水平(年底数)

Main Communication Capacity and Services Available of Telecommunications at Year-end

年 份 Year	移动电话交换机容量(万户) Capacity of Mobile Telephone Exchanges (10 000 subscribers)	长途光缆线路长度(公里) Length of Long Distance Optical Cable Lines (km)	固定电话普及率(部/百人) Popularization Rate of Fixed Telephone (sets/100 persons)
1993	1.40	129	
1994	2.93		4.5
1995	9.50	534	5.7
1996	11.50	874	6.2
1997	18.50	1199	6.3
1998	42.50	1750	7.1
1999	13.00	2208	8.2
2000	112.80	3179	9.9
2001	125.60	333	14.9
2002	134.29	1155	18.1
2003	148.63	1180	21.1
2004	179.10	618	24.3
2005	245.00	642	28.2
2006	275.61	850	30.1
2007	438.91	1702	28.7
2008	568.36	1839	26.6
2009	864.40	811	21.4
2010	1099.40	3270	20.8
2011	1347.40	3302	19.9
2012	1512.40	3039	19.3
2013	1532.00	6549	19.4
2014	1532.40	3302	19.0
2015	1572.40	3377	19.1
2016	1612.40	3376	18.6
2017	1684.00	3376	17.5
2018	2119.00	915	17.4
2019	2119.00	3215	18.3
2020	2559.00	3175	17.6
2021	1964.00	2893	17.2

18-21 邮政通信服务水平（年底数）
Postal Services Available at Year-end

年 份 Year	移动电话普及率（部/百人） Popularization Rate of Mobile Telephone (sets/100 persons)	平均每一营业网点服务人口（人） Average People Served by Every Postal Office (Persons)	平均每人每年发函件数（件） Annual Average Number of Letters Mailed per Capita (Piece)	已通邮的行政村比重(%) Percentage of Administrative Village with Posts (%)
1994		14384	8.3	94.4
1995		13664	7.2	93.1
1996	0.8	13486	6.2	93.5
1997	1.8	12418	5.3	99.0
1998	2.7	11809	4.5	99.0
1999	4.0	13968	4.3	93.5
2000	7.7	14579	3.4	94.5
2001	10.3	15098	3.9	95.5
2002	13.8	15577	3.2	85.6
2003	17.0	15994	3.0	99.0
2004	20.3	16886	2.5	99.0
2005	24.9	17670	3.0	98.0
2006	29.0	17775	2.0	99.0
2007	38.9	18187	2.0	99.0
2008	47.1	19016	2.0	100.0
2009	58.1	18665	2.0	99.0
2010	68.8	21391	1.4	96.0
2011	77.3	21512	1.2	98.0
2012	86.6	21789	1.0	100.0
2013	95.8	19657	1.1	99.9
2014	101.4	21165	0.8	100.0
2015	102.8	6008	0.6	100.0
2016	103.5	5271	0.5	100.0
2017	109.8	5401	0	100.0
2018	117.2	5287	0.3	100.0
2019	121.6	5536	0.3	100.0
2020	120.2	4780	0.3	100.0
2021	115.0	4174	0.3	100.0

主要统计指标解释

货（客）运量 指在一定时期内，各种运输工具实际运送的货物（旅客）数量。它是反映运输业为国民经济和人民生活服务的数量指标，也是制定和检查运输生产计划、研究运输发展规模和速度的重要指标。货运按吨计算，客运按人计算。货物不论运输距离长短、货物类别，均按实际重量统计。旅客不论行程远近或票价多少，均按一人一次客运量统计；半价票、小孩票也按一人统计。

货物(旅客)周转量 指在一定时期内，由各种运输工具运送的货物(旅客)数量与其相应运输距离的乘积之和。它是反映运输业生产总成果的重要指标，也是编制和检查运输生产计划，计算运输效率、劳动生产率以及核算运输单位成本的主要基础资料。计算货物周转量通常按发出站与到达站之间的最短距离，也就是计费距离计算。计算公式为：

货物(旅客)周转量＝Σ货物(旅客)运输量×运输距离

港口货物吞吐量 指经由水路进、出港区范围，并经过装卸的货物数量。按货物流向分，为进港吞吐量和出港吞吐量。按货物的贸易性质分，为内贸和外贸吞吐量。按货物的类别分，可根据现行的交通行业标准《运输货物分类和代码》分类。沿海港口是指位于海沿岸，具有一定设施和条件，供船舶停靠、旅客上下、货物装卸、生活物料供应等作业的港口。

民用汽车拥有量 指报告期末，在公安交通管理部门按照《机动车注册登记工作规范》，已注册登记领有民用车辆牌照的全部汽车数量。汽车拥有量统计的主要分类，根据汽车结构分为：载客汽车、载货汽车、其他汽车；根据汽车所有者不同分为：个人(私人)汽车、单位汽车；根据汽车的使用性质分为：营运汽车、非营运汽车；根据汽车大小规格不同，载客汽车分为：大型、中型、小型和微型，载货汽车分为重型、中型、轻型和微型。

邮电业务总量（又称通信业务总量） 指以价值量形式表现的邮电通信企业为社会提供各类邮电通信服务的总数量。分别按邮政业务总量和电信业务总量统计。邮电业务总量是以各类业务的实物量分别乘以相应的不变单价，得出各类业务的货币量再加总求得。该指标综合反映了一定时期邮电业务发展的总成果，是研究邮电业务量构成和发展趋势的重要指标。

Explanatory Notes on Main Statistical Indicators

Freight (Passenger) Traffic refers to the volume of freight (passenger) transported actually by various modes within a specific period of time. This indicator reflects the service of the transport industry towards the national economy and the people's living conditions, as well as an important indicator used in formulating and monitoring transport production plans and researching into the scale and pace of transport development. Freight transport is calculated in tons and passenger traffic is calculated in terms of number of persons. Freight transport is calculated in terms of the actual weight of goods and takes no account of the type of freight and distance of travel. Passenger traffic is calculated by the principle that one person can be counted only once in one trip and takes no account of the travelling distance and ticket price. The passengers who travel with a half-price ticket or a child ticket are also calculated as one person.

Freight Ton-kilometers (Passenger-kilometers) refers to the sum of the volume of transported goods (passengers) multiplied by the transport distance. It is an important indicator to reflect achievements of the transportation industry. This is an important indicator to show the total results of the transport industry; to prepare and examine the transport plan; and to serve as the main basic data for calculating the efficiency, labour productivity and unit cost of transport. Normally, the shortest distance between the departure station and the destination station (i.e., the payable distance) is the basis in calculating the freight ton-kilometers. The formula is as follows:

$$\begin{matrix}\text{Freight ton - kilometres} \\ \text{(passenger - kilometres)}\end{matrix} = \sum \begin{matrix}\text{freight} \\ \text{(passenger)traffic}\end{matrix} \times \begin{matrix}\text{distance of} \\ \text{transportation}\end{matrix}$$

Volume of Freight Handled in Coastal Ports (Freight Throughput) refers to the volume of incoming and outgoing goods handled in the major coastal ports. The volume of freight handled may be classified into two categories by direction of flow: in-port and out-port, and by nature of cargo it can be classified into two kinds: freight for domestic trade and for foreign trade. The classification of cargo can also refer to the current transport standard of The Classification and Code of Cargo Type. Coastal ports refer to the ports which are located at the edge of an ocean or sea, and with some facilities for vessel callings, passenger embarking/debarking, cargo loading/unloading, living material supply, etc.

Possession of Civil Vehicles refers to the total number of vehicles that are registered and received vehicle license tags according to the Motor Vehicle Registration Specifications formulated by the Transport Management Office under the department of public security at the end of report period. According to the structure of motor vehicles, they are divided into passenger vehicles, trucks and others; according to ownership into private vehicles and vehicles for the unit's use; according to kind of usage into operating vehicles and non-operating vehicles; and according to size of vehicles into large passenger vehicles, medium-sized passenger vehicles, small passenger vehicles and mini passenger vehicles, heavy trucks, light-heavy trucks, light trucks and mini-trucks.

Business Volume of Post and Telecommunications （Business Volume of Communications） refers to the total amount of postal and telecommunication services for the whole society in terms of value, provided by the postal and telecommunication enterprises. It's an aggregative indicator that reflects the trend of development and changes of postal and telecommunication services. Its statistical data includes two parts: postal services and telecommunication services. Business volume of post and telecommunications is the sum of physical quantities of all services respectively multiplied by their corresponding unit price (constant price).

19

金　融

Finance Intermediation

编辑人员：吕初坪

Compiled by Lyu Chuping

英文翻译：吕初坪

Translated by Lyu Chuping

简 要 说 明

本章节主要内容

反映我省金融、证券和保险业发展情况。由三个部分构成：一是金融机构金融活动情况，二是保险业务情况，三是证券市场情况。

Brief Introduction

Main Contents

This chapter reflects the situation of banking, securities and insurance industry development in Hainan and it consists of three parts: financial activities, insurance business and securities market situation.

19-1 历年全社会金融机构存贷款余额
Deposit and Loan Balance of Financial Institutions in Various Years

单位：亿元 (100 million yuan)

年份 Year	人民币 RMB			本外币 RMB and Foreign Currency		
	年末存款余额 Deposit Balance	#储蓄存款 Savings Deposits	年末贷款余额 Loan Balance	年末存款余额 Deposit Balance	#储蓄存款 Savings Deposits	年末贷款余额 Loan Balance
1992	346.80	112.75	269.51			
1993	432.92	184.02	370.77			
1994	496.17	232.91	467.25			
1995	556.41	279.41	554.44			
1996	652.06	327.13	645.03			
1997	742.30	362.61	755.94			
1998	772.24	385.52	799.89			
1999	847.88	398.39	882.20			
2000	888.72	404.74	622.47			
2001	873.18	427.33	636.65			
2002	834.00	484.08	647.44	891.93	522.55	780.40
2003	991.90	546.87	733.10	1050.45	581.96	874.76
2004	1110.83	615.92	801.21	1159.31	645.48	920.55
2005	1262.16	697.57	874.32	1302.29	721.98	996.32
2006	1513.69	790.57	993.78	1560.30	812.18	1123.34
2007	1833.21	863.12	1086.89	1873.00	878.88	1228.04
2008	2305.46	1061.12	1219.68	2350.86	1075.23	1383.39
2009	3107.26	1280.05	1728.81	3175.70	1294.42	1940.86
2010	4166.03	1658.42	2266.55	4217.16	1671.48	2514.08
2011	4449.99	1874.27	2793.79	4510.03	1888.48	3194.96
2012	5042.83	2170.91	3381.60	5109.70	2186.84	3889.63
2013	5878.60	2465.04	3978.15	5952.50	2480.36	4630.78
2014	6363.57	2672.31	4684.32	6427.88	2687.39	5391.51
2015	7508.84	2974.53	5685.14	7626.07	2995.32	6643.54
2016	8959.21	3387.96	6569.47	9080.13	3416.64	7672.98
2017	10016.62	3790.10	7376.55	10096.38	3815.80	8459.27
2018	9548.56	4188.82	7870.60	9610.47	4215.26	8820.12
2019	9645.79	4495.25	8596.37	9737.77	4521.07	9521.10
2020	10151.47	5011.79	9230.18	10312.45	5037.33	9981.72
2021	11187.88	5516.18	9926.01	11338.68	5541.64	10607.06

19-2 金融机构存贷款项目构成
Composition of Deposits and Loans of Financial Institutions

单位：万元 (10 000 yuan)

指　　标	Item	2021
各项存款	**Deposits Balance**	**111878767**
境内存款	Domestic Deposits	111373494
住户存款	Personal Deposits	55161770
活期存款	Demand Deposits	26693217
定期及其他存款	Time Deposits and Others	28468553
非金融企业存款	Non-financial Enterprises Deposits	35213266
活期存款	Demand Deposits	19707722
定期及其他存款	Time Deposits and Others	15505544
广义政府存款	General Government Deposits	19518820
财政性存款	Fiscal Deposits	2036388
机关团体存款	Government Organization Deposits	17482432
非银行业金融机构存款	Non-banking Financial Institutions Deposits	1479638
境外存款	Oversea Deposits	505272
各项贷款	**Loans Balance**	**99260141**
境内贷款	Domestic Loans	99194210
住户贷款	Personal Loans	34459103
短期贷款	Short-term Loans	3041163
消费贷款	Consumer Loans	1483465
经营贷款	Business Loans	1557698
中长期贷款	Medium & Long Term Loans	31417940
消费贷款	Consumer Loans	24503666
经营贷款	Business Loans	6914274
非金融企业及机关团体贷款	Non-financial Enterprises and Government Organization Loans	64700107
短期贷款	Short-term Loans	10753295
中长期贷款	Medium & Long Term Loans	49081454
票据融资	Financing Instruments	4291723
融资租赁	Finance Lease	
各项垫款	The Advances	573635
境外贷款	Oversea Loans	65931

注：本表为金融机构人民币信贷收支数据。
Note:The data comes from the credit for RMB income and expenditure of financial institutions.

19-3 各市县金融机构存款余额
Deposits Balances of Financial Institutions by Region

单位：万元 (10 000 yuan)

市 县	Region	2005	2010	2015	2017	2018	2019	2020	2021
海口市	Haikou	7600163	22389488	39628231	54202711	48993073	49493565	51641109	58397337
三亚市	Sanya	1211105	6164218	12062642	16766621	15289132	15309636	16393699	17539551
儋州市	Danzhou	690679	2362904	3889653	5070293	5267359	5498369	5689624	5942879
五指山市	Wuzhishan	107668	290238	635879	698493	813879	809573	850224	852445
文昌市	Wenchang	456165	1610404	2581151	3253351	3433399	3806118	4130185	4472715
琼海市	Qionghai	528980	1781932	2626317	3448425	3735712	3858317	4126817	4262945
万宁市	Wanning	289985	1126679	1912797	2377154	2460974	2457689	2741319	2836264
定安县	Ding'an	146817	576606	922414	1179711	1251283	1305268	1442731	1539126
屯昌县	Tunchang	118549	391019	685132	877919	945555	1086577	1174752	1197388
澄迈县	Chengmai	230460	1029187	1621399	2213532	2530950	2609340	2705420	3303288
临高县	Lingao	147116	437176	817186	1054387	1317059	1343701	1411376	1510490
东方市	Dongfang	282867	759412	1422058	1729182	1788036	1669090	1903483	2075390
乐东县	Ledong	167478	696309	1270278	1616047	1751107	1798765	1850283	2037676
琼中县	Qiongzhong	126574	327981	602552	801424	829148	909506	1043277	1119056
保亭县	Baoting	61872	368424	711147	899521	1063633	1009441	1100127	1133225
陵水县	Linshui	150740	989750	2293800	3067374	2694443	2440599	2714957	2963952
白沙县	Baisha	106613	284667	522906	655183	764220	809710	849937	830625
昌江县	Changjiang	197454	567526	978327	1043226	1174881	1076447	1244988	1265483

注：本表数据为金融机构本外币信贷收支数据。
Note: The data comes from the credit for RMB and foreign currency income and expenditure of financial institutions.

19-4 各市县金融机构贷款余额
Loans Balances of Financial Institutions by Region

单位：万元 (10 000 yuan)

市 县	Region	2005	2010	2015	2017	2018	2019	2020	2021
海口市	Haikou	6150427	19332584	36560306	56003341	57006762	62205297	64910294	68391697
三亚市	Sanya	587047	2286451	8710976	12711734	12848928	13317928	12859144	13364152
儋州市	Danzhou	806257	1085935	2955632	3618148	4816812	4896571	5239535	5696414
五指山市	Wuzhishan	94888	86810	215820	288278	309964	390225	507926	588267
文昌市	Wenchang	166745	361983	939947	1541009	1616116	1695892	1897977	2065277
琼海市	Qionghai	180250	405260	1283321	1463519	1716930	2123223	2464970	2729518
万宁市	Wanning	100062	194453	1912797	1354981	1496589	1600963	1761606	1832587
定安县	Ding'an	55346	101049	355165	436978	476779	533281	636081	706034
屯昌县	Tunchang	63520	87150	308656	357470	401646	458733	533175	616178
澄迈县	Chengmai	109474	313279	917135	1461371	1776291	1920539	2039014	2323517
临高县	Lingao	77751	111430	462279	426717	558738	683353	927812	748966
东方市	Dongfang	63929	97373	574289	742719	721613	787305	921346	1085145
乐东县	Ledong	76064	69269	530075	692734	656191	733762	795797	1041866
琼中县	Qiongzhong	41839	64438	331710	721965	883440	833006	768728	827324
保亭县	Baoting	9045	46538	224904	352674	270995	305923	334215	397426
陵水县	Linshui	72167	294291	1151194	1723084	1921362	1967409	2045083	2106005
白沙县	Baisha	31308	36648	159422	234793	232628	256304	289340	397172
昌江县	Changjiang	57123	122264	382430	461232	489398	499144	872465	1114691

注：本表数据为金融机构本外币信贷收支数据。

Note: The data comes from the credit for RMB and foreign currency income and expenditure of financial institutions.

19-5 全省保险业务总量
Economic and Technical Indicators on Insurance Companies

单位：万元 (10 000 yuan)

指 标	Item	保费收入 Premium			赔款及给付 Claim and Payment		
		2019	2020	2021	2019	2020	2021
合 计	**Total**	**2026712**	**2059097**	**1982998**	**597766**	**659579**	**746052**
财产保险公司	**Property Insurance Companies**	**774501**	**809228**	**888938**	**376977**	**436966**	**550346**
企业财产保险	Enterprise Property Insurance	27517	30900	19505	5917	8474	6366
家庭财产保险	Family Property Insurance	2045	2259	2549	487	359	693
机动车辆保险	Motor Vehicle Insurance	426114	430692	432139	214808	219715	253496
工程保险	Engineering Insurance	10099	11213	15475	6525	2733	2621
责任保险	Liability Insurance	36419	42638	62323	15567	21549	29397
信用保险	Export Credit Insurance	393	91	57	93	73	26
保证保险	Guarantee Insurance	82354	56337	25552	30964	56315	40756
船舶保险	Ship Insurance	4697	5579	6197	2270	2593	2424
货运保险	Freight Transport Insurance	2464	3519	5369	1615	1010	769
特殊风险保险	Special Risks Insurance	22763	21391	21686	9871	11942	1629
农业保险	Agriculture Insurance	97667	115933	145821	70084	84246	128519
健康保险	Health Insurance	34609	57892	111355	12987	22250	75168
人身意外保险	Accident Injury Insurance	26201	29222	37328	5444	5190	6764
其他保险	Other Insurance	1157	1561	3583	346	519	1716
人寿保险公司	**Total Life Insurance Companies**	**1252211**	**1249868**	**1094060**	**220789**	**222613**	**195706**
寿险	Life Insurance	902573	888083	800248	139672	132821	111285
健康保险	Health Insurance	299395	321927	25977	77483	86288	79937
人身意外伤害险	Personal Accident Insurance	50243	39859	267834	3634	3504	4484

19-6 各市县原保险保费收入和赔付支出情况(2021年)
Premium of Primary Insurance and Payment by Region (2021)

单位：万元 (10 000 yuan)

地 区	Region	原保险保费收入 Premium of Primary Insurance			赔付支出 Payment		
		合计 Total	财产险业务 Property Insurance	人身险业务 Life Insurance	合计 Total	财产险业务 Property Insurance	人身险业务 Life Insurance
全省合计	**Total**	**1982998**	**740255**	**1242743**	**746052**	**468413**	**277639**
省本级	Provincal	81	69	12	6949	6271	678
海口市	Haikou	1340590	453246	887344	523227	295865	227363
三亚市	Sanya	248092	104406	143686	74899	59546	15353
三沙市	Sansha	3743	3062	681	1732	1094	638
儋州市	Danzhou	74247	31530	42717	22606	16905	5701
五指山市	Wuzhishan	10065	4162	5903	2977	2191	786
文昌市	Wenchang	43143	15889	27255	12713	8447	4266
琼海市	Qionghai	47192	18739	28453	15871	11475	4395
万宁市	Wanning	32408	10967	21440	9475	6251	3223
定安县	Ding'an	14009	6213	7796	4816	3508	1308
屯昌县	Tunchang	13746	7172	6574	4489	3346	1143
澄迈县	Chengmai	22647	12445	10203	12714	11188	1526
临高县	Lingao	18113	10832	7281	10085	8873	1212
东方市	Dongfang	22127	13170	8956	8567	7265	1302
乐东县	Ledong	17046	8194	8852	6702	5307	1394
琼中县	Qiongzhong	13044	7026	6017	4915	3818	1097
保亭县	Baoting	11813	4041	7772	3272	1710	1562
陵水县	Linshui	22503	11701	10802	7660	5125	2535
白沙县	Baisha	10762	8855	1907	6050	5712	338
昌江县	Changjiang	17628	8537	9091	6332	4515	1817

19-7 证券市场基本情况
The Basic Situation of Securities Market

指　　标	Item	2019	2020	2021
上市公司数（家）	Number of Listed Companies (unit)	31	32	34
#A股	A Shares	31	32	34
#B股	B Shares	4	4	4
挂牌公司数(家)	Number of Listed Companies(unit)	31	30	30
辅导企业数	Number of Guidance Enterprises (unit)	4	1	2
证券公司数（家）	Number of Securities Companies(unit)	2	2	2
证券公司分公司(家)	Number of Securities Companies(unit)	30	35	41
证券营业部数（家）	Number of Securities Business (unit)	55	50	51
证券交易服务部数（家）	Number of Securities Trading Service Departments (unit)			
期货公司（家）	Number of Futures Broker Companies (unit)	2	2	2
期货公司分公司(家)	Number of Furtures Broker Companies(unit)	2	4	5
期货经纪公司营业部（个）	Number of Trading Offices Futures Broker Companies (unit)	10	10	9
证券投资咨询机构数（家）	Number of Securities Investment Consultative Institutions (unit)	1	1	1
证券从业人员数（人）	Number of Staff and Workers in Securities(person)	1121	1166	1560
期货从业人员数（人）	Number of Staff and Workers in Futures(person)	170	179	197
证券投资者开户数（万户）	Number of Staff and Workers in Futures Investors(10000 accounts)	139.63	153.11	169.55
期货投资者开户数（户）	Number of Staff and Workers in Futures Investors(account)	16567.00	16796	19029
证券市场筹资总额（亿元）	Total Capital Volume Collected by Listed Companies (100 million yuan)	214.42	199.11	135.98
发行	Issuing		2.22	4.3
配股	Share Right Issued			
增发	Adding Shares Issue	6.03	24.88	9.18
公司债	Debenture	144.19	78	93
资产证券化产品	Asset Securitization	64.20	94.01	30
上市公司总资产（亿元）	Total Assets of Listed Companies(100 million yuan)	4030.77	3644.9	3654.97
上市公司净资产（亿元）	Net Assets of Listed Companies (100 million yuan)	1418.13	621.89	1116.01
上市公司总股本（亿股）	Total Capital Shares of Listed Companies(100 million shares)	501.19	515.52	775.5
市价总值（亿元）	Total Market Value (100 million yuan)	2293.19	2500.24	3867.35
上市公司净利润（亿元）	Net Profit of Listed Companies (100 million yuan)	-14.55	-745.39	26.34
上市公司每股平均收益（元）	Per Share Income of Listed Companies (yuan)	-0.03	-1.45	0.03
证券经营机构证券交易量(亿元)	Trading Volume of Securities Business Institutions (100 million yuan)	11816.96	16246.87	19259.05
期货经营机构代理交易量(亿元)	Proxy Trading Volume of Futures Business Institutions (100 million yuan)	4784.91	8333.89	9208.44

主要统计指标解释

信贷资金 指金融机构以信用方式积聚和分配的货币资金。金融机构信贷资金的来源有各项存款、对国际金融机构负债、流通中货币、银行自有资金及当年结益等；信贷资金的运用有各项贷款、黄金占款、外汇占款、财政借款及在国际金融机构中的资产等。

存款 指企业、机关、团体或居民根据资金必须收回的原则，把货币资金存入银行或其他信用机构保管并取得一定利息的一种信用活动形式。根据存款对象的不同可划分为企业存款、财政存款、机关团体存款、基本建设存款、城镇储蓄存款、农村存款等科目。它是银行信贷资金的主要来源。

贷款 指银行或其他信用机构根据资金必须归还的原则，按一定利率，为企业、个人等提供资金的一种信用活动形式。我国银行贷款分为流动资金贷款、固定资产贷款、城乡个体工商户贷款以及农业贷款等科目。

保险公司 在中国境内的、经过保险监督部门批准设立，并依法登记注册的各类商业保险公司。

保险金额 指保险人承担赔偿或者给付保险金责任的最高限额。

保费 指投保人为取得保险人在约定范围内所承担赔偿责任而支付给保险人的费用。

赔款 指保险人根据保险合同的规定，向被保险人支付的赔偿保险责任损失的金额。

给付 包括死伤医疗给付和满期给付。死伤医疗给付是指保险人根据人寿保险及长期健康保险合同的规定，因被保险人在保险期内发生保险责任范围内的保险事故支付给被保险人（或受益人）的金额。满期给付是指被保险人生存期满，保险人按人寿保险合同规定支付给被保险人的满期保险金额。

Explanatory Notes on Main Statistical Indicators

Credit Funds refer to the funds issued as loans by banking institutions. The sources of credit funds of the banking institutions included deposits, liabilities to international financial institutions, currency in circulation, self-owned funds and current retained profits, etc. The credit funds can be used in forms of loans, gold, foreign exchange, government debt and assets in the international financial institutions.

Deposit is a form of credit by which enterprises, institutions, organizations or households can put money into banks and other credit institutions for safekeeping and interest earning under the principle of free withdrawal. According to different depositors, deposits are divided into enterprise deposits, treasury deposits, deposits of government agencies and organizations, capital construction deposits, urban savings deposits, rural deposits and other deposits. Deposits are major sources of the credit funds of banks.

Loan is a form of credit by which banks and other credit institutions provide funds at certain interest rate to enterprises and individuals in the light of the principle of unconditional repayment. Loans from Chinese banks include circulating capital loans, fixed assets loans, loans to urban and rural individuals engaged in industrial and commercial business and agricultural loans.

Insurance Companies refer to commercial insurance companies of various forms registered by law and established in China with the approval of insurance regulatory agencies.

Amount Insured refers to the maximum that the insurant will get for the claim of the case insured.

Premium is the fee paid by the insurant to the insurer to obtain the obligation of compensation from the insurance within the agreed terms.

Settled Claim is the compensation paid by the insurer to the insurant in accordance with the insurance contract.

Payment includes payment for death, injury or medical treatment and mature payment. Payment for death, injury or medical treatment refers to the money paid to the insurant (or the beneficiary) in accordance with the life or health insurance contract when the insurant encounters accidents within the insured period covered in the contract. Mature payment refers to the mature payment to the insurant in accordance with the life insurance contract at the end of the insured period.

20

科学技术

Science and Technology

编辑人员：吴庆婷 李廷轲

Compiled by Wu Qingting Li Tingke

英文翻译：陈　敏 符荟杰

Translated by Chen Min Fu Huijie

简 要 说 明

本篇主要反映我省科学技术活动的基本情况。

一、本篇资料的主要内容

包括全社会以及工业企业、政府部门属研究机构、高校的研究与试验发展（R&D）活动情况；国内外专利申请和授权情况；高技术企业生产及研发活动情况。

二、本篇资料的统计范围

科技活动统计资料范围为全社会有研究与试验发展（R&D）活动的企事业单位，具体包括工业企业、政府部门属研究机构、普通高等学校以及研究与试验发展（R&D）活动相对密集行业（包括农、林、牧、渔业，建筑业，交通运输、仓储和邮政业，信息传输、计算机服务和软件业，金融业，租赁和商务服务业，科学研究、技术服务和地质勘查业，水利、环境和公共设施管理业，卫生、社会保障和社会福利业，文化、体育和娱乐业等）中从事研究与试验发展（R&D）活动的企事业单位。

三、本篇资料的统计调查方法

研究与试验发展(R&D)活动情况采用全面调查取得。

四、科技活动统计资料口径变动说明

2000 年以前科技活动统计资料只包括大中型工业企业、政府部门属研究机构、普通高等学校，2000 年及以后年份扩大到了全社会范围。

Brief Introduction

Data in this chapter show the basic conditions on Hainan's scientific and technological development.

I. Main Contents

Data on technology mainly include: data on scientific and technological activities, R&D activities all over the province, including industrial enterprises, scientific and technological institutions under government departments, universities and colleges; data on domestic and foreign patents application accepted and granted, data on production, research and development activities of high-tech enterprises

II. Scope of Statistics

Coverage of data: data on research and development (R&D) activities of enterprises and institutions all over the province, mainly including industrial enterprises, scientific and technological institutions under government departments, universities and colleges and relatively R&D-intensive industries (such as agriculture, forestry, animal husbandry，fisher，construction, transport, storage and post, information transmission, computer services and software, financial intermediation, leasing and business services, scientific research, technical service and geologic prospecting, management of water conservancy, environment and public facilities, health, social security and social welfare, culture, sports and entertainment).

III. Statistical methodology

Data on R&D activities are collected through complete surveys.

IV.Changes of the Statistical Coverage of Data on Scientific and Technological Activities

Before 2000, data only included large and medium-sized industrial enterprises, scientific research institutions under government departments, and universities and colleges. Since 2000 (inclusive), data have covered all industries.

20-1 科技活动基本情况
Basic Statistics on Scientific and Technological Activities

指　标	Item	2015	2016	2017	2018	2019	2020	2021
研究与试验发展(R&D)投入情况	**Statistics on R&D Input**							
R&D人员全时当量(人年)	Full-time Equivalent of R&D Personnel(10 000 man-years)	7713	7840	7715	8160	8903	8961	13457
#基础研究	Basic Research	716	1431	1521	1578	1779	2077	3100
应用研究	Applied Research	1155	1132	1333	1830	2398	1774	2993
试验发展	Experimental Development	5842	5278	4860	4752	4728	5110	7364
R&D经费支出(亿元)	Expenditure on R&D (100 million yuan)	16.97	21.71	23.11	26.87	29.91	36.62	46.98
#基础研究	Basic Research	0.97	5.32	7.06	5.51	5.71	7.21	11.87
应用研究	Applied Research	2.60	5.20	5.57	5.93	7.36	6.96	8.28
试验发展	Experimental Development	13.39	11.19	10.48	15.43	16.84	22.45	26.83
#政府资金	Government Funds	5.39	10.47	13.15	13.32	12.99	21.21	24.31
企业资金	Self-raised Funds by Enterprises	11.14	8.26	9.42	12.24	14.43	14.25	18.59
R&D经费支出占地区生产总值比例(%)	Ratio of Expenditure on R&D to GDP (%)	0.46	0.54	0.52	0.55	0.56	0.66	0.73
科技产出及成果情况	**Statistics on S&T Outputs and Results**							
发表科技论文(篇)	Scientific Papers Issued (pieces)	8227	7560	8108	7940	8137	7534	8505
出版科技著作(种)	Publication on Science and Technology (kind)	378	381	463	380	383	429	410
科技成果登记数(项)	Number of Major Achievements in Science and Technology(item)	215	320	436	229	149	135	163
专利申请授权数(件)	Number of Patents Application Granted (piece)	2060	1938	2084	3292	4423	8578	13632
#发明专利	Inventions	417	385	352	489	530	721	954

20-2 公有经济企业专业技术人才分行业情况(2021年)
Statistics on Professional and Technical Personnel in State-owned Economy and Collective-owned Economy by Sector (2021)

单位：人 (person)

行 业	Item	合 计 Total	工程技术人员 Engineering Technicians	农业技术人员 Agriculture Technicians	科学研究人员 R&D Experiment Personel	卫生技术人员 Medical Technicians	教学人员 Teaching Personnel	其他 Others
合 计	**Total**	**16179**	**6380**	**619**	**78**	**504**	**184**	**8414**
农林牧渔业	Agriculture,Forestry, Animal Husbandry and Fishery	1989	461	562	50	74	70	772
采矿业	Mining	152	24			1	1	126
制造业	Manufacturing	203	109	4		2		88
电力、热力、燃气及水的生产和供应业	Production and Supply of Electric Power,Gas and Water	890	678	3			4	205
建筑业	Construction	2738	2119	3	2		2	612
交通运输、仓储和邮政业	Transport, Storage and Post	878	286	17		6	41	528
信息传输、软件和信息技术服务业	Information Transmission, Software and Information Technology	334	109				2	223
批发和零售业	Wholesale & Retail Services	496	25	2			2	467
住宿和餐饮业	Hotels and Catering Services	160	89	1			4	66
金融业	Financial Intermediation	2908	173	1				2734
房地产业	Real Estate	1210	746	11		3	6	444
租赁和商务服务业	Leasing and Business Services	383	61	9		6	12	295
科学研究和技术服务业	Scientific Research and Technical Services	1050	970		10	1	1	68
水利、环境和公共设施管理业	Management of Water Conservancy,Environmental and Public Facilities	475	351	4	13		1	106
居民服务、修理和其他服务业	Services to Households and Other Services	175	52	2	3		4	114
教育	Education	34	2				30	2
卫生和社会工作	Health Care,Social Security and Social Welfare	429				411	1	17
文化、体育和娱乐业	Culture,Sports and Enterainment	1626	114				2	1510
公共管理、社会保障和社会组织	Public Management and Social Organizations	49	11				1	37

20-3 研究与试验发展(R&D)人员情况(2021年)
Statistic on Personnel of R&D(2021)

项 目	Item	单位数（个）The Number of Uuits (unit)	有R&D活动单位 Enterprises Having R&D Activities	R&D人员（人）R&D Personnel (person)	其中：Including 研究人员 Researchers	其中：Including 全时人员 Full-time Staff	非全时人员 Part-time Staff
合 计	**Total**	**1681**	**302**	**21627**	**12622**	**12096**	**9531**
科研院所	**Scientific Research Institute**	**25**	**23**	**3088**	**2107**	**2730**	**358**
民口院所	Institute for Civil Use						
其他院所	Other Institutes						
高等院校	**Institutions of Higher Education**	**39**	**38**	**7630**	**6180**	**2408**	**5222**
理工农医类	Science,Engineering, Agriculture and Medicine Class	18	18	2975	2436	2408	567
人文社科类	Humanities and Social Sciences Class	21	20	4655	3744		4655
企业	**Enterprise**	**1564**	**207**	**7981**	**2881**	**5547**	**2434**
规模以上工业企业	Industrial Enterprises above Designated Size	563	135	4744	1751	2697	2047
重点建筑业和服务业企业	Key Enterprises in the Construction and Service Sector	958	64	1479	722	1130	349
其他企业	Other Enterprises	43	8	1758	408	1720	38
事业单位	**Institutions**	**53**	**34**	**2928**	**1454**	**1411**	**1517**
73-75行业的事业	Institutions in 73-75 Sectors						
其他事业	Other Utilities						

20-3 续(continued)

项　目	Item	R&D人员折合全时当量（人年）R&D Personnel Equivalent to Full-time Equivalent (man-years)	其中：Including #研究人员 Researchers	其中：Including 基础研究 Basic Research	应用研究 Applied Research	试验发展 Experimental Development
合　计	**Total**	**13457**	**6937**	**3100**	**2993**	**7364**
科研院所	**Scientific Research Institute**	**2910**	**1858**	**1036**	**832**	**1042**
民口院所	Institute for Civil Use					
其他院所	Other Institutes					
高等院校	**Institutions of Higher Education**	**2927**	**2409**	**1746**	**1070**	**112**
理工农医类	Science,Engineering, Agriculture and Medicine Class	2031	1672	1425	499	107
人文社科类	Humanities and Social Sciences Class	896	737	321	571	4
企业	**Enterprise**	**5470**	**1733**	**42**	**95**	**5334**
规模以上工业企业	Industrial Enterprises above Designated Size	2911	964		1	2911
重点建筑业和服务业企业	Key Enterprises in the Construction and Service Sector	834	406	42	93	700
其他企业	Other Enterprises	1725	363	0	1	1723
事业单位	**Institutions**	**2150**	**937**	**277**	**997**	**877**
73-75行业的事业	Institutions in 73-75 Sectors					
其他事业	Other Utilities					

20-4 研究与试验发展(R&D)经费情况(2021年)
Statistic on Funds of R&D(2021)

单位：万元 (10 000yuan)

项目	Item	R&D经费内部支出 Internal Expenditures on R&D Funds	其中： Including			其中： Including			
			基础研究 Basic Research	应用研究 Applied Research	试验发展 Experimental Development	政府资金 Government Funds	企业资金 Enterprise Funds	境外资金 Foreign Capital	其他资金 Other Funds
合　计	**Total**	**469840**	**118722**	**82796**	**268323**	**243138**	**185895**	**174**	**40633**
科研院所	**Scientific Research Institute**	**158579**	**48330**	**36703**	**73546**	**137413**	**2015**	**130**	**19021**
民口院所	Institute for Civil Use								
其他院所	Other Institutes								
高等院校	**Institutions of Higher Education**	**89046**	**57549**	**27133**	**4364**	**62522**	**6441**		**20083**
理工农医类	Science,Engineering, Agriculture and Medicine Class								
人文社科类	Humanities and Social Sciences Class								
企业	**Enterprise**	**182172**	**2050**	**3844**	**176278**	**4510**	**176933**	**45**	**684**
规模以上工业企业	Industrial Enterprises above Designated Size								
重点建筑业和服务业企业	Key Enterprises in the Construction and Service Sector								
其他企业	Other Enterprises								
事业单位	**Institutions**	**40043**	**10792**	**15116**	**14135**	**38692**	**506**		**845**
73-75行业的事业	Institutions in 73-75 Sectors								
其他事业	Other Utilities								

20-4续(continued)

项　目	Item	R&D经费外部支出 External Funding for R&D Expenditures	#对境内研究机构支出 pending on Domestic Research Institutions	对境内高等学校支出 Higher Spending on Domestic	对境内企业支出 Business Spending on Domestic
合　计	**Total**	**100366**	**16642**	**1564**	**77390**
科研院所	**Scientific Research Institute**	**829**	**310**	**155**	**364**
民口院所	Institute for Civil Use				
其他院所	Other Institutes				
高等院校	**Institutions of Higher Education**	**1450**	**499**	**504**	**446**
理工农医类	Science,Engineering, Agriculture and Medicine Class				
人文社科类	Humanities and Social Sciences Class				
企业	**Enterprise**	**97306**	**15631**	**646**	**76259**
规模以上工业企业	Industrial Enterprises above Designated Size				
重点建筑业和服务业企业	Key Enterprises in the Construction and Service Sector				
其他企业	Other Enterprises				
事业单位	**Institutions**	**781**	**201**	**260**	**320**
73-75行业的事业	Institutions in 73-75 Sectors				
其他事业	Other Utilities				

20-5 研究与试验发展(R&D)项目(课题)情况(2021年)
Statistic on Projects of R&D(2021)

项　目	Item	项目(课题)数(项) Project (Unit)	项目(课题)参加人员折合全时当量(人年) Project Participants or Full-time Equivalent (man-years)	研究人员 Researchers	经费内部支出(万元) Project Intramural Expenditure (10 000yuan)
合　计	**Total**	**11384**	**10782**	**5907**	**324884**
科研院所	**Scientific Research Institute**	**1282**	**2168**	**1554**	**57412**
民口院所	Institute for Civil Use				
其他院所	Other Institutes				
高等院校	**Institutions of Higher Education**	**8323**	**2927**	**2409**	**48496**
理工农医类	Science,Engineering, Agriculture and Medicine Class				
人文社科类	Humanities and Social Sciences Class				
企业	**Enterprise**	**1432**	**3873**	**1127**	**211527**
规模以上工业企业	Industrial Enterprises above Designated Size				
重点建筑业和服务业企业	Key Enterprises in the Construction and Service Sector				
其他企业	Other Enterprises				
事业单位	**Institutions**	**347**	**1814**	**816**	**7450**
73-75行业的事业	Institutions in 73-75 Sectors				
其他事业	Other Utilities				

20-6 研究机构情况（2021年）
Statistic on Research Institutes(2021)

项 目	Item	机构数（个）Number of Institutions (unit)	R&D人员（人）R&D Personnel (person)	博士毕业 Doctors	硕士毕业 Masters	R&D经费支出（万元）R & D Expenditure (10000yuan)	科研用仪器设备原价（万元）Original Scientific Instruments and Equipment (10000yuan)	进口 Import
合 计	**Total**	**256**	**8546**	**2284**	**2248**	**290925**	**504772**	**82595**
科研院所	**Scientific Research Institute**	**25**	**3088**	**659**	**1092**	**158579**	**200834**	**33214**
民口院所	Institute for Civil Use							
其他院所	Other Institutes							
高等院校	**Institutions of Higher Education**	**110**	**1122**	**637**	**324**	**15000**	**77224**	**45131**
理工农医类	Science,Engineering, Agriculture and Medicine Class							
人文社科类	Humanities and Social Sciences Class							
企业	**Enterprise**	**91**	**1951**	**32**	**172**	**90429**	**212046**	
规模以上工业企业	Industrial Enterprises above Designated Size							
重点建筑业和服务业企业	Key Enterprises in the Construction and Service Sector							
其他企业	Other Enterprises							
事业单位	**Institutions**	**30**	**2385**	**956**	**660**	**26917**	**14668**	**4251**
73-75行业的事业	Institutions in 73-75 Sectors							
其他事业	Other Utilities							

20-7 规模以上工业企业的科技活动基本情况
Basic Statistics on Science and Technology Activities of Industrial Enterprises above Designated Size

指　标	Item	2017	2018	2019	2020	2021
企业基本情况	**Statistics on Industrial Enterprises**					
有R&D活动企业数（个）	Number of Enterprises Having R&D Activities (unit)	77	66	76	88	135
有R&D活动企业所占比重（%）	Percentage of Enterprises Having R&D Activities to Total Number of Enterprises (%)	23.0	18.9	18.4	17.8	24.0
R&D活动情况	**Statistics on R&D Activities**					
R&D人员全时当量（人年）	Full-time Equivalent of R&D Personnel (man-years)	1971	1971	1779	2050	2911
R&D经费支出（万元）	Expenditure on R&D (10 000 yuan)	74815	113708	108154	117021	141545
R&D经费支出与主营业务收入之比(%)	Percentage of Expenditure on R&D to Sales Revenue (%)	0.42	0.52	0.48	0.54	0.53
R&D项目数（项）	R&D Projects (item)	572	548	549	691	1076
R&D项目经费支出（万元）	Expenditure on R&D Projects (10 000 yuan)	74757	95143	113222	138053	131848
企业办R&D机构情况	**Statistics on R&D Institutions**					
机构数（个）	Number of R&D Institutions (unit)	27	36	51	65	68
机构人员数（人）	R&D Personnel (persons)	1556	1694	2094	2456	3319
机构经费支出（万元）	Expenditure on R&D (10 000 yuan)	26833	80167	66210	107486	232013
新产品开发及生产情况	**Statistics on New Products Development and Production**					
新产品开发项目数（个）	Number of New Products (unit)	549	706	835	1018	1733
新产品开发经费支出（亿元）	Expenditure on New Products Development (100 million yuan)	10.9	14.8	16.0	21.3	28.2
新产品销售收入（亿元）	Sales Revenue of New Products (100 million yuan)	130.7	105.3	93.6	134.7	244.5
#新产品出口	Export	18.2	15.0	2.0	2.2	7.8
专利情况	**Statistics on Patents**					
专利申请数（件）	Number of Patent Applications (piece)	443	576	734	926	1613
#发明专利	Inventions	267	249	269	411	729
期末有效发明专利数（件）	Number of Inventions in Force (piece)	1656	1256	1501	1875	2348
技术获取和技术改造情况	**Statistics on Technology Acquisition and Technology Reconstruction**					
引进境外技术经费支出（万元）	Expenditure for Acquisition of Foreign Technology (10 000 yuan)					
引进技术消化吸收经费支出(万元)	Expenditure for Assimilation of Technology (10 000 yuan)					
购买国内技术经费支出（万元）	Expenditure for Purchase of Domestic Technology (10 000 yuan)	2329	2084	6248	2012	4866
技术改造经费支出（万元）	Expenditure for Technical Renovation (10 000 yuan)	24883	13134	16687	23547	41399

20-8 按登记注册类型分规模以上工业企业研究与试验发展(R&D)活动及专利情况(2021年)

Statistics on R&D Activities and Patents of Industrial Enterprises above Designated Size by Registration Status (2021)

登记注册类型	Status of Registration	R&D人员全时当量(人年) Full-time Equivalent of R&D Personnel (man-year)	R&D经费(万元) Expenditure on R&D (10 000 yuan)	R&D项目数(项) R&D Projects (unit)	专利申请数(件) Number of Patent Applications (piece)	#发明专利 Inventions	期末有效发明专利数(件) Number of Inventions In Force (piece)
合　计	**Total**	**2911**	**141545**	**1416**	**2176**	**944**	**2686**
#大中型工业企业	Large and Medium-sized Industrial Enterprises	1935	109146		955	460	1119
内资企业	**Domestic Funded Enterprises**	**2480**	**112422**		**1397**	**609**	**2027**
国有企业	State-owned Enterprises	284	12992		265	174	204
集体企业	Collective-owned Enterprises						
股份合作企业	Cooperative Enterprises						
联营企业	Joint Ownership Enterprises						
国有联营企业	State Joint Ownership Enterprises						
有限责任公司	Limited Liability Corporations	1426	76802		743	275	1017
国有独资公司	State Sole Funded Corporations	5	230		16	2	1
股份有限公司	Share-holding Corporations Ltd.	276	8851		195	76	468
私营企业	Private Enterprises	494	13776		194	84	338
其他企业	Other Enterprises						
港、澳、台商投资企业	**Enterprises with Funds from Hong Kong, Macao and Taiwan**	**207**	**20731**		**178**	**98**	**225**
合资经营企业	Joint-venture Enterprises	29	775		15	5	39
合作经营企业	Cooperative Enterprises						
独资经营企业	Enterprises with Sole Fund	156	12103		119	61	47
投资股份有限公司	Share-holding Corporations Ltd.	21	7852		44	32	127
外商投资企业	**Foreign Funded Enterprises**	**225**	**8393**		**38**	**22**	**96**
中外合资经营企业	Joint-venture Enterprises	194	6490		15	7	74
中外合作经营企业	Cooperation Enterprises						
外资企业	Enterprises with Sole Fund	31	1903		23	15	22
外商投资股份有限公司	Share-holding Corporations Ltd.						

20-9 按登记注册类型分规模以上工业企业新产品开发及生产情况(2021年) New Products Development and Production of Industrial Enterprises above Designated Size by Registration Status (2021)

登记注册类型	Status of Registration	新产品开发项目数(项) New Products (unit)	新产品开发经费支出(万元) Expenditure on New Products Development (10 000 yuan)	新产品销售收入(万元) Sales Revenue of New Products (10 000 yuan)	#出口 Exports
合　计	**Total**	**1733**	**281651**	**2445040**	**77571**
#大中型工业企业	Large and Medium-sized Industrial Enterprises	951	192858	1792250	76920
内资企业	**Domestic Funded Enterprises**	**1500**	**218628**	**1264022**	**16608**
国有企业	State-owned Enterprises	131	18596	753	
集体企业	Collective-owned Enterprises				
股份合作企业	Cooperative Enterprises				
联营企业	Joint Ownership Enterprises				
国有联营企业	State Joint Ownership Enterprises				
有限责任公司	Limited Liability Corporations	842	135953	598072	3571
国有独资公司	State Sole Funded Corporations				
股份有限公司	Share-holding Corporations Ltd.	230	24770	26222	12217
私营企业	Private Enterprises	297	39309	638975	820
其他企业	Other Enterprises				
港、澳、台商投资企业	**Enterprises with Funds from Hong Kong, Macao and Taiwan**	**115**	**34062**	**354038**	**5815**
合资经营企业	Joint-venture Enterprises	27	9163	176582	
合作经营企业	Cooperative Enterprises				
独资经营企业	Enterprises with Sole Fund	58	13865	61885	
投资股份有限公司	Share-holding Corporations Ltd.	29	10284	82812	5815
外商投资企业	**Foreign Funded Enterprises**	**118**	**28962**	**826981**	**55148**
中外合资经营企业	Joint-venture Enterprises	53	26476	825004	55148
中外合作经营企业	Cooperation Enterprises				
外资企业	Enterprises with Sole Fund	65	2487	1977	
外商投资股份有限公司	Share-holding Corporations Ltd.				

主要统计指标解释

科技活动 指在自然科学、农业科学、医药科学、工程与技术科学、人文与社会科学领域（简称科学技术领域）中，与科技知识的产生、发展、传播和应用密切相关的有组织的活动。可分为研究与试验发展（R&D）、研究与试验发展成果应用及相关的科技服务三类活动。

科技活动人员 指直接从事科技活动、以及专门从事科技活动管理和为科技活动提供直接服务的人员。累计从事科技活动的实际工作时间占全年制度工作时间 10%及以上的人员。（1）直接从事科技活动的人员包括：在独立核算的科学研究与技术开发机构、高等学校、各类企业及其他事业单位内设的研究室、实验室、技术开发中心及中试车间（基地）等机构中从事科技活动的研究人员、工程技术人员、技术工人及其他人员；虽不在上述机构工作，但编入科技活动项目（课题）组的人员；科技信息与文献机构中的专业技术人员；从事论文设计的研究生等。（2）专门从事科技活动管理和为科技活动提供直接服务的人员包括：独立核算的科学研究与技术开发机构、科技信息与文献机构、高等学校、各类企业及其他事业单位主管科技工作的负责人，专门从事科技活动的计划、行政、人事、财务、物资供应、设备维护、图书资料管理等工作的各类人员，但不包括保卫、医疗保健人员、司机、食堂人员、茶炉工、水暖工、清洁工等为科技活动提供间接服务的人员。

科学家与工程师 指科技活动人员中具有高、中级技术职称（职务）的人员和不具有高、中级技术职称（职务）的大学本科及以上学历人员。

研究与试验发展（R&D） 指在科学技术领域，为增加知识总量、以及运用这些知识去创造新的应用而进行的系统的创造性的活动，包括基础研究、应用研究、试验发展三类活动。

基础研究 指为了获得关于现象和可观察事实的基本原理的新知识（揭示客观事物的本质、运动规律，获得新发现、新学说）而进行的实验性或理论性研究，它不以任何专门或特定的应用或使用为目的。其成果以科学论文和科学著作为主要形式。

应用研究 指为获得新知识而进行的创造性研究，主要针对某一特定的目的或目标。应用研究是为了确定基础研究成果可能的用途，或是为达到预定的目标探索应采取的新方法（原理性）或新途径。其成果形式以科学论文、专著、原理性模型或发明专利为主。

试验发展 指利用从基础研究、应用研究和实际经验所获得的现有知识，为产生新的产品、材料和装置，建立新的工艺、系统和服务，以及对已产生和建立的上述各项作实质性的改进而进行的系统性工作。其成果形式主要是专利、专有技术、具有新产品基本特征的产品原型或具有新装置基本特征的原始样机等。在社会科学领域，试验发展是指把通过基础研究、应用研究获得的知识转变成可以实施的计划（包括为进行检验和评估实施示范项目）的过程。人文科学领域没有对应的试验发展活动。

研究与试验发展人员 指参与研究与试验发展项目研究、管理和辅助工作的人员，包括项目（课题）组人员，企业科技行政管理人员和直接为项目（课题）活动提供服务的辅助人员。

专业技术人员 指从事专业技术工作和专业技术管理工作的人员，即企事业单位中已经评定专业技术职称从事专业技术工作和专业技术管理工作的人员，以及未评定专业技术职称，现在专业技术岗位上工作的人员。包括工程技术人员，农业技术人员，自然科学研究人员，哲学社会科学研究人员，卫生技术人员，中小学教师，技工院校教师，中等职业学校教师，高等学校教师，经济专业人员，会计人员，统计专业人员，审计专业人员，翻译专业人员，图书资料专业人员，档案专业人员，文物博物专业人员，新闻专业人员，出版专业人员，公共法律服务专业人员，播音主持专业人员，工艺美术专业人员，体育专业人员，艺术专业人员，实验技术人员，船舶专业技术人员，民用航空飞行技术人员共二十七个专业类别。

科技活动经费筹集 指从各种渠道筹集到的计划用于科技活动的经费，包括政府资金、企业资金、事业单位资金、金融机构贷款、国外资金和其他资金等。

政府资金 指从各级政府部门获得的计划用于科技活动的经费，包括科学事业费、科技三项费、科研基建费、科学基金、教育等部门事业费中计划用于科技活动的经费以及政府部门预算外资金中计划用于科技活动的经费等。

企业资金 指从自有资金中提取或接受其他企业委托的、科研院所和高校等事业单位接受企业委托获得的，计划用于科研和技术开发的经费。不包括来自政府、金融机构及国外的计划用于科技活动的资金。

专利 是专利权的简称，是对发明人的发明创造经审查合格后，由专利局依据专利法授予发明人和设计人对该项发明创造享有的专有权。包括发明、实用新型和外观设计。

发明 指对产品、方法或者其改进所提出的新的技术方案。

Explanatory Notes on Main Statistical Indicators

Scientific and Technological Activities (S&T Activities) refer to organized activities which are closely related with the creation, development, dissemination and application of the scientific and technical knowledge in the fields of natural sciences, agricultural science, medical science, engineering and technological science, humanities and social sciences (referred to as scientific and technological fields). S&T activities can be classified into 3 categories: research and development (R&D) activities, application of R&D results, and related S&T services.

Personnel Engaged in S&T Activities refer to personnel directly engaged in S&T activities, in the management of S&T activities, and in providing direct service to S&T activities, with over 10% of the total working hours in a year spent on S&T activities. (1) Personnel directly engaged in S&T activities include researchers, engineers, technicians and other related personnel engaged in S&T activities in independent-accounting R&D institutions, institutions of higher learning, and in research institutes, laboratories, technology development centres and central experiment workshops under enterprises and institutions. Also included are people working in S&T research project teams, professional and technical personnel working in S&T information archiving institutes, and graduate students working on the design of their thesis. (2) Personnel engaged in the management of S&T activities and in providing direct service to S&T activities include senior management people responsible for S&T activities in independent-accounting R&D institutions, S&T information archiving institutes, institutions of higher learning and in enterprises and institutions where S&T activities are undertaken. Also included are people responsible for the planning, administration, personnel management, financial management, logistics supply, equipment maintenance, information and library management that are related with S&T activities. People providing indirect services are excluded, such as security, medical service, drivers, plumbers, cleaners and those providing catering and related service.

Scientists and Engineers refer to persons engaged in S&T activities either having obtained titles of senior and middle level professional positions, or those without such positions but have completed university or higher education.

Research and Development (R&D) refers to systematic and creative activities in the field of science and technology aiming at increasing the knowledge and using the knowledge for new application. R&D includes 3 categories of activities: basic research, applied research and experimentation for development.

Basic Research refers to empirical or theoretical research aiming at obtaining new knowledge on the fundamental principles regarding phenomena or observable facts to reveal the intrinsic nature and underlying laws and to acquire new discoveries or new theories. Basic research takes no specific or designated application as the aim of the research. Results of basic research are mainly released or disseminated in the form of scientific papers or monographs.

Applied Research refers to creative research aiming at obtaining new knowledge on a specific objective or target. Purpose of the applied research is to identify the possible uses of results from basic research, or to explore new (fundamental) methods or new approaches. Results of applied research are expressed in the form of scientific papers, monographs, fundamental models or invention patents.

Experiments and Development refer to systematic activities aiming at using the knowledge from basic and applied researches or from practical experience to develop new products, materials and equipment, to establish new production process, systems and services, or to make substantial improvement on the existing products, process or services. Results of experiment and development activities are embodied in patents, exclusive technology, and monotype of new products or equipment. In social sciences, experiment and development activities refer to the process of converting the knowledge from basic or applied researches into feasible programs (including conduct of demonstration projects for assessment and evaluation). There are no experiment and development activities in the science of humanities.

R&D Personnel refer to persons engaged in research, management and supporting activities of R&D, including persons in the project teams, persons engaged in the management of S&T activities of enterprises and supporting staff providing direct service to the research projects.

Professional and technical personnel refer to the personnel engaged in professional and technical work and professional and technical management work, that is, the personnel in enterprises and institutions who have been assessed with professional and technical titles to engage in professional and technical work and professional and technical management work, and the personnel who have not been assessed with professional and technical titles and are now working in professional and technical posts. Including engineering and technical personnel, agricultural technicians, natural science researchers, philosophy and social science researchers, health technicians, primary and secondary school teachers, technical college teachers, secondary vocational school teachers, college teachers, economic professionals, accountants, statistics professionals, audit professionals, translation professionals, library professionals, archives professionals, cultural relics professionals, There are 217 news professionals, publishing professionals, public legal service professionals, broadcasting and hosting professionals, arts and crafts professionals, sports professionals, art professionals, experimental technicians, ship professionals, and civil aviation flight technicians

Funding for S&T Activities refers to funds obtained from various sources for S&T activities, including government funds, self-raised funds by enterprises, self-raised funds by institutions, loans from financial institutions, foreign funds and other funds.

Government Funds refer to funds obtained from government agencies at all levels to be used for S&T activities, including fund for scientific undertakings, 3 kinds of fund for S&T activities, fund for capital construction for scientific researches, science fund, funds from education expenditures by education departments for S&T activities, and extra-budget fund from government agencies for S&T activities.

Funds of Enterprises refers to funds of enterprises from their own budget; funds from other enterprises; or funds received by universities or research institutions from enterprises for scientific research or technical development projects. Excluded from this category are funds from government agencies, financial institutions or from foreign institutions.

Patent is an abbreviation for the patent right and refers to the exclusive right of ownership by the inventors or designers for the creation or inventions, given from the patent office after due process of assessment and approval in accordance with the Patent Law. Patents are granted for inventions, utility models and designs.

Inventions refer to the new technical proposals to the products or methods or their modifications.

21

教 育

Education

编辑人员：吴庆婷 李廷轲

Compiled by Wu Qingting Li Tingke

英文翻译：陈敏 吴庆婷

Translated by Chen Min Wu Qingting

简 要 说 明

本篇主要反映我省教育事业的发展基本情况。

一、本篇资料的主要内容

包括公办教育和民办教育、学历教育和非学历教育。具体有高等教育(研究生教育、普通高等教育和成人高等教育)、中等教育(高中阶段教育和初中阶段教育)、初等教育(小学)、学前教育、特殊教育(盲聋哑和弱智儿童学校等)以及教育经费等资料。主要指标包括学校数、在校学生数、招生数、毕业生数、教职工数和专任教师数等。

二、本篇资料的数据来源

教育事业统计资料、教育经费统计资料由海南省教育厅提供;技工学校资料由人力资源和社会保障厅提供。

Brief Introduction

Data in this chapter show the development of Hainan's education.

I. Main Content of Data on Education

Data on education cover the situations on education funded by government and non-government agencies, and the education with and without academic credentials including higher education (education of postgraduates, general higher education and adult education), secondary education (senior and junior high schools), elementary education (primary schools), preschool education, special education (schools for the blind, deaf-mutes and mentally retarded) and their expenditure. The main indicators include the number of schools, the number of students enrolled, the number of new students enrolled, the number of graduates, the number of staff and workers, the number of full-time teachers, etc.

II. Sources of Data on Education

The Education Department of Hainan Province provides statistical data on education undertakings and education funding. Data on technical training schools are provided by Human Resources and Social Security Department of Hainan Province.

21-1 各级各类学校、教职工和专任教师情况（2021年）

Basic Statistics on Schools, Educational Personnel and Full-time Teachers by Type and Level (2021)

项 目	Item	学校数(所) Number of Schools (unit)	教职工数(人) Educational Personnel (person)	专任教师(人) Full-time Teachers (person)
高等教育	**Higher Education**	**22**	**19584**	**13061**
研究生培养机构	Institutions Providing Postgraduate Programs	4	8821	5565
普通高校	Regular Higher Education Institutions	4	8821	5565
科研机构	Research Institutions			
普通高等学校	Regular Higher Education Institutions	21	19332	12983
本科院校	HEIs Offering Degree Programs	8	13792	9362
#独立学院	Indepent Institutions			
高职(专科)院校	Higher Vocational Collages	13	5540	3699
其他机构(教学点)	Other Institutions			
成人高等学校	Adult HEIs	1	252	78
民办的其他高等教育机构	Other Non-government HEIs			
中等教育	**Secondary Education**	**606**	**71921**	**49852**
高中阶段教育	Senior Secondary Education	202	40609	20476
高中	Senior Secondary Schools	133	33328	15175
普通高中	Regular Senior Secondary Schools	133	33328	15175
完全中学	Combined Secondary Schools	87	22642	11585
高级中学	Regular Higher Schools	10	1422	1214
十二年一贯制学校	12-Years Schools	36	9264	2376
成人高中	Adult High Schools			
中等职业教育	Secondary Vocational Education	69	7281	5301
普通中专	Regular Specialized Secondary Schools	28	2998	2014
成人中专	Adult Specialized Secondary Schools	1	69	27
职业高中	Vocational Senior Secondary Schools	34	1983	1562
技工学校	Skilled Workers Schools	8	2231	1610
其他机构(教学点)	Other Institutions			
初中阶段教育	Junior Secondary Education	404	31312	29376
普通初中	Regular Junior Secondary Schools	404	31312	29376
初级中学	Junior Secondary Schools	206	13676	12485
九年一贯制学校	9-Year Schools	198	17636	6254
十二年一贯制学校	12-Year Schools			1855
完全中学	Combined Secondary Schools			8782
职业初中	Vocational Junior Secondary Schools			
成人初中	Adult Junior Secondary Schools			
初等教育	**Primary Education**	**1374**	**51217**	**56690**
普通小学	Regular Primary Schools	1374	51217	56690
小学	Primary Schools	1040	12942	46705
九年一贯制学校	9-Years Schools			7983
十二年一贯制学校	12-Years Schools			2002
成人小学	Adult Primary Schools			
#扫盲班	Literacy Courses			
工读学校	**Correctional Work-study Schools**			
特殊教育	**Special Education Schools**	**14**	**658**	**450**
学前教育	**Pre-school Education Institutions**	**2718**	**57805**	**28219**

注：1. 研究生培养机构学校数、教职工数、专任教师数已包含在普通高等学校中。

2. 因九年一贯制学校的教职工数计入初中阶段教育，完全中学、十二年一贯制学校的教职工数计入高中阶段教育，而专任教师是按照教育层次进行归类，存在小学教职工数据小于专任教师数据的情况。

Note: a)The number of postgraduate cultivation institutions and schools, the faculty and the administrative staffs, and the full-time teachers are included into the item of regular higher educational institutions.

b)Due to the number of the faculty and the administrative staffs from the nine-year education schools is counted into the item of junior secondary education, the numbers of the faculty and the administrative staffs from the nine-year schools and the twelve-year schools are counted into the item of high school and secondary vocational education, and the number of full-time teachers is classified according to the level of education, which result in the data of the faculty and the administrative staffs from primary education is smaller than that of the full-time teachers.

21-2 各级各类学历教育学生情况（2021年）
Basic Statistics on Students of Formal Education by Type and Level (2021)

单位：人 (person)

项　目	Item	毕业生数 Graduates	招生数 Entrants	在校学生数 Enrollment	女学生占学生总数的比重(%) Percentage of Females Students
高等教育	**Students Received Higher Education**	**62649**	**91986**	**289266**	**50.07**
研究生	Postgraduates	2372	4737	12818	50.16
博　士	Doctor's Degree	75	376	1086	51.01
硕　士	Master's Degree	2297	4361	11732	55.54
普通本专科	Undergraduates in Regular HEIs	53305	71573	245129	47.31
本　科	Normal Courses	27783	36737	133191	52.03
专　科	Short-cycle Courses	25522	34836	111938	41.69
成人本专科	Undergraduates in Adult HEIs	6389	15030	29338	63.28
本　科	Normal Courses	3649	4999	12855	65.67
专　科	Short-cycle Courses	2740	10031	16483	61.42
其他高等学历教育	Students Enrolled in Other Formal Programs	583	646	1981	36.04
在职人员攻读博士、硕士学位	Doctor's or Master's Degrees Programs for On-the-job Personnel				
网络本专科生	Web-based Undergraduates				
本　科	Normal Courses				
专　科	Short-cycle Courses				
中等教育	**Secondary Education**	**218800**	**266009**	**739041**	**44.14**
高中阶段教育	Senior Secondary Education	95612	130090	346789	43.24
高中	Senior Secondary Schools	56505	68311	193696	49.08
普通高中	Regular Senior Secondary Schools	56505	68311	193696	49.08
完全中学	Combined Secondary Schools	45670	50570	146217	
高级中学	Regular Higher Schools	4365	5459	15146	
十二年一贯制学校	12-Years Schools	6470	12282	32333	
成人高中	Adult High Schools				
中等职业教育	Secondary Vocational Education	39107	61779	153093	45.27
普通中专	Regular Specialized Secondary Schools	19295	32759	79520	
成人中专	Adult Specialized Secondary Schools	1027	108	1805	
职业高中	Vocational Senior Secondary Schools	8567	13439	31945	
技工学校	Skilled Workers Schools	6580	13541	31837	
初中阶段教育	Regular Junior Secondary Schools	123188	135919	392252	44.94
普通初中	Regular Junior Secondary Schools	123188	135919	392252	44.94
初级中学	Junior Secondary Schools	51863	54922	160020	
九年一贯制学校	9-Years Schools	24680	29040	81095	
十二年一贯制学校	12-Years Schools	6996	8431	25799	
完全中学	Combined Secondary Schools	39649	43526	125338	
职业初中	Vocational Junior Secondary Schools				
成人初中	Adult Junior Secondary Schools				
初等教育	**Primary Education**	**138238**	**143725**	**869933**	**45.16**
普通小学	Regular Primary Schools	138238	143725	869933	44.07
小学	Primary Schools	113552	114647	696154	
九年一贯制学校	9-Years Schools	20755	23000	141277	
十二年一贯制学校	12-Years Schools	3931	6078	32502	
成人小学	Adult Primary Schools				
#扫盲班	Literacy Courses				
工读学校	**Correctional Work-study Schools**				
特殊教育	**Special Education Schools**	**315**	**365**	**2177**	**32.15**
学前教育	**Pre-school Education Institutions**	**119045**	**142165**	**391788**	**45.63**

注：特殊教育学生数中不包括普通中小学随班就读的学生。
Note:Students received special education exclude those learning in the same classes of formal regular junior and primary schools.

21-3 各级各类民办教育基本情况(2021年)
Basic Statistics on Non-government Schools by Type and Level (2021)

单位：人 (person)

项 目	Item	学校数(所) Number of Schools (unit)	毕业生数 Graduates	招生数 Entrants	在校生数 Enroll-ment	教职工数 Educational Personnel	专任教师 Full-time Teachers
民办高等教育	**Non-government Higher Education**	**9**	**19265**	**38644**	**115928**	**5496**	**4986**
民办高校	Non-government HEIs	9	19265	38644	115928	5496	4986
本 科	Normal Courses	3	8798	13611	13676		
专 科	Short-cycle Courses	6	10467	23785	67568		
独立学院	Indepent Institutions						
本 科	Normal Courses						
专 科	Short-cycle Courses						
民办其他高等教育机构	Other Non-government HEIs						
民办中等教育	**Non-government Secondary Education**	**169**	**25892**	**39737**	**106959**	**16882**	**5110**
高中阶段教育	Senior Secondary Education	77	12184	23760	58696	11161	3813
民办普通高中	Non-government Regular Senior Secondary Schools	43	8842	15390	40858	10294	2958
民办中等职业教育	Non-government Secondary Vocational Education	34	4342	8370	17838	867	855
初中阶段教育	Junior Secondary Education	92	13708	15977	48263	5721	1297
民办普通初中	Non-government Regular Junior Secondary Schools	92	13708	15977	48263	5721	1297
民办职业初中	Non-government Junior Secondary Vocational Education						
民办普通小学	**Non-government Regular Primary Schools**	**81**	**15157**	**16822**	**103091**	**3149**	**5746**
民办幼儿园	**Non-government Pre-school Institutions**	**2063**	**74277**	**54233**	**180961**	**28795**	**12152**
另：民办培训机构	**Other Vocational-technical Training Institutions**						

21-4 普通高等学校情况（2021年）
Statistics on Regular Higher Education Institutions (2021)

项 目	Item	学校数（所） Number of Schools (unit)	毕业生数（人） Graduates (person)	招生数（人） Entrants (person)	在校学生数（人） Enrollment (person)	教职工数（人） Educational Personnel (person)	#专任教师 Full-time Teachers
总 计	**Total**	**21**	**55677**	**76310**	**257947**	**19332**	**12983**
#女性	**Female**		**30975**	**37397**	**126278**	**10360**	**7101**
按隶属关系分	**Grouped by Jurisdiction of Management**						
中央属	Under Central Government						
地方属	Under Local Government	21	55677	76310	257947	19332	12983
按学校类别分	**Grouped by Type of Institution**	21	55677	76310	257947	19332	12983
综合大学	Comprehensive University	4	22460	25789	94647	7053	4774
理工院校	College of Science and Engineering	4	7354	13564	41194	2596	2113
农业院校	Agriculture Colleges						
医药院校	Medicine Colleges	3	3199	5222	16888	2058	1395
师范院校	Normal Colleges	2	7868	10134	33883	2908	1734
语文院校	Language and Literature	1	1734	2337	5603	418	309
财经院校	Financial University	5	11311	16474	58047	3503	2385
政法院校	Political Science and Law	1	1546	2520	6914	310	229
体育院校	Sport Colleges	1	205	270	771	486	44
艺术院校	Art Colleges						
其他	Others						
总计中：职业技术学院	**Vocational Technological College**	**14**	**20174**	**35860**	**100961**	**6666**	**4657**

21-5　各市县中等职业教育情况(2021年)
Conditions of Students in Secondary Vocational Schools by Region (2021)

单位：人　　(person)

地　区	Item	毕业生数 Graduates	#获得职业资格证书 Recipients of Vocational Qualifications Certificates	招生数 Entrants	在校学生数 Enrollment	教职工数 Educational Personnel	#专任教师 Full-time Teachers
全省总计	**Total**	**32527**	**8249**	**48238**	**121256**	**5050**	**3691**
海口市	Haikou	21966	5648	29334	75270	3319	2393
三亚市	Sanya	287	2	40	221	52	28
儋州市	Danzhou	842	202	1228	3040	197	141
五指山市	Wuzhishan	4396	370	9037	21726	425	268
琼海市	Qionghai	1703	174	2060	5979	263	207
文昌市	Wenchang	970	272	960	2965	118	111
万宁市	Wanning	20		26	141	53	36
东方市	Dongfang	392	392	791	1968	51	51
定安县	Ding'an	611	427	2110	3889	205	164
屯昌县	Tunchang						
澄迈县	Chengmai	309		543	1361	109	66
临高县	Lingao	264	229	710	1485	51	51
白沙县	Baisha						
昌江县	Changjiang	317	83	647	1492	128	102
乐东县	Ledong	148	148				
陵水县	Lingshui	302	302	752	1719	79	73
保亭县	Baoting						
琼中县	Qiongzhong						

注：不含人社厅管辖的技工学校。

Note:Excluding technical school under the jurisdiction of the Department of human resources and social security.

21-6 各市县普通高中教育基本情况（2021年）
Basic Statistics on Regular Senior Secondary Schools by Region (2021)

单位：人 (person)

地　区	Region	学校数（所）Schools (unit)	毕业生数 Graduates	招生数 Entrants	在校学生数 Enrollment	专任教师 Full-time Teachers
全省总计	**Total**	**133**	**56505**	**68311**	**193696**	**15175**
海口市	Haikou	37	14827	20479	56929	4566
三亚市	Sanya	17	4945	5674	16415	1296
儋州市	Danzhou	17	6093	7405	21620	1657
五指山市	Wuzhishan	3	1233	1278	3830	303
琼海市	Qionghai	9	3491	3969	11080	892
文昌市	Wenchang	6	3473	3867	10839	861
万宁市	Wanning	6	2867	3086	9101	678
东方市	Dongfang	7	3598	4052	11621	855
定安县	Ding'an	3	1161	1836	4694	321
屯昌县	Tunchang	2	1233	1406	4032	324
澄迈县	Chengmai	6	2278	2639	7449	693
临高县	Lingao	5	2753	3110	9033	639
白沙县	Baisha	1	674	892	2438	182
昌江县	Changjiang	3	1388	1537	4561	324
乐东县	Ledong	4	3250	2893	8846	724
陵水县	Lingshui	5	1503	2175	5519	420
保亭县	Baoting	1	793	802	2416	184
琼中县	Qiongzhong	1	945	1211	3273	256

21-7 各市县初中基本情况（2021年）
Basic Statistics on Regular Junior Secondary Schools by Region (2021)

单位：人 (person)

地 区	Region	学校数（所）Schools (unit)	毕业生数 Graduates	招生数 Entrants	在校学生数 Enrollment	专任教师 Full-time Teachers
全省总计	**Total**	**404**	**123188**	**135919**	**392252**	**29376**
海 口 市	Haikou	77	29549	35702	100355	7378
三 亚 市	Sanya	34	9032	11934	33694	2482
儋 州 市	Danzhou	38	14033	15097	45776	3300
五指山市	Wuzhishan	3	1921	1723	5440	430
琼 海 市	Qionghai	20	7473	7674	22851	1662
文 昌 市	Wenchang	25	7007	6986	20680	1556
万 宁 市	Wanning	21	6699	7103	20968	1510
东 方 市	Dongfang	12	6411	6075	17245	1312
定 安 县	Ding'an	20	4050	4249	12102	788
屯 昌 县	Tunchang	15	3513	3972	11580	876
澄 迈 县	Chengmai	26	5365	6727	19412	1547
临 高 县	Lingao	18	6296	6664	19256	1334
白 沙 县	Baisha	11	2758	2574	7434	609
昌 江 县	Changjiang	19	3224	3241	9235	860
乐 东 县	Ledong	23	6458	5410	16134	1443
陵 水 县	Lingshui	20	4615	5744	15288	1073
保 亭 县	Baoting	9	2118	2263	6569	502
琼 中 县	Qiongzhong	13	2666	2781	8233	714

21-8 各市县普通小学基本情况（2021年）
Basic Statistics on Regular Primary Schools by Region (2021)

单位：人 (person)

地 区	Region	学校数（所） Schools (unit)	毕业生数 Graduates	招生数 Entrants	在校学生数 Enrollment	专任教师 Full-time Teachers
全省总计	**Total**	**1374**	**138238**	**143725**	**869933**	**56690**
海口市	Haikou	156	33977	41260	234832	14030
三亚市	Sanya	115	11780	13992	80993	5067
儋州市	Danzhou	160	15913	15850	96272	6183
五指山市	Wuzhishan	11	1536	1238	8330	792
琼海市	Qionghai	96	7199	7034	43997	3060
文昌市	Wenchang	144	7129	6809	44091	3122
万宁市	Wanning	90	7312	7477	46830	2836
东方市	Dongfang	50	6291	6714	40267	2584
定安县	Ding'an	56	6287	4074	26167	1840
屯昌县	Tunchang	64	4157	3887	24534	1743
澄迈县	Chengmai	66	7061	7340	46296	3124
临高县	Lingao	68	6801	6249	39097	2543
白沙县	Baisha	22	2741	2103	14856	1103
昌江县	Changjiang	32	3323	3251	19729	1422
乐东县	Ledong	118	5527	6024	37569	2824
陵水县	Lingshui	64	6000	6060	36619	2088
保亭县	Baoting	30	2426	1978	13200	1049
琼中县	Qiongzhong	31	2778	2381	16245	1280

注：全省合计包括三沙市，部分全省总计数据大于所列市县之和。

Note: Sansha is included to the provincial aggregate data, partial items of the provincial aggregate data are greater than the sum of the data of the listed cities and counties.

21-9 各市县学龄儿童教育基本情况表(2021年)
Basic Statistics on Pre-school Institutions (2021)

市 县	Region	园 数 (所) Pre-school Institutions (unit)	班数 (个) Classes (unit)	在园幼儿数 (人) Enrollment (person)	教职工人数 (人) Educational Personnel (person)	教师 Teachers	保育员 Health Workers
全省总计	**Total**	**2718**	**14638**	**391788**	**57805**	**28219**	**12991**
海 口 市	Haikou	793	4241	111355	18592	9330	3933
三 亚 市	Sanya	237	1388	37872	6321	2609	1596
儋 州 市	Danzhou	270	1537	40734	5075	2530	1177
五指山市	Wuzhishan	20	118	3468	561	272	109
琼 海 市	Qionghai	131	766	18708	2635	1469	439
文 昌 市	Wenchang	118	649	18158	2143	1094	543
万 宁 市	Wanning	160	838	20282	3115	1556	762
东 方 市	Dongfang	147	736	19802	3116	1492	708
定 安 县	Ding'an	72	441	11145	1420	708	330
屯 昌 县	Tunchang	83	438	11074	1617	732	382
澄 迈 县	Chengmai	161	755	21759	2817	1198	706
临 高 县	Lingao	132	662	17736	1816	1096	264
白 沙 县	Baisha	49	223	5854	880	409	214
昌 江 县	Changjiang	42	265	8179	923	511	173
乐 东 县	Ledong	131	602	18161	2882	1413	704
陵 水 县	Lingshui	91	551	15722	2235	1020	547
保 亭 县	Baoting	36	197	5406	655	355	115
琼 中 县	Qiongzhong	45	228	6356	1002	425	289

注：全省合计包括三沙市，部分全省总计数据大于所列市县之和。

Note: Sansha is included to the provincial aggregate data, partial items of the provincial aggregate data are greater than the sum of the data of the listed cities and counties.

21-10 各市县特殊教育基本情况（2021年）
Basic Statistics on Special Education Schools by Region (2021)

单位：人 (person)

地 区	Region	学校数(所) Schools (unit)	毕业生数 Graduates	招生数 Entrants	在校学生数 Enrollment	教职工数 Educational Personnel	#专任教师 Full-time Teachers
全省总计	**Total**	**14**	**315**	**365**	**2177**	**658**	**450**
海口市	Haikou	1	160	138	667	161	142
三亚市	Sanya	1	26	49	127	50	27
儋州市	Danzhou	1	39	28	186	46	25
五指山市	Wuzhishan	1	8	1	55	38	19
琼海市	Qionghai	1	5	24	117	42	26
文昌市	Wenchang	1	6	9	58	19	17
万宁市	Wanning	1		5	107	22	9
东方市	Dongfang	1	17	21	239	58	39
定安县	Ding'an	1	5	12	57	25	15
屯昌县	Tunchang	1	2	12	98	40	27
澄迈县	Chengmai	1	10	13	121	54	37
临高县	Lingao	1	11	10	44	9	7
白沙县	Baisha						
昌江县	Changjiang						
乐东县	Ledong	1		9	104	33	30
陵水县	Lingshui	1	26	34	197	61	30
保亭县	Baoting						
琼中县	Qiongzhong						

注：特殊教育学生数中不包括普通中小学随班就读的学生。
Note:The number of special education students does not include students enrolled in regular primary and secondary schools

21-11 历年各级普通学校生师比
Student-Teacher Ratio by Level of Regular Schools in Various Years

（教师人数=1） (Number of Teachers=1)

年份 Year	小学 Primary School	初中 Junior Secondary School	普通高中 Regular Senior Secondary School	中等职业学校 Secondary Vocational School	普通高校 Regular Institution of Higher Education
2008	17.24	19.24	17.51	29.92	19.33
2009	15.93	18.01	17.10	33.52	18.91
2010	14.99	16.82	16.89	35.80	18.47
2011	14.84	15.63	17.08	34.68	18.80
2012	14.68	14.54	16.12	30.98	19.34
2013	14.67	13.73	15.65	28.92	19.77
2014	14.96	13.33	14.46	26.00	20.11
2015	15.54	12.79	13.67	24.32	20.07
2016	16.17	12.50	13.28	25.87	19.34
2017	16.26	12.85	12.84	24.58	19.74
2018	16.40	13.44	12.66	26.39	19.45
2019	16.26	13.67	12.70	26.18	18.83
2020	15.87	13.63	12.71	28.61	18.86
2021	15.35	13.35	12.76	28.59	18.76

注：未计算代课教师和兼任教师。
Note:Data in this table exclude substitute teachers and part-time teachers.

21-12 各市县每万人口各级学校平均在校生数

Number of Students Per 10000 Population by Level and Region

单位：人 (person)

年份 地区	Year Region	幼儿园 Pre-school	小 学 Primary Education	初中阶段 Junior Secondary	高中 Senior Secondary	高等学校 Higher Education
2007		154	1164	562	173	128
2008		159	1061	543	181	148
2009		131	965	516	180	167
2010		209	899	485	185	174
2011		115	873	447	192	179
2012		304	848	411	198	190
2013		334	827	387	200	192
2014		347	833	373	195	199
2015		351	849	361	189	200
2016		379	865	353	185	240
2017		394	874	360	185	224
2018		400	890	378	182	228
2019		397	881	391	183	247
2020		395	855	378	180	240
2021		198	543	253	21	253
海 口 市	Haikou	383	808	345	196	618
三 亚 市	Sanya	359	767	319	155	606
儋 州 市	Danzhou	420	992	472	223	
五指山市	Wuzhishan	309	743	485	342	
琼 海 市	Qionghai	350	823	427	207	135
文 昌 市	Wenchang	320	777	365	191	99
万 宁 市	Wanning	367	847	379	165	
东 方 市	Dongfang	440	895	383	258	
定 安 县	Ding'an	387	909	420	163	
屯 昌 县	Tunchang	434	961	453	158	
澄 迈 县	Chengmai	432	920	386	148	28
临 高 县	Lingao	420	925	456	214	
白 沙 县	Baisha	356	904	452	148	
昌 江 县	Changjiang	349	843	394	195	
乐 东 县	Ledong	387	801	344	188	
陵 水 县	Lingshui	418	974	407	147	
保 亭 县	Baoting	344	839	418	154	
琼 中 县	Qiongzhong	351	897	454	181	
三 沙 市	sansha	70	39			

21-13 学龄儿童净入学率和各级普通学校毕业生升学率
Net Enrollment Ratio of School-age Children and Promotion Rate of Various Schools

单位：%　　(%)

年 份 Year	学龄儿童净入学率 Net Enrollment Ratio of School-age Children in Primary Schools	小学升学率 Promotion Rate from Primary Schools to Junior Secondary Schools	初中升学率 Promotion Rate from Junior Secondary Schools to Senior Secondary Schools	高中升学率 Promotion Rate from Senior Secondary Schools to High Education
2007	99.75	95.05	61.83	
2008	99.74	98.91	70.14	
2009	99.76	98.95	73.17	
2010	98.76	96.60	75.80	73.30
2011	99.53	97.60	80.27	79.00
2012	99.69	97.98	85.60	85.18
2013	99.39	97.81	85.79	86.92
2014	99.43	97.84	88.80	87.50
2015	99.16	97.19	90.76	88.30
2016	99.68	97.37	92.75	89.36
2017	99.58	98.96	93.62	90.60
2018	99.89	99.20	93.96	91.42
2019	99.91	98.89	93.88	92.10
2020	99.93	99.53	93.43	92.60
2021	99.88	99.46	94.11	93.10

主要统计指标解释

普通高等学校 指通过国家普通高等教育招生考试，招收高中毕业生为主要培养对象，实施高等学历教育的全日制大学、独立设置的学院、独立学院和高等专科学校、高等职业学校及其他机构。

大学、独立设置的学院主要实施本科及本科层次以上的教育。独立学院主要实施本科层次的教育。高等专科学校、高等职业学校实施专科层次的教育。其他机构是指承担国家普通招生计划任务不计校数的机构，包括普通高等学校分校、大专班等。

成人高等学校 指通过国家成人高等教育招生考试，招收具有高中毕业或同等学力的人员为主要培养对象，利用函授、业余、脱产等多种形式，对其实施高等学历教育的学校。包括：职工高等学校、农民高等学校、管理干部学院、教育学院、独立函授学院、广播电视大学、其他机构。其他机构是指承担国家成人招生计划任务不计校数的机构。

小学学龄儿童净入学率 指调查范围内已入小学学习的学龄儿童占校内外学龄儿童总数的比重。计算公式为：

$$\text{小学学龄儿童净入学率}=\frac{\text{已入学的小学学龄儿童数}}{\text{校内外小学学龄儿童总数}}\times 100\%$$

Explanatory Notes on Main Statistical Indicators

Regular Higher Education Institutions refer to educational establishments recruiting graduates from senior secondary schools as the main target through National Matriculation TEST. They include full-time universities, independently established colleges, colleges, and institutions of higher professional education, institutions of higher vocational education and others.

Universities and independently established colleges primarily provide undergraduate and above courses; colleges mainly impart undergraduate courses, institutions of higher professional education and institutions of higher vocational education primarily provide professional trainings; and others refer to educational establishments, which are responsible for enrolling higher education students under the State Plan but not enumerated in the total number of schools, including: branch schools of universities and colleges and junior colleges.

Adults HEIs refer to educational establishments, enrolling personnel with senior secondary school or equivalent education through National Matriculation TEST for Adult, and providing higher education courses in forms of correspondence, spare time, or full time for adults. Institutions of higher learning for adults include schools of higher education for staff and workers, schools of higher education for peasants, colleges for management cadres, pedagogical colleges, independent correspondence colleges, radio and television universities and other educational establishments. Other educational establishments refer undertakings to enrol adult students but not enumerated in the number of schools under the State Plan.

Net Enrollment Ratio of School-age Children in Primary Schools refers to the proportion of school age children enrolled at schools to the total number of school age children both in and outside schools (including retarded children, but excluding blind, deaf and mute children). The formula is:

$$\text{Net Enrollment Ratio of School-age Children in Primary Schools} = \frac{\text{Total Primary School-age Children at Schools}}{\text{Total Primary School-age Children Whether or Not Attending School}} \times 100\%$$

22

卫生和社会服务
Public Health and Social Services

编辑人员：吴红燕 李廷轲

Compiled by Wu Hongyan Li Tingke

英文翻译：陈 敏 符荟杰

Translated by Chen Min Fu Huijie

简 要 说 明

一、本篇资料的主要内容

本篇主要反映卫生、社会服务、残疾人事业的发展情况。

卫生统计资料主要包括医疗卫生机构、卫生人员、卫生设施、卫生经费、基层医疗卫生服务、妇幼保健、疾病控制、居民病伤死亡原因、医疗保障制度等情况。

社会服务统计资料主要包括社会服务企事业机构、社会组织、人员、床位情况，优抚和社会经济情况，社会服务机构情况，婚姻服务情况，残疾人服务情况、社会捐赠和福利彩票销售情况等。

二、本篇的资料来源

卫生统计资料由海南省卫生健康委员会提供；社会服务统计资料由海南省民政厅提供。

Brief Introduction

I. Main Contents

Data in this chapter mainly reflect the development of public health, civil affairs, and work for persons with disabilities.

Data on public health include mainly the number of medical and health institutions, health personnel, health facility, health expenses, medical and health services at grass-root level, maternal and child health, disease control, major diseases as the causes of death, and health security system.

Data on civil affairs include: institutions, social organizations, personnel and beds of social services, social welfare relief, community service facilities and marriage registration service, services for the disabled persons, social donations and welfare lottery.

II. Sources of Data

Data on public health are mainly from Health Commission of Hainan Province. Data on civil affairs and disabled persons are from the Hainan provincial Civil Affairs Department.

22-1 卫生事业基本情况表
Basic Statistics on Public Health

年 份 Year	卫生机构数(个) Number of Health Care Institutions (unit)	#医院(含卫生院) Hospitals (including Health Centers)	卫生机构床位数(张) Number of Beds(bed)	#医院(含卫生院) Hospitals (including Health Centers)	卫生人员总数(人) Medical Personnel (person)	#医生 Doctor	每万人口拥有 Per 10 000 Persons 床位数(张) Number of Beds	每万人口拥有 Per 10 000 Persons 医生数(人) Number of Doctors
1950	15	14	680	680	1383	880	3	3
1951	28	23	634	634	1491	908	3	3
1952	95	26	1244	1134	1361	786	4	3
1953	185	28	1718	1306	1812	993	6	4
1954	254	28	1834	1347	3751	1220	7	4
1955	357	32	1904	1640	4157	1671	7	6
1956	411	31	2009	1729	4315	1893	7	7
1957	446	29	1938	1704	6854	2028	7	7
1958	2011	301	8778	4868	5096	1793	29	6
1959	2804	303	8168	4275	7814	1900	26	6
1960	2139	353	9927	4356	5640	1760	31	6
1961	1967	350	6737	5689	9497	2401	21	7
1962	2171	228	7540	6227	11737	3249	22	10
1963	1998	159	9236	6067	11645	3557	27	10
1964	2229	185	9792	6647	12288	4122	28	12
1965	2692	177	10026	6862	12533	3768	27	10
1966	2744	174	9814	6865	12899	3768	26	10
1972	3144	426	15720	15642	19286	4824	33	10
1973	3224	430	16511	16288	20367	4955	34	10
1974	3210	444	16624	16419	20362	5059	34	10
1975	3082	447	17108	16935	20916	5724	34	12
1976	3261	456	17657	17523	22243	5781	35	11
1977	3175	462	18420	18266	23651	5948	35	12
1978	3308	464	18687	18562	24730	6333	35	12
1979	3493	468	18855	18649	25834	7240	35	13
1980	3492	459	18885	18648	27666	7914	34	14
1981	3703	458	18688	18404	22230	7690	33	14
1982	3656	461	18589	18310	31181	7786	32	14
1983	3978	459	18587	18309	31705	8108	32	14
1984	3901	457	18582	18336	32750	8309	31	14
1985	3877	417	18997	18672	33727	8017	31	14
1986	3729	422	19313	18941	34121	7956	31	13
1987	3702	427	19860	19542	34840	8052	32	13
1988	3764	426	20643	20265	35208	10101	33	16
1989	2911	428	20833	20479	35269	10547	33	17

注：自2009年起卫生机构数含村卫生室。
Note：The data of Health Care Institutions includes Village Clinics

22-1 续(continued)

年 份 Year	卫生机构数(个) Number of Health Care Institutions (unit)	#医院(含卫生院) Hospitals (including Health Centers)	卫生机构床位数(张) Number of Beds(bed)	#医院(含卫生院) Hospitals (including Health Centers)	卫生人员总数(人) Medical Personnel (person)	#医生 Doctor	每万人口拥有 Per 10 000 Persons 床位数(张) Number of Beds	医生数(人) Number of Doctors
1990	3167	429	21620	21083	36290	11026	33	17
1991	3154	427	21402	20857	36796	10991	32	17
1992	2517	428	22397	21772	37681	11053	32	16
1993	1646	446	22830	22053	38327	10891	32	16
1994	1647	469	22658	21885	39167	11331	33	16
1995	1653	473	22383	21684	39374	11796	32	17
1996	2420	482	22283	21435	40047	12238	31	17
1997	2595	485	21704	20777	40824	12652	29	17
1998	2545	485	21480	20659	40394	12776	29	17
1999	2460	488	20518	19889	39063	12769	26	17
2000	2689	492	20550	15352	38539	12706	27	16
2001	2712	488	19288	14784	38125	12340	25	16
2002	2840	504	19120	17411	36310	11896	25	15
2003	2655	503	18312	13018	32725	9979	23	12
2004	2515	505	18394	17253	36835	10026	22	12
2005	2464	502	18873	17475	37189	11811	23	13
2006	2337	502	20227	18630	38199	12195	24	15
2007	2330	501	20767	19607	40941	12587	25	15
2008	2220	498	21889	20672	42682	12850	26	15
2009	4661	493	23536	22066	49898	14117	27	16
2010	4678	495	25981	24336	51985	14456	30	17
2011	4816	494	28575	27038	56893	15527	33	18
2012	5142	493	30076	28160	58721	15422	34	17
2013	5006	490	32100	29854	63573	16766	36	19
2014	5015	489	34466	31914	66586	17617	38	19
2015	5046	500	38653	35702	71237	19001	42	21
2016	5135	509	40501	37276	74843	20148	44	22
2017	5177	505	42002	38654	77652	20882	45	23
2018	5325	517	44712	41956	81376	22278	48	24
2019	5435	530	49764	46457	85928	23929	53	25
2020	6127	557	59462	55312	93875	27163	59	27
2021	6287	269	61180	48537	99607	29693	60	29

22-2 卫生机构、床位、人员数（2021年）
Number of Health Care Institutions,Beds and Employed Persons (2021)

项 目	Item	机构数（个）Number of Health Care Institutions (unit)	床位数（张）Beds (bed)	卫生技术人员（人）Medical Technical Personnel (person)	#执业（助理）医师 Licensed (Assistant) Doctors	注册护士 Registered Nurses	药师（士）Pharma-cists	技师（士）Laboratory Technicians
合 计	**Total**	**6287**	**61180**	**80527**	**29693**	**38414**	**3545**	**4866**
一、医院	Number of Hospitals	269	48537	47032	15575	24229	2193	3164
综合医院	General Hospitals	166	34201	34606	11562	17889	1501	2271
中医医院	Hospital Specialized in Traditional Chinese Medicine	22	5036	5439	1895	2584	397	388
中西医结合医院	Hospital of Intergrated Traditional and Western Medicine	7	739	577	167	270	36	40
专科医院	Specialized Hospital	74	8561	6410	1951	3486	259	465
二、基层医疗卫生机构	Health Care Institutions at Grassroot Level	5881	10171	26705	11682	11316	1123	878
社区卫生服务中心(站)	Community Health Services Centers	222	1518	3999	1400	2025	221	163
卫生院	Health Centers	274	8327	10993	4083	4316	691	575
街道卫生院	Urban Health Centers							
乡镇卫生院	Township Health Centers	274	8327	10993	4083	4316	691	575
村卫生室	Village Clinics	2737		1023	695	325	3	
门诊部	Outpatient Department	400	326	4192	1957	1883	118	124
诊所. 卫生所. 医务室	Clinics and Health Centers and Nurse Stations	2248		6498	3547	2767	90	16
三、专业公共卫生机构	Specialized Public Health Institutions	111	2370	6387	2310	2655	225	770
疾病预防控制中心	Centers for Diseases Prevention and Control	29		1207	617	152	18	270
专科疾病防治院（所、站）	Specialized Disease Prevention &Treatment Institutions	16	28	294	146	74	28	36
健康教育所(站、中心)	Health Education Stations	10		44	28	7	3	2
妇幼保健院(所、站)	Women and Children Care Agencies	25	2338	4049	1317	1987	163	369
急救中心(站)	Center for Emergency	8	4	218	65	143	2	
采供血机构	Institutes of Collecting and Supplying Blood	6		313	44	199	2	42
计划生育技术服务机构	Technical Service Centers for Birth Control	17		262	93	93	9	51
四、其他卫生机构	Other Health Institutions	26	102	403	126	214	4	54
康复医疗机构	Rehabilitation medical institution	1	102	55	4	50	1	
临床检验中心（所、站）	Clinical testing center （Institute、station）	7		306	101	152	1	51
统计信息中心	Statistical information center	1						
其他	Other	17		42	21	12	2	3

22-3 医疗卫生机构
Number of Health Care Institutions

单位：个 (unit)

年份 市县	Year Region	合计 Total	#医院 Hospitals	#综合医院 General Hospitals	中医医院 Hospitals Specialized in Traditional Chinese Medicine	专科医院 Specialized Hospitals	#基层医疗卫生机构 Health Care Institutions at Grass-root Level	社区卫生服务中心(站) Community Health Service Centers	街道卫生院 Urban Health Centers	乡镇卫生院 Township Health Centers
2015		5046	202	155	17	25	4714	156		298
2016		5135	212	158	17	31	4795	170		297
2017		5177	208	153	18	31	4843	175		299
2018		5325	218	158	17	38	4981	177		299
2019		5435	246	166	22	50	5057	193		284
2020		6127	280	171	23	76	5690	213		277
2021		6287	269	166	22	74	5881	222		274
海口市	Haikou	1444	79	32	4	43	1318	121		26
三亚市	Sanya	530	33	19	3	10	483	18		10
儋州市	Danzhou	498	22	20	1	1	468	15		24
五指山市	Wuzhishan	119	5	1	1	2	110	2		7
文昌市	Wenchang	325	13	8	1	4	306	6		24
琼海市	Qionghai	291	22	17	1	4	264	15		15
万宁市	Wanning	497	18	14	1	2	473	3		18
定安县	Ding'an	233	9	6	2		221	5		14
屯昌县	Tunchang	190	9	8	1		177	4		9
澄迈县	Chengmai	435	10	7	1	2	420	11		15
临高县	Lingao	238	10	8	1	1	226			17
东方市	Dongfang	390	7	5	1	1	380			19
乐东县	Ledong	340	6	4	1	1	329	11		14
琼中县	Qiongzhong	147	8	6	1	1	134	2		13
保亭县	Baoting	109	1	1			103	2		9
陵水县	Lingshui	220	7	4	1	1	208	3		17
白沙县	Baisha	135	4	2	1		126	2		12
昌江县	Changjiang	145	5	3		1	135	2		11

22-3 续(continued)

单位：个 (unit)

年 份 市 县	Year Region	村卫生室 Village Clinics	门诊部(所) Outpatient Department	#专业公共卫生机构 Specialized Public Health Institutions	#疾病预防控制中心 Center for Disease Control and Prevention	#专科疾病防治院(所/站) Specialized Disease Prevention & Treatment Institution	#妇幼保健院(所/站) Women and Children Care Agencies	#卫生监督所(中心) Health Inspection Institution (center)
2015		2681	1578	119	27	18	24	24
2016		2668	1660	119	26	18	24	24
2017		2637	1732	117	25	15	24	24
2018		2716	1789	119	24	13	24	24
2019		2647	1933	123	26	13	24	24
2020		2764	2436	106	28	13	24	1
2021		2737	2648	111	29	16	25	
海 口 市	Haikou	264	907	30	6	2	7	
三 亚 市	Sanya	103	352	12	5	1	1	
儋 州 市	Danzhou	275	154	8	2	1	2	
五指山市	Wuzhishan	59	42	3	1	1	1	
文 昌 市	Wenchang	157	119	5	1	1	1	
琼 海 市	Qionghai	99	135	4	1	1	1	
万 宁 市	Wanning	301	151	5	1	1	1	
定 安 县	Ding'an	108	94	3	1		1	
屯 昌 县	Tunchang	104	60	4	1		1	
澄 迈 县	Chengmai	212	182	4	1	1	1	
临 高 县	Lingao	182	27	2	1		1	
东 方 市	Dongfang	271	90	3	1		1	
乐 东 县	Ledong	222	82	4	1	1	1	
琼 中 县	Qiongzhong	83	36	4	1	1	1	
保 亭 县	Baoting	55	37	5	1	1	1	
陵 水 县	Lingshui	94	94	5	1	2	1	
白 沙 县	Baisha	66	46	5	2		1	
昌 江 县	Changjiang	82	40	5	1	2	1	

22-4 卫生人员
Number of Employed Persons in Health Care Institutions

单位：人 (person)

年份 地区	Year Region	卫生人员 Medical Personnel	卫生技术人员 Medical Technical Personnel	#执业(助理)医师 Licensed (Assistant) Doctors	#执业医师 Licensed Doctor	#注册护士 Registered Nurse	#药师(士) Pharmacist	其他技术人员 Other Technical Personnel	管理人员 Administrative Personnel	工勤技能人员 Logistics Technical Workers
2015		71237	54677	19001	15338	24641	2828	2042	3830	7280
2016		74843	57784	20148	16267	26487	2930	2365	4033	7343
2017		77652	60579	20882	17351	28491	2978	2841	3825	7332
2018		81376	63663	22278	18732	29959	3086	2854	4316	7172
2019		85928	67695	23929	20272	32064	3220	3033	4428	7531
2020		93875	74378	27163	23147	35191	3413	3034	5022	8138
2021		99607	80527	29693	25372	38414	3545	3562	4205	8648
海 口 市	Haikou	38826	32087	11375	10705	16235	1398	1335	1843	3288
三 亚 市	Sanya	10200	8497	3194	2867	4047	336	457	393	767
儋 州 市	Danzhou	7937	6334	2300	1839	3035	299	278	350	743
五指山市	Wuzhishan	1735	1320	397	347	638	54	23	135	200
文 昌 市	Wenchang	3516	2877	1117	905	1317	188	82	160	270
琼 海 市	Qionghai	6138	4739	1759	1580	2148	240	190	387	699
万 宁 市	Wanning	4128	3087	1204	912	1441	144	161	177	433
定 安 县	Ding'an	2011	1670	663	515	707	90	63	60	119
屯 昌 县	Tunchang	1755	1455	601	426	602	76	67	19	134
澄 迈 县	Chengmai	4274	3547	1534	1278	1519	144	60	134	336
临 高 县	Lingao	2667	2069	859	620	976	75	102	49	176
东 方 市	Dongfang	3453	2664	1165	793	1091	112	135	138	268
乐 东 县	Ledong	3529	2637	872	627	1224	101	269	85	332
琼 中 县	Qiongzhong	1731	1353	520	319	561	50	6	83	221
保 亭 县	Baoting	1270	1047	380	255	486	35	76	10	75
陵 水 县	Lingshui	2966	2481	844	709	1159	88	84	80	235
白 沙 县	Baisha	1331	1021	391	272	446	25	59	33	130
昌 江 县	Changjiang	2116	1620	508	393	774	90	115	67	222

22-5 各类医疗卫生机构医疗服务及床位利用情况(2021年)
Number of Visits and Inpatients in Medical Institutions and Utilization of Beds (2021)

机构名称	Institutions	诊疗人次数（万人次）Visits (10 000 person-times)	入院人数（万人）Inpatients (10 000 persons)	实际开放总床日数（日）Days of Total Beds Actually Opened (day)	平均开放病床（张）Average Beds Opened (bed)
总 计	**Total**	**50550738**	**1281885**	**19995178**	**54781**
医院	Hospitals	22552935	1128421	16004121	43847
#综合医院	General Hospitals	17341909	886390	11256191	30839
中医医院	Hospitals Specialized in Traditional Chinese Medicine	2848762	112846	1664517	4560
中西医结合医院	Hospital of Integrated Traditional Chinese with Western Medicine	325295	11248	262199	718
专科医院	Specialized Hospitals	2036969	117937	2821214	7729
基层医疗卫生机构	Basic Medical Institutions	24864465	74607	3166971	8677
#社区卫生服务中心(站)	Community Health Service Centers	3804237	12057	520315	1426
卫生院	Health Centers	8574093	42770	2646656	7251
街道卫生院	Urban Health Centers				
乡镇卫生院	Township Health Centers	8574093	42770	2646656	7251
专业公共卫生机构	Specialized Public Health Institutions	3129922	78857	786856	2156
#专科疾病防治院(所、站)	Specialized Disease Prevention & Treatment Institution	253853	18	10220	28
妇幼保健院(所、站)	Women and Children Care Agencies	2846328	78839	776636	2128
其他机构	Other Institutions	3416		37230	102
#疗养院	Sanatoriums	3416		37230	102

22-5 续(continued)

机构名称	Institutions	实际占用总床日数(日) Actually Total Beds Occupied (day)	出院者占用总床日数(日) Total Beds Occupied by Patients Discharged from Hosptials (day)	病床工作日(日) Working Days of Beds (day)	病床使用率(%) Utili-zation Rate of Beds (%)	平均住院日(日) Average Stay Days in Hospital (day)
总 计	**Total**	**12014556**	**11127251**	**219.3**	**60.1**	**8.7**
医院	Hospitals	10870381	10275998	247.9	67.92	9.1
#综合医院	General Hospitals	7815762	7489141	253.4	69.4	8.4
中医医院	Hospitals Specialized in Traditional Chinese Medicine	996906	973114	218.6	59.9	8.6
中西医结合医院	Hospital of Integrated Traditional Chinese with Western Medicine	109566	103507	152.5	41.8	9.2
专科医院	Specialized Hospitals	1948147	1710236	252.0	69.1	14.7
基层医疗卫生机构	Basic Medical Institutions	754540	474642	87.0	23.8	6.5
#社区卫生服务中心(站)	Community Health Service Centers	143744	82623	100.8	27.6	6.9
卫生院	Health Centers	610796	392019	84.2	23.1	9.4
街道卫生院	Urban Health Centers					
乡镇卫生院	Township Health Centers	610796	392019	84.2	23.1	9.4
专业公共卫生机构	Specialized Public Health Institutions	389635	376611	180.7	49.5	4.8
#专科疾病防治院(所、站)	Specialized Disease Prevention & Treatment Institution	6105	465	218	59.74	232.5
妇幼保健院(所、站)	Women and Children Care Agencies	383530	376146	180.2	49.4	4.8
其他机构	Other Institutions					
#疗养院	Sanatoriums					

22-6 各市县医疗卫生机构门诊服务情况(2021年)
Outpatient Services of Health Institutions by Region (2021)

地 区	Region	诊疗人次数(次) Visits (times)	#门\急诊 Outpatients with Emergency Treatment	观察室留观病例数(人) Cases in Observation Room (persons)	健康检查人数(人) Number of Health Examinations (persons)	急诊病死率(%) Fatality Rate among Emergency Admissions (%)	观察室病死率(%) Fatality Rate in Observation Room (%)
全省总计	**Total**	**50550738**	**46863210**	**186448**	**3198657**	**0.04**	**0.01**
海口市	Haikou	16961014	15340139	62978	1284399	0.03	0.01
三亚市	Sanya	5594043	5209861	9091	377598	0.02	0.01
儋州市	Danzhou	4433478	4294060	102	362163	0.04	4.90
五指山市	Wuzhishan	446959	443748		42685	0.06	
文昌市	Wenchang	2599426	2573383	10524	190116	0.01	
琼海市	Qionghai	3445661	3253587	1232	197668	0.02	0.41
万宁市	Wanning	2505770	2448873	4038	44688	0.02	
定安县	Ding'an	1438340	1380248	15415	28042	0.05	
屯昌县	Tunchang	1080536	776102	18	47303	0.08	
澄迈县	Chengmai	1971955	1925831	202	90030	0.04	
临高县	Lingao	1760013	1748299	270	31240	0.12	
东方市	Dongfang	2106686	1415967	72235	173586	0.04	
乐东县	Ledong	1764081	1716828	5246	38690	0.03	
琼中县	Qiongzhong	613276	605127	16	50602	0.13	
保亭县	Baoting	328509	328142	435	27721	0.09	
陵水县	Lingshui	1918995	1887698	4393	106980	0.03	
白沙县	Baisha	502914	498172		34800	0.22	
昌江县	Changjiang	1069984	1008047	253	70183	0.03	

22-7 各市县医疗卫生机构住院服务情况(2021年)
Hospitalization Services in Health Institutions by Region (2021)

地 区	Region	入院人数(人) Number of Inpatients (persons)	出院人数(人) Patients Discharged (persons)	住院病人手术人次(人次) Surgical Operation of Hospitalized (persons)	每百门急诊入院人数(人) Inpatients per 100 Outpatient and Emergency Visits (person)
全省总计	**Total**	**1281885**	**1279276**	**490696**	**3.45**
海口市	Haikou	574050	573977	305661	4.00
三亚市	Sanya	122170	122196	71775	2.72
儋州市	Danzhou	123602	122919	22098	2.88
五指山市	Wuzhishan	20365	20436	3240	5.55
文昌市	Wenchang	39590	39396	12166	2.02
琼海市	Qionghai	86983	86846	23176	2.67
万宁市	Wanning	49208	48919	8794	3.86
定安县	Ding'an	21621	21442	1929	2.42
屯昌县	Tunchang	27528	27288	3137	3.94
澄迈县	Chengmai	29943	29453	5907	2.60
临高县	Lingao	31076	30498	5195	2.78
东方市	Dongfang	27221	26997	9780	2.90
乐东县	Ledong	33759	34259	4296	3.18
琼中县	Qiongzhong	20466	20407	1215	4.13
保亭县	Baoting	10852	10941	2436	4.10
陵水县	Lingshui	18579	18589	4591	1.54
白沙县	Baisha	12892	12968	1293	4.02
昌江县	Changjiang	31980	31745	4007	4.35

22-8 各市县医院床位利用情况(2021年)
Utilization of Beds in Hospitals by Region (2021)

地 区	Region	病床周转次数(次) Turnover of Beds (time)	病床工作日(日) Work Day of Beds (day)	病床使用率(%) Utilization Rate of Beds (%)	平均住院日(日) Average Stay Days in Hospital (day)
全省总计	**Total**	**25.9**	**249.3**	**68.3**	**9.1**
海 口 市	Haikou	30.0	278.8	76.4	9.2
三 亚 市	Sanya	24.2	248.7	68.1	9.8
儋 州 市	Danzhou	31.2	269.9	74.0	8.7
五指山市	Wuzhishan	14.8	249.3	68.3	18.2
文 昌 市	Wenchang	24.1	169.9	46.5	7.0
琼 海 市	Qionghai	27.8	214.5	58.8	6.2
万 宁 市	Wanning	18.5	228.5	62.6	10.3
定 安 县	Ding'an	22.1	218.9	60.0	10.0
屯 昌 县	Tunchang	21.0	212.5	58.2	9.0
澄 迈 县	Chengmai	17.5	211.8	58.0	11.3
临 高 县	Lingao	26.4	205.7	56.4	5.9
东 方 市	Dongfang	27.2	205.9	56.4	7.0
乐 东 县	Ledong	24.1	201.3	55.2	6.9
琼 中 县	Qiongzhong	23.7	285.2	78.1	12.0
保 亭 县	Baoting	33.6	246.4	67.5	7.2
陵 水 县	Lingshui	16.5	214.5	58.8	8.1
白 沙 县	Baisha	27.1	201.9	55.3	7.4
昌 江 县	Changjiang	26.9	221.6	60.7	7.8

22-9 法定报告传染病发病及死亡情况(2021年)
Incidence and Death of Infectious Diseases Reported (2021)

病名	Item	发病率 (1/10万) Incidence (per100 000 persons)	死亡率 (1/10万) Death Rate (per100 000 persons)	病死率 (%) Mortality Rate (%)
总计	**Total**	**342.07**	**0.69**	**0.20**
*病毒性肝炎	Viral Hepatitis	166.22	0.01	0.01
痢疾	Dysentery	0.56		
伤寒副伤寒	Typhoid and Paratyphoid Fever	0.62		
艾滋病	AIDS	2.32	0.57	24.36
淋病	Gonorrhea	22.15		
梅毒	Syphilis	63.60		
麻疹	Measles	0.01		
百日咳	Pertussis	0.55		
流脑	Epidemic Encephalitis	0.01		
猩红热	Scarlet Fever	0.09		
出血热	Hemorrhage Fever	0.01		
狂犬病	Hydrophobia	0.01	0.01	100.00
布氏杆菌病	Brucellosis	0.20		
乙脑	Encephalitis B	0.01		
疟疾	Malaria	0.01		
新生儿破伤风	Newborn Tetanus			
肺结核	Pulmonary Tuberculosis	85.51	0.11	0.13

22-10 防病工作情况
Basic Statistics on Disease Prevention and Cure

指　标	Item	2016	2017	2018	2019	2020	2021
传染病发病总例数（甲、乙）(例)	Number of Incidence from Infectious Disease(A、B) Reported (persons)	29280	35055	36082	36324	32028	34485
发病率(1/10万)	Incidence (1/100 000)	321.5	382.3	360.0	388.8	339.1	342.1
传染病死亡总人数(人)	Number of Death from Infectious Disease (person)	84	81	74	86	93	70
死亡率(1/10万)	Death Rate (1/100 000)	0.9	0.9	0.7	0.9	1.0	0.7
结核病登记病人数(例)	Number of Register of Tuberculosis (persons)	6735	6697	6642	6275	6094	5815
登记患病率(‰)	Register Sicken Rate(‰)	0.8	0.7	0.6	0.7	0.7	0.6
结核病新发病人数(例)	Number of New Incidence from Tuberculosis (person)	6515	6361	6442	5987	5741	5416
登记新发病率(1/万)	Register New Incidence Disease Rate (1/10 000)	7.2	7.1	6.2	6.4	6.1	5.4
结核病死亡人数(人)	Number of Death from Tuberculosis (person)	73.0	19.0	19.0	20.0	28.0	11.0
死亡率(1/10万)	Death Rate (1/100 000)	0.8	0.2	0.2	0.2	0.3	0.1
“八苗”接种率(%)	Eight Type of Bacterins Inoculability Rate (%)	99.5	99.7	99.6	99.6	99.7	97.54
乙肝疫苗全程接种率(%)	Hepatitis B Bacterins Quite Inoculability Rate (%)	99.7	99.7	99.5	99.5	99.7	99.79

22-11 妇女儿童卫生保健状况
Basic Statistics on Health Care of Women and Children

指　标	Item	2018	2019	2020	2021
婚前医学检查率(%)	Rate of Medical Examination before Marriage(%)	33.67	26.69	56.37	41.84
城市	Urban Areas	34.77	31.99	58.16	36.89
农村	Rural Areas	31.65	16.56	53.20	52.13
出生缺陷发生率(1/万)	Birth-defect Rate(1/10000)	142.80	174.90	191.20	264.73
婴儿死亡率(‰)	Infant Mortality Rate (‰)	4.10	4.15	4.02	3.96
城市	Urban Areas	3.04	2.02	4.30	1.82
农村	Rural Areas	4.40	4.85	3.93	4.75
5岁以下儿童死亡率(‰)	Mortality Rate of Child under 5 Years Old (‰)	6.05	6.19	5.72	5.19
城市	Urban Areas	3.76	2.56	5.28	2.44
农村	Rural Areas	6.71	7.39	5.87	6.20
孕产妇死亡率(1/10万)	Mortality Rate of Pregnant and Lying-in Women (1/100 000)	13.39	11.57	15.01	15.77
城市	Urban Areas	6.62	10.56	14.82	5.92
农村	Rural Areas	19.53	12.08	15.11	21.82
全省住院分娩率(%)	Hospitalization Rate of Parturition in Province(%)	99.93	99.93	99.95	99.96
农村孕产妇住院分娩率(%)	Hospital Parturition Rate of Rural Pregnant and Lying-in Women(%)	99.85	99.94	99.93	99.91
产前检查率(%)	Medical Prenatal Examination Rate (%)	96.76	97.26	97.82	98.47
孕产妇系统管理率(%)	Systematic Management Rate of Pregnant and Lying-in Women (%)	86.83	87.83	90.68	92.33
城市	Urban Areas	86.11	87.35	90.36	91.95
农村	Rural Areas	88.18	88.78	91.35	93.22
5岁以下儿童中、重度营养不良患病率(%)	moderate and Serious malnutrition Rate of Children under 5 Years old (%)	3.33	3.21	2.76	2.61
城市	Urban Areas	2.85	2.85	2.42	2.34
农村	Rural Areas	4.17	3.89	3.38	3.15
7岁以下儿童保健管理率 (%)	Health Care Rate of Children under 7 Years Old (%)	91.42	93.34	92.37	93.62
城市	Urban Areas	91.89	92.97	91.86	93.27
农村	Rural Areas	90.65	93.97	93.30	94.29
卡介苗疫苗接种率(%)	BCG (%)	100.0	100.0	99.6	99.6
脊髓灰质炎疫苗接种率(%)	Poliomyelitis (%)	99.7	99.9	99.7	99.7
百白破疫苗接种率(%)	DPT(%)	99.4	99.6	99.7	99.7
麻疹疫苗接种率(%)	Measles (%)	99.5	99.5	99.8	99.8
乙肝疫苗接种率 (%)	Inoculation Rate of Hepatitis B Vaccine(%)	99.5	99.5	99.8	99.8

22-12 社会服务机构基本情况(2021年)
Statistics on Social Service Institutions (2021)

指 标	Item	单位数 (个) Institution (unit)	职工人数 (人) Staff and Workers (person)
社会服务	**Total**	**15765**	**106507**
社会工作	**Social Work**	**3683**	**21648**
提供住宿的社会服务机构	Social Welfare Institutions with Accommodations	66	1436
老年人年与残疾人服务机构	Institutions for the Aged and the Disabled	59	1339
城市养老服务机构	Urban Institutions for the Aged	19	815
农村养老服务机构	Rural Institutions for the Aged	36	331
社会福利院	Social Welfare Hospitals	4	193
光荣院	Homes for Disabled Veterans		
荣誉军人康复医院	Convalescent Hospitals for Honorable Serviceman		
复员军人疗养院	Sanatoriums for Ex-serviceman		
军队离退休干部休养所	Retired Army Cadres Sandringham Retreat		
智障与精神疾病服务机构	Mental Retardation and Mental Diseases		
福利类精神病院和医院	Social Welfare Hospitals for Mental Diseases		
复退军人精神病院	Mental Hospitals for Ex-serviceman		
为儿童提供住宿的社会服务机构	Social Welfare Institutions for Children	1	6
儿童收养机构	Welfare Homes for Children	1	6
流浪儿童救助保护中心	Centers for Rescuing Street Children		
其他提供住宿的社会服务机构	Other Social Welfare Institutions with Accommodations	6	91
救助管理站	Salvation Stations	5	81
军供站	Serviceman Supply Stations		
其他提供住宿的社会服务机构	Other Serviceman Habitation	1	10
不提供住宿的社会服务机构	Social Welfare Institutions Without Accommodations	3617	20212
老龄事业机构	Institutions for the Aged		
为残疾人提供工作岗位的企业	Provide Jobs for the Disabled		
为残疾人提供服务的康复辅具机构	Provide Services for the Disabled Rehabilitation Assistive Devices		
其他为残疾人服务的福利机构	Other Welfare Institutions for the Disabled		
救助、低保服务机构	Rescue and Services Agencies for Minimum Living Allowance	3	55
救灾储备机构	Relief Reserve Units		
福利彩票发行单位	Welfare Lottery Issuing Institutions	6	77
军队离退休人员管理中心	Management Centers for Retired Military Officers		
烈士陵园及烈士纪念馆	Martyr Memorial Building Management Units		
社区服务机构	Community Services Institutions	3608	20080
成员组织和其他社会服务机构	**Membership Organizations and Other Social Service Institutions**	**12054**	**84156**
成员组织	Membership Organizations	12027	83707
社会组织	Social Organizations	8830	66681
社会团体	Social Groups	3506	23657
基金会	Foundations	129	562
民办非企业单位	Non-enterprise Units Run by NGO	5195	42462
自治组织	Autonomy Organizations	3197	17026
社区居委会	Neighborhood Committee	665	4049
村民委员会	Village Committee	2532	12977
其他社会服务机构	Other Social Service Institutions	19	258
婚姻登记服务机构	Marriage Registration Institutions	1	6
殡 葬	Funeral Service Institutions	18	252
殡仪馆	Funeral Home	2	46
公 墓	Cemetery	6	145
殡葬服务管理单位	Funeral and Interment Management Institutions	10	61
其他事业单位	**Others**	**4**	**15**
行政机关	**Administration**	**24**	**688**

22-13 提供住宿的社会服务机构床位数(2021年)
Beds of Social Welfare Institutions with Accommodations （2021）

单位：张 (bed)

地 区	Region	床位数 Number of Beds	老年及残疾人床位 The Aged and Disabled	儿童床位 Child	救助及其他社会服务床位 Social Relief and Other
全省总计	**Total**	**13546**	**11596**	**50**	**1900**
省本级	Provincial	724	618		106
海 口 市	Haikou	4013	3668		345
三 亚 市	Sanya	1374	762		612
儋 州 市	Danzhou	220	120		100
五指山市	Wuzhishan	1128	1128		
文 昌 市	Wenchang	406	406		
琼 海 市	Qionghai	733	652	50	31
万 宁 市	Wanning	1705	1370		335
定 安 县	Ding'an	474	473		1
屯 昌 县	Tunchang	251	251		
澄 迈 县	Chengmai	412	394		18
临 高 县	Lingao	114	114		
东 方 市	Dongfang	34	24		10
乐 东 县	Ledong	393	233		160
琼 中 县	Qiongzhong	194	194		
保 亭 县	Baoting	78	78		
陵 水 县	Lingshui	698	698		
白 沙 县	Baisha	317	253		64
昌 江 县	Changjiang	278	160		118

注：1. 2001年起，社会服务机构床位数口径有所调整，除收养性机构床位数外，还包括了救助类机构床位数、社区类机构床位数以及军休所、军供站等机构床位数。老年人口指60岁及以上老年人口。

2. 2011年起，老年及残疾人床位含社区服务床位(含日间照料床位)。

Note:1.Sice 2001, coverage of beds of social services institutions has changed.It include beds of salvation institution,community institutions, and serviceman recreation habitation, serviceman supply stations,etc.The aged refer to those 60 years old and above.

2.Since 2011, beds of the aged and disabled include community service beds(including day care beds).

22-14 孤儿和家庭儿童收养(2021年)
Orphans and Children Adopted by Families (2021)

地　区	Region	孤儿数（人） Number of Orphans (person)	家庭儿童收养登记总数（件） Number of Adoption Registration of Children Adopted by Families (case)
全省总计	**Total**	**725**	**138**
海 口 市	Haikou	172	19
三 亚 市	Sanya	70	13
儋 州 市	Danzhou	103	
五指山市	Wuzhishan	7	7
文 昌 市	Wenchang	24	
琼 海 市	Qionghai	21	12
万 宁 市	Wanning	16	
定 安 县	Ding'an	24	
屯 昌 县	Tunchang	21	5
澄 迈 县	Chengmai	77	14
临 高 县	Lingao	46	26
东 方 市	Dongfang	22	8
乐 东 县	Ledong	22	3
琼 中 县	Qiongzhong	16	
保 亭 县	Baoting	32	13
陵 水 县	Lingshui	25	11
白 沙 县	Baisha	17	5
昌 江 县	Changjiang	10	2

注：2011年以前的“孤儿数”指领取《儿童福利证》的孤儿数，2011年起指失去父母或查找不到生父母的未满18周岁的未成年人数。
家庭儿童收养比例=家庭儿童收养人数/孤儿数×100%。

Note:Before 2011,number of orphans referred to the number of orphans who received Children Welfare Credentials, and from 2011, it refers to juveniles under age of 18 who have lost parents or can't find parents.

Proportion of children Adopted by Families=Number of children Adopted b Families/Number of Orphans *100%

22-15 社会救助情况(2021年)
Statistics on Social Relief (2021)

单位：人 (person)

地 区	Region	城市居民最低生活保障人数 Number of Urban Residents Receiving Minimum Living Allowance	农村居民最低生活保障人数 Number of Rural Residents Receiving Minimum Living Allowance	集中供养特困人员人数 Rural Households with Centralized Livelihood Guaranteed in Five Aspects	分散供养特困人员人数 Rural Households with Decentralized Livelihood Guaranteed in Five Aspects	临时救助人次 Number of Temporary Assistance
全省总计	**Total**	**33978**	**147312**	**2462**	**21703**	**83204**
海 口 市	Haikou	3493	11642	493	2597	3432
三 亚 市	Sanya	1497	2385	63	715	907
儋 州 市	Danzhou	5464	15520	84	1440	14049
五指山市	Wuzhishan	696	2212	33	127	3361
文 昌 市	Wenchang	1273	9409	328	2464	8344
琼 海 市	Qionghai	1343	8482	364	2039	6618
万 宁 市	Wanning	2152	11782	20	1422	5852
定 安 县	Ding'an	1016	7817	280	1823	1727
屯 昌 县	Tunchang	1696	6961	165	1048	643
澄 迈 县	Chengmai	2463	7411	277	2140	2392
临 高 县	Lingao	2628	14233	53	1775	3567
东 方 市	Dongfang	1383	9625	14	624	7401
乐 东 县	Ledong	2781	13944	73	793	4827
琼 中 县	Qiongzhong	793	4473	70	406	5523
保 亭 县	Baoting	1072	2975	5	200	1993
陵 水 县	Lingshui	1112	6614	94	1293	6388
白 沙 县	Baisha	1001	5995	30	276	2923
昌 江 县	Changjiang	2115	5832	16	521	3257

22-16 福利彩票销售情况
Statistics on Welfare Lottery

年份 地区	Year Region	福利彩票发行单位（个）Welfare Lottery Issuing Units (unit)	福利彩票销售额（万元）Sales of Welfare Lottery (10 000 yuan)	提取公益金（万元）Public Welfare Fund from Welfare Lottery (10 000 yuan)
2015		20	174375	40767
2016		19	167184	40353
2017		19	153624	37323
2018		6	141796	34596
2019		6	88435	23706
2020		6	38227	12331
2021		6	44717	15196
海口市	Haikou	1	22192	7636
三亚市	Sanya	1	8775	2922
儋州市	Danzhou	1	1867	649
五指山市	Wuzhishan		442	142
文昌市	Wenchang		1645	544
琼海市	Qionghai	1	1413	464
万宁市	Wanning	1	1393	456
定安县	Ding'an		488	169
屯昌县	Tunchang		338	117
澄迈县	Chengmai		1357	468
临高县	Lingao		487	175
东方市	Dongfang	1	927	335
乐东县	Ledong		682	226
琼中县	Qiongzhong		253	86
保亭县	Baoting		711	213
陵水县	Lingshui		1146	386
白沙县	Baisha		282	91
昌江县	Changjiang		320	117

22-17 国家重点优抚对象情况(2021年)
Information on key preferential treatment objects of countries (2021)

地 区	Region	国家重点优抚对象(人) State Entitled Groups (person)	定期抚恤人数 Number of People Receiving Regular Pension	定期补助人数 Number of People Receiving Regular Subsidy
全省总计	**Total**	**27501**	**3893**	**23608**
省本级	**Provincial**			
海口市	Haikou	4324	1163	3161
三亚市	Sanya	1239	218	1021
三沙市	Sansha	2	2	
儋州市	Danzhou	2363	266	2097
五指山市	Wuzhishan	343	33	310
文昌市	Wenchang	2658	389	2269
琼海市	Qionghai	2592	174	2418
万宁市	Wanning	2333	425	1908
定安县	Ding'an	1386	152	1234
屯昌县	Tunchang	1170	75	1095
澄迈县	Chengmai	1519	152	1367
临高县	Lingao	1870	273	1597
东方市	Dongfang	847	198	649
乐东县	Ledong	1567	114	1453
琼中县	Qiongzhong	521	35	486
保亭县	Baoting	442	26	416
陵水县	Lingshui	1235	78	1157
白沙县	Baisha	508	25	483
昌江县	Changjiang	582	95	487

22-18 社区服务机构基本情况(2021年)
Statistics on Community Service Facilities (2021)

单位：个

地 区	Region	社区服务机构数 Number of Community Service Facilities	社区服务中心数 Community Service Centers	社区服务站 数 Community Service Stations	其他社区服务机构 Other Community Service Facilities
全省总计	**Total**	**3332**	**20**	**3076**	**236**
省 本 级	**Provincial**	**20**			**20**
海 口 市	Haikou	540	20	439	81
三 亚 市	Sanya	215		159	56
儋 州 市	Danzhou	252		229	23
五指山市	Wuzhishan	64		64	
文 昌 市	Wenchang	270		270	
琼 海 市	Qionghai	221		209	12
万 宁 市	Wanning	213		212	1
定 安 县	Ding'an	131		126	5
屯 昌 县	Tunchang	126		124	2
澄 迈 县	Chengmai	197		191	6
临 高 县	Lingao	178		178	
东 方 市	Dongfang	204		195	9
乐 东 县	Ledong	196		193	3
琼 中 县	Qiongzhong	126		123	3
保 亭 县	Baoting	68		68	
陵 水 县	Lingshui	117		113	4
白 沙 县	Baisha	102		92	10
昌 江 县	Changjiang	92		91	1

注：1. 其他社区服务机构是指民政业务范围以外的其他以提供服务为主的社区服务设施，如：社区性服务站、社区文化服务站、残疾人康复站等。2. 社区服务指导中心是指县级以上建立的，除有一般社区服务中心(站)的职能外，还对社区服务中心和社区服务站的工作具有指导作用的社区服务机构。

Note:1.Other community service facilities refer to those facilities providing service other than civil affair service, for example,community service stations,community cultural service stations, recovery stations for the disabled.

2.Community Service Guidance Centers refer to community service agencies established above county level which offer guidance to community service centers and stations besides their functions as common community service centers and stations.

22-19 婚姻服务情况(2021年)
Statistics on Marriage and Divorces (2021)

地 区	Region	结婚登记(对) Total Number of Registered Marriages (couples)	内地居民登记结婚(对) Registered Marriages in the Mainland (couples)	涉外及港澳台居民登记结婚 Registered Marriages with Foreigner and the Citizen of Macao, Taiwan	离 婚(对) Divorces (couples)
全省总计	**Total**	**60095**	**59945**	**150**	**12991**
海 口 市	Haikou	13491	13367	124	4101
三 亚 市	Sanya	7921	7895	26	1484
儋 州 市	Danzhou	6895	6895		1109
五指山市	Wuzhishan	535	535		142
文 昌 市	Wenchang	2892	2892		566
琼 海 市	Qionghai	2472	2472		614
万 宁 市	Wanning	3680	3680		650
定 安 县	Ding'an	1659	1659		369
屯 昌 县	Tunchang	1732	1732		361
澄 迈 县	Chengmai	3046	3046		627
临 高 县	Lingao	3047	3047		415
东 方 市	Dongfang	2952	2952		610
乐 东 县	Ledong	3491	3491		521
琼 中 县	Qiongzhong	1074	1074		285
保 亭 县	Baoting	825	825		179
陵 水 县	Lingshui	2091	2091		422
白 沙 县	Baisha	874	874		228
昌 江 县	Changjiang	1409	1409		288

22-20 社会组织情况
Statistics on Social Organization

年份 Year 地区 Region		单位数（个）Number of Institutions (unit)	社会团体 Social Organi-zation	民办非企业单位 Non-enterprise Units Run by NGO	基金会 Foundation	年末职工人数（人）Staff and Workers at Year-end (person)	#女性 Female	社会团体 Social Organi-zation	民办非企业单位 Non-enterprise Units Run by NGO	基金会 Foundation
2015		5357	2445	2850	62	52898	17717	25644	26869	385
2016		6293	2693	3520	80	55246	18596	24445	30300	501
2017		6873	2792	3992	89	57159	18405	20716	35934	509
2018		7287	2915	4275	97	68486	24807	31098	36919	469
2019		7887	3145	4634	108	67351	25183	27881	39001	469
2020		8419	3326	4975	118	66518	26629	23240	42745	533
2021		8701	3506	5195	129	66681	25514	23657	42462	562
省本级	Provincial	2285	1344	941	129	9922	1287	5512	3848	562
海口市	Haikou	1889	453	1436		15899	7288	3055	12844	
三亚市	Sanya	827	376	451		8855	1477	2961	5894	
儋州市	Danzhou	766	137	629		4272	2662	571	3701	
五指山市	Wuzhishan	103	65	38		4029	1325	3704	325	
文昌市	Wenchang	207	97	110		207	43	97	110	
琼海市	Qionghai	357	130	227		3894	2265	872	3022	
万宁市	Wanning	334	163	171		3004	1759	767	2237	
定安县	Ding'an	182	68	114		492	132	170	322	
屯昌县	Tunchang	128	52	76		760	159	438	322	
澄迈县	Chengmai	294	121	173		2383	186	302	2081	
临高县	Lingao	188	70	118		926	436	154	772	
东方市	Dongfang	484	88	396		3163	1361	413	2750	
乐东县	Ledong	146	60	86		858	465	330	528	
琼中县	Qiongzhong	78	44	34		737	400	233	504	
保亭县	Baoting	128	93	35		949	334	471	478	
陵水县	Lingshui	144	70	74		1846	1130	440	1406	
白沙县	Baisha	69	26	43		616	405	65	551	
昌江县	Changjiang	92	49	43		3869	2400	3102	767	

注：合计数中包含省本级数(下同).
Note: Data of total region include the data of provincial level。(the same applies to the tables following).

22-21　自治组织情况
Statistics on Autonomy Organizations

年　份 地　区	Year Region	单位数 (个) Number of Institutions	村　民 委员会 Village Committee	社　区 居委会 Neighborhood Committee	年　末 成员数 (人) Member at Year-end	#女性 Female	村　民 委员会 Village Committee	社　区 居委会 Neighborhood Committee
2015		3072	2561	511	15036	3579	12227	2809
2016		3061	2552	509	17222	4212	14050	3172
2017		3161	2562	599	19243	4520	15192	4051
2018		3152	2558	594	19671	4120	15216	4455
2019		3195	2561	634	19037	3979	14740	4297
2020		3195	2537	658	18061	4852	13791	4270
2021		3196	2532	665	17137	4794	13059	4078
海口市	Haikou	459	248	211	2800	1013	1473	1327
三亚市	Sanya	149	88	62	962	258	547	415
三沙市	Sansha	9		9	43	7		43
儋州市	Danzhou	319	239	80	1883	402	1380	503
五指山市	Wuzhishan	64	59	5	274	94	241	33
文昌市	Wenchang	270	229	41	1421	421	1212	209
琼海市	Qionghai	209	189	20	1086	275	957	129
万宁市	Wanning	212	197	15	883	268	796	87
定安县	Ding'an	126	108	18	740	189	612	128
屯昌县	Tunchang	124	104	20	673	188	536	137
澄迈县	Chengmai	191	144	47	829	238	604	225
临高县	Lingao	183	157	26	1016	253	848	168
东方市	Dongfang	195	181	14	975	256	863	112
乐东县	Ledong	193	173	20	927	244	820	107
琼中县	Qiongzhong	123	100	23	512	153	403	109
保亭县	Baoting	68	60	8	358	103	314	44
陵水县	Lingshui	118	107	11	741	151	672	69
白沙县	Baisha	93	75	18	489	131	387	102
昌江县	Changjiang	91	74	17	525	150	394	131

主要统计指标解释

医疗卫生机构　指从卫生行政部门取得《医疗机构执业许可证》《计划生育技术服务许可证》，或从民政、工商行政、机构编制管理部门取得法人单位登记证书，为社会提供医疗保健、疾病控制、卫生监督服务或从事医学科研和医学在职培训等工作的单位。医疗卫生机构包括医院、基层医疗卫生机构、专业公共卫生机构、其他医疗卫生机构。

医院　包括综合医院、中医医院、中西医结合医院、民族医院、各类专科医院和护理院，不包括专科疾病防治院、妇幼保健院和疗养院。

基层医疗卫生机构　包括社区卫生服务中心、社区卫生服务站、街道卫生院、乡镇卫生院、村卫生室、门诊部、诊所(医务室)。

专业公共卫生机构　包括疾病预防控制中心、专科疾病防治机构、妇幼保健机构（含妇幼保健计划生育服务中心)、健康教育机构、急救中心（站）、采供血机构、卫生监督机构、取得《医疗机构执业许可证》或《计划生育技术服务许可证》的计划生育技术服务机构。

其他医疗卫生机构　包括疗养院、临床检验中心、医学科研机构、医学在职教育机构、医学考试中心、农村改水中心、人才交流中心、统计信息中心等卫生事业单位。

卫生人员　指在医院、基层医疗卫生机构、专业公共卫生机构及其他医疗卫生机构工作的职工，包括卫生技术人员、乡村医生和卫生员、其他技术人员、管理人员和工勤人员。一律按支付年底工资的在岗职工统计，包括各类聘任人员(含合同工)及返聘本单位半年以上人员，不包括临时工、离退休人员、退职人员、离开本单位仍保留劳动关系人员、本单位返聘和临聘不足半年人员。

卫生技术人员　包括执业医师、执业助理医师、注册护士、药师（士)、检验技师（士)、影像技师、卫生监督员和见习医（药、护、技）师（士）等卫生专业人员。不包括从事管理工作的卫生技术人员(如院长、副院长、党委书记等)。

执业医师　指《医师执业证》“级别”为“执业医师”且实际从事医疗、预防保健工作的人员，不包括实际从事管理工作的执业医师。执业医师类别分为临床、中医、口腔和公共卫生四类。

执业(助理)医师　指《医师执业证》“级别”为“执业助理医师”且实际从事医疗、预防保健工作的人员，不包括实际从事管理工作的执业助理医师。执业助理医师类别分为临床、中医、口腔和公共卫生四类。

每千人口执业(助理)医师　每千人口执业(助理)医师=(执业医师数+执业助理医师数)/人口数×1000。人口数系年末常住人口。

每千人口卫生技术人员　每千人口卫生技术人员=卫生技术人员数/人口数×1000。人口数系年末常住人口。

每千人口医疗卫生机构床位　每千人口医疗卫生机构床位=医疗卫生机构床位数/人口数×1000。人口数系年末常住人口。

甲乙类法定报告传染病发病率　是指某年某地区每10万人口中甲、乙类法定报告传染病发病数。即甲乙类法定报告传染病发病率=甲、乙类法定报告传染病发病数/人口数×100000。

甲乙类法定报告传染病死亡率　是指某年某地区每10万人口中甲、乙类法定报告传染病死亡数。即甲乙类法定报告传染病死亡率=甲、乙类法定报告传染病死亡数/人口数×100000。

甲乙类法定报告传染病病死率　是指某年某地区甲、乙类法定报告传染病死亡数与发病数之比。即甲乙类法定报告传染病病死率=甲、乙类法定报告传染病死亡数/发病数×100%。

病死率　表示一定时期内(通常为一年)，患某种疾病的死亡人数与患某种疾病发病人数之比，一般以%表示。

孕产妇死亡率　指年内每10万名孕产妇的死亡人数。孕产妇死亡指从妊娠期至产后42天内，由于任何妊娠或妊娠处理有关的原因导致的死亡，但不包括意外原因死亡者。按国际通用计算方法，“孕产妇总数”以“活产数”代替计算。

5岁以下儿童死亡率　指年内未满5岁儿童死亡人数与活产数之比，一般以‰表示。

新生儿死亡率　指年内新生儿死亡数与活产数之比。一般以‰表示。新生儿死亡指出生至28天以内(即0-27天)死亡人数。

卫生总费用　指一个国家或地区在一定时期内，为开展卫生服务活动从全社会筹集的卫生资源的货币总额，按来源法核算。它反映一定经济条件下，政府、社会和居民个人对卫生保健的重视程度和费用负担水平，以及卫生筹资模式的主要特征和卫生筹资的公平性合理性。

政府卫生支出　指各级政府用于医疗卫生服务、医疗保障补助、卫生和医疗保险行政管理、人口与计划生育事务支出等各项事业的经费。

社会卫生支出　指政府支出外的社会各界对卫生事业

的资金投入。包括社会医疗保障支出、商业健康保险费、社会办医支出、社会捐赠援助、行政事业性收费收入等。

个人现金卫生支出　指城乡居民在接受各类医疗卫生服务时的现金支付，包括享受各种医疗保险制度的居民就医时自付的费用。可分为城镇居民、农村居民个人现金卫生支出，反映城乡居民医疗卫生费用的负担程度。

卫生总费用占GDP比重　指某年卫生总费用与同期国内生产总值（GDP）之比。是用来反映一定时期国家对卫生事业的资金投入力度，以及政府和全社会对卫生事业、居民健康的重视程度。

军供站　即军队供应管理单位，指地方政府委托民政部门管理的、独立核算的、为战时或平时军队来往服务的军用饮食供应站、军用供水站、军人转运接待站等单位的总称。

每千人口社会服务床位数　指老年及残疾人床位数、智障和精神疾病床位数、儿童床位数、救助及其他社会服务床位数的总和除以当年期末人口数乘以1000。计算公式为：

$$每千人口社会服务床位数=\frac{社会服务床位数}{年末人口数}\times 1000$$

其中，老年及残疾人床位数包括城市养老服务机构、农村养老服务机构、社会福利院、光荣院、荣誉军人康复医院、复员军人疗养院中的相关床位数；智障和精神疾病床位数包括复退军人精神病院和社会福利医院中的相关床位数；儿童床位数包括儿童福利院和流浪儿童救助保护中心中的相关床位数；救助及其他社会服务床位数包括社区养老服务中心、社区养老服务站、生活无着人员救助管理站、其他收养机构、军休所、军供站的相关床位数。

社会福利企业　指以集中安置有一定劳动能力的残疾人就业为目的（残疾职工占生产人员10%以上）、带有社会福利性质的企业总称。社会福利企业分类为：社会福利工厂、假肢厂、其他福利企业。性质分为：国有、集体和其他性质。

孤儿数　指失去父母或查找不到生父母的未满18周岁的未成年人的人数。由地方县级以上民政部门依据有关规定和条件认定。

家庭儿童收养登记总数　指中国公民收养查找不到生父母的弃婴、儿童和福利机构抚养的孤儿以及外国人收养中国儿童并在中国县级及以上民政部门办理儿童收养登记后取得合法收养关系的总件数。县级及以上民政部门办理儿童收养登记一次为一件。

中国公民收养登记　指收养人是中国公民（包括港澳台居民及华侨）的儿童收养登记。

外国公民收养登记　指收养人是具有外国国籍（包括无国籍人）的人员。夫妻共同收养有一方是外国人的，按外国人办理收养登记。

城市居民最低生活保障人数　指在报告期末家庭平均收入在当地规定的最低生活保障线以下的城镇居民数。包括“三无”对象，失业人员和在职、下岗、退休人员等。

农村居民最低生活保障人数　指报告期末在建立农村最低生活保障制度的地区，得到当地政府或集体给予最低生活保障的农业人口家庭人数。

五保户　指无法定抚养义务人，或者虽有法定抚养义务人，但是抚养人无抚养能力的；无劳动能力的；无生活来源的老年人、残疾人和未成年人。

社区服务机构数　指报告期末设立的社区服务指导中心、社区服务中心、社区服务站、其他社区服务机构的总和数。具有面向老人及其家庭的商品递送、医疗保健、家庭保洁、日间照料、陪伴服务等为社区居家养老服务的设施和突出综合服务的职能。包括党员活动室、就业保障网络、社区卫生服务站、文化活动室、图书室、“爱心超市”、社区捐助接收站点、警务站（室）、老年活动室、未成年人文化活动场所等具有综合服务功能的机构。

城镇残疾人新增安排就业　指本年度通过集中就业、按比例就业、个体就业、公益性岗位就业、辅助性就业及其他形式新安排就业的城镇（非农业户口）残疾人。

集中就业　指城镇残疾人集中在福利企业、工疗机构、盲人按摩机构等单位就业。

按比例就业　指城镇残疾人分散在机关、团体、企事业单位及各种经济组织等单位就业。

个体及其他形式就业　指除集中就业和按比例就业外，城镇残疾人通过公益性岗位就业、个体就业、辅助性就业及其他形式实现就业。其中，公益性岗位就业指城镇残疾人在城镇公共管理和涉及居民利益的非营利性的服务岗位上就业，辅助性就业指通过对城镇智力、精神和重度肢体等残疾人辅助性服务，帮助其从事简单的劳动实现就业。

Explanatory Notes on Main Statistical Indicators

Medical and Health Care Institutions refer to the units which have been qualified the Certification of Health Care Institution, certification of family planning technical service by the administration of public health, or qualified the Certification of Corporate Unit by the civil affairs, administration for industry and commerce, commission office for public sector reform, and engaging in medical care, disease prevention and control, health supervision and inspection, medicine research and on-job training, etc., including: hospitals, health care institutions at grass-root level, specialized public health institutions, and other medical and health care institutions.

Hospitals include general hospitals, hospitals specialized in traditional Chinese medicine, hospitals of integrated traditional Chinese and western medicine, ethnic hospitals, specialized hospitals and nursing hospitals, excluding specialized disease prevention and treatment institutes, maternal and child health care hospitals and convalescent hospitals.

Health Care Institutions at Grass-root Level include community health service centers, community health service stations, urban health centers, township health centers, village clinics, outpatient departments and clinics (health centers).

Specialized Public Health Institutions include centers for disease control and prevention, specialized disease prevention and treatment institutions, women and children care agencies(including women and children health care family planning service center), health education institutions, first aid centers, blood gathering and supplying institutions, health supervision and inspection agencies, and family planning technical service centers that obtained the Certification of Health Care Institution or certification of family planning technical service centers.

Other Medical and Health Care Institutions include sanatoriums, clinical laboratory centers, medicinal scientific research institutions, on-job training institutions, medical examination centers, rural water improvement centers, talent exchange centers, and statistical information centers, etc.

Health Care Employees refer to all employees engaged in the health care institutions, such as hospitals, health care institutions at grass-root level, specialized public health institutions, and other medical and health care institutions, including medical technical personnel, village doctors and assistants, other technical personnel, managerial and service staff. The data is based on the year end payroll, including personnel hired (including contract labor) and re-employed after retirement by the institution for over half a year and excluding temporary workers, retired personnel, resigned personnel, personnel who have left the institution but kept the contract relation and personnel who are re-employed after retirement or temporarily employed for less than half a year.

Medical Technical Personnel refer to the professional staff engaged in health care, including licensed doctors, licensed assistant doctors, registered nurses, pharmacists, laboratory technicians, imaging staff, health care supervisors and intern doctors, pharmacists, nurses, and technical personnel, excluding the medical technical personnel engaged in managerial job (e.g. president, vice president and secretary of the party committee etc).

Licensed Doctors refer to the medical workers who have obtained the licenses of qualified doctors and are employed in medical treatment, disease prevention or healthcare institutions, excluding the licensed doctors engaged in management job. The licensed doctors are divided into 4 categories: clinician, Chinese medicine physicians, dentist and public health physicians.

Licensed Assistant Doctors refer to the medical workers who have obtained the licenses of qualified assistant doctors and are employed in medical treatment, disease prevention or healthcare institutions, excluding the licensed assistant doctors engaged in management job. The classification of licensed assistant doctors is clinician, Chinese medicine, dentist and public health.

Number of Licensed (Assistant) Doctors per 10000 Population The formula is:

Number of Licensed Doctors per 10000 Population = (Number of Licensed Doctors + Number of Licensed Assistant Doctors) / Population *10000

The population is the figure of usual population at year-end.

Number of Medical Technical Personnel per 10000 Population The formula is:

Number of Medical Technical Personnel per 10000 Population = Number of Medical Technical Personnel / Population *10000

The population is the figure of usual population at year-end.

Number of Beds of Medical and Health Care Institutions per 10000 Population the formula is:

Number of Beds of Medical and Health Care Institutions per 10000 Population = Number of Beds of Medical and Health Care Institutions / Population *10000

The population is the figure of usual population at year-end.

Incidence Rate of A and B Type of Notifiable Infectious Diseases refer to the incidence cases notifiable class A and class B infectious diseases per 100 thousand population in the reference region in the reference year. The formula is:

Incidence Rate of A and B Type of Notifiable Infectious Diseases = Incidence Cases Notifiable Class A and Class B Infectious Diseases / Population *100000

Death Rate of A and B Type of Notifiable Infectious Diseases refer to the death cases notifiable class A and class B infectious diseases per 100 thousand population in the reference region in the reference year. The formula is:

Death Rate of A and B Type of Notifiable Infectious Diseases= Death Cases Notifiable Class A and Class B Infectious Diseases / Population *100000

Mortality Rate of A and B Type Notifiable Infectious Diseases refer to the ratio of death cases notifiable class A and class B infectious diseases to the incidence cases in the reference region in the reference year. The formula is:

Mortality Rate of A and B Type Notifiable Infectious Diseases = Death Cases Notifiable Class A and Class B Infectious Diseases / Incidence Cases *100%

Fatality Rate refers to the ratio of deaths caused by a disease to the population infected by it in a give period (generally one year), and usually is presented by %.

Maternal Mortality Rate refers to number of maternal death per 10,000 maternal. Generally refers to maternal mortality from pregnancy to 42 days after parturition due to pregnancy or any treatment of pregnancy, however, accidental deaths are not included. According to internationally accepted calculation method, the live births are used to represent the total number of maternal.

Mortality Rate of Children under 5 refers to the ratio of deaths of children under 5 in a year to the number of live births, and usually is presented by ‰.

Newborn Mortality Rate refers to the ratio of neonatal deaths in a year to the number of live births, and usually is presented by ‰. Neonatal deaths refer to the deaths of new-birth under the age of 28 days (0-27 days).

Total Expenditure on Public Health refers to the total monetary value of health resources in a country or a region collected by the whole society for public health based on source approach. It reflects the attention and affordability of the government, society and individual for public health and the major characteristics, justice and rationality of the health fund-raising model under certain economic circumstance.

Government Expenditure on Public Health refers to the expenditure of the governments at all levels on medical and health care services, medical subsidies, health administration and health insurance management, and undertakings of family planning etc.

Social Expenditure on Public Health refers to all inputs of society except the government in public health including the expenditures on social medical security, commercial health insurance, private expenditure on operation of medical and health care, social donation and contribution, and income from administrative fees etc.

Individual Cash Expenditure on Health refers to expenditure in cash on various health services by rural and urban residents, including self payments of residents within the system of multi-medical insurance. It can be categorized as cash expenditure on health by urban and rural residents and reflects their affordability of public health.

Ratio of Total Expenditure on Public Health to GDP refers to the ratio of total expenditure on public health in a year to GDP, which indicates the financial support given by a nation to health work and the attention paid on the public health and the health of residents by the government and society.

Military Supply Stations also called units of management of military supply. They are the general name of units such as military food supply stations, military water supply stations, servicemen transfer reception stations, which are managed by departments of civil affairs entrusted by local governments with independent accounting, and provide services to army during the war or peacetime.

Social Service Beds per Thousand Population refer to the total number of social service beds for the elderly, disabled, mentally-retarded, mentally-disabled, children, people in need and others divided by year-end population multiplied by 1000.

The formula is:

$$\frac{\text{Social service beds per}}{\text{thousand population}} = \frac{\text{number of social service beds for the reference year}}{\text{year-end population}} \times 1000$$

The number of beds for the elderly and disabled includes beds in urban institutions for aged persons, rural institutions for aged persons, social welfare homes, homes for disabled veterans, convalescent hospitals for honourable servicemen and sanatoriums for ex-servicemen. The number of beds for the mentally-retarded and mentally disabled includes beds in mental hospitals for ex-servicemen and the related beds in social welfare hospitals. The number of beds for children includes the beds in social welfare institutions for children and centers for rescuing street children. The number of beds for relief and other social service beds includes the beds in community pension service center, community elderly care service center, salvation station, other adoption institutions, convalescent homes for retired military officers and military supply stations.

Social Welfare Enterprises refer to those welfare-oriented enterprises employing a significant number of handicapped people with certain labour ability (handicapped employees shall exceed 10% of the production staff). They can be categorized as welfare factories, artificial limb plants and other welfare enterprises. They can be in the form of state ownership, collective ownership or other kinds of ownership.

Number of Orphans refers to juveniles under age of 18 that have lost parents or can't find parents. Orphans are affirmed by department of civil affairs at county level according to relevant regulations.

Number of Adoption Registration of Family Children refers to abandoned babies that can't find parents, children and orphans raised by welfare institutions adopted by Chinese citizens, or children adopted by foreign nationals, which have registered in department of civil affairs at county level and above, and gained legal adoption right. One registration means one case.

Adoption Registration of Chinese Citizens refers to adoption registration of children by Chinese citizens, which include persons from Hong Kong, Macao and Taiwan, and overseas Chinese.

Adoption Registration of Foreign Nationals refers to adoption registration of children by foreign nationals, which include stateless persons, or by couples, at least one of whom is of foreign national.

Number of Urban Residents Entitled to Minimum Living Allowances refers to the number of those whose average family income is below a minimum local standard by the end of the reporting period, including both the employed and unemployed, laid off and retired, and those jobless people without stable residence or valid IDs.

Number of Rural Residents Entitled to Minimum Living Allowances refers to the number of those receiving the minimum living allowances from the local government or community in the rural areas where this allowances system is in place as of the end of the reference period.

Households Enjoying Five Guarantees refers to those senior citizens, handicapped or under-aged who, without labour ability, can not make a living by themselves and whose statutory providers are unable to support them or who have no statutory providers at all.

Number of Service Institutions in Communities refers to the total number of community service guidance centers, community service centers, community service stations and other community service institutions at the end of the reporting period. These institutions offer home keeping and elderly care services for the elderly and other families, like commodity delivery, health care, cleaning, adult day care, companion and others. They include comprehensive service institutions, such as party member activity rooms, employment security network, community health care stations, entertainment rooms, libraries, "Benevolence Supermarkets", community donation stations, guard stations, senior activity rooms, cultural activity centers for juveniles and others.

New Job Created for the Urban Disabled refers to the new jobs created for the urban disabled (non-agricultural household registration) through centralized employment, self-employment, employment of welfare posts, supported employment and other forms.

Centralized Employment refers to the employment of the urban handicapped residents, in a centralized manner, by welfare enterprises, work and treatment agencies, blind massagists' centers and other organizations.

Proportionate Employment refers to the employment of the urban handicapped residents by governmental bodies, organizations, corporate and public institutions, and various economic organizations in a decentralized manner.

Self-employment and Other Forms refer to the employment of the urban disabled through employment of welfare posts, self-employment, supported employment and other forms other than centralized employment and proportionate employment. Employment of welfare posts refer to the employment of the disabled for urban public management and non-profit service posts. Supported employment refers to the employment of the mentally-retarded, mentally-disabled and heavily physically-disabled by offering them assistance and helping them to engage in simple work.

23

文化和体育

Culture and Sports

编辑人员：陈　敏 吴庆婷 李廷轲

Compiled by Chen Min　Wu Qingting Li Tingke

英文翻译：陈　敏 吴庆婷

Translated by Chen Min Wu Qingting

简 要 说 明

一、本篇资料的主要内容

本篇主要反映文化、新闻出版、广播电影电视和体育事业的发展情况。

文化部分主要包括文化艺术和文物机构人员情况，群众艺术馆、文化馆站、公共图书馆业务活动及经费情况，报纸、期刊、图书出版情况，广播、电视事业发展情况，广播、电视节目制作时间；体育部分主要内容包括体育系统职工人数。

二、本篇的资料来源

根据各部门制定的统计报表制度汇总加工整理而成。广播、电视资料、文化艺术业、图书馆业、群众文化服务业和体育的资料主要来自省旅文厅。

Brief Introduction

I. Main Contents

Data in this chapter mainly reflect the development of culture, news and publication, radio broadcasting, films and television, sports.

Data on culture cover mainly the situations on institutions, personnel and business activities of cultural undertakings including mass art centers, cultural centers and stations, public libraries, news and publication, broadcasting and television. Data on sports cov

er mainly the number of staff and workers in sports departments.

II. Sources of Data

Data are collected and tabulated in accordance with the statistical reporting schemes stipulated by the departments concerned. Data on the radio and television, arts, libraries and mass culture, sport are provided by the Tourism,Culture, Broadcasting, Television and Sport Department of Hainan Province.

23-1 文化和体育主要指标

Major Indicators on Culture and Sport

指　标	Item	2017	2018	2019	2020	2021
电影放映单位(个)	Number of Film Projection Units (unit)	74	108	98	104	111
艺术表演团体(个)	Number of Art Performance Troupes (unit)	77	82	111	102	127
文化馆(站)(个)	Number of Cultural Centers(Station)(unit)	243	242	242	242	242
公共图书馆(个)	Number of Public Libraries(unit)	23	24	24	24	24
公共图书馆藏量(万册、件)	Holdings of Public Libraries (10000 volumes)	489.85	515.29	597.90	675.91	696.83
博物馆(含纪念馆)(个)	Number of Museums (including Memorial Hall) (unit)	19	19	27	35	39
博物馆藏品数(含纪念馆)(万件)	Holdings of Museums(including Memorial Hall)(10000 pieces)	7.77	16.25	14.80	17.59	17.87
图书出版量(万册)	Number of Books Published (10000 copies)	6070.81	4783.51	6726.94	7017.55	7588.62
期刊出版量(万册)	Number of Magazines Published (10000 copies)	749.79	580.07	533.56	307.38	344.02
报纸出版量(亿份)	Number of Newspapers Published (100 million copies)	2.10	1.86	1.70	1.70	1.63
广播电台(座)	Number of Radio Stations (unit)	20	20	20	20	20
电视台(座)	Number of TV Stations (unit)	20	20	20	20	20
广播综合人口覆盖率(%)	Radio Coverage Rate of the Population (%)	99.05	99.06	99.06	99.23	99.35
电视综合人口覆盖率(%)	TV Coverage Rate of the Population (%)	99.07	99.08	99.08	99.26	99.39

23-2 各市县文化文物机构情况

Number of Institutions in Cultural Industry by Region

单位：个 unit

年 份 地 区	Year Region	艺术表演团体 Art Performance Troupes	艺术表演场馆 Art Performance Places	博物馆 Museums	公共图书馆 Public Libraries	文化馆(站) Cultural Centers (Station)	省级、地市级文化馆 Art Centers at Provincial & Prefecture Level	县市级文化馆 Cultural Centers at County & City Level	乡镇(街道)文化站 Township (sub-district) Cultural Stations
2009		60	14	16	20	232	5	16	211
2010		67	14	16	20	232	5	16	211
2011		86	14	18	20	234	3	18	213
2012		61	13	20	20	233	3	18	212
2013		67	7	18	21	233	3	18	212
2014		71	7	18	20	233	3	18	212
2015		66	8	18	21	228	3	18	207
2016		74	16	18	23	243	3	20	220
2017		77	17	19	23	243	4	19	218
2018		82	30	19	24	242	4	19	219
2019		111	30	27	24	242	4	19	219
2020		102	20	35	24	242	4	19	219
2021		127	7	39	24	242	4	19	219
省本级	Provincial	6	2	3	1	1	1		
海口市	Haikou	62	1	7	5	48	1	4	43
三亚市	Sanya	11		5	1	2	1		1
儋州市	Danzhou	1		1	1	17	1		16
五指山市	Wuzhishan	7			1	8		1	7
文昌市	Wenchang	5		2	1	18		1	17
琼海市	Qionghai	1	1	3	1	13		1	12
万宁市	Wanning	8		4	1	13		1	12
定安县	Ding'an	1		2	1	11		1	10
屯昌县	Tunchang	6		1	1	9		1	8
澄迈县	Chengmai	1	1	2	1	12		1	11
临高县	Lingao	2		1	1	12		1	11
东方市	Dongfang	1		2	1	11		1	10
乐东县	Ledong	1	1	1	1	12		1	11
琼中县	Qiongzhong	1		1	1	11		1	10
保亭县	Baoting	2	1	1	1	10		1	9
陵水县	Lingshui	7		1	1	12		1	11
白沙县	Baisha	3		1	1	12		1	11
昌江县	Changjiang	1		1	1	9		1	8

注：2007年起艺术表演团体、艺术表演场馆、博物馆含非文化部门单位。2007年以前为文化系统内数据。

Note:Number of institutions and number of employed persons include those of non-cultural department enterprise since 2008,while were only those of cultural department before 2007.

23-3 各市县公共图书馆基本情况(2021年)
Statistic on Public Libraries by Region (2021)

地 区	Region	公共图书馆个数(个) Number of Public Library (unit)	总藏量(万册件) Total Collections (10 000 volumes)	累计发放有效借书证数(个) Accumulative Number of Library Cards Distributed (units)	总流通人次(万人次) Number of Circulation (10000 person-times)	#书刊文献外借人次 Borrowing from Libraries	书刊文献外借册次(万册次) Number of Books and Magazines Lent to Readers (10000 volume-times)	阅览室座席数(个) Number of Seats in Reading Room (unit)
全省总计	**Total**	**24**	**696.83**	**364239**	**437.48**	**83.31**	**223.81**	**7057**
省本级	Provincial	1	202.65	231248	140.78	23.65	95.49	1670
海口市	Haikou	5	129.22	27158	139.36	15.79	32.09	1533
三亚市	Sanya	1	89.61	45528	42.14	7.26	38.97	366
儋州市	Danzhou	1	23.25	9861	30.76	4.93	9.85	600
五指山市	Wuzhishan	1	18.55	1187	2.45	0.37	0.59	200
文昌市	Wenchang	1	19.39	6550	4.20	1.48	1.48	250
琼海市	Qionghai	1	17.90	6351	14.90	9.20	11.00	70
万宁市	Wanning	1	13.71	215	1.00	0.18	0.37	70
定安县	Ding'an	1	11.96	2161	5.83	2.66	2.66	170
屯昌县	Tunchang	1	13.42	2166	7.09	0.99	2.39	30
澄迈县	Chengmai	1	19.97	811	2.06	0.06	0.11	280
临高县	Lingao	1	11.94	362	0.38	0.12	0.23	200
东方市	Dongfang	1	11.17	2364	10.93	2.54	4.88	200
乐东县	Ledong	1	11.62	2300	2.50	0.30	0.39	40
琼中县	Qiongzhong	1	11.41	1209	4.33	3.10	4.40	246
保亭县	Baoting	1	36.60	20296	1.23	0.59	3.60	228
陵水县	Lingshui	1	22.30	1395	12.99	3.30	7.18	348
白沙县	Baisha	1	14.62		7.01	5.04	6.19	242
昌江县	Changjiang	1	16.54	3077	7.08	1.62	1.79	280

23-3 续(continued)

地 区	Region	组织各类讲座次数(次) Number of Lectures (time)	参加讲座人次(万人次) Attending Lectures (person-times)	举办展览(个) Exhibitions Held (unit)	参观展览人次(万人次) Visiting Exhibitions (person-times)	举办培训班(个) Training Courses Held (unit)	参加培训人次(万人次) Attending Training (person-times)	计算机(台) Computers (set)	#电子阅览室终端数 Terminals of Electronic Reading Rooms
全省总计	**Total**	**407**	**4.19**	**152**	**51.81**	**1655**	**4.25**	**1588**	**1034**
省本级	Provincial	157	1.04	20	5.33	113	0.34	290	106
海口市	Haikou	29	0.46	26	32.59	1408	2.92	250	132
三亚市	Sanya	26	0.56	12	2.21	72	0.41	198	169
儋州市	Danzhou	12	0.60	8	4.13	4	0.03	82	65
五指山市	Wuzhishan	50	0.58	5	0.18	15	0.25	39	17
文昌市	Wenchang	4	0.05	8	0.14	3	0.03	39	33
琼海市	Qionghai	98	0.66	9	0.31			60	55
万宁市	Wanning	3	0.03	6	0.13			54	44
定安县	Ding'an	4		7	0.65	18	0.07	45	35
屯昌县	Tunchang			8	1.80			44	35
澄迈县	Chengmai	1	0.02	4	0.37			98	72
临高县	Lingao	1	0.01	2	0.12	1	0.01	60	50
东方市	Dongfang	3	0.10	6	0.26	6	0.09	51	37
乐东县	Ledong	3	0.02	3	0.05	6	0.02	30	22
琼中县	Qiongzhong	4	0.01	10	0.31	1	0.03	51	34
保亭县	Baoting	9	0.03	4	0.27	4	0.01	64	40
陵水县	Lingshui	2	0.01	4	1.65	1	0.02	28	23
白沙县	Baisha	1	0.01	4	0.50	2	0.01	45	30
昌江县	Changjiang			6	0.81	1	0.01	60	35

23-4 各市县博物馆（纪念馆）基本情况
Statistics on Museums(including Memorial Hall) by Region

地 区	Region	机构数（个）Number of Institutions (unit)	从业人员（人）Number of Employed Persons (person)	藏品（件/套）Number of Collections (piece/set)	本年从有关部门接收文物数（件/套）Accepted Cultural Relics from Department This Year (piece/set)	本年修复文物数（件/套）Cultural Relics Repaired This Year (piece/set)	考古发掘项 目（个）Excavation Projects (unit)	基本陈列（个）Displays (unit)	举办展览（个）Exhibition (unit)	参观人次（万人次）Spectators (10000 person-times)
2009		15	161	46625	7257	85	3	21	58	85.40
2010		16	169	57299	226	52	1	153	60	98.50
2011		18	238	65242	63	30		64	56	195.00
2012		20	255	68586	1214	48		121	86	255.81
2013		18	235	69176	15	300		28	59	286.36
2014		18	270	43715		342		41	73	156.91
2015		18	275	43375		60		37	55	136.89
2016		18	285	73945	162			41	71	
2017		19	311	77738	0	0		35	56	146.05
2018		19	526	162529	12	34	2	45	100	234.46
2019		27	602	147964	1	5		66	136	359.37
2020		35	694	175897	335	117		85	80	181.37
2021		39	685	178695	963	199	3	98	112	268.87
省本级	Provincial	3	355	131520	961	69		18	47	110.94
海口市	Haikou	7	70	22573	2			20	10	26.28
三亚市	Sanya	5	68	2339		19		12	1	20.52
儋州市	Danzhou	1	6	690				1	5	1.60
五指山市	Wuzhishan									
文昌市	Wenchang	2	11	127				2	2	21.61
琼海市	Qionghai	3	26	968		108		8		23.29
万宁市	Wanning	4	36	2267		3		8	10	20.09
定安县	Ding'an	2	18	5893				4	4	10.87
屯昌县	Tunchang	1	9	42				1		2.01
澄迈县	Chengmai	2	14	3333				6	4	5.70
临高县	Lingao	1	6	98				1	4	1.01
东方市	Dongfang	2	3	214						2.94
乐东县	Ledong	1	14	306				3	4	0.87
琼中县	Qiongzhong	1	8	407				9	1	1.05
保亭县	Baoting	1	14	5032				1	11	7.12
陵水县	Lingshui	1	16	1046				2	3	9.60
白沙县	Baisha	1	7	1068				1	3	2.62
昌江县	Changjiang	1	4	772				1	3	0.75

23-5 各市县艺术表演团体、艺术表演场馆演出情况(2021年)
Statistics on Performance of Art Performance Troupes and Art Performance Places by Region (2021)

地 区	Region	艺术表演团体 Art Performance Troupes					
		机构数(个) Number of Institutions (unit)	演出场次(场次) Number of Performances (shows)	#国内演出 Domestic Performances	#农村 Rural Performances	国内演出观众人次(万人次) Number of Domestic Audience (10 000 person-times)	#农村 Rural Audience
全省总计	**Total**	**127**	**1474**	**1462**	**1188**	**126.33**	**95.30**
省 本 级	Provincial	6	386	374	296	44.24	34.54
海 口 市	Haikou	62	268	268	180	15.38	10.92
三 亚 市	Sanya	11					
儋 州 市	Danzhou	1	94	94	84	10.00	8.40
五指山市	Wuzhishan	7					
文 昌 市	Wenchang	5					
琼 海 市	Qionghai	1	30	30	30	0.66	0.66
万 宁 市	Wanning	8					
定 安 县	Ding'an	1	70	70	69	8.00	7.80
屯 昌 县	Tunchang	6					
澄 迈 县	Chengmai	1	32	32	30	1.45	1.23
临 高 县	Lingao	2	100	100	100	8.00	8.00
东 方 市	Dongfang	1	46	46	15	5.52	1.80
乐 东 县	Ledong	1	94	94	94	0.94	0.94
琼 中 县	Qiongzhong	1	69	69	50	15.60	9.50
保 亭 县	Baoting	2	102	102	95	7.85	6.80
陵 水 县	Lingshui	7	46	46	30	2.13	1.65
白 沙 县	Baisha	3	85	85	63	5.20	2.00
昌 江 县	Changjiang	1	52	52	52	1.36	1.06

23-5 续(continued)

地　区	Region	艺术表演场馆 Art Performance Places				
		机构数(个) Number of Institutions (unit)	演(映)出场次(场次) Number of Performances (shows)	#艺术演出 Art Performances	观众人次(万人次) Number of Audience (10 000 person-times)	#艺术演出 Art Performances
全省总计	**Total**	**7**	**127**	**103**	**8.79**	**6.81**
省本级	Provincial	2	74	55	6.51	4.84
海口市	Haikou	1				
三亚市	Sanya					
儋州市	Danzhou					
五指山市	Wuzhishan					
文昌市	Wenchang					
琼海市	Qionghai	1	30	30	0.66	0.66
万宁市	Wanning					
定安县	Ding'an					
屯昌县	Tunchang					
澄迈县	Chengmai	1	10	6	0.58	0.35
临高县	Lingao					
东方市	Dongfang					
乐东县	Ledong	1				
琼中县	Qiongzhong					
保亭县	Baoting	1	13	12	1.04	0.96
陵水县	Lingshui					
白沙县	Baisha					
昌江县	Changjiang					

23-6 图书、期刊和报纸出版情况
Number of Books, Magazines and Newspapers Published

项　目	Item	2017	2018	2019	2020	2021
图　书	**Books Published**					
种 数(种)	Number of Publication (kind)	4098	4279	3942	4088	4048
#新出版	New Publication	1685	1843	1626	1500	1630
总印数(万册、万张)	Printed Copies (10 000 copies)	6070.81	4783.51	6726.94	7017.55	7588.62
总印张数(千印张)	Printed Sheets (1000 sheets)	430645	337157	523172	534126	627997
期　刊	**Magazines Published**					
种 数(种)	Number of Publication (kind)	44	45	43	42	42
平均期印数(万册)	Average Printed Copies per Issue (10 000 copies)	39.28	38.0382	32.92	25.86	24.99
总印数(万册)	Total Printed Copies (10 000 copies)	749.79	580.07	533.56	307.38	344.02
总印张数(千印张)	Printed Sheets (1000 sheets)	53908	36795	37312.07	21390.96	24706.50
报　纸	**Newspapers Published**					
种 数(种)	Number of Publication (kind)	17	17	14	14	13
平均期印数(万册)	Average Printed Copies per Issue (10 000 copies)	73	67.88	62.69	60.2	58.15
总印数(万册)	Total Printed Copies (10 000 copies)	20914	18566	16969	16951	16259
总印张数(千印张)	Printed Sheets (1000 sheets)	667259	397297	491942	405643	405717

23-7 广播电视事业发展情况
Basic Statistics on Radio and Television Industry

指标	Item	2017	2018	2019	2020	2021
广播	**Radio**					
广播节目综合人口覆盖率 (%)	Radio Coverage Rate of the Population (%)	99.05	99.06	99.06	99.23	99.35
#农村	Rural	98.51	98.52	98.53	98.83	99.17
广播节目套数 (套)	Number of Radio Programs (set)	25	25	25	25	25
#公共广播	Public Radio	25	25	25	25	25
付费广播	Pay Radio					
公共广播节目播出时间(万小时)	Length of Public Radio Programs Broadcasted(10 000 hours)	14.1	14.2	14.5	14.3	14.7
广播节目制作时间 (万小时)	Length of Radio Programs Produced (10 000 hours)	7.6	7.4	7.6	7.0	6.1
电视	**Television**					
电视节目综合人口覆盖率 (%)	TV Coverage Rate of the Population (%)	99.07	99.08	99.08	99.26	99.39
#农村	Rural	98.55	98.56	98.56	98.88	99.24
有线广播电视用户数 (万户)	Users of Cable Radio and TV(10 000 households)	131.71	226.66	155.78	143.48	133.91
#农村	Rural	42.08	70.29	50.49	53.39	40.31
#数字电视	Users of Digital TV	124.38	151.97	145.06	133.35	124.28
有线广播电视用户数占家庭总户数比重 (%)	Popularization Rate of Cable Radio and TV (%)	50.14	85.66	58.17	53.39	47.76
#农村有线广播电视用户数占农村家庭总户数比重	Rural Popularization Rate of Cable Radio and TV	28.17	46.86	50.49	30.14	30.23
电视节目套数 (套)	Number of TV Programs (set)	16	16	16	16	16
#公共电视	Public TV	16	16	16	16	16
付费电视	Pay TV					
公共电视节目播出时间(万小时)	Length of Public TV Programs Broadcasted (10 000 hours)	9.99	10.13	10.13	11.21	11.37
电视剧播出数 (部)	Number of TV Plays Broadcasted (sets)	916	845	649	866	895
#进口电视剧播出数	Imported TV Plays					
电视剧播出数 (集)	Number of TV Plays Broadcasted (parts)	34035	32783	27881	38695	40609
#进口电视剧播出数	Imported TV Plays					
动画电视播出数 (小时)	Number of Cartoons Broadcasted (hours)	5290	4889	6576	5066	5081
#进口动画电视播出数	Imported Cartoons					
电视节目制作时间 (万小时)	Length of TV Programs Produced (10 000 hours)	2.17	2.10	2.06	1.96	2.07
电影	**Movies**					
城市影院加盟电影院线发行公司(条)	City cinema joins cinema line distribution company (line)	16	20	22	25	25
电影院线内影院 (家)	Cinemas in Movie Circuit (unit)	74	108	98	104	111
电影院线内银幕 (块)	Screen in Movie Circuit (unit)	451	547	596	640	679
电影综合收入 (亿元)	Revenue of Movies (100 million yuan)	4.91	5.54	5.51	1.51	3.60
广播电视技术及其他	**TV Technology and Others**					
广播电视总收入 (亿元)	Revenue of Radio and TV (100 million yuan)	23.90	17.63	38.24	69.46	76.67
广播电视从业人员数 (人)	Employed Persons of Radio and TV (persons)	7707	6144	6436	6839	7536
中、短波转播发射台 (座)	Transmission and Relaying Stations of Medium and Short Wave Broadcast (unit)	3	3	3	3	3
调频转播发射台 (座)	Relaying Stations of Frequency Modulation Broadcasting (units)	22	22	22	22	22
电视转播发射台 (座)	TV Transmission and Relaying Stations (units)	22	22	22	22	22
微波实有站 (座)	Microwave Stations (unit)	11	11	11	16	17

23-8 各市县广播电视节目综合人口覆盖情况(2021年)
Radio and TV Coverage Rate of the Population by Region (2021)

单位：%　　　　　　　　　　　　　　　　　　　　　　　　　　　　　　　　%

地区	Region	广播节目综合人口覆盖率 Radio Coverage Rate of the Population	#中央广播节目 Central Radio Station	#农村广播节目 Rural Areas	电视节目综合人口覆盖率 TV Coverage Rate of the Population	#中央电视节目 CCTV	#农村电视节目 Rural Areas
全省总计	**Total**	**99.35**	**99.35**	**99.17**	**99.39**	**99.39**	**99.24**
海口市	Haikou	99.17	99.17	99.16	99.12	99.12	99.12
三亚市	Sanya	100.00	100.00	100.00	100.00	100.00	100.00
儋州市	Danzhou	99.10	99.10	99.08	99.10	99.10	99.08
五指山市	Wuzhishan	100.00	100.00	100.00	100.00	100.00	100.00
文昌市	Wenchang	99.16	99.16	98.56	99.60	99.60	99.26
琼海市	Qionghai	99.52	99.52	99.33	99.54	99.54	99.35
万宁市	Wanning	99.10	99.10	98.85	99.10	99.10	98.87
定安县	Ding'an	100.00	100.00	100.00	100.00	100.00	100.00
屯昌县	Tunchang	99.30	99.30	98.99	99.36	99.36	99.08
澄迈县	Chengmai	100.00	100.00	100.00	100.00	100.00	100.00
临高县	Lingao	99.63	99.63	99.47	99.51	99.51	99.30
东方市	Dongfang	99.12	99.12	98.88	99.12	99.12	98.56
乐东县	Ledong	98.99	98.99	98.68	99.27	99.27	99.04
琼中县	Qiongzhong	99.86	99.86	99.80	100.00	100.00	100.00
保亭县	Baoting	99.58	99.58	99.38	99.52	99.52	99.29
陵水县	Lingshui	99.00	99.00	98.45	99.13	99.13	99.08
白沙县	Baisha	99.03	99.03	98.76	99.03	99.03	98.75
昌江县	Changjiang	98.99	98.99	98.65	98.99	98.99	98.65

23-9 分地区规模以上文化及相关产业法人单位数(2021年)
Number of Legal persons of culture and Relevant Industry by Region at Year-end(2021)

单位：个 (unit)

地 区	Region	法人单位数 Legal Persons	文化制造业 Cultural Manufacturing	文化批发和零售业 Wholesale and Retail of culture	文化服务业 Services of Culture
全省总计	**Total**	**232**	**8**	**36**	**188**
海 口 市	Haikou	108	6	14	88
三 亚 市	Sanya	46	1	3	42
儋 州 市	Danzhou	6	1	1	4
五指山市	Wuzhishan				
文 昌 市	Wenchang	3		1	2
琼 海 市	Qionghai	7		2	5
万 宁 市	Wanning	5		2	3
定 安 县	Ding'an	1		1	
屯 昌 县	Tunchang	1		1	
澄 迈 县	Chengmai	40		3	37
临 高 县	Lingao	1		1	
东 方 市	Dongfang	1		1	
乐 东 县	Ledong	1		1	
琼 中 县	Qiongzhong	2		1	1
保 亭 县	Baoting	3		1	2
陵 水 县	Lingshui	5		1	4
白 沙 县	Baisha	1		1	
昌 江 县	Changjiang	1		1	

23-10　分地区规模以上文化制造业企业基本情况(2021年)
Basic conditions of Cultural Manufacturing Enterprises above Designated Size by Region(2021)

单位：万元　　　　(10 000 yuan)

地　区	Region	企业单位数(个) Number of Enterprises (unit)	年末从业人员(人) Engaged Persons at Year-end (Person)	资产总计 Total Assets	营业收入 Business Revenue	营业税金及附加 Taxes and Extra Charges on Business	营业利润 Operating Profit	应交增值税 Value-added Tax Payable
全省总计	**Total**	**8**	**3790**	**3112092**	**1198398**	**12834**	**106439**	**51845**
海口市	Haikou	6	909	162920	56911	941	3110	1943
三亚市	Sanya	1	122	13436	10663	13	70	86
儋州市	Danzhou	1	2759	2935736	1130824	11880	103259	49816
五指山市	Wuzhishan							
文昌市	Wenchang							
琼海市	Qionghai							
万宁市	Wanning							
定安县	Ding'an							
屯昌县	Tunchang							
澄迈县	Chengmai							
临高县	Lingao							
东方市	Dongfang							
乐东县	Ledong							
琼中县	Qiongzhong							
保亭县	Baoting							
陵水县	Lingshui							
白沙县	Baisha							
昌江县	Changjiang							

23-11　分地区限额以上文化批发和零售业企业基本情况(2021年)
Basic Conditions of Enterprises of Wholesale and Retail of Culture above Designated Size by Region(2021)

单位：万元　　(10 000 yuan)

地　区	Region	企业单位数(个) Number of Enterprises (unit)	年末从业人员(人) Engaged Persons at Year-end (Person)	资产总计 Total Assets	营业收入 Business Revenue	营业税金及附加 Taxes and Extra Charges on Business	营业利润 Operating Profit	应交增值税 Value-added Tax Payable
全省总计	**Total**	**36**	**1772**	**507457**	**1781409**	**2650**	**59115**	**60660**
海口市	Haikou	14	1096	350584	599606	743	13662	13492
三亚市	Sanya	3	114	83757	1101693	1630	40241	41783
儋州市	Danzhou	1	56	7304	4835	13	200	203
五指山市	Wuzhishan							
文昌市	Wenchang	1	42	12760	4602	51	18	21
琼海市	Qionghai	2	54	3386	4651	15	210	210
万宁市	Wanning	2	36	3841	2465	13	30	28
定安县	Ding'an	1	21	1347	1738	4	54	54
屯昌县	Tunchang	1	18	1996	1777	7	64	60
澄迈县	Chengmai	3	163	23679	44877	7	3786	3939
临高县	Lingao	1	23	2662	2400	12	89	86
东方市	Dongfang	1	26	2249	2676	10	145	146
乐东县	Ledong	1	32	5964	2779	117	220	220
琼中县	Qiongzhong	1	13	1321	1345	6	55	55
保亭县	Baoting	1	11	2352	992	10	60	60
陵水县	Lingshui	1	35	1789	2135	2	140	158
白沙县	Baisha	1	13	1575	1459	7	134	135
昌江县	Changjiang	1	19	892	1379	3	10	11

23-12 分地区重点文化服务业企业基本情况(2021年)
Basic Conditions of Major Enterprises of Services of Culture by Region(2021)

单位：万元 (10 000 yuan)

地 区	Region	企业单位数（个）Number of Enterprises (unit)	年末从业人员（人）Engaged Persons at Year-end (Person)	资产总计 Total Assets	营业收入 Business Revenue	营业税金及附加 Taxes and Extra Charges on Business	营业利润 Operating Profit	应交增值税 Value-added Tax Payable
全省总计	**Total**	**188**	**24870**	**7018315**	**7247041**	**16983**	**260022**	**64564**
海 口 市	Haikou	88	6582	3162649	4834793	6124	733	14881
三 亚 市	Sanya	42	8984	1721190	416967	7436	44897	10110
儋 州 市	Danzhou	4	3025	42196	44949	47	-29807	-688
五指山市	Wuzhishan							
文 昌 市	Wenchang	2	879	350731	222182	-1295	-3110	212
琼 海 市	Qionghai	5	100	14120	4709	30	273	131
万 宁 市	Wanning	3	46	9996	1104	1	-318	5
定 安 县	Ding'an							
屯 昌 县	Tunchang							
澄 迈 县	Chengmai	37	3171	1462193	1681910	3883	252510	39260
临 高 县	Lingao							
东 方 市	Dongfang							
乐 东 县	Ledong							
琼 中 县	Qiongzhong	1	123	81078	2545	8	-2060	13
保 亭 县	Baoting	2	1145	87733	21367	503	-3036	304
陵 水 县	Lingshui	4	815	86428	16516	247	-60	336
白 沙 县	Baisha							
昌 江 县	Changjiang							

23-13 体育事业情况

Statistics on Sports

指　标	Item	2018	2019	2020	2021
体育系统年末职工人数(人)	**Number of Staff and Workers in Sports Departments at Year-end (person)**	**942**	**1041**	**1342**	**1255**
运动员	Athletes	139	189	484	480
专职教练员	Full-time Coaches	151	163	152	146
专职文化教师	Full-time Teachers for Literacy Classes	65	66	60	63
科技人员	Scientific and Technological Personnel	2	4	3	4
宣传出版人员	Publicity and Publishing Personnel				
医务人员	Medical Personnel	13	5	2	2
管理人员	Administrative Personnel	163	134	184	148
其他人员	Others	181	162	165	156
社会体育指导员人数(人)	**Number of Instructors of Social Sports (person)**	**19762**	**19773**	**18288**	**25931**
当年发展人数	Number of New Instructors in Current Year	1501	2177	1787	3051
#高级	Senior	167	116	94	2
中级	Intermediate	401	280	665	380
初级	Junior	933	1781	1028	2009

主要统计指标解释

广播/电视节目综合人口覆盖率 指根据原国家广电总局制定的《广播电视人口覆盖率统计技术标准和方法》进行统计调查的，在对象区内能接收到由中央、省、地市或县通过无线、有线或卫星等各种技术方式转播的各级广播/电视节目的人口数占全国总人口数的百分比。

艺术表演团体 指由文化部门主办或实行行业管理（经文化行政部门审批或已申报登记并领取相关许可证），专门从事表演艺术等活动的各类专业艺术表演团体，含民间职业剧团。不包括群众业余文艺表演团体。

艺术表演场馆 指由文化部门主办或实行行业管理（经文化市场行政部门审批或已申报登记并领取相关许可证），有观众席、舞台、灯光设备，公开售票、专供文艺团体演出的文化活动场所。

文化市场经营机构 指经文化市场行政部门审批或已申报登记并领取相关许可证的、从事文化经营和文化服务活动的机构。

国家综合档案馆 指由中央或地方各级档案行政管理部门直接管理的，按行政区划或历史时期设置的，收集和管理所辖范围内多种门类档案的档案馆。

等级运动员 指经考核正式批准授予运动员称号的运动员，分为国际级运动健将、运动健将、一级、二级运动员。

Explanatory Notes on Main Statistical Indicators

The Population Coverage Rate of Radio/Television refers to the percentage of the whole country's population who can receive radio/television programmes transmitted by national, provincial, municipal or county stations through wireless, cable or satellite techniques, according to *Statistical Standard and Method on Television and Radio Coverage of Population* established by the former State Administration of Broadcasting, Film and Television.

Arts Performance Troupes refer to the various professional performing arts groups, which sponsored by the cultural sectors or guided by the cultural society (approved by the cultural administration authority, or registered and permitted with the relative certificate), including non-governmental troupes. The mass amateur arts performance troupes are not included.

Arts Performance Places refer to the various sites for cultural activities, which sponsored by the cultural sectors or guided by the cultural society (approved by the cultural market administration, or registered and permitted with the relative certificate), with the facility of auditorium, stage and lighting, and selling tickets in public.

Cultural Market Operating Units refer to the units dealing in culture and cultural services, which registered and permitted with the relative certificate by cultural market administration.

National Comprehensive Archives refer to all archives institutions, which are directly managed by the central and local levels archives administration, collecting and keeping various documents and materials by administrative regions or historical periods.

Certified Grade Athletes refer to those who are awarded the title of athletes through assessment. The titles include international level athletes, master of sports, first grade athletes and second grade athletes.

Certified Grade Coaches refer to those who are awarded the title of grade coaches through assessment. The titles include national level coaches, senior grade coaches, medium grade coaches and junior grade coaches.

24

公共管理、社会保障和社会组织

Public Management, Social Security and Social Organizations

编辑人员：吴红燕 李廷轲

Compiled by Wu Hongyan　Li Tingke

英文翻译：陈　敏 符荟杰

Translated by Chen Min Fu Huijie

简 要 说 明

本篇资料的主要内容和资料来源

本篇主要包括公检法司、群众组织和劳动保障情况等内容。

一、公检法司的内容主要包括公安机关刑事案件立案情况和治安案件查处情况，交通、人民检察院办案情况，人民法院审理案件和收结案情况以及司法部门律师、公证、调解工作情况。资料分别由海南省公安厅、海南省人民检察院、海南省高级人民法院、海南省司法厅和海南省应急厅依据统计报表制度整理提供。

二、群众组织的内容主要是工会组织情况。资料由海南省总工会整理提供。

三、劳动保障资料的主要内容包括社会保险基金收支情况，参加城镇企业职工基本养老保险情况，城镇基本医疗保险情况，各地区失业保险、工伤保险、生育保险情况等。资料由海南省人力资源和社会保障厅及省社会保险服务中心提供。

Brief Introduction

Main Contents and Sources of Data

Data in this chapter show statistics on public security, procuratorial, legal and judicial affairs, mass organizations, labor protection and so on.

I. Data on public security, procuratorial, legal and judicial affairs cover information such as criminal cases registered and offense cases handled by the public security agencies, traffic, cases handled by procuratorate's offices, cases accepted and settled by the people's courts, and statistics on lawyers, notarization and mediation. Data are from Hainan provincial public security department, the people's Procuratorate of Hainan Province, Hainan High People's Court, the Hainan Provincial Department of Justice and Hainan Emergency Management Bureau bused on statistical reporting form scheme.

II. Data on mass organizations cover information on labor unions, which is provided by All-China Federation of Trade Union in Hainan based on statistical reporting forms.

III. Data on labour security mainly include revenue and expenses of social insurance fund, urban employee basic pension insurance, urban basic medical care insurance, unemployment insurance in regions, work injury insurance, maternity insurance, etc. Data are from Hainan Provincial Bureau of Human Resources and Social Security and Social Insurance Service Administration.

24-1 公安机关立案的刑事案件情况
Criminal Case Registered by Public Security Organs

案件类别	Category of Cases	立 案（起） Number of Cases Registered (case)		构 成（%） Composition(%)	
		2020	2021	2020	2021
总　计	**Total**	**29351**	**29088**	**100.0**	**100.0**
杀人	Homicide	41	34	0.1	0.1
伤害	Injury	671	663	2.3	2.3
抢劫	Robbery	322	267	1.1	0.9
强奸	Rape	280	374	1.0	1.3
拐卖妇女、儿童	Abducting Women or Children	2	1	0.0	0.0
盗窃	Larceny	12178	10480	41.5	36.0
诈骗	Fraud	10137	12209	34.5	42.0
走私	Smuggling				
伪造货币、出售、购买、运输假币	Forging Currency, Selling and Transporting Counterfeit Currency	1			
其他	Others	5719	5060	19.5	17.4

24-2 公安机关受理的违反《治安管理处罚法》案件情况(2021年)
Cases of Offence against Public Order Handled by Public Security Organs (2021)

单位：起　(case)

案件类别	Category of Cases	受理 Number of Cases Accepted to be Treated	查处 Number of Cases Investigated and Treated
总　计	**Total**	**48478**	**44330**
扰乱公共秩序	Disturbing the Order in Public Places	303	301
#寻衅滋事	Causing Quarrels and Making Troubles	921	839
阻碍执行职务	Obstructing Government Workers in Performing Their Duties	227	223
非法携带枪支弹药管制刀具	Violation of Firearms Control Regulations	161	160
违反危险物资管理规定	Violation of Explosives Control Regulations	244	239
殴打他人	Battering Other Persons	9264	8661
盗窃	Stealing Property	17801	15498
诈骗、抢夺、敲诈勒索	Swindling and Seizing Property, Robbery and Snatch, Extortion and Blackmail	2187	1839
哄抢	Making Stirs and Robbing Property	10	10
伪造变造倒卖有价票证、凭证	Forge/Alter/Scalp Valuable Coupons	7	7
卖淫、嫖娼	Prostitution or Soliciting Prostitutes	1184	1201
赌博或为赌博提供条件	Gambling	3060	3042
其他	Others	13109	12310

24-3 公安机关受理的行政案件分类情况(2021年)
Administrative Cases Handled by Public Security Organs (2021)

单位：起 (case)

案件类别	Category of Cases	受理案件数 Number of Cases Accepted to be Treated	查处案件数 Number of Cases Investigated and Treated
总 计	**Total**	**3182664**	**3172375**
违反户口、居民身份证管理规定	Violating Regulations on Management of Residence or Identity Cards		
违反治安管理处罚法	Cases of Offence Against Public Order	48478	44330
其他	Others	3134186	3128045

24-4 人民检察院检察官基本情况
Basic Statistics on Prosecutor

单位：人 (person)

指　标	Item	2021
检察官数	**Total Prosecutor**	**685**
#女性	Female	214
#检察长人数	Number of Chief Prosecutor	29
#女性	Female	9
#副检察长人数	Number of Deputy Chief Prosecutor	70
#女性	Female	11
#检察官助理	Number of assistant Prosecutor	439
#女性	Female	197

24-5 检察机关直接立案侦查案件情况(2021年)
Cases under Direct Investigation by People's Procuratorate (2021)

案件分类	Category of Cases	立案合计 Total Number of Cases Registered			
		件 (case)	人 (person)	#大案(件) Large Cases (case)	#要案(人) Key Cases (Person)
总 计	**Total**	**17**	**24**		
贪污贿赂案件小计	Sub-total of Cases on Corruption and Bribery				
渎职案件小计	Sub-total of Cases on Abuse	17	24		

24-6 人民检察院受理举报、控告和申诉案件情况
Cases of Reporting, Accusation and Petition Handled by People's Procuratorate

单位：件 (case)

案 件 类 别	Category of Cases	2019	2020	2021
受 理	Cases Accepted	4211	1636	1793
处 理	Cases Handled	3880	1453	1593
#分送检察机关	Handled by General Office of People's Procuratorate	2131	1233	1593
#转其他机关	Transfering to Other Organs	898	47	

24-7 人民法院审理一审案件情况
First Trial Cases by People's Courts

单位：件 (case)

年 份 Year	收 案 Cases Accepted	刑 事 Criminal	民 事 Civil	行 政 Administrative
2015	71029	8477	60456	2096
2016	82561	8741	70950	2870
2017	113229	10493	98681	4055
2018	126530	10141	112863	3526
2019	128129	9130	115350	3649
2020	118879	8586	106726	3567
2021	153420	8445	140128	4847

注：1. 一审案件指人民法院按照诉讼级别管辖按第一审程序审理的案件；2. 民事案件包含经济纠纷和海事海商案件。
a) First trial cases refer to cases accepted by people's courts according to the first trial proceedings.
b) Data of civil cases include cases of economic disputes and maritime law and affairs.

24-8 人民法院审理刑事案件罪犯情况
Criminal Offenders Heard by People's Courts

单位：人 (person)

年 份 Year	刑事罪犯总数 Number of Offenders	#青少年罪犯 Young Offenders	不满18岁 Less Than 18 Years	18岁至25岁 Between 18 and 25 Years	青少年罪犯占刑事罪犯比重(%) Proportion of Young Offenders in the Total (%)
2015	9461	2149	487	1662	22.7
2016	9258	1726	343	1383	18.6
2017	12914	2603	408	2195	20.2
2018	9926	2398	456	1942	24.2
2019	11363	2678	452	2226	23.6
2020	11986	2652	406	2246	22.1
2021	11896	2721	556	2165	22.9

24-9 人民法院审理民事一审案件收结案情况(2021年)
Basic Statistics on First Trial Civil and Commercial Case Accpeted and Settled by People is Conts (2021)

单位：件 (case)

项目	Item	收案 Cases Accepted	结案 Cases Settled	调解 Mediation	判决 Judgment	驳回 Reject	撤诉 With-drawal	其他 Other
合计	**Total**	**140128**	**126635**	**18060**	**66439**	**2655**	**25289**	**14192**
人格权纠纷	Disputes of Right of personality	1162	932	166	573	15	164	14
婚姻家庭	Marriages and Family Affairs	7791	6964	2039	3345	42	1432	106
继承	Inheritance	257	224	45	123	8	41	7
物权纠纷	Disputes of Real Rights	6890	6066	256	3836	664	1246	64
合同、无因管理、不当得利纠纷	Disputes of Contract ,Negotiorum gestio or unjust enrichment	105942	96735	11314	50100	1527	20111	13683
知识产权与竞争纠纷	Disputes of IP and Unfair Competition	1952	1713	88	1008	37	566	14
劳动争议、人事争议	Disputes of Labor and personnel	4185	3860	462	2636	180	423	159
海事海商纠纷	Maritime Disputes	270	238	40	137	1	54	6
与公司、证券、保险、票据等有关的民事纠纷	Civil Disputs ragarding Company ,Security , Insurance and Negotiable Instruments	3260	2830	92	2031	80	524	103
侵权责任纠纷	Disputes of Tort	7312	6165	3553	1938	50	596	28
特别程序	Special Proceedings	1107	908	5	712	51	132	8

24-10 法官及审理有关案件情况
Statistics on Justice and Trial Case

指标	Item	2018	2019	2020	2021
法官及陪审员情况(人)	**Justice and Juror(person)**				
法院法官人数	Number of Justice in Court	1143	1183	1157	1128
#女法官	Female	415	457	448	470
高级法院法官人数	Number of Justice in High Court	121	117	121	107
#女法官	Female	56	54	57	59
人民陪审员人数	Number of Juror	1246	1701	1605	2159
#女陪审员	Female	387	669	654	946
审理民事案件情况(件)	**Trial Case of Civil Affairs (case)**	**134057**	**143416**	**139495**	**181514**
离婚案件数	Divorce	7032	7061	6320	7273
抚育、抚养赡养案件数	Upbringing and Disputes	440	482	540	647
建立少年法庭数(个)	Number of Juvenile Court (unit)	5	5	24	24
各级人民法院判决生效的未成年人犯罪人数(人)	Number of Juvenile Offenders (person)	456	452	406	556
未成年人犯罪人数占同期犯罪人数的比例(%)	Proportion of Juvenile Offenders in the Total (%)	4.59	3.98	3.39	4.67

24-11 全省法院判处犯罪案件情况(2021年)
Case Trial by People's Courts (2021)

指 标	Item	判处犯罪人数(人) Number of Offender (person)	#女性 Female	女性所占比例(%) Proportion of Female(%)
总 计	**Total**	**11896**	**777**	**6.53**
侮辱罪	Insult			
组织卖淫罪	Organise Prostitution	94	25	26.60
引诱、容留、介绍卖淫罪	Tempt, Remain and introduce Prostitution	142	47	33.10
遗弃罪	Desertion			
妨害作证罪	Breach of bearring witness	9	2	22.22
重婚罪	Bigamy	8	4	50.00
拐卖妇女、儿童罪	Abduct and Sell Female and Child			
窝藏、包庇罪	Shelter and Screen	46	3	6.52
拐骗儿童罪	Kidnap	1	1	100.00
诈骗罪	Fenagle	1040	113	10.87
强迫卖淫罪	Coerce Prostitution	5	1	20.00
贪污罪	Corruption	13	3	23.08
盗窃罪	Larceny	1651	69	4.18
其他	Others	8887	509	5.73

24-12 人民法院刑事一审案件收结案情况(2021年)
Basic Statistics on First Trial Criminal Case Accepted and Settled by People’s Courts (2021)

单位：件 (case)

项 目	Item	收 案 Cases Accepted	结 案 Cases Settled	判 决 Judgement	驳 回 Reject	撤 诉 Withdrawal	其 他 Other
合 计	**Total**	**8445**	**7995**	**7688**	**15**	**22**	**270**
危害国家安全罪	Offences Against State Security						
危害公共安全罪	Offences Against Public Security	1831	1735	1732			3
破坏社会主义经济秩序罪	Offences Against Socialist Economic Order	390	348	325	1	3	19
侵犯公民人身权利、民主权利罪	Offences Against Citizens' Personal and Democratic Rights	1265	1206	1149	7	6	44
侵犯财产罪	Offences Against Properties	2664	2574	2422	4	8	140
妨害社会管理秩序罪	Offences Against Social Management of Order	2083	1948	1898	3	4	43
危害国防利益罪	Offences Against National Defense	3	1	1			
贪污贿赂罪	Offences on Corruption and Bribery	189	166	145		1	20
渎职罪	Offences on Dereliction of Duty	20	17	16			1
其他	Others						

注：收案中不含旧存.
Note:Cases don't include cases left.

24-13 人民法院行政一审案件收结案情况(2021年)
Basic Statistics on First Trial Administrative Case Accepted and Settled by People's Courts (2021)

单位：件　　(case)

项　目	Item	收　案 Cases Accepted	结　案 Cases Settled	判决 Judg-ement	驳　回 Reject	撤　诉 Withd-rawal	其　他 Others
合　计	**Total**	**4847**	**4328**	**2510**	**953**	**503**	**362**
公　安	Public Security	280	244	124	50	39	31
工　商	Industry and Commerce	123	102	56	24	17	5
土　地	Land	1002	790	380	228	78	104
林　业	Forestry	42	46	19	23	3	1
城　建	City Construction	1347	1167	798	255	95	19
交　通	Traffic and Transport	16	13	4	2	5	2
税　务	Taxes	32	32	19	8	5	0
其　他	Other	2005	1934	1110	363	261	200

24-14 法律援助工作基本情况
Basic Statistics on legal aid

项　目	Item	2018	2019	2020	2021
机构数(个)	Number of institutions (unit)	31	33	33	35
实有人数(人)	Actual persons (person)	91	106	115	116
法律援助专职律师数(人)	Number of full time legal aid lawyers (person)	12	13	12	10
诉讼案件总数(件)	Total law case (case)	13889	17364	17384	17761
民事案件	Civil	9719	9980	8342	8833
刑事案件	Penal	4077	7276	8963	8813
行政案件	Administrative	93	108	79	70
非诉讼案件(件)	Unlitigant (case)	4683	4133	11642	3318
受援人数(人)	Recieve aid person(person)	18705	23274	29184	21405
咨询(来访、来电)数(人次)	Consultation persons(person-time)	78590	104894	152229	251871
妇女获得法律援助人数(人)	Number of women's access to legal assistance (person)	4723	5463	5506	4403
得到法律机构援助的未成年人数(人)	Number of juvenile legal aid agencies (person)	2371	2680	3093	3104

24-15 律师、公证和调解工作基本情况
Basic Statistics on Lawyers, Notarization and Mediation

项　目	Item	2015	2016	2017	2018	2019	2020	2021
律师工作	**Lawyers**							
律师事务所(个)	Number of Law Offices (unit)	104	113	131	133	175	252	329
#专职律师	Full-time Lawyers	1442	1617	1859	2057	2591	3232	4019
兼职律师	Part-time Lawyers	71	76	83	83	85	115	121
聘请担任常年	Number of Units with Permanent							
法律顾问的单位(处)	Legal Advisors (unit)	1733	2472	3053	6302	4601	5197	6347
民事诉讼代理(件)	Agent of Civil Cases (case)	10368	17430	25619	28416	41439	49765	59700
刑事诉讼辩护及代理(件)	Agent and Defender of Criminal Cases (case)	2431	2107	3613	3794	8949	10618	12257
行政诉讼代理(件)	Agent of Administrative Action (case)	626	1295	3182	1590	4287	4348	5510
非诉讼法律事务(件)	Agent of Non-Litigious Legal Affairs (case)	1485	1601	13766	12992	5412	5991	8141
解答法律询问和代写法律事务文书(件)	Answering legal inquiries and writing legal affairs document(case)	22043	19191	17537	11652	13005	8969	12821
公证工作	**Notarization**							
公证处(个)	Number of Notary Offices (unit)	21	21	21	22	23	23	23
公证人员(人)	Notarial Personnel (person)	138	138	168	167	239	283	208
#公证员	Notaries	85	85	87	83	93	95	103
公证员助理	Assistant Notaries	28	28	33	36	80	77	64
办理公证文书(件)	Number of Notarized Documents (cases)	60476	69373	99438	125823	84216	58755	78888
人民调解工作	**Number of People's Mediation**							
专职司法助理员(人)	Number of Full-time Judicial Assistants (person)	260	417	408	407	408	401	341
人民调解委员会(个)	Number of People's Mediation Committees(units)	3390	3424	3444	3453	3524	3555	3592
调解人员（人）	Number of Mediators (persons)	26358	26653	20435	19760	19691	19241	19485
调解民间纠纷(件)	Number of Civil Disputes Mediated (cases)	23830	21098	21618	18763	19585	23303	24134

注：2011年起，专职司法助理员统计口径有所调整，地方司法所事业编制专职司法助理员纳入统计。
Note:Since 2011, statistical scope of Full-time Judicial Assistants was adjusted,full-time judicial assistants of local office of justice was included in.

24-16 调解民间纠纷分类
Number of Civil Disputes Mediated by Types

项 目	Item	调解纠纷(件) Civil Disputes (case)		各类纠纷所占比重(%) Percentage(%)	
		2020	2021	2020	2021
总 计	**Total**	**21539**	**24134**	**100**	**100**
婚姻家庭纠纷	Marriage and family Disputes	894	768.0	4.2	3.2
邻里纠纷	Neighbor Disputes	3290	2636.0	15.3	10.9
房屋宅基地纠纷	Housing and Housing Sites	1207	967.0	5.6	4.0
合同纠纷	Contract dispute	2088	2315.0	9.7	9.6
生产经营纠纷	Production business disputes	524	266.0	2.4	1.1
损害赔偿纠纷	Damage compensation disputes	1680	1932.0	7.8	8.0
劳动争议纠纷	Labor dispute disputes	3409	5394.0	15.8	22.4
消费纠纷	Consumer disputes		1512.0		6.3
山林土地纠纷	Mountain forest land disputes	3907	3467.0	18.1	14.4
征地拆迁纠纷	Whose house disputes	252	429.0	1.2	1.8
旅游纠纷	Tourism disputes		281.0		1.2
环境污染纠纷	Environmental pollution disputes	92	68.0	0.4	0.3
道路交通事故纠纷	Road traffic accident disputes	1815	1944.0	8.4	8.1
物业纠纷	Property dispute	892	768.0	4.1	3.2
医疗纠纷	Medical disputes	288	111.0	1.3	0.5
其他	Others	1201	1276.0	5.6	5.3

24-17 劳动争议处理情况
Disposal of Labor Disputes

项　目	Item	2015	2016	2017	2018	2019	2020	2021
上期未结案数（件）	**Number of Cases Left Over from Last Period(case)**	**292**	**108**	**74**	**186**	**535**	**743**	**569**
案件受理情况	**Cases Accepted**							
当期案件受理数（件）	Number of Cases (case)	4863	4885	4367	5294	6381	7070	8513
#集体劳动争议案件数	Number of Collective Labour Disputes	42	62	25	15	24	31	64
劳动者申诉案件数	Number of Cases Appealed by Laborers	4812	4501	4276	5229	6187	6170	7570
按争议原因分（件）	By Cause of the Disputes (case)							
劳动报酬	Labour Remuneration	1384	1901	1527	1604	2464	2187	2725
社会保险	Social Insurances	168	217	152	98	248	118	192
变更劳动合同	Modification of Labour Contract	1813						
解除、终止劳动合同	Relieve or End the Labour Contract	685	844	968	886	974	1275	1355
其　他	Others	811			389	765	1466	1373
劳动者当事人数（人）	Number of Laborers Involved (person)	5064	5542	4601	5452	6543	7197	8523
#集体劳动争议	Collective Labour Disputes	1034	1036	474	523	656	619	561
案件处理情况	**Cases Settled**							
结案数（件）	Number of Cases Settled (case)	5030	4916	4252	4948	6196	7215	8329
按处理方式分	By Manners of Settlement							
仲裁调解	By Mediation	869	1250	1485	1967	2388	2337	2530
仲裁裁决	By Arbitrition Lawsuit	3112	2801	2397	2634	3326	3989	5074
其他方式	Others	1049	865	369	347	482	889	725
按处理结果分	By Result of Settlement							
用人单位胜诉	Lawsuit Won by Units	686	550	602	448	851	942	1043
劳动者胜诉	Lawsuit Won by Laborers	1784	1469	1172	1563	1447	1590	2874
双方部分胜诉	Lawsuit Partly Won by Both Parties	1972	1839	1787	2232	2805	3314	3198
案外调解案件数	**Cases Mediated**	**168**	**93**	**233**	**290**	**470**	**1448**	**2072**

注：2011年起，解除、终止劳动合同的类型进行合并统计。
Note:Since 2011, items of Relieve or End the Labour Contract have been merged during statistics.

24-18 工会组织情况
Basic Statistics on Trade Unions

单位：人 (persons)

年 份	工会基层组织数 (个) Number of Grassroot Trade Unions (units)	工会组织基层单位的职工与会员人数 Membership and Staff and Workers in Grassroot Trade Unions				工会专职工作人员人数 Number of Full-time Personnel of Trade Unions
		职工人数 Staff and Workers	#女职工 Female	会员人数 Membership	#女会员 Female	
2018	19542	2407435	972950	2328613	944058	1239
2019	17738	1855096	753957	1782952	719585	1708
2020	15749	1707034	699182	1622979	668771	1802
2021	15194	1624330	684989	1538249	649701	1658

24-19 各市县交通事故情况（2021年）
Basic Statistics on Traffic Accidents by Region (2021)

地 区	Region	发生数 (起) Number of Traffic Accidents (case)	死亡人数 (人) Number of Deaths (person)	受伤人数 (人) Number of Injuries (person)	直接财产损失 (万元) Direct Property Losses(10 000 yuan)
全省总计	**Total**	**2947**	**680**	**3373**	**2246.66**
海 口 市	Haikou	971	142	994	403.05
三 亚 市	Sanya	320	82	359	444.47
儋 州 市	Danzhou	188	65	229	480.16
五指山市	Wuzhishan	36	4	41	9.53
文 昌 市	Wenchang	161	37	180	5.54
琼 海 市	Qionghai	144	32	159	34.79
万 宁 市	Wanning	158	41	205	50.46
定 安 县	Ding'an	45	19	41	9.72
屯 昌 县	Tunchang	85	28	95	232.10
澄 迈 县	Chengmai	129	38	143	112.74
临 高 县	Lingao	97	26	132	27.68
东 方 市	Dongfang	135	24	188	82.20
乐 东 县	Ledong	154	50	213	108.00
琼 中 县	Qiongzhong	47	19	47	19.76
保 亭 县	Baoting	47	7	63	2.60
陵 水 县	Lingshui	106	23	127	13.91
白 沙 县	Baisha	53	21	69	57.46
昌 江 县	Changjiang	71	22	88	152.50

24-20 社会保险基本情况
Basic Statistics on Social Insurance

单位：人、万元 (person、10 000 yuan)

年 份 Year	失业保险 Unemployment Insurance			城镇职工基本医疗保险 Urban Employee Basic Medical Care Insurance		工伤保险 Work Injury Insurance		年末参加生育保险人数 Maternity Insurance Contributors at Year-end
	年末参保人数 Contributors at Year-end	全年发放失业保险金人数 Beneficiaries of Unemployment Insurance Fund	全年发放失业保险金 Unemployed Relief	年末参保职工人数 Contributors of Staff and Worker at Year-end	年末参保退休人员 Contributors of Retirees at Year-end	年末参保人数 Contributors at Year-end	年末享受工伤待遇的人数 Beneficiaries at Year-end	
1994	435911	1950	105	13384		380534		
1995	452244	2493	176	89380		461214		
1996	410820	2642	322	103665		487132		
1997	393735	2453	497	121130		479474		
1998	425111	3536	814	121421		483678		
1999	562100	3536	1042	134075	34717	516324		
2000	498060	9011	2061	288311	51051	739978		
2001	427340	15377	3142	323253	85265	695253		107764
2002	570540	25256	4848	410459	115223	688606		231543
2003	550170	17160	6130	477042	153682	681660		283814
2004	579317	30108	6268	562648	222870	645161		317123
2005	567479	32151	6356	627864	244553	688905		348870
2006	571000	34451	9266	653196	256409	715367		406421
2007	662308	40232	9967	775490	299231	784045		667129
2008	846522	55641	15945	878329	339740	861211		797542
2009	1025460	47568	19011	1112711	414758	901081		849911
2010	1142870	36042	16642	1236824	432387	958445		825978
2011	1282556	32033	15021	1409930	452559	1039526	3336	1007197
2012	1418051	18837	17711	1576863	475439	1194759	3552	1160309
2013	1526050	38110	23791	1693482	506296	1233941	3412	1202406
2014	1572627	38948	30927	1379856	536803	1261211	3115	1220481
2015	1653813	39797	19912	1406959	556369	1314682	3385	1270747
2016	1689534	39464	32424	1439141	571228	1373755	3375	1364829
2017	1681489	40680	36856	1491357	604213	1258430	3650	1402716
2018	1734423	40090	38756	1628512	628653	1529020	4122	1526180
2019	1787922	44785	49050	1714528	646555	1411115	4189	1687752
2020	1946598	54353	55834	1835953	664970	1700573	3871	1832132
2021	2059774	55782	57191	1796243	662135	1848919	3216	1796243

24-21 社会保险基金收支及累计结余
Revenue,Expenses and Balance of Social Insurance Fund

单位：万元 (10 000 yuan)

年份 Year	基本养老保险 Basic Pension Insurance	失业保险 Unemployment Insurance	城镇基本医疗保险 Basic Medical Care Insurance	工伤保险 Work Injury Insurance	生育保险 Maternity Insurance
基金收入 Revenue					
1992	27202	843	2	417	
1995	62793	2338	3792	1389	
2000	108510	4516	19277	2693	
2005	240515	18358	59385	4980	2658
2010	837699	37413	270561	9783	5999
2013	1510101	48144	499022	24543	22424
2014	1671681	60495	576141	26515	25660
2015	2079519	65430	635885	28956	27691
2016	1980124	64915	641029	38323	28393
2017	2711222	58966	832761	50974	34627
2018	3260717	71483	927525	34363	43182
2019	3245149	81970	1177120	26232	
2020	2662778	66076	1524968	17343	
2021	3879026	100344	1971797	37330	
基金支出 Expenses					
1992	21728	357	2	56	
1995	55626	1065	1525	316	
2000	101961	3030	17743	825	
2005	203333	7817	52291	3125	979
2010	764446	17519	208480	5270	3244
2013	1437816	23791	418709	12092	16676
2014	1670718	43955	480361	12472	17443
2015	2021503	42977	528535	14408	22396
2016	1778449	44960	495650	14375	26574
2017	2319659	52500	604989	16125	39526
2018	2678427	56363	647209	17228	52383
2019	2801014	73685	818360	22761	
2020	3002990	141847	1303178	20082	
2021	3177317	115630	1414388	26326	
累计结余 Balance at Year-end					
1992	15095	1554		468	
1995	37234	4209	2477	2949	
2000	42228	12720	7205	9457	
2005	174640	48928	38817	18682	5496
2010	650082	142714	298461	41080	21676
2013	1024311	280567	546207	76866	38210
2014	1025274	299514	642134	90909	46427
2015	1083290	324643	749782	105457	51722
2016	1731878	344599	778075	129405	53541
2017	1735014	351065	1137437	164254	48642
2018	2346304	366185	1417753	181389	39441
2019	2814442	301234	1814895	184858	
2020	2487830	225462	2220924	182120	
2021	3185839	210176	2778334	193124	

注：2007年及以后城镇基本医疗保险基金中包括城镇职工基本医疗保险和城镇居民基本医疗保险。基金收支不含上级补助收入和下级上解收入。

Note:Data of basic medical care insurance include both urban workers and urban non-employment from 2007.

24-22 参加城镇职工基本养老保险人数
Statistics on Urban Employee Basic Pension Insurance

单位：人 (person)

年份 Year	合计 Total	职工 Number of Staff and Workers	企业（含其他） Enterprises (Including others)	离退休人员 Number of Retirees	企业（含其他） Enterprises (Including others)
1991	789003	647419		141584	
1992	886745	719436		167309	
1993	922135	732171		189964	
1994	990381	780527		209854	
1995	1049624	821249		228375	
1996	1056342	814820		241522	
1997	1056229	801752		254477	
1998	1084841	807763		277078	
1999	1114930	819815	607085	295115	244607
2000	1290600	991416	762139	299184	253791
2001	1081722	776593	585899	305129	262662
2002	1112234	793480	588004	318754	270059
2003	1167350	831338	623485	336012	283404
2004	1200105	848323	656698	351782	302552
2005	1209186	843700	655207	365486	314349
2006	1320468	940012	743177	380456	328187
2007	1417370	1019916	829886	397454	346111
2008	1561943	1142419	944361	419524	364730
2009	1680826	1248647	1018507	432179	370388
2010	1808071	1354197	1112213	453874	384823
2011	1998550	1520876	1261443	477674	421172
2012	2141629	1616332	1319522	525297	446227
2013	2314981	1744307	1437854	570674	484944
2014	2423242	1823859	1512158	599383	509956
2015	2498479	1878649	1562069	619830	527618
2016	2249305	1584622	1197900	664683	539227
2017	2408885	1720064	1355128	688821	556373
2018	2579528	1874678	1511323	704850	566658
2019	2809521	2082906	1845638	726615	602143
2020	3053303	2310568	2071470	742735	615054
2021	3290327	2528953	2283246	761374	629527

24-23 各市县城镇职工基本养老保险情况(2021年)
Statistics on Urban Employee Basic Pension Insurance by Region (2021)

地　区	Region	年末参加城镇职工基本养老保险人数(人) Urban Employee Basic Pension Insurance Contributors at Year-end	职　工 Number of Staff and Workers	离退休人　员 Number of Retirees	基金收支情况(万元) Revenue and Expenditure (10 000 yuan) 基金收入 Revenue	基金支出 Expenditure	累计结余 Balance at Year-end
全省总计	**Total**	**3290327**	**2528953**	**761374**	**3879026**	**3177317**	**3185839**
省本级	Provincial	474516	373871	100645	1353703	552911	2689933
农垦总局	Hainan State Farms						1678
海 口 市	Haikou	1059547	925039	134508	917064	545770	67838
三 亚 市	Sanya	456522	410643	45879	387736	208067	71077
儋 州 市	Danzhou	215136	146068	69068	196980	263464	47107
五指山市	Wuzhishan	25697	16804	8893	22283	36871	16562
文 昌 市	Wenchang	108184	70770	37414	111873	151678	23064
琼 海 市	Qionghai	119323	82554	36769	109103	144944	51074
万 宁 市	Wanning	110665	64851	45814	114354	182460	10827
定 安 县	Ding'an	57985	31437	26548	52145	99136	23225
屯 昌 县	Tunchang	54027	26978	27049	42603	98476	20908
澄 迈 县	Chengmai	140651	93281	47370	128351	176758	25364
临 高 县	Lingao	58714	34021	24693	61621	99301	16601
东 方 市	Dongfang	70924	49489	21435	75897	91058	8866
乐 东 县	Ledong	64209	35186	29023	73338	116730	17310
琼 中 县	Qiongzhong	59910	28913	30997	44468	112754	13163
保 亭 县	Baoting	47037	26032	21005	30232	78831	10624
陵 水 县	Lingshui	76714	59131	17583	85457	76835	36549
白 沙 县	Baisha	44837	22851	21986	27791	81275	25959
昌 江 县	Changjiang	45729	31034	14695	44027	59998	8110

注：合计数中包含省本级数；基金收支不含上级补助收入和下级上解收入。
Note：Data of total region include the data of provincial level。(the same applies to the tables following).

24-24 各市县失业保险情况(2021年)
Statistics on Unemployment Insurance by Region (2021)

地 区	Region	年末参加失业保险人数(人) Unemployment Insurance Contributors at Year-end (person)	年末领取失业保险金人数(人) Beneficiarise of Unemployment Insurance Fund (person)	基金收支情况(万元) Revenue and Expenditure (10 000 yuan)		
				基金收入 Revenue	基金支出 Expenditure	累计结余 Balance at Year-end
全省总计	**Total**	**2059774**	**28888**	**100344**	**115630**	**210176**
省本级	Provincial	376060	4337	24298	22023	115582
海 口 市	Haikou	612503	10587	29480	37999	7712
三 亚 市	Sanya	304150	3028	14121	14157	34037
儋 州 市	Danzhou	134171	2197	5877	8667	4527
五指山市	Wuzhishan	18455	58	811	233	2599
文 昌 市	Wenchang	59491	1177	2715	3862	2078
琼 海 市	Qionghai	69045	766	2803	3309	1900
万 宁 市	Wanning	63835	1428	2821	4554	1941
定 安 县	Ding'an	35095	728	1540	2280	419
屯 昌 县	Tunchang	28277	450	985	1694	332
澄 迈 县	Chengmai	80172	972	3224	4049	2732
临 高 县	Lingao	35564	249	1436	660	6598
东 方 市	Dongfang	48740	663	2397	2378	6254
乐 东 县	Ledong	40454	191	1610	835	9466
琼 中 县	Qiongzhong	32227	415	1035	1271	864
保 亭 县	Baoting	25053	143	938	704	4863
陵 水 县	Lingshui	41779	557	2124	3469	5053
白 沙 县	Baisha	25334	347	833	1529	647
昌 江 县	Changjiang	29369	595	1296	1956	2572

注：合计数中包含省本级数；基金收支不含上级补助收入和下级上解收入。

24-25 各市县城镇基本医疗保险参保人数(2021年)
Statistics on Urban Basic Medical Care Insurance by Region （2021）

单位：人 (person)

地 区	Region	年末参保人数合计 Contributors at Year-end	在岗职工 Staff and Workers	退休人员 Retirees	城镇居民 Urban Non-employment
全省总计	**Total**	**9388232**	**1796243**	**662135**	**6929854**
省本级	Provincial	383632	288659	94973	
海口市	Haikou	1856895	659199	116635	1081061
三亚市	Sanya	770750	266886	44777	459087
儋州市	Danzhou	997962	105846	58074	834042
五指山市	Wuzhishan	97332	13547	7805	75980
文昌市	Wenchang	565017	48657	28683	487677
琼海市	Qionghai	497616	54652	30375	412589
万宁市	Wanning	572627	43194	39443	489990
定安县	Ding'an	322648	23428	20048	279172
屯昌县	Tunchang	279984	18958	22720	238306
澄迈县	Chengmai	539424	61638	39181	438605
临高县	Lingao	475226	24137	20388	430701
东方市	Dongfang	419123	36959	19475	362689
乐东县	Ledong	477757	28590	24019	425148
琼中县	Qiongzhong	196161	23429	28735	143997
保亭县	Baoting	159463	18631	19886	120946
陵水县	Lingshui	371366	38193	14506	318667
白沙县	Baisha	181637	17917	20574	143146
昌江县	Changjiang	223612	23723	11838	188051

注：城镇居民包括成人、大中小学生

Note：Urban Non-employment including adults and students.

24-26 各市县城镇基本医疗保险基金收支情况（2021年）
Revenue and Expenditure of Urban Basic Medical Care Insurance by Region (2021)

单位：万元 (10 000 yuan)

地 区	Region	基金收入 Revenue			基金支出 Expenditure			累计结余 Balance at Year-end		
		合 计 Total	职 工 Staff and Workers	居 民 Non-employment	合 计 Total	职 工 Staff and Workers	居 民 Non-employment	合 计 Total	职 工 Staff and Workers	居 民 Non-employment
全省总计	**Total**	**1971797**	**1236012**	**735785**	**1414388**	**859899**	**554489**	**2778334**	**2153138**	**625196**
省本级	Provincial	776555	314036	462519	288286	247206	41080	2628729	2057348	571381
海口市	Haikou	405337	363671	41666	260134	184321	75813	39625	33942	5683
三亚市	Sanya	182144	164580	17564	115003	76128	38875	3608	2775	833
儋州市	Danzhou	106037	71839	34198	111343	51282	60061	65259	57436	7823
五指山市	Wuzhishan	12285	8772	3513	14934	8556	6378	1752	1418	334
文昌市	Wenchang	51249	32964	18285	62916	26421	36495	3008	2491	517
琼海市	Qionghai	49564	33483	16081	63372	28590	34782	10990	4051	6939
万宁市	Wanning	52517	33009	19508	72643	31954	40689	-13172	-6653	-6519
定安县	Ding'an	26396	14938	11458	36867	15574	21293	4183	1018	3165
屯昌县	Tunchang	22007	12848	9159	36247	16143	20104	-6629	-7352	723
澄迈县	Chengmai	55850	38824	17026	58058	31428	26630	3274	2576	698
临高县	Lingao	35606	18831	16775	50345	17811	32534	6983	749	6234
东方市	Dongfang	42721	27622	15099	49190	22160	27030	2327	840	1487
乐东县	Ledong	36529	20105	16424	52830	24170	28660	3363	-9194	12557
琼中县	Qiongzhong	20542	14951	5591	30379	19014	11365	980	772	208
保亭县	Baoting	16690	12268	4422	24595	14801	9794	3143	1127	2016
陵水县	Lingshui	37972	24667	13305	36379	14659	21720	11116	5707	5409
白沙县	Baisha	17304	11824	5480	24473	14803	9670	4315	1706	2609
昌江县	Changjiang	24492	16780	7712	26394	14878	11516	5480	2381	3099

24-27 各市县生育保险情况（2021年）
Statistics on Maternity Insurance by Region (2021)

地　区	Region	年末参加生育保险人数（人）Maternity Insurance Contributors at Year-end (person)	享　受待遇人数（人次）Beneficiaries at Year-end (person)
全省总计	**Total**	**1796243**	**107460**
省本级	Provincial	288659	21831
海口市	Haikou	659199	38062
三亚市	Sanya	266886	14927
儋州市	Danzhou	105846	6213
五指山市	Wuzhishan	13547	754
文昌市	Wenchang	48657	3166
琼海市	Qionghai	54652	3653
万宁市	Wanning	43194	2230
定安县	Ding'an	23428	1020
屯昌县	Tunchang	18958	1351
澄迈县	Chengmai	61638	2770
临高县	Lingao	24137	1365
东方市	Dongfang	36959	2315
乐东县	Ledong	28590	1441
琼中县	Qiongzhong	23429	947
保亭县	Baoting	18631	874
陵水县	Lingshui	38193	2150
白沙县	Baisha	17917	835
昌江县	Changjiang	23723	1556

24-28 各市县工伤保险情况（2021年）
Statistics on Work Injury Insurance by Region (2021)

地 区	Region	年末参加工伤保险人数（人）Work Injury Insurance Contributors at Year-end (person)	享受工伤待遇人数（人）Beneficiaries at Year-end (person)	基金收支情况(万元) Revenue and Expenditure (10 000 yuan)		
				基金收入 Revenue	基金支出 Expenditure	累计结余 Balance at Year-end
全省总计	**Total**	**1848919**	**3216**	**37330**	**26326**	**193124**
省本级	Provincial	298063	518	4760	4544	60866
海口市	Haikou	670124	850	13036	6818	50325
三亚市	Sanya	291013	612	4655	2492	23175
儋州市	Danzhou	110369	243	3665	1896	11831
五指山市	Wuzhishan	15177	34	300	463	1202
文昌市	Wenchang	47775	86	1284	897	4965
琼海市	Qionghai	55138	119	1090	779	6081
万宁市	Wanning	44331	68	1221	716	6396
定安县	Ding'an	23001	48	397	356	2418
屯昌县	Tunchang	17479	27	316	243	1680
澄迈县	Chengmai	65067	176	1258	1804	5315
临高县	Lingao	25480	31	399	287	2939
东方市	Dongfang	37900	79	877	794	4325
乐东县	Ledong	27322	42	548	864	3295
琼中县	Qiongzhong	20073	53	416	629	447
保亭县	Baoting	18141	41	390	519	1206
陵水县	Lingshui	41248	69	1717	834	5127
白沙县	Baisha	16752	51	344	534	461
昌江县	Changjiang	24466	69	657	857	1070

注：合计数中包含省本级数；基金收支不含上级补助收入和下级上解收入。
Note:The Revenue and Expenditure of 2017 does not include the income from superior sudsidies and the income from Subordinates.

主要统计指标解释

特大火灾　指造成 30 人以上死亡，或者 100 人以上重伤，或者 1 亿元以上直接财产损失的火灾。

重大火灾　指造成 10 人以上 30 人以下死亡，或者 50 人以上 100 人以下重伤，或者 5000 万元以上 1 亿元以下直接财产损失的火灾。

较大火灾　指造成 3 人以上 10 人以下死亡，或者 10 人以上 50 人以下重伤，或者 1000 万元以上 5000 万元以下直接财产损失的火灾。

一般火灾　指造成 3 人以下死亡，或者 10 人以下重伤，或者 1000 万元以下直接财产损失的火灾。

人民检察院直接立案侦查案件　指按照管辖的规定，由人民检察院直接立案侦查的贪污贿赂犯罪、渎职犯罪、国家机关工作人员利用职权实施的侵犯公民人身权利和民主权利的犯罪以及经省级人民检察院决定立案侦查的国家机关工作人员利用职权实施的其他重大犯罪案件。

要案　指县、处级以上干部的犯罪案件。该指标主要反映职务犯罪案件中县、处级以上干部被人民检察院依法立案侦查的情况。

监督立案　包括侦查机关接到要求说明不立案理由后主动立案和执行通知立案两个内容。

监管活动　指人民检察院对监狱等监管改造场所的管理活动进行的监督。

青少年罪犯　指人民法院在报告期内判决发生法律效力的有罪判决中 14 周岁以上不满 25 周岁的罪犯。其中 14 周岁以上不满 18 周岁的罪犯为未成年罪犯。

行政案件　指公民、法人和其他组织不服行政机关作出的具体行政行为，向人民法院提起行政诉讼，人民法院依法审理的案件。

单独赔偿　指单独提起行政赔偿的案件。当事人对行政行为的合法性没有争议，就行政侵权造成的损害赔偿单独提起赔偿诉讼。

公证人员　指在公证处工作的人员总称，包括公证处主任、副主任、公证员、公证员助理(助理公证员)和其他从事辅助性工作的人员。

公证文书　指公证处根据当事人申请，依照事实和法律，按照法定程序制作的，具有法律效力的司法证明文书。

受理劳动争议案件数　指劳动争议仲裁委员会根据国家有关规定，对劳动争议当事人的申请予以审查，符合受理条件而正式立案、准备处理的劳动争议案件数。

城镇职工基本养老保险

1.（参保）职工人数　指报告期末按照国家法律、法规和有关政策规定参加基本养老保险并在社保经办机构已建立缴费记录档案的职工人数，包括中断缴费但未终止养老保险关系的职工人数，不包括只登记未建立缴费记录档案的人数。

2.（参保）离退休人员人数　指报告期末参加基本养老保险的离休、退休和退职人员的人数。

3.基金收入　指根据国家有关规定，由纳入基本养老保险范围的缴费单位和个人按国家规定的缴费基数和缴费比例缴纳的养老保险基金，以及通过其他方式取得的形成基金来源的收入。包括单位和职工个人缴纳的基本养老保险费、基本养老保险基金利息收入、上级补助收入、下级上解收入、转移收入、财政补贴和其他收入。

4.基金支出　指按照国家政策规定的开支范围和开支标准从养老保险基金中支付给参加基本养老保险的个人的养老金、丧葬抚恤补助，以及由于保险关系转移、上下级之间调剂资金等原因而发生的支出。包括离休金、退休金、退职金、各种补贴、医疗费、死亡丧葬补助费、抚恤救济费、社会保险经办机构管理费、补助下级支出、上解上级支出、转移支出、其他支出等。

5.基金累计结余　指截止报告期末基本养老保险基金收支相抵后的累计余额。

基本医疗保险

1.参保人数　指报告期末按国家有关规定参加相应基本医疗保险的人数。

2.基金收入　指由用人单位和个人按照国家规定的缴费基数、缴费比例或缴费标准缴纳的基本医疗保险基金，财政补助资金以及通过其他方式取得的形成基金来源的款项，包括：单位缴纳收入、个人缴纳收入、财政补助收入（含医疗救助补助个人收入）、财政补贴收入、利息收入和其他收入。

3.基金支出　指按照国家政策规定的开支范围和开支标准，从基本医疗保险基金中支付给参保人员的医疗保险待遇支出，以及其他支出。包括住院医疗费用支出、门急诊医疗费用支出、个人账户基金支出、其他支出。

4.基金累计结余　指截止报告期末基本医疗保险基金累计结余金额。

失业保险

1.参保人数　指报告期末按照国家法律、法规和有关政策规定参加了失业保险的城镇企业、事业单位的职工及地方政府规定参加失业保险的其他人员的人数。

2. 基金收入　指报告期内筹集的失业保险基金的总额，包括失业保险费收入、利息收入、财政补贴收入、其他收入、转移收入，不含上级补助收入、下级上解收入。

3. 基金支出　：指报告期内为保障失业人员基本生活、促进其再就业等支出的基金总额，包括失业保险金支出、医疗补助金支出、丧葬补助金和抚恤金支出、职业培训和职业介绍补贴支出、农民合同制工人一次性生活补助支出、其他支出、转移支出，不含上级补助支出、下级上解支出。

4. 基金累计结余　指截止报告期末失业保险基金收支相抵后的累计余额。

工伤保险

1. 参加保险人数　指报告期末依据国家有关规定参加工伤保险的职工人数和有雇工的个体工商户的雇工数。

2. 享受保险待遇人数　指年初至报告期末因工伤或职业病而享受工伤保险待遇的人数。为享受工伤医疗待遇中未评定等级的人数、享受伤残待遇人数以及享受因工死亡待遇人数之和。

3. 基金收入　指根据国家有关规定，由参加工伤保险的单位按国家规定的缴费基数和缴费比例缴纳的工伤保险基金，以及通过其他形式取得的形成基金来源的款项。包括：单位缴纳的社会统筹基金收入、财政补贴收入、利息收入、其他收入。

4. 基金支出　指按照国家政策规定的开支范围和开支标准从工伤保险基金中支付给参加工伤保险的人员及供养直系亲属工伤保险待遇支出及其他支出。包括工伤医疗费、伤残补助金、工亡补助金、护理费、丧葬补助费、工伤预防费用、职业康复费用和其他支出。

5. 基金累计结余　指截止报告期末工伤保险基金累计结余金额。

生育保险

1. 参保人数　指报告期末依据有关规定参加生育保险的人数。

2. 基金收入　指根据国家有关规定，由参加生育保险的单位按照国家规定的缴费基数和缴费比例缴纳的生育保险基金，以及通过其他方式取得的形成基金来源的款项，包括：单位缴纳的基金收入、利息收入和其他收入。

3. 基金支出　指按照国家政策规定的开支范围和开支标准，从生育保险基金中支付给参加生育保险的职工，因妊娠、分娩和计划生育手术而享受的待遇及其他支出。包括：生育津贴、医疗费用支出及其他支出。

4. 基金累计结余　指截止报告期末生育保险基金累计结余金额。

Explanatory Notes on Main Statistical Indicators

Extraordinarily Serious Fire Case refers to a case which has caused over 30 deaths; or over 100 serious injuries; or a direct property loss over 100 million yuan.

Serious Fire Case refers to a case which has caused over 10 to 30 deaths; or over 50 to 100 serious injuries; or a direct property loss over 50 million to 100 million yuan.

Comparatively Serious Fire Case refers to a case which has caused over three to ten deaths; or over 10 to 50 serious injuries; or a direct property loss over 10 million to 50 million yuan.

Ordinary Fire Case refers to a case which has caused less than three deaths; or less than 10 serious injuries; or a direct property loss less than 10 million yuan.

Cases Registered and Handled Directly by People's Procuratorate Offices refer to those serious criminal cases that, according to the functional jurisdiction, are registered and handled by the People's Procuratorate Offices, including the ones on bribery and corruption, the ones on abuse and dereliction of duty, offences against citizens' personal and democratic rights by government officials abusing their powers; and that are registered and handled by the provincial Procuratorate offices in relation to other major crimes committed by government officials by abusing their powers.

Key Cases refer to crimes committed by county and director-level officials. This indicator reflects the situation of those county and director-level officials involved in criminal cases registered and handled by People's Procuratorate offices.

Supervisory Activities refers to the supervision of the People's Procuratorate over the management of prisons as well as other places of criminal reformation under supervision.

Juvenile Criminals refers to the offenders within the age range of 14 to 25 convicted guilty by the court during the reporting period while those between 14 and 18 are defined as minor offenders.

Administrative Cases refers to the cases filed by citizens, corporations and other organizations against the specific administrative conducts of administrative authorities and handled by the court.

Separate Compensation refers to cases that are separately filed for administrative compensation by the party who has no dispute on the legality of administrative conducts but brings proceedings separately to claim for damages caused by administrative tort.

Notary Personnel refers to people working for notary offices including: directors, deputy directors, notaries, assistant notaries and other people providing assistance.

Notary Documents refer to legally binding judicial notary documents developed at the request of the interested party based on facts and the law following certain legal proceedings.

Number of Labour Disputes Cases Accepted refers to the number of cases of labour disputes submitted that, after being reviewed by the labour dispute arbitration committees in line with the relevant national regulations, are accepted and registered for treatment.

Urban Employee Basic Pension Insurance

1. Number of staff and workers covered refer to staff and workers participating in the basic pension insurance programme according to national laws, regulations and related policies at the end of the reference period, who have already had payment records in social security management agencies, including those who have interrupt payment without terminating the insurance programme. Those who have registered in the programme but with no payment records are not included.

2. Number of retirees participating in the basic pension insurance programme refer to the number of retirees participating in basic pension insurance programmes by the end of the reference period.

3. Revenue of the basic pension insurance programme refers to payments made by employers and individuals participating in the pension insurance programme in accordance with the basis and proportion stipulated in State regulations, and income from other sources that become source of pension insurance fund, including the premium paid by employers and staff and workers, interest income, subsidies from higher level agencies, income as transfer from subordinate agencies, transferred income, government financial subsidies and other income.

4. Expenditure of basic pension insurance programme refer to payment made on pensions and funeral subsidies to those retired and resigned people covered in pension insurance programmes according to related national policies on scope and standard of expenditure. Also included are expenditure which arises due to shift of the insurance relationship or adjustment of funds among agencies. More specifically, included are pensions for resigned people, pensions for retired people, pension for people quitting jobs, various subsidies, medical fees, funeral subsidies, compensation payments, management fees for social security agencies, expenses on subsidies to lower subordinates, expenses as transfer to agencies at higher level, transferred expenditure and other expenditure.

5. Balance of basic pension insurance programme refers to the balance of basic pension insurance funds at the end of the reference period after deducting expenses from revenue.

Basic Medical Care Insurance

1. Number of people participating in the insurance programme refers to people participating in the basic medical care insurance programme according to related regulations at the end of the reference period.

2. Revenue of the insurance programme refers to payments made by employers and individuals participating in the medical care insurance programme in accordance with the basis and proportion stipulated in State regulations, and income from other sources that become source of medical insurance fund, including income paid by units, individual paid income, financial assistance's income (including individual income from medicaid), financial subsidies' income, interest income and other income.

3. Expenditure of the insurance programme refers to payment made to people covered in basic medical care insurance programme within the scope and standards of expenditure according to related national policies, and medical care payment and other expenses, including medical expenses of hospital inpatients, medical expenses for outpatients and emergency patients, payment from individual accounts and other expenditure.

4. Balance of the basic medical care insurance programme refers to the balance of medical care insurance funds at the end of the reference period.

Unemployment Insurance

1. Contributors refer to staff and workers in urban enterprises or institutions who have participated in the unemployment insurance programme according to relevant policies and regulations, and other people who have participated according to local government regulations at the end of the reference period.

2.Fund income refers to the total amount of unemployment insurance funds raised during the reporting period, including unemployment insurance premium income, interest income, financial subsidy income, other income and transfer income, excluding subsidy income from higher level and income from lower level.

3.Fund expenditure refers to the total fund expenditure for guaranteeing the basic living of the unemployed and promoting their reemployment during the reporting period, including unemployment insurance expenditure, medical subsidy expenditure, funeral subsidy and pension expenditure, vocational training and employment introduction subsidy expenditure, one-time living subsidy expenditure of farmers' cooperative workers, other expenditure and transfer expenditure, excluding the subsidy expenditure of the higher level and the expenditure of the lower level.

4. Balance of the unemployment insurance programme refers to the balance of revenue of the programme after deducting expenses at the end of the reference period.

Work Injury Insurance

1. Contributors refer to staff and workers who have participated in the work injury insurance programme and number of employees in private business according to relevant national regulations at the end of the reference period.

2. Number of beneficiaries refers to number of people benefited from work injury insurance, as a result of work injury or occupational disease. It is the sum of beneficiaries from the work injury medical treatment without rating, disabilities and deaths at work places.

3. Revenue of the work injury insurance programme refers to payments made by employers participating in the work injury insurance programme in accordance with the basis and proportion stipulated in State regulations, and income from other sources that become source of work injury insurance fund, including income of social comprehensive funds paid by employers, government financial subsidies, interest income and other income.

4. Expenditure of the work injury insurance programme refers to payments made from work injury insurance funds to those who participated in the work injury insurance programme and their direct dependents within the scope and standards of expenditure according to related national policies, and other expenditure, including medical fees for work injury, injury and disability subsidies, death subsidies, nursing fees, funeral subsidies, injury prevention fees, occupational rehabilitation fees and other expenditure.

5. Balance of the work injury insurance programme refers to the balance of the work injury funds at the end of the reference period.

Maternity Insurance

1. Contributors refer to people who have participated in the maternity insurance programme according to relevant regulation at the end of the reference period.

2. Revenue of maternity insurance refers to payments made by employers participating in the maternity insurance programme in accordance with the basis and proportion stipulated in State regulations, and income from other sources that become source of maternity insurance fund, including income of funds paid by employers, interest income and other income.

3. Expenditure of the maternity insurance programme refers to payments made from maternity insurance funds to staff and workers who participate in the maternity insurance programme within the scope and standards of expenditure in accordance with related national policies, expenses paid for pregnancy, child delivery or surgeries related to family planning, and other expenditure, including allowance for child bearing, medical fees and other expenditure.

4. Balance of the maternity programme refers to the balance of the maternity insurance funds at the end of the reference period.

25

城市和农村

Urban and Rural

编辑人员：谭家史

Compiled by Tan Jiashi

英文翻译：杨正威

Translated by Yang Zhengwei

简 要 说 明

一、本篇资料的主要内容

本篇资料反映我省农村、城市、分区域社会经济发展等基本情况。

二、本篇的资料来源

农村基本情况由海南省统计局根据《农林牧渔业统计调查制度》《县域社会经济基本情况统计报表制度》的有关资料整理提供。

城市公用事业基本情况的资料由省住房和城乡建设厅、省水务厅根据其《城市（县城）建设统计报表制度》整理提供。

按区域分国民经济和社会发展指标数据均来自本年鉴各专业分市县数据，反映海口、三亚、儋洋经济圈和滨海城市带、中部生态保育区社会经济发展情况。

三、本篇资料的统计范围

城市（县城）建设统计报表的统计范围是城区和县城。设市城市城区包括：市本级（1）街道办事处所辖地域；（2）城市公共设施、居住设施和市政公用设施等连接到的其他镇（乡）地区；（3）常住人口在 3000 以上独立的工矿区、开发区、科研单位、大专院校等特殊区域。县城包括：（1）县政府驻地的镇、乡（城关镇）或街道办事处地域；（2）县城公共设施、居住设施等连接到的其他镇（乡）地域；（3）县域内常住人口在 3000 人以上独立的工矿区、开发区、科研单位、大专院校等特殊区域。

Brief Introduction

I. Main Contents

Data in this chapter present the social and economic development of rural areas, urban areas, and subregions of our province.

II. Sources of Data

Data on rural conditions are provided by Hainan Provincial Bureau of Statistics using data from the Statistical Survey System on Agricultrual, Forestry, Animal Husbandry and Fishery and the Statistical Reporting System on the Basic Condition of Social and Economic Activities of Counties.

Data on basic conditions of urban public facilities are collected, prepared and provided by the Department of Housing and Urban-Rural of Hainan Province and the Department of Water Affairs of Hainan Province in line with the Statistical Reporting System on Urban (County Seat) Construction.

The data of social and economic development indicators by region are all from this yearbook. It reflects the social and economic development of the Haikou Economic Circle, Sanya Economic Circle, Danzhou-Yangpu Economic Circle, Coastal City Megalopolis and Central Ecological Conservation Area.

III. Scope of Statistics

Scope of statistics is urban areas of cities and county seat.

Urban areas of cities includes: (1) street agencies; (2) the other town (township) areas covered by the city public facilities, residential facilities and municipal public facilities; (3)the industrial and mining areas, development zones, scientific research units, universities and other special regions with resident population of more than 3000 persons.

County seat includes: (1) street agencies or town (township) where the county government is stationed in; (2) the other town (township) areas covered by the city public facilities, residential facilities and municipal public facilities of county seat; (3) the industrial and mining areas, development zones, scientific research units, universities and other special regions with resident population of more than 3000 persons in the county.

25-1 城市(县城)公用事业基本情况
Basic Statistics on City and County Seat Public Utilities

项 目	Item	2005	2010	2015	2017	2018	2019	2020	2021
城市建设	**City Areas and Floor Space of Buildings**								
城区面积(平方公里)	Urban Area (sq.km)	775.97	1033.74	1673.79	1673.51	1729.3	1716.6	1703.6	1684.7
建成区面积(平方公里)	Area of Built Districts (sq.km)	270.06	308.56	469.39	467.13	525.67	536.55	544.57	558.89
城市规划建设用地面积(平方公里)	Area of Land Used for Urban Planning and Construction(sq.km)	400.26	368.93		952.85	913.85	874.84	882.38	933.95
城市人口密度(人/平方公里)	Population Density of City Districts (persons/sq.km)	2756	2677	2200	2259	2514.6	2421.2	2502	2351
城市供水、燃气、供热	**Water Supply, Gas Supply and Heating**								
全年供水总量(万立方米)	Annual Volume of Tap Water Supply(10 000 cu.m)	31425	42442	58416	62634	61452	67635	57322	59381
人均日生活用水(升)	Per Capita Daily Consumption of Tap Water for Residential Use(litre)	304.93	253.54	243.90	246.41	201.53	284.87	289.86	300.27
供水普及率 (%)	Coverage Rate of Urban Population with Access to TapWater (%)	85.7	89.2	98.0	97.6	96.62	97.95	97.65	98.03
液化石油气供气量 (吨)	Liquefied Petroleum Gas (tons)	77948	75432	98171	98852	106835	97484	102180	107929
供气管道长度 (公里)	Length of Gas Pipelines (km)	546	1511	2721	3426	4219.4	4713.5	5578.7	6504.3
燃气普及率 (%)	Coverage Rate of Urban Population with Access to Gas (%)	79.9	83.9	96.3	97.2	96.41	96.95	97.73	99.00
城市市政设施	**Municipal Infra-structure**								
年末实有道路长度(公里)	Length of Paved Roads at Year-end (10 000 km)	1398	1914	3014	3529	5373	5549	5521	6456
年末实有道路面积(万平方米)	Area of Paved Roads at Year-end (10 000 sq.m)	2889	4440	6641	7103	7932	8168	8165	10585
人均拥有道路面积(平方米)	Per Capita Area of Paved Roads (sq.m)	13.57	15.98	18.03	18.79	18.24	19.65	19.15	26.73
城市排水管道长度(公里)	Length of City Sewage Pipes (10 000 km)	2227	2966	4446	5279	5786	6743	7637	8993
城市排水管道密度 (公里/平方公里)	Density of City Sewage Pipes (km/sq.km)	8.30	9.61	9.47	10.98	10.00	11.65	8.44	12.43
污水处理率(%)	Treatment Rate of Sewage (%)	59.9	65.3	71.5	87.6	85.45	88.72	97.62	99.13
城市绿化和园林	**City Greening**								
人均公园绿地面积(平方米)	Per Capita Area of Parks and Green Land (sq.m)	10.1	11.5	12.1	11.4	9.96	9.92	10.79	11.90
公园个数 (个)	Number of Parks (unit)	45	69	91	121	136	155	177	185
公园面积 (公顷)	Area of Parks (hectare)	1285	2362	2410	2948	3055.1	2994	2847	3035
城市环境卫生	**Environmental Sanitation**								
生活垃圾清运量 (万吨)	Volume of Garbage Disposal (10 000 tons)	115.00	151.82	192.01	252.31	257.21	291.91	296.44	300.36
生活垃圾无害化处理率(%)	Innocent Treatment Rate of Garbage (%)	50.8	55.9	99.8	100.0	99.94	100.00	100.00	100.00
公厕个数(座)	Number of Public Lavatories (unit)	310	464	601	882	1253	1352	1606	1293

注：1. 人均公园绿地面积指标2005年及之前为人均公共绿地面积；
2. 城市规划建设用地面积指标2016年及之前为城市建设用地面积。

Note：a)Data of Per Capita Area of Parks and Green Land in 2005 and before refers to Per Capita Area of Public Green Land.
b)Data of Area of Land Used for Urban Planning and Construction in 2016 and before refers to Area of Land Used for Urban Construction.

25-2　各市县城市(县城)建设情况(2021年)
Statistics on Construction in City and County Seat by Region (2021)

地　区	Region	城区面积(平方公里) Urban Area (sq.km)	建成区面积(平方公里) Area of Built Districts (sq.km)	城市规划建设用地面积(平方公里) Area of Land Used for Urban Planning and Construction (sq.km)	本年征用土地面积(平方公里) Land Put in Requisition for State Construction Projects (sq.km)	城市人口密度(人/平方公里) Population Density of Urban Area (persons/sq.km)
全省总计	**Total**	**1684.66**	**558.89**	**933.95**	**21.56**	**2351**
海 口 市	Haikou	562.40	213.00	382.23	**4.65**	3560
三 亚 市	Sanya	188.00	58.03	100.31		2784
儋 州 市	Danzhou	253.95	89.84	116.58	12.35	1281
五指山市	Wuzhishan	60.00	16.20	15.58		755
文 昌 市	Wenchang	84.99	22.16	67.60	1.70	1695
琼 海 市	Qionghai	31.83	20.68	28.81	0.29	3930
万 宁 市	Wanning	260.00	17.72	23.70	0.40	288
定 安 县	Ding'an	25.74	11.76	20.64		2494
屯 昌 县	Tunchang	32.14	11.07	25.00	0.07	2654
澄 迈 县	Chengmai	10.90	6.82	13.59		9128
临 高 县	Lingao	14.80	9.75	9.76		5047
东 方 市	Dongfang	58.14	25.40	49.22	0.13	1969
乐 东 县	Ledong	24.00	5.77	10.00		1658
琼 中 县	Qiongzhong	5.86	5.86	19.41	0.19	6399
保 亭 县	Baoting	21.78	11.57	12.63		1327
陵 水 县	Lingshui	17.64	12.69	17.17	1.29	4643
白 沙 县	Baisha	8.23	8.23	5.72		3171
昌 江 县	Changjiang	24.26	12.34	16.00	0.49	2758

25-3　各市县城市(县城)供水情况(2021年)
Statistics on Tap Water Supply in City and County Seat by Region (2021)

地　区	Region	年末供水综合生产能力(万立方米/日) Production Capacity of Tap Water Supply (at Year-end) (10000cu.m /day)	年末供水管道长度(公里) Length of Tap Water Supply Pipelines (at Year-end) (km)	全年供水总量(万立方米) Total Annual Volume of Tap Water Supply (10 000cu.m)	#生活用水 For Residential Use	用水人口(万人) Number of Residents with Access to Tap Water (10 000 persons)	人均日生活用水量(升) Per Capita Daily Consumption of Tap Water for Residential Use (liter)
全省总计	**Total**	**258.8**	**9569**	**59382**	**33350**	**381.3**	**300**
海口市	Haikou	78.0	1657	23946	13974	186.6	276
三亚市	Sanya	61.0	3539	17026	8065	52.3	517
儋州市	Danzhou	20.0	531	4967	2593	32.5	235
五指山市	Wuzhishan	2.6	176	660	507	4.4	318
文昌市	Wenchang	10.4	232	1670	1053	14.4	276
琼海市	Qionghai	15.0	753	1806	1295	12.5	306
万宁市	Wanning	15.0	706	1086	648	7.5	311
定安县	Ding'an	6.0	124	995	435	6.3	215
屯昌县	Tunchang	2.5	277	637	524	8.4	172
澄迈县	Chengmai	5.0	145	537	381	10.0	111
临高县	Lingao	2.5	70	723	481	7.5	253
东方市	Dongfang	9.6	400	1509	998	11.3	283
乐东县	Ledong	3.5	124	672	553	3.9	388
琼中县	Qiongzhong	2.0	42	507	226	3.7	247
保亭县	Baoting	7.0	355	406	360	2.9	341
陵水县	Lingshui	8.5	52	607	291	8.2	167
白沙县	Baisha	1.2	70	396	264	2.5	308
昌江县	Changjiang	9.0	315	1232	702	6.6	344

25-4 各市县城市(县城)燃气情况(2021年)
Statistics on Supply of Gas in City and County Seat by Region(2021)

地 区	Region	管道长度(公里) Length of Gas Pipelines (km)			全年供气总量 Volume of Gas Supply			用气人口(万人) Population with Access to Gas (10 000 persons)		
		人工煤气 Coal Gas	天然气 Natural Gas	液化石油气 Liquefied Petroleum Gas	人工煤气(万立方米) Coal Gas (10 000 cu.m)	天然气(万立方米) Natural Gas (10 000 cu.m)	液化石油气(吨) Liquefied Petroleum Gas (ton)	人工煤气 Coal Gas	天然气 Natural Gas	液化石油气 Liquefied Petroleum Gas
全省总计	**Total**		6504.33			42486.56	107929.06		280.41	111.52
海口市	Haikou		2172.49			22883.13	37122.56		180.00	19.00
三亚市	Sanya		1618.16			9853.37	7715.95		49.95	2.39
儋州市	Danzhou		530.10			1554.00	8050.00		8.13	24.41
五指山市	Wuzhishan		30.50			52.80	1658.24		1.07	3.35
文昌市	Wenchang		142.00			1151.00	2870.00		10.81	3.60
琼海市	Qionghai		1102.07			623.00	14533.09		5.51	6.82
万宁市	Wanning		230.00			1212.06	7723.19		1.21	6.09
定安县	Ding'an		27.72			98.90	3970.00		0.43	5.90
屯昌县	Tunchang		35.00			11.10	4709.40		1.20	7.13
澄迈县	Chengmai		47.83			100.27	3555.00		4.04	5.10
临高县	Lingao		71.10			1282.40	3073.00		2.93	4.24
东方市	Dongfang		75.85			532.54	2030.98		7.79	3.47
乐东县	Ledong		50.00			22.54	2852.00		0.65	3.22
琼中县	Qiongzhong		87.31			164.24	352.50		1.30	2.40
保亭县	Baoting		20.10			16.67	2541.15		0.47	2.40
陵水县	Lingshui		124.60			1119.43	2162.00		2.68	5.48
白沙县	Baisha		71.00			64.11	1224.00		0.24	2.24
昌江县	Changjiang		68.50			1745.00	1786.00		2.00	4.28

25-5 各市县城市(县城)市政设施(2021年)
Statistics on Municipal Infrastructure in City and County Seat by Region(2021)

地 区	Region	年末实有道路长度(公里) Length of Paved Roads (at Year-end) (km)	年末实有道路面积(万平方米) Area of Paved Roads (at Year-end) (10 000 sq.m)	城市桥梁(座) Number of City Bridges (unit)	城市排水管道长度(公里) Length of City Sewage Pipes (km)	城市污水日处理能力(万立方米) Daily Treatment Capacity of City Sewage (10 000 cu.m)	城市道路照明灯(盏) Number of Street Lights (units)
全省总计	**Total**	**6455.87**	**10584.64**	**326**	**8983.04**	165. 1	**240690**
海 口 市	Haikou	3373.4	4665.01	155	2992.40	60.1	74583
三 亚 市	Sanya	566.7	1464.46	38	1925.71	44.3	37947
儋 州 市	Danzhou	444.9	942.2	14	797.48	23.6	23350
五指山市	Wuzhishan	132.0	240.12	9	98.62	1.4	10581
文 昌 市	Wenchang	184.7	442.81	11	360.18	5.0	8471
琼 海 市	Qionghai	248.7	401.93	5	586.00	4.0	11064
万 宁 市	Wanning	96.2	204.94	7	157.46	7.5	9090
定 安 县	Ding'an	94.2	212.00	17	193.26	1.5	4524
屯 昌 县	Tunchang	115.4	238.23	7	173.50	1.0	4931
澄 迈 县	Chengmai	61.5	141.00	2	186.04	3.0	3467
临 高 县	Lingao	256.1	157.40	4	118.57	3.0	4865
东 方 市	Dongfang	431.0	559.32	10	870.58	2.5	18187
乐 东 县	Ledong	46.5	112.00	5	95.81	1.0	7766
琼 中 县	Qiongzhong	55.0	81.63	4	43.54	0.7	2850
保 亭 县	Baoting	51.0	96.65	14	90.00	0.8	3974
陵 水 县	Lingshui	119.1	292.51	3	77.30	1.5	8350
白 沙 县	Baisha	53.2	80.99	4	79.05	1.2	2587
昌 江 县	Changjiang	126.3	251.44	17	137.54	3.0	4103

25-6 各市县城市(县城)绿地和园林(2021年)
Statistics on Parks and Green Areas in City and County Seat by Region (2021)

地 区	Region	城市绿地面积 (公顷) Area of Green Land (hectare)	#公园绿地 Park Green Land	公 园 (个) Number of Parks (unit)	公园面积 (公顷) Area of Parks (hectare)	建成区绿化覆盖率(%) Green Covered Area as % of Completed Area (%)
全省总计	**Total**	**23197**	**4711**	**185**	**3035**	**40.7**
海口市	Haikou	7775	2733	21	1062	41.0
三亚市	Sanya	2262	851	43	851	42.3
儋州市	Danzhou	5853	312	24	312	41.1
五指山市	Wuzhishan	563	29	11	41	39.1
文昌市	Wenchang	1030	127	16	129	42.4
琼海市	Qionghai	701	120	13	120	37.3
万宁市	Wanning	679	77	4	74	42.6
定安县	Ding'an	480	79	5	65	42.9
屯昌县	Tunchang	357	16	7	17	32.1
澄迈县	Chengmai	219	23	2	23	38.6
临高县	Lingao	369	59	3	22	42.4
东方市	Dongfang	890	47	3	46	38.4
乐东县	Ledong	189	17	4	17	36.6
琼中县	Qiongzhong	197	36	4	30	41.4
保亭县	Baoting	441	43	4	5	47.3
陵水县	Lingshui	404	58	5	58	33.4
白沙县	Baisha	302	23	11	58	38.2
昌江县	Changjiang	486	60	5	103	43.8

注：公园绿地面积包括综合公园、社区公园、专类公园、带状公园和街旁绿地。

Note:Area of Park Green Land includes comprehensive park, community park, topic park, belt-shaped park and green areas nearby street.

25-7 各市县市容环境卫生情况(2021年)
Statistics on Urban Sanitation in City and County Seat by Region(2021)

地 区	Region	清扫保洁面积(万平方米) Area under Cleaning Program (10 000 sq.m)	生活垃圾清运量(万吨) Volume of Garbage Disposal (10 000 tons)	生活垃圾无害化处理量(万吨) Volume of Garbage Harmless Treatment (10 000 tons)	市容环卫专用车辆设备总数(辆) Number of Special Vehicles for Environmental Sanitation (unit)	公共厕所(座) Number of Public Lavatories (unit)
全省总计	**Total**	**11165**	**300.36**	**300.36**	**16243**	**1293**
海口市	Haikou	5226	139.54	139.54	4125	521
三亚市	Sanya	1666	89.30	89.30	7073	196
儋州市	Danzhou	1195	15.25	15.25	227	70
五指山市	Wuzhishan	110	2.03	2.03	269	21
文昌市	Wenchang	351	7.32	7.32	578	43
琼海市	Qionghai	234	7.74	7.74	510	45
万宁市	Wanning	160	2.74	2.74	518	14
定安县	Ding'an	214	1.09	1.09	40	20
屯昌县	Tunchang	159	3.43	3.43	108	35
澄迈县	Chengmai	196	5.89	5.89	34	40
临高县	Lingao	255	3.75	3.75	212	104
东方市	Dongfang	554	5.02	5.02	2062	51
乐东县	Ledong	130	2.40	2.40	75	20
琼中县	Qiongzhong	63	1.54	1.54	45	13
保亭县	Baoting	108	2.07	2.07	41	17
陵水县	Lingshui	212	6.12	6.12	39	39
白沙县	Baisha	136	1.14	1.14	108	17
昌江县	Changjiang	196	3.98	3.98	179	27

25-8 各市县城市(县城)设施水平(2021年)
Level of Public Facilities in City and County Seat by Region (2021)

地区	Region	城市供水普及率(%) Coverage Rate of Urban Population with Access to Tap Water (%)	城市燃气普及率(%) Coverage Rate of Urban Population with Access to Gas (%)	人均城市道路面积(平方米) Per Capita Area of Paved Roads (sq.m)	人均公园绿地面积(平方米) Per Capita Areas of Parks and Green Land (sq.m)
全省总计	**Total**	**98.5**	**99.0**	**26.7**	**11.9**
海口市	Haikou	99.0	99.4	23.3	13.6
三亚市	Sanya	100.0	100.0	28.0	16.3
儋州市	Danzhou	100.0	100.0	29.0	9.6
五指山市	Wuzhishan	100.0	97.6	53.0	6.5
文昌市	Wenchang	98.7	100.0	30.7	8.8
琼海市	Qionghai	99.0	98.6	32.1	9.6
万宁市	Wanning	100.0	97.6	27.4	10.3
定安县	Ding'an	100.0	98.6	33.0	12.3
屯昌县	Tunchang	96.3	97.7	27.9	1.9
澄迈县	Chengmai	99.7	91.9	14.2	2.3
临高县	Lingao	99.0	96.0	21.1	8.0
东方市	Dongfang	100.0	98.3	48.8	4.1
乐东县	Ledong	100.0	97.2	28.1	4.3
琼中县	Qiongzhong	99.8	98.7	21.8	9.7
保亭县	Baoting	100.0	99.3	33.4	14.7
陵水县	Lingshui	100.0	99.6	35.7	7.1
白沙县	Baisha	100.0	95.0	31.0	8.7
昌江县	Changjiang	100.0	93.9	37.6	8.9

注：人均和普及率指标按城区人口与暂住人口之和计算，以公安部门的户籍统计和暂住人口统计为准。

Note: Data of per capita and coverage rate are calculated on the basis of the sum of districts area population and temporarily residing population, which are provided by the Department of Public Security.

25-9 农村主要指标
Major Indicators on Rural Areas

项　　目	Item	2017	2018	2019	2020	2021
农村基本情况	**Basic Statistics on Rural Areas**					
乡镇个数(个)	Number of Towns (unit)	195	195	195	195	196
村民委员会(个)	Number of Villagers Committees(unit)	2665	2638	2613	2560	2535
乡村劳动力资源总数(万人)	Total Number of Rural Labor Force (10 000 person	365.67	364.70	359.81	378.20	392.67
耕地面积(公顷)	Cultivated Land(hectare)	439200	439032	438000	436152	438960
农村经济	**Rural Economy**					
农林牧渔业总产值(亿元)	Gross Output Value of Agriculture,Forestry,Animal Husbandry and Fishery(100 million yuan)	1488.86	1535.73	1689.40	1821.02	2014.79
农村生活	**Rural Life**					
农村居民人均可支配收入(元)	Per Capita Disposable Income of Rural Households	12902	13989	15113	16279	18076
农村居民人均消费性支出(元)	Per Capita Consumption Expenditure of Rural Households (yuan)	9599	10956	12418	13169	15487
每百户拥有家用计算机(台)	Computer Owned Per 100 Rural Households(set)	12.3	10.0	12.8	12.7	11.8
年末乡镇卫生院个数(家)	Number of Township Health Centers at Year-end (u	299	299	284	277	274
村庄建设	**Village Construction**					
村卫生室(个)	Number of Village Clinics (unit)	2637	2716	2647	2970	2951
累计建成文明生态村个数(个)	Number of Civilized Eco Villages Completed (unit)	17934	18598	19268	19926	20950

25-10 海口、三亚、儋洋经济圈和滨海城市带、中部生态保育区国民经济和社会发展主要指标（2021年）

Indicators on Economic and Social Development of The Haikou Economic Circle, Sanya Economic Circle, Danzhou-Yangpu Economic Circle, Coastal City Megalopolis and Central Ecological Conservation Area(2021)

指　　标	Item	全省总计 Total	海口经济圈		三亚经济圈	
			绝对数 Output	占全省比重(%) Proportion of the province	绝对数 Output	占全省比重(%) Proportion of the province
年末常住人口(万人)	Population of Usual Residents at Year-end (10000 persons)	1020.46	452.18	44.3	205.87	20.2
地区生产总值（亿元）	Gross Domestic Product (100 million yuan)	6475.2	2672.31	41.3	1296.17	20.0
第一产业	Primary Industry	1254.44	258.13	20.6	268.53	21.4
第二产业	Secondary Industry	1238.8	454.01	36.6	186.90	15.1
第三产业	Tertiary Industry	3981.96	1960.18	49.2	840.74	21.1
地方一般公共预算收入(亿元)	General Public Budget Revenue of the Local Government (100 million yuan)	921.16	296.30	32.2	164.76	17.9
地方一般公共预算支出(亿元)	General Public Budget Expenditure of Local Government (100 million yuan)	1971.37	497.47	25.1	374.13	19.0
社会消费品零售总额（亿元）	Total Retail Sales of Consumer Goods (100 million yuan)	2497.62	1305.72	52.3	655.25	26.2
实际利用外资（亿美元）	Amount of Foreign Investment Actually Utilized (USD 100 million)	35.19	30.70	87.2	2.43	6.9
货物进出口总额(亿元)	International Trade in Goods (100 million yuan)	1468.55	534.21	36.4	218.89	14.9
服务进出口总额(亿元)	International Trade in Services (100 million yuan)	287.79	217.51	75.6	24.95	8.7
接待过夜人数（万人次）	Number of Overnight Tourists (10000 person-times)	2562.81	580.64	22.7	1379.30	53.8
中等职业教育在校学生数（人）	Number of Students in Secondary Vocational Education(person)	121256	83485	68.9	1940	1.6
中等职业教育专任教师（人）	Number of Full-time Teachers in Secondary Vocational Education (person)	3691	2734	74.1	101	2.7
医院数（个）	Number of Hospitals (unit)	269	120	44.6	47	17.5
基层医疗卫生机构（个）	Health Care Institutions at Grass-root Level(unit)	5881	2442	41.5	1123	19.1
执业(助理)医师(人)	Number of Licensed (Assistant)Doctors (persons)	29693	15290	51.5	5290	17.8

注：本表海口经济圈包含海口、澄迈、文昌、定安、屯昌等五个市县；三亚经济圈包含三亚、陵水、乐东、保亭等四个市县；儋洋经济圈包含儋州市（含洋浦）；滨海城市带包含海口、文昌、琼海、万宁、陵水、三亚、乐东、东方、昌江、儋州、临高、澄迈等十二个市县；中部生态保育区包含五指山、保亭、琼中、白沙等四个市县，下同。

Note:The Haikou Economic Circle include 5 cities and towns: Haikou, Chengmai, Wenchang, Dingan and Tunchang; the Sanya Economic Circle cover 4 cities and towns: Sanya, Lingshui, Ledong and Baoting; the Danzhou-Yangpu Economic Circle including Danzhou city and Yangpu area; the Coastal City Megalopolis include 12 cities and towns: Haikou, Wenchang, Qionghai, Wanning, Lingshui, Sanya, Ledong, Dongfang, Changjiang, Danzhou, Lingao and Chengmai; the Central Ecological Conservation Area cover 4 cities and towns: Wuzhishan, Baoting, Qiongzhong and Baisha.

25-10 续(continued)

指　　标	Item	儋洋经济圈		滨海城市带		中部生态保育区	
		绝对数 Output	占全省比重(%) Proportion of the province	绝对数 Output	占全省比重(%) Proportion of the province	绝对数 Output	占全省比重(%) Proportion of the province
年末常住人口(万人)	Population of Usual Residents at Year-end (10000 persons)	97.01	9.5	904.41	88.6	61.49	6.0
地区生产总值（亿元）	Gross Domestic Product (100 million yuan)	831.91	12.8	6027.11	93.1	228.81	3.5
第一产业	Primary Industry	143.26	11.4	1101.78	87.8	77.47	6.2
第二产业	Secondary Industry	240.90	19.4	1178.04	95.1	30.44	2.5
第三产业	Tertiary Industry	447.75	11.2	3747.29	94.1	120.90	3.0
地方一般公共预算收入(亿元)	General Public Budget Revenue of the Local Government (100 million yuan)	58.89	6.4	566.73	61.5	10.37	1.1
地方一般公共预算支出(亿元)	General Public Budget Expenditure of Local Government (100 million yuan)	129.23	6.6	1119.98	56.8	127.73	6.5
社会消费品零售总额（亿元）	Total Retail Sales of Consumer Goods (100 million yuan)	131.44	5.3	2363.20	94.6	70.20	2.8
实际利用外资（亿美元）	Amount of Foreign Investment Actually Utilized (USD 100 million)	1.88	5.3	35.14	99.8	0.05	0.2
货物进出口总额　（亿元）	International Trade in Goods (100 million yuan)	702.04	47.8	1462.38	99.6	0.26	0.0
服务进出口总额　（亿元）	International Trade in Services (100 million yuan)	43.31	15.0	287.77	100.0	0.00	0.0
接待过夜人数（万人次）	Number of Overnight Tourists (10000 person-times)	201.08	7.8	239.95	93.6	130.03	5.1
中等职业教育在校学生数（人）	Number of Students in Secondary Vocational Education(person)	3040	2.5	95641	78.9	21726	17.9
中等职业教育专任教师（人）	Number of full-time Teachers in Secondary Vocational Education (person)	141	3.8	3259	88.3	268	7.3
医院数（个）	Number of Hospitals (unit)	22	8.2	232	86.2	18	6.7
基层医疗卫生机构（个）	Health Care Institutions at Grass-root Level(unit)	468	8.0	5010	85.2	473	8.0
执业(助理)医师(人)	Number of Licensed (Assistant)Doctors (persons)	2300	7.7	26731	90.0	1688	5.7

主要统计指标解释

供水综合生产能力 指按供水设施取水、净化、送水、出厂输水干管等环节设计能力计算的综合生产能力。包括在原设计能力的基础上，经挖、革、改增加的生产能力。计算时，以四个环节中最薄弱的环节为主确定能力。

年末供水管道长度 指从送水泵至用户水表之间所有管道的长度。不包括新安装尚未使用、水厂内以及用户建筑物内的管道。

全年供水总量 指报告期供水企业(单位)供出的全部水量。包括有效供水量和漏损水量。

生活用水量 包括公共服务用水和居民家庭用水。公共服务用水指为城市社会公共生活服务的用水。包括行政事业单位、部队营区和公共设施服务、社会服务业、批发零售业、住宿餐饮业以及其他公共服务业等单位的用水。居民家庭用水指城市范围内所有居民家庭的日常生活用水。包括城市居民、农民家庭、公共供水站用水。

用水普及率 指城市用水人口数与城市人口总数的比率。计算公式：

$$用水普及率=\frac{城市用水人口数}{城市人口总数}\times 100\%$$

供气管道长度 指报告期末从气源厂压缩机的出口或门站出口至各类用户引入管之间的全部已经通气投入使用的管道长度。不包括煤气生产厂、输配站、液化气储存站、灌瓶站、储配站、气化站、混气站、供应站等厂(站)内的管道。

全年供气总量 指全年燃气企业(单位)向用户供应的燃气数量。包括销售量和损失量。

燃气普及率 指报告期末使用燃气的城市人口数与城市人口总数的比率。计算公式为：

$$燃气普及率=\frac{城市使用燃气人口数}{城市人口总数}\times 100\%$$

年末道路长度 指年末道路长度和与道路相通的桥梁、隧道的长度，按车行道中心线计算。在统计时只统计路面宽度在3.5米(含3.5米)以上的各种铺装道路，包括开放型工业区和住宅区道路在内。

城市桥梁 指为跨越天然或人工障碍物而修建的构筑物。包括跨河桥、立交桥、人行天桥以及人行地下通道等。按使用年限分为永久性桥和半永久性桥。

城市排水管道长度 指所有排水总管、干管、支管、检查井及连接井进出口等长度之和。

城市污水日处理能力 指污水处理厂(或污水处理装置)每昼夜处理污水量的设计能力。

城市园林绿地面积 指报告期末用作园林和绿化的各种绿地面积。包括公园绿地、生产绿地、防护绿地、附属绿地和其他绿地的面积。

公园绿地 城市中向公众开放的以游憩为主要功能，有一定的游憩设施和服务设施，同时兼有健全生态、美化景观、防灾减灾等综合作用的绿化用地。包括综合公园、社区公园、专类公园、带状公园和街旁绿地。其中综合公园、专类公园和带状公园面积之和为公园面积。

Explanatory Notes on Main Statistical Indicators

Production Capacity of Tap Water Supply refers to the designed overall production capacity of water facilities, covering the four segments of water collection, purification, conveyance and outflow through trunk pipelines. Increased capacity through transformation and innovation projects is included as well. The capacity is determined mainly on the weakest of the above-mentioned four segments.

Length of Tap Water Supply Pipelines at Year-end refers to the total length of all the pipelines between the water pumps and the user water meters, excluding pipelines newly installed but not used yet, pipeline in the water factory and pipeline in the user's buildings.

Total Annual Volume of Tap Water Supply refers to the total volume of water supplied by water-works (units) during the reference period, including both the effective water supply and loss during the water supply.

Consumption of Tap Water for Residential Use refers to water consumption of households for daily life and water consumption of public service facilities. The latter refers to water consumption for urban public services, including the consumption of government agencies and public institutions, military barracks, public facilities, wholesale and retail trades, accommodation and catering industry and other units providing public services. Household water consumption refers to consumption of water for daily life of all households within the boundary of cities, including households of urban residents and farmers, and public water supply stations.

Coverage Rate of Urban Population with Access to Tap Water refers to the ratio of the urban population with access to tap water to the total urban population. The formula is:

$$\text{Coverage of urban population with access to tap water} = \frac{\text{Urban population with access to tap water}}{\text{Urban population}} \times 100\%$$

Length of Gas Pipelines refers to the total length of pipelines in use between the outlet of the compressor of gas-work or outlet of gas stations and the leading pipe of users, excluding pipelines within gasworks, delivery stations, LPG storage stations, refilling stations, gas-mixing stations and supply stations.

Volume of Gas Supply refers to the total volume of gas provided to users by gas-producing enterprises (units), including the volume sold and the volume lost.

Coverage Rate of Urban Population with Access to Gas refers to the ratio of the urban population with access to gas to the total urban population at the end of the reference period. Gas here includes artificial coal gas, natural gas and liquefied petroleum gas. The formula is:

$$\text{Coverage rate of urban population with access to gas} = \frac{\text{Urban population with access to gas}}{\text{Urban population}} \times 100\%$$

Length of Paved Roads at Year-end refers to the length of roads with paved surface including bridges and tunnels connected with roads. Length of the roads is measured by the central lines.

City Bridges refer to bridges built to cross over natural or man-made barriers, including bridges over rivers, overpasses for traffic and for pedestrians, underpasses for pedestrians, etc.

Length of City Sewage Pipes refers to the total length of general drainage, trunks, branch and inspection wells, connection wells, inlets and outlets, etc.

Daily Treatment Capacity of City Sewage refers to the designed 24-hour capacity of sewage disposal by the sewage treatment works or facilities.

Area of Green Land refers to the total area occupied for green projects at the end of the reference period, including park green land, production green land, protection green land, green land attached to institutions, and other green land.

Park Green Land refers to green land open to the public for amusement and rest with the facilities of amusement, rest and services. Its function includes perfecting ecology, beautifying landscape, and preventing and reducing disaster. Park green land include comprehensive park, community park, theme park, linear park and roadside green space. Total areas of comprehensive park, topic park and belt-shaped is the area of park.